文化和旅游部部长雒树刚、国家文物局局长刘玉珠出席国家文物局划拨中国国家博物馆青铜“虎鎣”入藏仪式

国家文物局局长刘玉珠出席国务院新闻办公室发布会，介绍《关于实施革命文物保护利用工程（2018～2022年）的意见》有关情况并答记者问

全国文物系统先进集体和先进工作者表彰会在北京召开

由中央广播电视总台、国家文物局联合摄制的百集纪录片
《如果国宝会说话》第二季开播

国家文物局调研陕西芦山峁遗址考古工作

国家文物局主办亚洲区域文化遗产保护与管理高级人才培训班

馆藏壁画保护修复与材料科学研究国家文物局重点科研基地揭牌

开展博物馆和文物建筑消防安全大检查

开展红色标语普查和保护利用工作

国际专家对良渚古城遗址申报世界文化遗产进行现场考察和评估验收

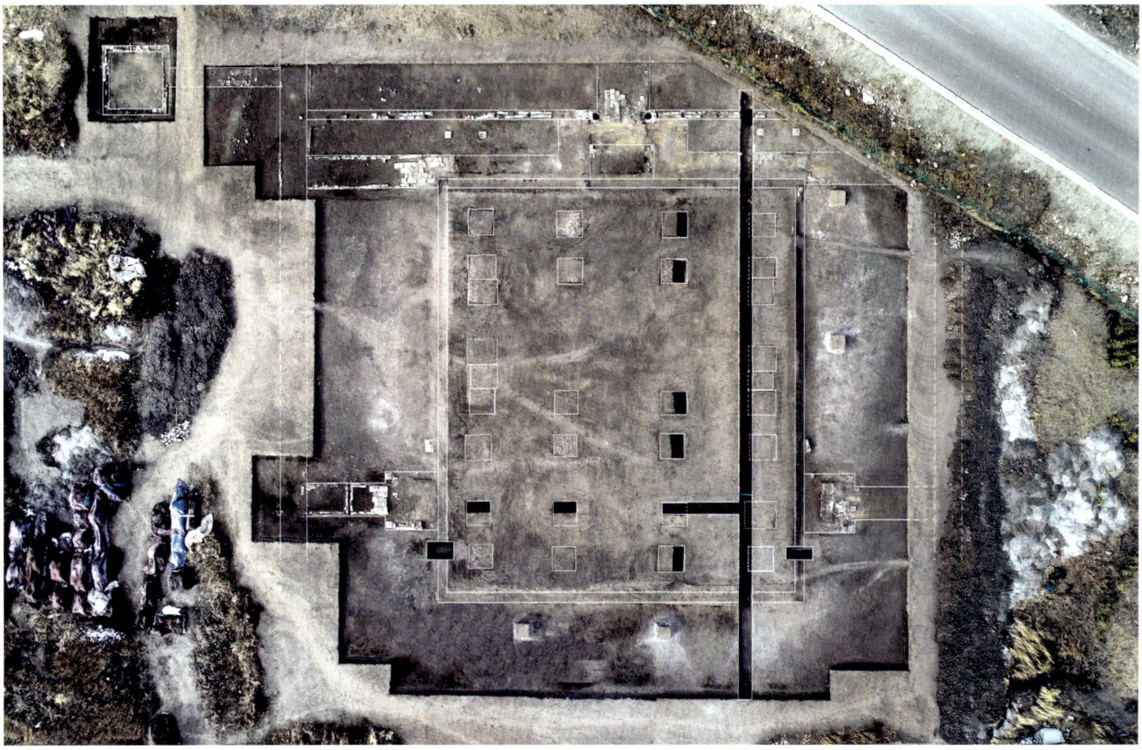

配合2022年北京冬奥会对张家口崇礼太子城金代城址进行考古发掘

第八届中国博物馆及相关产品与技术博览会在福建福州举办

开展博物馆青少年教育活动

首届全国文物修复职业技能竞赛在山东曲阜举办

中国丝绸博物馆成功复原“五星出东方利中国”汉锦

“伟大的变革——庆祝改革开放40周年大型展览”在中国国家博物馆展出

“众志成城　守护文明——全国打击防范文物犯罪成果展”在中国国家博物馆展出

中国—沙特联合考古队开展塞林港遗址考古

中国援柬埔寨茶胶寺维修项目完成总体验收

中国文物年鉴

CHINA CULTURAL HERITAGE YEARBOOK

2019

国家文物局　编

文物出版社

编辑说明

《中国文物年鉴》由国家文物局主编，各省、自治区、直辖市和新疆生产建设兵团文物行政部门及有关文博单位共同参与编纂，文物出版社编辑出版，综合记述我国文物事业年度发展情况。

《中国文物年鉴·2019》反映我国文物事业2018年的发展情况，分为图片、特辑、综述篇、分述篇、纪事篇和附录等部分。《中国文物年鉴》的稿件、资料主要来自国家文物局机关各司室、各直属单位和各省级文物行政部门以及国内相关文博机构，不包含香港、澳门特别行政区和台湾省的资料。由于编辑水平所限，《中国文物年鉴·2019》编校工作难免存在不足，希望广大读者提出宝贵意见和建议。

编者

2020年8月

编辑委员会

特约撰稿人（按姓氏笔画顺序）

丁　婷	于　玺	马晓丽	马晓雪	马海亭
王　铮	王卫红	王汉卫	王明亮	王晶晶
王福武	开沙江·库尔班		艾合麦提·艾买提	
叶大治	史　坤	白雪利	朱稚怡	朱慧雨
任　延	庆　祝	刘　洁	刘　昶	刘永琴
刘灿利	刘卓群	许　鑫	孙　波	孙小兵
孙婉姝	李　玮	李　靖	李　静	李　静
李顺乾	李海宁	杨　安	杨　晋	杨益峰
吴　兵	吴　寒	何　薇	何晓雷	余瀚静
汪　园	宋　炯	宋智峰	张　洁	张小河
张后武	陈　亮	陈　敏	陈　楠	陈旭峰
范国平	罗梦娇	周　成	周　宇	周君生
周劲思	赵　耀	赵少军	赵冰竹	胡学才
侯敬波	姜　波	顾　婷	钱　坤	徐　敏
黄　元	黄冬凌	崔　华	彭　涛	蒋　玭
韩　洋	韩笑梅	惠　芳	曾　婷	路晨华
德　央	蹇娅婷			

特辑

重要文章、讲话

重要文件

重要公文

综述篇

分述篇

国家文物局直属单位

各省、自治区、直辖市

其他

纪事篇

附录

CONTENTS

特辑

文化和旅游部部长雒树刚在全国文物系统先进集体和先进工作者表彰会暨全国文物局长座谈会上的讲话

（2018年7月24日）

在全面推进文物保护利用改革的关键时期，我们召开会议，隆重表彰全国文物系统先进集体和先进工作者，谋划部署文物保护利用改革工作，这对展现近年来文物工作取得的突出成绩，彰显广大文物工作者积极向上的精神风貌，凝聚推进文物改革发展的强大力量，走出一条符合我国国情的文物保护利用之路具有重要意义。中央政治局委员、中央书记处书记、中央宣传部部长黄坤明同志作出重要批示，我们要认真学习贯彻。

党的十八大以来，文物系统坚持以习近平新时代中国特色社会主义思想为指导，深入贯彻落实党的十八大、十九大和中央历次全会精神，锐意进取，改革创新，推动文物保护利用取得了显著成就，为坚定文化自信、传承中华文明、推动经济社会发展、促进中外文化交流做出了独特贡献。这些成绩的取得，根本在于以习近平同志为核心的党中央的坚强领导，在于习近平新时代中国特色社会主义思想的科学指引，离不开文物系统广大干部职工的奋力拼搏。今天受到表彰的先进集体和先进工作者，就是其中成绩显著、贡献突出的杰出代表。这些同志80%来自基层一线，长期扎根基层、恪尽职守，在为文物事业奋斗的过程中，体现出忠诚担当、坚如磐石的政治品格，爱岗敬业、驻守平凡的奉献精神，刻苦钻研、顽强拼搏的事业追求，求真务实、勇于创新的工作作风，是全体文物工作者学习的榜样、行动的标杆。刚才，白岩、廉世明、马玉萍、高峰四名先进代表作了发言，非常感人，是文物系统"不忘初心、牢记使命"教育的生动教材。在此，我代表文化和旅游部党组，向受到表彰的全国文物系统先进集体和先进工作者表示热烈祝贺和崇高敬意！向辛勤工作在文物战线上的广大干部职工致以诚挚问候和衷心感谢！同时，希望受到表彰的先进集体和先进工作者珍惜荣誉，再接再厉，以表彰为新的起点，始终牢记党的嘱托，始终坚守人民立场，始终发扬奋斗精神，在各自的岗位上再立新功，再创佳绩！

当前，中国特色社会主义进入新时代，我国文物事业迎来前所未有的历史性机遇。以习近平同志为核心的党中央高度重视文物工作，习近平总书记多次就文物保护利用发表重要论述，近年来累计作出重要指示批示50多次，出席文物领域重要活动20多场，考察文物博物馆单位30多家。7月6日，习近平总书记主持召开中央全面深化改革委员会第三次会议，审议通过了《关于加强文物保护利用改革的若干意见》；近日，中办、国办还将印发《关于实施革命文物保护利用工程（2018～2022年）的意见》，这也是加强文物领域改革的重要内容。这两个中央文件，是新时代全面深化文物保护利用改革的重要文件，是深入贯彻习近平新时代中国特色社会主义思想和党的十九大精神的重要举措，是以习近平同志为核心的党中央立足时代发展对文物工作作出的重大部署，对推进新形势下文物事业发展具有重要意义。我们一定要认真学习领会、坚决贯彻落实。

下面，我就深入推进新时代文物保护利用改革讲四点意见。

一、始终坚持把文物安全放在首位，不断改善文物安全状况

文物安全是文物保护的红线、底线和生命线，是推进各项文物工作的首要任务。近年来，在党中央的高度重视和各级党委政府、文化文物部门的共同努力下，文物安全工作取得了积极进展，但形势依然严峻，安全隐患严重，违法案件频发。特别是清东陵、明十三陵、殷墟遗址等世界文化遗产地连续发生盗掘破坏案件，习近平总书记多次作出重要批示。今年5月，我和国家文物局的同志一起，专门赴河南安阳实地督办殷墟遗址保护案件。我体会到，文物安全虽常抓不懈，但仍存在认识上的缺位、监管上的疏漏，导致文物安全事故屡禁不止。抓好文物安全是文物工作永远的重大课题，文物安全工作依然任重道远。文物系统要深入贯彻落实习近平总书记关于文物安全工作的重要论述和指示批示精神，认真落实国务院办公厅《关于进一步加强文物安全工作的实施意见》。文物部门要敢于大声疾呼，充分发挥监督责任，推动地方政府落实主体责任、文物管理使用者落实直接责任，让有权必有责、有责要担当、失责必追究成为文物安全领域的基本准则；特别是要忠于职守、尽职尽责，发现重大文物违法违规问题要及时向国家文物局报告。要严格执行文物安全管理要求，切实落实文物保护单位"四有"，狠抓隐患排查，严格安全督察，巩固深化全国文物安全状况大排查行动成果，督促落实整改措施，织牢织密文物安全保护网。要持之以恒狠抓专项整治，充分发挥全国文物安全工作部际联席会议制度作用，加强文物安全制度建设，与公安机关扎实开展文物犯罪专项行动，严密安保措施，严防监管漏洞，严打文物犯罪，加大专项整治成果宣传，坚决打赢文物安全攻坚战。

二、聚焦文物保护重点难点问题，加强制度设计和精准管理

加强文物保护利用改革，必须要坚持问题导向，瞄准改革进程中的重大体制机制障碍、聚焦文物事业发展中的重点难点问题，精准发力、精准施策。要深入落实党中央关于深化党和国家机构改革的要求，积极推动文物部门职能转变，深化文物领域"放管服"改革，切实扭转重具体业务、轻宏观管理，重项目审批、轻谋篇布局等现象，腾出更多精力谋大局、抓大事，腾出更多精力强制度、强管理，不断提升文物系统治理体系和治理能力现代化水平。要完善文物保护法律法规，以《文物保护法》修订为突破口，积极适应新时代新要求新任务，及时调整不相适应的条款、补充亟需增强的内容，不断提升依法行政能力。要健全文物保护基本管理制度，在确保有效保护的前提下，进一步简化面向社会的行政审批，进一步优化文物工作规程，进一步细化文物行政管理标准，使文物保护管理有章可循、有据可依，实现精准管理、精细管理。要优化文物机构职能配置，将强化文物机构和队伍建设作为实现文物保护利用改革目标的重大制度安排，切实提升基层文物保护能力，使文物保护管理工作力量与其承担的职责和任务相适应。这里，要特别强调文物保护规划纳入"多规合一"问题，这项工作很重要，各地应高度重视，切实推进。

三、努力盘活用好文物资源，在保护中发展、在发展中保护

习近平总书记反复强调，要把凝结着中华民族传统文化的文物保护好、管理好，加强研究和利用，让历史说话、让文物说话。2018年上半年，习近平总书记多次到文物博物馆单位调研考察，特别是4月27日，习近平总书记以湖北省博物馆为"国家客厅"，会晤印度总理莫迪，共同参观精品文物展，再次展现了文物实证中华文明、彰显大国风范的独特魅力。我们要深刻认识到，保护文物是为了留下历史、留下民族共同记忆，也是为了弘扬中华优秀传统文化，坚定文化自信，充分展现中华文化永久魅力。要全面贯彻“保护为主、抢救第一、合理利用、加强管理”的文物工作方针，正确处理保护和利用的关系，切实加大文物保护力度，推进文物合理适度利用。要加强研究阐释，深入挖掘蕴藏在文物资源中的文化基因、民族精神，在此基础上“以古人之规矩，开自己之生面”，努力实现中华优秀传统文化的创造性转化、创新性发展。要充分发挥文物博物馆的公共文化服务重要阵地作用，扩大开放范围，提升服务效能，讲好文物故事，办好陈列展览，使人们在满足精神文化需求、享受文物保护利用成果的同时，感受中华文化、接受历史教育。要鼓励文物博物馆单位在加强保护的基础上开发文化创意产品，推动文物保护利用与旅游业发展相结合，释放文物资源助推新型城镇化、美丽乡村建设的潜力，让文物保护利用融入群众生产生活实践，促进经济社会可持续发展，满足人民日益增长的美好生活需要。要充分发挥文物在文化外交中的特殊重要作用，围绕“一带一路”倡议等重大举措，积极推动文物对外交流合作，为更好构建全人类文化遗产治理体系贡献中国智慧、中国方案。

四、强化责任担当，推动文物保护利用改革部署落实落地

改革只争朝夕，落实难在方寸。《关于加强文物保护利用改革的若干意见》部署了一系列力度更大、要求更高的改革任务，必须拿出实实在在的举措，一个时间节点一个时间节点往前推进，以钉钉子精神全面抓好落实。要提高站位，从全面提升文物工作战略地位、更好融入经济社会发展大局、切实提高文物事业发展水平的高度来认识和推进文物保护利用改革工作。要牢固树立担当意识，切实增强政治担当、历史担当、责任担当，以朝受命、夕饮冰的勇气和“功成不必在我，功成必定有我”的精神，全身心投入到文物保护利用改革工作中。要认真对标中央的部署要求，把文件中提出的任务再压实、重点再聚焦、措施再细化，以抓铁有痕、踏石留印的魄力，千方百计推动改革任务项项有落实、件件有成效，在深化改革中激发新时代文物事业发展活力。各级领导干部尤其是一把手，要把落实文物保护利用改革任务作为一项重大政治责任，切实发挥示范表率作用，扑下身子、撸起袖子、干在实处、走在前列，带头履职尽责抓落实，一级带着一级干，一级做给一级看，确保中央部署落地生根。2018年上半年，中央印发了《关于进一步激励广大干部新时代新担当新作为的意见》，为构建干部担当作为的体制机制提供了有力保障，我们要积极推动落实，形成干事创业的良好环境。特别要大力宣传先进典型的优秀事迹，让奋勇争先、顽强拼搏的精神成为广大文物工作者的自觉追求，成为带动文物事业改革发展的强大动力。要壮大基层文物志愿者队伍，加强管理培育，使其发挥更大作用。要关心爱护文物战线广大干部职工，让他们组织上有归属感、工作上有荣誉感、生活上有幸福感，满怀信心创造无愧于党和人民的新业绩。

同志们，伴随着新时代文物保护利用改革全面启动，文物事业踏上新的征程。让我们更加紧密地团结在以习近平同志为核心的党中央周围，以习近平新时代中国特色社会主义思想为指导，全面贯彻落实党的十九大和十九届二中、三中全会精神，全面贯彻落实党中央国务院关于加强文物保护利用改革若干意见的决定，以更加昂扬的精神状态、更加过硬的实干作风，谱写新时代文物保护利用改革发展新篇章！

文化和旅游部部长雒树刚在贯彻落实《关于加强文物保护利用改革的若干意见》工作协商推进会暨全国文物安全工作部际联席会议上的讲话

（2018年11月22日）

今天，我们召开贯彻落实《关于加强文物保护利用改革的若干意见》工作协商推进会暨全国文物安全工作部际联席会议，中央国家机关有关部门暨全国文物安全工作部际联席会议成员单位各位代表共济一堂商议改革协作，很有必要。刚才，玉珠同志介绍了贯彻落实中央文件的初步进展、工作思路和协同推进事宜；有关部门负责同志作了很好的发言，围绕落实改革任务讲思路、提建议，听了很受启发。这次会议主题明确、内容丰富，既是一次坚决落实中央重大决策部署的推进会，也是一次合力加强新时代文物保护利用改革的动员会。在此，我代表文化和旅游部对各部门长期以来对文化和旅游、文物工作的大力支持和对本次会议的积极参与表示衷心感谢！下面，我讲四点意见。

一、科学把握新时代文物工作的大好机遇

中国特色社会主义进入新时代，文物资源的社会价值越来越受到党和国家以及社会各界的高度重视，文物事业在经济社会发展大局中的战略地位显著提升、独特作用不断彰显。党的十八大以来，文物工作呈现出新气象，中央领导批示多、重大活动多、工作亮点多、社会关注多，突出体现在四个方面：

一是党和国家重视程度前所未有。党的十八大以来，习近平总书记对文物保护利用作出重要指示批示60多次，出席文物领域重大活动20多次，考察文物博物馆单位30多次，提出系列新思想新观点新要求。特别是今年，习近平总书记主持召开中央深改委第三次会议，审议通过《关于加强文物保护利用改革的若干意见》；中办、国办印发《关于实施革命文物保护利用工程（2018～2022年）的意见》，为新时代文物事业把方向、谋大局、定政策、促改革，这在党和国家的历史上是空前的。

二是文博单位日益成为首脑外交的重要场所。文物外交的独特魅力日益受到各国国家元首和政府首脑的高度重视，文物博物馆场所正在成为中国开展主场外交、推介中华文化、展示文化自信的“国家客厅”。2016年二十国集团领导人聚首世界文化遗产西湖之畔，2017年文化遗产图片展闪亮金砖国家领导人厦门会晤，2018年习近平主席与印度莫迪总理共同参观湖北省博物馆精品文物展。

三是文物资源日益成为中外人文交流的“金色名片”。跨国联合申遗、援外文物保护工程和涉外合作考古项目成为文化领域“一带一路”建设的重要收获，中国逐步成为国际文化遗产领域的贡献者和引领者。世界文化遗产“丝绸之路：长安—天山廊道的路网”，是中国首个跨国合作、成功申遗的标志性项目。援外文物保护工程和涉外合作考古项目涉及“一带一路”沿线16国23个项目，展现中国负责任大国形象。

四是文物工作日益成为全社会的热议话题。坚持文物保护利用并重，让文物活起来方兴未艾，文物保护利用成果不断融入生活、贴近百姓、走向世界。全国每年近10亿人次走进博物馆，《我在故宫修文物》《国家宝藏》《如果国宝会说话》走红刷屏，文博创意产品备受青睐，国宝也能“炫”起来，文物也能“火”起来。

二、深刻认识加强文物保护利用改革的重大意义

加强文物保护利用改革，事关党和国家工作全局，事关文物事业长远发展，事关坚定“四个自信”。加强文物保护利用改革，把新时代文物工作放在经济社会发展大局中来谋划、放在满足人民对美好生活向往中来推进，既是大势使然，更是使命所在。

贯彻落实中央文件，加强文物保护利用改革，是全面贯彻习近平新时代中国特色社会主义思想和党的十九大精神的生动体现。中央文件是以习近平同志为核心的党中央站在建设社会主义文化强国和实现中华民族伟大复兴中国梦的战略高度，对深化文物保护利用改革进行的总部署总动员，郑重宣示了党中央高度重视文物工作的政治担当，充分彰显了我们党传承中华文明、坚定文化自信的历史责任。深入贯彻习近平总书记关于文物工作系列重要论述精神，全面落实党中央关于文物保护利用改革各项任务，既是文物行业当前头等大事，也是中央国家机关各部门的政治任务和共同责任，更是我们牢固树立“四个意识”、坚定“四个自信”、坚决做到“两个维护”的具体体现。

贯彻落实中央文件，加强文物保护利用改革，是统筹推进文物工作与经济社会发展的重要举措。习近平总书记明确强调，树立保护文物也是政绩的科学理念，统筹好文物保护与经济社会发展，努力走出一条符合国情的文物保护利用之路。中央文件聚焦文物事业改革发展的重点难点问题，加强顶层设计和制度创新，在保护中发展，在发展中保护，推动文物工作更好服务经济社会发展大局、更好满足人民日益增长的美好生活需要、更好提升中华文化国际传播力影响力，不断推进文物治理体系和治理能力现代化，努力为决胜全面建成小康社会、加快推进社会主义现代化建设、实现中华民族伟大复兴中国梦作出重要贡献。

贯彻落实中央文件，加强文物保护利用改革，是全面开创新时代文物工作新局面的重要抓手。对改革开放40周年最好的纪念就是要在改革开放上有新作为。中央文件明确提出新时代文物事业改革发展的总体要求、主要任务、政策举措和实施保障，是切实做好新时代文物工作的方向杆、任务书和路线图，具有很强的前瞻性、实践性、指导性，是当前和今后一个时期做好文物工作的重大政策红利。

三、合力推进文物保护利用改革的各项任务

中央文件重点任务部门分工已对16个方面57项任务逐项分解、明确责任，涉及38个部门，在此不再详述。中央文件为深化文物领域改革提供了历史性机遇，下一步的重中之重则是抓落实、见实效。今天把大家请来，主要目的就是希望大家共同为改革支招儿、一起为改革发力。贯彻落实好中央文件，推动新时代文物工作再上新台阶，需要在凝心聚力上多做文章，在政策落地和制度建设上多下功夫，吃透改革要旨，细化改革举措，形成改革合力，自觉主动在深化文物领域改革上同党中央保持高度一致，以担当善为的政治品格扎实推进文物事业改革发展。

一是文化和旅游、文物部门要主动作为，务求实效。文化和旅游部、国家文物局要对文物保护利用改革任务干在实处、走在前列，文化和旅游部对国家文物局要尽可能提供政策支持和改革保障；国家文物局对重点任务实行党组成员牵头负责制，结合年度工作要点加以推进督办，凡事都要有人去管、去盯、去干，努力形成抓工作与促改革的良性循环。要抓住关键少数，各级文化和旅游部门、文物部门，各地文博单位领导干部，特别是主要负责同志，对落实改革任务要带头解放思想、开拓创新，带头担当作为、善谋实干，着力提高抓大事、促改革的能力，攻坚克难、取得实效。

二是各相关部门要加强协作，形成合力。中央文件是中央直接部署、各方鼎力协作的重要成果，各部门对文件出台做出了积极贡献。要打好打赢贯彻落实这一仗，更加离不开中央改革办和中央文改办的有力指导，更加离不开各部门的通力协作。需要多部门参与的改革事项，文化和旅游部门、文物部门要履行好统筹协调的首要职责，主动跟进、主动服务，多为部门调研提供便利条件、为政策落地提供扎实依据。会后，国家文物局要按照本次会议达成的系列共识，健全与各部门的定期沟通和信息共享机制，尽快制定实施方案，明确实化重大改革任务的预期成果、工作进度、完成时间和责任分工，细化改革目标，建立工作台账，适时汇总抄报我和各部门分管领导知悉，纳入改革督查事项。衷心希望各部门共同加大推进工作的力度，共同提升部际协调的效能，围绕重点领域和关键环节，强化制度供给和资源要素支持，一起推动文物保护利用改革重点任务真正落实到政策支持、制度配套和长效机制上来，着力解决一些长期没能解决或者不易解决的瓶颈问题。

三是统筹推进各项改革任务，有序实施。要对标中央文件重点任务部门分工，完成党中央部署的文物保护利用改革任务，关键要看前两年，起跑决定后程。会后，希望各部门参会代表及时将本次会议精神报告分管领导和主要领导，精心组织、迅速行动。要及早建立文物保护利用改革任务督办台账，落实督办责任，明确责任主体、关键环节和时间节点，对重点任务一件一件对账督办，推动文物保护利用改革串点成线、由点及面，整体推进、全面落实。

四、更好发挥全国文物安全部际联席会议制度积极作用

全国文物安全部际联席会议制度是一个很好的制度设计，自2010年组建以来，对搭建对话平台、建立协作机制、推进专项行动、确保文物安全起到了重要作用。下一步，要在不断完善全国文物安全工作部际联席会议机制、有效发挥积极作用的基础上，共同抓好四项工作。

一是建立文物安全长效机制。要以贯彻落实中央文件和国办《关于进一步加强文物安全工作的实施意见》为重要抓手，聚焦法人违法、盗窃盗掘、火灾事故三大风险，坚持专项行动和常态监管相结合，打赢文物安全防范攻坚战。

二是加强文物安全督察。开展国家文物督察试点，建立对地方文物安全工作的年度督察机制，逐级落实文物安全责任制，严格追责问责。继续推进文物安全隐患排查整治，联合开展文物火灾隐患整治，推动将文博单位消防安全列为应急消防救援队伍重点监管对象，坚决预防和遏制文物安全事故发生。

三是开展联合执法。对各类开发建设活动中文物保护、管辖海域水下文物、军队营区文物安全、宗教活动场所等重点文物保护领域，适时开展联合执法检查。持续严打文物犯罪，加强重点文物单位周边治安防控，推动重大文物犯罪在逃人员“A级通缉令”常态化，坚持破大案、打团伙、斩链条、摧网络、追文物，遏制文物犯罪多发势头。

四是实施文物平安工程。加强文物安全防护设施建设，加强文物安全防护技术研发应用，建设全国文物安全监管平台，提升文物安全防范能力。

改革创新　激发活力
奋力推动博物馆事业再上新台阶

——文化和旅游部部长雒树刚在全国博物馆工作座谈会上的讲话

（2018年12月25日）

在全党全国人民隆重庆祝改革开放40周年之际，我们在这里召开座谈会，深入学习习近平新时代中国特色社会主义思想和党的十九大精神，认真贯彻《关于加强文物保护利用改革的若干意见》要求，系统总结我国博物馆事业发展成果，研究部署博物馆改革发展任务，具有特殊意义。

党中央历来高度重视中华优秀传统文化的传承弘扬，高度重视博物馆事业的发展。党的十八大以来，习近平总书记站在实现中华民族伟大复兴"中国梦"的高度，对传承中华优秀传统文化、培育社会主义核心价值观、增强国家文化软实力等作出一系列重要论述，对文物和博物馆事业多次作出重要指示批示，多次赴现场调研、指导，就博物馆事业发展提出一系列新理念、新思想、新要求。这些重要论述，充分体现了以习近平同志为核心的党中央对博物馆事业的关怀与期望，也是习近平新时代中国特色社会主义思想在博物馆领域的具体体现，为新时代中国博物馆事业的发展指明了前进方向，提供了根本遵循。

40年来，文物和博物馆界认真贯彻落实中央决策部署，持续深化改革创新，推动博物馆事业发生了历史性变革。博物馆数量从1978年的349家增长到现在的5136家，年参观人数接近10亿人次。特别是党的十八大以来，博物馆免费开放深入推进，公共服务效能显著提升，社会关注度不断提高。博物馆在经济社会发展中的作用持续显现，给人民群众带来的获得感、幸福感不断增强，已经成为人民向往的美好生活的一部分。中国博物馆事业发展呈现出良好态势，发展成就受到国际社会的高度关注和赞誉。这些成绩的取得，关键在于习近平新时代中国特色社会主义思想的指导，关键在于以习近平同志为核心的党中央的正确领导，同时也离不开各级党委、政府的关心重视，饱含凝结着广大博物馆工作者无私奉献、砥砺奋进的智慧与汗水。在庆祝改革开放40周年大会上，党中央、国务院向为改革开放作出杰出贡献的100名个人授予改革先锋称号，其中就有敦煌研究院名誉院长樊锦诗先生，这既反映了博物馆人在改革开放中的重大贡献，也体现了党中央对博物馆工作的关心和重视。在此，我代表文化和旅游部向广大博物馆工作者表示诚挚慰问和崇高敬意！

下面，我就深入贯彻习近平新时代中国特色社会主义思想，贯彻落实中央决策部署，推动博物馆事业开创新局面，讲四方面意见。

一、坚持中国特色社会主义文化发展道路，牢牢把握博物馆工作的正确方向

习近平总书记指出，博物馆是保护和传承人类文明的重要殿堂，是连接过去、现在、未来的桥梁。一个博物院就是一所大学校。搞历史博物展览，为的是见证历史、以史鉴今、启迪后人。要在展览的同时高度重视修史修志，让文物说话、把历史智慧告诉人们，激发我们的民族自豪感和自信心，坚定全体人民振兴中华、实现中国梦的信心和决心。要在传承祖先的成就和光荣、增强民族自尊和自信的同时，谨记历史的挫折和教训，以少走弯路、更好前进。这些重要论述，明确了博物馆的基本定位，强调了博物馆的使命担当，是做好新时代博物馆工作的基本遵循。我们要深入贯彻落实习近平总书记重要论述精神，坚持中国特色社会主义文化发展道路，牢牢把握正确方向，做到旗帜鲜明，立场坚定。

要始终坚持党对博物馆工作的绝对领导。旗帜鲜明讲政治，牢固树立“四个意识”，坚定“四个自信”，践行“两个维护”，自觉在思想上政治上行动上与以习近平同志为核心的党中央保持高度一致。牢牢把握意识形态工作主导权，保证博物馆的“政治安全”，将党中央关于博物馆事业发展的要求贯穿到博物馆规划布局、治理改革、制度建设，以及藏品征集、开放服务、展示传播等各方面。要加强博物馆党的组织建设，引领博物馆工作更好服务改革、服务发展、服务民生、服务群众、服务党员。要牢牢把握博物馆的公益属性和非营利性质，始终坚持把社会效益放在首位，使各项活动服从服务于博物馆的办馆宗旨。

要把培育弘扬社会主义核心价值观作为根本任务。将收藏、保护、研究、展示、教育等各项职能，统一到习近平总书记关于博物馆是“中国历史的保护者和记录者”和“当代中国人民为实现中华民族伟大复兴的中国梦而奋斗的见证者和参与者”的科学定位上。加强藏品征集工作，既做好历史文物的保护收藏，也要做好革命文物的征集管理，做好当代经济社会发展变迁物证征藏。要加大研究和展示力度，深入挖掘中华优秀传统文化蕴含的思想观念、人文精神、道德规范，推动创造性转化和创新性发展，充分发挥馆藏资源在提升全社会道德水准与人文素养方面的重要作用。要进一步强化博物馆的教育功能，利用博物馆资源和空间，开展历史知识、艺术审美和科普教育，构筑终身教育体系。要加强博物馆青少年教育工作，建立馆校合作长效机制，推动博物馆进校园进课堂进教材，把博物馆资源与大中小学课堂教学、综合实践活动的实施有机结合，增强博物馆教育的针对性。

二、坚持以人民为中心的工作导向，不断满足人民群众对美好生活的新期待

习近平总书记指出，我们党来自人民、扎根人民、造福人民，全心全意为人民服务是党的根本宗旨，必须以最广大人民根本利益为我们一切工作的根本出发点和落脚点。满足人民过上美好生活的新期待，必须提供丰富的精神食粮。总书记高度重视文物资源的合理利用，强调要让收藏在博物馆里的文物、陈列在广阔大地上的遗产、书写在古籍里的文字都活起来。我们要深入贯彻落实总书记重要论述精神，牢固树立以人民为中心的发展思想，始终坚持博物馆资源属于人民、博物馆发展依靠人民、博物馆发展成果惠及人民的工作理念，努力为人民群众提供更多优秀文化产品和服务。

要继续提升博物馆公共文化服务的覆盖面和适用性。进一步落实好博物馆免费开放政策，深化博物馆免费开放，健全完善博物馆资源共享的相关保障机制。推动博物馆公共文化服务均等化、普惠化、便捷化，切实保障公民基本文化权益。

要丰富博物馆文化产品供给。加强馆藏资源的文化价值挖掘，要树立“策展能力是核心竞争力”的理念，进一步提升博物馆展陈水平，将藏品和展览变成群众听得懂、愿意听的故事，扎实推进文化文物单位文化创意产品开发工作，提高文化产品和服务供给质量，让深藏于馆舍中的藏品变得鲜活，满足人民群众多样化文化需要，让人们感受和共享社会发展、文明进步的成果。

要建立健全相关制度。破除僵化思维，根据新时代要求，在创新策展机制、优化便民措施、提升教育功能、促进博物馆文化传播等方面，不断推陈出新，为推出更多优秀文化产品营造良好环境。

三、坚持改革创新，进一步提升博物馆建设管理水平

习近平总书记指出，博物馆建设不要“千馆一面”，不要追求形式上的大而全，展出的内容要突出特色。要把凝结着中华民族传统文化的文物保护好、管理好，同时加强研究和利用，让历史说话，让文物说话。这些重要论述对新时代博物馆事业的发展提出了新的更高要求。中办、国办印发的《关于加强文物保护利用改革的若干意见》围绕提升博物馆社会效益、激发创新活力等专门部署了改革任务。我们要深入贯彻落实总书记重要论述精神和中央决策部署，不断推进博物馆改革发展，持续提升博物馆运行效能。

要深化博物馆内部制度改革，按照中央关于事业单位改革的整体部署，深入推进博物馆管理体制改革、人事制度改革、分配与薪酬制度改革，增强其自我发展能力，积极推进以理事会为主要形式的博物馆法人治理结构建设。要创新博物馆发展理念，拓展博物馆发展空间，运用现代科学技术，提高博物馆开展智慧服务、智慧保护、智慧管理的水平，激发文化创新创造活力。

要加强博物馆藏品安全工作，严守文物保护的生命线。2018年9月，巴西国家博物馆发生了震惊世界的严重火灾，损失惨重，教训深刻，为我们敲响了警钟。习近平总书记对文物安全工作作出重要批示。应急管理部、文化和旅游部、国家文物局联合召开会议，部署开展博物馆和文物建筑消防安全大检查。检查结果不容乐观，发现很多安全隐患，各地进行了整改。博物馆是重要的文物保管机构和公共服务机构，对于安全工作，一定要措施到位、责任到人，做到万无一失。

要打开围墙、开门办馆，加大资源开放以及与社会合作的力度，鼓励多元主体参与博物馆建设发展，为博物馆文化资源的创造性转化、创新性发展注入新的活力。要勇于冲破思想观念的障碍和利益固化的藩篱，鼓励地方文物部门、基层文博单位和博物馆工作者更加解放思想、积极探索，实施差别化试点，推动顶层设计和基层探索良性互动、有机结合。当前，我们正在按照中央的部署，加快推进文化和旅游融合发展。博物馆领域资源丰富，与旅游业的融合发展具有特殊优势。要紧紧抓住机遇，加快推进博物馆与文化旅游融合发展。通过融合发展，推动博物馆资源整合与效能提升，充分发挥博物馆在促进相关产业发展、带动文化消费升级、提升人民生活品质等方面的重要作用。

今天会议还将讨论《关于推进博物馆改革发展的实施意见》，这也是推动博物馆事业改革发展的重要举措。希望大家认真讨论研究，将思想统一到推动实现博物馆可持续发展这个目标上来。

四、坚持交流互鉴，充分发挥博物馆在促进民心相通、提升国家文化软实力方面的积极作用

习近平总书记指出，文明因交流而多彩，文明因互鉴而丰富。文明交流互鉴，是推动人类文明进步和世界和平发展的重要动力。博物馆在促进世界文明交流互鉴方面具有特殊作用。近年来，博物馆界认真落实习近平总书记重要论述精神和中央部署，持续深化对外和对港澳台交流合作，积极推动中华文明“走出去”和世界文明“引进来”，成为中外人文交流、世界文明对话活动中的亮点。我们要在已有工作基础上，按照总书记的要求，继续深化博物馆领域对外和对港澳台交流合作。

要围绕“一带一路”倡议等，不断拓展包括博物馆在内的文化领域对外合作空间。深化与“一带一路”国家政府间合作，共同提升博物馆领域合作水平，建立完善相关机制，加强与相关国家博物馆在展览展示、学术研究、公众传播等方面的交流合作，实施援外文物保护工程项目，加强联合研究，增进与相关国家人民的相互理解、相互认同。

要打造文化交流互鉴平台，加强世界文明对话。加强国际策展人之间的交流合作，积极探索实现中国故事、国际表达的有效途径。实施品牌战略，打造一批博物馆出境展览精品，系统展示中华优秀传统文化，切实增强中华文明的传播力和影响力。加强域外文明在我国的展示传播，共享人类文明发展成果。

要深化与国际组织的交流合作，向世界贡献中国智慧和中国力量。继续加强与联合国教科文组织、国际博物馆协会等国际组织的合作，努力办好国际博物馆协会藏品保护委员会第19届大会，深度参与博物馆国际治理，提升中国话语权，展现负责任大国形象。

同志们，博物馆所保存的记忆是民族的记忆、国家的记忆、人类的记忆。博物馆事业是伟大的事业。让我们更紧密地团结在以习近平同志为核心的党中央周围，不忘初心，牢记使命，锐意进取，埋头苦干，以改革创新的实际行动，推动新时代中国博物馆事业再上新台阶，为传承弘扬中华优秀传统文化、建设社会主义文化强国，实现中华民族伟大复兴中国梦作出更大的贡献！

文化和旅游部部长雒树刚
在全国文物局长会议上的讲话

（2019年1月8日）

新年伊始，国家文物局召开全国文物局长会议，研究深入贯彻落实中央关于文物保护利用改革的决策部署，很及时，很有必要。刚才，玉珠同志代表国家文物局党组作了讲话，总结了2018年工作，部署了2019年任务，我都赞同。下面，我代表文化和旅游部党组，讲四点意见。

一、文物工作继续保持向上向好态势

2018年，文物系统坚持以习近平新时代中国特色社会主义思想为指导，深入贯彻党的十九大精神，认真落实全国宣传思想工作会议精神，解放思想、把握机遇、攻坚克难，各方面工作取得了重要进展。全年工作呈现几个亮点。

一是贯彻落实习近平总书记重要指示批示坚决有力。围绕贯彻落实习近平总书记指示批示精神，文化和旅游部、国家文物局狠抓文物安全，推动殷墟遗址盗掘等重大案件侦破取得积极进展，博物馆和文物建筑消防安全得到加强；狠抓文物价值阐释，推动中华文明探源工程宣传推介取得实效；狠抓国际合作与流失海外文物追索，“一带一路”中外合作考古形成规模，“虎鎣”回归祖国。

二是文物保护利用改革力度明显加大。推动中办、国办连续出台加强文物保护利用改革和实施革命文物保护利用工程两份里程碑式的政策性文件。国家文物局以贯彻落实两份文件为抓手，在文物系统掀起全面推动文物保护利用改革的热潮。

三是文物领域各项重点工作成效显著。重大文物保护工程项目顺利推进，经远舰水下考古获得重要发现，文物流通领域登记交易制度试点启动，博物馆行业管理与服务水平有效提升，《国家宝藏》《如果国宝会说话》等节目得到好评。

四是文物系统精神风貌更加昂扬向上。文物保护专家樊锦诗荣获改革先锋称号，3名中国文物工作者荣获柬埔寨王国骑士勋章，49个单位和28名文物工作者荣获全国文物系统先进集体和先进工作者，极大地提振了文物工作者的精气神。我到海南、河南、四川、贵州等10多个省（区、市）调研文物工作，深切感受到这一点。

总的来看，过去的一年，文物工作推进有力，实现了预期目标。这些成绩的取得，根本在于习近平新时代中国特色社会主义思想的正确指引，在于以习近平同志为核心的党中央的坚强领导，离不开各部门和社会各界的关心支持，离不开广大文物工作者的辛勤付出。在此，我代表文化和旅游部党组，向大家表示敬意和问候！

二、充分认识当前文物工作面临的形势任务

近期，习近平总书记多次在中央重要会议上对我们当前面临的形势进行全面深入的分析，作出国内外形势正在发生深刻复杂变化、我国发展仍处于并将长期处于重要战略机遇期的重大判断。具体到文物工作，同样既面临着大好机遇，又面临着困难挑战，主要体现在以下几个方面。

一是党中央对文物保护利用重视程度持续提高，文物工作重要性不断彰显、责任更加重大。党的十八大以来，以习近平同志为核心的党中央高度重视文物工作，习近平总书记站在坚定文化自信、传承中华文明的战略高度，就保护弘扬中华优秀传统文化发表一系列重要讲话，对文物工作作出一系列重要指示批示。仅2018年，总书记对文物工作就作出重要批示十多次，在关于文化和旅游工作重要批示中数量最多。特别在一些重大国事活动期间，习近平总书记将文物博物馆单位作为“国家客厅”，接待各国领导人，充分彰显了文物工作的重要地位。中央连续出台《关于进一步加强文物工作的指导意见》《关于实施中华优秀传统文化传承发展工程的意见》《关于加强文物保护利用改革的若干意见》《关于实施革命文物保护利用工程（2018～2022年）的意见》等重要文件，文物领域顶层设计力度明显加大，文物工作政策法规体系更加完善。可以说，文物工作迎来了改革发展的历史性机遇。与此同时，对照习近平总书记重要论述和指示批示精神，对照中央部署要求，文物工作在培育弘扬社会主义核心价值观、确保文物安全、服务经济社会发展、讲好中国故事、传播中华文化等方面还可以再上一层楼。这就要求我们把握机遇，顺势而为、乘势而上，打造多元立体的文物保护利用体系，向中央、向时代、向人民交出一份优秀答卷。

二是党和国家机构改革为文物事业改革发展提供了新动能，也提出了新任务新要求。2018年3月，新一轮党和国家机构改革全面启动，中央作出组建文化和旅游部的重大决策。国家和省级文化和旅游部门的机构改革已经取得了阶段性进展，国家文物局的职能也将调整和加强。这将为文物工作拓展新的发展空间、创造新的发展优势。文物资源是旅游的重要资源，文博单位是旅游的重要目的地，文物工作必须积极主动纳入文化和旅游融合发展过程，牢固树立融合发展理念，坚持“宜融则融、能融尽融”原则，找准文物工作与旅游工作的对接点，既要防止不够，闲置文物资源，又要防止不当，影响文物安全。要以文物的资源优势提升旅游品味，丰富旅游产品业态，拓展旅游发展空间；以旅游的传播优势带动文物资源“活起来”，更好促进中华优秀传统文化保护弘扬、传承发展。

三是社会各界对文物工作给予广泛关注支持，也对进一步发挥文物作用提出了更高期待。文物是讲清楚我国历史传统、中华民族精神追求的实物见证，是满足人民群众精神文化需求、服务经济社会发展的重要资源。随着文物事业不断发展，越来越多的人关注和参与文物保护利用，保护文物正在成为社会自觉。这些都为文物工作创造了良好社会环境。与此同时，人们走进博物馆参观展览、接受教育、增长知识的愿望更加强烈，对优质文创产品的需求也日益旺盛。据统计，2001～2017年，文博单位参观人次从1.13亿增加到11.48亿，增加了9.2倍。文化创意产品备受青睐，2017年，文化文物系统154家文化创意产品开发试点单位营业总收入超过19亿元，特别是故宫博物院文创产品年度销售额突破10亿元。另一方面，我们也要清醒认识到，与人民日益增长的多样化、高品质精神文化需求相比，我们的博物馆活力有待进一步增强、展陈水平有待进一步提升，文博单位文创产品开发有待进一步加强，文物资源要实现“活起来”还有很长的路要走。这就要求我们坚持以人民为中心的工作导向，把文物工作与经济社会发展、民生福祉改善结合起来，积极拓展文物资源盘活路径，让“老”文物在新时代焕发新风采。

四是文物安全状况切实改善，但总体形势依然不容乐观。文物安全是文物保护的红线、底线和生命线，是推进各项文物工作的首要任务。经过多年努力，各级党委政府对文物工作特别是文物安全工作的重视程度不断提高，各级领导干部对文物的敬畏之心不断增强，保护文物也是政绩的科学理念逐步树立。各级文物部门建立健全文物安全工作机制，提升文物安全防范能力，加大执法督察力度，推动文物安全形势切实好转。与此同时，文物安全事故、文物犯罪活动频发的问题没有得到有效遏制，殷墟遗址被盗掘等一些极端恶劣的大案要案时有发生，大昭寺火灾等重大安全事故接连不断。据统计，2018年1～10月，全国博物馆和文物古建筑分别发生火灾46起、30起，数字可谓触目惊心，足以使我们对安全工作重视再重视，对安全事故警惕再警惕！

正是基于这样的形势和判断，我们更要切实将思想和行动统一到习近平总书记关于文化文物工作的重要讲话精神上来，统一到党中央、国务院的决策部署上来，强化战略定力和底线思维，勇于担当，善于作为，不断增强做好文物工作的责任感和使命感。

三、以改革创新的精神、奋发有为的状态，开创文物工作新局面

2019年是中华人民共和国成立70周年，是决胜全面建成小康社会第一个百年目标的关键之年。做好2019年文物工作，要坚持以习近平新时代中国特色社会主义思想为指导，深入贯彻党的十九大精神和十九届二中、三中全会精神，认真落实全国宣传思想工作会议精神，树牢“四个意识”，坚定“四个自信”，坚决做到“两个维护”，坚持新发展理念，坚持以人民为中心的工作导向，坚持稳中求进的工作总基调，紧紧抓住文物保护利用改革这一中心任务，牢牢守住文物安全底线，统筹推进文物保护和合理利用，努力探索符合我国国情的文物保护利用之路，推动新时代文物工作再上新台阶，以优异成绩迎接中华人民共和国成立70周年。

一是要把学习贯彻习近平新时代中国特色社会主义思想和党的十九大精神持续引向深入。这是当前和今后一个时期的首要政治任务，是做好文物工作的根本保证。要把学习贯彻习近平新时代中国特色社会主义思想，特别是习近平总书记关于文物工作的重要讲话和指示批示精神作为头等大事，在学懂弄通做实上下功夫，努力把学习成果转化为维护习近平总书记核心地位、维护党中央权威和集中统一领导的政治自觉，转化为改造主观世界、坚定理想信念宗旨、锤炼坚强党性的思想自觉，转化为指导工作实践的行动自觉。要把贯彻落实党的十九大精神作为长期任务常抓不懈，坚决把党中央关于文物工作的各项决策部署落到实处。要严格落实意识形态工作责任制，管好各类阵地，坚决守牢政治和安全底线，把培育和弘扬社会主义核心价值观贯穿到文物工作各领域全过程。

二是要加大文物保护力度。习近平总书记指出，文物是历史的见证，保护文物就是保护历史。文物是珍贵的不可再生资源，保护历史文物是国家法律赋予每个人的责任。保护文物功在当代、利在千秋。保管不好，就是罪人，就会愧对后人。总书记强调，我国文物、博物馆数量众多，安全隐患不少，要加大隐患排查和整改力度，完善安全防控体系，不断提升安全管理水平。我们要深入贯彻落实习近平总书记关于文物安全重要论述精神，把确保文物安全放在首要位置，加强力量、完善机制、落实责任，千方百计做好文物安全工作。推进国家文物督察试点，坚持常态监管与专项行动相结合、长效机制与重点督办相结合，打赢文物安全防范攻坚战。健全不可移动文物保护机制，推动相关部门形成共识，落实大型基本建设工程考古调查勘探制度。继续加大博物馆安全隐患排查和整改力度，完善安全防控体系，提升安全监管水平，切实做好博物馆安全工作。实施长城、大运河、水下文物保护等一批重点文物保护工程，加强预防性保护、文物本体周边环境整体保护，让文物之美与经济社会发展相得益彰。

三是要大力推进合理利用。习近平总书记指出，文物承载灿烂文明，传承历史文化，维系民族精神，是老祖宗留给我们的宝贵遗产，是加强社会主义精神文明建设的深厚滋养。总书记强调，要加大文物保护力度，推进文物合理适度利用，使文物保护成果更多惠及人民群众。这就是说，保护文物是为了留下历史、留下民族共同记忆，也是为了弘扬中华优秀传统文化，培育、巩固和发展文化自信，凝聚起实现中华民族伟大复兴中国梦的文化力量。要积极构建文物价值传播体系，加强文物资源梳理和研究阐释，深入挖掘蕴藏在文物资源中的文化基因、民族精神，努力实现中华优秀传统文化创造性转化、创新性发展。积极构建革命文化精神谱系，实施好革命文物保护利用工程，统筹革命文化传承与红色旅游开发，传承红色基因、弘扬革命文化。充分发挥博物馆、文物保护单位的公共文化服务阵地作用，扩大开放范围、提升服务效能。激发文博单位创新活力，分类开展博物馆法人治理结构建设，推进非国有博物馆法人财产权确权，鼓励开发文化文物创意产品。提高博物馆策展能力，策划推出精品文物展览和重大主题展览。积极推动出台民间收藏文物的政策文件，及时总结文物流通领域登记交易制度试点经验，促进文物市场活跃有序发展。释放文物资源在助推旅游发展、新型城镇化和美丽乡村建设等方面的潜力，探索统筹文物保护利用与非物质文化遗产保护传承，让文物保护利用融入群众生产生活实践，促进经济社会可持续发展。

四是要努力讲好中国故事。习近平总书记指出，提高国家文化软实力，要讲好中国故事，传播好中国声音，阐释好中国特色。要系统梳理传统文化资源，让收藏在禁宫里的文物、陈列在广阔大地上的遗产、书写在古籍里的文字都活起来，让中华文明同世界各国人民创造的丰富多彩的文明一道，为人类提供正确的精神指引和强大的精神动力。总书记强调，推动中华优秀传统文化走出去，不能停留在舞个狮子、包个饺子、耍套功夫上，不能满足于向国外提供一些表层文化符号上，关键要把中华优秀传统文化的精神标识提炼出来、展示出来。这就要求我们发挥好文物国际交流的独特优势，拓宽文化交流渠道、提升质量效益，不断提升国家文化软实力和中华文化影响力。要苦练内功，积极构建中华文明标识体系，推出具有国际影响力的国家文化地标和精神标识。实施好“一带一路”文化遗产保护与交流合作专项规划，健全文化遗产保护与申遗跨国合作机制，联合打造具有丝绸之路特色的文化遗产品牌。协调整合国内外资源，积极推进中国援外文物保护工程和中外联合考古项目。实施中华文物走出去精品展示工程，举办有影响、有分量、有新意的文物领域人文交流活动，向世界推介更多具有中国特色、凸显中国精神、蕴含中国智慧的文物精品，展示中华文化魅力，增进交流互鉴。

五是要切实加强基础建设。习近平总书记指出，要加强文化领域制度建设，举旗帜、聚民心、育新人、兴文化、展形象，努力创造光耀时代、光耀世界的中华文化。总书记强调，要聚焦文物保护利用的重点难点问题，加强制度设计和精准管理。这就要求我们以强化制度建设为抓手，不断加强自身建设，提升文物治理现代化水平，努力做到依法、科学、有效管理。深化文物领域“放管服”改革，推动文物部门职能转变，坚持有所为、有所不为，减少微观事务管理，着力谋大局、抓大事、强制度，把更多精力转到抓宏观管理上来。着力健全文物保护利用法治保障体系，加快推动《文物保护法》修订，坚持问题导向，坚持开门立法，多听取专家意见，多关注行业反响，多考虑社会需求，争取在十三届全国人大常委会任期内完成修订。统筹发挥政府和市场作用，支持社会力量参与文物保护利用。人才问题是文物领域的大问题，要加强文物保护管理机构和队伍建设，创新文物领域人才机制，完善人才培养、使用、评价和激励制度，全面提升文物工作者的综合素质和工作能力，推动文物保护管理力量和能力与其承担的职责和任务相适应。着力推动文物保护利用与现代科技融合发展，加大文物科技投入力度，组织考古发掘、维护维修、安全防范、展陈传播等环节的重大技术、关键技术攻关，提升文物保护利用科技水平。

四、做好工作的几点要求

随着中国特色社会主义进入新时代，党和国家机构改革实现新突破，文物工作站在了新起点、踏上了新征程。文物工作者重任在肩、大有可为。做好2019年文物工作，需要把握以下几点要求。

一要树牢“四个意识”、坚决做到“两个维护”。要旗帜鲜明讲政治，牢固树立政治意识、大局意识、核心意识、看齐意识，坚决做到维护习近平总书记核心地位、维护党中央权威和集中统一领导，在思想上政治上行动上同以习近平同志为核心的党中央保持高度一致。加强党对文物工作的全面领导，发挥党总揽全局、协调各方的领导作用，形成党委领导、政府负责、部门协同、社会参与的文物工作格局。牢固树立抓好党建就是最大政绩的观念，切实履行管党治党主体责任和监督责任，以党的政治建设为统领，将全面从严治党持续引向深入。坚决贯彻落实党中央各项决策部署和习近平总书记关于文物工作重要指示批示精神，紧盯不敬畏、不在乎、喊口号、装样子的问题，坚决破除形式主义、官僚主义，推动重大决策部署在文物部门落地见效。文物系统的廉政建设要严之又严，持之以恒抓好作风建设，推动中央八项规定及其实施细则精神落地生根，纠“四风”、树新风，推进标本兼治，以作风建设新成效汇聚文物事业发展正能量。

二要始终保持改革战略定力。改革开放是党和人民大踏步赶上时代的重要法宝，是坚持和发展中国特色社会主义的必由之路。要深入贯彻落实习近平总书记关于全面深化改革重要论述特别是在庆祝改革开放四十周年大会上的重要讲话精神，牢牢把握改革开放的前进方向，坚持问题导向和目标导向相统一，聚焦重点难点，推动改革再深入、工作再抓实。要加强宣传引导，凝聚全系统改革共识，鼓励广大文物工作者勇于变革、敢于担当、大胆探索、善作善成。要注重改革推进方法，正确处理各种关系，特别要处理好长期目标和短期目标、顶层设计和基层探索的关系，坚持科学规划、注重质量、蹄疾步稳、务求实效。各地、各单位要对标中办、国办《关于加强文物保护利用改革若干意见》的16项改革任务，制定切实可行的实施方案，把握差异性、发挥主体性、鼓励首创性，加快补齐工作短板，及时总结推广基层改革经验，确保各项改革任务落到实处。

三要坚决落实高质量发展要求。要注重顶层设计和政策支撑，围绕重点任务、聚焦薄弱环节，优化工作布局，尤其要加强与相关部门协同配合，努力实现最优政策组合和最大整体效果。要积极争取中央有关部门支持，完善国家文物局“三定”规定、优化职能配置，更好发挥行业指导作用。要强化任务落实和责任担当，梯次推进重大举措、重点工作，压茬落实重大工程、重点任务，坚持文物系统上下联动、形成一盘棋，确保按时保质完成各项任务。

同志们，旧岁已展千重锦，新年再上百尺竿。新的一年，文物工作的方向更加明确，文物事业发展的道路更加宽广。让我们紧密团结在以习近平同志为核心的党中央周围，坚持以习近平新时代中国特色社会主义思想为指导，以更加坚定的政治担当、历史担当和责任担当，奋力拼搏、再创佳绩，为建设社会主义文化强国、实现中华民族伟大复兴中国梦作出新的更大贡献！

贯彻数字中国战略　加强文物保护利用传承

——国家文物局局长刘玉珠在首届数字中国建设福州峰会“数字海上丝绸之路”论坛上的致辞

（2018年4月23日）

非常高兴参加首届数字中国建设峰会“数字海上丝绸之路”论坛，很乐意与各位数字大咖、文化遗产专家交流工作、探讨合作。在此，我谨代表国家文物局对“数字海丝”论坛的召开表示热烈祝贺！

国家文物局高度重视“互联网+”、大数据新动能的引领作用。去年，我参加了第四届世界互联网大会的网络文化论坛和互联网发展论坛，“互联网+中华文明”成果展走红互联网之光博览会，社会反响超出预期。今天，我继续当好“推销员”角色，希望为推动文物数字化作出建设性努力，为促进社会参与打开一扇窗。

数字化进程正从经济领域向社会各个领域迅速扩展，文物领域不应也不能在数字中国建设中缺席，要在时代发展的潮流中发展。一是文物资源禀赋独特。文物资源是文化财产和公共财富，拥有无与伦比的社会价值和磁场效应。《国家宝藏》《如果国宝会说话》热播流传就是完美诠释。二是融合创新潜力巨大。推进76.7万处不可移动文物和1.08亿件/套可移动文物数字化，实现13万处文物保护单位和近5000个博物馆互联网全覆盖，传播开发文物领域海量好故事和精彩好内容，这里有不少空白，更多是后发优势。三是消费需求升级强劲。全国每年9亿人走进博物馆，“数字故宫”“数字敦煌”观众如织，“秦汉文明展”赴美展出3个月吸引35万观众，折射出中华传统文化的永恒魅力。这些都为“数字化+互联网”领域提供了更多市场、增长、投资、合作机会。

推动数字中国战略赋能各行各业，既要“搭平台”，也要“树航标”。文物数字化建设尚处于起步阶段，迫切需要破解网络系统互通难、资源信息共享难、融合发展协同难的瓶颈问题。我认为，加快文物数字化建设要强化顶层架构和统筹协调，努力在五个领域扩展和推进：一是做链接，夯实文物数字化+互联网应用基础，打通文物行业“数字高速公路”；二是做共享，强化文物资源、数据、信息开放共享和开发应用，建设国家文物资源大数据库；三是做生态，推进文物+数字化+互联网多领域深度融合，建立基于文物资源信息的融合创新联盟，培育新业态，构筑新动能；四是促传承，创新文物融媒体数字化+互联网传播方式，发展智慧博物馆；五是促服务，以信息化驱动文物治理能力现代化，优化文物政务信息系统，建设全国文物安全监管平台。总而言之，文物数字化建设大有可为，有希望成为很具成长性的广阔蓝海。

中国特色社会主义进入新时代，开启了加强文物保护利用和文化遗产保护传承的新画卷。统筹推进“数字化+互联网+中华文明”融合创新，更好服务经济社会发展大局，更好服务人民对美好生活的向往，更好助力实现中华民族伟大复兴中国梦，中国文物+信息+互联网界也要联手创造文物数字化的“中国样本”和“中国方案”。这是我们的共同使命所在。文物数字化建设源于自身需求，但机会和成果属于全社会。为此，我提出五点建议。

一要搭建对话平台。紧密结合数字中国战略、建设智慧社会，为各方合作谋划大方向和路线图，为社会参与带来更多利好。搭建信息界+文物行业的对话平台，研讨文物数字化+互联网前沿技术、优先领域和应用途径。建立文物部门+信息领域和互联网企业+文物博物馆单位高级别交流机制，对接需求、深化合作。

二要拓宽开放合作。面向社会平等开放文物资源信息，明晰社会参与的法律规制、优惠政策和各方权益。整合资源、创意、人才、资金、市场，推进文物数字化建设的协同创新、成果转移和社会共享。落实与互联网龙头企业战略合作协议，孵化更多中小企业参与的开放式融合发展平台。

三要聚焦需求对接。布局建设文物领域互联互通网络基础设施和条件平台，探索政府和社会资本合作（PPP）与特许经营模式，焕发社会参与创造力。以信息共享、大数据、跨界创意和智慧应用为重点，发展文物+数字领域的共享经济、体验服务和新兴消费。推进“互联网+中华文明”三年行动计划，支持各方力量运用市场机制开发更多文化产品，释放文化消费活力。

四要打造智慧网络。创新让文物活起来的多样模式，构建中华五千年文明智慧网络传播矩阵，更好凝聚同心共筑中国梦的文化自信。建设“一带一路”文化遗产网上长廊，展现真实、立体、全面的古老中国和现代中国，增强中华文化国际影响力。

五要便利社会参与。推行文物行政许可标准化，实现文物领域政务服务一网办通。实施文化金融扶持计划，策划文物数字化项目路演活动，推介优秀项目与金融、投资机构对接。探索社会参与文物保护利用准入前国民待遇加负面清单管理制度，降低制度性交易成本，实现社会平等参与、自主进入市场、市场配置要素。

五年前，习近平主席提出了共建“一带一路”倡议，要求积极促进“一带一路”国际合作，打造国际合作新平台，增添共同发展新动力。加强海上丝绸之路研究、保护、合作，是贯彻共建“一带一路”倡议的实质举措。国家文物局高度重视“海丝”保护和申遗工作，将“海丝”纳入《中国世界文化遗产预备名单》，支持成立“海丝”保护和联合申遗城市联盟，举办“海丝”文物精品巡展，建设“海丝”文物藏品数字管理系统；实施“一带一路”文化遗产保护与交流合作专项规划，推进“一带一路”沿线国家的援外文物保护工程和合作考古项目，选派中国文化遗产专家参加世界遗产中心“海丝”概念文件写作组。举办首届数字中国建设峰会数字“海丝”论坛恰逢其时、意义重大。我相信本届“海丝”论坛定能为“海丝”保护和申遗贡献智慧和力量，期待与会嘉宾畅所欲言、分享真知灼见。中方欢迎并支持与更多国际同行、遗产专家加强交流、共享经验，健全“海丝”保护与申遗跨国合作机制。在此，作为论坛联合举办方，我代表国家文物局，对长期以来致力于“海丝”研究、保护、合作的各界人士表示崇高敬意！2018年中国“文化和自然遗产日”期间，国家文物局、广州市政府将举办“海丝”国际学术研讨会，欢迎并邀请各位嘉宾交流指导。

预祝首届数字中国建设峰会“数字海丝”论坛圆满成功！

衷心希望各界人士积极参与文物数字化建设，相向而行、渐次开花！

携手推进"一带一路"文物国际合作

——国家文物局局长刘玉珠
在"海上丝绸之路：研究　保护　合作"
国际学术研讨会上的主旨发言

（2018年6月9日）

今年是中国国家主席习近平提出"一带一路"倡议五周年。在"孟夏之日，万物并秀"的美好时节，在中国"文化和自然遗产日"到来之际，我们相聚千年古港——广州，围绕"海上丝绸之路：研究保护合作"的主题，共享丝绸之路历史记忆，共襄"一带一路"交流合作，适逢其时，很有意义。

首先，我谨代表中国国家文物局，对各位嘉宾的到来表示诚挚的欢迎！对国际学术研讨会的召开表示热烈的祝贺！对长期以来致力于"一带一路"文物保护利用国际合作的各界人士表示崇高的敬意！对精心筹办国际学术研讨会的广州市政府表示衷心的感谢！

"一带一路"建设植根历史，具有源远流长的人文基础。纵观人类文明进程，古丝绸之路以其连接文明形态之多、跨越历史时期之长而著称于世。驼背承载的，不仅有丝绸和茶叶，还有文化和精神。航海跨越的，不只是路途的遥远，还有心灵的距离。从中国陕西历史博物馆珍藏的"鎏金铜蚕"到斯里兰卡国家博物馆收藏的"布施锡兰山佛寺碑"，从中国海域打捞的宋代沉船"南海Ⅰ号"到印尼海域发现的唐代沉船"黑石号"，从中国刺桐港到埃及亚历山大港……这些人类文明的宝贵遗产，既是实证丝绸之路辉煌的"活化石"，更是传承友好交往的"催化剂"，积淀了历久弥新的"丝路精神"，搭建了解彼此、走进彼此的文化通道。"一带一路"延伸之处，是人文交流集聚活跃之地。丰厚的文明底蕴、契合的民心相通，为"一带一路"倡议在沿线国家相向而行、渐次开花，提供了无可替代的文化沃土和社会根基，在增信释疑、扩大共识、促进合作、推动发展中发挥着越来越重要的助推作用。

五年来，"一带一路"建设逐渐从理念转化为行动，从愿景转变为现实，各领域建设成果丰硕。携手推进"一带一路"文物国际合作成为中外人文交流的新亮点，跨国联合申报世界文化遗产、涉外文物合作保护工程和联合考古项目成为文化领域"一带一路"建设的重要早期收获，中国逐步向国际文化遗产领域的参与者、贡献者和引领者转变。

这是国家元首不断参与的五年。文物外交的独特魅力日益受到世界各国国家元首和政府首脑的高度重视，文物博物馆场所已经成为开展外事活动的"国家客厅"。五年来，习近平主席对擘画"一带一路"人文交流作指示、致贺信10余次，出席文物国际合作活动和考察丝绸之路文化遗产20余次，向世界推介中华文化、展示文化自信。2013年习近平主席为列支敦士登王室珍藏展致贺信；2014年与法国奥朗德总统为"汉风——中国汉代文物展"题写序言并共同担任监护人；2015年在古城西安迎接印度莫迪总理，参观大慈恩寺、同登大雁塔；2016年与沙特阿拉伯萨勒曼国王见证签署文化遗产领域交流合作谅解备忘录，与秘鲁库斯琴科总统参观华夏瑰宝秘鲁行文物展，二十国集团领导人杭州峰会聚首世界遗产西湖之畔；2017年与萨勒曼国王出席“阿拉伯之路——沙特出土文物展”闭幕式，与缅甸廷觉总统见证签署《关于防止盗窃、盗掘和非法进出境文化财产的协定》，文化遗产图片展闪亮金砖国家领导人厦门会晤；2018年与法国马克龙总统见证签署文化遗产领域合作协议，与印度莫迪总理欣赏湖北省博物馆精品文物展。推进文明交流互鉴、加强文化遗产合作，一再写入“一带一路”建设的政策文件和国事访问成果清单。

这是合作领域不断拓展的五年。中国、哈萨克斯坦、吉尔吉斯斯坦联合申报的“丝绸之路：长安—天山廊道的路网”项目列入《世界遗产名录》，这是中国首个跨国合作、成功申遗的标志性成果。“一带一路”文物交流合作机制建设稳中有进，中国与尼日利亚、瑞士、塞浦路斯、柬埔寨、缅甸分别签署关于防止盗窃、盗掘和非法进出境文化财产双边协定，与沙特、希腊、印尼、缅甸、塞尔维亚、法国、英国签署促进文化遗产领域交流合作谅解备忘录，促成一批中国流失海外文物回归。中国与意大利、约旦的世界文化遗产地互结友好关系，中国文物专家团队应邀参与缅甸妙乌古城申遗工作，中国文博创意产品精彩亮相德国法兰克福世界展览会。

这是文物展览不断出彩的五年。文物进出境展览是丰富文化外交的“金名片”，是文明对话、民心相通的“解码器”。2013年以来中国文物出境展览累计250多个、文物入境展览130多个，展出地域实现突破，策展模式有所创新，社会反响超出预期。服务国家外交大局，举办纪念中国与法国建交50周年、中国与坦桑尼亚建交50周年、中国与马来西亚建交40周年、中国与拉脱维亚建交25周年、中国与斯里兰卡建交60周年文物展览，“文物带你看中国”数字展示系统实现30个海外中国文化中心的全覆盖。打造丝绸之路文化展览品牌，赴拉脱维亚、立陶宛举办丝绸之路瑰宝展，赴坦桑尼亚、德国、意大利、斯里兰卡举办海上丝绸之路历史文化展，中国、哈萨克斯坦、吉尔吉斯斯坦联合举办“绵亘万里：世界遗产丝绸之路”。俄罗斯、意大利、波兰、捷克、柬埔寨、阿富汗等“一带一路”参与国来华举办各类文物珍宝展，让中国人民不出国门就能领略异域风情、增进相互了解。

这是人员交往不断密切的五年。“一带一路”参与国文化遗产领域高层互访日益频繁，人员交流更加深入，双向开展文物保护、联合考古、学术研究、参访讲学、研讨研修、策展创意，轮流举办文化遗产论坛，交流工作、探讨合作。举办首届中国—中东欧国家文化遗产论坛、文化遗产与“一带一路”论坛、“一带一路”文化遗产保护交流合作论坛和国际博物馆合作学术研讨会，发布《澜湄流域国家文化遗产保护与推广合作交流昆明倡议》，创立丝绸之路国际博物馆联盟，举办中国—东盟文博考古人才培训班，出席沙特考古论坛，在交流中拉近了人民心与心的距离。

这是国际责任不断彰显的五年。中国援外文物合作保护工程和涉外联合考古项目初具规模、初见成效，援外文物合作保护工程涉及“一带一路”6国8个项目，联合考古项目涉及12国15个项目，展现负责任大国形象。完成援助柬埔寨吴哥古迹茶胶寺和蒙古科伦巴尔古塔合作修缮工程，推进乌兹别克斯坦希瓦古城和尼泊尔加德满都九层神庙合作保护工程，启动缅甸蒲甘佛塔合作抢险工程。中国为世界文化遗产吴哥古迹保护做出了历史性贡献，成为柬埔寨柏威夏寺国际协调委员会联合主席国，整合柬埔寨“两地四处”（即暹粒省茶胶寺、王宫遗址、崩密列寺遗址和柏威夏省柏威夏寺）文化遗产合作保护工程。中国国家领导人无论是出访还是会见国宾，多次提及涉外文物合作保护工程和联合考古项目，文物国际合作被写入双边文件并有效执行。2016年习近平主席在乌兹别克斯坦接见了中国考古和文物专家团队，点赞他们“为恢复丝绸之路历史风貌作出了重要努力”。中方支持保护濒危文化遗产国际行动，国家文物局主要负责人作为中国政府代表参加了保护濒危文化遗产阿布扎比国际会议，推动中国国家博物馆成为国际文物避难所，向濒危文化遗产保护国际基金捐款。

“国之交在于民相亲，民相亲在于心相通。”人文交流是深化国家关系的“基础设施”，是推进人民友好的“聚心工程”。伴随中华民族的复兴征程，焕发古老丝绸之路的勃勃生机，“一带一路”文物国际合作正当其势、大有可为。这里，我就深化“一带一路”文物国际合作谈几点建议，与各位嘉宾交流探讨。

一是做好战略对接。“一带一路”建设已经迈出坚实步伐，80多个国家和国际组织已同中国签署合作协议。中方愿以“一带一路”建设为引领，加强顶层设计和统筹协调，尊重彼此利益和重要关切，对接各国发展战略和人民美好生活需要，对接丝绸之路文物资源禀赋和文物保护规划，对接人文交流行动计划和文物保护利用合作协议，为文物国际合作确定大方向和路线图，为“一带一路”参与国文物管理部门和文物保护机构交流合作带来更多利好。前不久，中国新设了国家国际发展合作署，充分体现了中国政府对国际发展合作的高度重视。推动将文物国际合作整体纳入中国国际发展合作体系，完善中国对外文物交流合作多部门协调、各地区联动的长效机制。

二是搭建对话平台。依托丝绸之路（敦煌）文化遗产国际论坛、“一带一路”文化遗产保护交流合作论坛和中国—中东欧国家文化遗产论坛，把对话当作“黄金法则”用起来，把文化遗产论坛办成跨国家跨区域对话协商和友好合作的创新典范。创新文物国际合作协调联络机制，推动将文物国际合作纳入“一带一路”参与国高级别人文交流机制，搭建更多合作平台，开辟更多合作渠道，共享更多合作成果。

三是聚焦务实合作。中方乐见并促进与“一带一路”参与国文物管理部门和文物保护机构加强多层次、多领域、多形式的交流合作，推动务实项目，扩大获得感。紧扣重大活动、重大事件、重要会议、重要展会和国家文化年、文化节，举办有影响有分量的文物领域人文交流系列活动。坚持有来有往，实施文物外展精品工程，打造文物外交品牌。依托中国海外文化阵地和海外机构，搭建多层次机制性文物国际合作新平台，与国外文物机构共建合作传播基地，增强中华文化国际传播力、影响力。以信息共享、智能应用、体验服务和跨界创意为重点，建设“一带一路”文化遗产智慧网络长廊。共商共建丝绸之路和海上丝绸之路文化遗产合作保护与跨国申遗协作机制，联合打造具有丝绸之路特色的旅游产品和遗产保护品牌。

四是加强国际合作。推动中国与更多“一带一路”参与国签署防止盗窃盗掘和非法进出境文化财产双边协定、文化遗产领域政府部门间合作谅解备忘录，构建稳定多维的政府间文化遗产国际合作网络。中方将积极参与文化遗产领域全球治理和公共产品供给，加强与文化遗产国际组织和“一带一路”参与国的交流合作，参与文化遗产国际公约的制定与完善，支持武装冲突地区濒危文化遗产保护国际行动，共同防范打击非法劫掠、盗窃、盗掘及走私文物行为。希望各方提升文物国际合作便利化程度，促进政策、规则、标准的联通，多做行动派、实干家，推进涉外文物合作保护工程、联合考古项目和人文交流项目有序实施、早见成效。

加强海上丝绸之路研究、保护、合作，是贯彻落实“一带一路”倡议的实质举措。中国国家文物局高度重视海上丝绸之路保护和申遗工作，将海上丝绸之路相关文化遗产纳入《中国世界文化遗产预备名单》，选派中国文物专家参加世界遗产中心海上丝绸之路概念文件写作组；成立海上丝绸之路保护和联合申遗城市联盟，由广州作为牵头城市推动相关工作；举办海上丝绸之路文物精品巡展，建设海上丝绸之路文物藏品数字管理系统，编制实施“一带一路”文化遗产保护与交流合作专项规划。中方愿意为海上丝绸之路合作保护和跨国申遗继续作出建设性努力，同时欢迎更多国际同行、文化遗产专家围绕海上丝绸之路概念界定、遗产梳理、保护理念、申遗策略等主题，深化交流、凝聚共识，共享经验、协同研究，为海上丝绸之路保护申遗贡献更多的智慧和力量。期待与会嘉宾畅所欲言、分享真知灼见。

预祝“海上丝绸之路：研究　保护　合作”国际学术研讨会圆满成功！

衷心希望各界人士积极参与“一带一路”文物国际合作，互利共赢，共同发展！

学习贯彻中央重大决策部署 奋力推进新时代文物保护利用改革

——国家文物局局长刘玉珠在全国文物局长座谈会上的讲话

（2018年7月24日）

2018年全国文物局长座谈会的主题是以习近平新时代中国特色社会主义思想为指导，深入贯彻落实党的十九大精神，增强"四个意识"，坚定"四个自信"，自觉在思想上政治上行动上同党中央保持高度一致；深入学习贯彻中央重大决策部署，激发改革活力，激励干部作为，奋力推进新时代文物事业改革发展。上午，在全国文物系统先进集体和先进工作者表彰会上，传达了黄坤明同志作出的重要批示；雒树刚部长作了重要讲话，强调要以贯彻落实两个中央重要文件精神为引领，弘扬先进、振奋精神，顺势而为、乘势而上，敢于担当、攻坚克难，为全面推进新时代文物保护利用改革再立新功、再创佳绩。我们要认真贯彻，抓好落实。

按照中央部署要求，2018年上半年国家文物局集中力量推动出台两个中央重要文件。7月上旬，习近平总书记主持召开中央深改委第三次会议，审议通过了《关于加强文物保护利用改革的若干意见》；经中央领导同志同意，7月29日，中办、国办印发的《关于实施革命文物保护利用工程（2018～2022年）的意见》发布实施。学习好、贯彻好、落实好两个中央重要文件精神是当前文物行业的首要任务，事关新时代文物事业改革发展大计。下面，我讲三方面意见。

一、充分认识加强新时代文物保护利用改革的重大意义

两个中央重要文件，是党中央立足实现中华民族伟大复兴中国梦战略高度、着眼推进社会主义文化强国建设作出的重大决策部署，充分体现了以习近平同志为核心的党中央高度重视文物工作的文化自觉，充分体现了我们党传承中华文明、坚定文化自信的历史责任。对于加强文物保护利用改革的重要性和紧迫性，应放到新时代背景下、站在更高层次上来认识和把握。

这两个中央重要文件，是全面贯彻落实习近平新时代中国特色社会主义思想和党的十九大精神的关键举措。党的十八大以来，加强文物保护、让文物活起来是习近平总书记念兹在兹的大事，突出体现在四个方面：一是党和国家高度重视，习近平总书记对文物工作累计作出重要指示批示50多次，出席文物领域重要活动20多次，考察文物博物馆单位30多次，提出系列新思想新观点新要求，为新时代文物事业把方向、谋大局、促改革，这在党和国家的历史上前所未有。二是国事活动频频亮相，文物博物馆场所已经成为开展中国主场外交的"国家客厅"，推进文明交流互鉴、加强文化遗产合作一再写入国事访问成果清单。三是国际舞台不断出彩，携手推进"一带一路"文物国际合作成为中外人文交流的"金色名片"，跨国联合申遗、涉外文物保护工程和联合考古项目成为文化领域“一带一路”建设的重要收获。四是让文物活起来正在从理念转化为行动，文物保护利用成果不断走进生活、走近百姓、走向世界。党的十九大报告，明确要求“加强文物保护利用和文化遗产保护传承”，“让中华文化展现出永久魅力和时代风采”。总而言之，把新时代文物工作放在党和国家事业发展全局中来谋划、放在满足人民对美好生活向往中来推进，既是大势使然，更是使命所在。

这两个中央重要文件，是中央直接部署、各方鼎力协作的重要成果。对改革开放40周年最好的纪念就是要在改革开放上有新作为。2018年1月下旬，习近平总书记主持召开中央深改领导小组第二次会议，审议通过了中央部门贯彻实施十九大报告重要改革举措分工方案和中央深改领导小组2018年工作要点，将研究制定关于加强文物保护利用改革方案列为2018年改革任务，意味着新时代文物事业改革发展已纳入中央全面深化改革的整体部署。在中央改革办和中央文改办的指导下，文化和旅游部、国家文物局在深入调研、梳理问题、借鉴国外经验的基础上，研究起草了文件征求意见稿。经征求中央相关部门和中央文改领导小组成员意见，形成了送审稿。送审稿报中央文改领导小组核审，5月初提交中央改革办，7月上旬中央深改委审议通过。大家关心的改革文件发布事宜，目前正在全力推进中，力争8月以中办、国办名义印发。革命文物保护利用工程文件的起草工作历时一年半，由中宣部、文化和旅游部、国家文物局联合呈报党中央、国务院，7月下旬以中办、国办名义印发。

这两个中央重要文件，是指导新时代文物保护利用改革的根本指南。加强文物保护利用改革，对于加强文化遗产保护传承，对于提高国民素质和社会文明程度，对于增强中华民族自豪感凝聚力和扩大中华文化国际影响力具有重要意义。文物保护利用改革文件，核心是聚焦文物工作的重点难点问题，坚持文物保护利用并重，加强制度设计和精准管理，振奋精神、凝心聚力，锐意改革、善谋实干，在保护中发展，在发展中保护，推动文物工作更好服务经济社会发展大局，更好满足人民日益增长的美好生活需要，不断推进新时代文物工作再上新台阶，不断推进文物治理体系和治理能力现代化，努力走出一条符合国情的文物保护利用之路。这个文件的分量是很重的，是一个有含金量、管全面、管长远的文件，是一个指导性、针对性、前瞻性都很强的纲领性文件，是做好新时代文物工作的总抓手。实施革命文物保护利用工程是加强文物保护利用改革的重要内容，其主要目的是进一步加强革命文物资源整合、统筹规划和整体保护，进一步发挥革命文物服务大局、资政育人和推动发展的独特作用，进一步完善革命文物保护利用财政保障机制，继承革命文化，弘扬革命精神，促进革命老区振兴发展。

二、扎实推进新时代文物保护利用改革部署

中央重大决策部署，为奋力推进新时代文物工作提供了历史性机遇，下一步的重中之重则是抓落实、见实效。正如习近平总书记所指出的，制定文件只是万里长征走出第一步，关键还在于落实文件。如果不沉下心来抓落实，再好的目标，再好的蓝图，也是镜中花、水中月。我们要推动思想再解放、改革再深入、工作再抓实，全面准确把握中央文件提出的改革精神、改革部署、改革要求，不折不扣落实落细落地各项文物保护利用改革任务。

一是统一思想，凝聚共识。要加强学习，吃透精神，下半年要在全国文物系统掀起学习贯彻两个中央重要文件精神热潮，全面领会文物保护利用改革的指导思想、基本原则和目标任务，准确把握中央提出的战略意图和重大部署；全面领会文物保护利用改革的新思想新要求新举措，准确把握新时代文物工作的新机遇新使命新担当，切实把思想和行动统一到中央部署要求上来。要加大正面宣传，加强舆情监测，主动解读、准确传递文物保护利用改革要义，预判引导重大改革举措的实施效应和社会反应，跟踪报道有分量、有影响的改革进展和成果，把推进改革的大氛围营造好。这次加强文物保护利用改革力度不小，存在认识上的分歧和思想上的疑虑是难免的。要及时回应各方关切，说清楚党中央的考虑、推进改革的有利条件、矛盾困难和实施方案，把情况说明了、道理讲透了，争取更多支持改革的正能量。要解放思想、转变观念，进一步推动文物部门按职责定位履职尽责；国家文物局和省级文物局要由“办文物”向“管文物”转变，为习惯性的事务工作“减负”、为创新性的宏观管理“加薪”，应把有限力量和更多精力放到管政策、管规划、管标准、管评价、管引导上来，放到做调研、强督察、搞协调、聚人才、优服务上来，放到解决问题、推进改革、服务基层上来。改革绝不是轻轻松松、敲锣打鼓就能实现的，推进改革的复杂程度、敏感程度、艰巨程度远超预期，对此我们要有足够的思想准备，必须准备付出更为坚韧的激情、更为艰巨的努力。不能因为力量不足而等待、困难多而不为、有风险而躲避、有矛盾而不前，而要抓住改革时间窗口，“奋然为之，亦未必难”，切实增强推进改革的信心、决心和恒心，切实增强推进改革的勇气、胆气和锐气，切实增强推进改革的智慧、办法和能力，敢于啃硬骨头、善于打硬仗，锲而不舍、务求实效。对于中央决定和部署的文物保护利用改革事项，必须破除思想障碍、利益羁绊和制度藩篱，做到坚决改、动真格，而不能挑挑拣拣、避重就轻。

二是突出重点，整体推进。深化改革，好比弹钢琴，十个指头不可平均用力，而应把握轻重缓急、有序整体推进。要善于牵住文物保护利用改革“牛鼻子”，盯住重点领域和关键环节，梯次推出具有标志性、关键性、引领性作用的重大举措，压茬推进重点工作，攻坚克难、取得突破。

要坚持党对文物工作的领导，发挥党在文物工作中总揽全局、协调各方的领导作用，形成党委领导、政府负责、部门协同、社会参与的文物工作格局。坚持依法保护利用，把确保文物安全放在首要位置，打赢文物安全防范攻坚战，切实加大文物保护力度，健全文物保护利用法律制度和标准规范，划定文物保护利用的红线和底线，推动落实文物保护属地管理要求和地方政府主体责任，提升全社会文物保护法治意识。坚持创造性转化、创新性发展，加强文物价值的挖掘阐释和传播利用，让文物活起来，让历史说话，使其成为实现中华民族伟大复兴中国梦的独特优势和精神力量。

要做好大力推进文物合理利用这篇大文章，不仅要在政策、机制上有所突破，而且要在管理、实践中有所创新。要积极争取有关部门的理解和支持，不断完善文物合理利用的法律、政策、制度、标准，盘活用好文物资源，开放共享文物资源。要按照中央部署要求，在中宣部的指导下，探索构建中华文明标识体系，推进中华文明探源工程，推介一批国家文化地标和精神标识，增强中华民族自信心凝聚力。实施中华文物全媒体传播计划，深入挖掘文物领域海量好故事和精彩好内容，生动传播文物蕴含的文化精髓和时代风采。深化“一带一路”文物交流合作，推进中国援外文物保护工程和联合考古项目，增强中华文化国际传播力影响力。

要多措并举健全社会参与机制，充分释放社会参与文物保护利用的潜力和动能。面向社会平等开放文物资源，明晰社会力量进入文物领域的法律规制、政策边界和各方权益，支持社会力量拓展不同类型文物合理利用的实现途径，提供多样化多层次的文化产品与服务。探索社会参与文物保护利用负面清单管理制度，公布文物领域政府购买公共服务指导性目录，实现社会平等参与、市场配置要素，提升社会参与的荣誉感、安全感和获得感。研究论证国有不可移动文物的所有权、使用权、管理权“三权分置”的可行性，探索社会力量参与国有不可移动文物使用、运营、管理。在拓展农村宅基地制度改革试点的基础上，严守文物所有权不改变、文物保护红线不突破、农民利益不受损的底线，鼓励通过流转等方式取得属于文物建筑的农民房屋及其宅基地使用权。对适度放活国有不可移动文物和文物建筑使用权的创新举措，要精心考虑、精密设计实操方案，做到稳扎稳打、不搞急就章。

要着力推进革命文物保护利用工程，全面提升革命文物工作水平。要在中宣部、国家发展改革委、财政部、文化和旅游部等有关部门的大力支持下，以实施百年党史文物保护展示工程、革命文物集中连片保护利用工程、长征文化线路整体保护工程、革命文物主题保护展示工程、革命文物陈列展览精品工程、革命文物宣传传播工程为重要抓手，显著改善革命文物保护利用状况，更好展现中国共产党革命精神谱系和中华民族精神追求，更好展现我们党的伟大历史贡献。要将革命文物片区作为革命文物保护利用的主战场，总结推广赣南等原中央苏区、延安革命旧址整体保护经验，确定公布革命文物保护利用片区分县名单，整合资源、重点扶持，推进革命文物的整体规划、连片保护、统筹展示、示范引领，助力革命老区打赢精准脱贫攻坚战。要建立革命文物工作协调机制，国家文物局要抓紧会商中央财政加大支持革命文物保护的配套举措和实施路径，推动各级财政将革命文物保护作为支持重点。

三是分类施策，试点先行。文物保护利用改革文件围绕保护利用、传播传承主题推出了系列政策举措“组合拳”。进入文物保护利用改革的“施工高峰期”，关键在于吃透文件要旨，挖掘政策含金量，明晰各项改革举措的答卷思路和细化方案，做到分类施策、精准施策，用好用活用足政策，打通政策落地的“最后一公里”。要坚持问题导向，抓实重点任务，突破薄弱环节，补齐制度短板，不断提升改革精确发力和精准落地能力，不断提升实施方案上连天线、下接地气和实施措施务实管用、便于执行程度，使文物保护利用改革更好对接发展所需、基层所盼、民心所向。对像文物资源资产管理、国家文物督察、文物对外传播这类打基础、谋长远的制度性改革，要深入调研、找准问题，搞好制度设计、有力有序推进；对像建设全国文物安全监管平台、推进“多规合一”、土地储备考古前置、出土文物移交这类切口小、方向明、见效快的具体改革举措，要盯紧抓牢、跟踪落实；对像中华文明探源工程、“考古中国”重大研究、革命文物保护利用工程、文物平安工程、文物外展精品工程、新时代文物人才建设工程这类重点工程要科学组织，早安排早行动早见效；对像文物合理利用、社会参与这类面上提出原则性要求、鼓励性的改革举措，要注重舆论引导，形成合理预期；对像国家文物保护利用示范区、赋予博物馆更大办馆自主权这类具有探路性质的改革试点，要大胆探索，适时总结推广；对像文物流通领域登记交易、《文物保护法》修订这类牵涉面广、难度大的改革任务，要探索可行、获得授权，上下联动、合力攻坚。要树立改革系统思维，一手抓改革举措的出台落地，一手抓法治建设的深耕细作，注重各项改革措施的相互促进、相得益彰，推动国家文物保护利用示范区、革命文物保护利用片区和有条件的地区实现改革举措集成创新，促进改革由点及面、串点成线、积厚成势。

试点是改革的重要任务，更是改革的重要方法。对认识还不够深入但又必须推进的文物保护利用改革，要坚持试点先行，发挥改革试点的侦察兵和先遣队作用，找出规律、积累经验。要注重总结基层经验，坚持眼睛向下、脚步向下，多推有地方特点的改革，对率先突破、取得经验的，要及时拿到面上研究，条件成熟的要及时推广。

建立国家文物保护利用示范区是中央部署的一项重要制度性安排，旨在为文物保护利用的政策实践和制度建设提供新平台和“试验田”。要依托不同类型文物资源，综合考虑资源禀赋、保护状况、地理条件、区域发展、已有工作等因素，统筹规划和整体推进文物资源密集区的文物保护利用，创新文物保护利用的体制机制和方法途径，延伸价值链，形成新业态，激活新动能，形成规模效益，发挥示范效应。要制定创建标准、规范遴选程序，多在优化资源配置上下功夫，用制度创新盘活资源、提高效能、推动发展，打造文物保护利用的“国家样本”。

开展国家文物督察试点，加强国家文物督察力量。根据各地文物资源状况和近年文物安全工作存在的突出问题，试行向文物安全形势严峻、文物违法犯罪案件和文物安全事故多发地区派驻文物督察专员，强化中央层面的文物督察监管，督促地方政府切实履行文物保护属地管理的主体责任。要充分论证各种方案的利弊，强化国家、省级文物督察力度。

开展文物流通领域登记交易制度试点，以发布被盗文物数据库、出台禁止交易文物指导性目录和建立文物案件市场警示机制为基础，鼓励放宽民间收藏文物合法流通，允许非涉案文物和非禁止交易文物经过登记入市流通，促进文物市场活跃有序发展。民间收藏文物如入市流通须经登记方可进行交易，做到文物合法流通“全程留痕”。对涉及的敏感问题和风险因素，要加强研判、做好预案。初步考虑选择具备工作基础的省域开展先行试点。

分类推进博物馆法人治理结构建设，要与有关部门一起努力破解症结，赋予博物馆在决策、用人和绩效等方面的更大办馆自主权，落实博物馆事业单位法人自主权，落实文物博物馆单位开发文化创意产品所得收入的使用管理和适时扩大享受文物进口免税政策的文物收藏单位名单政策，形成维护公益性、调动积极性、保障可持续的博物馆运行机制，激发博物馆创新活力。推进非国有博物馆法人财产权确权，推进非国有博物馆的个人财产向法人财产权的转移，加强对非国有博物馆的服务与支持力度。

积极促进“两大深度融合发展”。要以推进文化和旅游深度融合发展的国家战略为契机，依托文物资源发展遗产旅游、红色旅游，推介文物领域研学旅行、体验旅游、休闲旅游项目和精品旅游线路，让更多文物资源、文物要素转化为高品质的旅游产品和服务。推进文物保护利用与现代科技深度融合发展，以大数据、信息共享、跨界创意和智慧应用为重点，发展文物+数字化+互联网多领域的共享经济、体验服务和新兴消费，建设智慧博物馆，继续推进“互联网+中华文明”行动计划。

四是聚焦制度，夯实基础。要注重顶层设计、配套衔接，注重打基础、立支柱、定架构，注重解决事关长远的体制机制问题，为搭建新时代文物事业发展的“四梁八柱”创造有利条件。要激活制度活力，不光要把制度建起来，还要让制度落地生根、开花结果，发挥制度保障和推动改革的作用。

建立文物资源资产管理机制，实行文物资源资产报告制度。各级政府定期向同级人大常委会报告国有文物资源资产管理情况，是加强文物资源管理、落实党和国家深化国有资产管理改革的基础性制度安排。对我们来说，这是一项全新工作，需要积极探索。要树立文物资源资产理念，廓清资产不等于资本、资产管理不等于资产经营的概念内涵，制定国有文物资源资产管理办法，建立国有文物资源资产动态管理机制。完善常态化的国家文物登录制度，加强对各领域文物资源普查、名录公布的统筹指导和部门协作。

完善不可移动文物保护机制。结合国土空间规划管理职能的统一调整和推进“多规合一”的改革要求，积极会商相关部门出台政策文件，推动将文物保护管理需求作为常项，全面纳入各级国土空间规划编制和实施。改革基本建设考古制度，地方政府在土地储备时，对于存在文物遗存的土地，在依法完成考古调查、勘探、发掘前不得入库，推动出台地方政府土地储备的“先考古、后出让”配套政策和实施方案，地方政府根据文物部门的评估意见和保护建议确定土地出让计划，实现净地出让；考古工作费用由地方政府承担，统一纳入土地成本。这是一项更好服务经济社会发展的创新举措。地方各级文物部门要加强统筹规划，依法加大文物资源配置力度，开展考古出土文物移交专项行动。

创新文物领域人才机制。积极会商人力资源和社会保障部，加快制定文物博物馆事业单位人事管理指导意见，健全人才培养、使用、评价和激励机制，创新用人机制、规范人事管理、提升相关待遇、强化能力建设，切实调动文博事业单位工作人员的积极性创造性。充分认识提高基层文博工作者待遇的现实性和紧迫性，建立多方协调机制，持续推动基层文博工作者待遇水平的稳步提高，既要事业留人，也要待遇留人。出台文物保护工程从业资格管理制度，推动对文物保护、修复、鉴定从业资格的统一设置、统一管理。完善文物保护财政支持政策，推动文物保护领域中央与地方财政事权和支出责任划分改革，落实各级财政的文物保护支出责任和配套政策，进一步推动文物保护由抢救性保护向抢救性与预防性保护并重、由文物本体保护向文物本体与周边环境整体保护并重转变。

加快推进《文物保护法》修订工作。法律是文物保护依法行政、加强管理的“重器”，完善法律是加强文物保护利用改革的内在需要和有力支撑。要在前期工作的基础上深化立法研究、完善修订草案，力争在十三届全国人大常委会任期内完成《文物保护法》修订任务。推进科学立法、民主立法、依法立法，既要坚持开门立法，也要坚持问题导向，对有利于文物保护利用、有利于文物事业发展的重要修改，要进一步研究论证、完备立法依据；对反映新时代要求、解决现实问题的重要内容，要充分体现、预留空间，做到以良法促进发展、保障善治。

借此机会，这里特别讲一讲文物保护管理机构队伍建设问题。新一轮中央和地方机构改革是一场系统性、整体性、重构性的变革，对文物系统的影响面之广是以往所没有的，省市县文物行政部门和文博事业单位被撤并有加剧趋势。国家文物局正在多方争取中央政策支持，推动对国家文物局机关优化职能配置、改革机构设置，对革命文物、社会文物、文物资源资产、文物国际合作等充实管理力量，提升管理能力。地方文物部门特别是主要负责同志要抓住党加强对文物工作领导的机遇，在地方机构改革中积极争取地方党委和政府的理解和支持，确保文物保护管理工作力量与其承担的职责和任务相适应，确保省级有“脑”、基层有“腿”。推动这项工作很不容易，也要克服畏难情绪、全力而为、稳定队伍、守住阵地。

三、确保新时代文物保护利用改革任务落到实处

一要提高政治站位，增强改革动力。2018年党中央对新时代文物保护利用改革作出总部署、总动员，令人鼓舞，催人奋进。全国文物系统干部职工特别是各级领导干部要深刻认识文物保护利用改革的重要性和紧迫性，坚决拥护、坚决贯彻、坚决落实党中央作出的重大决策部署，在加强文物保护利用改革上同党中央保持高度一致。要善于把自觉维护中央大政方针的统一性、严肃性和因地制宜、主观能动性结合起来，既坚决按中央确定的方向、目标、原则办事，又勇于探索、勇于创造。要激励干部作为，学习弘扬全国文物系统先进集体和先进工作者的积极有为、竞相奉献精神，提高各级文物部门的大局意识、责任意识和管理能力，引导广大文物工作者树立与文物保护利用改革相适应的思想作风和担当精神，拿出我们的改革热情和韧劲，展现我们的改革智慧和面貌，既当改革促进派、又当改革实干家，不搞花拳绣腿、不做表面文章。地方文物部门要积极行动起来，主动有所作为，主动接受党委领导，主动争取党政领导支持，着力提高抓大事、促改革的能力，争取解决一些长期没能解决或者不易解决的难题。

二要加强督查，落实责任。加强文物保护利用改革，既要有“路线图”，也离不开“施工图”。推动尽早印发《关于加强文物保护利用改革的若干意见》重要任务部门分工方案和国家文物局党组成员、局机关各部门主要任务分工方案，突出每项改革举措的改革路径、成果形式、时间进度，成为指导和推动今后一个时期文物保护利用改革的总施工图，长抓不懈、久久为功。要建立文物保护利用改革任务督办总台账、落实督办责任制，明确责任主体、关键环节和时间节点，对重点任务一件一件对账督办。要抓住关键少数，各级文物部门领导干部特别是主要负责同志要对落实改革任务发挥示范引领作用，带头履职尽责，带头担当作为，带头承担责任，一级带着一级干，一级做给一级看，以担当带动担当，以作为促进作为。国家文物局要在落实改革任务上走在前、作表率，实行党组成员牵头负责制，结合年度工作要点加以推进督办，凡事都要有人去管、去盯、去促、去干。地方文物部门也要列出改革清单和施工图，推动改革举措落地见效，形成抓工作与促改革的良性循环。要加强部门协作、形成合力，文物部门要履行好统筹协调职责，主动跟进、深入跟进、持续跟进；需要多部门参与的改革事项，一起会商、共同推进，强化制度供给和资源要素支持，推动改革举措落实到政策支持、制度配套和长效机制上来。要坚持上下联动、形成一盘棋，国家文物局多作谋划、部署，省级文物局多作组织、协调，市县文物部门多做实施、落地，实现上下衔接、各有侧重、同向发力、一体推进。

三要尽早部署，精心实施。完成党中央部署的文物保护利用改革任务，关键要看前两年，万事开头难，起跑决定后程。2018年是文物保护利用改革起步年，2019年是改革落地见效年。要进一步明确深化改革的战略重点、优先顺序、主攻方向和路线图、时间表，迅速行动、精心组织，蹄疾步稳、有效推进，从像加强文物保护管理机构队伍建设这类最紧迫的事项做起，从像引导民间收藏文物保护利用这类社会各界最期盼的领域改起，从制约文物事业发展的突出问题改起，从各方能够达成共识的关键环节改起，尽快推出一些立竿见影的改革举措，注重实绩、注重实效。要结合党中央、国务院开展国有资产清查和政府资产报告试点，今年要编制提交文物资产报告。对于革命文物保护利用工程，今年要由中宣部、财政部、国家文物局公布革命文物保护利用片区分县名单，细化支持政策，明年要遴选若干片区作为示范引领、重点推进；今年还要推介一批庆祝改革开放40周年陈列展览精品、开展系列主题活动。对于国家文物保护利用示范区建设，要根据改革需要和试点条件，合理设置试点领域和层级，尽快启动。对于博物馆领域改革，今年要召开好全国博物馆工作会议，争取出台促进博物馆改革发展的政策文件。对于探索文物流通领域登记交易制度，要抓紧文件出台、简化制度设计，在试点中积累新鲜经验。对于《文物保护法》修订，要制定具体方案，争取明年上报修订草案。中央刚刚印发了十九大报告重要改革举措实施规划，提出2020年研究制定关于让文物活起来、扩大中华文化国际影响力的实施意见，这既是利好，更是挑战，要结合文物保护利用改革文件的贯彻落实工作，提前谋划、深入调研，加强沟通、做好准备。衷心希望同志们在会议讨论中对于更好贯彻落实中央重大决策部署畅所欲言、深入交流，多提建设性的意见和建议。

同志们，百舸争流千帆竞，乘风破浪正远航。让我们紧密团结在以习近平同志为核心的党中央周围，上上下下一条心、方方面面同努力，锐意进取、改革创新，切实要把机遇变动力，动力激发活力，一步一个脚印，积小胜为大胜，沿着党中央指明的前进方向、开辟的广阔前景，不断把文物保护利用改革推进到一个新境界新阶段，奋力开创新时代文物工作新局面。

国家文物局局长刘玉珠在博物馆和文物建筑消防安全大检查工作电视电话会议上的讲话

（2018年9月13日）

近日，巴西国家博物馆突发大火，有着200余年历史、曾作为葡萄牙王宫的历史建筑被基本烧毁，馆内2000余万件藏品仅10%幸存，损失难以估量。刚才，树刚部长传达了习近平总书记重要指示和其他中央领导同志批示要求。今天应急管理部、文化和旅游部、国家文物局共同召开的电视电话会议，就是学习贯彻习近平总书记重要指示和中央领导批示精神的重要举措。

应急管理部黄明书记将就博物馆和文物建筑消防工作作重要讲话，请各级文物行政部门和文物、博物馆单位认真贯彻落实。多年来，各级文物和消防部门密切配合、通力合作，不断强化文物、博物馆单位消防安全监管，持续增强火灾防控能力，为保障我国文化遗产安全做出了重要贡献。借此机会，我代表国家文物局向长期奋战在文物、博物馆单位消防一线的同志们表示衷心的感谢和诚挚的问候！

文物安全是文物工作的红线、底线和生命线，党和国家对此高度重视。党的十八大以来，习近平总书记多次就文物安全作出重要指示批示，为我们指明了方向，提供了遵循。2017年，国务院召开全国文物安全工作会议，国务院办公厅印发《关于进一步加强文物安全工作的实施意见》，对全国文物安全工作进行了全面部署，提出了明确要求。这次会议就是要进一步学习贯彻习近平总书记重要指示精神和中央领导同志重要指示批示要求，落实国务院决策部署，吸取巴西国家博物馆火灾教训，专题研究部署各类文物、博物馆单位消防安全工作。

一、认真学习贯彻习近平总书记关于文物工作的重要论述，充分认识文物安全工作的重要性和紧迫性

党的十八大以来，习近平总书记把文物工作作为弘扬中华民族优秀传统文化、建设社会主义文化强国、维护国家文化安全的重要内容，作出一系列重要论述。这次，针对巴西国家博物馆火灾，习近平总书记要求要认真吸取国内外经验教训，加大隐患排查整改力度，完善安全防控体系，不断提升安全管理水平，切实做好博物馆安保工作。习近平总书记的重要指示语重心长，从坚持和发展中国特色社会主义、实现中华民族伟大复兴中国梦的战略高度，全面科学回答了为什么加强文物保护、怎样加强文物保护等重大理论和实践问题，为新时代推进文物工作、打好文物安全攻坚战提供了思想武器、方向指引、根本遵循和强大动力，具有重大的现实意义和深远的历史意义。我们必须从增强“四个意识”、坚定“四个自信”的高度，认真学习领会，持之以恒抓好贯彻落实。

文物安全是文物保护利用的基础和前提，是决定文物事业发展的生死线，损害文物安全是决不能触碰的高压线。文物安全关系国家历史传承和民族团结，关系社会主义核心价值观的培育，关系人民群众精神家园建设，是弘扬中华优秀传统文化、建设社会主义文化强国、维护国家文化安全的重要内容。我们要充分认识文物安全的重要性和紧迫性，本着对国家负责、对历史负责、对人民负责的态度，警钟长鸣，久久为功，常抓不懈，不断筑牢文物安全防线。

二、认清形势，找准问题，对症施策，切实增强博物馆和文物建筑消防安全工作的责任感和使命感

党的十八大以来，我国文物安全形势总体平稳，为做好文物保护工作奠定了坚实基础。但是，从巴西国家博物馆火灾事故反观我国文物、博物馆单位安全现状，我们要清醒地认识到，我国文物、博物馆单位的一个重要特点是土木结构较多，消防基础较为薄弱，防范难度大，再加上安全主体责任尚未落实到位，消防安全管理粗疏无序，各类火灾隐患普遍存在，文物、博物馆单位火灾事故时有发生。加强和改进文物、博物馆单位安全工作，既是当前文物保护的迫切需要，也是文物事业发展面临的长期重要任务。

火灾是危害文物安全的主要因素，文物建筑和博物馆一旦发生火灾，损失无法估量。2010年以来仅全国重点文物保护单位就发生火灾41起，一些珍贵的文物建筑在火灾中消失殆尽。1994年11月，吉林市博物馆发生火灾，造成2人死亡，数千件文物遭损毁。近年来，博物馆虽未发生较大火灾事故，但初起火情或者小微火灾时有发生，值得警醒。尤其是近日巴西国家博物馆火灾，教训极为深刻。“前车之覆，后车之鉴”，我们要认真梳理和准确把握当前文物消防安全形势，坚决克服麻痹松懈思想，坚持源头治理、防患于未然。从2017年全国文物安全状况大排查情况看，在23万家文博单位检查发现的2.1万处安全隐患和问题中，40%为消防隐患，消防安全形势不容乐观。

（一）消防安全任务繁重

据统计，第三次全国文物普查登记的近77万处不可移动文物中，文物建筑达40余万处。全国重点文物保护单位中，具有火灾危险性的文物建筑占一半以上。截至2017年，全国注册博物馆4721座，馆藏文物4850余万件，占其中大多数的市县基层博物馆普遍存在人员短缺、消防基础薄弱等问题。随着文物、博物馆数量不断增加，类别不断丰富，文物利用不断拓展，文物、博物馆单位消防工作任务成倍增加，与文物安全管理机构人员短缺、消防基础设施建设滞后之间的矛盾也日益凸显。

（二）各类火灾隐患突出

电气故障、违规用火、违规燃香和人为纵火等各类诱发文物火灾事故的因素繁多，其中电气故障是引发文物火灾的最大诱因。近年来发生的文物建筑火灾中，电气火灾超过30%。电气火灾隐患主要表现为一些文物、博物馆单位电气线路和用电设施老旧，安装敷设不规范，超负荷使用，或者使用不合格电器等。当前，博物馆在陈展中大量使用电器设备和装置，而且许多是“隐蔽工程”，日常检查难度大，如果质量不合格或者管理不善，容易引发火情。做好文物消防安全工作，关键是全面查找和彻底整治这些火灾隐患，消灭于萌芽，防患于未然。

（三）消防基础设施薄弱

近年来，国家文物局推动实施“文物平安工程”和“文物消防百项工程”，全国重点文物保护单位消防基础设施建设和火灾防控能力明显增强。但是，由于一些地方重视不够、投入不足，省级以下尤其是低级别的文保单位和基层博物馆普遍存在消防基础设施薄弱，消防水源缺乏，消防报警和灭火设备不健全，消防器材配置不达标，以及消防“四个能力”建设滞后等问题。甚至一些大型博物馆和文物开放单位，也同样存在消防设施设备维护不到位、管理不精细等问题。

（四）文物安全主体责任缺位

明确文物安全主体责任及其具体职责，是保障文物安全的关键。由于一些地方未依法依规将文物安全纳入政府职责，文物安全机构和人员缺乏，安全经费保障不到位，许多文物、博物馆单位安全责任主体不明确，安全直接责任人缺位，存在安全工作无人管、安全检查不到位、工作措施不落实、风险隐患不处置等问题。

对这些问题，我们要时刻保持清醒的认识，始终将文物安全放在首要位置，坚守这条不可逾越的红线，在推进文物保护利用改革中，必须把确保文物安全作为基础和前提，优先保障、优先考虑、优先安排，确保万无一失。

三、强化基础，多措并举，务实创新，全面加强和改进博物馆和文物建筑消防安全工作

多年来，国家文物局和消防部门在全国文物安全工作部际联席会议框架下，建立文物安全长效工作机制，健全完善文物、博物馆单位消防制度标准建设，推动地方强化党政职责，集中整治火灾隐患，加强消防基础设施建设等，取得了重要成效。

同志们，珍贵的文物建筑屹立千百年不倒，却可能因火灾顷刻消失殆尽；每一座重要的博物馆非一日建成，却可能因火灾转瞬化为灰烬。我们要认真学习贯彻习近平总书记关于文物安全工作重要论述，认真吸取国内外文物、博物馆单位火灾教训，坚持红线意识、底线思维，强化责任担当，充分发挥各自优势，进一步加强部门合作，坚决打赢消防隐患整治攻坚战，牢固构筑文物消防安全堡垒，坚决预防和遏制火灾事故发生。

（一）立即开展消防检查和隐患治理专项行动

各地要立即行动，按照本次会议部署和要求，在近期文物、消防部门已联合开展消防检查的基础上，进一步加大检查的广度、深度和力度，对辖区内文物、博物馆单位开展全面排查。针对文物安全事故多发频发的省份，要安排跨省份互查。其中，省级文物和消防部门开展的联合检查，要覆盖本省（区、市）内有火灾风险的全国重点文物保护单位和三级以上博物馆。各地文物部门要督促辖区内非国有博物馆、各行业博物馆也要按照本次会议精神进行自查和检查。对检查发现的火灾隐患要立即整治，不留后患。对短期不能整改的重大火灾隐患，要责令管理使用单位死看死守，同时跟踪督办，直至彻底整改。要通过本次大排查，集中整治一批火灾隐患和诱因，全面改善和提升文物、博物馆单位本质安全和火灾防控能力。

（二）加强文物建筑电气火灾综合整治

各地要加快文物、博物馆单位电气火灾防控治理，将博物馆和宗教寺庙类、民居类文物建筑作为整治重点，按照相关标准要求，清理整治电气线路敷设不规范和私拉乱接电线行为，督促落实安全用电管理制度和安全操作规程，定期检测电气线路和用电设备，推广安全用电设备，杜绝假冒伪劣电气线缆和电器产品，逐步配置电气火灾监控系统。强化目标考核和督导检查，力争通过三年综合治理，实现文物、博物馆单位用电安全水平明显提升，电气火灾事故显著减少。

（三）大力实施“文物平安工程”

要全面加强文物消防基础设施建设，认真组织实施好文物、博物馆单位消防工程。

国家文物局将对“十三五”以来国保单位安全防护工程实施和设施设备使用情况，尤其是“文物消防百项工程”实施情况进行全面核查评估，并针对文物、博物馆单位安全风险现状，制定文物安全防护设施建设规划。各地也要根据本省（区、市）实际，编制文物安全防护设施建设规划，完善省、市、县文物保护单位消防安全基础设施。要多方筹措，积极取得当地政府财政支持，尽快对博物馆老旧残破、濒临失效的消防设施、设备进行升级改造，确保馆藏文物和人员安全，决不允许在无安全保障的情况下开放运营。

（四）广泛研发应用消防先进适用技术

要大力开展新技术装备研发应用，国家文物局将积极协调相关部门，把安全用电装置、火灾报警设备、灭火设施等文物、博物馆专用消防装备研发工作优先纳入文物保护装备产业化及应用示范项目，组织专门力量加快研发生产，在选取重点文物、博物馆单位试点成熟后推广应用。同时，要应用物联网、大数据、云计算等现代信息技术，研究建设文物、博物馆单位安全远程监管平台，构建文物安全指挥、调度与监管系统，形成文物安全实时风险防御体系。各地要积极先行先试，组织技术攻关，争取更多的新技术成果和更先进有效的管理经验。

（五）健全完善文物消防安全管理制度和标准规范

要加强文物、博物馆单位消防安全监管指导，进一步完善制度标准体系，从制度建设、专项规划编制、设施设备配置、新技术应用、源头管控和消防能力建设等方面，研究提出新时期加强文物、博物馆单位消防安全工作的要求和措施。针对薄弱环节，围绕消防安全管理、火灾防控、检查评估、隐患整治、应急处置等，进一步编制完善文物、博物馆消防安全标准规范，为各地做好文物、博物馆消防安全工作提供科学指南。

（六）全力推动落实文物安全主体责任

各地要切实拧紧文物安全责任链条，充分发挥党委总揽全局、政府主导、社会参与的制度优势，推动各级地方政府切实履行文物安全属地管理主体责任，将文物安全纳入各级政府绩效考核评价体系、纳入重要议事日程，保障文物安全经费，确保文物安全主体责任、监管责任和直接责任落实落地。要坚持管行业必须管安全、管业务必须管安全、管生产经营必须管安全，推进部门落实监管责任。要坚持谁管理谁使用谁负责，督促博物馆和文物管理使用单位落实文物安全直接责任，完善文物安全管理网络，逐级、逐处落实安全责任单位或责任人。要切实落实各层级文物安全职责，强化文物安全管理，建立健全文物安全长效机制，做到长治久安。

同志们，文物安全永远是零起点，保护文化遗产安全是我们的神圣使命和光荣职责。让我们紧密团结在以习近平同志为核心的党中央周围，增强“四个意识”，坚定“四个自信”，守土有责、守土尽责，不辱使命，无愧于时代、无愧于人民、无愧于历史，努力开创文物安全工作新局面，为实现中华民族伟大复兴的中国梦而奋斗！

强化站位　服务大局　促进发展 构建文物保护利用新格局

——国家文物局局长刘玉珠在乌镇第五届世界互联网大会中外部长高峰论坛上的发言

（2018年11月8日）

非常高兴再次来到美丽的乌镇，参加第五届世界互联网大会“中外部长高峰论坛”，与大家一道分享观点，对话交流。去年此时，我代表国家文物局在乌镇发出倡议，号召大家共同谋划在互联网、人工智能迅猛发展的今天，把我国优秀的文物资源融合进去，为社会提供丰富多彩的文化产品和服务。今年此刻，与各位新老朋友故地再会，满怀喜悦之情见证收获的硕果，充满信心共商未来发展大计。

中国是历史悠久的文明古国，中华文明延绵不断、多元一体、兼收并蓄，中华大地上灿若星辰、丰富多彩的文物就是最好见证。从横亘欧亚的丝绸之路到贯通南北的京杭大运河，从礼仪庄严的后母戊鼎到灵动浪漫的太阳神鸟，从叹为观止的秦始皇兵马俑到博大精深的敦煌莫高窟……这些人类文明的宝贵遗产，不仅记录着中华文明的源远流长，更是中外友好交往、了解彼此、走进彼此的文化通道，可以跨越时空、穿越国度，与不同的文明形态、不同的社会制度对话，成为世界认知中国、读懂中国、交往中国的重要窗口。

“周虽旧邦，其命维新。”新时代，新使命，新要求。近年来，国家文物局以“互联网+中华文明”行动计划为主要抓手，大力推动文物与互联网的跨界融合。实践证明，文物与互联网的相融相生焕发了蓬勃生机与活力，主要体现在五个方面：一是文物“上网”的基础不断夯实。中国拥有76.7万处不可移动文物和1.08亿件/套国有可移动文物，以及众多的民间收藏。目前，我们正逐步推进全国文物资源数据库建设，馆藏文物数据资源总量已超过140TB，为中华优秀传统文化创造性转化、创新性发展提供了海量资源。二是文物传播展示方式不断创新。13万处文物保护单位和近5000个博物馆基本实现互联网全覆盖，通过门户网站、手机APP、公众号等多种渠道，集中展示精美文物，讲好文物故事，文物蕴含的文化精髓和时代风采被挖掘，文物领域海量好故事和精彩好内容被广泛传播。三是“智慧博物馆”建设不断推广。智能导览与互动展示、虚拟漫游与文物知识图谱等“智能”手段，带来智慧化、沉浸式的博物馆体验，使观众更好走进博物馆，更好体验文物。四是文物利用新领域不断拓展。文物与教育、旅游、创新创意、设计和动漫游戏等在多个领域的融合发展渐次开花。国家文物局与腾讯、中国移动、百度、网易等多家战略合作企业共同推进的项目落地生根，腾讯智慧博物馆全生态链建设启动，百度“用科技传承文明：AI博物馆计划”起航，网易“定格历史+中华文明”登场；《国家宝藏》《如果国宝会说话》等文博类节目热播，深受海内外观众好评。五是中华文明国际影响力不断提升。实施中华文物全媒体传播计划，面向全球推广“文物带你看中国”“故宫社区”“数字敦煌”，使璀璨文物插上互联网翅膀，走出国门，走向世界，走近海内外人民大众。国际文化遗产保护与交流合作日益紧密，文物展览精彩纷呈，2013年以来中国文物出境展览累计250多个，文物入境展览130多个，践行了以文明交流超越文明隔阂、文明互鉴超越文明冲突、文明共存超越文明优越，推动了各国相互理解、相互尊重、相互信任。

成果虽丰，但道阻且长，“鸿沟”尚需弥合，机遇与挑战并存，迫切需要我们共同破解资源信息共享难、融合发展协同难、价值挖掘研究难等现实问题。我认为，我们弥补鸿沟还是要用互联网的思维。一是理念“互联”。要敢于打破思想桎梏，消除文化鸿沟，树立开放共享、跨界融合、协同发展的思维。二是资源“互联”。活化文物资源、数据、信息，完善国家文物资源大数据库，推动文物资源的广泛共享和开发应用。三是信息“互联”。推进文物+数字化+互联网多领域深度融合，建立基于文物资源信息的融合创新联盟，打通文物行业“数字高速公路”。四是机制“互联”。打破文物行业体制机制壁垒，自上而下，联动发力，激发行业的积极性和创造力。五是行业“互联”。打破行业界限，创新文物价值挖掘与传播方式，培育新业态，构筑新动能。总而言之，让文物与互联网的融合发展成为广度、深度兼具的蓝海。

文物凝聚过去，连接未来。我们赋予文物新生命，让文物在新时代“活起来”，就是让文物的价值义理活起来，成为国与国相通、民与民相亲的“通用语”；就是让文物的思想文化活起来，成为世界认知中国、中国交往世界的“解码器”；就是让文物的多元之美活起来，成为文化再创造、艺术再发展的“营养源”；就是让文物的精神品格活起来，成为构筑中国精神，增强中国力量的“动力泵”。做好这项伟大的事业，光靠政府的力量远远不够，必须要广泛汲取社会力量；光靠中国自己的努力还不够，必须广泛开展国际间合作，共同构建互联互通大格局的发展模式。为此，我愿提出以下五点建议。

一是以合作为动力，搭建对话交流新平台。搭建文物+信息科技行业的对话平台，研讨文物数字化+互联网前沿技术、优先领域和应用途径。建立文物部门+信息领域、文物博物馆单位+互联网企业的高级别交流机制。孵化更多中小企业参与的开放式融合发展平台，对接需求、深化合作。搭建多层次机制性文物交流合作平台，深化与国外文物博物馆机构共建合作，促进中外文化交流互鉴。

二是以传承为己任，开创价值挖掘新模式。利用互联网平台，探索高校、科研机构、文化企业、文博单位共同参与的文物价值研究阐释模式，把古老文明中丰富的哲学思想、厚重的人文精神和高尚的道德理念，把跨越时空概念、富有永恒魅力、具有当代价值的人文品质和文化精神认真加以研究挖掘，为文化滋养社会、各国治国理政，提供动力和助益。

三是以技术为根基，打造智慧网络新矩阵。深入实施“互联网+中华文明”行动计划，充分运用人工智能等现代信息技术，以信息共享、大数据、跨界创意和智慧应用为重点，加强中国文博行业标准化建设，加快推进“智慧博物馆”建设，大力促进文物展示利用方式融合创新。布局建设文物领域互联互通网络基础设施和条件平台，构建中华五千年文明智慧网络传播矩阵。

四是以开放为前提，构建社会参与新格局。面向社会平等开放文物资源信息，明晰社会参与的法律规制、优惠政策和各方权益，实现社会平等参与、自主进入市场、市场配置要素。整合资源、创意、人才、资金、市场，推进协同创新、成果转移和社会共享。探索政府和社会资本合作（PPP）与特许经营模式，焕发社会参与创造力。支持各方力量运用市场机制发展文物+数字领域的共享经济、体验服务和新兴消费，释放文化消费活力。

五是以平等为基础，力推国际合作新局面。“国之交在于民相亲，民相亲在于心相通。”人文交流是深化国家关系的“基础设施”，是推进人民友好的“聚心工程”。文物对外交流合作是国际交流的重要组成部分，更是促进中外人文交流的“动车组”。我们将加强文化遗产网上长廊建设，展现真实、立体、全面的古老中国和现代中国，用文化遗产促进思想交流、文明对话、民心相通，为保护人类共同文化遗产、更好构建人类命运共同体创造有利条件作出应有贡献。

“海内存知己，天涯若比邻。”中共中央办公厅、国务院办公厅《关于加强文物保护利用改革的若干意见》已经出台，我们将以新时代新担当新作为，以更加开放的胸襟、包容的气度、协调的行动，与不同国家，不同行业携手并进，共同打造开放、联动、合作、共赢的事业新格局，相信中国文物事业的前景不可估量，未来一定会更美好！

国家文物局局长刘玉珠在贯彻落实《关于加强文物保护利用改革的若干意见》工作协商推进会暨全国文物安全工作部际联席会议上的发言

（2018年11月22日）

按照会议安排，我谨代表国家文物局，简要介绍贯彻落实中办、国办《关于加强文物保护利用改革的若干意见》相关情况。

我国拥有5000多年文明史，文物资源和博物馆总量位居世界前列，现有不可移动文物近76.7万处、国有可移动文物1.08亿件/套，以及规模庞大的民间收藏文物，博物馆5136个，是名副其实的文物资源大国。中国特色社会主义进入新时代，加强文物保护利用改革，发挥文物资源价值作用，对于促进经济社会发展、提高国民素质和社会文明程度、坚定文化自信、扩大中华文化国际影响力具有重要意义。

在改革开放40周年的重要历史节点，习近平总书记主持召开中央深改委第三次会议，审议通过《关于加强文物保护利用改革的若干意见》。这个文件是今天与会各部门关心、重视、支持的结果，也是各部门共同努力的成果。《关于加强文物保护利用改革的若干意见》是新中国成立以来第一个专门针对文物保护利用改革并以中办、国办名义印发的指导性文件，是新时代文物事业改革发展整体纳入全面深化改革战略部署的标志性成果。

中央文件紧密围绕更好服务党和国家工作大局、更好满足人民日益增长的美好生活需要，是对新时代文物保护利用改革的全方位制度设计和政策供给。中央文件共有16项主要任务，突出“五个重点”：一是坚持创造性转化、创新性发展，构建中华文明标识体系、革命精神谱系和文物价值传播体系；二是健全文物保护机制，坚守文物安全底线；三是大力推进文物合理利用，多措并举让文物活起来；四是深化“一带一路”文物交流合作，让中华文化绽放永久魅力；五是夯实文物事业发展根基，强化科技支撑、人才培养、队伍建设、投入保障和法治建设。

一、已开展的系列工作

一是加强解读宣传，统一思想、振奋精神。国家文物局及时召开贯彻落实动员会，举行政策解读新闻发布会，组织全国文物系统学习贯彻中央文件研修班，中央主要媒体集中宣传，在《人民日报》《求是》刊发解读文章，各地相继举办专题报告会，迅速掀起学习宣传贯彻中央文件精神热潮。

二是制定分工方案，细化任务、明确责任。中央文件对16个方面57项改革任务逐项分解，明确了部门分工，强调加强文物保护利用改革是各部门的政治任务和共同责任。国家文物局制定重点任务分工方案、印发贯彻落实通知，明确实行党组成员牵头负责制。部分省份起草关于加强文物保护利用改革的实施意见，结合地方实际落实落细改革任务。

三是加快任务落实，及早启动、有效推进。各相关部门积极落实、见诸行动，中宣部将《文物保护法》修订纳入文化立法的重点任务，中央编办开展文物机构队伍建设调研，财政部、国家文物局修订完成《国家文物保护专项资金管理办法》并即将发布，文化和旅游部制订本部门任务分工方案，国家文物局、工信部、科技部印发《文物保护装备发展纲要（2018～2025年）》，工信部、农业农村部加强国家工业遗产、农业文化遗产保护。推动政策落地，与有关部门就出台引导民间收藏文物保护利用、促进文物市场健康发展和文物博物馆事业单位人事管理的政策文件达成共识，研究提出土地储备考古前置制度基本思路，报送文物资源资产报告。成立国家文物局实施革命文物保护利用工程领导小组办公室，推进实施“革命文物保护利用工程（2018～2022年）”。起草关于推进博物馆改革发展的实施意见，筹备全国博物馆工作座谈会。坚持试点先行，湖北荆州开展国家文物保护利用示范区前期研究，江苏南京、苏州开展文物流通领域登记交易制度试点。召开专家座谈会，推进《文物保护法》《水下文物保护管理条例》修订工作。优化文物拍卖许可证审批服务，拟取消合并3项文物行政许可事项，做到办事更简、效率更高、服务更优。福建、内蒙古、四川、青海等省级文物机构队伍得到加强。

四是强化文物安全工作，密切协作、形成合力。习近平总书记高度重视文物安全工作，2018年对殷墟遗址安全、汲取巴西国家博物馆火灾事件教训作出重要批示，提出明确要求。自2010年国务院批准建立全国文物安全工作部际联席会议制度以来，16家成员单位密切协作，文物安全工作取得明显成效。国办印发《关于进一步加强文物安全工作的实施意见》，文物安全被纳入国务院对省级政府消防工作考核和中央文明办对全国文明城市测评体系。联合开展4次打击文物犯罪专项行动，追缴数以万计的涉案文物，抓获犯罪分子数千人，发布3批“A级通缉令”并已有27名重特大犯罪嫌疑人到案。推进“文物平安工程”，2012年以来中央财政累计投入近60亿元，为2676处国保单位配备安全防护设施。2017年联合部署全国文物安全状况大排查行动，排查各级各类文博单位2.3万余家，督促整改安全隐患2.1万余项。2018年联合部署博物和文物建筑消防安全大检查，检查文博单位3.1万家，督促整改火灾隐患2万余处。《全国文物安全工作部际联席会议下一步工作计划（征求意见稿）》已经印发，请各成员单位研提意见。

二、推进文物保护利用改革的基本思路

党中央关于文物保护利用改革的重大决策部署，为奋力推进新时代文物工作提供了大好机遇。下一步，重中之重是要推动思想再解放、改革再深入、工作再抓实，全面准确把握改革精神、改革部署、改革要求，不折不扣落实落地各项改革任务。

一是完善配套政策，建立长效机制。注重打基础、立支柱、定架构，加强政策衔接、激发制度活力，破解事关全局、利于长远的体制机制问题，切实发挥制度保障和推动改革的积极作用。建立国家文物督察制度，健全文物安全长效机制。创新不可移动文物保护机制，改革基本建设考古制度，建立国家文物保护利用示范区。建立文物资源资产管理机制，实行文物资源资产报告制度。细化博物馆法人治理结构、文博单位文创产品开发、非国有博物馆法人财产权确权的政策矩阵。探索社会力量参与文物保护利用负面清单管理制度，研究适度放活国有不可移动文物和文物建筑使用权的制度设计。提前谋划、尽早部署让文物活起来、提升中华文化国际影响力的政策文件起草工作。

二是围绕改革重点，整体推进落实。改革工作千头万绪，需要进一步明确改革举措的优先顺序、主攻方向、时间表和路线图，蹄疾步稳、有效推进。我们希望从加强文物保护管理机构队伍建设这类最紧迫的事项做起，从引导民间收藏文物保护利用这类社会各界最关切的领域改起，从制约文物事业发展的突出问题改起，从各方能够达成共识的重点领域改起，梯次推出一批有亮点、有影响、有成效的改革举措，注重实绩、务求实效。推动在国家文物督察、土地储备考古前置、建设国家文物保护利用示范区等方面实现新突破，在激发博物馆创新活力、鼓励社会力量参与、促进文物市场活跃有序发展等方面探索新道路，在构建中华文明标识体系、革命精神谱系和文物价值传播体系、修订《文物保护法》等方面形成新成果，推动文物领域改革由点及面、串点成线、积厚成势。

三是加强督查督办，确保政策落地。建立文物保护利用改革任务督办台账，对改革任务逐件对账督办。坚持上下联动，鼓励各级文物部门、文博单位大胆探索、开辟新路、同向发力、一体推进。

三、需要各部门协同推进的改革事宜

中央文件的重点任务包括57项内容，部门分工涉及38个部门，需要各部门的鼎力协作、共同推进。我们亟需重点推进的几项工作，恳请各部门加以重视、协同参与、予以支持。

（一）实施革命文物保护利用工程（2018～2022年）

近期确定公布革命文物保护利用片区分县名单，适时公布全国革命文物名录，研商中央财政对革命文物保护利用的支持范围和倾斜重点。

（二）建立文物安全长效机制

要把确保文物安全放在首要位置，开展国家文物督察试点。国家文物督察是国际文物大国加强文物安全的通行做法，要根据各地文物资源状况和近年文物安全工作存在的突出问题，向文物安全形势严峻、文物违法犯罪案件和文物安全事故多发地区派驻文物督察专员，强化中央层面的文物督察监管，督促地方政府切实履行文物保护属地管理的主体责任。

（三）健全不可移动文物保护机制

考古工作是文物工作的基础性工作，既需要有总体规划协调，又需要解决实际工作中出现的问题。要按照习近平总书记在“一带一路”建设工作5周年座谈会上提出的推动考古等领域交流蓬勃开展的新要求，加强考古工作的体制机制建设。改革基本建设考古制度，地方政府在土地储备时，对于可能存在文物遗存的土地，在依法完成考古调查、勘探、发掘前不得入库，推动出台地方政府土地储备的“先考古、后出让”配套政策和实施方案，地方政府根据文物部门的评估意见确定土地出让计划，实现净地出让；明确基本建设考古取费性质和标准，考古工作费用由地方政府承担，统一纳入土地成本。结合国土空间规划管理职能的统一调整和推进“多规合一”的改革要求，推动将各级各类不可移动文物保护管理需求作为常项，全面纳入国土空间规划的编制和实施，划定文物保护利用的红线和底线，建立文物保护用地制度保障。研究完善考古人员田野工作补贴标准。

（四）激发博物馆创新活力

推动出台关于推进博物馆改革发展的实施意见，落实事业单位法人自主权，赋予博物馆在决策、用人和绩效等方面的更大办馆自主权，细化文物博物馆单位开发文创产品所得收入的绩效激励机制，研究完善博物馆免费开放政策。健全文博人才培养、使用、评价和激励机制，加快出台文博事业单位人事管理指导意见，深化文博行业职称制度改革。

（五）促进文物市场活跃有序发展

积极回应社会关切，尽早出台关于引导民间收藏文物保护利用、促进文物市场健康发展的政策文件，抓紧与相关部门就改革方向、重大举措、监管责任达成共识，开展文物流通领域登记交易制度试点，在试点中积累新鲜经验。

（六）拓展文物对外交流合作

推动将中国文物援外保护工程和涉外合作考古项目整体纳入国家对外援助体系，研究增设“文化遗产保护专项”的可行性。

（七）创新文物价值传播体系

实施中华文物全媒体传播计划，深入挖掘文物领域海量好故事和精彩好内容，生动传播文物蕴含的文化精髓和独特风采。

（八）加快修订《文物保护法》

《文物保护法》修订已经纳入十三届全国人大常委会五年立法规划的第一类项目，即条件比较成熟、任期内拟提请审议的法律草案。《文物保护法》修订工作的总体安排是争取2019年完成立法调研和草案起草工作，2020年完成征求意见、形成草案送审稿并报送国务院，2021～2022年开展法律草案审查审议工作。

新时代新征程，新使命新作为。中央文件是切实做好新时代文物工作的重要遵循。我们将以习近平新时代中国特色社会主义思想为指导，深入贯彻落实党的十九大精神，增强“四个意识”，坚定“四个自信”，坚决做到“两个维护”，坚决贯彻落实中央关于加强文物保护利用改革部署的各项任务，在各部门的共同参与和大力协作下，以新气象新担当新作为统筹推进文物事业改革发展再上新台阶、开创新局面。

青年与新时代中国博物馆

——国家文物局局长刘玉珠
在第八届中国博物馆及相关产品与技术博览会上的讲话

（2018年11月23日）

青年，是世界的未来，人类的希望。积极发挥青年在社会发展中的作用，一直是各国重要的政策主张。1965年，联合国大会通过《在青年中促进各国人民之间和平、互尊和了解的理想宣言》，强调青年在今日世界中的重要作用。1985年，联合国“国际青年年”世界会议在美国纽约召开，提出“青年直接参与缔造人类前途的极端重要性”。1995年，联合国通过《到2000年及其后世界青年议程》，解决青年问题、增加青年参与社会机遇。

我国近代著名学者梁启超先生指出：“故今日之责任，不在他人，而全在我少年。少年智则国智，少年富则国富；少年强则国强，少年独立则国独立；少年自由则国自由；少年进步则国进步。”中国政府历来高度重视青年人才的培养和使用。2017年，党中央、国务院印发《中长期青年发展规划（2016～2025年）》，提出促进青年更好成长、更快发展，是国家的基础性、战略性工程。党的十九大报告指出：“青年一代有理想、有本领、有担当，国家就有前途，民族就有希望。”国家主席习近平在给北京大学考古文博学院2009级本科团支部的回信中指出，中国梦是国家的梦、民族的梦，也是包括广大青年在内的每个中国人的梦。反映出时代对青年的期望。

一、博物馆是青年成长进步的阶梯

（一）博物馆是青年道德培养的重要阵地

以文化人，博物馆是青年获取精神支撑、心灵慰藉的场所。中华优秀传统文化是中华民族的精神命脉，是涵养社会主义核心价值观的重要源泉。博物馆依托馆藏文物这一物化载体，通过特有的方式讲述中国故事，潜移默化、润物无声地向青年人传递博大精深的中华优秀传统文化，增进文化认同、坚定文化自信。

（二）博物馆是青年获取知识的重要源泉

“教育”与“为公众服务”是博物馆的核心要素，博物馆也是社会“第二课堂”，这一理念已成为国际社会共识。2015年，国务院颁布《博物馆条例》，将“教育”确定为博物馆的首要功能（与研究、欣赏并列）。中国博物馆也从传统的“文物宝库”向“社会教育和公共服务机构”转变。

以文育人，博物馆是青年人寻求智慧、汲取营养的宝库。让更多青年了解中国历史，树立文化自信，是博物馆的责任和义务。“博物馆是所大学校”，青年人在文化浸润中感知历史、增长知识。虽然传统文化自带魅力，但怎样用同龄人的眼光、当代人的语言，讲述文物背后的故事，让青少年了解历史、喜爱历史，是博物馆努力的方向。

（三）博物馆是青年社会交往的重要平台

博物馆在传播知识的同时，还可以满足观众的审美享受，以及休闲娱乐、放松身心的需求。博物馆是重要的生活空间，参观博物馆、谈论博物馆，已经成为一种时尚的生活方式。博物馆为青年人和朋友、家人聚会提供了社交场所。大家可以在展厅参观展览，也可以在博物馆餐厅、休息区喝茶、聊天。很多欧美博物馆定期举行文化活动，如音乐会、鉴赏会、时装发布会、颁奖典礼等，搭建社交的平台，人们围绕感兴趣的话题展开讨论，增进了解与交往。

（四）博物馆是青年感知世界的重要窗口

今天的博物馆，不仅是收藏和展示历史文物的殿堂，也是社会发展的“风向标”和“发动机”。博物馆通过展览、教育、文化活动等形式，加深着青年对城市、国家、世界的认知。同时，新媒体交互式、数字化的传播方式，不断缩短青年与世界的距离。对于承载收藏、保护、研究、教育、公共服务等功能的博物馆来说，运用微信公众号、抖音等新媒体、新应用，转变自身角色、拓展传统功能、提升用户体验，是文化传播的新路径，吸引了大批青年的关注。

（五）博物馆是青年自我增值的重要渠道

博物馆能够满足公众多样化、高层次的文化需求，促使公众的文化活动从休闲娱乐层面，提升到知识增值和精神享受层面，既能颐养性情、陶冶情操、升华精神，也能提升人的文化素养，实现人的自我增值和发展进步。

二、青年是博物馆建设的中坚力量

（一）青年学者是博物馆理论研究的推动者

当代中国是历史中国的延续和发展，当代中国思想文化是中国传统思想文化的传承和升华，要认识今天的中国、今天的中国人，就要深入了解中国的文化血脉，准确把握滋养中国人的文化土壤。当下，“90后”“00后”日渐成为社会的新生力量，他们多以独立、新潮、现代化和充满创造力的面貌活跃在社会生活中。我们要充分发挥青年力量，鼓励青年学者推动文化传承、理论创新。

博物馆、高等学校和科研院所，汇集了大批从事博物馆理论与实践研究的青年学者。他们致力于研究博物馆发展和转型中出现的新情况、新问题，敢于表达自己的新思想和新观念，为博物馆学基础理论、展览教育传播实践等提供新的思考方向和发展动力。

（二）青年策展人是博物馆提升展览品质的先行者

策展人制度是国际博物馆界的通行做法，也是提升博物馆陈列展览品质、更好满足公众多元化、个性化需求的重要手段。青年策展人，是博物馆策展制度建设主要的实践者和执行者，我们将为青年策展人才创造更大的发展空间。

“让收藏在禁宫里的文物、陈列在广阔大地上的遗产、书写在古籍里的文字都活起来”，一个重要途径就是让文物走出博物馆，走进人们的日常生活，乃至走出国门、展现中华文化的风采。这就需要博物馆青年发挥才智，多些创意的表达，多些生动的解读，走出去的是文物，带回来的将是无比浓烈的文化自信。青年应该自觉承担起推动中华文化走出去的责任和使命。

我们今天这个论坛，在座的青年都是各个国家和地区博物馆的文化使者。我们汇聚在这里，展现文化的多元。

（三）青年科技专家是博物馆藏品的守护者

今天的青年一代，大多接受过良好的教育，乐于接受、勇于探索新生事物，对于科技的创新与应用也更为得心应手。博物馆馆藏文物保护修复技术的传承与发展，预防性保护和数字化保护手段的创新与应用，文物保护技术装备的研发与推广，都离不开青年科技保护专业人才。

（四）青年教育专员是博物馆教育职能的践行者

博物馆是重要的教育机构，教育功能的发挥是博物馆第一要务。博物馆教育面向的主要群体是未成年人，教育人员需要更多充满活力、朝气蓬勃的青年人担任，他们更了解未成年人的心理认知特点，知道如何激发未成年人对博物馆的兴趣。依托新媒体、新技术开发的博物馆教育体验项目，大都是青年所为。

（五）青年志愿者是博物馆连接社会的纽带

志愿者是博物馆与公众沟通的桥梁纽带，是博物馆融入民众生活、提升服务水平、维护社会和谐的重要推动力。世界各国博物馆都高度重视志愿者工作。青年是博物馆志愿者组织的重要力量。据统计，我国博物馆拥有20余万名志愿者，其中青年志愿者占70%以上。

三、新时代、新担当、新作为

（一）新时代的中国博物馆

博物馆是保护和传承人类文明的重要殿堂，是连接过去、现在、未来的桥梁。我国各类博物馆不仅是中国历史的保存者和记录者，也是当代中国人民为实现中华民族伟大复兴中国梦而奋斗的见证者和参与者，是为人民服务、为社会主义服务的收藏保护机构、科学研究机构和教育传播机构。

近年来，中国博物馆事业呈现出蓬勃发展的态势。截至2017年年底，我国登记备案的博物馆超过5000家，平均每27万人拥有1家博物馆。

体系布局不断优化，以国家级博物馆为龙头、省市级博物馆和重点行业博物馆为骨干，国有博物馆为主体、非国有博物馆为补充，类型多样化、举办主体多元化的博物馆体系初步形成。

办馆质量不断提升，国家一、二、三级博物馆总数已达855家，其中一级馆130家、二级馆286家、三级馆439家。代表国家及地方文明形象的重点博物馆建设有序推进，省级博物馆基本完成新建或改扩建提升。全国可移动文物普查圆满完成，新中国成立以来首次摸清文物家底。

文化惠民不断深入，免费开放博物馆超过4500家，每年举办展览2万余个，年参观人数超过9亿人次。博物馆青少年教育功能不断加强，2017年举办各类教育活动20余万次，未成年人参观博物馆超过2.6亿人次。

我国博物馆事业发展取得了长足进步，但在新时代、新形势、新需求下，博物馆发展不平衡、不充分与服务经济社会发展、满足人民群众美好生活需要之间的矛盾仍然突出，迫切需要不断调整完善博物馆自身定位，努力实现高质量发展。在国家层面上，博物馆应充分发挥在坚定文化自信、传承中华优秀传统文化、促进世界文明交流互鉴的作用，积极为“一带一路”建设、构建人类命运共同体等国家发展战略服务。在社会层面上，博物馆应充分发挥以文育人、以文化人的独特作用，全面提升公民思想道德素质和科学文化素养，维护社会和谐稳定。同时，应加强与教育、科研、传播、旅游、设计、商业等领域的融合发展，为经济社会发展提供新动能。在公众层面上，博物馆应坚持均等化、普惠化、便捷化原则，紧扣公众物质生活、社会交往、精神文化等多层次需求，全面提升公共文化服务品质，更好地满足人民群众日益增长的美好生活需要。

基于发展定位的与时俱进，我国博物馆的职能也应随之拓展与深化，以全面实现为社会及社会发展服务的功能：一是进一步优化收藏体系。加强对中华优秀传统文化、革命文化和社会主义先进文化物证的征集，“为了明天收藏今天”。二是进一步夯实保护基础。转变文物保护理念，强化预防性保护和数字化保护，向社会开放共享文物资源信息。发展智慧博物馆，提升博物馆智慧保护、智慧管理、智慧服务的水平。三是进一步强化研究职能。坚持以学术立馆、科研引领，促进研究成果转化为展览、教育、文化创意等公共服务资源。建立与高等学校、科研院所合作机制，建设一批研究型博物馆。四是进一步提升展示水平。实施独立策展人制度，鼓励策划原创性主题展览。倡导联合展览、巡回展览、流动展览，提高藏品展示利用率。推广“以需定供”的互动式、菜单式服务，策划举办观众喜闻乐见的展览。五是进一步完善教育服务。健全文教结合、馆校合作长效机制，丰富博物馆教育课程体系，推动博物馆进校园、进课堂、进教材。针对不同教育阶段和教育群体制定差异化方案，增强博物馆终身教育效果。六是进一步拓展传播功能。推动创造性转化和创新性发展，振兴传承中华优秀传统文化。推进“互联网+中华文明”行动计划，丰富数字文化产品和服务，提高内容生产质量。实施中华文化全媒体传播计划，加强博物馆与报刊、广播、电视、网络媒体融合，联合策划制作精品栏目、节目。

（二）新时代的博物馆青年

青年是文明传承的延续者。青年人朝气蓬勃，是最富有活力、最具有创造性的群体。当代青年，思想更为多元、表达形式更为多样、对新事物的接受度更为开放。只有紧密结合时代特点，尊重青年需求，才能发挥博物馆在文化传承、文化认同中的重要作用。

青年是时代变革的推动力。青年是先进思想的传播者、实践者、创造者。每当历史车轮行驶暴风骤雨中，总是青年大无畏地站在潮流前沿。只有充分发挥青年人锐意进取、勇往直前的热情，才能真正推动新时代博物馆的历史性变革。

青年是文化创新的生力军。纵观人类社会发展史，人们从愚昧走向文明，从文明走向科学，科学知识发展起着关键性的推动作用。当代青年是探索的一代，是科技知识迸发的一代，理应在利用新媒体、新技术推动博物馆新发展中承担更大的责任。

新时代给了青年人更多新平台、新机会，也对青年人提出了更多新要求、新担当。广大青年既是追梦者，也是圆梦人。追梦需要激情和理想，圆梦需要奋斗和奉献。青年人应该在奋斗中释放青春激情、追逐青春理想，以青春之我、奋斗之我，为博物馆事业发展作出新贡献，建功新时代。青年是人类文明进步和国家经济社会发展的生力军和中坚力量，赢得青年才能赢得未来，塑造青年才能塑造未来。我们要站在博物馆事业后继有人、持续发展的高度，把青年发展摆在博物馆工作全局中更加重要的战略位置，统筹思考、科学规划、全面推进，为实现“两个一百年”奋斗目标、实现中华民族伟大复兴的中国梦、实现中国优秀文化的永续传承，注入强劲、持久的青春动力！谢谢大家！

承前启后　勇于作为
探索博物馆事业发展的新途径

——国家文物局局长刘玉珠在全国博物馆工作座谈会上的讲话

（2018年12月25日）

在举国隆重庆祝改革开放40周年之际，我们召开全国博物馆工作座谈会，全面总结近年来特别是党的十八大以来博物馆发展成果，并以此作为新时代扬帆启航的新起点，开启继续深化改革、争取更大成绩的新征程。刚才，雒树刚部长作了重要讲话，精准剖析了新时代下博物馆事业迎来的重大历史机遇，深入阐述了新思想下博物馆深化改革的目标和方向，明确指出了新要求下博物馆高质量发展的遵循要义。我们要认真学习，深刻领会，扎实贯彻，抓好落实。

今年，中办、国办印发《关于加强文物保护利用改革的若干意见》，提出一系列改革任务，国家文物局党组立即召开会议，研究部署落实方案，博物馆的改革是重中之重，下面我讲几点意见。

一、我国博物馆发展的基本情况

博物馆是公共文化服务体系建设的重要内容，是保障人民基本文化权益的重要阵地。党和国家历来十分重视博物馆发展，党的十八大以来，在以习近平同志为核心的党中央坚强领导下，全国博物馆人凝心聚力促改革、齐心协力谋发展，博物馆事业取得显著成绩。

（一）公共服务迈向均等化，人民群众共享博物馆发展成果

国家实行博物馆全面免费开放政策以来，我国博物馆年参观人次从2.8亿增长到9.7亿，数十家博物馆年参观人数超过百万，居于世界领先水平。博物馆观众结构日益多元，未成年人、低收入群体、农民工、村镇居民参观博物馆热情高涨。实践证明，博物馆免费开放政策符合广大人民的热切期盼，有利于保障人民群众的基本文化权益，为推动公众共享文物保护成果、促进文化事业发展繁荣发挥了积极作用。为更好满足民众多样性的文化需求，全国博物馆积极推陈出新，每年举办2万多个不同类型、不同题材的陈列展览，“复兴之路”“伟大的变革”“石渠宝笈”“美好中华”等展览引人入胜、观者如潮。国家文物局组织开展“弘扬中华优秀传统文化、培育社会主义核心价值观”主题展览遴选推介、“5·18”国际博物馆日主场活动，指导“全国博物馆十大陈列展览精品推介”“博物馆及相关产品与技术博览会”等活动，引导、鼓励博物馆推出更多文化精品。博物馆更加重视社会教育和公共服务功能，努力加强对藏品的诠释和解读，每年举办20余万次教育活动，青少年利用博物馆学习的长效机制逐步形成。

（二）结构体系不断完善，功能服务逐步增强

截至2017年年底，全国备案的博物馆达到5136家，是1949年的200多倍、1978年的15倍，目前仍以每年180家左右的速度增长，平均两天就有一家新的博物馆向社会开放，我国成为世界上博物馆事业发展最快的国家之一。130家国家一级博物馆、286家国家二级博物馆和439家国家三级博物馆，约占全国博物馆总数的五分之一，成为博物馆事业发展的主体阵容。非国有博物馆超过1400家，行业博物馆超过800家，成为博物馆建设快速发展的重要力量。综合类博物馆凭借充足的馆藏、精心的运营受到群众喜爱，专题性博物馆依靠特色的展示、创意的营销越来越赢得观众的青睐，更有大量以民俗记忆、非遗传承、工业遗产、近现代遗存、生活日用品为主题的博物馆竞相辉映，填补了博物馆传统门类的空白，丰富了博物馆结构体系。一大批省级、市县级博物馆完成新馆建设，设施更加齐全，馆舍面貌焕然一新，文化辐射力进一步增强，正成为城市的新中心、新门户和新客厅。

（三）法规制度日益健全，行业管理更加科学精细

《文物保护法》《公共文化服务保障法》《博物馆条例》等法规的实施，《博物馆事业中长期发展规划纲要》《国家文物事业发展“十三五”规划》等规划的发布，《博物馆建筑设计规范》《馆藏文物登录规范》等近百项标准规范的制定，在法制层面为博物馆事业发展提供了有力的保障。

博物馆质量评估体系逐步确立，作为博物馆行业管理和引导示范的重要手段，得到全行业乃至社会的高度认可，国家文物局制定发布了《全国博物馆定级评估办法》《博物馆定级评估标准》，中国博物馆协会连续三轮开展全国博物馆评估工作。众多博物馆按照文化体制改革要求，建立健全以理事会制度为核心的法人治理结构，广泛吸纳社会力量参与运行和监督，为博物馆可持续发展提供了重要推动力。《国家文物局随机抽查事项清单》《随机抽查工作细则》相继公布，初步形成博物馆及可移动文物管理“双随机一公开”检查制度，执法检查实现精准、常态。

（四）运营管理趋于专业化，文物保护能力显著增强

第一次全国可移动文物普查登录文物1.08亿件/套，首次全面摸清文物家底，一大批反映现当代经济社会发展变迁的见证物入藏到博物馆中，丰富了国家藏品体系。全国馆藏文物数据总量超过140TB，为中华优秀传统文化创造性转化、创新性发展集聚了海量资源。博物馆更加注重学术能力建设，联合高等院校、科研院所、科技型企业，不断加强文物保护利用针对性科学研究，已建成六批30家国家级重点科研基地。2014年至2016年，仅国家一级博物馆就累计形成各类科研成果14981项，一批兼具科研创新能力和公共服务能力的研究型博物馆崭露头角。可移动文物保护理念不断更新，从抢救性修复为主到预防性保护与抢救性保护并重，从关注文物本体到日益注重加强数字化保护能力建设。

（五）馆藏文物活起来，日益成为社会共识

国家文物局党组按照习近平总书记“让收藏在博物馆里的文物、陈列在广阔大地上的遗产、书写在古籍里的文字都活起来”的要求，出台一系列政策措施，使博物馆成为文物活起来的主阵地。文物部门与中国移动、腾讯、百度、网易等知名企业签订战略合作协议，推进“互联网+中华文明”行动计划，鼓励社会力量参与博物馆建设，通过技术平台的引进，将智慧博物馆由理论推向实践。众多博物馆积极应用大数据、云计算、人工智能技术，建立与公众的“超级链接”，通过门户网站、手机APP、公众号等多种渠道，集中展示精美文物，讲好文物故事，不断创新文物传播方式。博物馆与教育、旅游、设计、动

漫、影视的融合发展渐次开花，《国家宝藏》《如果国宝会说话》《我在故宫修文物》等节目全面热播，“文物带你看中国”“故宫社区”“数字敦煌”等精品展示使文物插上互联网翅膀，走出国门，走向世界。国家出台一系列政策措施，鼓励博物馆开发文化创意产品，探索通过IP授权等模式延伸博物馆产业链，让公众把国宝带回家。文物活起来已成为新时期博物馆事业的鲜明特征。

（六）国际交流日益广泛，中华文化影响力不断彰显

文物博物馆领域对外合作交流呈现出多层次、多渠道、全方位的发展势头，博物馆日益走入世界舞台中心、成为国际人文交往的焦点。习近平总书记多次在博物馆会见外国领导人，博物馆成为国家客厅。近五年来累计举办文物出入境展览近500个，配合国家外交大局的“汉风”“秦汉文明”“华夏瑰宝”等展览，作为靓丽的“外交使者”“国家名片”，上演了丰富文化外交、推动文明互鉴的重头戏。我国与20多个国家签订文化遗产领域合作协定，中国博物馆在国际博物馆领域的地位不断提高，在信息交流、人员培训、文物返还等方面取得了大量实质性成果，先后举办了国际博物馆协会第22届大会、国际博物馆高级别论坛、国际博物馆青年论坛等一系列重要活动，与国际博物馆协会合作设立了国际博物馆培训中心，并将于2020年承办国际博物馆协会藏品保护委员会（ICOM-CC）第19届大会。所有这些，都将提升和扩大中华文化的国际影响力。

从张謇在南通创建我国第一座博物馆到现在，中国博物馆走过了一段不平凡的道路，取得了辉煌成就。这些成绩的取得，我认为主要有四个方面的基本经验：第一，综合国力的增强为博物馆发展奠定了坚实的物质基础。第二，中华5000年灿烂文明为丰富博物馆内容建设提供了取之不竭的文化内涵。第三，全体博物馆人智慧和奉献为博物馆服务社会提供了切实保证。樊锦诗先生就是博物馆人奉献精神的缩影。第四，党和政府重视是博物馆发展的根本保证。

二、正视博物馆事业发展的问题与困难

在肯定成绩的同时，我们也应该清醒地认识到，我国博物馆总体发展水平与人民日益增长的美好生活需求相比，还有很长的路要走；与世界博物馆强国相比，无论是人均占有还是服务质量都有很大的距离。

一是发展定位待深化。博物馆在增强中华文化国际影响力、促进世界文明交流互鉴、构建人类命运共同体等方面的作用尚未充分发挥，在增强国家文化认同、提升公民道德素养、维护社会和谐稳定方面的作用尚待进一步挖潜，在助推经济发展、促进产业升级方面的作用尚待进一步提升。同时，博物馆发展尚不能适应人民群众精神需求、社会需求、物质需求等多层次、多元化的美好生活需要。

二是体系布局待优化。博物馆发展不平衡、不充分问题尚未得到根本解决，一些地方博物馆建设存在低水平、同质化、“千馆一面”的现象。从地域分布上看，东部经济发达地区、文物大省博物馆发展迅速，但中西部经济欠发达地区博物馆数量较少、发展相对迟缓；从行政层级上看，省级和地市级大型博物馆发展质量较高，而基层中小博物馆发展相对薄弱；从题材类别上看，综合类、历史类的传统博物馆数量较多，而反映行业特点、地域特色、时代记忆的专题性博物馆发展不足；从隶属关系上看，国有文物系统所属博物馆在资源禀赋、业务水平、政策支持等方面明显优于行业博物馆和非国有博物馆。

三是功能发挥待完备。反映优秀传统文化、革命文化的文物收藏较为丰富，反映社会主义先进文化的现当代物证资料征藏工作有待进一步加强；展览选题与经济社会发展、

公众需求的结合不够紧密，体现中华优秀传统文化当代价值诠释的选题策划有待进一步完善，要把中国共产党带领人民实现民族独立、人民解放、国家富强、人民幸福的伟大成就通过展览传播出去；藏品利用率低、对展品背后的信息挖掘和解读的深度不够，展览内容的知识性、趣味性有待进一步提升；现代科技手段和新媒体的应用不充分、不合理，展览的传播能力有待进一步提高；博物馆教育尚未真正纳入国民教育体系，博物馆教育资源梳理凝练有待进一步强化；敢用、会用、善用社会优质资源的意识和能力急需加强，资源共建共享机制有待进一步健全；博物馆尚未实现从“以物为中心”到“以人为中心”的转变，博物馆为民、惠民、便民服务措施有待进一步丰富。

四是体制机制待完善。博物馆免费开放政策动态调整机制尚未确立，相对固化的政策模式滞后于经济社会和博物馆行业快速发展的节奏；政府部门对博物馆微观事务的干预较多，博物馆在人事、财务、业务等方面缺乏应有的自主权，发展活力受到严重制约；现代博物馆制度尚未有效建立，以理事会制度为核心的博物馆法人治理结构尚未真正发挥功能；博物馆人想干事、多干事的积极性，与日益刚性的政策天花板之间的矛盾已经非常尖锐。由于缺乏有效的激励机制，博物馆关键性岗位人才大量被高等学校和科研院所挖走。同时隐性人才流失的问题也较为严重，出现了“养懒人”“吃大锅饭”的现象。

对于博物馆存在的上述问题，要在改革发展中逐步解决。当前就是围绕贯彻中办、国办《关于加强文物保护利用改革的若干意见》，同有关部门一起，就激发博物馆活力问题出台政策文件。

三、聚焦新时代，努力满足人民美好生活的新期待

党的十九大提出建设美好生活的号召，面对人民对于美好生活的新期待，面对公众日益多样化、个性化的文化需求，博物馆必须积极拓展视野，延伸功能，转变定位，担当责任，努力做好当代中国人民为实现中华民族伟大复兴的中国梦而奋斗的见证者、参与者和贡献者。

（一）新时代引领博物馆事业迈出新步伐

当前，我国博物馆事业正处于历史上最好的时期之一。以习近平同志为核心的党中央高度重视博物馆建设，将博物馆事业与国家战略、国运发展密切相连，作为覆盖城乡、便捷高效、保基本、促公平的现代公共文化服务体系的重要组成部分。中办、国办印发《关于加强文物保护利用改革的若干意见》，将“激发博物馆创新活力”作为一项重要改革任务。各级政府不断加大对博物馆事业的投入，着力提高公共文化产品供给能力，努力保障人民基本文化权益。博物馆工作者生逢伟大时代，有幸参与传承中华优秀传统文化、继承革命文化、发展社会主义先进文化的伟大事业，理应按照新时代的要求，坚定的迈出改革发展的新步伐。

（二）博物馆工作要有新作为

博物馆的功能和性质始终随着社会发展而不断演变，早已不再是一个单纯的文物保存组织，而兼具文明传承、科学研究、终身教育、公共服务等职能。博物馆应当全面认识自己的角色，统筹发挥复合功能和综合优势，大胆探索，积极作为，主动融入经济社会发展大局，努力为社会和社会发展提供更多更好的服务，成为培育社会主义核心价值观、滋养提升国民素质的新家园，保存、生产、传播知识的新宝库，民众休闲、交往的新空间，促进文化旅游消费和相关产业发展的新引擎。

（三）博物馆作用要有新发挥

习近平总书记指出，博物馆是保护和传承人类文明的重要殿堂，是连接过去、现在、未来的桥梁，在促进世界文明交流互鉴方面具有特殊作用。博物馆在发挥社会功能的实践中，既要写好“立足中国、服务公众”的大文章，也要奏响“放眼世界、交流互鉴”的交响乐。通过擦亮金色名片、讲好中国故事，传播中华民族勤劳智慧、友善包容的优秀品质，促进与世界各国民心相通、文化融通，推动构建人类命运共同体。通过引进境外高水平展览，丰富国内民众的文化生活，借鉴人类文明优秀成果。

国家和省级博物馆要根据需要和馆藏资源，办好基本陈列，努力适应新形势新要求，拓展展陈思路，在创新和服务上多下功夫，发挥好引领和示范作用；同时对市县级博物馆、重点非国有博物馆给予指导和帮扶，为中小博物馆的发展作出贡献。政府要支持行业博物馆、市县级博物馆和非国有博物馆结合自身优势，积极发挥特色，面向公众提供多样化服务，同时鼓励和引领民间收藏为社会服务。

四、贯彻落实好博物馆事业发展新任务

中国博物馆事业已走过百余年的发展历程，当前正面临着前所未有的发展机遇，也面对着日益突出的与人民美好生活需要之间不相适应的矛盾。

习近平总书记指出，改革由问题倒逼而产生，又在不断解决问题中深化。改革开放是党和人民大踏步赶上时代的重要法宝，是决定当代中国命运的关键一招，也是决定实现“两个一百年”奋斗目标，实现中华民族伟大复兴中国梦的关键一招。我们必须解放思想，凝聚共识，聚焦事业发展的重点难点问题，加强改革的顶层设计，努力破除博物馆发展的体制机制障碍，全面提升中国博物馆事业的质量与效益。

当前重中之重，是贯彻落实好中办、国办《关于加强文物保护利用改革的若干意见》中有关博物馆改革发展的要求，国家文物局组织开展了博物馆改革发展大调研，先后赴十多个省、自治区、直辖市，召开数十次座谈会，听取各级文物行政部门、博物馆和专家学者意见，修改30余稿，形成了《关于推进博物馆改革发展的实施意见（征求意见稿）》，提交本次座谈会征求意见，待修改完善后印发。

《关于推进博物馆改革发展的实施意见》直面博物馆行业在发展定位、体系布局、功能发挥、体制机制等方面存在的困难和问题，对症下药、分类施策，旨在激发博物馆内生动力，推动博物馆高质量发展。

（一）摸清实际情况，找准主要矛盾

各地博物馆的改革要在政府指导下进行，要建立在掌握各地实情基础上。刚才提到的是总体的、宏观的现状、特点和不足，落到各地还有不同的省情、市情、县情和乡情，有不同的发展任务和目标，有不同的资源禀赋和经济条件，自然就有不同的改革路径和实际需求，但是总目标是明确的，就是推进博物馆事业高质量、可持续发展。

（二）制定改革路线，明确实施标准

博物馆的改革是一项系统工程，不可能一蹴而就，各地要按照中央改革精神，具体落实博物馆改革的制度化、机制化要求，将改革的具体目标、任务和保障措施等都通过文件、制度建立起来，明确标准，体现制度的刚性。一是要根据自身优势和发展定位。放宽视野，学习借鉴国外的、国内的成功经验，调动自身的优势、传统和积极性，提出改革路线图。二是站在党委和政府的角度思考，争取党委和政府支持，把博物馆的任务变成党委和政府的责任，化被动工作为主动工作，多请示、多汇报、多喊多叫。三是把服务社会、创新发展作为主攻目标，尤其是要重视和研究社会新需求。

（三）实行分类改革，鼓励试点先行

分类改革是指针对不同地域的博物馆，应立足于资源和禀赋，规划统筹发展；针对不同层级的博物馆，应视其基础和底蕴，差异平衡发展；针对不同属性的博物馆，应考虑意愿和环境，协调持续发展；针对不同类型的博物馆，应发挥特色和形态，促进提升发展。

要坚决打破层层传导、纵向推进的传统工作模式，鼓励条件成熟的省、市率先改革试点，允许保留一定的弹性和试错空间，不断总结试点经验，在“管”的层面完善相关政策措施。鼓励各级各类博物馆大胆探索和试验，在符合国家大政方针的前提下，用足现有政策，激发博物馆活力，在“办”的层面开展探索、创新实践。

（四）强化“博物馆+”，提供更多服务

要促进博物馆与相关行业的跨界融合，提升改革发展的效果。改革不仅是内部的改良，更是内外兼修的和谐发展。要关注和体会观众的需求，提升陈列展览水平，避免“千展一面”；要制定服务标准，建立馆校合作长效机制，规范博物馆研学旅行，增强博物馆终身教育效果；要推进文物资源开放共享，实施博物馆知识产权授权，提高文化创意产品开发水平；要加强与各类媒体合作，制作播出更多文物精品节目，让博物馆进一步融入公众生活；要积极探索中国故事的国际表达，增进国际交流合作，共享人类文明发展成果。

为博物馆发展提供更多推动力，要推崇奉献精神，更要考虑积极性的调动和发挥，要在制度上保证奉献精神和一定的奖励制度相结合。目前国家文物局正与相关部门密切沟通：协同科学技术部，开展博物馆科研成果转化收益分配试点，落实博物馆从业人员享受科技创新扶持政策，完善博物馆科研成果评价制度；对接人力资源和社会保障部，推进文博行业人事制度改革，近期将出台深化文物博物专业技术人员职称制度改革的指导意见；会商财政部，修订《国家重点文物保护专项补助资金管理办法》，争取将更多博物馆及可移动文物保护项目纳入中央财政支持范围，并积极推动完善博物馆免费开放政策；加强与民政、教育等部门协调，探索行业博物馆共建共管机制，鼓励文物系统资源支持行业博物馆，共同促进博物馆事业发展。

同志们，新时代开启新征程，新使命呼唤新作为。中国博物馆已走过百年的千山万水，又将迎来下一个百年的跋山涉水，时序轮替中，始终不变的是奋进者的英姿，历史坐标上，始终清晰的是改革者的步伐。让我们再接再厉，锐意创新，以习近平新时代中国特色社会主义思想为指引，认真贯彻落实习近平总书记关于文物博物馆工作的重要指示批示精神，精心部署、扎实推进，一个山头一个山头地攻，一个难关一个难关地破，共同推动博物馆事业改革发展，努力满足人民日益增长的美好生活需要，为实现“两个一百年”奋斗目标和中华民族伟大复兴的中国梦作出更大的贡献。

担当新使命　谱写新华章
奋力推进新时代文物保护利用改革

——国家文物局局长刘玉珠
在全国文物局长会议上的工作报告

（2019年1月8日）

在全国上下隆重庆祝改革开放40周年、大江南北涌动改革开放再出发的澎湃热潮中，我们召开全国文物局长会议。会议的主题是坚持以习近平新时代中国特色社会主义思想为指引，深入贯彻习近平总书记关于文物工作系列重要论述精神，深入贯彻党的十九大精神，全面落实中办、国办《关于加强文物保护利用改革的若干意见》《关于实施革命文物保护利用工程（2018～2022年）的意见》，总结2018年工作，部署2019年任务，抓主抓重，攻坚克难，提振精神，担当善为，全面开启新时代文物事业改革发展新征程。

雒树刚部长将作重要讲话，我们要认真贯彻落实。下面我代表国家文物局讲几点意见。

一、关于2018年文物工作

2018年是贯彻落实党的十九大精神的开局之年，是中国改革开放40周年，也是新时代文物事业改革发展承前启后的重要之年。过去一年，我们紧紧围绕贯彻落实党的十九大精神和党中央、国务院的决策部署，谋大事、抓改革、破难题，强担当、聚合力、求实效，攻坚啃硬、奋发有为，贯彻落实中央部署不折不扣，全面从严治党常抓不懈，文物安全形势大为好转，文物保护状况持续改善，博物馆活力不断焕发，文物管理质量大幅提升，“让文物活起来”精彩纷呈，文物领域各项工作取得新进展，文物保护利用改革取得新突破，文物工作为推动经济社会发展作出新贡献。

从党中央、国务院重视程度看，习近平总书记就文物保护作出10多次重要指示批示，主持召开中央深改委第三次会议并审议通过《关于加强文物保护利用改革的若干意见》；与法国马克龙总统见证签署中法文化遗产领域合作协议，与印度莫迪总理参观湖北省博物馆文物精品展；参观国家博物馆和深圳改革开放展览馆的庆祝改革开放40周年展览，考察广州历史文化街区、威海“甲午海战”遗址和蓬莱“海丝”遗迹。李克强总理见证签署中英、中国—新加坡文化遗产领域合作谅解备忘录和中国援助柬埔寨、尼泊尔文物保护项目立项换文。李克强、汪洋、王沪宁和孙春兰、黄坤明等中央领导同志对文物工作也作出系列重要批示。这充分体现了党中央、国务院对文物工作的亲切关怀和殷切厚望，充分彰显了新时代文物事业在党和国家工作大局中的地位和作用更加重要。

从重点任务完成情况看，四十载改革开放，文物事业栉风沐雨、一路同行，砥砺奋进、开拓创新，取得了历史性成就，发生了伟大变革。“十三五”规划实施总体进展良好，主要目标任务实现了时间过半、任务过半。国家文物局2018年工作要点安排的90项任务，85项已经完成，另几项正在推进，新增任务较好完成。应该说，年度工作成绩斐然、亮点频现，开拓氛围增强，开放态势明显；思想解放、政策创新和重点工作很有成效，办事效能、服务意识和工作质量得到加强，推动了整体绩效的明显提升，推动了文物事业的明显进步。中办、国办连续出台加强文物保护利用改革和实施革命文物保护利用工程两个政策文件，以改革引领发展，这是文物领域对改革开放40周年的最好纪念。

从工作荣誉授予情况看，敦煌研究院名誉院长樊锦诗荣列100名改革开放杰出贡献人员，很好展现了改革开放40年来文物工作者坚守奉献的崇高品质。人社部、国家文物局联合表彰49个全国文物系统先进集体和28名先进工作者，3名文博研究员入选国家“万人计划”，上海中共一大会址纪念馆、江西瑞金中央革命根据地纪念馆杨耀燕获评第四批全国学雷锋活动示范点和全国岗位学雷锋标兵，很好展现了党的十八大以来广大文物工作者积极有为的精神风貌。3名中国文物工作者荣获柬埔寨王国骑士勋章，很好展现了国际文化遗产保护的“中国贡献”。

——这一年，我们自觉全面抓好习近平总书记重要指示批示的贯彻落实，“四个意识”更加树牢。

学习宣传贯彻习近平新时代中国特色社会主义思想和党的十九大精神走深走实。坚持以党的政治建设为统领，持续抓好面向党员干部的学习培训和面向广大群众的宣传教育，用习近平新时代中国特色社会主义思想武装头脑、指导实践、推动工作。广泛开展内容丰富、特色鲜明的“不忘初心牢记使命”主题教育活动，切实增强广大文物工作者锐意进取、履职尽责的责任感和使命感。发挥好红色资源优势，打造好“初心教育大课堂”，让红色基因融入党性教育、根植人民心中。

贯彻落实习近平总书记重要指示批示有力有效。中华文明探源工程成果推介广受关注，“考古中国”研究项目取得实质进展，实证5000多年中华文明史。殷墟遗址安全问题整治取得重要战果，殷墟遗址被盗掘案件破获26起，追回文物713件，拆除违法建设38处，流转耕地1.1万余亩，追责问责51人；实行殷都区代管殷墟遗址，设立文物公安支队，建成智能技防系统。吸取巴西国家博物馆火灾教训，联合应急管理部、文化和旅游部开展博物馆和文物建筑消防安全大检查，排查单位3.1万家，发现问题隐患约7万项，目前整改率达到88%。明确开成石经原址保护，统筹规划西安碑林博物馆改扩建工作。时隔13年召开全国博物馆工作座谈会，制订关于推进博物馆改革发展的实施意见。促成流失海外圆明园文物青铜“虎鎣”回归入藏中国国家博物馆，编制流失海外中国文物追索返还工作方案。中外合作考古渐成规模，40项中外合作考古项目涉及亚洲、非洲、欧洲、南美洲的24个国家和地区；首次中国—沙特塞林港遗址合作考古取得初步成果。开展习近平总书记重要指示批示贯彻落实情况再检查工作，督促完成清东陵环境整治、安防设施升级和机构队伍建设，督促加强明十三陵散落石刻文物管理和安防设施建设。

全面从严治党纵深推进。坚持以制度抓党建、促党建，多领域健全党建、意识形态责任制、巡视工作制度，逐步建立管党治党长效机制，提升党建工作规范化水平，提升基层党组织的组织力。逐条对账落实中央巡视和审计问题整改任务，制定廉政风险防控手册，组织党风廉政警示教育活动，坚决防止“四风”问题反弹，严肃监督执纪问责，完成国家文物局党组首轮巡视，引导党员干部知敬畏、存戒惧、守底线，营造风清气正、担当实干的政治生态。

——这一年，我们应势顺势抓好改革谋划，前进方向更加明晰。

文物保护利用改革力度前所未有。2018年文物领域两个中央文件，都是管全局、管根本、管方向、利长远的，顶层设计节奏之密、分量之重在党和国家的历史上是不多见的，在新时代文物事业发展上是历史性的。《关于加强文物保护利用改革的若干意见》，是新中国成立以来党中央、国务院首次将文物事业改革发展整体纳入全面深化改革战略部署，是新时代文物保护利用改革的多领域全方位制度供给，是党的十八大以来文物工作的最大成果。《关于实施革命文物保护利用工程（2018～2022年）的意见》，是推动实施中华优秀传统文化传承发展工程的重大举措，是历年革命文物政策继承发展的集大成者，是党中央、国务院对革命文物工作的最大支持。

各相关部门加强协作、见诸行动。召开贯彻落实《关于加强文物保护利用改革的若干意见》工作协商推进会，38个部门研商落实文物领域改革政策的举措和计划。中宣部将《文物保护法》修订纳入文化立法五年规划。中央编办调研文物机构队伍建设，目前进入实质会商阶段。财政部、国家文物局修订印发《国家文物保护专项资金管理办法》，拓展了补助范围和支出内容，改革了分配办法。国家文物局、工信部、科技部印发《文物保护装备发展纲要（2018～2025年）》。工信部、农业农村部认定一批国家工业遗产和重要农业文化遗产。中国铁路总公司加强铁路建设项目文物保护。中央军委政治工作部制定《新时代军史场馆体系建设规划》。按照重点任务部门分工，围绕重大政策和重大举措，着力加强摸底调研，积极开展部门协商，就细化支持政策和实施路径达成基本共识。

各地积极跟进，紧抓落实。省级文物机构改革尘埃落定，内蒙古、福建、四川、青海、湖南取得突破，北京、山西、陕西继续保持正厅级政府直属机构，10个省份设置副厅级政府部门管理机构；13个省份在文化和旅游厅（委）加挂省文物局牌子。中央文件落实落细正在推进，15个省份起草关于加强文物保护利用改革实施意见；安徽省委办公厅、省政府办公厅印发《安徽省革命文物保护利用工程（2018～2022年）实施方案》，18个省份编制革命文物保护利用工程实施意见并报审。

革命文物保护利用工程有序开展。举办革命文物保护利用工程实施研修班，完成全国革命文物名录报送和数据汇总，研提革命文物保护利用片区分县名单，编制完成《长征文化线路保护总体规划》《革命旧址保护利用导则》。中宣部、文化和旅游部举办全国红色故事讲解员大赛。上海开展党的诞生地革命文化发掘宣传工程，启动“牢记光荣使命·共迎建党百年”全国百场巡展。吉林实施抗联遗迹保护三年计划。陕西编制陕北革命旧址保护方案。重庆实施红岩联线品质提升工程，打造弘扬红岩精神典范工程。湖南赴俄罗斯举办“中国出了个毛泽东”展览，革命文物展览走出国门。

——这一年，我们聚焦聚力抓好重点项目，文物保护新动能加快成长。

文物安全形势稳中向好。狠抓文物安全问题督察整改，圆满完成文物法人违法案件专项整治三年行动，这是近年来历时最久、规模最大、成效显著的文物安全专项行动，有效遏制了文物法人违法案件高发多发态势。全国打击文物犯罪专项行动硕果累累，公安部第三批“A级通缉令”10名重大文物犯罪案件在逃人员全部到案，公安部、最高人民法院、最高人民检察院、国家文物局四部门首次联合举办打击防范文物犯罪成果展，2015～2017年全国公安机关文物犯罪立案数逐年下降。国家文物局成为中央文明委成员单位并参与全国文明城市测评，首次作为正式成员单位参与国务院对省级政府消防工作考核，时隔多年召开全国文物安全工作部际联席会议。16个省份已将文物安全纳入地方政府绩效考核评价体系，21个省份建立文物安全联席会议协调机制，大大提升了文物部门话语权。

文物保护力度持续加大。加强规划引领，印发《丝绸之路经济带和21世纪海上丝绸之路文化遗产保护与交流合作专项规划》，完成《长城保护总体规划》并报国务院，参与编制完成《大运河文化保护传承利用总体规划纲要》。完成雄安新区100平方公里起步区考古勘查，实施雄安新区宋辽边关地道保护展示工程。推进冬奥会文物保护展示提升工程，整合长城文化、茶路文化与冬奥会元素，助力人文冬奥。经远舰水下考古获得重要发现，首次南海海域深海考古调查达到预期效果，西沙群岛海域水下考古调查项目继续推进，四川江口沉银遗址二期考古发掘出水文物1.2万余件；国家文物局水下文化遗产保护中心北海基地正式启用，南海基地开工建设。世界文化遗产工作有序开展，大运河保护在第42届世界遗产大会上获得点赞；古泉州（刺桐）史迹申遗项目克服困难，争取“发还待议”的利我局面；良渚古城遗址申遗前期准备稳步推进。

地方文物保护创新大为加强。各地文物部门2018年总结和2019年安排已汇编成册，供大家交流学习。这种好做法要坚持下去。各地材料总体感觉较好，其中印象深刻的有北京、山西、浙江、江西、湖南、四川、甘肃。地方联动共建受到重视，签署京津冀博物馆协同创新发展合作协议，组建黑吉辽、渝川滇文物行政执法协作片区，成立全国长征纪念馆联盟、长三角博物馆教育联盟和丝绸之路文化遗产保护工匠联盟。地方文物保护跃上新水平，北京推进老城整体保护和中轴线综合整治，编制完成大运河、长城、西山永定河文化带建设规划；黑龙江编制中东铁路建筑群保护规划，建成中东铁路建筑群数据库；山东“乡村记忆”抢救性记录数字化保护取得实效；浙江传统村落保护利用提质扩面；江西推广赣南等原中央苏区革命遗址保护利用工程经验；广东完成南粤古驿道调查工作；四川启动古蜀文明保护传承三年行动计划；甘肃编制《河西走廊国家遗产线路保护利用行动计划（2018～2025年）》；青海加强热水墓群文物安全工作；宁夏完成西夏陵核心区环境整治，实施西夏陵展示利用工程。地方博物馆建设各有特色，吉林实施“吉林印记”乡村博物馆建设项目；江苏出台《江苏省博物馆藏品征集规程》；天津成立馆藏文物保存环境监测区域中心；云南实施“爱国主义教育精品展览”计划；新疆生产建设兵团开展辖区博物馆、纪念馆、团史馆展陈内容专项清查，启动军垦博物馆改陈工作。地方文物管理创新多点开花，山西省政府制定《山西省社会力量参与文物保护利用办法》，“文明守望工程”全面推开；贵州《遵义市海龙屯保护条例》施行；上海博物馆、世博会博物馆探索国有博物馆理事会制度，上海、福建设立专项资金扶持非国有博物馆。

——这一年，我们精准精细抓好融入社会，文物工作格局不断放大。

文物保护和经济社会融合发展日益紧密。编印《文物建筑开放利用案例指南》，总结推广传统村落保护利用示范案例，指导开展乡村遗产酒店示范项目和拯救老屋行动，助力乡村振兴战略。发布《国家考古遗址公园发展报告》。健全文博单位社会教育和公共服务机制，会同教育部将93家文博单位列入全国中小学生研学实践教育基地名单，联合中央文明办开展博物馆弘扬中华传统节日工程。在福州举办第八届博物馆及相关产品与技术博览会，全球40多个国家、600多家博物馆、近万名代表参加，观众超过9万人次，受到国内外同行高度评价。深入实施“互联网+中华文明”三年行动计划，积极参与首届数字中国建设峰会·福州、第五届世界互联网大会·乌镇和首届中国国际智能产业博览会·重庆，聚焦社会需求、共建对话平台、开放资源信息、推介示范项目。文物工作助力打赢精准脱贫攻坚战初现成效，援藏援疆文物保护重点项目全面推进，河南淮阳定点扶贫和赣南等原中央苏区对口支援力度继续加大，湖南全年安排支持贫困地区文物保护专项补助资金2.5亿元，广东、重庆分别实施省定贫困村文物保护利用项目和深度贫困乡镇文物扶贫行动。新疆建设文物实证资料库，发挥文物资源在正确认识历史、加强反分裂反渗透教育、促进民族团结和经济社会发展中的积极作用。

“博物馆热”渐成大势。全国博物馆全年举办各类展览超过2万个、社会教育活动超过20万次，近10亿人次走进博物馆，参观博物馆日趋成为一种生活方式。博物馆与社会的“超级链接”初步形成，腾讯智慧博物馆全生态链建设启动，百度“用科技传承文明：AI博物馆计划”起航，网易“定格历史+中华文明”亮相，文博“朋友圈”不断扩大，文物“粉丝”持续激增。全国博物馆总数5136家，国家一、二、三级博物馆855家，3500家博物馆数字地图对外开放。中国（海南）南海博物馆、中国法院博物馆新馆、中国证券博物馆、上海市历史博物馆（上海革命历史博物馆）、国际乒联乒乓球博物馆建成开放，天津北疆博物院南楼腾退开放，河南二里头遗址博物馆主体结构封顶，广西壮族自治区博物馆改扩建工程启动。以非国有博物馆藏品备案为抓手，推进非国有博物馆法人财产权确权，全国1447家非国有博物馆采集172万件/套藏品信息。规范临时保管文物的接收划拨工作，文物局临时保管的7.2万余件/套文物全部划拨国有文物收藏单位，向中国（海南）南海博物馆划拨美国政府返还文物，向中国法院博物馆划拨罚没文物。

社会文物管理创新不断拓展。编制《禁止交易文物指导性目录》，建立文物案件市场警示机制，指导南京、苏州开展文物流通领域登记交易制度试点。优化文物拍卖许可证审批服务，推动探索文物拍卖领域外资准入纳入海南自由贸易岛实施方案。联合出台《涉案文物鉴定评估管理办法》，全国涉案文物鉴定评估机构全年完成近千起刑事案件、3.9万余件可移动涉案物品、467处不可移动文物鉴定评估。会同海关总署加强文物进出境口岸风险布控，全国文物进出境审核机构全年审核文物及复仿制品10万余件，外国被盗文物数据库发布6900余件被盗文物信息。

对外文物交流合作日趋多元。与法国、英国、新加坡、坦桑尼亚、意大利、阿根廷签署文化遗产领域双边协议，向濒危文化遗产保护国际基金捐款并参与基金管理。援助柬埔寨、乌兹别克斯坦、缅甸、尼泊尔文物保护修复项目进展顺利，中国在周边国家初步形成较为完整的援外文物项目链。赴沙特、葡萄牙分别举办“华夏瑰宝展”和“紫禁城与海上丝绸之路”展，促成阿富汗文物展国内接力展出，促进文明对话、民心相通。举办“海上丝绸之路：研究保护合作”国际学术研讨会、“一带一路”文物保护研讨会、上海合作组织成员国文化遗产保护论坛和第二届澜沧江—湄公河流域国家文化遗产保护与推广研讨会，让国际文化遗产同行听见中国声音。

落实与港澳地区《关于文化遗产领域交流与合作更紧密安排协议书》，加强内地与香港合作打击文物走私活动；编制澳门历史城区保护状况更新报告和监测预警系统建设方案；举办第二届内地与港澳中学生文化遗产暑期课堂、第五届台湾教师中华历史文化研习营、第八届海峡两岸文化遗产保护论坛，赴台举办云南佛教文物展，设立首个海峡两岸考古教学交流基地，促进港澳台同胞心灵契合。

——这一年，我们稳打稳扎抓好基础工作，文物事业发展后劲持续增强。

文物宏观管理不断完善。继续深化“放管服”改革，96%的国保项目方案审核委托省级文物部门，文物安全防护工程方案审核下放省级文物部门。经财政部向全国人大常委会报送《全国文物资源资产管理情况专项报告》。国家文物局行政审批一网通办逐步实现。开展第八批国保申报遴选工作，启动国保本体构成核定、文保单位和一般不可移动文物名录整理工作。开展国保省保集中成片传统村落、国家历史文化名城（县级市）和赣南等原中央苏区革命遗址保护、大遗址保护“十三五”规划、考古发掘资质单位评估，实施百项文物保护重点项目大检查。辽宁公布第十批省保（长城类），省保以上的公布点段已占全省长城资源的90%。内蒙古公布全区长城“两线”（即保护范围和建设控制地带），西藏公布第七批国保“两线”，甘肃全面完成省级以上文保单位“两线”划定公布工作。

文物法制建设不断夯实。推动将《文物保护法》修订纳入十三届全国人大常委会立法规划，印发《关于落实“谁执法谁普法”普法责任制的实施意见》。试行不可移动文物认定导则，建立国有馆藏文物退出制度，施行文物督察约谈办法。制定古建筑修缮项目施工规程、文物建筑保护项目竣工报告编制要求，发布考古装备及设施配备和文物考古机构评估导则。加强文物标准化建设，发布国家标准4项和行业标准8项。

文物科技、人才支撑不断加强。推动将“文化遗产保护利用关键技术研究与示范”纳入国家重点研发计划，项目经费概算4.7亿元。中国丝绸博物馆成功复原“五星出东方利中国”锦。国家智慧文博新融合产业基地暨“互联网+中华文明”示范基地落户武汉。敦煌研究院“基于价值完整性的平衡发展质量管理模式”荣获第三届中国质量奖。新时代文物人才建设工程扎实推进，全年举办主体培训班次80个，在职培训5000人次。召开首届全国高校考古、文博专业学科建设工作会议。举办首次全国文物修复职业技能竞赛，促进文物保护技术技能的积累与创新。

文物宣传不断出彩。国际博物馆日上海市历史博物馆主会场活动、文化和自然遗产日广州主场城市活动有创新有反响。《如果国宝会说话》全球推广，《国家宝藏》第二季获得好评，138家交通广播电台联合开展“百城百台——我为国宝点赞”主题活动。文物领域融媒体矩阵初步构建，重点工作、重大活动、重点时段的文物宣传叫得响、推得开，舆情应对顶得上、打得赢。开展国家文物事业发展“十三五”规划中期评估，完成《中国文物志》资源篇核稿和事业篇撰稿工作。

2018年文物工作成绩斐然，归功于党中央、国务院的坚强领导，归功于中央国家机关各部门的大力支持，归功于各级党委政府和社会各界的热情参与，更归功于广大文物工作者付出的智慧和汗水。在此，我谨代表国家文物局表示衷心感谢并致以崇高敬意！

在肯定上述成绩的同时，我们必须清醒认识到，当前文物工作仍然存在不少问题、短板和困难：文物工作主动服务经济社会发展大局的意识和能力尚需提升；文物安全预警手段和抗风险能力依然薄弱；文物保护基础工作急需落实；博物馆高质量发展亟需提升；让文物活起来的途径亟待拓展，满足人民日益增长的精神文化需求的能力亟待增强；社会参与文物保护利用政策不够明晰；文物行业“小马拉大车”问题依然存在，市县级文物机构队伍被撤并仍有加剧趋势，文物领域人才断档、流失问题需要重视；文物保护利用改革举措急需落地，文物部门攻坚克难的智慧和能力有待加强，文物治理体系健全和治理水平提升还有不少空间。对此，我们必须增强担当意识和改革意识，凝聚多方智慧、下更大力气，创新思路切实解决。

二、关于2019年重点任务

2019年是新中国成立70周年，是全面建成小康社会关键之年，是全面落实党中央、国务院关于文物保护利用改革部署关键之年。2019年的中心任务，就是聚全国之力、举全局之力，抓紧抓好两个中央文件落实落地。2019年文物工作的基本思路是以习近平新时代中国特色社会主义思想为指引，深入贯彻习近平总书记关于文物工作系列重要论述精神，深入贯彻党的十九大和十九届二中、三中全会精神，全面落实《关于加强文物保护利用改革的若干意见》《关于实施革命文物保护利用工程（2018～2022年）的意见》，激发改革活力，激励干部作为，更好服务党和国家工作大局，更好满足人民日益增长的美好生活需要，为新时代文物事业改革发展打下坚实基础，以优异成绩庆祝中华人民共和国成立70周年。

一是坚持改革创新，着力推进中央决策部署落地见效。两个中央文件明确强调的文物保护利用改革任务，是中央通盘考虑并作出的重大决策和总体布局，是我们认清形势、推进工作的基准基点，必须一鼓作气、一以贯之、精雕细琢、坚决完成，共同绘制好精谨细腻的"工笔画"。要对标对表分工方案，确保各项文物保护利用改革任务落实到总体工作安排、细化到年度工作目标，打通政策落实的"最后一公里"，确保中央重大改革部署能落地、可操作、见成效。国家文物局要在落实改革任务上走在前、做引领，加强部门协作、形成工作合力，梯次推出具有标志性、关键性、引领性作用的政策举措和制度设计，压茬推进重点工作、重大举措和重大工程，合力攻关、务求突破。要将国家文物局直属单位改革发展纳入文物保护利用改革整体部署，推动各直属单位找准工作定位、聚焦主业发展、培育人才优势，努力成为国家文物局的参谋、助手，努力为全国文物系统做支撑、搞示范。地方文物部门要善于在上情和下情的结合上做文章，吃透中央文件精神，摸清本地情况，找准存在问题，研究好工作对策，积极争取地方党委和政府大力支持，推动出台本省、自治区、直辖市文物保护利用改革实施意见，切实做到有特色有实招有亮点。要激活基层经验，鼓励在文物保护利用改革上大胆探索、因地施策，努力创造更多可复制、可推广的经验做法。对率先突破、取得经验的，支持及时总结提炼、进行面上推广。

全面实施革命文物保护利用工程。要将革命文物片区作为革命文物保护利用的主战场，总结推广赣南等原中央苏区革命遗址保护利用工程和延安革命遗址群整体保护经验，分批公布革命文物保护利用片区分县名单，推进革命文物的整体规划、连片保护、统筹展示、示范引领，启动长征文化遗产线路保护利用示范试点。创新革命文物保护投入机制，制定革命文物保护利用项目管理办法。指导各地公布全国革命文物名录。开展百集革命文物故事微视频、百集革命旧址短片、百集革命人物纪录片"三个百集"试拍工作，组织和推介一批庆祝中华人民共和国成立70周年陈列展览系列精品，更好展现革命精神谱系。

扎实开展贯彻落实习近平总书记关于文物工作系列重要指示批示再检查工作。狠抓组织领导、跟踪指导和督促检查，确保习近平总书记重要指示批示精神不落空、见实效，以实际行动、实际成效践行"两个维护"。建立中央领导同志重要指示批示和中央重大决策部署的跟踪督办制度，对推进缓慢、落实不力的开展集中攻坚，形成狠抓落实的倒逼机制和长效机制。要对正定古城、武汉中共中央机关旧址、侵华日军731部队遗址群、阜新万人坑遗址、景德镇御窑遗址、南京明皇宫遗址、良渚古城遗址、南海水下文化遗产、明十三陵、清东陵、长白山金代神庙遗址、殷墟遗址、长城和大运河保护情况开展自查和再检查。继续推进中华文明探源工程，逐步构建中华文明标识体系。

坚定不移推进全面从严治党。持续加强文物部门党建工作，建立管思想、管工作、管作风、管纪律的从严管理体系，建立崇尚实干、带动担当、加油鼓劲的正向激励机制。落实《中国共产党支部工作条例》，加强基层党组织建设。巩固拓展落实中央八项规定精神成果，不断健全预防廉政风险制度，坚决力戒形式主义和官僚主义新表现。

二是坚持精准管理，着力提升文物保护能力。加强分类管理、精准管理，是文物部门的基本职责。越是改革任务千头万绪，越要抓管理、抓关键，以重点突破带动整体提升。制定国有文物资源资产管理办法，实行文物资源资产报告制度，探索建立文物资源资产管理机制。施行《国家文物保护专项资金补助管理办法》。深入推进文物领域“放管服”改革。

坚持把确保文物安全放在首要位置，不能有丝毫的麻痹松懈和侥幸心理。法人违法是危害文物安全的顽疾和首要隐患，这几年国家文物局和各地直接督办的文物违法案件中，法人违法案件占比近80%，且普遍存在违法不究或处罚过轻现象，一些重大案件得不到应有的查处。要持续开展不可移动文物执法遥感监测，继续加大法人违法整治力度，坚持标本兼治、敢于动真碰硬。推动国家文物督察试点落地实施，督促地方政府落实主体责任。编制文博单位安全防护工程实施规划，建设全国文物安全监管平台。严打文物犯罪，加强隐患整治，强化技术支撑，完善文物违法举报渠道，织牢织密文物安全保护网。

切实加大文物保护力度。修订《文物保护工程管理办法》，推进文物保护研究性、预防性保护，加强文物保护工程项目全程监管和绩效评估。完成文物资源空间分布格局研究，推动纳入《全国国土空间规划纲要》。完善基本建设考古制度，推动出台地方政府土地储备考古前置配套政策和实施方案；促成明确基本建设考古取费性质和野外考古津贴标准；开展出土文物移交行动。实施长城保护总体规划，编制中国世界文化遗产事业发展规划，力争良渚古城遗址成功申遗，开展布达拉宫文物（古籍文献）保护利用工程。优化调整《中国世界文化遗产预备清单》，对潜力项目进行重点培育，支持储备项目开展前期研究和协商筹备。加大历史文化名城名镇名村保护力度。加强粤港澳文化遗产保护合作，推进粤港澳大湾区文化遗产旅游精品线路建设。

下大功夫补齐文物基础工作短板。报请国务院公布第八批国保，督促各地政府尽快完成前七批国保“两线”划定公布的法定任务，并将其作为第八批国保遴选的重要指标。各地文物部门要抓紧工作、赶进度、补欠账，主动报请省级政府全面完成国保“两线”划定公布工作。公布国保本体构成、省级和市县级文保单位名录。

落实“数字中国”国家战略。部署国家文物资源大数据库、非国有博物馆藏品数据库和全国文物购销拍卖信息与信用管理系统建设，推进文博行业监测系统和全国文物地理信息平台建设，启动文物“互联网+监管”与国家“互联网+监管”系统对接模块建设。树立大数据思维，打破文物信息数据壁垒、消除中梗阻，尽快实现设施联通、网络畅通、平台贯通、数据融通，让文物领域大数据活起来、用起来，文物资源信息数据采集、存储、促互联、建平台之后，关键是利用好、共享好、开放好。

三是坚持让文物活起来，着力推进文物合理利用。深化国家文物保护利用示范区研究，提升国家考古遗址公园、工业遗产和传统村落保护展示水平，推广文物建筑活化利用示范案例，共同推进大运河文化带保护利用工作。鼓励地方探索社会力量参与国有不可移动文物使用、运营、管理，支持社会力量拓展不同类型文物合理利用途径，提升社会参与的荣誉感、安全感和获得感。

推动出台关于推进博物馆改革发展的实施意见，探索博物馆科研成果转化收益分配试点，激发博物馆创新活力。研究制定博物馆研学旅行指南，推出一批全国研学旅行精品线路和全国研学实践精品线路、课程、活动。继续实施“互联网+中华文明”三年行动计划，鼓励社会力量提供多样化多层次文创产品。积极回应社会关切，推动出台关于引导民间收藏文物保护利用、促进文物市场健康发展的意见，推进文物流通领域登记交易制度试点。多层次构建文物鉴定服务体系。建立流失文物追索部门合作机制。

实施中华文物全媒体传播计划，建设国家文物局新闻宣传全媒体采编管理系统与传播平台，精心策划庆祝中华人民共和国成立70周年主题宣传工作，做好全国“两会”、文物保护利用改革系列宣传活动，办好2019年文化和自然遗产日主场城市活动。

四是坚持交流互鉴，着力加强文物国际合作。实施“一带一路”文化遗产保护与交流合作专项规划，健全丝绸之路和海上丝绸之路文化遗产保护与申遗跨国合作机制，联合打造具有丝绸之路特色的文化遗产保护品牌和旅游产品。继续做好中国援外文物保护工程和涉外合作考古项目。配合亚洲文明对话大会，筹备亚洲文明联展；筹备庆祝中俄建交70周年文物展览。做好2020年国际博协藏品委员会第19届大会筹备工作，举办第二届中国—中东欧国家文化遗产论坛。推动续签中美防止非法进口中国文物政府间谅解备忘录。制定“关于让文物活起来、扩大中华文化国际影响力的实施意见”已列入党的十九大报告重要改革举措实施规划；要组织力量、深入调研，做好制度设计、加强统筹规划，推动将援外文物保护工程和涉外合作考古项目整体纳入国家对外援助体系。

推动两岸同胞共同传承中华优秀传统文化，开展海峡两岸水下文化遗产保护交流活动，赴台举办龙门石窟佛教艺术展。推动与港澳地区建立打击文物犯罪和走私活动的工作机制；组织庆祝澳门回归祖国20周年文化遗产交流系列项目。

五是坚持制度建设，着力筑牢文物事业根基。按照十三届全国人大常委会立法规划要求，坚持问题导向，坚持开门修法，争取完成《文物保护法》修订的立法调研和草案起草工作。推进《水下文物保护管理条例》修订工作。完善文物保护利用的法律制度和标准规范，健全文物行政规范性文件合法性审查机制，划定文物保护利用的红线和底线，提升全社会文物保护法治意识。

加强文物保护利用与现代科技融合发展，以互联网、大数据、信息共享、跨界创意和智慧应用为重点，有效发挥文物科技支撑作用。实施文化遗产保护利用关键技术研究与示范重大项目，编制可移动文物预防性保护、数字化保护工作导则，公布第七批国家文物局科研基地。

推动出台关于进一步深化文博事业单位人事制度改革的指导意见、关于深化文博专业技术人员职称制度改革的指导意见和文物保护工程从业人员职业资格制度暂行规定，健全文博人才培养、使用、评价和激励机制。筹备召开全国文物人事人才工作会议。

加强国家文物局职能配置、充实力量，完善国家文物局“三定”方案，推进各直属单位定位与国家文物局职责的协同优化。建设国家文物领域智库，搭建文物政策研究咨询平台。编印《中国文物事业70年纪事》，开展文物事业发展“十四五”规划前期研究。

三、关于狠抓工作落实

习近平总书记明确强调：“大力弘扬真抓实干作风，推进工作要实打实、硬碰硬，解决问题要雷厉风行、见底见效，面对难题要敢抓敢管，敢于担责。”狠抓落实是我们干事成事的基本功。2019年的重中之重，就是要紧紧围绕党中央、国务院部署确定的文物保护利用改革任务，狠抓工作落实，敢于攻坚克难，确保改革任务“开花结果”取得实质性进展。我们抓改革、干工作，既要有马上就办、起而行之的态度，也要有善作善成、久久为功的韧劲；既要注重政策的精准性，更要注重执行的有效性。

一要强化政治站位。两个中央文件的落实成效，是全国文物系统树牢“四个意识”、坚定“四个自信”、坚决做到“两个维护”的重要标志，是贯彻落实习近平新时代中国特色社会主义思想和党的十九大精神的集中体现，是广大文物工作者担当作为、履职尽责的试金石。要自觉主动在推进文物保护利用改革上同党中央保持高度一致，锐意进取、扎实工作，努力成为新时代文物事业改革发展的引领者、实践者、推动者、贡献者。

二要强化担当作为。要抓住关键少数，形成文物保护利用改革的“任务链”“责任链”“落实链”，国家文物局要对落实改革任务发挥牵头抓总的表率作用，各级文物部门领导干部特别是主要负责同志要对落实改革任务履行主体责任，结合年度工作要点加以推进督办，切实做到上下一条心、全局一盘棋，不能喊口号、装样子，更不能搞成“半拉子工程”。要将文物保护利用改革任务落实情况纳入文物部门年度考核，考核结果作为领导班子和领导干部综合考核评价、干部奖惩任免的重要依据，选拔任用敢于负责、勇于担当、善于作为、实绩突出的年轻干部。对事关文物事业改革发展的大事，我们都要主动参与、合力推进、积极作贡献，不断提高抓大事、促改革的本领和能力。

三要强化效能建设。我们制定的政策、采取的措施、推进的工作，都应当高质量、有效果。坚持整体推进、重点突破，集中力量、整合资源，抓实重点任务，突破薄弱环节，补齐制度短板，不断提升改革精确发力和精准落地能力，使文物保护利用改革更好对接发展所需、基层所盼、民心所向。聚焦政策配套，对像推进“多规合一”、土地储备考古前置、出土文物移交这类方向明、见效快的具体举措，要盯紧抓牢、跟踪落实；对像中华文明探源工程、“考古中国”重大研究、革命文物保护利用工程、文物平安工程、文物外展精品工程、新时代文物人才建设工程这类重点工程要科学组织，早行动早见效；对像文物资源资产管理、国家文物督察、文物价值传播这类打基础、谋长远的制度性改革，要搞好制度设计、有序推进；对像国家文物保护利用示范区、赋予博物馆更大办馆自主权这类具有探路性质的改革试点，要大胆探索、适时推广；对像文物合理利用、社会参与这类提出原则性要求的改革举措，要鼓励地方先行、形成合理预期；对像文物市场发展、《文物保护法》修订这类牵涉面广、难度大的改革任务，要上下联动、合力攻坚。聚力部门协作，对多部门参与的改革事项，国家文物局要履行好统筹协调的首要职责，主动跟进、主动服务，一起推动把中央文件精神真正落实到政策支持、制度配套和长效机制上来，着力解决一些长期没能解决或者不易解决的瓶颈问题。关注文物职业保障，主动加强沟通、尽快疏通堵点，推动基本建设考古经费保障、野外考古津贴标准、博物馆科研成果转化收益分配、文博事业单位人事制度和文博专业技术人员职称制度改革政策尽快出台、落实到位，确保文物工作者享受改革红利，更好强信心、暖人心、筑同心。

四要强化督导检查。要进一步明确文物保护利用改革任务的预期成果、工作进度、完成时间和责任分工，建立改革任务督办台账，纳入改革督查事项，不折不扣精准落实，精益求精照图施工。各地文物部门要认真部署2019年两个中央文件的落实举措，共同推进、落地实施。要对文物保护利用改革任务和年度工作要点逐件对账督办，切实做到每月对账、每季通报、年底算账。适时开展《关于加强文物保护利用改革的若干意见》贯彻落实专项督查调研，并向党中央、国务院报告有关情况。

同志们，新时代是中华民族大发展大作为的时代，也是文物事业大发展大作为的时代。让我们紧密团结在以习近平同志为核心的党中央周围，深入贯彻落实党中央、国务院关于文物保护利用改革重大决策部署，扎实做好2019年各项工作，以拼搏进取的精神状态，抓重点、抓难点、抓亮点，加满油、鼓足劲、共奋斗，以新气象新担当新作为合力推进文物事业改革发展再上新台阶、开创新局面，以优异成绩迎接中华人民共和国成立70周年。

中共中央办公厅　国务院办公厅印发《关于实施革命文物保护利用工程（2018～2022年）的意见》的通知

中办发〔2018〕45号

各省、自治区、直辖市党委和人民政府，中央和国家机关各部委，解放军各大单位、中央军委机关各部门，各人民团体：

《关于实施革命文物保护利用工程（2018～2022年）的意见》已经中央领导同志同意，现印发你们，请结合实际认真贯彻落实。

中共中央办公厅
国务院办公厅
2018年7月21日

关于实施革命文物保护利用工程（2018～2022年）的意见

为切实加强新时代革命文物工作，充分发挥革命文物在开展爱国主义教育、培育社会主义核心价值观、实现中华民族伟大复兴中国梦中的重要作用，现就实施革命文物保护利用工程（2018～2022年）提出如下意见。

一、重要意义

革命文物凝结着中国共产党的光荣历史，展现了近代以来中国人民英勇奋斗的壮丽篇章，是革命文化的物质载体，是激发爱国热情、振奋民族精神的深厚滋养，是中国共产党团结带领中国人民不忘初心、继续前进的力量源泉。党的十八大以来，在以习近平同志为核心的党中央坚强领导下，各地区各部门扎实推进革命文物工作，革命文物家底基本摸清，革命文物保护状况持续改善，革命文物教育功能不断强化。与此同时，新时代党和国家事业的发展，迫切需要加强革命文物资源整合、统筹规划和整体保护，迫切需要深化革命文物价值挖掘阐释传播，迫切需要发挥革命文物服务大局、资政育人和推动发展的独特作用。要从巩固党的执政地位、筑牢意识形态阵地的战略高度，从坚定“四个自信”的战略高度，充分认识加强新时代革命文物工作的重大意义。

二、总体要求

（一）指导思想。高举中国特色社会主义伟大旗帜，全面贯彻党的十九大和十九届二中、三中全会精神，以习近平新时代中国特色社会主义思想为指导，围绕改革开放40周年、中华人民共和国成立70周年、全面建成小康社会、中国共产党成立100周年、迎接中国共产党第二十次全国代表大会召开等重要时间节点和重大事件，以开展爱国主义教育、培育社会主义核心价值观为根本，以弘扬革命精神、继承革命文化为核心，统筹推进革命文物保护利用传承，着力加强革命文物保护修复和展示传播，着力深化革命文物价值挖掘和利用创新，着力提升革命文物公共服务水平和社会教育效果，为实现“两个一百年”奋斗目标和中华民族伟大复兴中国梦作出重要贡献。

（二）基本原则。坚持全面保护、整体保护，统筹推进抢救性与预防性保护、文物本体与周边环境保护，确保革命文物的历史真实性、风貌完整性和文化延续性。坚持突出社会效益、重在传承，强化教育功能，提升传播能力，让革命文物活起来，把革命文物利用好、革命传统弘扬好、革命文化传承好。坚持创造性转化、创新性发展，大力推进体制机制、方法手段改革创新，推动革命文物保护利用与中小学教育、干部教育相结合，与脱贫攻坚、乡村振兴相结合，与文化建设、旅游发展相结合，与经济社会发展、民生福祉改善相结合，不断增强革命文化的生命力和影响力。

（三）发展目标。革命文物保护利用状况显著改善，革命文物保护利用传承体系基本健全，革命文化传承发展平台基本形成，中国共产党革命精神谱系和中华民族精神追求更好展现，革命文物资源在促进经济社会发展、实现中华民族伟大复兴中国梦中的独特作用更好发挥，革命文物保护利用成果更多惠及人民群众。

三、主要任务

（一）夯实革命文物基础工作。加强对革命文物保护利用的总体规划、宏观指导和制度建设。实行革命文物定期排查制度，各省（自治区、直辖市）宣传、文物部门要对本地区革命文物进行全面排查，并把排查结果报中央宣传部、国家文物局。加强对革命文物和革命文献档案史料、口述资料的调查征集工作，做好馆藏革命文物的认定、定级、建账和建档工作。分批公布全国革命文物名录，建立革命文物大数据库，推进革命文物资源信息开放共享。鼓励文物博物馆机构、高等学校、科研机构开展革命文物保护利用研究。

（二）加大革命文物保护力度。坚持抢救性和预防性保护并重，实施革命旧址维修保护行动计划和馆藏革命文物保护修复计划，加强革命文物安全防范设施建设。加强革命文物保养维护，开展革命文物研究性保护项目。各级政府应及时把新发现的革命文物依法纳入保护范畴，把具有重要价值的革命旧址核定公布为各级文物保护单位。县级政府应落实尚未核定公布为文物保护单位的革命文物保护措施，不得擅自迁移、拆除。新建改扩建革命纪念设施应严格履行报批手续，不得未批先建、边报边建。

（三）拓展革命文物利用途径。宣传、文化、文物部门管理使用的革命文物类文物保护单位应全部对外开放，其他部门管理使用的应尽可能对外开放。结合重大历史事件、重要历史人物和中华民族传统节庆，依托革命文物资源组织开展重大纪念活动，精心设计活动内容和载体，整体纳入中央统一规划。深入挖掘革命文物的价值内涵和文化元素，运用市场机制开发更多文化创意产品，促进文化消费。打造红色旅游品牌，推出一批研学旅行和体验旅游精品线路，促进革命老区振兴发展。加大军队系统革命文物展示利用力度，在做好安全保密工作的前提下，适时对外组织开展参观、瞻仰、纪念等活动。

（四）提升革命文物展示水平。坚持有址可寻、有物可看、有史可讲、有事可说，着力策划打造主题突出、导向鲜明、内涵丰富的革命文物陈列展览精品，做到见人见物见精神。完善革命文物改陈布展管理机制和支持政策，深化研究、及时补充体现时代精神的展陈内容，革命博物馆纪念馆基本陈列超过5年的可进行局部改陈布展，基本陈列超过10年的可进行全面改陈布展。建立展陈内容和解说词研究审查制度，宣传、文物、党史文献部门要按照意识形态工作责任制切实把好政治关和史实关，增强展陈说明和讲解内容的准确性、完整性、权威性，反对历史虚无主义和文化虚无主义。坚持展示方式与展陈内容相得益彰，适度运用现代科技手段，增强革命文物陈列展览的互动性体验性。坚持节俭办展、绿色办展，做到因地制宜、够用适用，力戒贪大求洋、富丽堂皇。

（五）创新革命文物传播方式。推动革命传统教育进学校进教材进课堂，编纂出版系列革命文物知识读本，鼓励学校、党校（行政学院）到革命旧址、革命博物馆纪念馆开展现场教学。建立革命旧址、革命博物馆纪念馆与周边学校、党政机关、企事业单位、驻地部队、城乡社区的共建共享机制，组织开展具有庄严感和教育意义的系列主题活动。融通多媒体资源，推进“互联网+”革命文物，对革命文物进行全景式、立体式、延伸式展示宣传，传承革命传统，弘扬革命精神。

四、重点项目

（一）百年党史文物保护展示工程。以中国共产党的发展历程为主线，以中国共产党成立100周年为时间节点，系统开展百年党史文物、文献、档案、史料调查征集，全面提升反映百年党史的重大事件遗迹、重要会议遗址、重要机构旧址、重要人物旧居保护展示水平，创新阐释和广泛宣传中国共产党的历史贡献。

（二）革命文物集中连片保护利用工程。按照集中连片、突出重点、国家统筹、区划完整的原则，建设革命文物保护利用片区，创新革命文物保护利用体制机制，推进革命文物的整体规划、连片保护、统筹展示、示范引领，助力革命老区脱贫攻坚。革命文物保护利用片区分县名单由中央宣传部、财政部、国家文物局另行确定公布。

（三）长征文化线路整体保护工程。以中央红军长征路线为基础，统一规划、统一标识、统一保护标准、统一配套设施建设，显著改善长征文物的保存状况和环境风貌，丰富长征精神的展示主题和展示手段，打造全程贯通的“重走长征路”红色旅游精品线路。实施长征文化线路保护总体规划，建设长征文化线路保护利用示范段。

（四）革命文物主题保护展示工程。对见证近代以来中国人民抵御外来侵略、维护国家主权、捍卫民族独立、争取人民自由和中国共产党领导中国人民进行社会主义革命、建设、改革的遗址遗迹、纪念设施、文物藏品进行排查梳理，提升革命文物保护利用水平。重点推进辛亥革命、五四运动、中国人民抗日战争等重大历史事件的遗址遗迹、纪念设施、文物藏品保护展示项目，遴选展现社会主义革命、建设、改革的代表性遗址遗迹、纪念设施、文物藏品进行保护展示试点。

（五）革命文物陈列展览精品工程。推介一批庆祝改革开放40周年、庆祝中华人民共和国成立70周年、纪念中国人民抗日战争暨世界反法西斯战争胜利75周年、庆祝中国共产党成立100周年、迎接中国共产党第二十次全国代表大会召开的革命文物系列陈列展览精品，策划举办中国共产党百年党史文物大展。支持国家一级博物馆定期策划推出一批革命文物主题展览和流动展览，提升市县革命博物馆纪念馆陈列展览质量，组织联展巡展，拓展社会教育覆盖面。

（六）革命文物宣传传播工程。拍摄百集革命文物故事微视频、百集革命旧址短片、百集革命人物纪录片。支持地方制作传播当地革命文物故事短片。建设一批革命文物类全国爱国主义教育示范基地和中共党史教育基地，建成一批革命文物保护利用示范基地，推介一批红色旅游精品线路，开发一批革命文物宣传产品和文化产品。鼓励同一类型革命文物保护管理机构加强协作，成立革命文物保护展示联盟，举办革命文物保护利用论坛。推介一批革命文物保护利用优秀案例，发布革命文物保护利用白皮书。

五、实施保障

（一）加强组织领导。各级党委和政府应牢固树立保护文物也是政绩的理念，高度重视革命文物工作，以强烈的政治责任感和历史使命感，落实保护责任，加大工作力度。革命历史类纪念设施、遗址和全国爱国主义教育示范基地工作联席会议应将革命文物保护利用工程实施情况纳入工作重点，各地区应建立革命文物工作协调机制，加强统筹规划、协调指导和督促检查。统筹保护利用好军地革命文物资源，中央和地方组织实施的革命文物保护利用工程项目应将军队系统革命文物工作整体纳入和推进。

（二）加大财政投入。县级以上政府应将革命文物保护作为支持重点，进一步完善革命文物保护财政保障机制，强化革命文物保护利用政策支持。加强革命文物相关财政资金的绩效管理和监督审计，提升资金使用效益。健全革命文物保护利用多元投入体系，积极引导社会资金参与革命文物工作。

（三）完善法规政策。鼓励各省（自治区、直辖市）和设区的市制定革命文物保护地方性法规。加强全国红色旅游经典景区和红色旅游精品线路建设，统筹加大对革命文物保护利用的支持力度。加强革命文物保护利用科技创新和装备建设。加强革命文物保护、管理、利用和研究人才队伍建设。县级以上地方政府应强化革命文物保护利用职责，明确负责革命文物工作的机构和力量。

（四）加强督促检查。建立革命文物保护利用工程实施情况的督查评估机制和“双随机”抽查机制，加强对各地区革命文物工作的督促检查，实行革命文物保护利用情况通报制度。各省（自治区、直辖市）要按照本意见要求，结合本地区实际制定具体落实办法。中央和国家机关有关部门要对各地区贯彻落实情况进行督促检查，并将有关情况报党中央、国务院。

中共中央办公厅 国务院办公厅印发《关于加强文物保护利用改革的若干意见》的通知

中办发〔2018〕54号

各省、自治区、直辖市党委和人民政府，中央和国家机关各部委，解放军各大单位、中央军委机关各部门，各人民团体：

《关于加强文物保护利用改革的若干意见》已经中央领导同志同意，现印发你们，请结合实际贯彻落实。

中共中央办公厅
国务院办公厅
2018年10月1日

关于加强文物保护利用改革的若干意见

为深入贯彻落实党的十九大精神，进一步做好文物保护利用和文化遗产保护传承工作，现就加强新时代文物保护利用改革提出如下意见。

一、重要意义

文物承载灿烂文明，传承历史文化，维系民族精神，是弘扬中华优秀传统文化的珍贵财富，是促进经济社会发展的优势资源，是培育社会主义核心价值观、凝聚共筑中国梦磅礴力量的深厚滋养。保护文物功在当代、利在千秋。

党的十八大以来，在以习近平同志为核心的党中央坚强领导下，各地区各部门扎实推进文物工作，文物事业取得显著进步。当前，面对新时代新任务提出的新要求，文物保护利用不平衡不充分的矛盾依然存在，文物资源促进经济社会发展作用仍需加强；一些地方文物保护主体责任落实还不到位，文物安全形势依然严峻；文物合理利用不足、传播传承不够，让文物活起来的方法途径亟需创新；依托文物资源讲好中国故事办法不多，中华文化国际传播能力亟待增强；文物保护管理力量相对薄弱，治理能力和治理水平尚需提升。要从坚定文化自信、传承中华文明、实现中华民族伟大复兴中国梦的战略高度，提高对文物保护利用重要性的认识，增强责任感使命感紧迫感，进一步解放思想、转变观念，深化文物保护利用体制机制改革，加强文物政策制度顶层设计，切实做好文物保护利用各项工作。

二、总体要求

（一）指导思想。以习近平新时代中国特色社会主义思想为指导，全面贯彻党的十九大和十九届二中、三中全会精神，认真落实习近平总书记关于文物工作系列重要论述精神，紧紧围绕统筹推进“五位一体”总体布局和协调推进“四个全面”战略布局，增强“四个意识”，坚定“四个自信”，坚持以人民为中心，坚持新发展理念，坚持社会主义核心价值体系，统筹推进文物保护利用传承，切实增强中华优秀传统文化的生命力影响力，更好促进经济社会发展，不断满足人民日益增长的美好生活需要，努力为决胜全面建成小康社会、加快推进社会主义现代化、实现中华民族伟大复兴的中国梦作出重要贡献。

（二）基本原则

——坚持党对文物工作的领导。树立保护文物也是政绩的科学理念，发挥党在文物工作中总揽全局、协调各方的领导作用，形成党委领导、政府负责、部门协同、社会参与的文物工作格局。

——坚持依法保护利用。健全文物保护利用法律制度和标准规范，划定文物保护利用的红线和底线，落实文物保护属地管理要求和地方各级政府主体责任，提升全社会文物保护法治意识。

——坚持问题导向。破解影响文物事业持续发展、制约文物作用更好发挥的体制机制问题，统筹好文物保护与经济社会发展，在保护中发展、在发展中保护。

——坚持创造性转化、创新性发展。强化国家站位、主动服务大局，加强文物价值的挖掘阐释和传播利用，让文物活起来，发挥文物资源独特优势，为推动实现中华民族伟大复兴中国梦提供精神力量。

——坚持整体推进、重点突破。全面深化文物领域各项改革，突出重点、分类施策，推出重大举措，推进重点工作，鼓励因地制宜、试点先行，积极探索、勇于创新。

（三）总体目标。到2025年，紧紧围绕走出一条符合我国国情的文物保护利用之路，文物依法保护水平显著提升，文物保护利用传承体系基本形成，文物安全形势明显好转，文物机构队伍更加优化，文物领域社会参与活力不断焕发，文物工作在坚定文化自信、推动中华文化走出去、促进经济社会发展中的重要作用进一步发挥，文物保护利用成果更多更好惠及人民群众，文物治理体系和治理能力现代化初步实现。

三、主要任务

（一）构建中华文明标识体系。深化中华文明研究，推进中华文明探源工程，开展考古中国重大研究，实证中华文明延绵不断、多元一体、兼收并蓄的发展脉络。依托价值突出、内涵丰厚的珍贵文物，推介一批国家文化地标和精神标识，增强中华民族的自豪感和凝聚力。

（二）创新文物价值传播推广体系。将文物保护利用常识纳入中小学教育体系和干部教育体系，完善中小学生利用博物馆学习长效机制。实施中华文物全媒体传播计划，发挥政府和市场作用，用好传统媒体和新兴媒体，广泛传播文物蕴含的文化精髓和时代价值，更好构筑中国精神、中国价值、中国力量。

（三）完善革命文物保护传承体系。实施革命文物保护利用工程（2018～2022年），保护好革命文物，传承好红色基因。强化革命文物保护利用政策支持，开展革命文物集中连片保护利用，助力革命老区脱贫攻坚。推进长征文化线路整体保护，加快长征文化公园建设。加强馆藏革命文物征集和保护，建设革命文物数据库，加强中国共产党历史文物保护展示。

（四）开展国家文物督察试点。加强国家文物督察力量，试行向文物安全形势严峻、文物违法犯罪案件和文物安全事故多发地区派驻文物督察专员，监督检查地方政府履行文物保护责任情况，督察督办重大文物违法犯罪案件办理和重大文物安全事故处理工作。强化省级文物部门督察职责。落实市、县文化市场综合执法队伍文物行政执法责任。

（五）建立文物安全长效机制。实施文物平安工程，建设全国文物安全监管平台，实现文物博物馆单位安全防护设施全覆盖。聚焦法人违法、盗窃盗掘、火灾事故三大风险，发挥全国文物安全工作部际联席会议制度作用，坚持专项行动和常态监管相结合，打赢文物安全防范攻坚战。

（六）建立文物资源资产管理机制。健全国有文物资源资产管理体系，制定国有文物资源资产管理办法，建立文物资源资产动态管理机制。实行文物资源资产报告制度，地方各级政府定期向本级人大常委会报告文物资源资产管理情况。完善常态化的国家文物登录制度，建设国家文物资源大数据库。

（七）建立健全不可移动文物保护机制。深入推进文物领域“放管服”改革，进一步简化面向社会的项目审批，提升管理能力和服务水平。国土空间规划编制和实施应充分考虑不可移动文物保护管理需要。完善基本建设考古制度，地方政府在土地储备时，对于可能存在文物遗存的土地，在依法完成考古调查、勘探、发掘前不得入库。强化考古项目监管，开展考古出土文物移交专项行动。健全世界文化遗产监测预警和巡查监管制度。建立国家文物保护利用示范区，依托不同类型文物资源，推动区域性文物资源整合和集中连片保护利用，创新文物保护利用机制，在确保文物安全的前提下，支持在文物保护区域因地制宜适度发展服务业和休闲农业。

（八）大力推进文物合理利用。充分认识利用文物资源对提高国民素质和社会文明程度、推动经济社会发展的重要作用。地方各级文物部门要加强统筹规划，依法加大本行政区域文物资源配置力度。文物博物馆单位要强化基本公共文化服务功能，盘活用好国有文物资源。支持社会力量依法依规合理利用文物资源，提供多样化多层次的文化产品与服务。

（九）健全社会参与机制。坚持政府主导、多元投入，调动社会力量参与文物保护利用的积极性。在坚持国有不可移动文物所有权不变、坚守文物保护底线的前提下，探索社会力量参与国有不可移动文物使用和运营管理。鼓励依法通过流转、征收等方式取得属于文物建筑的农民房屋及其宅基地使用权。加大文物资源基础信息开放力度，支持文物博物馆单位逐步开放共享文物资源信息。促进文物旅游融合发展，推介文物领域研学旅行、体验旅游、休闲旅游项目和精品旅游线路。

（十）激发博物馆创新活力。分类推进博物馆法人治理结构建设，赋予博物馆更大办馆自主权。发展智慧博物馆，打造博物馆网络矩阵。鼓励文物博物馆单位开发文化创意产品，其所得收入按规定纳入本单位预算统一管理，可用于公共服务、藏品征集、对符合规定的人员予以绩效奖励等。落实非国有博物馆支持政策，依法依规推进非国有博物馆法人财产权确权。

（十一）促进文物市场活跃有序发展。制定关于引导民间收藏文物保护利用促进文物市场健康发展的意见，开展文物流通领域登记交易制度试点。建立全国文物购销拍卖信息与信用管理系统，接入全国信用信息共享平台，开展守信联合奖励和失信联合惩戒。规范文物鉴定机构发展，多层次开展文物鉴定服务。适时扩大享受文物进口免税政策的文物收藏单位名单，促进海外文物回流。

（十二）深化“一带一路”文物交流合作。实施“一带一路”文化遗产保护与交流合作专项规划，健全丝绸之路和海上丝绸之路文化遗产保护与申遗跨国合作机制。推进中国援外文物保护工程和联合考古项目，将其纳入国家对外援助体系。开展文物外展精品工程，打造文物外交品牌。依托国家海外文化阵地和海外机构，搭建多层次机制性文物交流合作平台，与国外文物机构共建合作传播基地，增强中华文化国际传播力、影响力。深度参与文化遗产国际治理，提升中国话语权，展现负责任大国形象。

（十三）加强科技支撑。将“文化遗产保护利用关键技术研究与示范”纳入国家重点研发计划，建设文物领域国家技术创新中心和国家重点实验室。充分运用互联网、大数据、云计算、人工智能等信息技术，推动文物展示利用方式融合创新，推进“互联网+中华文明”行动计划。

（十四）创新人才机制。制定文物博物馆事业单位人事管理指导意见，健全人才培养、使用、评价和激励机制。实施新时代文物人才建设工程，加大对文物领域领军人才、中青年骨干创新人才培养力度。出台文物保护工程从业资格管理制度。按照国家有关规定，适时开展文物领域表彰奖励。建设文物领域国家智库。

（十五）加强文物保护管理队伍建设。按照优化协同高效的原则，加强国务院文物部门职能，充实力量，提升革命文物、社会文物、文物资源资产、文物国际合作与传播等方面的管理能力。地方党委和政府应依法履行文物保护主体责任，明确负责文物保护管理的机构，切实加强文物保护能力建设，使文物保护管理工作力量与其承担的职责和任务相适应，确保文物安全。未设置专门机构的文物保护单位可通过政府购买服务方式，加强文物保护巡查管理。

（十六）完善文物保护投入机制。支持文物保护由抢救性保护向抢救性与预防性保护并重、由注重文物本体保护向文物本体与周边环境整体保护并重转变。推动文物保护领域中央与地方财政事权和支出责任划分改革，落实各级政府支出责任。加快公布文物领域政府购买公共服务指导性目录。探索对文物资源密集区的支持方式，强化绩效管理。积极引导鼓励社会力量投入文物保护利用。

四、实施保障

（一）加强组织领导。地方党委和政府要全面贯彻党中央决策部署，按照本意见确定的文物改革目标和任务，着力抓好落实落细。各地区要将文物工作纳入地方党政领导班子和领导干部政绩考核综合评价体系，切实增强各级领导干部文物保护利用的意识。各部门要明确分工、形成合力，强化制度供给和资源要素支持，推进各项改革举措落地见效。文化和旅游部门、文物部门要履行好统筹协调职责，强化协作、积极推进。

（二）完善法律法规。修改文物保护法及相关配套行政法规。鼓励各省、自治区、直辖市及设区的市制定文物保护地方性法规。

（三）加强督促落实。加强对本意见落实情况的督导检查。各地区各部门在推进文物保护利用改革中遇到的重大问题要及时向党中央、国务院请示报告。做好文物保护利用改革政策宣传和舆论引导，营造文物事业改革发展的良好氛围。

最高人民法院　最高人民检察院　国家文物局　公安部　海关总署关于印发《涉案文物鉴定评估管理办法》的通知

文物博发〔2018〕4号

各省、自治区、直辖市高级人民法院、人民检察院、文物局（文化厅）、公安厅（局），解放军军事法院、军事检察院，新疆维吾尔自治区高级人民法院生产建设兵团分院，新疆生产建设兵团人民检察院、文物局、公安局，海关总署广东分署、各直属海关：

为贯彻落实《国务院关于进一步加强文物工作的指导意见》（国发〔2016〕17号）和《国务院办公厅关于进一步加强文物安全工作的实施意见》（国办发〔2017〕81号）的要求，规范涉案文物鉴定评估活动，打击文物违法犯罪活动，根据《最高人民法院、最高人民检察院关于办理妨害文物管理等刑事案件适用法律若干问题的解释》（法释〔2015〕23号），国家文物局、最高人民法院、最高人民检察院、公安部、海关总署共同制定了《涉案文物鉴定评估管理办法》。现印发给你们，请认真遵照执行。

最高人民法院　最高人民检察院
国家文物局　公安部　海关总署
2018年6月20日

涉案文物鉴定评估管理办法

第一章　总　则

第一条　为适应人民法院、人民检察院和公安机关等办案机关办理文物犯罪刑事案件的需要，规范涉案文物鉴定评估活动，保证涉案文物鉴定评估质量，根据《中华人民共和国文物保护法》《最高人民法院、最高人民检察院关于办理妨害文物管理等刑事案件适用法律若干问题的解释》和有关法律法规，制定本办法。

第二条　本办法所称涉案文物，专指文物犯罪刑事案件涉及的文物或者疑似文物。

本办法所称涉案文物鉴定评估，是指涉案文物鉴定评估机构组织文物鉴定评估人员，运用专门知识或者科学技术对涉案文物的专门性问题进行鉴别、判断、评估并提供鉴定评估报告的活动。

第三条 国家文物局指定的涉案文物鉴定评估机构和予以备案的文物鉴定评估人员开展涉案文物鉴定评估活动，适用本办法。

第四条 涉案文物鉴定评估机构开展涉案文物鉴定评估活动，应当遵循合法、独立、客观、公正的原则。

第五条 文物鉴定评估人员在涉案文物鉴定评估活动中，应当遵守法律法规，遵守职业道德和职业纪律，尊重科学，遵守标准规范。

第六条 国家文物局负责遴选指定涉案文物鉴定评估机构，制定涉案文物鉴定评估管理制度和标准规范，对全国涉案文物鉴定评估工作进行宏观指导。

第七条 省级文物行政部门负责推荐本行政区域内涉案文物鉴定评估机构，对涉案文物鉴定评估工作进行监督管理。

省级文物行政部门应当保障本行政区域内涉案文物鉴定评估机构开展涉案文物鉴定评估工作所需的业务经费。

第八条 涉案文物鉴定评估机构的发展应当符合统筹规划、合理布局、严格标准、确保质量的要求。

第二章　鉴定评估范围和内容

第九条 涉案文物鉴定评估范围涵盖可移动文物和不可移动文物。

（一）可移动文物鉴定评估类别包括陶瓷器、玉石器、金属器、书画、杂项等五个类别。

（二）不可移动文物鉴定评估类别包括古文化遗址、古墓葬、古建筑、石窟寺及石刻、近现代重要史迹及代表性建筑、其他等六个类别。

第十条 已被拆解的不可移动文物的构件，涉案文物鉴定评估机构可以应办案机关的要求，将其作为可移动文物进行鉴定评估。

第十一条 可移动文物鉴定评估内容包括：

（一）确定疑似文物是否属于文物；

（二）确定文物产生或者制作的时代；

（三）评估文物的历史、艺术、科学价值，确定文物级别；

（四）评估有关行为对文物造成的损毁程度；

（五）评估有关行为对文物价值造成的影响；

（六）其他需要鉴定评估的文物专门性问题。

可移动文物及其等级已经文物行政部门认定的，涉案文物鉴定评估机构不再对上述第一至三项内容进行鉴定评估。

第十二条 不可移动文物鉴定评估内容包括：

（一）确定疑似文物是否属于古文化遗址、古墓葬；

（二）评估有关行为对文物造成的损毁程度；

（三）评估有关行为对文物价值造成的影响；

（四）其他需要鉴定评估的文物专门性问题。

不可移动文物及其等级已经文物行政部门认定的，涉案文物鉴定评估机构不再对上述第一项内容进行鉴定评估。

第十三条 涉案文物鉴定评估机构可以根据自身专业条件，并应办案机关的要求，对文物的经济价值进行评估。

第三章 鉴定评估机构和人员

第十四条 国有文物博物馆机构申请从事涉案文物鉴定评估业务，应当具备下列条件：

（一）有独立法人资格；

（二）有固定的办公场所和必要的文物鉴定技术设备；

（三）能够从事本办法第九条规定的可移动文物所有类别或者不可移动文物所有类别的鉴定评估业务，每类别有三名以上专职或者兼职的文物鉴定评估人员；

（四）有一定数量的专职文物鉴定评估人员；

（五）具备一定的文物鉴定评估组织工作经验。

第十五条 国有文物博物馆机构申请从事涉案文物鉴定评估业务，应当提交下列材料：

（一）申请从事涉案文物鉴定评估业务的文件；

（二）涉案文物鉴定评估机构申请表；

（三）文物鉴定评估人员登记表；

（四）法人证书复印件或者证明法人资格的相关文件；

（五）此前组织开展文物鉴定评估工作的相关情况说明。

第十六条 省级文物行政部门按照本办法第十四条规定的条件，对本行政区域内申请从事涉案文物鉴定评估业务的国有文物博物馆机构进行初审，初审合格的报国家文物局。

国家文物局对各省上报的机构进行遴选，指定其中符合要求的为涉案文物鉴定评估机构，并通过适当方式向社会公告。

第十七条 涉案文物鉴定评估机构的文物鉴定评估人员，应当至少符合下列条件之一：

（一）取得文物博物及相关系列中级以上专业技术职务，并有至少持续五年文物鉴定实践经历；

（二）是文物进出境责任鉴定人员；

（三）是国家或者省级文物鉴定委员会委员。

第十八条 省级文物行政部门按照本办法第十七条规定的条件，对拟从事涉案文物鉴定评估工作的文物鉴定评估人员进行审核，审核合格的报国家文物局备案。

第十九条 涉案文物鉴定评估机构的文物鉴定评估人员只能在一个鉴定评估机构中任职（包括兼职），但可以接受其他涉案文物鉴定评估机构的聘请，从事特定事项的涉案文物鉴定评估活动。

文物鉴定评估人员不得私自接受涉案文物鉴定评估委托。

第四章 鉴定评估程序

第一节 委托与受理

第二十条 涉案文物鉴定评估机构受理所在省（自治区、直辖市）行政区域内人民法院、人民检察院和公安机关等办案机关的涉案文物鉴定评估委托。

第二十一条 办案机关委托文物鉴定评估的，应当向涉案文物鉴定评估机构提供立案决定书、办案机关介绍信或者委托函、鉴定评估物品清单、照片、资料等必要的鉴定评估材料，并对鉴定评估材料的真实性、合法性负责。

经双方同意，办案机关可以将鉴定评估文物暂时委托涉案文物鉴定评估机构保管。

第二十二条 涉案文物鉴定评估机构收到鉴定评估材料和鉴定评估文物后，应当详细查验并进行登记，并严格开展鉴定评估文物和其他鉴定评估材料的交接、保管、使用和退还工作。

第二十三条 涉案文物鉴定评估机构对属于本机构涉案文物鉴定评估业务范围，鉴定评估用途合法，提供的鉴定评估材料能够满足鉴定评估需要的鉴定评估委托，应当受理。

鉴定评估材料不完整、不充分，不能满足鉴定评估需要的，涉案文物鉴定评估机构可以要求委托办案机关进行补充。

委托办案机关故意提供虚假鉴定评估材料的，涉案文物鉴定评估机构应当主动向委托办案机关的上级部门报告。

第二十四条 有下列情形之一的鉴定评估委托，涉案文物鉴定评估机构不予受理：

（一）委托主体不符合本办法对办案机关的规定的；

（二）委托鉴定评估物品不符合本办法对涉案文物的规定的；

（三）鉴定评估范围和内容不属于涉案文物鉴定评估机构业务范围或者不符合本办法规定的；

（四）鉴定评估材料不具备鉴定评估条件或者与鉴定评估要求不相符的。

第二十五条 涉案文物鉴定评估机构应当自收到鉴定评估材料之日起五个工作日内，作出是否受理鉴定评估委托的决定。

第二十六条 涉案文物鉴定评估机构决定受理鉴定评估委托的，应当与委托办案机关签订涉案文物鉴定评估委托书。鉴定评估委托书应当载明委托办案机关名称、涉案文物鉴定评估机构名称、委托鉴定评估内容、鉴定评估时限以及双方权利义务等事项。

第二十七条 涉案文物鉴定评估机构决定不予受理鉴定评估委托的，应当向委托主体说明理由，并退还鉴定评估材料。

第二十八条 对于本办法三十五条第二款和三十六条第一款规定的鉴定评估终止情形，或者因其他重大特殊原因，办案机关可以申请跨行政区域委托涉案文物鉴定评估。

跨行政区域委托涉案文物鉴定评估的，由办案机关所在地省级文物行政部门商拟委托涉案文物鉴定评估机构所在地省级文物行政部门，共同确定具有相应鉴定评估能力的涉案文物鉴定评估机构开展。协商不成的，可以由办案机关所在地省级文物行政部门报国家文物局指定。

第二节 鉴定评估

第二十九条 涉案文物鉴定评估机构接受鉴定评估委托后，应当组织本机构与委托鉴定评估文物类别一致的文物鉴定评估人员进行鉴定评估。每类别文物鉴定评估应当有两名以上文物鉴定评估人员参加鉴定评估。

对复杂、疑难和重大案件所涉的鉴定评估事项，可以聘请其他涉案文物鉴定评估机构相关文物类别的文物鉴定评估人员参加鉴定评估。

第三十条 文物鉴定评估人员有下列情形之一的，应当自行回避，涉案文物鉴定评估机构负责人也应当要求其回避：

（一）是案件的当事人或者是当事人的近亲属的；

（二）本人或者其近亲属与案件有利害关系；

（三）与案件当事人和案件有其他关系，可能影响其独立、客观、公正鉴定评估的。

第三十一条 可移动文物的鉴定评估，应当依托涉案文物实物开展，并依照相关标准和技术规范进行。

第三十二条 不可移动文物的鉴定评估，应当到涉案文物所在地现场开展调查研究，并依照相关标准和技术规范进行。

第三十三条 涉案文物鉴定评估过程中，需要进行有损科技检测的，涉案文物鉴定评估机构应当征得委托办案机关书面同意。文物鉴定评估人员应当对科技检测的手段、过程和结果进行记录，并签名存档备查。

第三十四条 涉案文物鉴定评估采取文物鉴定评估人员独立鉴定评估和合议相结合的方式进行。文物鉴定评估人员应当对鉴定评估的方法、过程和结论进行记录，并签名存档备查。

第三十五条 鉴定评估活动完成后，涉案文物鉴定评估机构应当对文物鉴定评估人员作出的鉴定评估意见进行审查，对鉴定评估意见一致的出具鉴定评估报告。

鉴定评估意见不一致的，涉案文物鉴定评估机构应当组织原鉴定人员以外的文物鉴定评估人员再次进行鉴定评估，再次鉴定评估意见一致的出具鉴定评估报告；再次鉴定评估意见仍不一致的，可以终止鉴定评估，涉案文物鉴定评估机构应当书面通知委托办案机关终止鉴定评估决定并说明理由。

第三十六条 有下列情形之一的，涉案文物鉴定评估机构可以终止鉴定评估：

（一）在鉴定评估过程中发现本机构难以解决的技术性问题的；

（二）确需补充鉴定评估材料而委托办案机关无法补充的；

（三）委托办案机关要求终止鉴定评估的；

（四）其他需要终止鉴定评估的情形。

除上述第三项情形外，涉案文物鉴定评估机构应当书面通知委托办案机关终止鉴定评估决定并说明理由。

第三十七条 有下列情形之一的，涉案文物鉴定评估机构应当接受办案机关委托进行重新鉴定评估：

（一）有明确证据证明鉴定评估报告内容有错误的；

（二）鉴定评估程序不符合本办法规定的；

（三）文物鉴定评估人员故意作出虚假鉴定评估或者应当回避而未予回避的；

（四）其他可能影响鉴定评估客观、公正的情形。

涉案文物鉴定评估机构应当组织原鉴定评估人员以外的文物鉴定评估人员进行重新鉴定评估。

鉴定评估报告中出现的明显属于错别字或者语言表述瑕疵的，可以由鉴定评估机构出具更正说明，更正说明属于原鉴定评估报告的组成部分。

第三十八条 有下列情形之一的，涉案文物鉴定评估机构应当根据办案机关要求进行补充鉴定评估：

（一）鉴定评估报告内容有遗漏的；

（二）鉴定评估报告意见不明确的；

（三）办案机关发现新的相关重要鉴定评估材料的；

（四）办案机关对涉案文物有新的鉴定评估要求的；

（五）鉴定评估报告不完整，委托事项无法确定的；

（六）其他需要补充鉴定评估的情形。

补充鉴定评估是原委托鉴定评估活动的组成部分，应当由涉案文物鉴定评估机构组织原文物鉴定评估人员进行。

第三十九条 办案机关对有明确证据证明涉案文物鉴定评估机构重新出具的鉴定评估报告有错误的，可以由最高人民法院、最高人民检察院、公安部、海关总署商国家文物局，由国家文物局指定涉案文物鉴定评估机构进行再次鉴定评估。

第四十条 涉案文物鉴定评估机构一般应当自鉴定评估委托书签订之日起十五个工作日内完成鉴定评估。

因办案时限规定或者其他特殊事由，需要缩减或者延长鉴定评估时限的，由双方协商确定。延长鉴定评估时限的，一般不超过四十五个工作日。

第四十一条 涉案文物鉴定评估机构应当按照统一规定的文本格式制作鉴定评估报告。

鉴定评估报告一式五份，三份交委托办案机关，一份由涉案文物鉴定评估机构存档，一份在鉴定评估活动完成次月15日前报所在地省级文物行政部门备案。

第四十二条 鉴定评估事项结束后，涉案文物鉴定评估机构应当将鉴定评估报告以及在鉴定评估过程中产生的有关资料整理立卷、归档保管。

第四十三条 未经委托办案机关同意，涉案文物鉴定评估机构和文物鉴定评估人员不得向文物行政部门以外的其他组织或者个人提供与鉴定评估事项有关的信息。

第五章 监督管理

第四十四条 涉案文物鉴定评估机构应当于每年11月15日前，将本年度涉案文物鉴定评估业务情况和鉴定的涉案文物信息书面报告所在地省级文物行政部门。省级文物行政部门汇总后于当年12月1日前报送国家文物局。

第四十五条 最高人民法院、最高人民检察院、公安部、海关总署直接办理或者督办的刑事案件所涉的文物鉴定评估，涉案文物鉴定评估机构应当在接受鉴定评估委托后，及时通过省级文物行政部门向国家文物局报告。

第四十六条 涉案文物鉴定评估机构发生法定代表人、办公地点或者机构性质等重大事项变更，或者文物鉴定评估人员发生变动的，应当及时将相关情况通过省级文物行政部门报国家文物局备案。

第四十七条 省级文物行政部门应当对本行政区域内涉案文物鉴定评估机构进行不定期检查，发现问题或者有举报、投诉等情况的，应当及时进行调查处理。

第四十八条 涉案文物鉴定评估机构有下列情形之一的，由所在地省级文物行政部门给予警告，并责令其改正：

（一）超出本办法规定的涉案文物鉴定评估业务范围开展涉案文物鉴定评估活动的；

（二）组织未经国家文物局备案的文物鉴定评估人员开展涉案文物鉴定评估活动的；

（三）鉴定评估活动未按照本办法规定的程序要求和标准规范开展的；

（四）无正当理由拒绝接受涉案文物鉴定评估委托的；

（五）无正当理由超出鉴定评估时限的；

（六）法律、法规规定的其他情形。

第四十九条　涉案文物鉴定评估机构有下列情形之一的，由所在地省级文物行政部门进行调查，国家文物局根据情节严重程度暂停或者终止其从事涉案文物鉴定评估业务：

（一）因严重不负责任造成鉴定评估报告内容明显错误的；

（二）因严重不负责任造成委托鉴定评估文物实物损毁、遗失的；

（三）法律、法规规定的其他情形。

第五十条　文物鉴定评估人员有下列情形之一的，由所在涉案文物鉴定评估机构给予警告，并责令其改正：

（一）无正当理由拒绝接受涉案文物鉴定评估工作的；

（二）向委托办案机关私自收取鉴定评估费用的；

（三）法律、法规规定的其他情形。

第五十一条　文物鉴定评估人员有下列情形之一的，由所在涉案文物鉴定评估机构给予警告，并责令其改正；情节严重的，报省级文物行政部门同意后暂停或者终止其开展涉案文物鉴定评估活动：

（一）应当回避而未予回避，造成恶劣影响的；

（二）违反职业道德和职业纪律，造成恶劣影响的；

（三）因严重不负责任造成委托鉴定评估文物实物损毁、遗失的；

（四）法律、法规规定的其他情形。

第五十二条　涉案文物鉴定评估机构负责人在管理工作中滥用职权、玩忽职守造成严重后果的，依法追究相应的法律责任。

涉案文物鉴定评估机构负责人和文物鉴定评估人员故意出具虚假鉴定评估报告，或者故意隐匿、侵占、毁损委托鉴定评估文物，构成犯罪的，依法追究刑事责任。

第六章　附　则

第五十三条　对古猿化石、古人类化石及其与人类活动有关的第四纪古脊椎动物化石的鉴定评估活动，依照本办法执行。

第五十四条　涉案文物鉴定评估机构和文物鉴定评估人员开展行政案件、民事案件涉及文物的鉴定评估活动，可以参照本办法执行。

第五十五条　对尚未登记公布的古文化遗址、古墓葬，县级以上文物行政部门可以依据已生效判决采纳的鉴定评估意见，依法开展登记公布工作。

第五十六条　本办法自公布之日起实施。此前有关规定与本办法不一致的，以本办法为准。

国家文物局　工业和信息化部　科学技术部 关于印发《文物保护装备发展纲要（2018～2025年）》的通知

文物博发〔2018〕22号

各省、自治区、直辖市文物局（文化厅）、新疆生产建设兵团文物局，工业和信息化主管部门、科技厅（委、局），各有关单位：

为贯彻落实《中共中央办公厅　国务院办公厅关于加强文物保护利用改革的若干意见》《国务院关于进一步加强文物工作的指导意见》，推动文物保护装备领域高质量发展，支撑保障文物保护利用和文化遗产保护传承，国家文物局、工业和信息化部、科学技术部联合制定了《文物保护装备发展纲要（2018～2025年）》，现印发给你们，请结合本部门、本地区的实际情况贯彻落实。

国家文物局　工业和信息化部　科学技术部

2018年11月6日

文物保护装备发展纲要（2018～2025年）

为贯彻落实《中共中央办公厅　国务院办公厅关于加强文物保护利用改革的若干意见》《国务院关于进一步加强文物工作的指导意见》，推动文物保护装备领域高质量发展，支撑保障文物保护利用和文化遗产保护传承，特编制本纲要。

一、总体要求

（一）指导思想

以习近平新时代中国特色社会主义思想为指导，全面贯彻党的十九大和十九届二中、三中全会精神，认真落实习近平总书记关于文物工作系列重要论述精神，按照新时代加强文物保护利用改革的新要求，聚焦重大需求，凝聚社会力量，创新发展模式，优化发展生态，构建产品体系，全面提升文物保护装备对文物事业发展的综合保障和支撑服务能力。

（二）基本原则

坚持供给提升与需求牵引相结合。突破核心技术和产品，补齐发展短板，提升产品供给能力；适应新时代文物保护利用改革需求，深化“制造商+用户”“产品+服务”创新发展模式。

坚持统筹推进与重点突破相结合。坚持文物保护利用并重，统筹文物保护装备与文物事业发展，提升装备支撑能力和应用水平；聚焦文物保护重点难点领域，明确主攻方向，实施重点突破。

坚持创新发展和开放合作相结合。努力掌握关键核心技术，加大管理、模式和业态创新，提升文物保护装备创新发展能力；鼓励社会力量积极参与文物保护利用，支持军民融合发展，推动国际交流合作，形成开放合作发展模式。

坚持市场主导与政府引导相结合。发挥市场配置资源的决定性作用，调动市场主体积极性，推动市场活跃有序发展；发挥政府引导作用，健全文物保护装备发展机制，优化产业生态环境。

二、发展目标

到2025年，文物保护装备综合实力显著增强，核心技术和产品实现创新突破，产品体系基本形成，基本覆盖文物保护利用全链条，产品供给和服务能力大幅提升，产业生态趋于完善，市场活力不断焕发，产业快速增长和高质量发展兼顾的局面基本形成。

创新能力明显提高。“十三五”期间，形成一批稳定的文物保护装备“产学研用”联合体，培育形成一批创新型企业和创新载体，重点领域的关键装备和核心技术率先形成突破。“十四五”期间，力争在文物保护细分领域突破百项关键装备、器件及专用材料，培养一批技术创新人才和专业服务团队，在部分领域涌现一批拥有较强技术和商业模式创新能力的创新型企业。

产品供给显著增强。“十三五”期间，文物安全防护、监测预警、巡查监管、预防性保护、保护修复、展示利用等现有装备的性能和质量大幅提升，文物勘查探测、分析检测等高端装备的供给实现突破。“十四五”期间，形成品类基本齐全的文物保护装备产品体系，涌现一批填补空白的关键装备，专用装备及关键零部件实现有效供给，先进技术产品在文物保护利用重点领域普遍应用。

产业生态逐步完善。“十三五”期间，文物保护装备产业生态体系建设初见成效，国家引导与市场竞争相协调的产业环境初步形成，建立较为完善的行业标准体系，培育形成重点装备、关键零部件领域5～10家优势企业。“十四五”期间，文物保护装备产业生态体系逐步健全，产业环境进一步优化，初步形成质量认证机制，培育形成5～10家具有系统解决方案供给能力和重大工程实施能力的优势企业，以及2～3个特色鲜明、国际知名的文物保护装备产业集群。

行业应用不断深化。“十三五”期间，在文物安全监管、预防性保护、展示利用等领域开展应用示范，满足行业需求的文物保护装备集成应用力度进一步加大，有效带动产业链上下游协同发展和应用服务能力提升，形成一批示范案例。“十四五”期间，组织实施一批应用范围较广、市场效益显著、具有突破性的应用工程，文物保护装备对文物事业的综合保障和支撑服务能力显著提升。

三、重点领域

（一）安全防护与监管

加大古文化遗址、古墓葬、石窟寺、田野石刻、水下文物保护区域及考古现场的安全防范与监管，加强文物建筑（群）火灾防控预警与灭火等方面的先进适用技术攻关，推进技术产品专业化、系列化和智能化发展，逐步实现领域全覆盖；注重系统集成，为实现分层分级文物安全远程监管、消防物联网监控提供系统解决方案。

（二）文物勘查与考古

加强文物建筑（群）测量测绘、田野考古勘查测绘技术装备的专业化集成和智能化升级；加大考古勘探、考古发掘、文物及标本提取、信息采集、应急保护、保存保管、转运等方面辅助装备和设施的技术研发和工程化应用；在浑浊水域、浅埋藏、多礁激流等复杂环境水下文物探测，水下及水面多功能搭载平台，水下文物加固提取，出水文物应急保护、环境可控储存与运输等技术装备实现突破和工程化应用。

（三）文物监测与修复

推进基于风险管理的田野文物、文物建筑（群）及考古现场赋存环境监测技术装备的专业化升级和工程化应用；重点突破室内外文物本体状态监测、文物建筑结构稳定性监测，水下文物环境监测、水下遗址及文物状态监测等核心技术，推进关键装备研发和工程化应用；持续加强馆藏环境监测与调控、文物防震装置及系统等文物预防性保护装备产品的系列化和智能化升级；推动先进检测分析技术的应用研究，实现文物检测分析专用装备突破；重点推进可移动文物清洗、加固、缓蚀、封护、生物病害防治等保护修复及辅助装备的技术研发和集成应用。

（四）文物展示与利用

加大田野文物、文物建筑（群）、水下文物现场展示技术装备及设施的技术研发和应用；加强文物展柜、照明灯具、数字化展示等馆藏文物陈列展览装备的专业化和智能化；推进文物数字化采集、存储、信息安全等技术装备的升级；加强智慧博物馆、文物素材再造、文物数字创意等前沿技术突破，推动关键装备的技术研发和集成应用。

四、主要任务

（一）分类推进文物保护装备发展

1．突破重大及前沿技术装备

对研发复杂性和难度较高的、填补市场空白的文物保护重大技术装备，支持通过联合攻关加快关键技术研发、装备研制和工程化，突破产业瓶颈。鼓励以应用研究为先导，围绕文物安全防护与监管、勘查与考古、监测与修复、展示与利用等领域前沿技术方向，提早布局前沿技术装备研究，实现原始创新和集成创新突破。

2．扶持量小急需关键装备

对细分市场规模不大、用户急需和技术要求高的文物保护关键装备，支持搭建开放式文物保护装备研发设计及应用平台，推动创新产品研制和应用，不断提升产品先进适用性、安全性、可靠性和技术性能。通过首台（套）采购、保险等方式，支持提升创新能力和推动关键装备小规模应用。

3．壮大市场竞争性装备

对具有充分竞争特性和市场需求量大面广的文物保护装备，鼓励从产品设计、生产制造到应用服务等环节实现产品全生命周期管控，提升市场竞争力。进一步规范市场环境，保障产品质量，降低采购成本，支持装备产品系列化和规模化。

专栏1　文物保护装备突破发展工程

组织文物保护重大及前沿技术装备创新计划。支持相关单位积极承接国家科技重大专项、科技计划，集中力量突破勘查考古专用自动化装备，考古现场文物应急保护检测分析，文物存储运输，适用于文物无损分析的光谱仪、高光谱设备、透射仪、CT扫描仪等检测分析设备，突破文物勘查考古、保护修复供给瓶颈的新一代移动考古实验平台、考古探测集成系统、文物修复大型集成装备、水下机器人搭载平台、无人机搭载平台、专用增材制造设备等装备。

实施量小急需文物保护装备应用示范项目。围绕水下文化遗产安全防范装备，可移动文物保护检测分析、保护修复研究装备等暂不具有市场竞争力的文物保护装备创新产品，编制政府采购目录，组织实施一批应用示范项目，鼓励创新产品研究和应用，带动创新成果拓展细分市场。

编制市场竞争性文物保护装备产品目录。满足量大面广文物保护装备市场需求，围绕不可移动文物赋存环境监测装备、不可移动文物展示装备、博物馆馆藏环境监测调控装备、可移动文物保管装备、文物运输装备、可移动文物陈列展览装备、博物馆安消防装备等，编制发布优秀产品目录，引导市场竞争性文物保护装备规模化发展。

（二）提升文物保护装备保障能力

1．推动现有装备升级

支持企业、科研单位与文博单位联合技术攻关，提升装备设计制造和集成创新能力，破解产品安全性、可靠性、稳定性、环境适应性等问题，提高文物保护装备供给质量。推动新一代信息技术、人工智能技术与文物保护装备制造技术的深度融合与集成创新，提升文物安全防护、监测预警、考古发掘、保存保管、保护修复、文物防震、展示利用等现有文物保护装备的性能，促进产品升级。推动开展网络协同制造、个性化定制、远程运行维护服务等智能制造新模式应用，提高文物保护装备设计、制造和服务能力。

2．强化基础支撑能力

支持优势企业突破工程化、产业化瓶颈，推动核心基础零部件（元器件）、关键基础材料性能提升和综合保障，形成较为完善的文物保护装备技术基础体系。按照小规模、专业化、精细化原则组织生产专用核心基础零部件（元器件）和关键基础材料，解决终端用户的迫切需求。按照大批量、标准化、模块化原则组织生产通用核心基础零部件（元器件）和关键基础材料，推广先进基础工艺，提升产品可靠性和稳定性。

3．支持军民融合发展

响应国家军民融合发展战略，支持国防军工单位转化适于文物领域的军工技术，研制高水平文物保护装备。对接《军用技术转民用推广目录》《国防科技工业知识产权转化目录》，鼓励通过联合孵化、专利转让、技术入股和知识产权托管等方式，以成果转化和产业孵化为核心，加快先进适用军用技术及科技成果转化，并与文物保护装备集成创新发展。

专栏2　文物保护装备保障提升工程

产品性能质量提升。推动环境监测传感器性能提升，克服现有传感器存在的精度、稳定性、破坏性安装、成本高等方面的问题；推动考古勘测装备升级，提高考古调查勘测的效率、精度；推动保管、展示、传播装备升级，提升柜架、囊匣、转运箱等可移动文物储藏装备的安全性、可靠性和适用性；推动不同类型文物清洗、加固阈值研究与相关数据库建设，促进文物修复装备升级；推动文物防震装备轻量化，提升精度、防震适宜性；推动文物数字采集装备性能提升，实现装备更加高效、可靠和精确。

网络化智能化能力提升。推动开展网络协同制造，促进企业信息共享以及供应链关键环节的并行组织和协同优化；推动开展个性化定制，搭建用户个性化需求信息平台和个性化定制服务平台，实现研发设计、计划排产、柔性制造数据采集与分析；推动开展远程运行维护服务，促进文物保护装备远程操控、环境预警、运行监测、故障诊断，建立产品生命周期分析平台、用户使用习惯信息模型。

文物保护装备基础提升。面向文物保护装备需求，遴选标志性核心基础零部件（元器件）、关键基础材料和先进基础工艺，组织开展工程化、产业化突破。以提升基础产品质量和可靠性为目标，强化产业链协作，形成上下游互融共生、分工合作、利益共享的一体化产业组织新模式。发挥文物保护装备骨干企业引领作用，鼓励整机产品开发初期制定基础需求计划，吸收基础零部件企业参与。支持中小企业围绕文物保护装备整机需求，聚焦特定细分产品市场，专注发展核心业务。

军民融合和技术成果转化。支持文博单位争取国家军民融合发展政策试点，组织开展军民科技成果交流对接活动；支持军地在文物保护装备项目预研和型号研制、生产等方面开展合作；支持国防军工单位转化电子、卫星应用、航空航天、船舶、机器人、无人系统等军工技术，研制开发高水平文物保护装备；支持文博科研单位、用户单位与国防军工单位联合实施一批成果转化项目。

（三）深化文物保护装备发展模式

1．完善产学研用服务平台

加强企业与科研单位、文博单位的合作，协同推进文物保护装备研发、产业化和应用。依托文物保护装备公共服务平台，强化产需对接、联合攻关、成果转化、推广应用等功能，积极开展品牌推广、产品应用第三方评估、技术交流合作等活动。依托国家工程技术研究中心、国家重点实验室、国家文物局重点科研基地、专业性创新联盟、区域创新联盟，打造文物保护装备协同创新平台。支持企业联合国家重点实验室、国家工程技术研究中心、文物科研机构等单位，建设集共性技术研究、行业应用研究、先进科技成果转化、人才培养等于一体的文物保护装备创新载体。

2．推进服务型模式创新

支持文物保护装备企业通过创新优化生产组织形式、运营管理方式和商业发展模式，不断增加服务要素在投入和产出中的比重。以产需互动和价值增值为导向，支持企业由提供产品向提供“产品+服务”转变，积极拓展运行维护、检测升级等设备全生命周期管理服务，不断延伸和提升价值链，提高全要素生产率。

3．培育系统解决方案供应商

围绕文物安全防护与监管、勘查与考古、监测与修复、展示与利用等领域需求，培育专业性强、行业特色明显的文物保护装备系统解决方案供应商，在文物保护方案研发设计、装备集成和改造升级、工程规划和总承包、技术支持和运营维护等方面为行业提供服务。鼓励文博科研单位、用户单位依托专业优势，与文物保护装备系统解决方案供应商加强合作，研发和推广一批细分领域系统解决方案，带动文物保护装备系统解决方案供给能力的提升。

专栏3　文物保护装备发展模式创新工程

打造文物保护装备产学研用服务平台。完善文物保护装备公共服务平台功能，加强文物保护装备产需对接，强化文物保护装备标准制定、检测认证、示范应用项目管理等服务，支持生产型制造企业向服务型制造企业转型。打造文物保护装备协同创新平台，围绕安全防护与监管、勘查与考古、监测与修复、展示与利用等领域，构建专业化文物保护协同创新体系，推动关键及高端文物保护装备研发和科技成果转化。面向文物保护装备应用需求，按照“科研+产业+资本”建设模式，支持企业联合科研机构，建设一批成果共享、风险共担的文物保护装备新型创新载体。

发展文物保护装备新业态新模式。深化“产品+服务”创新模式，鼓励企业与文博科研机构组建文物保护装备应用服务团队或实体，开展数据采集处理与存储、数据分析与评估、辅助管理等定制化服务；开展航空勘测装备、移动实验平台、田野考古基础设施、水下考古探测装备、检测分析设备、大型文物修复装备等高端、大型装备应用服务；开展在线检测、在线校准、应用培训、全面维护、产品升级与回收等产品全生命周期质量管理服务。鼓励企业不断挖掘行业需求，探索装备应用服务新业态新模式，延伸文物保护装备产业价值链。

推动文物保护装备系统集成服务。鼓励企业将文物保护装备设计制造技术与文物安全防护、勘查与考古、预防性保护、智慧博物馆等关键技术集成应用，满足用户对装备先进适用性、集成应用程度、供给保障能力以及个性化定制等方面的需求。培育一批具备整体设计能力和解决方案提供能力的文物保护装备企业，着力发展一批提供方案设计、产品采购、装备开发、安装维护等配套服务的专业机构。

（四）优化文物保护装备发展环境

1．全面加强标准化建设

加强文物保护装备标准化顶层设计，逐步完善涵盖数据、产品、管理、应用、服务的文物保护装备标准体系。依托全国文物保护标准化技术委员会，组织制定行业基础共性标准、关键技术标准和重点应用标准。加强国家、行业及团体标准的研制和衔接，鼓励企业制定企业标准。依托专业机构，开展标准试验验证和试点示范。支持相关单位参与国际标准化工作，推动文物保护装备标准国际化。

2．健全质量检测认证体系

研究形成文物保护装备检测认证体系，争取纳入国家检测认证和质量评价体系。依托不同领域专业产品性能测试检验中心，建设文物保护装备检测联合实验室。提升文物保护装备计量技术支撑能力和可靠性、环境适应性、安全性等试验测试能力，为行业提供首件及批次产品的环境耐用性和设备可靠性鉴定测试验证试验、可靠性加速试验等检验检测服务。健全产品检验检测认证机构，鼓励企业完善生产运行及质量管理规范。

3．打造文物保护装备产业集群

围绕细分市场需求，支持企业推动要素集聚和优化配套体系，提升产业链协同发展能力，培育形成文物保护装备产业集群。鼓励有条件的地区吸引文物保护装备企业、科研机构聚集，打造产需高度融合、产业协同创新的文物保护装备产业基地和应用示范区。以研发设计、测试验证、中试孵化、应用服务为导向，进一步完善文物保护装备产业基地运转机制。

专栏4　文物保护装备发展环境优化工程

推进文物保护装备标准化。安全防护与监管领域，推动古遗址古墓葬等田野文物、水下文物以及文物建筑（群）等安全防护标准的研究与制定，加强在装备领域的推广应用。文物勘查与考古领域，研究制定地上遗址测量测绘、地下遗址考古探测、水下探测、地上遗址信息提取、实验室考古等技术标准，完善遗址考古发掘等装备应用标准。文物监测与修复领域，研究制定遗址及地上文物本体监测、考古现场环境监测、水下环境监测、文物储藏保管及转运等标准，完善馆藏环境监测调控等标准。文物展示与利用领域，研究制定照明灯具、数字化展示、数字创意等馆藏文物展陈装备标准，完善馆藏文物展柜等标准。

完善文物保护装备检测认证。通过研究管理模式、管理制度、认证流程，形成文物保护装备质量检测认证体系。按照自愿性认证和强制性认证相结合的原则，建立和完善文物保护装备检测认证体系。健全文物保护装备产品检验检测认证机构，保证进入市场的产品质量达到国际、国家、行业标准要求。由政府认证的第三方评估机构对文物保护装备用户单位进行摸底调研，对现有装备进行质量检测。鼓励文物保护装备制造企业完善内部生产运行及质量管理规范，从产品设计、制造到包装、销售环节实现装备全生命周期质量管控。

建设文物保护装备产业基地。支持重庆市加快建设国家首个文物保护装备产业基地，打造全产业链的文物保护装备产业集群，创建文物保护装备产学研用协同创新联合体，实施一批重点文物保护装备示范项目。鼓励文博资源丰富、具有较好装备制造基础和产业配套能力的地区建设文物保护装备产业基地，出台政策措施，聚集文物保护装备产学研用资源，支持文物保护装备研发、产业化和示范应用。

五、保障措施

（一）加强统筹组织协调

建立由国家文物局、工业和信息化部、科学技术部等相关部门组成的文物保护装备发展部门协调工作机制，共同研究制定加快文物保护装备发展的相关配套政策措施。鼓励有条件的地区建立文物保护装备发展应用协调机制。

（二）优化完善激励政策

充分利用中央财政科技计划（专项、基金等）、各级及各类文物保护资金，首台（套）装备示范应用和保险补偿及高新技术企业税收优惠等政策渠道，加大资金投入力度，统筹支持文物保护装备研发、制造和应用。鼓励有条件的地方设立文物保护装备发展基金，吸引社会资本投资文物保护装备。

（三）健全人才保障体系

建立适应文物保护装备发展需求的人才培养和评价体系。鼓励高校积极培养文物保护装备专业型人才和复合型人才。结合高端装备人才培养计划、文博人才培养“金鼎工程”，支持高校与企业、文博单位联合开展实习培训，加强专业人才职业技能培养。鼓励文物保护装备企业引进国外高端人才和团队。

（四）开展国际交流合作

鼓励企业、高校、研究院所、行业组织等拓宽交流渠道，广泛开展国际合作，积极参加国际组织有关活动，参加和承办国际性高端论坛、会议及博览会，讲好文物保护“中国故事”。响应国家“一带一路”倡议，支持企业拓展海外市场，鼓励更多企业参与国际竞争，提升我国文物保护装备影响力。

财政部　国家文物局关于印发《国家文物保护专项资金管理办法》的通知

财文〔2018〕178号

党中央有关部门，国务院各部委，各直属机构，全国人大常委会办公厅，全国政协办公厅，高法院，高检院，各民主党派中央，有关人民团体，有关中央管理企业，各省、自治区、直辖市、计划单列市财政厅（局）、文物局，新疆生产建设兵团财政局、文化体育新闻出版广电局：

为规范国家文物保护专项资金管理，提高资金使用效益，根据《中华人民共和国预算法》《中华人民共和国文物保护法》等法律法规和财政管理有关规定，结合文物保护工作实际，我们制定了《国家文物保护专项资金管理办法》。现印发你们，请遵照执行。

财政部　国家文物局

2018年12月29日

国家文物保护专项资金管理办法

第一章　总　则

第一条　为了规范和加强国家文物保护专项资金（以下简称专项资金）管理与使用，提高资金使用效益，根据《中华人民共和国预算法》《中华人民共和国文物保护法》等法律法规和财政管理有关规定，结合文物保护工作实际，制定本办法。

第二条　专项资金是中央财政为支持全国文物保护工作、促进文物事业发展设立的具有专门用途的补助资金。专项资金的年度预算，根据国家文物保护工作总体规划、年度工作计划及中央财政财力情况确定。

第三条　专项资金的管理与使用坚持“规划先行、突出重点、中央补助、分级负责、注重绩效、规范管理”的原则。

第四条　专项资金实行因素分配与项目管理相结合的方法，适当向革命老区、民族地区、边疆地区、贫困地区倾斜，向革命文物等党中央、国务院确定的重点支持方向倾斜。

第五条　专项资金的管理和使用应当严格执行国家有关法律法规、财务规章制度和本办法的规定，并接受财政、审计、文物等部门的监督检查。

第二章　补助范围和支出内容

第六条　专项资金的补助范围主要包括：

（一）全国重点文物保护单位保护。主要用于全国重点文物保护单位的维修、保护等，包括：保护规划编制，文物本体维修保护，安防、消防、防雷等保护性设施建设，文物本体保护范围内的保存环境治理，陈列展示，数字化保护，预防性保护，大遗址保护管理体系建设和世界文化遗产监测管理体系建设等。对非国有的全国重点文物保护单位，可以在其项目完成并经过评估验收后，申请专项资金给予适当补助。

（二）省级及省级以下文物保护单位保护。主要用于省级及省级以下国有文物保护单位的维修、保护等，包括：文物本体维修保护，革命文物保护利用片区整体陈列展示，安防、消防、防雷等保护性设施建设等。

（三）考古。主要用于考古（含水下考古）工作，包括：考古调查、勘探和发掘，重要考古遗迹现场保护以及重要出土（出水）文物现场保护与修复等。

（四）可移动文物保护。主要用于国有文物收藏单位馆藏一、二、三级珍贵文物的保护，包括预防性保护、文物技术保护（含文物本体修复）、数字化保护等。

（五）财政部和国家文物局批准的其他项目。

第七条 专项资金支出内容包括：

（一）文物本体维修保护工程支出，主要包括勘测费、规划及方案设计费、材料费、燃料动力费、设备费、施工费、监理费、劳务费、专家咨询费、测试化验加工费、管理费、资料整理和报告出版费等。

（二）文物考古调查、发掘支出，主要包括调查勘探费、测绘费、发掘费、发掘现场安全保卫费、青苗补偿费、劳务费、考古遗迹现场保护费、出土（出水）文物保护与修复费、资料整理和报告出版费等。

（三）文物安防、消防及防雷等保护性工程支出，主要包括规划及方案设计费、风险评估费、材料费、设备费、劳务费、施工费、监理费、资料整理和报告出版费等。

（四）文物技术保护支出，主要包括方案设计费、测试化验加工费、材料费、设备费、劳务费、专家咨询费、资料整理和报告出版费等。

（五）预防性保护支出，主要包括方案设计费、设备费、材料费、评估测试费、劳务费、专家咨询费、资料整理和报告出版费等。

（六）数字化保护支出，主要包括方案设计费、设备费、材料费、软件开发购置费、评估测试费、劳务费、专家咨询费、资料整理和报告出版费等。

（七）文物陈列展示支出，主要包括方案设计费、材料费、设备费、劳务费、施工费、监理费、专家咨询费、资料整理和报告出版费等。

（八）文物保护管理体系建设支出，主要包括规划及方案设计费、专项调研费等。

（九）其他文物保护支出。

第八条 专项资金补助范围不包括：征地拆迁、基本建设、日常养护、应急抢险、超出文物本体保护范围的环境整治支出、文物征集、数据库建设和运维等以及中央与地方共建国家级重点博物馆的各项支出。

第九条 专项资金不得用于支付各种罚款、捐款、赞助、投资等支出，不得用于编制内在职人员工资性支出和离退休人员离退休费，不得用于偿还债务，不得用于国家规定禁止列支的其他支出。

第三章 分配办法

第十条 专项资金支持的项目应当是纳入国家文物保护工作总体规划、三年滚动规划或年度计划的项目，包括重点项目和一般项目。其中，重点项目指由国家文物局批复保护方案的项目或项目申报单位隶属于中央部门的项目。一般项目指由省级及省级以下文物行政主管部门批复保护方案的项目。国家文物局和财政部共同建立项目库，并实行分级管理。

重点项目应当符合党中央、国务院确定的重点支持方向，其中不可移动文物保护实施单位应当为全国重点文物保护单位或省级文物保护单位。一般项目应当优先安排用于党中央、国务院确定的重点支持方向。

第十一条 重点项目实行项目法分配。项目补助金额根据预算评审结果、预算执行情况、中央相关部门和各省级财政部门的申请情况等核定。

第十二条 一般项目实行因素法分配，分配因素包括基本因素、业务因素、绩效因素和财力因素。根据中央对地方均衡性转移支付办法规定的各省财政困难程度系数对基本因素分配金额进行调整，再按照基本因素占40%、业务因素占30%、绩效因素30%计算补助数额。

第十三条 基本因素及权重。包括全国重点文物保护单位数（权重20%）、省级及省级以下文物保护单位数（权重10%）和国有文物收藏单位馆藏珍贵文物数（权重10%），根据全国文化文物业统计资料年度最新数据测算。

第十四条 业务因素及权重

（一）全国重点文物保护单位项目立项数（权重10%），根据国家文物局批复的年度计划测算。

（二）文物安全指标（权重6%），包括全国重点文物保护单位安全案件事故和文物行政执法工作情况两个基本指标（各占3%），根据国家文物局发布的年度文物行政执法和安全监管工作情况通报测算。

（三）预防性保护指标（权重14%），包括文物保护管理机构和文保机构从业人员两个基本指标（各占7%），根据全国文化文物业统计资料年度最新数据测算。

第十五条 绩效因素及权重。根据绩效情况分配，包括专项资金执行率（权重10%）、项目质量（权重10%）和项目完成率（权重10%），根据国家文物局统计数据和相关绩效情况测算。

第十六条 一般项目补助资金计算分配公式如下：

某省一般项目补助资金额度=某省基本因素得分/∑各省基本因素得分×年度一般项目补助资金总额×40%＋某省业务因素得分/∑各省业务因素得分×年度一般项目补助资金总额×30%＋某省绩效因素得分/∑各省绩效因素得分×年度一般项目补助资金总额×30%。

其中：基本因素得分＝（某省全国重点文物保护单位数 / 全国重点文物保护单位总数×20＋某省省级文物保护单位数 / 全国省级文物保护单位总数×10＋某省国有文物收藏单位馆藏珍贵文物数 / 各省国有文物收藏单位馆藏珍贵文物总数×10）×某省财政困难程度系数；

业务因素得分＝某省全国重点文物保护单位项目立项数 / 全国该项因素最大值×10＋文物安全基本指标Ⅰ得分×3＋文物安全基本指标Ⅱ得分×3＋预防性保护基本指标Ⅰ得分×7＋预防性保护基本指标Ⅱ得分×7；

绩效因素得分＝某省三年专项资金执行率 / 全国该项因素最大值×10＋项目质量 / 全国该项因素最大值×10＋项目完成率 / 全国该项因素最大值×10。

第四章　申报与审批

第十七条 专项资金的申报单位应当保证申报材料真实、准确、完整；申报项目应当具备实施条件，明确项目实施周期和分年度预算计划，短期内无法实施的项目不得申报；不得以同一项目申报多项中央专项转移支付资金。

第十八条 项目申报单位应当根据行政隶属关系和规定程序逐级申报。项目如涉及国土资源、城乡规划、环境保护、林业、水利及产业发展规划等，申报前应当获得相关部门批准。

（一）由国家文物局批复保护方案的项目。

项目实施单位隶属于地方的，应当逐级报送至省级财政部门和省级文物行政主管部门共同审核汇总后，报财政部和国家文物局。其中，项目实施单位主管部门属于非文物系统的，应当由其主管部门审核同意后报送同级财政部门和文物行政主管部门，由财政部门和文物行政主管部门逐级申报。

项目实施单位隶属于中央部门的，应当逐级报送至中央主管部门审核同意后，报财政部和国家文物局。

项目实施单位为非国有的，应当逐级报送至所在地方省级财政部门和省级文物行政主管部门，由省级文物行政主管部门对文物保护项目完成情况进行评估验收后，报财政部和国家文物局。

（二）由省级及省级以下文物行政主管部门批复保护方案的项目，应当根据行政隶属关系和规定程序逐级报送至省级财政部门和文物行政主管部门。其中，项目实施单位主管部门属于非文物系统的，应当由其主管部门审核同意后报送同级财政部门和文物行政主管部门, 由财政部门和文物行政主管部门逐级申报。

凡越级申报的一律不予受理。

第十九条 国家文物局负责组织重点项目预算评审，省级文物行政主管部门负责组织一般项目预算评审。项目预算评审应当委托第三方机构或专家组，根据文物行政主管部门批准的项目保护方案和相关技术标准开展。对于第三方机构或专家组提交的项目预算评审意见，由委托方进行复核，并将复核通过的项目预算评审控制数纳入项目库。国家文物局可以根据需要对入库一般项目质量进行抽查。

第二十条 委托第三方机构开展预算评审的，第三方机构的遴选应符合政府购买服务相关规定，相关机构需具备工程造价咨询甲级资质、熟悉国家文物保护相关政策、拥有预算评审所必需的古建筑造价人员和文物保护相关专业人员。第三方机构评审应当按照文物保护利用最小干预、预防性保护和抢救性保护并重等原则，重点审核项目总预算和项目实施周期分年度预算安排的合规性、合理性、相符性和准确性。评审过程中可以根据需要对项目实施单位申报信息进行现场核查。

第二十一条 省级财政、文物行政主管部门综合考虑文物保护工作实际、年度工作计划，区分轻重缓急，对项目库一般项目进行排序。省级财政部门会同省级文物行政主管部门，根据项目排序和项目预算评审、执行情况，结合项目实施周期和年度预算需求，提出下年度资金申请，并于8月31日前将申请报告报送财政部和国家文物局，抄送当地财政监察专员办事处。

第二十二条 国家文物局依据国家有关方针政策和项目预算评审、执行情况，结合有关部门和地方文物保护工作情况和专项资金年度申请情况，对项目库项目排序进行调整，对一般项目相关因素进行测算，提出年度专项资金预算安排建议方案，报财政部审核。其中，分地区因素测算数不得高于该地区年度一般项目预算评审控制数规模，超出部分调减用于重点项目。

第二十三条 财政部根据国家文物局建议方案，综合考虑年度专项资金预算规模、项目排序和预算管理要求，审核确定当年专项资金预算分配方案，按照规定分别下达中央有关部门、省级财政部门，抄送国家文物局和有关财政监察专员办事处。同时会同国家文物局将项目预算安排数纳入项目库。

第二十四条 省级文物行政主管部门根据项目库项目排序和预算评审、执行情况，提出一般项目预算安排建议方案。省级财政部门根据省级文物行政主管部门建议方案，在综合考虑一般项目补助年度预算规模、项目排序和预算管理规定的基础上，审核确定当年一般项目补助预算分配方案。其中，省级及省级以下文物保护单位保护项目预算不超过本省一般项目补助的15%；数字化保护支出预算不超过本省一般项目补助的10%。

第二十五条 省级财政部门应当在接到专项资金预算30日内，正式分解下达本级有关部门和本行政区域县级以上各级政府财政部门，将资金分配结果报财政部备案并抄送当地财政监察专员办事处。基层政府财政部门接到专项资金后，应当及时分解下达至项目实施单位。上述项目预算下达情况要及时纳入项目库。

第二十六条 财政部按规定将下一年度预计数提前下达省级财政部门，并抄送国家文物局和财政监察专员办事处。省级财政部门在接到预计数后30日内下达本行政区域县级以上各级财政部门，同时将下达文件报财政部备案，并抄送当地财政监察专员办事处。县级以上地方各级财政部门应当将上级财政部门提前下达的预计数编入本级政府预算。

第二十七条 专项资金下达后，地方各级相关部门和项目实施单位应当按规定加强预算执行管理，不得以重复评审等形式截留项目资金。

第五章 资金使用、管理

第二十八条 项目实施单位应当严格按照批准的专项资金补助范围和支出内容安排使用专项资金。如有特殊情况，需要调整补助范围和支出内容的，应当逐级报送至项目保护方案批复部门同意，并报同级财政部门备案。在确保完成当年文物保护项目基础上，省级财政部门可会同省级文物行政主管部门，在本办法规定的专项资金支出范围内，统筹使用资金。

第二十九条 专项资金支付应当按照国库集中支付有关规定执行。专项资金支出过程中按照规定需要实行政府采购的，按照《政府采购法》等有关规定执行。国家对相关支出事项有规定标准的，按照国家标准执行。专项资金上年项目结转资金可在下年继续使用；连续两年未用完的项目结转资金，应按照规定确认为结余资金，由项目实施单位同级财政部门按规定收回统筹使用。对因情况发生变化导致短期内无法继续实施的项目，项目实施单位应及时按程序向同级财政部门报告，由同级财政部门按规定收回统筹使用。

第三十条 项目实施单位使用专项资金形成的资产属于国有资产的，应当按照国家国有资产管理有关规定管理，防止国有资产流失。知识产权等无形资产的管理，应当按照国家相关知识产权法律法规执行。项目成果（含专著、论文、研究报告、总结、数据资料、鉴定证书及成果报道等），均应注明“国家文物保护专项资金补助项目”和项目编号。

第三十一条 专项资金实行年度财务报告制度。项目实施单位在项目实施年度终了后，应当通过专项资金系统逐级报送项目决算。中央有关部门、省级文物行政主管部门对专项资金决算进行审核汇总（地方单位实施的项目决算应经省级财政部门审核同意后报送），于每年3月31日前将上年度项目决算汇总情况报送国家文物局，并上传到专项资金项目库。国家文物局审核汇总后，将国家文物保护专项资金年度项目决算情况报财政部备案。

第三十二条 专项资金实行结项财务验收制度。项目实施完毕后，项目实施单位应当在6个月内分别向中央有关部门、省级文物行政主管部门提出财务验收申请。中央有关部门、省级文物行政主管部门委托第三方机构或专家组对项目进行财务验收，出具验收意见，并上传到专项资金项目库。项目通过财务验收后，项目实施单位应当在一个月内及时办理财务结账手续。未通过财务验收的，项目实施单位应当根据财务验收意见进行整改，在一个月内重新提出财务验收申请，按规定程序再次报请验收。

第三十三条 中央有关部门、省级文物行政主管部门应当在每年3月31日前，将上年度财务验收情况汇总报国家文物局备案，地方单位实施的项目财务验收情况须同时报省级财政部门备案。国家文物局将年度项目结项情况汇总后报送财政部。国家文物局可以根据需要对项目库中项目结项验收情况进行抽查，涉及具有重大社会影响和示范价值的重点项目，国家文物局可以直接委托第三方机构或专家组进行验收。

第六章 资金监管与绩效评价

第三十四条 各级财政、文物行政主管部门按照全面实施预算绩效管理的要求，完善绩效目标管理，做好绩效监控和绩效评价，确保财政资金安全有效。

第三十五条 财政部会同国家文物局按照预算绩效管理规定和资金管理需要，不定期对地方资金使用情况开展绩效评价。省级财政部门会同文物行政主管部门按照预算绩效管理规定和资金管理需要，对本地政策实施和资金使用情况开展绩效评价。

第三十六条 各级财政部门和文物行政主管部门应当按照有关规定，加强对专项资金使用的监督管理。财政部驻各地财政监察专员办事处应当按照工作职责和财政部要求，对专项资金的预算执行实施监管。项目实施单位应当建立健全内部监督约束机制，确保专项资金管理和使用安全、规范、有效。

第三十七条 专项资金实行“谁使用、谁负责”的责任机制，对于挤占、挪用、虚列、套取专项资金等行为，按照《中华人民共和国预算法》《财政违法行为处罚处分条例》等国家有关规定严肃处理。

第三十八条 各级财政、文物行政主管部门及相关单位、相关工作人员在国家文物保护专项资金审批工作中，存在违反规定分配资金、向不符合条件的单位（或项目）分配资金、擅自超出规定的范围或标准分配专项资金等，以及其他滥用职权、玩忽职守、徇私舞弊等违法违纪行为的，按照《中华人民共和国预算法》《中华人民共和国公务员法》《中华人民共和国监察法》《财政违法行为处罚处分条例》等国家有关规定和职责分工追究相应责任；涉嫌犯罪的，移送司法机关处理。

第七章 附 则

第三十九条 根据《中央对地方专项转移支付管理办法》（财预〔2015〕230号）有关规定，国家文物保护专项资金实施期限为5年，具体为2019～2023年。财政部将会同国家文物局对专项转移支付开展定期评估，并结合评估结果，对专项资金实施期限进行调整。

第四十条 本办法自2019年1月1日起实施。《财政部 国家文物局关于印发〈国家重点文物保护专项补助资金管理办法〉的通知》（财教〔2013〕116号）、《财政部 国家文物局关于〈国家重点文物保护专项补助资金管理办法〉的补充通知》（财文〔2016〕26号）同时废止。

国家文物局2018年工作要点

2018年是全面贯彻习近平新时代中国特色社会主义思想和党的十九大精神的开局之年，是改革开放40周年，是决胜全面建成小康社会、实施“十三五”规划承上启下的关键一年。国家文物局要坚持以习近平新时代中国特色社会主义思想为指导，深入学习贯彻党的十九大精神，全面加强文物保护利用和文化遗产保护传承，始终坚守文物安全底线，更好服务党和国家工作大局，改革创新，攻坚克难，努力开创新时代文物工作新局面。

一、推动学习宣传贯彻习近平新时代中国特色社会主义思想和党的十九大精神不断深入

1. 贯彻落实《中共中央关于认真学习宣传贯彻党的十九大精神的决定》，按照学懂弄通做实的要求，深化学习教育和宣传阐释，组织召开全国文物系统学习贯彻习近平新时代中国特色社会主义思想和党的十九大精神研讨会，用习近平新时代中国特色社会主义思想和党的十九大精神统一思想、指导工作。

2. 坚持和加强党对文物工作的领导，坚持以党的政治建设为统领，完善国家文物局党组理论学习中心组学习制度，增强“四个意识”，坚定“四个自信”，切实增强维护习近平总书记核心地位、维护党中央权威和集中统一领导的自觉性坚定性。

3. 围绕习近平新时代中国特色社会主义思想、党的十九大精神和习近平总书记关于文物工作系列重要论述，深入调研文物事业发展不平衡不充分问题；坚持问题导向，研究制定全面加强文物保护利用传承综合改革方案，统筹谋划新时代文物事业改革发展，努力在探索符合国情的文物保护利用之路上取得新进展。

二、有序开展文物保护利用重点工程，全面加强文物保护、利用和传承

1. 围绕纪念改革开放40周年，公布一批改革开放遗产名录，推介一批改革开放主题展览精品，推动中国改革开放博物馆立项建设。

2. 推动出台关于实施革命文物保护利用工程政策文件，开展革命文物保护利用示范片区建设，实施全国革命文物保护经费需求专项规划，建立全国革命文物保护展示项目库，促进革命老区振兴发展。启动中国共产党历史博物馆立项建设前期工作。发布实施长征文化线路总体规划，启动长征文化线路示范段建设。

3. 组织开展第八批全国重点文物保护单位申报遴选工作。推动开展长城、大运河、长征国家文化公园试点。

4. 继续做好北京城市副中心、雄安新区的考古和文物保护工作，推动将文物保护利用纳入雄安新区总体规划。推进冬奥会区域文物保护展示重点项目。

5. 推进大运河文化带建设，配合完成大运河文化带建设总体规划，建立大运河文化带文物保护利用重点项目库。

6. 实施长城保护行动，报请国务院发布《长城保护总体规划》，督促长城沿线省份发布省级长城保护规划。

7. 开工建设水下文化遗产保护南海基地，实施南海水下文化遗产保护规划。

8. 研究制定未来十年中国申报世界文化遗产战略，推进古泉州（刺桐）史迹、良渚古城遗址、海上丝绸之路保护和申遗。

9．继续推进“考古中国”重大研究，加强大遗址保护和国家考古遗址公园建设。推动落实全国重点文物保护单位与省级文物保护单位保护范围和建设控制地带的划定工作。启动修订《文物保护工程管理办法》。

10．促进文物保护单位开放利用，编制《文物建筑开放利用案例指南》，推广中国传统村落保护利用经验，助力乡村振兴战略。

三、落实文物安全责任，坚守文物安全底线

1．贯彻落实《国务院办公厅关于进一步加强文物安全工作的实施意见》，持续整改全国文物安全状况大排查行动所发现的安全隐患和管理问题。

2．加强文物督察和安全制度建设，制定文物违法案件督察督办约谈管理和文物安全责任制实施办法，出台关于加强文物消防工作的意见。

3．召开全国文物安全工作部际联席会议，组织成员单位对各地文物安全工作落实情况开展年度督察，对文物安全和执法工作履职尽责情况进行评估通报。

4．全面完成文物法人违法案件专项整治行动，推广文物执法片区协作机制，继续实施不可移动文物执法监测。深入实施文物平安工程，启动文物安全监管平台建设。推动重大文物犯罪在逃人员通缉令制度化，举办全国打击防范文物犯罪成果展览，完善中国被盗（丢失）文物信息发布平台数据，用好文物违法举报热线“12359”。

四、提升博物馆发展质量，推动让文物活起来落实落地，不断满足人民对美好生活的向往

1．研究制定博物馆改革发展政策措施，公布全国博物馆名录，修订《博物馆管理办法》，召开全国博物馆工作会议。开展国家一级博物馆运行评估和国家二、三级博物馆定级评估，推进国家一级博物馆法人治理结构建设。建立博物馆年报制度。

2．完善博物馆免费开放政策，推动修订《中央补助地方博物馆、纪念馆免费开放专项资金管理暂行办法》。健全博物馆社会教育和公共服务机制，完善博物馆青少年教育功能。加强智慧博物馆建设。

3．推动出台关于加强民间收藏文物保护利用、促进文物市场健康发展的政策文件，开展文物流通领域“登记—交易”制度试点。推进文物鉴定服务体系建设，出台涉案文物鉴定评估管理办法，推动海关、公安部门依法罚没、追缴文物的移交工作。加强文物进出境审核标准化建设，推动流失文物追索返还取得新成果。

4．加强可移动文物保护修复，实施一批馆藏珍贵文物和重要出土文物、出水文物的保护修复项目。推进全国第一次可移动文物普查数据公开，开展非国有博物馆藏品备案，组织馆藏一级文物复核工作。

5．深入实施“互联网+中华文明”三年行动计划，鼓励文博机构、社会力量利用文物资源进行文化创意产品开发，积极推动国家文物局与百度、腾讯、网易公司战略合作协议落地实施，组织开展第五届世界互联网大会相关活动。推进文物单位文化创意产品试点工作，举办第八届“博博会”，开展“大运河文化带文化遗产创新创意设计大赛”。

五、加强对外和对港澳台文物交流合作，提升文物领域国际传播能力

1．落实《推动共建丝绸之路经济带和21世纪海上丝绸之路的愿景与行动》，公布实施“一带一路”文化遗产保护与交流专项规划。

2．完成援助柬埔寨吴哥古迹茶胶寺保护修复工程竣工移交工作，启动援助柬埔寨吴哥古迹王宫遗址保护修复项目，实施尼泊尔加德满都杜巴广场九层神庙和乌兹别克斯坦希瓦

古城保护修复工程，推进缅甸蒲甘佛塔保护修复项目开工。实施沙特塞林港遗址联合考古项目，举办赴沙特中国文物展。

3．加强中外世界文化遗产地交流合作，支持杭州西湖文化景观与意大利维罗纳古城、云南哈尼梯田与意大利皮埃尔蒙特大区结为友好关系。与国际文化财产保护修复研究中心联合举办世界遗产管理和监测培训班。

4．落实与香港、澳门签署的关于文化遗产领域交流与合作更紧密安排协议书，组织第二届港澳中学生考古暑期课堂活动，举办第八届海峡两岸文化遗产保护论坛和第五届台湾历史教师中华文化研习营，赴台湾举办云南佛教文物展。

六、加强文物保护能力建设，提供文物工作支撑保障

1．继续推进《文物保护法》《水下文物保护管理条例》《长城保护条例》修订工作，启动《大运河遗产保护条例》《故宫保护条例》研究起草工作，开好文物法制建设研讨会、海上丝绸之路文化遗产保护立法研讨会。制定《国家文物局关于落实“谁执法谁普法”责任制的实施意见》。

2．推动出台文物保护工程从业资格管理制度和文物博物馆系列职称制度改革的意见，研究制定文博事业单位人事管理实施办法。评选表彰全国文物系统先进集体和先进工作者。完成全国重点文物保护单位保护管理机构负责人培训全覆盖任务。

3．实施文化遗产保护利用关键技术研发与应用示范专项。遴选第7批国家文物局重点科研基地。与工信部印发《文物保护装备产业化及应用发展规划（2018～2025）》。

4．举办“文化和自然遗产日”广州主场城市活动和国际博物馆日上海历史博物馆主会场活动。围绕重要工作、重大项目主动策划文物工作宣传话题、主题采访和公众活动，推出一批有分量、有深度的新闻报道和宣传活动。实施“国家文物局新闻宣传全媒体采编管理系统与传播平台建设”项目，加强融媒体建设。完成《中国文物志》统稿核审工作。

5．建成运行国家文物局综合行政管理平台，完成国家文物局政务信息系统整合共享，提高国家文物局机关信息化和政府信息公开水平。建立日常工作督办与重点工作督查相结合的督查机制，做好党中央、国务院决策部署和中央领导同志重要指示批示的督办落实。

七、深入推进文物领域各项改革，提升文物事业治理能力和水平

1．制定深化文物领域“放管服”改革实施方案，科学合理划分中央与地方事权，再取消、下放、整合一批文物行政审批事项。公布国家文物局权力清单和责任清单，全面推行文物行政许可标准化和“双随机一公开”监管模式。召开国家文物局系统改革发展座谈会，优化国家文物局机关各部门和直属单位的职能定位和资源配置。

2．加强事中事后监管，公布国家文物局行政许可事项服务指南和工作细则，开展地方文物部门“放管服”改革落实情况专项督查。建立文物保护工程和考古项目跟踪管理制度，健全项目检查验收制度，开展百项重要项目大检查。

3．开展《国务院关于进一步加强文物工作的指导意见》落实情况检查评估；组织《国家文物事业发展“十三五”规划》中期评估。

4．推动修订《国家重点文物保护专项补助资金管理办法》，深化文物保护专项补助资金管理改革。建立文物资产报告机制。

5．研究出台关于鼓励社会资本参与文物保护利用政策文件。支持地方对市县级文物保护单位和尚未核定公布为文物保护单位的不可移动文物保护利用进行改革试点，鼓励不同区域进行文物保护利用差别化试点。

八、全面从严治党，改进工作作风

1．组织开展“不忘初心、牢记使命”主题教育，持续推进“两学一做”学习教育常态化制度化。继续落实中央专项巡视整改措施，组织开展国家文物局党组巡视工作。实施《国家文物局预算执行管理办法》，检查抽查直属单位财务管理情况。

2．严格执行《国家文物局贯彻落实中央八项规定实施细则》，开展党风廉政建设警示教育活动，践行“三严三实”，力戒“四风”突出问题特别是形式主义、官僚主义的新表现。

3．助力坚决打赢脱贫攻坚战，推进援助西藏、新疆文物保护重点项目，加大国家文物局对河南淮阳定点扶贫和赣南等原中央苏区对口支援工作力度。

4．以提升组织力为重点，加强基层党组织建设，落实基层党组织“三会一课”制度，建设学习型机关。构建加强作风建设长效机制，打造信念过硬、政治过硬、责任过硬、能力过硬、作风过硬的高素质专业化干部队伍。

国家文物局关于公布修订后《国家文物局随机抽查事项清单》的决定

文物人发〔2018〕6号

各省、自治区、直辖市文物局（文化厅），新疆生产建设兵团文物局：

为贯彻落实《国务院办公厅关于推广随机抽查规范事中事后监管的通知》（国办发〔2015〕58号）要求，进一步推进文物管理领域采取随机抽查方式开展执法检查工作，规范事中事后监管，我局研究修订了《国家文物局随机抽查事项清单》，现予公布。

国家文物局

2018年3月20日

国家文物局随机抽查事项清单

序号	检查事项	检查依据	检查人员	检查对象	检查内容	检查比例频次	检查方式
1	文物购销、拍卖经营检查	《中华人民共和国文物保护法实施条例》第四十三条	国家文物局及省级文物行政部门工作人员	文物商店和文物拍卖企业	经营记录和文物保护法律法规履行情况。	不低于2%，1年1次	实地检查，核查经营记录等

序号	检查事项	检查依据	检查人员	检查对象	检查内容	检查比例频次	检查方式
2	全国重点文物保护单位执法检查	《中华人民共和国文物保护法》第八条，《长城保护条例》第四条	全国文物行政执法骨干数据库人员	全国重点文物保护单位	（一）是否发生文物保护单位保护范围和建设控制地带内的违法建设行为； （二）是否发生擅自迁移、拆除文物保护单位的违法行为； （三）是否发生擅自修缮文物保护单位，明显改变文物原状的违法行为； （四）是否发生擅自在原址重建已全部毁坏的文物保护单位，造成文物破坏的违法行为； （五）是否发生施工单位擅自从事文物修缮、迁移、重建的违法行为； （六）其他涉及文物保护单位的违法违规行为。	不低于1%，1年不少于1次	实地检查、在线巡查、遥感抽查、专项督察相结合
3	文物系统一级风险单位安全检查	《中华人民共和国文物保护法》，《文物系统博物馆风险等级和安全防护级别的规定》（GA27—2002）	国家文物局及省级文物行政部门安全监管业务人员	列为一级风险单位的全国重点文物保护单位和文物收藏单位	《文物消防安全检查规程（试行）》（文物督发〔2011〕17号），《国家文物局文物安全案件督察督办管理规定（试行）》（文物督发〔2011〕18号），《文物安全与行政执法信息上报及公告办法》（文物督发〔2012〕1号），《文物系统博物馆风险等级和安全防护级别的规定》（GA27—2002）等规定的内容。	不低于1%，1年不少于1次	实地检查
4	考古发掘项目管理检查	《中华人民共和国文物保护法》《中华人民共和国文物保护法实施条例》《考古发掘管理办法》	国家文物局及省级文物行政部门工作人员	本年度开展国家文物局批复考古发掘项目的考古发掘资质单位	（一）重点抽查考古发掘资质单位的行政审批手续； （二）田野考古工作资料和考古发掘工地现场； （三）文物行政部门的工地检查记录。	不低于每年批复项目总数1%，不少于1次	实地检查、资料记录核查
5	馆藏一级文物保护管理检查	《中华人民共和国文物保护法》《中华人民共和国文物保护法实施条例》《博物馆条例》	国家文物局及省级文物行政部门工作人员	收藏有馆藏一级文物的国有单位	（一）馆藏一级文物保护管理状况； （二）馆藏一级文物建档备案； （三）馆藏一级文物修复、复制、拓印； （四）馆藏一级文物借用、调拨、交换。	不低于1%，1年不少于1次	实地检查

国家文物局关于2017年度文物行政执法和安全监管工作情况的通报

文物督函〔2018〕346号

各省、自治区、直辖市文物局（文化厅），新疆生产建设兵团文物局，天津、上海、重庆市文化市场执法总队：

2017年，全国文物系统深入学习贯彻习近平总书记关于文物安全工作重要指示精神，认真落实《国务院办公厅关于进一步加强文物安全工作的实施意见》（国办发〔2017〕81号）和全国文物安全工作电视电话会议的部署要求，坚持问题导向，狠抓落实落地，基本摸清文物安全隐患状况，严肃查处文物法人违法案件和安全事故，严厉打击文物犯罪活动，创新文物行政执法与安全监管方式，不断提升文物安全风险预警防控水平，取得明显成效。

现将2017年度文物行政执法、安全监管和文物案件事故督办查处情况通报如下。

一、基本情况

（一）执法巡查和违法案件情况

全国各级文物行政部门及文物执法机构开展文物执法巡查232103次，发现各类违法行为679起，其中按简易程序改正处理522起，按一般程序立案查处157起。“12359”文物违法举报热线全年共接举报电话2632个、举报邮件472件、网站在线举报215件、举报信函14封，成为掌握各地文物违法情况的重要信息源。

各级文物行政部门及文物执法机构共立案查处涉及全国重点文物保护单位违法案件90起。其中，按违法类型分，破坏文物本体案件4起，在保护范围内的违法建设案件57起，在建设控制地带内的违法建设案件15起，擅自修缮不可移动文物案件8起，其他6起；按违法主体分，法人违法案件64起，其他案件26起；按查处结果分，文物行政部门实施行政处罚32起，责令改正70起，涉嫌犯罪移交公安司法机关6起，纪检监察机关实施责任追究8起。严肃查处河南安阳全国重点文物保护单位固岸墓地保护范围和建设控制地带内擅自施工破坏古墓葬案、河北邯郸全国重点文物保护单位响堂山石窟保护范围和建设控制地带内违法建设案等一批重大文物违法案件。

（二）安全检查和安全案件事故情况

全国各级文物行政部门开展安全检查共309194次，检查文物单位数量437333处，发现各类安全隐患60397项，督促整改48486项，整改率80.28%，其他不能立纠立改的已责令限期整改。对全国重点文物保护单位安全检查44626次，发现各类安全隐患3666项，立纠立改3232项，整改率88.16%；对核定为一级风险单位的博物馆及其他文物收藏单位检查2155次，发现安全隐患262项，整改完毕238项，整改率90.84%。

各级文物行政部门督察督办或配合相关部门处置文物安全案件事故401起。其中，盗掘古文化遗址古墓葬案件308起，盗窃、抢劫文物案件40起，故意或过失损毁文物案件6起，文物火灾事故13起，其他文物安全事故34起。全国重点文物保护单位发生安全案件（事故）25起。其中盗掘古文化遗址古墓葬案件14起，河北汉中山王陵、山东牟国故城遗址、湖北马家墓群、纪山古墓群和贵州交乐墓群等王陵和大型墓群遭盗扰；北京十三陵思陵、河南千佛洞石窟石质附属文物，以及山西原起寺、李庄文庙、大云院等古建筑构件被盗。发生火灾事故6起，河北张家口堡中营署东厢房、内蒙古宁城法轮寺、浙江长乐村望云楼、四川高峰山古建筑群和青海新寨嘉那嘛尼之查来坚贡佛堂因火灾损失较为严重。

二、主要举措

（一）扎实开展文物安全状况大排查，基本摸清文物安全隐患状况

2017年4月，启动历时半年的全国文物安全状况大排查行动，国家文物局会同有关部门组成11个督察组赴31个省份实地检查抽查，以督察促整改、求实效。全国文物系统排查各级各类文物博物馆单位232663个，发现各类文物安全隐患和管理漏洞21063处。系统梳理问题清单，研判安全形势，分类制定近期、中期、远期整改措施，明确责任主体和时限要求，其中已立行立改9507处。

（二）深入推进文物法人违法专项整治，遏制法人违法多发高发势头

自2016年8月部署专项整治行动以来，全国共查处文物法人违法案件314起，国家文物局直接督办88起，约谈重大文物安全案件和事故发生地的地方政府负责人11次，追究178名相关人员责任。严肃查处黑龙江哈尔滨双城区刘亚楼旧居文物遭损毁等一批重大法人违法案件，对文物违法行为形成有力震慑，法人违法多发高发势头得到一定遏制。发布2017年度文物行政执法指导性案例，指导各地依法办案、规范执法和处理疑难问题。

（三）全面完成长城执法专项督察"回头看"，不断夯实长城保护管理基础工作

国家文物局组织督察组，对2016年长城执法专项督察中考核低于80分的8个省份进行"回头看"。经督察，2016年长城执法专项督察提出的174条整改要求中，147项得到了整改，整改率达84.48%。93.4%的长城认定点段被核定公布为省级以上文物保护单位。除辽宁省外，各省长城均实现了长城保护员全覆盖。内蒙古、辽宁建立了省级长城保护专门机构。内蒙古自治区将长城保护纳入沿线各级政府考核体系。

（四）严厉打击文物犯罪活动，有力震慑犯罪分子嚣张气焰

公安部在全国部署打击文物犯罪专项行动，两次发出A级通缉令，公开通缉20名重大文物犯罪在逃人员，已到案17名。山西、山东、河南、湖南、西藏、陕西等地公安机关侦破一批重大文物犯罪案件，打掉上百个文物犯罪团伙，抓获近千名文物犯罪嫌疑人，缴获上万件涉案文物。中国被盗（丢失）文物信息发布平台上线，第一批200余条被盗文物信息已在平台发布。开展文物流通市场专项整顿行动，严厉打击非法经营文物行为。

（五）着力提升文物消防安全治理能力，推进文物火灾形势平稳向好发展

积极参加国务院对省级政府消防考核，并以此为契机督促地方政府履行文物安全主体责任，根据考核反馈情况督导整治重大安全隐患，提升火灾防控能力。国家文物局会同公安部消防局召开全国文物消防安全工作视频会议，印发《文物建筑电气防火导则（试行）》，全面部署新时期文物消防安全工作。加大督察力度，督办一批重大文物火灾事故，5名火灾事故直接责任人员被移送司法机关，23名责任人得到严肃处理。开展明察暗访，通报和跟踪督办突出问题和重大隐患。一些省份因地制宜实施防控措施，山东引入第三方开展重点文博单位消防安全评估，山西、贵州启动文物电气火灾综合治理，取得初步成效。

（六）创新文物执法监管督察手段，统筹推进文物平安工程

国家文物局利用卫星遥感等新技术开展主动监测，在随机抽取的70处全国重点文物保护单位中，发现保护范围和建设控制地带内地物变化184处，将监测结果中疑似违法信息通报地方政府，部分经核实确属违法的已立案查处。2017年，中央财政投入近20亿元支持922个全国重点文物保护单位配置和改造文物安防、消防、防雷设施设备。山东、湖北等地文物安全远程监管系统建设稳步推进。

（七）强化部门协作，不断拓展社会参与长效机制

2017年，国家文物局被纳入中央海权办牵头建立的水下文物保护沟通协调机制成员单位，推动将2017年水下文物执法巡航和南海水下文物保护执法工作纳入中国海警局日常工作。全国文明城市测评继续将文物违法和安全事故作为重要测评指标。与华晨汽车集团共同组织开展“爱我中华，护我长城——中华汽车助力长城巡查”试点活动。新疆维吾尔自治区自2017年起，每年投入2280万元聘用野外文物看护员。

三、存在的问题

2017年，文物法人违法、盗窃盗掘文物和文物火灾事故依然是威胁文物安全的重要因素。同时，一些地方文物安全责任落实不到位，基层文物执法与安全监管远不能满足工作需要。总体上看，文物安全防范基础工作仍显薄弱，文物安全工作被动局面尚未得到根本性扭转。

（一）文物安全属地管理主体责任履行不到位

一些地方政府未将文物安全工作列入重要议事日程，将近一半的市县级政府不能定期组织本行政区域内文物安全检查评估，未将文物安全纳入综合考核评价；超过40%的地方政府未建立文物安全工作协调机制和文物安全联合执法机制，超过一半的地方政府未能安排文物安全经费或者安排的经费不能满足工作需要。

（二）安全监管与执法力量仍显不足

省级文物部门一半未设专门文物安全监管处室，市县级设置专管机构的不足5%，大量文物保护单位、文物收藏单位无专门负责安全的机构和人员。许多地区对文物违法行为、文物安全隐患排查力度不够，对一些长期存在的案件和隐患视而不见，有法不依、执法不严、违法不究现象不同程度存在；个别地区委托综合执法机构负责文物执法，日常执法巡查与安全监管责任难以落实。

（三）法人违法行为、安全案件事故依然多发高发，瞒报现象依然存在

2017年，各类文物违法行为、文物安全案件（事故）较往年度未呈现明显下降趋势，法人违法、盗窃盗掘及火灾事故等时有发生。同时，“管理单位隐瞒不报、主管部门毫不知情”现象在许多地方依然存在。十三陵思陵文物被盗一年多，管理单位擅自处置，长期隐瞒不报。国家文物局执法监测发现的全国重点文物保护单位范围内违法行为，内蒙古、辽宁、江西等地文物管理使用单位和文物部门均未主动上报。

（四）文物行政执法区域发展不平衡，个别地区零执法

2017年，浙江、河南、吉林、山东等地文物部门发现文物违法案件主动上报、及时处理，报送数量位居全国前列，体现了当地对文物执法工作的重视和文物部门的责任担当精神。北京、天津、内蒙古、吉林、黑龙江、江苏、浙江、福建、山东、湖南、广东、重庆、甘肃等13省区市执法案件入选“2017年度文物行政执法指导性案例”，体现了办案单位和办案人员忠于职责、敢于担当、勇于作为的优良作风。但仍有部分省份存在文物执法

责任不落实、执法工作不开展、依法行政水平低等问题，海南、西藏、青海等地在文物执法中多以行政协调代替行政处罚，办案能力有待提高。

（五）文物安全管理和措施不到位，文物安全隐患依然突出

一些文物、博物馆单位文物安全专业人员短缺，演练培训流于形式，应急处置能力不强。省级以下特别是市县级文物保护单位，缺乏必要的文物安全防护设施设备。一些安全防护设施不运行不维护，老化、过期、无效等现象比较严重。大量文物、博物馆单位消防安全隐患特别是电气火灾隐患尤为突出。

四、2018年文物执法和安全监管工作要求

文物安全永远是零起点，文物安全工作依然任重道远。2018年，全国文物系统要深入学习贯彻习近平新时代中国特色社会主义思想和党的十九大精神，全面落实国务院通知要求和部署，不断加强文物保护利用和文化遗产保护传承，充分汲取十三陵思陵文物被盗案件和大昭寺火灾事故深刻教训，聚焦文物风险防控，坚守文物安全底线，增强责任意识和担当意识，继续加大文物安全工作力度，努力开创文物安全新局面。

（一）紧扣责任链条，督促责任落实落地

推动各省级人民政府将文物安全工作纳入对市县政府的年度考核评价体系，实施目标管理。协调各有关部门依法履行各自的文物安全监管责任。层层签订安全责任书，明确责任目标，逐级落实文物安全责任。督促文物、博物馆单位明晰安全责任，健全文物安全岗位职责。采取多种方式主动公告公示文物安全直接责任人信息，接受社会监督。

（二）严格依法执法，有效遏制文物法人违法行为

全面完成文物法人违法案件三年专项整治行动，惩治文物法人违法行为，遏制文物法人违法案件高发势头。已确定为重点督办案件的，各省级文物行政部门要督出结果、督出成效，力求执法到位、整改到位、追责到位；案件办理久拖不决的，要及时约谈一批，曝光一批。严格落实执法巡查、案件报告、督办约谈、信息公开“四项制度”，严格执行责令整改、行刑衔接、责任追究、失信惩戒“四项措施”。国家文物局将于2018年下半年对各地专项整治行动完成情况开展实地督察，向社会公开通报结果。

（三）织密火灾防线，严厉打击文物犯罪

加强文物、博物馆单位消防安全技术设施建设，推动义务消防队和微型消防站建设。强力推进电气火灾治理，严格落实《文物建筑电气防火导则》要求。配合公安机关打击文物犯罪，持续保持高压态势，再侦破一批文物犯罪大案要案。在日常巡查中发现文物犯罪迹象的，要及时通报当地公安机关；发现文物遭受盗窃盗掘的，第一时间报案并督促公安机关及时立案侦办，不得擅自处置，更不得隐瞒不报。及时将被盗（丢失）文物信息上传“中国被盗（丢失）文物信息发布平台”，已经上传但信息不全的要及时补正。

（四）加强安全管理，坚决治理安全隐患

以提升文物安全隐患的发现、查找、排除、治理和防范等能力为重要内容，加强技能培训和实战演练。扎实开展日常巡查检查，定期开展专项检查督察，充分运用第三方力量，及时发现、消除隐患。对于重大隐患和突出问题，要建档立账，明确责任单位和整改时限，由省级文物行政部门挂牌督办，不整改到位不予销账，对整改不力的要向社会公告，情节严重的要严肃追责。对于全国文物安全状况大排查行动中发现的重大隐患和突出问题，要按照责任清单和整改要求在2018年6月底前完成整改工作，由省级文物行政部门汇总后上报国家文物局。

（五）强化能力建设，提升队伍素质水平

省级文物行政部门要积极争取增强监管力量，建立健全督察机制，市县级文物行政部门要加强执法力量，相关综合执法机构要切实明确岗位职责，保障文物监管执法需要。积极会商当地公安机关，增强重点文物、博物馆单位所在地派出所或者警务室力量。各级文物行政部门要定期组织对文物行政执法与安全监管人员、联合执法人员及文物安保管理人员等开展培训，使其熟知文物法律法规标准规范要求，熟练掌握现场执法、文书制作、巡查检查、值机操作等文物行政执法和安全监管基础技能，实现标准化、规范化。

（六）完善防护基础，增强防范风险能力

逐步推进文物安全保卫职业化、专业化。重要的文物、博物馆单位要聘用安全评估师、消防工程师、专业值机员、电工等专业人员，提升文物安全治理水平。全面梳理和评估各级文物、博物馆单位现有安全防护设施覆盖率和使用效能，对于尚未配置安全防护设施设备的，要有效运用现有资金投入渠道，尽快建设完善，逐步实现全覆盖；对于已配置的安全防护设施设备超出服役期或者严重老化损坏的，要尽快更新升级改造。要积极会同产学研单位，推动文物安全防护与现代科技融合创新，研发试点和推广应用适用于文物安全防护的设施、设备和产品。充分运用云计算、大数据、“互联网+”等现代信息技术，推动文物密集区域集中设置安全防护综合控制中心，逐步实现集中管理，全域防控；推广“天网”“天地一体化”等远程监管技术，逐步实现对文物、博物馆单位防护设施设备运行状况、应急处置等进行监管监控。

（七）严格督察检查，严肃追责问责

2018年，国家文物局将组织相关部门对各省级人民政府文物安全工作落实情况开展年度督察，评估安全和执法工作履职尽责情况，挂牌督办重大文物案件和安全事故，并报经国务院同意后向各地通报有关结果。各省级文物行政部门要提请省级人民政府，结合文明城市建设、消防考核等，对所辖市县人民政府文物安全工作情况进行检查评估，将重大文物安全隐患、事故和违法案件列为政府督察重要事项，有关情况及时报送国家文物局。要结合国家监察体制改革，推动将文物安全责任落实纳入监察体系的重点内容，对在文物安全工作中不履职尽责、失职失责等行为严肃追责。各级文物行政部门或执法机构发现文物违法犯罪活动和安全事故中涉及公职人员的，要及时将有关线索、案卷移交纪检监察部门，发现涉嫌犯罪的，及时移交司法机关。

特此通报。

附件：1．2017年全国重点文物保护单位行政违法案件统计表

2．2017年全国重点文物保护单位安全案件事故统计表

（附件详见国家文物局政府网站）

国家文物局

2018年4月12日

国家文物局关于印发《不可移动文物认定导则（试行）》的通知

文物政发〔2018〕5号

各省、自治区、直辖市文物局（文化厅），新疆生产建设兵团文物局：

为进一步规范不可移动文物认定工作，为地方各级文物部门开展认定工作提供指导，我局组织编制了《不可移动文物认定导则（试行）》，并经2018年6月19日第18次局党组会议审议通过。现予印发，试行期三年。

请结合本地实际贯彻执行，并及时将在施行过程中出现的新情况新问题反馈我局。

特此通知。

国家文物局
2018年6月27日

不可移动文物认定导则（试行）

第一条 为科学指导和规范不可移动文物认定，根据《中华人民共和国文物保护法》《中华人民共和国文物保护法实施条例》《文物认定管理暂行办法》等，制定本导则。

第二条 本导则所指的不可移动文物，包括具有历史、艺术、科学价值的古遗址、古墓葬、古建筑、石窟寺和石刻；与重大历史事件、革命运动或者著名人物有关的以及具有重要纪念意义、教育意义或者史料价值的近代现代重要史迹、代表性建筑等。

第三条 县级以上地方文物行政部门认定不可移动文物，应当开展调查研究，收集相关资料，充分听取专家意见，召集专门会议研究并作出书面决定。

第四条 认定不可移动文物，应当进行本体确认和时代确定，开展历史、艺术、科学价值和社会、文化意义评估。

确认不可移动文物本体，应当以地面、地下、水下遗存为依据。确定不可移动文物时代，应当运用文物、考古证据，并结合文献记载；不能判定确切年代的，可以认定为某一世纪上、中、下叶、某一朝代或者某一考古学文化早、中、晚期。在不可移动文物本体确认和时代确定过程中，文献记载和口头传说不能独立作为依据。

第五条 作为认定对象的古遗址，包括早期人类活动场所、聚落址、城址、宫殿衙署遗址、祭祀遗址、寺庙遗址、窑址、矿冶遗址、战场遗址、军事设施遗址、道路桥梁码头遗址等类型。

具备以下条件之一的古遗址，可以认定为不可移动文物：

（一）存在文化堆积，地表发现古文化遗物，且有明晰的分布范围；

（二）沿海水域和内水湖泊、河流、水库等区域具有历史、艺术、科学价值的各类文化遗存，包括沉没于水下的遗址、沉船和位置明确的密集文物出土点；

（三）经过考古发掘，遗迹尚存；

（四）建筑物及构筑物局部构件或者基址尚存。

元代以前（含元代）的古遗址，应当认定为不可移动文物；明代至1911年重要的、具有代表性的遗址，应当认定为不可移动文物。

第六条 作为认定对象的古墓葬包括帝王陵寝、名人或者贵族墓、普通墓葬等类型。

具备以下条件之一的古墓葬，可以认定为不可移动文物：

（一）墓葬形制结构或者遗迹尚存；

（二）整体迁移，在新址有独立的地域范围；

（三）经过考古发掘，遗迹尚存。

元代以前（含元代）的古墓葬，应当认定为不可移动文物；明代至1911年重要的、具有代表性的墓葬，应当认定为不可移动文物。

第七条 作为认定对象的古建筑，包括城垣城楼、宫殿府邸、宅第民居、坛庙祠堂、衙署官邸、学堂书院、驿站会馆、店铺作坊、牌坊影壁、亭台楼阙、寺观塔幢、苑囿园林、桥涵码头、堤坝渠堰、池塘井泉等类型。

作为认定对象的近代现代代表性建筑，包括宗教建筑、工业建筑及附属物、名人旧居、传统民居、金融商贸建筑、中华老字号建筑、水利设施及附属物、文化教育建筑及附属物、医疗卫生建筑、军事建筑及设施、交通道路设施、典型风格建筑或者构筑物、体量较大的各种材质（如石、铜、铁、泥等）雕塑等类型。

具备以下条件之一的建筑，可以认定为不可移动文物：

（一）古建筑建筑物、构筑物本体尚存，或者迁移后在新址有独立地域范围；

（二）近代现代代表性建筑具有时代特征，在一定区域范围具有典型性，在社会相关领域中具有代表性，形式风格特殊，且结构形制基本完整。

1840年以前建造的本体尚存的古建筑，应当认定为不可移动文物；1840～1949年采用传统建筑材料和工艺或者采用近现代建筑材料和技术建造的重要的、具有代表性的建筑，应当认定为不可移动文物；1949年以后建造的特别重要的、具有典型代表性的建筑，应当认定为不可移动文物。

第八条 作为认定对象的石窟寺和石刻，包括石窟寺、石刻、岩画等类型。

具备以下条件之一的石窟寺和石刻，可以认定为不可移动文物：

（一）石窟寺洞窟尚存，无论保存程度如何；

（二）石刻本体尚存，无论保存程度如何；

（三）石窟寺、石刻迁移后在新址有独立地域范围。

1911年以前的石窟寺、石刻、岩画等，应当认定为不可移动文物；1911年以后的重要的、具有代表性的石刻等，应当认定为不可移动文物。

第九条 作为认定对象的近代现代重要史迹，包括战争遗址、工业遗址、重大历史事件和重要机构旧址、重要革命历史事件及革命人物活动纪念地、名人墓、烈士墓及纪念设施等类型。

具备以下条件之一的近代现代重要史迹，可以认定为不可移动文物：

（一）与重要历史进程、历史事件、历史人物有关的史迹本体尚存或者有遗迹存在；

（二）为纪念重大历史事件或者著名人物建立的建筑物、构筑物等。

1840年以后与近代现代历史进程或者历史人物有重要关联的各类史迹，应当认定为不可移动文物。

第十条 不能归入古遗址、古墓葬、古建筑、石窟寺和石刻、近代现代代表性建筑和重要史迹等类型，具有历史、艺术、科学价值的人类活动遗存，可以认定为不可移动文物并归入其他类。

第十一条 不可移动文物应当按照“所在县域名称（或者约定俗成的名称）+文物本体名称”的方式，统一命名。古遗址古墓葬类，应增加所在行政村、自然村名称或相应的小地名。

第十二条 本导则由国家文物局负责解释，自公布之日起施行。

国家文物局关于公布《国有馆藏文物退出管理暂行办法》的决定

文物博发〔2018〕9号

各省、自治区、直辖市文物局（文化厅），新疆生产建设兵团文物局：

《国有馆藏文物退出管理暂行办法》已经2018年6月19日国家文物局第18次党组会议审议通过，现予公布，自公布之日起施行。

国家文物局

2018年6月29日

国有馆藏文物退出管理暂行办法

第一条 为加强对国有馆藏文物退出的管理，促进文物保护和合理利用，根据《中华人民共和国文物保护法》《博物馆条例》等法律法规规定，制定本办法。

第二条 本办法所称国有馆藏文物退出（以下简称“文物退出”），是指国有文物收藏单位将馆藏文物退出本单位藏品序列并注销文物账目的行为。

第三条 国务院文物行政部门负责全国范围内文物退出的监督指导，县级以上地方文物行政部门具体负责本行政区域内文物退出的管理。

第四条 国有文物收藏单位拟将馆藏文物作退出处理的，应当从严掌握、谨慎执行。拟退出的馆藏文物，应当符合下列条件之一：

（一）因老化、腐蚀、损毁等原因造成文物无法修复且无继续保存价值；

（二）因地震、洪水等不可抗力造成文物灭失；

（三）被鉴定为无文物价值的现代复仿制品；

（四）在国有文物收藏单位之间进行交换、调拨；

（五）国有文物收藏单位终止或合并；

（六）法律法规规定的其他情形。

第五条 国有文物收藏单位拟将馆藏文物作退出处理的，应当组织专家组对拟退出的馆藏文物的基本情况、退出理由、退出后的处置方案等进行评估，并经本单位理事会或者集体研究同意。

第六条 国有文物收藏单位拟将接受捐赠的馆藏文物作退出处理的，应当按照与捐赠人约定的协议办理；无约定协议的，应当事先征得捐赠人同意。

第七条 国有文物收藏单位应当按照国有资产管理相关规定，对拟退出的馆藏文物履行备案或审批程序，并将拟退出的馆藏文物的基本情况、退出理由、退出后的处置方案等在本单位网站及所在地主要报刊、主管的文物行政部门网站上予以公示，接受社会监督。公示时间不少于30个工作日。

第八条 国有文物收藏单位拟将馆藏文物作退出处理的，应当在公示结束后，于实施退出行为30个工作日前，向主管的文物行政部门备案。属于馆藏二、三级文物的，应当逐级报省级文物行政部门备案。属于馆藏一级文物的，应当逐级报国务院文物行政部门备案。备案材料应当包括以下内容：

（一）评估报告或者相关书面证明材料；

（二）国有文物收藏单位理事会或者集体研究意见；

（三）馆藏文物退出后的处置方案，如属调拨、交换，应附相关意向书；

（四）退出的馆藏文物的档案复印件；

（五）公示情况。

第九条 文物行政部门应当对相关备案材料予以核查。对于不符合法律规定的，文物行政部门应当要求国有文物收藏单位停止文物退出。

因本办法第四条（一）、（二）规定情形拟将馆藏文物作退出处理的，国有文物收藏单位应当在主管的文物行政部门核查后，启动文物退出程序。属于馆藏二、三级文物的，应当在省级文物行政部门核查后，启动文物退出程序。属于馆藏一级文物的，应当在国务院文物行政部门核查后，启动文物退出程序。

第十条 国有文物收藏单位对馆藏文物作退出处理所取得的补偿或收入，应当用于博物馆事业发展。

第十一条 因本办法第四条（一）规定情形作退出处理的馆藏文物，应当优先提供给教学及科研单位保管使用。

第十二条 国有文物收藏单位对馆藏文物作退出处理后的账物处置，应当按文物保管和国有资产管理规定的程序办理。

国有文物收藏单位应当为退出馆藏的文物建立专项档案，并报主管的文物行政部门备案。属于馆藏二、三级文物的，应当逐级报省级文物行政部门备案。属于馆藏一级文物的，应当逐级报国务院文物行政部门备案。专项档案应当保存75年以上。

第十三条 本办法自公布之日起施行。

国家文物局关于印发《考古装备及设施配备导则（试行）》的决定

文物保发〔2018〕13号

各省、自治区、直辖市文物局（文化厅），各计划单列市文物局（文化局），新疆生产建设兵团文物局：

为贯彻国务院《关于进一步加强文物工作的指导意见》精神，促进考古学科和考古行业健康发展，确保考古工地和出土文物安全，不断提升考古装备设施的科学化和规范化水平，我局组织编制了《考古装备及设施配备导则（试行）》。《考古装备及设施配备导则（试行）》已经2018年7月26日国家文物局第20次党组会议审议通过，现予印发，自印发之日起施行，试行期三年。

请结合本地实际贯彻执行，并及时将执行中的问题和意见反馈我局。

国家文物局
2018年8月24日

考古装备及设施配备导则（试行）

第一章　总　则

第一条　为确保考古工作中文物和人员安全，提升工作质量，促进考古装备和设施的标准化、规范化，根据《中华人民共和国文物保护法》《考古发掘管理办法》《田野考古工作规程》等法律法规和标准规范制定本导则。

第二条　本导则规定了考古装备、考古设施、工地现场布置要求，适用于田野考古调查、勘探、发掘、整理工作中装备设施配备和工地现场管理。

（一）考古装备是开展考古工作所需的各类工具、设备与配套软件系统、耗材，包括考古专用装备和通用装备。

（二）考古设施是为开展考古工作配备的各类建构筑物等。

（三）考古工地是开展考古调查、勘探、发掘、保护、整理工作的区域、场所。

第三条　考古装备及设施配备应坚持“科学规范、经济适用、节能环保、因地制宜”的原则，兼顾安全性、专业化和现代化需求。

考古单位应根据考古项目的规模、性质、工作时间、内容、地域等因素，及时购置、配备、维护、保养、检查、更新考古装备及设施。

鼓励研发、生产考古专用装备，推广应用新技术、新材料。

第二章　考古装备

第四条　考古装备可根据使用功能分为信息装备、探掘装备、测绘装备、影像装备、取样装备、现场保护装备、修复装备，以及考古专用服装和集成工具包（箱）。提倡配备便携式移动装备。

第五条　信息装备包括计算机、图形工作站、移动终端、存储设备等硬件，以及考古地理信息系统、考古数字化管理系统等各类软件。

考古单位应研发、使用专业化的信息系统，及时做好纸质档案的电子化处理，鼓励考古工地采用网络化管理方式。

第六条　探掘装备包括手铲、探铲、比色卡等考古专用工具，以及锄头、铁锹等通用工具。

应根据考古工作的阶段（调查、勘探、发掘）、工作对象（遗址、墓葬等）、工作环境（水乡、沙漠、草原、山地、高原等），选择适宜的探掘装备。可根据实际需要选择使用机械探铲、探测仪、探测机器人、探地雷达、质子磁力仪、声波发射器等多种物探装备。

第七条　测绘装备包括数字化测绘装备和手工测绘装备。数字化测绘装备包括手持GPS、全站仪、考古测量型RTK、激光测距仪、三维激光扫描仪、无人机、热气球、小型飞机，以及数据处理软件等。手工测绘装备包括罗盘、水平仪等。

第八条　影像装备包括数码照相机、数码摄像机、便携式小型摄影棚，影像数据处理软件等，以及拓片工具。

第九条　取样装备包括土样采样机械手、浮选仪、网筛等装备，以及样品袋、整理箱等耗材。

第十条　现场保护装备包括恒温恒湿柜、红外含水量测定仪、酸度计、便携式无损氧分析仪、手持式X荧光光谱仪、便携式拉曼光谱仪、便携式充氮—调湿封护系统、多光谱相机等检测仪器设备；丙酮、环氧树脂等试剂；包装箱、整理箱、石膏、纱布、麻布、宣纸等包装材料和发泡剂。

鼓励在考古工地配备现场保护移动平台。现场保护移动平台又称移动考古实验室、文物移动医院，是具备信息采集、智能预探测、分析检测、现场提取，以及应急处置与保护等多种功能的移动运载装备、集装箱式实验室或文物保护车等可移动设施。

第十一条　修复装备包括CT扫描仪、X光机、体视显微镜、电子显微镜、打磨机、电子秤、修复平台、3D打印机等仪器设备；环氧树脂、三氯甲烷等耗材。

第十二条　考古专用服装包括帽子、安全头盔、上装、下装、手套、鞋靴，以及防护眼镜、防尘口罩等。

（一）考古专用服装应满足防暑排汗、防寒保暖、防滑防刺和安全防护等要求。

（二）考古专用服装应有统一、明确的标识，可在帽子、头盔、上装等明显位置。

第十三条　鼓励研发、配备专用的套装工具或集成工具、组合工具及装备工具包（箱）。

第三章　考古设施

第十四条　考古设施根据功能可分为文物保护设施、工地安全设施、办公后勤设施等。

第十五条　文物保护设施包括文物库房、文物修复整理室、保护棚、支护架等。

（一）文物库房应设置具备隔绝空气、恒温恒湿、控制光线、微生物防护等功能的有限空间，并根据出土文物类别配置相应的箱柜囊匣和安消防设备。

（二）文物修复整理室应满足考古信息提取和文物现场保护、整理的技术处理条件，配置不同角度、不同强度的光源、多角度全程摄影摄像设备等。

（三）保护棚应以临时性保护设施为主，可选择气模、钢构等材料。

（四）遗迹载体存在结构稳定问题，或考古发掘深度超过国家标准时（参照JGJ120—2012《建筑基坑支护技术规程》），必须采用支护架。

（五）文物库房、文物修复整理室、保护棚内应配置必要的安消防设备。

第十六条　工地安全设施包括围挡、安消防设施、防护设施等。

（一）考古发掘工地应设置围挡，围挡形式、材质、颜色应与周边环境相协调。

（二）重要发掘、勘探工地应设置门卫房、保安室，门禁、监控和报警系统，消防、安防设施等。

（三）考古发掘工地应配备必要的立网、梯子、脚手架等设施。

第十七条　办公后勤设施包括办公管理用房、宿舍、环卫设施等。

（一）办公管理用房应满足日常办公、会议、资料和装备存放需要，配备打印机、扫描仪、投影仪等设备。

（二）宿舍应尽量集中布置，配备必要的生活设施设备。

（三）应根据人员数量和工作时间，配置卫生间等环卫设施及必需的医疗急救用品。

第十八条　考古设施可租赁既有建筑物，也可新建临时性或永久性设施。临时性设施应尽量使用可拆卸的环保材料。

鼓励考古单位在长期、固定工作的考古工地建立永久性的考古工作站（或基地）。

第四章　工地现场布置

第十九条　考古单位应在项目实施前，协调做好土地临时征用、土地平整、给排水、供电、网络通信、交通便道等准备工作。

供电设施应符合“三级配电两级保护”要求，交通便道应确保装备、设施和文物平稳、顺畅运输，减少二次搬运。可设置交通标识指示路线，说明通行要求。

第二十条　应根据工作需要，确定考古发掘工地的现场布置和功能分区，明确临时道路、堆土场、各类线路走向和各类设施位置等 。

（一）应设置符合公共健康和环境卫生标准的卫生间，制定环卫措施，鼓励配备移动卫生间。

（二）应在办公管理用房内明显位置，展示项目批复文件、项目负责人和主要人员岗位职责介绍、考古工地现场平面布置图、遗址分布图和发掘区域图、主要规章制度等。

第二十一条　考古单位可根据场地条件、工作需要配备运输、电力、给排水、传送、通讯、安消防等现代机械、电子类辅助装备。

（一）应合理配置小型汽车、专用货车、专业房车、小型飞机等，满足文物运输中的减震、安全防护等功能需求。

（二）应合理配置发电机、电缆、照明设备，水泵、排水管、过滤消毒设备，移动电话、对讲机、卫星电话，探测器、防盗保险柜、视频监视系统、防盗报警系统，各类消防灭火器等专业装备。

（三）应根据文物提取和土方转运需要，配置塔式起重机、航吊、三角吊架、轨道、传送带、小型挖掘机、铲车等传送装备。

第二十二条 考古工地现场应设置标识，标示项目内容、工作范围、交通路线、安全警示等信息。

（一）可采用标识牌、展板、隔离带、拦阻绳等明确考古工地各区域范围。

（二）可采用标识牌宣传、警示安全内容，包括施工安全、文物安全、设备安全、防火防盗、自然灾害、危险地带等。

（三）可采用标语、横幅、展板等展示宣传考古与文物保护工作，少数民族地区可采用双语或多语种标识。

第五章 附 则

第二十三条 本导则所列装备及设施的类型和技术参数，应根据技术进步、行业发展状况适时调整。

本导则涉及其他行业标准的，应按国家有关规定执行。

国家文物局关于加强文物博物馆单位消防安全工作的通知

文物督发〔2018〕16号

各省、自治区、直辖市文物局（文化厅），新疆生产建设兵团文物局：

近日，巴西国家博物馆突发大火，损失难以估量，给文物消防安全工作再次敲响警钟。当前已进入秋季，中秋、国庆等假期即将来临，人流物流增加，各类生产生活用火和用电量增加，火灾诱因增多、风险加大，文物消防安全形势严峻。为深刻吸取教训，引以为戒，坚决预防和遏制文物、博物馆单位火灾事故发生，现就有关事项通知如下：

一、高度重视，切实加强文物消防工作

各级文物行政部门和各文物、博物馆单位要深入贯彻习近平总书记等中央领导同志关于文物安全工作的重要指示批示精神，按照《国务院关于进一步加强文物安全工作的实施意见》（国办发〔2017〕81号），切实拧紧文物安全责任链条，增强责任感和紧迫感，全面贯彻落实消防安全责任制，推动属地政府落实文物安全属地管理主体责任，履行好文物安全监管责任和直接责任。要坚决克服麻痹松懈思想，切实加强领导，深入开展文物消防安全督察检查，安排部署本行政区域内、本单位火灾预防和隐患排查工作，切实采取有效措施，健全安全制度，改善安全设施，强化安全措施，全面管控各类火灾诱因，增强火灾预防和灭火救援能力。要完善文物、博物馆单位消防管理组织机构，设置专门的文物消防安全工作机构或者明确归口管理部门和专职人员。要推进文物消防安全标准化管理，落实《文物建筑消防安全管理十项规定》《文物建筑电气防火导则（试行）》，加强抽查检查、分析研判和教育培训工作，与其他业务工作同部署、同检查、同考评。

二、立即行动，全面开展隐患排查整治

各地要立即组织开展文物、博物馆单位火灾隐患排查整治行动，将自身火灾风险大、火灾诱因多、使用强度大、消防技术手段不能满足需求、消防安全管理问题突出的文物、博物馆单位作为排查整治重点对象，全面排查各单位消防安全责任落实、制度实施、用火用电用油用气管理、易燃易爆物品堆放存储、灭火应急预案制定与演练、消防设施设备使用性能等情况，重点排查文物、博物馆单位内部设施与装修装饰材料防火措施、展陈电气装置防火性能、消防疏散标志与应急照明装置布设等情况，切实解决私搭乱建、堵塞消防通道、电气线路老化、违规使用电器和违规燃香烧纸等突出问题。火灾隐患排查整治要做到文物、博物馆单位全覆盖，横向到边、纵向到底，找准诱因、查清隐患，严禁流于形式、走过场。应立即消除发现的火灾隐患和问题，对不能当场整改的火灾隐患，应及时上报属地人民政府，明确责任单位，制定整改方案，落实整改经费，限期完成整改。在火灾隐患未消除前，要落实防范措施，确保文物安全。

三、跟踪问效，全面强化防范措施

各级文物行政部门要加强与文化、旅游、消防、宗教等部门的协同配合，落实信息互通、定期研判、联合执法、风险预警等联动机制，加大对文物、博物馆单位的检查巡查和管控力度。要结合文物安全状况大排查行动隐患整改和文物、博物馆单位火灾隐患排查整治情况，对本行政区域内文物火灾隐患整改情况定期开展检查和复核，对整改效果不明显的要主动约谈，公开曝光，强力跟踪督察，直至整改到位。文物、博物馆单位要强化消防安全管理，明确安全责任主体、具体人员及其职责要求，加大日常巡查力度；坚持预防为主，改善防范条件，增强火灾预警能力，全力降低火灾事故发生率；完善消防设施设备，加强维护保养，发现故障及时排除，确保时刻处于良好运行状态；提高扑救初起火灾能力，立足于实战需要，制定和完善灭火应急预案，加大员工培训和演练力度，一旦发生火灾事故，及时组织人员疏散和有效灭火。

四、狠抓落实，严格追责问责

各文物、博物馆单位主要负责人要亲自安排部署本单位消防安全工作，逐级落实消防安全责任，把任务分解到每一个部门和每一名工作人员，层层签订责任书，确保人员到位、保障有力、措施有效。要组织专业机构对本单位消防安全状况开展科学检测评估，聘用专业人员对本单位消防系统和电气系统实施专业管理。各地要对文物消防安全管理松懈、火灾隐患久治不愈、部署开展检查整治不力、日常监管不严、失职渎职的，进行通报并严肃追责。发生重特大文物火灾事故的，要按照事故原因不查清不放过、事故责任者得不到处理不放过、整改措施不落实不放过、教训不吸取不放过的原则严肃处理。对发生文物火灾事故负有领导责任、监管责任和直接责任的人员必须严肃追责；涉嫌犯罪的，必须移送司法机关处理。

特此通知。

国家文物局
2018年9月7日

国家文物局关于印发《关于实施革命文物保护利用工程（2018～2022年）的工作方案》的通知

文物政发〔2018〕17号

各省、自治区、直辖市文物局（文化厅），各计划单列市文物局（文化局），新疆生产建设兵团文物局，局机关各司室、各直属单位：

《关于实施革命文物保护利用工程（2018～2022年）的工作方案》，已经2018年9月17日第22次国家文物局党组会议审议通过，现予印发。请高度重视，认真做好革命文物保护利用工程各项工作。

特此通知。

国家文物局
2018年9月28日

关于实施革命文物保护利用工程（2018～2022年）的工作方案

为贯彻落实中共中央办公厅、国务院办公厅《关于实施革命文物保护利用工程（2018～2022年）的意见》（中办发〔2018〕45号），统筹推进革命文物保护利用工程实施各项工作，根据2018年第21次国家文物局党组会议精神，特制定如下工作方案。

一、组织领导

（一）成立国家文物局实施革命文物保护利用工程领导小组

组　长：刘玉珠

副组长：顾玉才　宋新潮　胡　冰　关　强

（二）国家文物局实施革命文物保护利用工程领导小组主要职责

1．研究协调革命文物保护利用工程实施的重大问题。

2．审议革命文物保护利用工程实施的政策文件、具体方案、有关规划和重大项目。

3．组织协调革命文物保护利用工程实施的部际事宜。

4．督促检查革命文物保护利用工程实施情况。

5．贯彻落实中央交办有关革命文物保护利用的重要指示批示精神。

二、工作机构

（一）成立国家文物局实施革命文物保护利用工程领导小组办公室（简称国家文物局革命文物办），作为国家文物局实施革命文物保护利用工程领导小组的办事机构。

主　任：顾玉才

副主任：陆　琼　陈　红

成　员：辛泸江　张　磊　范伊然　何晓雷　彭跃辉

（二）国家文物局革命文物办主要职责

1．落实国家文物局实施革命文物保护利用工程领导小组的工作部署。

2．落实革命文物保护利用工程实施的部门协作事宜。

3．组织革命文物保护利用工程实施的政策文件、具体方案、有关规划和预算编制规范的起草工作。

4．承担国家文物局革命文物办的日常事务。

5．承担国家文物局实施革命文物保护利用工程领导小组交办的其他任务。

三、近期工作计划

（一）与相关部门研究制定革命文物保护利用工程实施的具体方案，明确中央财政资金对革命文物保护利用的支持渠道和涵括范围，协调组织2019年全国革命文物保护利用项目申报和预算经费总额核定。

（二）确立公布革命文物保护利用片区分县名单。

（三）研究确定2019年革命文物保护利用片区重点推进地区，协调指导项目申报和工程实施工作。

（四）组织开展革命文物保护利用工程实施的人员培训工作。

（五）研究制定全国革命文物名录的公布方案。

（六）组织编制革命文物展览展示和宣传传播的工作方案。

四、工作要求

（一）高度重视，精心组织。实施革命文物保护利用工程（2018～2022年），是党中央、国务院作出的重大决策部署，是做好新时代革命文物工作的总抓手。要按照中央文件的部署和要求，统一思想、提高认识，科学组织、创新思路，抓紧抓好各项政策措施和重点项目的落实落地。

（二）把握重点，有序推进。统筹推进革命文物保护利用工程实施的各项工作，突出重点、分类施策，细化重大举措，盯住工作节点，落细工作责任，推进重点工作，确保工作进度。

（三）上下联动，形成合力。国家文物局革命文物办要履行好组织协调职责，加强调查研究，加强部门协作，强化制度供给和要素支持，做到积极作为、务求实效。

国家文物局关于贯彻落实 中共中央办公厅、国务院办公厅《关于加强文物保护利用改革的若干意见》的通知

文物政发〔2018〕19号

各省、自治区、直辖市文物局（文化厅），新疆生产建设兵团文物局，各计划单列市文物局（文化局），局机关各司室，各直属单位：

为深入贯彻落实中共中央办公厅、国务院办公厅《关于加强文物保护利用改革的若干意见》（以下简称《若干意见》），全面推进文物保护利用改革工作，现就有关事宜通知如下。

一、提高政治站位，充分认识加强新时代文物保护利用改革的重大意义

《若干意见》是深入贯彻落实习近平新时代中国特色社会主义思想和党的十九大精神的关键举措，是指导新时代文物保护利用改革的重要遵循，体现了习近平总书记对文物工作的亲切关怀和深情厚望，体现了党中央对文物工作的高度重视和有力领导。加强文物保护利用改革，对于充分发挥文物资源重要价值、促进经济社会发展、提升国民素质和社会文明程度、坚定文化自信、扩大中华文化国际影响力具有重要意义。广大文物工作者要牢固树立“四个意识”，坚定“四个自信”，坚决做到“两个维护”，自觉同党中央保持高度一致，全面贯彻落实中央关于文物保护利用改革重大决策部署，以新时代新担当新作为扎实推进文物事业改革发展。

二、聚焦改革重点，精准把握新时代文物保护利用改革重大战略部署

《若干意见》是对文物保护利用改革的全方位、战略性、制度性设计，体现了文物事业改革发展的整体性和系统性，强调要在保护中发展，在发展中保护，推动文物工作更好服务经济社会发展大局，更好满足人民日益增长的美好生活需要，不断提高文物治理体系和治理能力现代化水平，努力走出一条符合我国国情的文物保护利用之路。

各地各单位要坚定改革发展的决心信心，牢牢把握新时代文物保护利用改革的重大战略部署，对标《若干意见》中16项改革任务，努力破解改革重点难点。要坚持创造性转化、创新性发展，创新文物价值的挖掘阐释和认知传播方式，在构建中华文明标识体系、革命精神谱系和文物价值传播体系取得新进展。要健全文物保护机制，坚守文物安全底线，在文物资源资产管理、土地储备考古前置、国家文物保护利用示范区建设、国家文物督察制度等方面实现新突破。要坚持文物保护利用并重，大力推进文物合理利用，盘活用好国有文物资源，推动文物工作助力经济社会发展，在激发博物馆创新活力、健全社会参与机制、促进文物市场活跃有序发展、引导民间收藏文物保护利用等方面大胆探索、开辟新路。要深化“一带一路”文物交流合作，在援外文物保护工程、联合考古项目和文物外展上打造中国品牌、形成中国方案，增强中华文化国际传播力、影响力。要强化科技支撑，创新人才培养，完善投入机制，加强队伍建设和能力建设，夯实文物保护利用改革的基础保障。

三、主动担当作为，确保新时代文物保护利用改革任务落实落地

《若干意见》是做好新时代文物保护利用改革工作的总抓手，关键在于狠抓落实、务见实效。各地各单位必须统一思想、提高认识，凝心聚力、锐意进取，按照中央部署要求，压实改革任务，细化改革措施，以抓铁有痕、踏石留印的魄力，以钉钉子的精神，不折不扣完成各项改革任务。

一要制定落实方案，明确任务分工。要认真领会把握各项改革任务要求，不等不靠，积极主动制定本地区本单位具体实施方案，细化改革目标，明确时间表、路线图、责任分工，确定先行先试内容，扎实推进各项改革任务落实落地。要强化改革主体责任，各地文物部门、各单位领导干部特别是主要负责同志，要以身作则、率先垂范，带头解放思想、开拓创新，带头担当作为、善谋实干，以担当带动担当，以作为促进作为，扎实推进文物保护利用改革工作。

二要统筹部门协作，确保政策落地。《若干意见》重点任务部门分工涉及38个中央相关部门。国家文物局正积极加强与相关部门沟通协调，主动协作，善于合作，盯住重点领域和关键环节，盯紧配套政策措施制定节奏，梯次推出具有关键性、引领性、针对性的细化政策和重要举措，打通政策落地“最后一公里”。各地文物部门要积极行动起来，主动争取地方党委和政府的重视支持，着力提高抓大事、促改革的能力，攻坚克难、取得实效。

三要加强督查督办，落实改革责任。各地各单位要制定文物保护利用改革任务督办台账，落实督办责任，明确责任主体、关键环节和时间节点，对重点任务一件一件对账督办。要坚持上下联动、一体推进，加强谋划部署和督促检查，加强组织协调和服务指导，确保文物保护利用改革各项举措落实落地。如有重要情况，应及时反馈国家文物局。

特此通知。

国家文物局

2018年10月19日

国家文物局关于公布2018年度全国文物行政处罚案卷评查结果的通知

文物督函〔2018〕1530号

各省、自治区、直辖市文物局（文化和旅游行政部门），新疆生产建设兵团文物局，天津、上海、重庆市文化市场行政执法总队：

为深入贯彻习近平新时代中国特色社会主义思想和党的十九大精神，落实中共中央、国务院《法治政府建设实施纲要（2015～2020年）》和中共中央办公厅、国务院办公厅《关于加强文物保护利用改革的若干意见》要求，推进依法行政，规范执法行为，提高执

法水平，国家文物局组织开展了2018年度全国文物行政处罚案卷评查工作。

本次案卷评查共收到24个省（自治区、直辖市）报送的73份参评案卷，江西、四川、贵州、云南、西藏、青海、新疆未报送案卷。评查工作严格按照《国家文物局文物行政处罚案卷评查标准》（2016版），经专家初评、实地复核、专家终评，最终确定“十佳案卷”10个、“优秀案卷”20个，浙江省文物局、江苏省文物局、北京市文物局、重庆市文化市场行政执法总队、天津市文化市场行政执法总队为“优秀组织单位”，现将评查结果予以公布（详见附件）。

开展文物行政处罚案卷评查工作，完善行政执法程序，规范行政执法行为，是推进文物行政执法工作规范化、法治化的重要举措。各级文物行政部门和执法机构要提高思想认识，认真查找差距，强化业务培训，提升执法水平，坚持严格规范公正文明执法，推动形成职责明确、依法行政的政府治理体系，全面落实依法治国基本方略，切实提升文物治理能力现代化水平。

特此通知。

附件1：2018年度全国文物行政处罚案卷评查十佳案卷

附件2：2018年度全国文物行政处罚案卷评查优秀案卷

国家文物局

2018年12月7日

附件1

2018年度全国文物行政处罚案卷评查十佳案卷

北京市门头沟区水土保持工作站擅自在全国重点文物保护单位戒台寺保护范围内进行建设工程案

办案单位：北京市文物局

内蒙古自治区乌海市温明煤焦有限责任公司擅自在全国重点文物保护单位毛儿沟岩画保护范围内倾倒洗煤矸石案

办案单位：内蒙古自治区鄂托克旗文化广播电影电视局

执法机构：内蒙古自治区鄂托克旗文化市场综合执法大队

吉林新鲁班建设工程集团有限公司擅自在省级文物保护单位孙家堡大坝遗址保护范围和建设控制地带内进行建设工程案

办案单位：吉林省白城市通榆县文化广电新闻出版局

执法机构：吉林省白城市通榆县文化市场综合执法大队

江苏苏州姜里感巷生态农业公司擅自在市级文物保护单位姜杭村遗址保护范围和建设控制地带内进行建设工程案

办案单位：江苏省苏州市昆山市文化广电新闻出版局

执法机构：江苏省苏州市昆山市文化综合执法支队

浙江省杭州市萧山区衙前镇人民政府擅自在全国重点文物保护单位浙东运河翔凤段保

护范围内进行建设工程案

办案单位：浙江省杭州市萧山区文化广电新闻出版局

执法机构：浙江省杭州市萧山区文化市场行政执法大队

刘某某擅自在市级文物保护单位衡龙桥保护范围内进行建设工程案

办案单位：湖南省益阳市文化体育广电新闻出版局

广东省美术设计装修工程有限公司不具备文物保护工程资质擅自修缮市级文物保护单位隅园案

办案单位：广东省广州市文化市场综合行政执法总队

重庆市万灵山旅游开发集团有限公司擅自修缮区级文物保护单位灵角寺摩岩石刻案

办案单位：重庆市文化市场行政执法总队

陕西安诚房地产开发有限公司发现古墓青砖等文物隐匿不报案

办案单位：陕西省西安市文物局

执法机构：陕西省西安市文物稽查队

深圳同行者联盟文化传播有限公司破坏全国重点文物保护单位汉长城遗址案

办案单位：甘肃省酒泉市瓜州县文物局

附件2

2018年度全国文物行政处罚案卷评查优秀案卷

北京市麻峪工贸中心未经考古勘探擅自进行建设工程案

办案单位：北京市文物局

北京市佛教协会擅自对市级重点文物保护单位广化寺进行修缮案

办案单位：北京市文物局

天津水务投资集团擅自在全国重点文物保护单位大沽口炮台建设控制地带内进行建设工程案

办案单位：天津市文化市场行政执法总队

天津宝坻区殡仪馆擅自在市级文物保护单位秦城遗址保护范围内进行建设工程案

办案单位：天津市宝坻区文化市场行政执法大队

天津嘉亿物业管理有限责任公司擅自在全国重点文物保护单位独乐寺建设控制地带内进行建设工程案

办案单位：天津市蓟州区文化市场行政执法大队

河北省畅通路桥建设有限公司擅自在市级文物保护单位刘体乾墓保护范围内进行建设工程案

办案单位：河北省廊坊市安次区文化广电新闻出版（版权）局

沈阳市皇姑区汪正影业韩酷儿童摄影工作室擅自在市级文物保护单位满洲银行千代田支行旧址建设控制地带内进行建设工程案

办案单位：辽宁省沈阳市文化市场行政执法总队

哈尔滨秋林集团股份有限公司擅自修缮不可移动文物秋林商行旧址案

办案单位：黑龙江省哈尔滨市文化广电新闻出版局

上海市宝山寺擅自在区级文物保护单位梵王宫保护范围内进行建设工程案

办案单位：上海市文化市场行政执法总队

江苏省南通杰丰技术服务部擅自修缮市级文物保护单位掌印巷清代住宅大门案

办案单位：江苏省南通市文化广电新闻出版局

执法机构：江苏省南通市文化综合执法支队

湖州三通水利建设有限公司擅自在市级文物保护单位坞根大塘进行建设工程案

办案单位：浙江省温岭市文化广电新闻出版局

执法机构：浙江省温岭市文化市场行政执法大队

福建省泉州海景商城有限公司擅自在全国重点文物保护单位洛阳桥建设控制地带内进行建设工程案

办案单位：福建省泉州市文化广电新闻出版局

执法机构：福建省泉州市文化市场综合执法支队

中国工商银行股份有限公司青岛市第二支行擅自修缮省级文物保护单位朝鲜银行青岛支行旧址案

办案单位：山东省青岛市文化市场行政执法局

河南省中医药研究院擅自在全国重点文物保护单位郑州商代遗址建设控制地带内进行建设工程案

办案单位：河南省郑州市文物局

执法机构：河南省郑州市文物稽查大队

河南省水利第一工程局擅自在全国重点文物保护单位固岸墓地保护范围和建设控制地带内进行建设工程案

办案单位：河南省安阳市文化广电新闻出版局

执法机构：河南省安阳市文化市场综合执法支队

中国铁塔公司恩施分公司擅自在全国重点文物保护单位唐崖土司城址建设控制地带内进行建设工程案

办案单位：湖北省恩施市咸丰县文化体育新闻出版广电局

执法机构：湖北省恩施市咸丰县文化市场综合执法大队

湖南省常德市华夏房地产开发有限公司擅自在省级文物保护单位常德会战碉堡群保护范围内进行建设工程案

办案单位：湖南省常德市文物局

重庆庆华建设工程有限公司擅自在市级文物保护单位海关督公署旧址保护范围内进行建设工程案

办案单位：重庆市渝中区文化委员会

执法机构：重庆市渝中区文化市场行政执法大队

贵港市建设投资发展有限公司擅自在区级文物保护单位贵县古墓葬群保护范围内进行建设工程案

办案单位：广西壮族自治区贵港市文化新闻出版广电局

执法机构：广西壮族自治区贵港市文化市场综合执法支队

宁夏红宝实业有限公司擅自在全国重点文物保护单位明长城中宁县金沙村段保护范围内建设工程案

办案单位：宁夏回族自治区中卫市文化体育新闻出版广电局
执法机构：宁夏回族自治区中卫市文化市场综合执法队

国家文物局关于印发《关于落实“谁执法谁普法”普法责任制的实施意见》的通知

文物政发〔2018〕25号

各省、自治区、直辖市文物局（文化和旅游局/厅），新疆生产建设兵团文物局，局机关各部门、各直属单位：

为贯彻落实中共中央办公厅、国务院办公厅《关于实行国家机关“谁执法谁普法”普法责任制的意见》，深入开展文物普法工作，进一步推进文物领域依法行政，我局制定了《关于落实“谁执法谁普法”普法责任制的实施意见》。现印发给你们，请结合实际认真贯彻落实。

国家文物局
2018年12月19日

关于落实“谁执法谁普法”普法责任制的实施意见

为贯彻落实党中央全面依法治国决策部署，落实“谁执法谁普法”普法责任制，进一步做好文物普法工作，根据中共中央办公厅、国务院办公厅《关于实行国家机关“谁执法谁普法”普法责任制的意见》要求，结合文物工作实际，制定本实施意见。

一、总体要求

（一）指导思想

以习近平新时代中国特色社会主义思想为指引，深入贯彻落实党的十九大和十九届二中、三中全会精神，贯彻落实习近平总书记关于全面依法治国的重要论述和党中央关于法治宣传教育的决策部署，按照“谁执法谁普法”普法责任制的要求，健全工作机制，明确目标任务，加强督促检查，努力形成上下联动、齐抓共管、社会参与的工作格局，增强全社会文物保护法治意识，为文物事业发展营造良好氛围。

（二）基本原则

一是坚持普法工作与文物工作相结合。落实普法责任，将普法工作融入文物保护利用全过程，在文物工作实践中加强普法宣传教育，增强文物领域普法实效。

二是坚持文物系统普法与社会普法并重。努力提高文物系统整体法律素质，在履行文物系统普法责任的同时，积极面向服务管理对象和社会公众开展普法。

三是坚持条块结合、密切协作。实行文物部门管理与属地管理相结合，加强衔接配合，完善分工负责、共同参与的普法机制，形成工作合力。

四是坚持从实际出发、注重实效。立足文物系统实际，结合文物工作特点，创新普法理念和方式方法，切实增强文物普法的针对性和实效性。

二、主要任务

（一）建立普法责任制。要按照“谁执法谁普法”“谁服务谁普法”“谁主管谁普法”的原则，把落实普法责任制作为推进文物法治建设的基础性工作，纳入文物系统各部门、各单位总体工作布局，做到与其他业务工作同部署、同检查、同落实。坚持领导干部带头尊法学法守法用法，运用法治思维和法治方式开展工作。

（二）明确普法内容。要制定年度普法计划，对全年的普法任务、时间安排、普法形式、责任主体等作出部署安排。要深入学习宣传党内法规，增强文物系统广大党员干部的党规党纪意识。要高举《中华人民共和国宪法》，以《中华人民共和国文物保护法》及其实施条例为核心，结合实际深入宣传文物保护法律，增强依法履职能力。要将行政许可法、行政处罚法、行政复议法、政府信息公开条例等法律法规作为重要宣传内容，切实提高文物工作法治化、规范化水平。要把法治教育纳入文博教育培训规划，将法治课程列为领导干部和工作人员初任培训、任职培训、专题培训以及各类业务培训的必修课。

（三）充分利用法律制定过程向社会开展普法。在文物法律法规、规章和规范性文件起草制定修改过程中，对社会关注度高、涉及公众切身利益的重大事项，要广泛听取公众意见，加强与公众沟通，增强其对法律的理解认知；可以通过在线访谈、答记者问等方式，阐释法律规定的权利义务、权利救济方式等内容，方便公众理解掌握。

（四）围绕热点难点问题向社会开展普法。针对不可移动文物保护、考古管理、博物馆和可移动文物管理、文物安全防范、民间文物收藏、文物进出境管理等重点热点问题，加强对地方党政机关和利益相关方的政策宣讲和法律讲解，组织专家学者和执法人员进行权威解读，弘扬法治精神，正确引导舆论。

（五）建立健全以案释法制度。在行政许可、行政检查、信息公开答复、行政复议、信访事项处理等过程中，结合案情进行释法说理，加强典型案例的收集整理、研究发布工作，充分发挥典型案例的引导规范、预防教育功能；依托文物普法进机关、进学校、进社区、进企事业单位，积极开展文物领域以案释法活动。

（六）创新工作方式方法。巩固橱窗、板报、电子屏等传统宣传阵地，扩大新媒体、新技术在文物普法中的运用，努力构建多层次、立体化、全方位的法治宣传教育网络。充分利用国家宪法日、法律颁布实施纪念日、文化和自然遗产日、国际博物馆日、国际古迹遗址日等时间节点，集中组织开展文物普法活动。

三、组织保障

（一）加强组织领导。充分认识普法责任制在健全文物普法宣传教育机制、推进文物法治建设中的重要作用，切实加强党对文物普法工作的领导，及时研究解决文物普法工作中的重大问题，加强人员、经费、物资等方面的保障。

（二）健全工作机制。上级文物部门要加强对下级文物部门普法责任制落实情况的指导、督促和检查，确保取得实效。健全完善普法工作考核激励机制，对责任落实到位、普法工作成效显著的单位和人员予以奖励。

（三）加强宣传推广。各地要注重总结上报、宣传推广落实“谁执法谁普法”普法责任制的成绩和经验，不断提高文物普法工作水平，努力营造文物法治建设的良好氛围。

国家文物局关于公布《国家文物局文物督察约谈办法（试行）》的决定

文物督发〔2018〕28号

各省、自治区、直辖市文物局（文化和旅游厅/局），新疆生产建设兵团文物局，天津、上海、重庆市文化市场行政执法总队：

《国家文物局文物督察约谈办法（试行）》已经2018年12月18日国家文物局第28次党组会议审议通过，现予公布，自公布之日起施行。

国家文物局

2018年12月26日

国家文物局文物督察约谈办法（试行）

第一条 为督促地方政府、有关部门切实履行文物安全责任，规范国家文物局文物督察约谈工作，根据《中华人民共和国文物保护法》《中共中央办公厅国务院办公厅关于加强文物保护利用改革的若干意见》《国务院关于进一步加强文物工作的指导意见》《国务院办公厅关于进一步加强文物安全工作的实施意见》等，制定本办法。

第二条 本办法所称约谈，是指国家文物局有关负责人约见地方人民政府及有关部门负责人，就文物安全有关问题进行提醒、告诫，督促整改的一种行政监督措施。

根据工作需要，国家文物局可以联合有关部门共同实施约谈。

第三条 文物安全主体责任、监管责任、直接责任落实不到位，有以下情形之一的，予以约谈：

（一）发生重大文物违法行为或者文物安全事故的；

（二）文物违法问题突出，或者连续多次发生文物违法案件的；

（三）对文物违法问题和安全事故隐瞒不报、迟报谎报，或者查处不力的；

（四）发生公众反映强烈、社会影响恶劣的事件，威胁文物安全的；

（五）对国家文物局重点督办案件落实不到位的；

（六）其他需要国家文物局进行约谈的。

第四条 国家文物局督察司负责约谈工作的统筹管理。

第五条 国家文物局各部门在职责范围内，根据工作需要提出约谈申请，报局领导批准后，按下列要求实施：

（一）向被约谈方发出约谈书面通知，并提前送达被约谈方，约谈通知应当载明主持约谈部门、被约谈方、约谈参加单位、约谈事项、约谈时间和地点等。

（二）被约谈方收到约谈通知后，应当确认通知事项，或者提出延期约谈申请；提出延期约谈申请的，由主持约谈部门提出审核意见，报局领导批准后反馈被约谈方。

（三）涉及公众普遍关注事项的，可视情况邀请媒体及相关公众代表列席。

第六条 约谈以会议形式进行，议程包括：

（一）约谈方说明约谈事项和目的，通报有关情况，指出被约谈方存在的问题；

（二）被约谈方就约谈事项、处理情况等进行说明，提出下一步拟采取的措施；

（三）约谈方提出相关整改要求及时限；

（四）被约谈方就落实约谈要求进行表态。

第七条 主持约谈部门应于约谈结束后形成约谈纪要，经局领导审定后，印送被约谈方并抄送约谈参加单位。

第八条 主持约谈部门负责督促被约谈方在约谈纪要规定期限内，将整改要求落实情况书面报告国家文物局，并存档备查。

第九条 被约谈方未按约谈要求落实整改措施的，国家文物局可将有关情况向被约谈方所在地省级人民政府和纪委监委通报，或向社会公开曝光。

第十条 本办法自印发之日起施行。

综述篇

【概述】

2018年是贯彻落实党的十九大精神的开局之年，是中国改革开放40周年，也是新时代文物事业改革发展承前启后的重要之年。一年来，全国文物系统以习近平新时代中国特色社会主义思想为指导，紧紧围绕贯彻落实党的十九大精神和党中央、国务院的决策部署，谋大事、抓改革、破难题，强担当、聚合力、求实效，攻坚啃硬、奋发有为，贯彻落实中央部署不折不扣，全面从严治党常抓不懈，文物安全形势大为好转，文物保护状况持续改善，博物馆活力不断焕发，文物管理质量大幅提升，让文物活起来精彩纷呈，文物领域各项工作取得新进展，文物保护利用改革取得新突破，文物工作为推动经济社会发展作出新贡献。

一、自觉全面贯彻落实习近平总书记重要指示批示，“四个意识”更加树牢

学习宣传贯彻习近平新时代中国特色社会主义思想和党的十九大精神走深走实。坚持以党的政治建设为统领，持续抓好面向党员干部的学习培训和面向广大群众的宣传教育，用习近平新时代中国特色社会主义思想武装头脑、指导实践、推动工作。广泛开展内容丰富、特色鲜明的“不忘初心、牢记使命”主题教育活动，切实增强广大文物工作者锐意进取、履职尽责的责任感和使命感。发挥好红色资源优势，打造好“初心教育大课堂”。

贯彻落实习近平总书记重要指示批示有力有效。中华文明探源工程成果推介广受关注，“考古中国”研究项目取得实质进展，实证5000多年中华文明史。殷墟遗址安全问题整治取得重要战果，殷墟遗址被盗掘案件破获26起，追回文物713件，拆除违法建设38处，流转耕地1.1万余亩，追责问责51人；实行殷都区代管殷墟遗址，设立文物公安支队，建成智能技防系统。吸取巴西国家博物馆火灾教训，联合应急管理部、文化和旅游部开展博物馆和文物建筑消防安全大检查，排查单位3.1万家，发现问题隐患约7万项，目前整改率达到88%。明确开成石经原址保护，统筹规划西安碑林博物馆改扩建工作。时隔13年召开全国博物馆工作座谈会，制订关于推进博物馆改革发展的实施意见。促成流失海外圆明园文物青铜“虎鎣”回归入藏国家博物馆。中外合作考古渐成规模，40项中外合作考古项目涉及亚洲、非洲、欧洲、南美洲的24个国家和地区；首次中国—沙特塞林港遗址合作考古取得初步成果。

全面从严治党纵深推进。坚持以制度抓党建、促党建，多领域健全党建、意识形态责任制、巡视工作制度，逐步建立管党治党长效机制，提升党建工作规范化水平，提升基层党组织的组织力。逐条对账落实中央巡视和审计问题整改任务，制定廉政风险防控手册，组织党风廉政警示教育活动，坚决防止“四风”问题反弹，严肃监督执纪问责，完成国家文物局党组首轮巡视，引导党员干部知敬畏、存戒惧、守底线，营造风清气正、担当实干的政治生态。

二、应势顺势抓好改革谋划，前进方向更加明晰

文物保护利用改革力度前所未有。中办、国办印发《关于加强文物保护利用改革的若干意见》，将文物事业改革发展整体纳入全面深化改革战略部署，是新时代文物保护利用改革的多领域全方位制度供给。中办、国办印发《关于实施革命文物保护利用工程（2018～2022年）的意见》，是推动实施中华优秀传统文化传承发展工程的重大举措，是历年革命文物政策继承发展的集大成者，是党中央、国务院对革命文物工作的最大支持。

各相关部门加强协作、见诸行动。召开贯彻落实《关于加强文物保护利用改革的若干意见》工作协商推进会，38个部门研商落实文物领域改革政策的举措和计划。中宣部将《中华人民共和国文物保护法》（以下简称《文物保护法》）修订纳入文化立法五年规划。中央编办调研文物机构队伍建设，目前进入实质会商阶段。财政部、国家文物局修

订印发《国家文物保护专项资金管理办法》，拓展了补助范围和支出内容，改革了分配办法。国家文物局、工信部、科技部印发《文物保护装备发展纲要（2018～2025年）》。工信部、农业农村部认定一批国家工业遗产和重要农业文化遗产。中国铁路总公司加强铁路建设项目文物保护。中央军委政治工作部制定《新时代军史场馆体系建设规划》。按照重点任务部门分工，围绕重大政策和重大举措，着力加强摸底调研，积极开展部门协商，就细化支持政策和实施路径达成基本共识。

各地积极跟进，紧抓落实。省级文物机构改革尘埃落定，内蒙古、福建、四川、青海、湖南取得突破，北京、山西、陕西继续保持正厅级政府直属机构，10个省份设置副厅级政府部门管理机构；13个省份在文化和旅游厅（委）加挂省文物局牌子。中央文件落实落细正在推进，15个省份起草关于加强文物保护利用改革实施意见；安徽省委办公厅、省政府办公厅印发《安徽省革命文物保护利用工程（2018～2022年）实施方案》，18个省份编制革命文物保护利用工程实施意见并报审。

革命文物保护利用工程有序开展。举办革命文物保护利用工程实施研修班，完成全国革命文物名录报送和数据汇总，研提革命文物保护利用片区分县名单，编制完成《长征文化线路保护总体规划》《革命旧址保护利用导则》。上海开展党的诞生地革命文化发掘宣传工程，启动“牢记光荣使命　共迎建党百年”全国百场巡展。吉林实施抗联遗迹保护三年计划。陕西编制陕北革命旧址保护方案。重庆实施红岩联线品质提升工程，打造弘扬红岩精神典范工程。湖南赴俄罗斯举办“中国出了个毛泽东”展览，革命文物展览走出国门。

三、聚焦聚力抓好重点项目，文物保护新动能加快成长

文物安全形势稳中向好。狠抓文物安全问题督察整改，圆满完成文物法人违法案件专项整治三年行动，这是近年来历时最久、规模最大、成效显著的文物安全专项行动，有效遏制了文物法人违法案件高发多发态势。全国打击文物犯罪专项行动硕果累累，公安部第三批“A级通缉令”10名重大文物犯罪案件在逃人员全部到案，公安部、最高法、最高检、国家文物局四部门首次联合举办打击防范文物犯罪成果展，2015～2017年全国公安机关文物犯罪立案数逐年下降。国家文物局成为中央文明委成员单位并参与全国文明城市测评，首次作为正式成员单位参与国务院对省级政府消防工作考核，时隔多年召开全国文物安全工作部际联席会议；16个省份已将文物安全纳入地方政府绩效考核评价体系，21个省份建立文物安全联席会议协调机制，大大提升文物部门话语权。

文物保护力度持续加大。加强规划引领，完成《长城保护总体规划》并报国务院，参与编制完成《大运河文化保护传承利用总体规划纲要》。完成雄安新区100平方公里起步区考古勘查，实施雄安新区宋辽边关地道保护展示工程。推进冬奥会文物保护展示提升工程，整合长城文化、茶路文化与冬奥会元素，助力人文冬奥。经远舰水下考古获得重要发现，首次南海海域深海考古调查达到预期效果，西沙群岛海域水下考古调查项目继续推进，四川江口沉银遗址二期考古发掘出水文物1.2万余件；国家文物局水下文化遗产保护中心北海基地正式启用，南海基地开工建设。世界文化遗产工作有序开展，大运河保护在第42届世界遗产大会上获得“点赞”；古泉州（刺桐）史迹申遗项目克服困难、争取“发还待议”的利我局面；良渚古城遗址申遗前期准备稳步推进。

地方文物保护创新大为加强。地方联动共建受到重视，签署京津冀博物馆协同创新发展合作协议，组建黑吉辽、渝川滇文物行政执法协作片区，成立全国长征纪念馆联盟、长三角博物馆教育联盟和丝绸之路文化遗产保护工匠联盟。地方文物保护跃上新水平，

北京推进老城整体保护和中轴线综合整治，编制完成大运河、长城、西山永定河文化带建设规划；黑龙江编制中东铁路建筑群保护规划，建成中东铁路建筑群数据库；山东“乡村记忆”抢救性记录数字化保护取得实效；浙江传统村落保护利用提质扩面；江西推广赣南等原中央苏区革命遗址保护利用工程经验；广东完成南粤古驿道调查工作；四川启动古蜀文明保护传承三年行动计划；甘肃编制《河西走廊国家遗产线路保护利用行动计划（2018～2025年）》；青海加强热水墓群文物安全工作；宁夏完成西夏陵核心区环境整治，实施西夏陵展示利用工程。地方博物馆建设各有特色，吉林实施“吉林印记”乡村博物馆建设项目；江苏出台博物馆藏品征集规程；天津成立馆藏文物保存环境监测区域中心；云南实施“爱国主义教育精品展览”计划；新疆生产建设兵团开展辖区博物馆、纪念馆、团史馆展陈内容专项清查，启动军垦博物馆改陈工作。地方文物管理创新多点开花，山西省政府制定社会力量参与文物保护利用办法，“文明守望工程”全面推开；贵州《遵义市海龙屯保护条例》施行；上海博物馆、世博会博物馆探索国有博物馆理事会制度，上海、福建设立专项资金扶持非国有博物馆。

四、精准精细抓好融入社会，文物工作格局不断放大

文物保护和经济社会融合发展日益紧密。编印《文物建筑开放利用案例指南》，总结推广传统村落保护利用示范案例，指导开展乡村遗产酒店示范项目和拯救老屋行动，助力乡村振兴战略。发布《国家考古遗址公园发展报告》。健全文博单位社会教育和公共服务机制，会同教育部将93家文博单位列入全国中小学生研学实践教育基地名单，联合中央文明办开展博物馆弘扬中华传统节日工程。在福州举办第八届“博物馆及相关产品与技术博览会”，全球40多个国家、600多家博物馆、近万名代表参加，观众超过9万人次，受到国内外同行高度评价。深入实施“互联网+中华文明”三年行动计划，积极参与首届数字中国建设峰会（福州）、第五届世界互联网大会（乌镇）和首届中国国际智能产业博览会（重庆），聚焦社会需求、共建对话平台、开放资源信息、推介示范项目。文物工作助力打赢精准脱贫攻坚战初现成效，援藏援疆文物保护重点项目全面推进，河南淮阳定点扶贫和赣南等原中央苏区对口支援力度继续加大，湖南全年安排支持贫困地区文物保护专项补助资金2.5亿元，广东、重庆分别实施省定贫困村文物保护利用项目和深度贫困乡镇文物扶贫行动。新疆建设文物实证资料库，发挥文物资源在正确认识历史、加强反分裂反渗透教育、促进民族团结和经济社会发展中的积极作用。

“博物馆热”渐成大势。全国博物馆全年举办各类展览超过2万个、社会教育活动超过20万次，超11亿人次走进博物馆，参观博物馆日趋成为一种生活方式。博物馆与社会的“超级链接”初步形成，腾讯智慧博物馆全生态链建设启动，百度“用科技传承文明：AI博物馆计划”起航，网易“定格历史+中华文明”亮相，文博“朋友圈”不断扩大，文物“粉丝”持续激增。全国博物馆总数5354家，国家一、二、三级博物馆855家，3500家博物馆数字地图对外开放。中国（海南）南海博物馆、中国法院博物馆新馆、中国证券博物馆、上海市历史博物馆（上海革命历史博物馆）建成开放，天津北疆博物院南楼腾退开放，广西壮族自治区博物馆改扩建工程启动。以非国有博物馆藏品备案为抓手，推进非国有博物馆法人财产权确权，采集全国1447家非国有博物馆172万件/套藏品信息。规范临时保管文物的接收划拨工作，文物局临时保管的7.2万余件/套文物全部划拨国有文物收藏单位，向中国（海南）南海博物馆划拨美国政府返还文物，向中国法院博物馆划拨罚没文物。

社会文物管理创新不断拓展。编制禁止交易文物指导性目录，建立文物案件市场警示

机制，指导南京、苏州开展文物流通领域登记交易制度试点。优化文物拍卖许可证审批服务，推动探索文物拍卖领域外资准入纳入海南自由贸易岛实施方案。联合出台《涉案文物鉴定评估管理办法》，全国涉案文物鉴定评估机构全年完成近千起刑事案件、3.9万余件可移动涉案物品、467处不可移动文物鉴定评估。会同海关总署加强文物进出境口岸风险布控，全国文物进出境审核机构全年审核文物及复仿制品10万余件，外国被盗文物数据库发布6900余件被盗文物信息。

对外文物交流合作日趋多元。与法国、英国、新加坡、坦桑尼亚、阿根廷签署文化遗产领域合作协议，向濒危文化遗产保护国际基金捐款并参与基金管理。援助柬埔寨、乌兹别克斯坦、缅甸、尼泊尔文物保护修复项目进展顺利，中国在周边国家初步形成较为完整的援外文物项目链。赴沙特、葡萄牙分别举办“华夏瑰宝展”和“东西风韵——紫禁城与海上丝绸之路”展，促成阿富汗文物展国内接力展出，促进文明对话、民心相通。举办“海上丝绸之路：研究　保护　合作”国际学术研讨会、“一带一路”文物保护技术国际研讨会、上海合作组织成员国文化遗产保护论坛和第二届澜沧江—湄公河流域国家文化遗产保护与推广研讨会，让国际文化遗产同行听见中国声音。

落实与港澳地区《关于文化遗产领域交流与合作更紧密安排协议书》，加强内地与香港合作打击文物走私活动；编制澳门历史城区保护状况更新报告和监测预警系统建设方案；举办第二届内地与港澳中学生文化遗产暑期课堂、第五届台湾教师中华历史文化研习营、第八届海峡两岸文化遗产保护论坛，赴台举办“妙香秘境——云南佛教艺术展”，设立首个海峡两岸考古教学交流基地，促进港澳台同胞心灵契合。

五、稳打稳扎抓好基础工作，文物事业发展后劲持续增强

文物宏观管理不断完善。继续深化“放管服”改革，96%的国保项目方案审核委托省级文物部门，文物安全防护工程方案审核下放省级文物部门。经财政部向全国人大常委会报送《全国文物资源资产管理情况专项报告》。国家文物局行政审批一网通办逐步实现。开展第八批国保申报遴选工作，启动国保本体构成核定、文保单位名录整理工作。开展国保省保集中成片传统村落、国家历史文化名城（县级市）和赣南等原中央苏区革命遗址保护、大遗址保护“十三五”规划、考古发掘资质单位评估，实施百项文物保护重点项目大检查。辽宁公布第十批省保（长城类），省保以上的公布点段已占全省长城资源的90%；内蒙古公布全区长城“两线”（即保护范围和建设控制地带），西藏公布第七批国保“两线”，甘肃全面完成省级以上文保单位“两线”划定公布工作。

文物法制建设不断夯实。推动将《文物保护法》修订纳入十三届全国人大常委会立法规划；印发《关于落实“谁执法谁普法”普法责任制的实施意见》。试行《不可移动文物认定导则》；建立国有馆藏文物退出制度；施行文物督察约谈办法。制定古建筑修缮项目施工规程、文物建筑保护项目竣工报告编制要求、文物保护工程检查验收指标细则，发布考古装备及设施配备和文物考古机构评估导则。加强文物标准化建设，发布国家标准4项和行业标准8项。

文物科技、人才支撑不断加强。推动将“文化遗产保护利用关键技术研究与示范”纳入国家重点研发计划，项目经费概算4.7亿元。中国丝绸博物馆成功复原“五星出东方利中国”锦。国家智慧文博新融合产业基地暨“互联网+中华文明”示范基地落户武汉。敦煌研究院“基于价值完整性的平衡发展质量管理模式”荣获第三届中国质量奖。新时代文物人才建设工程扎实推进，国家文物局全年举办主体培训班次60多个，在职培训4000人次。召开首届全国高校考古、文博专业学科建设工作会议。举办首届全国文物修复职业技能竞赛，促进文物保护技术技

能的积累与创新。加强人才选拔与培养，国家文物局系统3人入选国家“万人计划”。

文物宣传不断出彩。国际博物馆日上海市历史博物馆主会场活动、文化和自然遗产日广州主场城市活动有创新有反响。《如果国宝会说话》全球推广，《国家宝藏》第二季获得好评，138家交通广播电台联合开展“百城百台——我为国宝点赞”主题活动。文物领域融媒体矩阵初步构建，重点工作、重大活动、重点时段的文物宣传叫得响、推得开，舆情应对顶得上、打得赢。开展国家文物事业发展“十三五”规划中期评估，完成《中国文物志》资源篇核稿和事业篇撰稿工作。

【文物法制建设】

法律法规修订

《中华人民共和国文物保护法》修改列入十三届全国人大常委会立法规划，围绕文物保护利用改革，研究制定修法工作方案，召开座谈会，开展专题调研；印发《不可移动文物认定导则（试行）》；推进《中华人民共和国水下文物保护管理条例》修订，征求60多个部门意见，协商司法部列入2019年国务院立法工作计划；召开海上丝绸之路文化遗产立法研讨会，指导推动地方立法。

基础工作

梳理《国家文物局权责清单事项名称及依据》，为下一步公布权责清单做好准备；落实中央“放管服”改革部署，研究论证文物领域现行行政许可事项，配合开展证明事项清理和“证照分离”改革试点工作；开展规范性文件合法性审查；印发《关于落实“谁执法谁普法”普法责任制的实施意见》。办理行政复议应诉案件21件，按期完成人大建议和政协提案办理236件。

【文物政策研究】

政策指导

经习近平总书记主持召开中央全面深化改革领导小组第三次会议审议通过，中办、国办印发《关于加强文物保护利用改革的若干意见》。国家文物局举行政策解读新闻发布会，召开贯彻落实工作协商推进会；制定印发国家文物局贯彻落实通知和重点任务分工方案，在全国多地举办专题研修班和报告会。

中办、国办印发《关于实施革命文物保护利用工程（2018～2022年）的意见》。国家文物局成立实施革命文物保护利用工程领导小组及办公室；在国务院新闻办举办文件政策解读新闻发布会；研提革命文物保护利用片区分县名单，组织报送全国革命文物名录，举办革命文物保护利用工程实施研修班。

调查研究

完成国家文物事业发展“十三五”规划中期评估等多项文物政策研究项目。启动文物领域智库建设，编制《文物调研》内部刊物，举办文物政策法规研讨班。完成《中国文物志》初稿编撰。

【文物宣传】

公众传播

围绕庆祝改革开放40周年，协调完成“伟大的变革——庆祝改革开放40周年大型展览”文物领域内容，策划完成“伟大变革中的守望和传承——文物事业改革开放40年”红楼橱窗图片展。

策划实施重大宣传活动，组织举办2018年文化和自然遗产日广州主场城市活动，开展“4·18”国际古迹遗址日、“5·18”国际博物馆日等重大活动的宣传工作。与中央广播电视总台联合摄制的《如果国宝会说话》广受好评，被翻译成8种外国语言全球传播。

新闻发布

制定印发《国家文物局公务活动新闻报道细则》。围绕文物政策文件出台、文物消防安全、中华文明探源工程、“虎鎣”回归入藏、防范打击文物犯罪等，举办新闻发布会通气会7场，协助局领导媒体专访10余次，办理主流媒体采访近40件。

全媒体建设

推动实施“国家文物局新闻宣传全媒体采编管理系统与传播平台建设”项目，举办2018年度文博新媒体发展论坛，召开局系统新媒体工作会。加强文物舆情监测，报送舆情信息1100余条。用好用活文物系统“一网两微”，发布新闻宣传内容3000余条，有效提升文物工作影响力传播力。

【执法督察】

重点案件督察督办

破获殷墟遗址系列被盗掘案26起，打掉犯罪团伙13个，抓获犯罪嫌疑人123人，整改违法建设38处。

对清东陵和十三陵问题整改情况开展“回头看”，督促河北遵化市完成清东陵环境整治、安防设施升级改造、管理机构和队伍建设；致函北京市人民政府并约谈昌平区人民政府，督促加强散落石刻文物管理，加快推进安防设施建设和规划编制。

严格督察督办内蒙古赤峰辽代墓葬被盗案、青海热水墓群被盗案、河南赵长城遭破坏案、福建崇武城墙管理混乱等，要求地方政府认真整改，并追究相关人员责任。

文物法人违法案件专项整治行动

为落实党中央、国务院关于文物安全工作部署，国家文物局于2016年启动文物法人违法案件专项整治行动（2016～2018年）。2018年是专项行动的收尾年，国家文物局在全国范围组织开展专项督察，指导31个省份开展自查自纠。

专项行动期间，全国共查处文物法人违法案件673起，其中，国家文物局督察督办313起，办结297起，办结率95%；约谈地方人民政府及相关部门负责同志20余次，指导24个省开展督察约谈工作；行政处罚349起，责令改正408起，行政追责314人次，刑事追责74人次，有效遏制了文物法人违法案件高发多发态势。

打击文物犯罪专项行动

2018年7月7日，公安部、国家文物局联合部署全国公安机关和文物部门开展为期6个月的打击文物犯罪专项行动。共侦破各类文物犯罪案件1221起，其中盗掘古文化遗址、古墓葬案件579起，盗窃文物案件175起，倒卖文物案件117起；打掉文物犯罪团伙244个，抓获犯罪嫌疑人2045名；追缴文物8440件。

文物行政执法指导

开展2018年度文物行政处罚案卷评查工作，遴选公布“十佳案卷”10个，“优秀案卷”20个，浙江省文物局、江苏省文物局、北京市文物局、重庆市文化市场行政执法总队、天津市文化市场行政执法总队为“优秀组织单位”。推动成立黑吉辽、渝川滇文物行政执法协作片区，培训全国文物行政执法人员405人。

【安全监管】

消防安全大检查

汲取巴西国家博物馆火灾教训，国家文物局联合应急管理部、文化和旅游部开展博物馆和文物建筑消防安全大检查，组成12个工作组分赴各省督导检查。共检查博物馆和文物建筑30854家，发现问题隐患69688项，已督促整改61168项，拆除文博单位内及周边私搭乱建违章建筑836处，临时查封、关停火灾危险场所89处，曝光火灾隐患和违法行为498家，挂牌督办重大火灾隐患单位14家。

创新拓展新技术应用

充分利用卫星遥感技术。2018年继续开展对牡丹江、安阳、十堰、重庆渝中区以及上海等地70处国保单位两线范围监测，提升主动发现问题能力。发现60%国保单位未依法公布两线范围、110处涉嫌违法图斑，面积约37万平方米，发现上海市国保单位兴圣教寺塔违法建设案、重庆市合川区东岳庙违法拆除案等。

推进文物建筑消防安全实用技术研发。国家文物局积极会同工业和信息化部、科学技术部共同编制并印发《文物保护装备发展纲要（2018～2025年）》。该纲要把文物建筑火灾防控预警与灭火先进适用技术攻关列为装备研发应用重点，从经费、人力和技术资源上给予重点支持。

打击防范文物犯罪成果展

首次会同公安部、最高法、最高检举办打击防范文物犯罪成果展，协调11个省份、14个专案组、调拨涉案文物750余件，全国53家公安机关、文物单位参加。展览集中展示了党的十八大以来全国打击文物犯罪丰硕成果，有力震慑了文物犯罪行为。

引导社会力量参与文物安全工作

2018年，“12359”文物违法举报工作正式移交国家文物局督察司。全年共接报各类信息2077条，正式受理的文物违法举报信息170条，已回复文物违法举报信息120条，占比71%。畅通社会监督渠道，探索创新文物安全管理模式，在陕西和福建开展鼓励社会力量参与文物安全试点工作，鼓励引导文物保护社会组织、志愿者等积极参与文物安全和执法相关工作。

【不可移动文物保护管理】

国保单位管理

启动第八批国保申报遴选、国保本体构成核定、文保单位名录整理工作，进一步理清不可移动文物的基础信息。开创性提出“开门申报”思路，鼓励中央相关部门及行业协会组织推荐本领域的申报项目。进一步督促各省加强第一至七批国保单位保护范围划定调整工作。

宗教文物保护

与中央统战部、国家宗教局密切沟通，首次联合举办针对佛道教的全国宗教活动场所文物保护管理培训班，为宗教人士开展文物保护工作提供遵循。

文物活化利用

加强政策引导。编印《文物建筑开放利用案例指南》，为促进社会参与提供案例参考和经验借鉴；印发《国家考古遗址公园发展报告》，明确公园定位、经验成果、存在问题和发展方向；组织召开国家文物局传统村落保护工作现场会，总结51处传统村落文物保护工作经验，助力乡村振兴。

提供案例示范。指导开展乡村遗产酒店示范推介项目和拯救老屋项目，总结推广传统村落保护利用示范案例；指导国家考古遗址公园联盟围绕“生活·公园·考古”的主题开展交流，激活公园内生动力；支持山西做好“文物认养”重大行动，探索社会力量介入的路径。

革命旧址保护利用

加强宏观指导。编制《革命旧址保护利用导则》，委托开展长征文化线路标识展示体系建设指引项目研究，加强整体设计，明确工作思路。

加强能力建设。在延安举办革命旧址保护利用北方片区培训班，重点对国保单位管理机构负责人进行培训，切实提升基层文物干部履职能力。

加强重点项目指导。完成赣南等原中央苏区革命旧址保护项目评估，为后续工作奠定基础；在第八批国保申报遴选工作中，明确要求各地加大革命文物申报力度；主动加强对延安革命遗址群等重点革命旧址保护利用工作的指导，提升保护管理水平。

【考古工作】

基本建设考古

配合国家重大发展项目，组织做好雄安新区、北京城市副中心、冬奥会等的考古工作，确保国家重大项目建设进度，展现了文物考古工作者的责任和担当。

考古宏观管理

发布《考古装备及设施配备导则（试行）》，积极与财政部、发改委沟通协商基本建设考古取费问题。强化中外合作考古项目管理，委托中国社会科学院考古研究所开展中外合作考古工作评估。

考古项目策划

指导开展“考古中国”重大研究项目，进一步明确项目顶层架构，确定中国境内人类起源、中华文明起源、中华民族形成发展、中华文明世界地位等总体研究方向。积极推进浙江良渚、陕西石峁、山西陶寺、湖北石家河为核心的四大研究项目，重点指导开展新疆、西藏阿里等边疆地区考古，组织做好西沙水下考古、甲午海战沉船等重大水下考古项目，成果显著。

【世界文化遗产保护管理】

世界文化遗产申报

全力推进古泉州（刺桐）史迹申遗工作。在该项目“发还待议”之后，继续保持与国际古迹遗址理事会的良好接触，共同推动相关申遗后续工作达成实质性合作。

强力推进良渚古城遗址申遗工作。多次召开协调会，组织现场检查指导，出色地完成了申报文本编制提交、接受国际专家现场技术评估等任务。

进一步优化调整《中国世界文化遗产预备名单》。对西夏陵、景迈山古茶林文化景观、海上丝绸之路、丝绸之路南亚廊道等申遗潜力项目进行重点培育，并支持北京中轴线、万里茶道跨国联合申遗等项目开展前期研究和协商筹备工作，形成良好态势。

世界文化遗产管理

不断提升我国世界文化遗产保护管理水平，推进监测预警体系建设，结合反应性监测和现场调研及时处理各类突发状况。世界文化遗产大运河保护管理成绩斐然，在第42届世界遗产委员会会议上被评为年度保护管理优秀案例。

【博物馆管理】

博物馆改革发展

做好博物馆改革发展顶层设计，聚焦激发博物馆创新活力，研究形成《关于推进博物馆改革发展的实施意见（征求意见稿）》。

博物馆定级评估

指导中国博物馆协会开展博物馆定级评估，国家一、二、三级博物馆总数达到855家，其中一级博物馆130家、二级博物馆286家、三级博物馆439家。

博物馆信息公开

对社会开放博物馆信息资源，开展全国馆藏一级文物备案信息复核。全网公开5136家博物馆的备案和开放信息，建立集合3500余家博物馆的数字地图。

非国有博物馆法人财产权确权

以非国有博物馆藏品备案为抓手，全力推进非国有博物馆法人财产权确权。采集全国1447家非国有博物馆172万件/套藏品信息，依法向文物行政部门备案。

博物馆藏品管理

印发《国有馆藏文物退出管理暂行办法》，建立国有馆藏文物退出制度，规范退出条件和程序，强化国有文物资产监管。印发《关于加强可移动文物预防性保护和数字化保护利用工作的通知》，推进全国可移动文物修复保护、预防性保护和数字化保护利用。实施一批馆藏珍贵文物和重要出土文物、出水文物的保护修复项目。

博物馆行业管理与交流

时隔十三年后再次召开全国博物馆工作座谈会，部署新时期博物馆改革发展任务。举办第八届中国博物馆及相关产品与技术博览会。举办2018年“5·18”国际博物馆日主会场活动。

博物馆陈列展览

开展2018年度“弘扬优秀传统文化、培育社会主义核心价值观”主题展览项目征集工作，重点征集推介一批“纪念改革开放40周年”主题展览。

【社会文物管理】

社会文物流通监管

落实国务院“证照分离”改革要求，印发《关于优化文物拍卖许可证审批服务工作的通知》。规范文物购销、拍卖经营活动监管，印发《关于进一步规范文物购销、拍卖经营活动监管工作的通知》，培训文化执法、市场监管、海关文物流通领域行政执法人员；会同海关总署实施文物进出境口岸风险布控，加强打击面向香港地区文物走私。各文物进出境审核机构共审核文物及复仿制品103739件，严防文物流失；公布外国被盗文物数据库，发布6900余件文物信息，加强外国被盗文物在进出境和流通环节监管，国内外舆论和国际组织给予高度评价。联合最高人民法院、最高人民检察院、公安部、海关总署出台《涉案文物鉴定评估管理办法》，全国涉案文物鉴定评估机构全年完成998起刑事案件、39023件可移动涉案物品、467处不可移动文物的鉴定评估。

文物流通领域登记交易制度试点

制定《文物流通领域登记交易制度试点工作方案》，组织编制《禁止交易文物指导性目录》和《文物案件市场警示机制》，指导江苏省印发实施办法，12月在南京市、苏州市如期平稳启动试点工作，为出台《关于加强民间收藏文物保护利用促进文物市场健康发展的意见》进行先期实践。

流失海外文物追索

聚焦国际文物返还新动态，高站位谋划形成整体工作方案，深度参与国际治理，完善国内工作体系，布设专门工作力量，推动文物追索返还工作上升新高度。通力合作，成功促成“虎鎣”回归。

【科技与信息】

行业标准建设

推进文物领域行业标准建设，发布国家标准4项，提交国家标准建议14项，发布行业标准8项，立项行业标准19项。举办文博单位游客承载量评估规范培训班，推动提升文物保护利用与开放管理水平。

“政产学研用”跨界机制

组织参加首届数字中国建设福州峰会、首届中国国际智能产业博览会、第五届世界互联网大会等重要活动，为促进文物工作与经济社会融合发展注入了新动能。以“互联网+中华文明”行动计划为抓手，打破行业边界，促进文物行业与互联网、教育、旅游、创意设计等行业的跨界融合，积极推进与百度、腾讯、网易、中国移动等重要互联网企业的战略合作，构建“政产学研用”联合融通新模式。

文物保护装备发展

联合工业和信息化部、科学技术部印发《文物保护装备发展纲要（2018～2025年）》，加速推进文物保护装备高质量发展，为全面提升文保装备对文物事业发展的综合保障和支撑服务能力规划新蓝图。

可移动文物数字化保护

印发《关于加强可移动文物预防性保护和数字化保护利用工作的通知》，推进全国可移动文物修复保护、预防性保护和数字化保护利用，改善文物保护条件，提升文物利用水平。

【预算管理】

专项资金管理

重点做好国保专项资金申报和预算全过程绩效管理，加强审计和财务督查，发挥预算财务工作对全国文博工作重点任务落实的保障作用。

文物资源资产报告

推动文物资源资产报告制度建设，在充分调研基础上，组织经财政部向全国人大报送《全国文物资源资产管理情况专项报告》。首次明确文物资源资产管理情况报告应包括的主要内容，廓清文物资源资产管理中存在的主要问题及解决措施。

文物保护专项补助资金管理

积极配合财政部修订完成《国家文物保护专项资金管理办法》。研究扩大资金支持范围到省级及省以下文物保护单位，并增加革命文物、预防性保护等支出内容；落实“放管服”改革，变更专项资金分配方法由“项目法”改为“因素法与项目法相结合”；加强资金统筹。

【对外交流与合作】

重大外交活动

习近平主席出席二十国集团领导人第十三次峰会并对阿根廷进行国事访问期间，中阿签署打击文物走私双边协定。

高层领导见证下，与英国、法国、新加坡签署一对一文化遗产领域合作协议。配合国家外交重点，为中非合作论坛北京峰会预做工作。落实国家领导人访问成果，发挥后续影响力。

文物援外工作

援助柬埔寨茶胶寺、王宫遗址、柏威夏寺、崩密列寺，援助缅甸蒲甘他冰瑜寺，援助尼泊尔杜巴广场九层神庙、努瓦科特杜巴广场王宫，援助乌兹别克斯坦花剌子模州希瓦古城等“一带一路”沿线16国23个项目进展顺利，展现中国负责任大国形象。

政府间文化遗产合作

全力推动与美国关于限制中国文物入境美国的谅解备忘录续签工作；积极探讨与意大利文物宪兵开展打击文物走私合作，有序推进中国与意大利文化遗产地结对工作；派员深度参加在德国举行的关于殖民文物问题的国际研讨会，为正确处理殖民背景文物返还问题阐明立场并作出有益尝试。

文化遗产领域全球治理

积极支持联合国教科文组织在文物多边国际治理中发挥应有作用，积极参与国际规则和国际事务讨论。加强文化遗产国际组织人才梯队建设，通过借调方式首次成功向国际文化财产保护与修复研究中心推送专业人才。

港澳台文化遗产务实合作

夯实对港澳台机制性交流，形成文化遗产主管部门良性互动。在国家文物局与港澳特区政府签署的《关于文化遗产领域交流与合作更紧密安排协议书》框架下，与香港特区政府民政事务局、澳门特区政府文化局举行工作会议，规划和扩展未来内地与港澳文化遗产领域的交流合作；与香港特区政府合作完成7场打击文物非法贩运主题讲座，培训对象涵盖香港海关、警方、拍卖行以及藏家、公众等800人次。

助力港澳参与国际文化遗产交流合作。支持香港、澳门发挥地缘、人缘优势和国际平台作用，参与“一带一路”文化遗产国际交流合作，为澳门特区政府开展“圣保禄学院遗址考古”等海上丝绸之路文物调查，编写《澳门历史城区保护状况更新报告》及《澳门历史城区世界文化遗产监测预警系统建设工作方案》提供业务指导和智力支持。

推动两岸文化遗产主管部门透过民间身份实现实质性互动，重前景，开展更加务实、更加紧密的合作。重启两岸文化遗产机制性项目“第八届海峡两岸文化遗产保护论坛”，策划推出“妙香秘境——云南佛教艺术展”。

以人心回归为重点，继续开展面向港澳青少年和台湾教师的文化遗产教育交流活动。暑期课堂及台湾教师研习活动在港澳台地区已经形成品牌效应和持续影响力。

【党的建设】

学习教育

深入学习贯彻习近平新时代中国特色社会主义思想和党的十九大精神。局党组把学习宣传贯彻习近平新时代中国特色社会主义思想和党的十九大精神作为首要政治任务，坚持在全面学、系统学基础上组织开展分领域、分专题、分层次学习，实现了局机关全体干部和直属单位处级以上领导干部学习培训全覆盖。及时对局机关6个党支部和8家直属单位学习党的十九大精神情况进行实地监督检查，向中组部报送国家文物局关于开展习近平新时代中国特色社会主义思想和党的十九大精神学习培训工作的自查报告。在浙江大学举办全国文物系统学习贯彻习近平新时代中国特色社会主义思想和党的十九大精神研讨会，各省级文物部门负责同志结合工作实际交流了学习体会。

督促指导基层党组织认真贯彻《中国共产党支部工作条例（试行）》，严格落实“三会一课”制度，提升支部的组织力。组织开展“不忘初心、牢记使命”主题党课、党日活动。

组织局系统各级党组织开展警示教育月活动，通报文化和旅游部违纪违法典型案例和局系统近年来发生的7起违纪案例，通过参观廉政教育基地、开展主题党日等多种形式，引导局系统广大党员干部知敬畏、存戒惧、守底线。

定点帮扶

制定实施《国家文物局2018年扶贫工作计划》，确定160万元定点扶贫专项资金，组织局系统党组织捐助75万元用于帮扶淮阳县贫困村改善居住环境、资助贫困学生。及时将国家文物局定点扶贫工作情况报中央和国家机关工委。

【文博教育与培训】

培训项目实施

制定并实施《国家文物局2018年度培训计划》《2018年度国家文物局文博人才培训基地培训计划》。举办国家文物局培训项目53个，其中技能人才培训10个、专业技术人才培训13个、复合管理人才培训27个、局系统业务培训3个，培养行业急需人才3300余人次。支持国家文物局文博人才培训基地举办培训班次10个，培训学员400余人次。加强文博人才培训基地建设，启动新一批基地遴选工作。

深入贯彻习近平总书记关于文物安全工作的重要指示精神，加强文物安全培训，完成近现代类、古遗址古墓葬类、古建筑类、革命旧址类等国保单位管理机构负责人培训班7个，培训学员900余人次。在全国文博网络学院举办“国保单位保护管理机构负责人培训”网上专题班，近2000人参加学习，有力提升了国保单位保护管理机构负责人的管理水平和依法行政能力。

文博人才培养

与西北大学、北京建筑大学两所高校加强协调与沟通，继续推进“高层次文博人才提升计划”。

加强文物保护职业教育和文博专业硕士教学指导工作。积极指导文博专硕教指委秘书处开展《研究生核心课程指南》编制、学位授权点专项评估、《学科/专业学位类别发展报告》编制等。召开全国文物与博物馆专业学位研究生教育指导委员会暨培养单位教学研讨会，交流总结经验，分析存在的问题，研究提出改进措施。

文博人才评价制度建设

贯彻落实中办、国办《关于深化职称制度改革的意见》《关于分类推进人才评价机制改革的指导意见》，积极推进文博系列职称制度改革工作，研究制定《关于深化文博专业人员职称制度改革的指导意见》，形成征求意见稿。推动文物职业资格管理制度建设，完成《文物保护工程从业人员职业资格制度暂行规定（初稿）》。组织开展2018年职称评审工作。加强领军人才选拔、培养工作，国家文物局系统2人入选第三批国家“万人计划”哲学社会科学领军人才，1人入选第三批国家“万人计划”青年拔尖人才（哲学社会科学、文化艺术类），完成文化名家暨“四个一批”人才自主选题立项评审工作。组织完成国务院特殊津贴选拔、申报工作。组织联合国教科文组织青年专业人员计划选拔工作，局系统2人进入复试。

成功举办全国文物修复职业技能竞赛

在山东曲阜举办首届全国文物修复职业技能竞赛，全国27个省份选送的108名选手参加了木构件修复、清水砖墙修复、瓷器修复、书画修复四个项目的比赛，36人分获一、二、三等奖。

【人事工作】

表彰奖励

根据《人力资源社会保障部、国家文物局关于评选全国文物系统先进集体和先进工作者的通知》精神，为表彰先进、树立榜样，进一步激发广大文物工作者的积极性和创造性，人社部和国家文物局组织开展了全国文物系统先进集体和先进工作者评选表彰工作。按照自下而上、逐级推荐、民主择优的原则，对标评选条件，经“两审三公示“，最终决定授予北京市文物研究所等49个集体“全国文物系统先进集体”称号、授予张彤等28名工作者“全国文物系统先进工作者”称号。2018年7月，全国文物系统先进集体和先进工作者表彰会在北京召开，表彰会得到中央领导的高度重视，中央政治局委员、中央书记处书记、中央宣传部部长黄坤明同志专门作出重要批示，文化和旅游部党委书记、部长雒树刚同志出席会议并发表重要讲话。会议上为全国文物系统先进集体颁发了奖牌，为全国文物系统先进工作者颁发了奖章和证书。

规范干部选拔任用

2018年提拔使用干部25人，其中正司级干部2人次，副司级干部4人次，正处级干部11人次，副处级干部7人次，科级干部1人。干部交流12人次，其中转任3人，调任3人，派出挂职干部2人，接收挂职干部4人。接收军队转业干部3人，新录用公务员6人。先后为局机关和直属单位8名到龄退休干部办理了退休手续。先后考察新提拔、试用期满转正、新录用公务员、军队转业干部、调任干部、挂职干部等50余人次，考察谈话500余人次。

制度建设

制定出台《国家文物局干部调任转任工作管理办法》《国家文物局工作人员因私出国（境）管理规定》等办法规定，进一步完善国家文物局人事管理制度体系建设。

直属单位管理

严格按照绩效工资总量管理有关规定，审核中国文物交流中心和机关服务中心绩效工资改革方案，结合各直属单位实际情况进行针对性指导，规范管理，严肃收入分配纪律。根据《国家文物局直属出版报刊企业负责人薪酬改革实施方案》等文件规定，完成《文物出版社企业负责人2017年度薪酬清算方案》审核、批复、清算情况上报和负责人薪酬发放自查工作。根据国有企业工资决定机制改革的有关要求，研究起草《国家文物局所属企业工资决定机制改革实施方法（征求意见稿）》，在征求有关直属单位意见的基础上形成报审稿。审核中国文物交流中心三定方案调整方案、机关服务中心岗位设置调整申请和北京鲁迅博物馆（北京新文化运动纪念馆）高级专业技术岗位管理办法。积极与人社部沟通，争取到1名京外调干指标、3名高校毕业生接收计划，一定程度上解决了直属单位的人才引进问题。

分述篇

北京鲁迅博物馆（北京新文化运动纪念馆）

【概述】

2019年，北京鲁迅博物馆（北京新文化运动纪念馆）党委在国家文物局党组的领导下，坚持以习近平新时代中国特色社会主义思想为指导，认真学习贯彻党的十九大及十九届二、三中全会精神、全国博物馆座谈会和全国文物局长会议精神以及习近平总书记关于文物工作的重要论述，以贯彻落实中办、国办《关于加强文物保护利用改革的若干意见》和《关于实施革命文物保护利用工程（2018～2022年）的意见》为契机，抓改革谋创新促发展，狠抓党的政治建设，扎实推进学术研究、陈列展览、免费开放、对外交流、加大馆区环境整治等各项工作，严格落实中央八项规定精神，着力营造风清气正的干事创业氛围，较好地完成了各项工作任务。

【内部建设】

坚持规范制度管理，制定并印发《学术委员会章程》《学术文丛资助项目申报办法》《展览项目负责人制度试行办法》等文件，对学术文丛资助项目申报办法和政府采购办法进行修订，着力挖掘职工潜能，充分调动职工工作积极性。加强预算管理和执行，管好钱、理好财，预算执行率达98.1%。

【学术研究】

坚持抓好中国社会科学重点刊物《鲁迅研究月刊》编辑出版工作，完成12期共180万字。编辑出版《新青年时代——中国新文学先锋人物剪影》《曙光·伟业——北大红楼与中国共产党的创建》《原生绘画——王华英样式》《母亲大人膝下——鲁迅致母亲信》《拈花——鲁迅中外美术藏书研究》等图书。与中共一大会址纪念馆、河南大象出版社联合发起并启动《给青少年讲红色纪念馆故事》系列丛书编辑出版项目，目前第一辑10册进入审稿和编辑阶段。

全年共进行学术交流13次，学术讲座6次，撰写研究文章35篇；与中国鲁迅研究会在北京联合主办“纪念《狂人日记》发表一百周年”学术研讨会；与河南中原大地传媒股份有限公司在北京联合举办“鲁迅出版思想与文化自信”学术研讨会，同时举行鲁迅书店开业仪式。积极开展对外学术交流活动，赴尼泊尔加德满都参加“鲁迅的杂文：政治与社会意义”国际学术研讨会，并举行和德夫科塔—鲁迅学会共同编辑出版的《中尼对照鲁迅旧体诗》首发式。

【展览交流】

积极举办原创展览。“不忘初心——马克思主义在中国早期传播陈列”成为党建活动最受欢迎的展览之一，受到各界好评。“北京大学红楼百年纪念展”展出实物展品166件、历史照片216幅，其中文物110件，重点展现北大红楼在五四新文化运动时期所发挥的中心作用，以及作为马克思主义北方革命运动主阵地的光辉历史。

积极开展展览交流和巡展。全年展览交流共计35次，其中送出展览20次，引进展览15次。送出的“汉石墨韵——鲁迅与汉画像石拓片展”，引进的“那些年，我们遇到的鲁迅”“蔡元培与北京大学”“赤子的世界——傅雷诞辰110周年纪念展”引起较大反响。“8+”名人馆共同启动“为了民族文化的繁荣——文化名人与文化自信”主题展，并赴贵州、广西等地巡展。

积极开展对外文化交流。与中国文物交流中心共同组成代表团赴日本长崎开展文化交流活动，在长崎孔子庙中国历代博物馆举办“文白之变——民国大师与中国新文学展”。

【社会服务】

扎实做好外对开放工作。2018年共接待观众246527人次（其中鲁博馆区开放309天，接待124603人次；红楼馆区开放311天，接待121924人次），学生和团体观众大幅增加，同比增长10.78%。“五四”、“七一”、国庆等节日观众流量猛增，“五四”当日红楼馆区共接待参观团体69个，参观人数3125人。讲解服务质量不断提升，两馆区9名讲解员除每日定场讲解外，完成911场讲解接待；全年招募志愿者233名，由54名志愿者完成323场讲解接待。

积极开展社会教育活动。建成“朝花艺苑”社会教育活动中心，充分利用馆内丰富的文学、艺术资源，推出系列社教活动，形成“鲁博”品牌。针对学龄前儿童推出“美术启蒙”系列课程，针对中小学生推出“中国传统绘画”系列课程，传承鲁迅先生的“美育”思想。梳理馆藏文物，推出“鲁迅与瓦当”“鲁迅印章篆刻体验”等系列活动。推进节假日专题社会教育活动常态化，下半年开始，每周末至少组织3场活动。全年共开展教育活动129场，参与活动者4125人次。

继续推进“走进鲁迅”展览进校园活动。成功申报2018年全国中小学研学实践教学基地，在北京校外教育协会第四届理事会大会上被选为理事单位。协调组织府学小学、师大二附中、159中学等8所中小学共11445名师生参观展览；与新街口、展览馆等社区的少年宫建立合作教学，7场活动共有310名社区小居民参与。6月1日，鲁迅博物馆与中国园林博物馆、北京市西周燕都遗址博物馆等14家单位走进北京市海淀区中关村第三小学雄安校区，为雄安的少年儿童送上丰富的“社会大课堂”活动。

积极开展相关配合活动。配合北大红楼建成一百周年举办“走进百年红楼，感悟五四精神”系列活动，包括版画拓印、丝网印刷、知识问答等。完成文化和旅游部每年定期组织开展的“港澳大学生文化实践活动”任务，接收并完成2名少数民族大学生暑期培训任务。

【馆藏文物】

文物资料保管与征集取得新进展。接收国家文物局调拨文物111件，移交给中国（南海）海南博物馆、中国法院博物馆、中国国家博物馆和上海博物馆文物共39件；办理由美国海关追回的流失文物的暂存工作。完成红楼馆区文物资料搬迁工作，共计搬迁文物51箱、画柜16个，全部上架整理完毕。征集曹文汉藏李桦版画作品7幅，胡风第七批文物55件。

承担文化和旅游部《鲁迅手稿全集》编纂工作，完成馆藏全部鲁迅手稿及藏书杂稿约20000余页的扫描工作，初步完成书信编、译稿编的整理工作，总计4000余页。积极支持北京市第35中学建立“鲁迅与美术”“呐喊”“鲁迅与新文化运动”“洗不尽的阿Q”“八道湾的宾客”等主题展厅，提供文物档案资料250余件/套。

【信息化建设】

基本完成国家艺术基金传播交流推广资助项目“博物馆文创艺术品网络推广”。启动“互联网+中华文明”示范项目“文创知识产权解决方案智能匹配平台”，持续推进办公自动化，不断完善OA系统。对新增开放区域布设网络，扩展馆内网络覆盖面，服务于观众。

举办“迎新春·扫码有礼”活动推广微信公众号。将原“鲁迅新文化馆”微信公众号改为“北京鲁迅博物馆”和“新文化运动纪念馆”两个微信公众号，增加360全景展示、预约活动、志愿者信息管理等功能模块。

【文创产品开发】

积极研发推出新产品。根据市场需求，在鲁迅漫画像、“艺术鲁迅”、“思想鲁迅”、新文化运动和馆藏经典系列文创产品基础上，推出“鲁迅手绘青花提梁壶配茶杯套装”等新产品。配合原创展览和重大事件，开发“北大红楼百年丝巾”“艺术鲁迅丝巾”等新产品。联合全国其他5家鲁迅馆开发“鲁迅的足迹”T恤衫、“呐喊”T恤衫等文创产品。与企业合作，开发“迅乡”茶叶套装等综合性文创产品。

积极发挥社会力量参与开发新产品。认真贯彻落实《国家文物局与中国移动通信集团有限公司战略合作协议》，积极参与推进“互联网+中华文明”行动计划，与北京易讯无限信息技术股份有限公司签订《业务运营合作协议》，合作挖掘和利用博物馆产品创作适合互联网+的IP产品。

积极开展推介活动展示风采。先后参加2018北京（国际）文创产品交易会、第三届丝绸之路（敦煌）国际文化博览会等，在第13届中国（义乌）文化产品交易会上获“博物馆文创系列产品推介奖”，在第25届北京国际图书博览会上获“最佳创意奖”，在福州第八届博物馆及相关产品与技术博览会上获“最佳展示奖”。

【服务保障】

强化服务意识，下大力气增加公众服务区域。狠抓鲁博馆区环境整治和房屋改造，扎实做好鲁博馆区内出租房收回后改造使用工作，建设了图书馆、社会教育中心和临时展览厅及文创商店（茶室）、书店（咖啡厅）等观众服务设施。积极推进北京市祝福出租汽车公司办公选址及搬迁工作，为对外开放和服务社会创造良好的条件。

调整职工办公用房，更换电话交换机并对电话线路进行调整，规范车辆管理，着力营造干事创业良好氛围。

认真汲取巴西国家博物馆火灾教训，及时召开安全工作会议，对两个馆区进行消防安全大检查。开展消防知识培训和演练，强化安全意识和观念，确保安全稳定。

【机构及人员】

鲁迅博物馆现有办公室、资产财务处、安全保卫处、研究室、陈列展览部、文物资料保管部、社会教育部、信息中心、文化发展服务中心等9个部门，以及中国博物馆协会秘书处1个挂靠单位。

在职职工71人，其中正高职称9人、副高职称12人、中级职称24人。

中国文物信息咨询中心

【概述】

2018年，中国文物信息咨询中心（以下简称“信息中心”）在国家文物局党组的正确领导下，以习近平新时代中国特色社会主义思想和党的十九大精神为指引，围绕国家文物局重点工作安排，以文物信息化工作为主业，积极服务行业社会，主动作为，稳中求进，不断推动中心事业持续、健康向前发展。

【内部建设】

（一）扎实推进党建工作，形式丰富效果良好

信息中心坚持以习近平新时代中国特色社会主义思想和党的十九大精神为指导，认真学习贯彻习近平总书记关于文物工作和建设数字中国的重要指示批示精神，贯彻落实中办、国办有关重要文件精神，推进党风廉政建设，落实意识形态责任制。

组织开展“中心有我、我为中心”主题活动，开展专题党课，提出“思想一流、技术一流、管理一流、服务一流、队伍一流”的发展方向，激发了干部职工干事创业的热情。

（二）坚持推进机构改革，制度建设逐步完善

将信息中心的改革与国家文物局机关机构改革密切联系，两次组织所属部门到局机关司室进行沟通对接。局领导、各司室领导多次到信息中心调研座谈，为改革出诊开方。11月底，国家文物局党组听取信息中心改革发展工作专题汇报，并提出明确要求。

落实中央巡视和国家审计的整改要求，加强内部管理。信息中心全面梳理完善现有规章制度，优化和调整内部管理流程，研究制定财务支出、采购、资产管理、劳务用工等管理办法。

【保障服务】

保障国家文物局系统网络及数据中心安全运行。圆满完成“两会”“十一”及国家重要会议期间国家文物局政府门户网站和相关系统的网络信息安全保障工作；全年365天无缝在岗值守，实时监测并拦截网络攻击约600万次；按照公安、保密等单位要求开展网络安全检查，定期开展安全自查和安全应急演练，发现并加固高风险漏洞约300个。

承担国家文物局机关和直属单位信息系统、网站建设维护工作，承担研发全国非国有博物馆藏品备案数据采集软件和审核软件等。根据国家文物局党组要求，将文博行业展示监测系统建设作为重点工作，全力配合局机关完成工作任务。

在国家文物局相关司室的指导下开展综合行政管理平台维护、馆藏一级文物复核、文物拍卖标的备案、舆情监测、官方微博维护、文博网络学院等项目。全年安排借调、派驻人员10人次，为机关和各直属单位提供保障。

【信息化服务】

信息中心先后与北京、湖北、安徽等多个省份文物局就信息化工作进行深入座谈，针对各地和中心发展需求，与多省份签署战略合作协议，充分发挥信息化推动作用。

为解决市县级文物收藏单位普遍存在的无充分展示空间、关注度低、藏品展览缺乏交流等问题，信息中心主动设计并实施了“博物中国——县域数字博物馆集群”建设，得到了基层文物行政部门和文博单位的高度认可和积极响应。平台现已完成整体架构设计和主要栏目页面开发制作，实现了主站页面的分级查询功能，并在部分地区启动了试点工作。

根据援藏工作要求，信息中心无偿完成西藏文物局办公自动化系统（OA）建设和使用培训，并结合有关计算机涉密要求赠送保密宣传海报和保密标签。

第八届中国博物馆及相关产品与技术博览会举办期间，信息中心作为国家文物局系统唯一一家独立参展单位，重点宣传了国家文物局有关信息化工作的政策和主要举措，以及文博行业的信息化成果，加强了与各地博物馆的交流合作。

文物出版社

【概述】

2018年，文物出版社在国家文物局的领导下，以习近平新时代中国特色社会主义思想为指导，深入学习贯彻党的十九大和十九届二中、三中全会精神，坚持党的出版方针，牢固树立正确的价值观，贯彻落实好习近平总书记关于文物工作系列重要论述精神，充分发挥出版的意识形态导向作用，坚持走高质量发展之路，推进重点项目，开发普及图书，强化主题出版，推动融合发展。

【内部建设】

深入学习贯彻落实习近平新时代中国特色社会主义思想和党的十九大精神。坚决贯彻落实党中央的重大决策部署，强化党员干部的党章党规党纪意识，引导广大党员干部牢固树立“四个意识”，坚定“四个自信”，做到“两个维护”，自觉在思想上、政治上、行动上同以习近平同志为核心的党中央保持高度一致。认真落实意识形态工作责任制，保证党的领导贯穿编辑出版工作的全过程，确保正确的出版导向。

加强党风廉政建设，落实主体责任。成立监督执纪工作小组，增强监督执纪力量，制定出台《文物出版社监督执纪工作管理办法（试行）》《文物出版社党委贯彻落实中央八项规定实施细则的具体办法》《文物出版社廉政风险点防控手册》等，将廉政建设工作融入日常工作中。

注重严明党的政治纪律和政治规矩。继续深化中央专项巡视整改任务。狠抓纪律建设，严防“四风”反弹。

注重严格执行“三会一课”、领导干部双重组织生活等党的组织生活基本制度。

强化管理，制定完善相关规章制度。修订《文物出版社考勤管理办法（修订）》《文物出版社获奖图书奖励办法》，制定出台《文物出版社书稿档案管理办法》《文物出版社期刊稿件档案管理办法》《文物出版社年终奖金分配办法补充规定》等。

【出版概况】

2018年，文物出版社出版图书551种，其中初版书440种、重印书111种；出版《文物》月刊12期、《书法丛刊》6期。所出图书包括《南海Ⅰ号沉船考古报告之二——2014～2015年发掘》《长沙走马楼三国吴简·竹简（伍）》《北平研究院北平庙宇调查资料汇编（内四区卷）》《保护遗产 永续根脉——社会力量参与文物保护利用实践研究》《考古学初阶》《中国考古事业2012～2016》等考古发掘报告和文博学术专著、传世和出土的重要文献资料、绘画碑帖等。

在保持和发挥专业优势的基础上继续调整图书结构，加大普及类图书策划出版力度，社会反响良好。“东方画谱”高清大图340种已全部推出。“百年巨匠丛书”被列入2018年教育部、文化和旅游部、财政部开展的“高雅艺术进校园活动”指定图书，并入选国家新闻出版署“全国农家书屋书目”。配合央视百家讲坛相继推出大众读物《国宝迷踪》第一、二部。

进一步加大主题出版力度。《不忘初心——马克思主义在中国的早期传播》被中央宣传部评定为2018年重点主题出版选题。出版一带一路主题出版物《海丝唐韵 千年回望——“黑石号”出水遗珍》《一带一路佛教文化艺术特展》《两端——海上丝路的广州与伦敦》等。

《中国文物志》编纂工作在国家文物局指导下推进顺利，已完成编纂总量的90%。

【业务建设】

数字化转型工作取得新进展。一方面，整理出版社积累的各种内容资源，积极地参与市场竞争，成立资源专项整理工作小组，开展存量内容资源的专项整理工作。另一方面，在完成出版社第一代全媒体图书和第二代融VR、3D、触摸屏、移动端、真人与三维交互的数字产品基础上，进行第三代产品融合型视讯全媒体云平台的搭建工作，以抗衡数字市场中的同业竞争压力。

完成文物出版社印刷厂西四厂区的环境美化改造工程，正在进行招商和园区建设工作。

【年度精品】

《南海Ⅰ号沉船考古报告之二——2014～2015年发掘》：此书为南海Ⅰ号宋代沉船2014～2015年的阶段性发掘报告，主要内容为沉船发掘过程、沉船堆积层位、船体与船货保存情况以及出土的部分陶瓷、金属、竹木漆器等。报告详细介绍了沉船打捞技术手段，用三维扫描技术展示了船体结构，并按类别发表典型出土遗物，对了解南海Ⅰ号的考古工作和成果有重要价值。

《北平研究院北平庙宇调查资料汇编（内四区卷）》：北平研究院史学研究会于1930年3月～1932年1月在北京展开了一次大规模的庙宇调查，中国文化遗产研究院于20世纪50年代接收了这批资料，现存944座寺庙的档案，包括当时内城内一区至内六区、外城外一区至外五区以及西郊的部分寺庙。2015年起，中国文化遗产研究院开始出版这批资料的整理成果，此为内四区卷。

《保护遗产 永续根脉——社会力量参与文物保护利用实践研究》：本书主要总结、探讨了社会力量参与我国文物保护事业的实践经验和需要进一步完善的地方。围绕社会力量参与文物保护利用的理论与实践，本书首先全面系统总结了我国社会力量参与文物保护利用的总体状况和发展脉络，其次重点探讨分析社会力量中最为活跃的社会资本如何有效参与，在系统总结分析和国内外对比研究的基础上形成一系列研究成果，提出政策建议。

《长沙走马楼三国吴简·竹简（伍）》：本书收录走马楼第22号井三国吴简7431枚，皆为长沙郡临湘县（侯）文书，涉及经济活动和人口管理，对研究三国历史具有较高的史料价值。全书分上、中、下三册，上册为前言、凡例、彩版、图版，中册为图版，下册为释文和附录、索引。

《考古学初阶》：本书主要内容包括严文明先生在北京大学考古学专业讲授“田野考古学”“考古学导论”“考古学理论与方法”等课程的讲义等，涉及考古地层学、考古类型学、考古学文化、聚落考古、环境考古、科技考古、农业考古、草原考古、考古报告编写等方面，体现了作者几十年在田野考古学、考古学导论方面的思考，是考古学师生及考古学研究的入门之选。

《中国考古事业2012～2016》：本书对2012～2016年全国范围内考古发掘资质单位的主要工作状况进行了回顾与总结，各单位的工作状况均分为业务建设和重要考古成果两部分。全书图文并茂，为考古事业的进一步发展提供了参考。

【重大出版项目】

文物出版社策划出版的“敦煌学术书系”第一辑全部出版，实现社会效益、经济效益双丰收。其中《敦煌艺术十讲》获得国家新闻出版署“国际经典出版工程”资助，将在美国出版英文版。

《房山石经》《长安与洛阳》获得国家出版基金资助。

参与“经典中国”国际出版工程及“丝路书香”工程、2019年国家出版基金资助项目、中华学术外译项目申报。

【获奖情况】

2018年，文物出版社出版图书在国家新闻出版署、中国出版协会、古籍出版工作委员会、中国文物报社以及地方举办的评奖活动中获得共计25项荣誉。此外，《文物》月刊继续保持业内龙头地位，荣获中国人民大学书报资料中心发布的“复印报刊资料重要转载来源期刊（2017年版）”，并入选由中国（武汉）期刊交易博览会组委会、中国期刊协会联合主办的“2018期刊影响力100强（学术类期刊）”，被中国社会科学评价研究院评定为“2018年度中国人文社会科学期刊AMI综合评价”A刊权威期刊。

在中国图书海外馆藏影响力排行榜上，文物出版社排名第42名。《子弹库帛书》在海外馆藏影响最广的中文图书排行榜上单品排名第7位。

2018年文物出版社图书获奖情况

序号	书名	奖项
1	《百年巨匠 · 鲁迅》	2018年向全国青少年推荐百种优秀图书
2	《子弹库帛书》	2018中国图书海外馆藏影响力中文图书10强
3	《二十世纪中国文物考古发现与研究丛书 · 秦汉考古》（朝鲜语版）	2017年度输出版优秀图书
4	《二十世纪中国文物考古发现与研究丛书 · 秦汉考古》（朝鲜语版）	2017年度“图书版权输出奖励计划”（新闻出版署进口管理司、新闻出版研究院）普遍奖励
5	《二十世纪中国文物考古发现与研究丛书 · 宋元明考古》（朝鲜语版）	2017年度“图书版权输出奖励计划”（新闻出版署进口管理司、新闻出版研究院）普遍奖励
6	《子弹库帛书》	2017年度全国优秀古籍图书奖 一等奖

续表

序号	书名	奖项
7	《稀见笔记丛刊·翼駉稗编》	2017年度全国优秀古籍图书奖 二等奖
8	《稀见笔记丛刊·集异新抄、高辛砚斋杂著》	2017年度全国优秀古籍图书奖 二等奖
9	《敦煌书系丛书》	第二十七届优秀美术图书“金牛杯” 银奖
10	《百年巨匠》	第二十七届优秀美术图书“金牛杯” 银奖
11	《颐和园藏文物大系》	第二十七届优秀美术图书“金牛杯” 铜奖
12	《海丝唐韵 千年回望——“黑石号”出水遗珍》	第二十七届优秀美术图书“金牛杯” 铜奖
13	《穆夏——欧洲新艺术运动瑰宝》	第二十七届优秀美术图书“金牛杯” 装帧设计奖
14	《中国新石器时代》	2017年全国文化遗产十佳图书评奖 十佳图书
15	《子弹库帛书》	2017年全国文化遗产十佳图书评奖 十佳图书
16	《谁调清管度新声——丝绸之路音乐文物》	2017年全国文化遗产十佳图书评奖 十佳图书
17	《纸上金石——小品善拓过眼录》	2017年全国文化遗产十佳图书评奖 十佳图书
18	《文物管理现代化研究》	2017年全国文化遗产十佳图书评奖 十佳图书
19	《南海Ⅰ号沉船考古报告之一——1989～2004年调查》	2017年全国文化遗产十佳图书评奖 十佳图书
20	《百年巨匠》	2017年全国文化遗产十佳图书评奖 优秀图书
21	《益阳黄泥湖楚墓》	2017年全国文化遗产十佳图书评奖 优秀图书
22	《国家图书馆藏古籍善本集成》	首届中国宣纸出版论坛优秀出版物
23	《古籍善本再造·珍稀古籍丛刊》	首届中国宣纸出版论坛优秀出版物
24	《安阳孝民屯（四）》	中国社会科学院创新工程2018年度重大成果
25	《清凉寺史前墓地》	山西省第十次社会科学研究优秀成果一等奖

【业务往来】

文物出版社关注文博领域与出版行业动态，通过业务交流增加互利发展。组织多场图书座谈会，参与国家图书馆“明韵——田家青设计家具作品集”展览等活动。

组织人员参加编校业务专题培训班、出版物标识符标准与应用培训班。通过多种渠道增强与各界的交流学习，提升自身业务水平。

【对外版权贸易与交流合作】

在经济全球化、文化多元化的背景下，在国家中华文化“走出去”战略总体布局下，利用文物出版社图书在海外的良好口碑，对图书出版“走出去”进行多种形式的探索，策划适合海外市场的图书。2018年就《百年巨匠·鲁迅》繁体字版版权与香港中华书局达成协议，就《六顶山渤海汉墓》朝鲜语版版权与The Academy of Korean Studies Press（韩国学术研究出版社）进行洽谈。

积极参加国际书展，进一步加强海外营销网络的建设，逐步建立自己的销售渠道。组织人员参加2018年美国BEA书展、第十三届马来西亚海外华文书市、2018年香港书展、新加坡第十三届国际书法交流大展、中日和平友好条约缔结40周年纪念事业“中国节2018”、第39届马尼拉国际书展等展览交流活动。参加北京国际图书博览会，进一步推广精品图书，促进版权贸易。

中国文化遗产研究院

【概述】

2018年，中国文化遗产研究院在国家文物局的正确领导下，坚持以习近平新时代中国特色社会主义思想为指导，全面学习贯彻党的十九大精神，始终坚持以服务国家大局、传续中华文明为己任，秉持中国传统、内化国际理念，努力为中国延续美好记忆，为世界阐释中国故事，各项工作取得新进展。

【基础科学与应用研究】

中国文化遗产研究院承担的国家社科基金特别委托和重大项目“符合国情的文物保护利用之路研究”“吴哥古迹考古与古代中柬文化交流研究”取得重要进展；国家社科基金重大项目“全国明长城资源调查资料整理与研究”、国家社科基金冷门“绝学”和国别史等研究重大专项“佛教水陆斋和道教黄箓斋仪式和图像研究”获得立项。国家文物局委托项目第八批全国重点文物保护单位申报遴选、《关于进一步加强文物安全工作的实施意见》落实检查调研、国家文物事业“十三五”规划实施情况中期评估、2018年长城保护工程管理、2018年长城信息管理国家总平台维护、“2022冬奥会长城历史文化价值与阐释专题研究”等项目或按计划推进或通过相关评审；《长城保护维修施工规程》完成起草和评审，提交国标委；文标委工作有序推进。雄安新区燕南长城及白洋淀考古研究项目方案获国家文物局批准。

出土文献与中国古代文明研究协同创新（2011创新工程）年度工作全面完成，银雀山汉简《孙膑兵法》等篇完成初稿，五一广场东汉简第一、二卷和《出土文献研究》第十七辑正式出版；推进《中国大百科全书·文物卷》（第三版）编纂工作，部分分支卷完成初稿；协助西藏方面启动布达拉宫文物古籍整理保护研究工作，提交相关工作规划初稿和第一期设计方案。“川渝地区石窟及石刻裂隙水病害机理研究——以大足石刻大佛湾卧佛为例”等12项基本科研业务结项验收。全年出版学术著作14部，《中国文化遗产》杂志转入中国文化遗产研究院主办并顺利编辑出版发行。《大遗址保护行动跟踪研究》一书获第八届钱学森城市学“城市文化遗产保护问题”主题金奖。“彩绘类文物高光谱数字化保护关键技术研究”获中国测绘科技进步一等奖。

【文物保护与修复】

完成大别山区革命文物保护利用战略规划、湖南厂窖惨案遗址保护等革命文物保护利用项目，以及中央和有关领导批示项目吉林金代长白山神庙遗址保护规划、崇礼明长城维修展示等。承担国家文物局对口扶贫“河南淮阳平粮台国家考古遗址公园规划方案”工作。稳步推进应县木塔研究性保护、高句丽墓葬壁画原址保护、山西太原晋祠圣母殿彩塑保护修复、“南海Ⅰ号”发掘现场文物保护、承德避暑山庄及周围寺庙石质文物科技保护、川渝石窟保护示范项目（大足石刻宝顶山卧佛、小佛湾及重庆弹子石摩崖造像保护修复工程）等。与国防科工局新闻宣传中心深度合作，共同探讨、开展新中国国防工业文物保护与第八批国保申报工作。

【世界文化遗产保护与研究】

持续推进夯实中国世界文化遗产保护、研究基础，促进中国世界文化遗产保护管理的科学化、规范化，发挥世界文化遗产在文物保护事业中的引领作用。

完善中国世界文化遗产监测预警总平台建设，在深入需求研究的基础上继续研发和提升总平台专项功能，加强遥感专项监测，提升舆情监测模块。通过举办2018年监测年会，发布“中国世界文化2017年度总报告”，开展反应性监测以及良渚古城遗址、南京城墙等监测方案编制，提升中国世界文化遗产监测权威性。

开展“中国世界文化遗产事业发展战略规划”编制，完善“2017年世界文化遗产评估”， 通过对国内“海丝”遗产地的遴选评估，对江南水乡古镇、钓鱼城遗址等中国世界文化遗产预备名录项目的保护与申遗研究，以及对丽江古城等世界文化遗产地的保护管理规划编制等，加强世界遗产理论与实践研究，助力中国在世界遗产领域提高话语权。

推动前期申遗成果转化，在编写大运河研究著作的同时，完成《大运河遗产保护管理办法》实施情况调研报告，并为《大运河遗产保护条例》立法工作提出建议。

践行文化遗产惠及民众，持续维护、提升“世界遗产之声”公众号平台，开展丰富多彩的遗产价值传播推广线下活动，借助“媒体沙龙”推动世界文化遗产理念的普及，以公众为对象，以专业知识为手段，推进建设全方位的世界文化遗产交流共享体系。

【教育培训】

组织、实施培训项目10个（含国家文物局委托5项、人力资源和社会保障部委托1项、外交部委托1项），涉及出水文物现场保护、青铜文物保护修复、考古发掘项目负责人初任、高职骨干教师、防灾减灾、世界遗产管理、文物保护与管理等方向。培训相关领域中高级专业人员337人次，包括国外学员26人。

【国际合作与交流】

中国文化遗产研究院柬埔寨茶胶寺修复项目竣工并通过验收，修复成果受到国际文物专家和柬埔寨政府、相关专业机构的一致认可；乌兹别克斯坦花剌子模州历史文化遗迹修复项目完成经学院及清真寺建筑主体维修，通过中期竣工验收。援尼泊尔加德满都杜巴广场九层神庙修复项目稳步推进。完成尼泊尔努瓦特克杜巴广场王宫修复项目可行性研究，商务部已立项；完成援巴基斯坦历史文化遗产考古勘查机构建设项目可行性研究，实施方案通过商务部审核。

由中国国家文物局与乌兹别克斯坦文物局主办，中国文化遗产研究院与乌兹别克斯坦“文化遗产修复”统一企业承办的“一带一路”文物保护技术国际研讨会——希瓦古城保护与利用国际交流会在乌兹别克斯坦成功举办。

与意大利国家研究委员会合作课题“大型文化遗产的利用和管理——以大运河江苏淮安段为例”等取得阶段性成果，相关中英文著作陆续出版。与英格兰国家遗产委员会长城保护研究全面合作项目有序推进（哈德良长城相关活动）。塞尔维亚巴契遗址申遗咨询项目取得重要进展。

与日本、意大利等国家文物保护专业机构及ICCROM、ICOMOS等国际组织合作深入拓展。邀请ICOMOS主席河野俊行以及意大利博洛尼亚大学、吴哥古迹保护专家委员会专家来院讲座。派遣专业人员到ICCROM总部任职、工作，深度参与世界文化遗产国际事务，为ICOMOS CHINA提供专业和后勤支持。

中国文物报社

【概述】

2018年，中国文物报社在国家文物局的正确领导下，坚持以习近平新时代中国特色社会主义思想为指导，全面贯彻落实党的十九大和十九届二中、三中全会精神，把学习宣传贯彻党的十九大精神作为全年工作的主线，牢固树立“四个意识”，坚定“四个自信”，坚决做到“两个维护”，坚持正确舆论导向，切实落实意识形态工作责任，突出抓好媒体融合发展和传播平台建设，不断提升报刊网微采编水平和传播能力，完善制度，优化管理，各项事业取得新发展新成效。

【党的建设】

深入贯彻落实《中共中央关于认真学习宣传贯彻党的十九大精神的决定》，按照学懂弄通做实的要求，把学习贯彻落实习近平新时代中国特色社会主义思想和党的十九大精神贯穿始终。通过党总支中心组学习会、邀请专家讲专题党课、参加网络学校以及党支部“三会一课”等形式，以集中学习和自学相结合的方式、系统深入学习《十九大报告》《习近平治国理政》以及习近平关于文物工作的重要指示批示等，使全社党员干部职工对习近平新时代中国特色社会主义思想和党的十九大精神的理解入脑入心，并用习近平新时代中国特色社会主义思想和党的十九大精神统领和指导各项工作。

把政治建设、政治方向和政治能力摆在报社党的建设及各项工作的首位。紧扣新闻宣传工作实际，坚持马克思主义新闻观，认真学习贯彻“习近平总书记在全国思想宣传工作会议上的讲话”精神，促进党员干部不断增强“四个意识”，坚定“四个自信”，把“两个维护”落实到思想上政治上行动上，落实到意识形态导向和宣传报道实际工作中。

严肃党内政治生活，强化党员纪律规矩意识。深入学习《关于新形势下党内政治生活的若干准则》《中国共产党党内监督条例》《中国共产党纪律处分条例》《中国共产党党章》等，贯彻关于严格党内生活的有关规定，进一步严肃党内政治生活，增强严格遵守政治纪律和政治规矩的自觉性。

狠抓“两学一做”学习教育常态化制度化落实。扎实开展“不忘初心、牢记使命”主题教育活动，组织开展党员干部观看《青年马克思》，参观“纪念马克思诞辰200周年”展览等，引导党员干部切实增强使命感和责任感。严格执行“三会一课”制度，切实做好“两学一做”学习教育常态化制度化工作。

以党建例会为抓手，进一步加强党的组织建设。定期召开党建工作例会，使之成为党总支落实党建工作的有力抓手；根据党建工作需要和党员人数变化情况，按照有利于工作的原则对党支部设置进行调整。规范开展入党积极分子培养和党员发展工作，党员发展工作更加规范、公开。

党风廉政建设常抓不懈，严防“四风”问题反弹。为进一步贯彻落实《中共中央政治局贯彻落实中央八项规定实施细则》，切实加强党的作风建设，根据《中共国家文物局党组贯彻落实中央八项规定实施细则》，制定《中国文物报社党总支关于贯彻执行中央八项规定实施细则的具体办法》，把落实中央八项规定精神和党风廉政建设落到实处，以实际行动践行从严治党。根据上级党组织的部署，扎实开展党风廉政建设警示教育月活动，加强党风廉政建设，践行“三严三实”，力戒“四风”突出问题，特别是形式主义、官僚主义的新表现。

【中国文物报】

聚焦文物系统重要工作、文物保护重大工程、文博行业热点事件进行宣传报道，全年编辑出版102期，圆满完成2018年宣传计划和重点任务。开设学习贯彻十九大精神、“历史回眸、文博忆往，纪念改革开放40年”、“纪念改革开放40年，说说博物馆的那些事”、年终专稿、观点争鸣等专栏，编辑刊发了一系列有影响的、重量级的文章。

以学习宣传贯彻党的十九大精神作为首要宣传任务，重点报道文博界中国共产党第十九次全国代表大会代表访谈专访，以及重要文博单位领导、专家学者、一线职工学习贯彻落实党的十九大精神等方面的文章。2018年全国两会产生了新一届国家机构领导人，意义特别重大，报纸集中近30个版面刊登自采报道40余篇，报纸端、PC端、移动端三端齐发，充分传递了文博界代表委员的声音，发挥了正确的舆论导向作用。围绕“庆祝改革开放40周年”，报、网、刊、微等媒体平台以及“红楼橱窗”以特刊、专题、专栏、专访、展览等多种形式，全面开展宣传报道，展现了改革开放40年来全国文物战线取得的成就。

完成对学习贯彻中办、国办印发《关于加强文物保护利用改革的若干意见》《关于实施革命文物保护利用工程（2018～2022年）的意见》两个文件、文物系统“双先”表彰、文物安全工作等全局重点工作的宣传，完成国家文物局交办的“我们的节日·中秋”专题宣传，完成庆祝改革开放40周年群众性主题宣传教育活动专题宣传，完成国际博物馆日、文化和自然遗产日主题宣传。

【国家文物局政府网站和微信公众号建设】

全年结合重点工作持续更新国家文物局政府网站，制作专题15个。配合国家文物局重要宣传节点进行新闻发布会直播3次，转播2次。完成国家文物局综合行政管理平台建设。

国家文物局微信公众号突出政务属性，努力做到权威、及时，全年推送432条。配合重点宣传工作成效显著，影响力明显提升。

【文物天地】

强化与博物馆界的合作，从单纯的精品介绍向纵深发展，形成新的办刊特色。全年刊发各类专题12个，关注和引导收藏市场热点取得成效。

【中国博物馆】

坚持学术办刊方向，实现学术期刊转型，入编《中文核心期刊要目总览》2017年版；在中国知网最新发布的《中国学术期刊影响因子年报（人文社会科学版）》的文化与博物馆学类中名列第5，列入Q2区。全年编辑出版“博物馆与知识产权”“从实体到虚拟：博物馆里的新技术”“超级连接的博物馆：新方法、新公众”和“博物馆定义再思考”四期主题专刊。

【红楼橱窗】

全年推出11期展览，对外宣传的窗口作用愈加明显。结合改革开放40周年，推出“谱写新时代革命文物保护利用新篇章”图片展和“伟大变革中的守望与传承——文物事业改革开放40年图片展”等。

【文物调研】

完成国家文物局交办的《文物调研》创刊工作，全年编辑出版3期。

【评选活动】

（一）2017年度全国十大考古新发现

评选结果于4月10日揭晓。

2017年度全国十大考古新发现

序号	项目名称	发掘单位
1	新疆吉木乃通天洞遗址	新疆维吾尔自治区文物考古研究所、北京大学考古文博学院
2	山东章丘焦家遗址	山东大学考古学与博物馆学系、章丘区文化广电新闻出版局
3	陕西高陵杨官寨遗址	陕西省考古研究院、高陵区文体广电旅游局
4	宁夏彭阳姚河塬西周遗址	宁夏回族自治区文物考古研究所、彭阳县文物管理所
5	河南新郑郑韩故城遗址	河南省文物考古研究院
6	陕西西安秦汉栎阳城遗址	中国社会科学院考古研究所、西安市文物保护考古研究院
7	河南洛阳东汉帝陵考古调查与发掘	洛阳市文物考古研究院、郑州大学历史学院
8	江西鹰潭龙虎山大上清宫遗址	江西省文物考古研究院、江西省鹰潭市博物馆
9	吉林安图金代长白山神庙遗址	吉林省文物考古研究所、吉林大学边疆考古研究中心
10	四川彭山江口明末战场遗址	四川省文物考古研究院、国家文物局水下文化遗产保护中心、眉山市彭山区文物保护管理所

（二）第十五届（2017年度）全国博物馆十大陈列展览精品推介

评选结果于5月18日揭晓。

第十五届（2017年度）全国博物馆十大陈列展览精品推介·精品奖

序号	陈列展览名称	申报单位
1	大辽契丹——辽代历史文化陈列	内蒙古博物院
2	文明的阶梯——科举文化专题展	南京科举博物馆
3	动·境——中华古代体育文物展	天津博物馆
4	明月入怀·中国团扇文化印象展	杭州工艺美术博物馆
5	谁调清管度新声——丝绸之路音乐文物展	河南博物院、洛阳博物馆
6	长安丝路东西风	陕西历史博物馆
7	南昌起义 伟大开端	南昌八一起义纪念馆
8	圆梦——从北洋铁甲到航母舰队	大连现代博物馆
9	南溟泛舸——南海海洋文明陈列	海南省博物馆
10	惊世大发现——南昌汉代海昏侯国考古成果展	江西省博物馆

第十五届（2017年度）全国博物馆十大陈列展览精品推介·优胜奖

序号	陈列展览名称	申报单位
11	寻找致远舰——2015年度全国十大考古新发现	北京大学赛克勒考古与艺术博物馆
12	湘江北去·中流击水——长沙历史文化陈列	长沙市博物馆
13	黑龙江俄侨文化文物展	黑龙江省博物馆
14	古道新知——丝绸之路文化遗产保护科技成果展	中国丝绸博物馆
15	靖江遗韵——桂林出土明代梅瓶陈列	桂林博物馆
16	美·好·中华——近二十年考古成果展	首都博物馆
17	如何复活一只恐龙	上海科技馆
18	艺术涅槃——大足石刻艺术展	大足石刻博物馆
19	CHINA与世界——海上丝绸之路沉船与贸易瓷器大展	南京市博物总馆
20	家和万事兴——家教家风主题展	中国妇女儿童博物馆
21	铸魂——延安时期的从严治党	延安革命纪念馆

第十五届（2017年度）全国博物馆十大陈列展览精品推介·国际及港澳台合作奖

序号	陈列展览名称	申报单位
1	大英博物馆百物展：浓缩的世界史	上海博物馆
2	绵亘万里：世界遗产丝绸之路	陕西省文物交流中心

第十五届（2017年度）全国博物馆十大陈列展览精品推介·国际及港澳台合作入围奖

序号	陈列展览名称	申报单位
3	东西汇流——13至17世纪的海上丝绸之路	广东省博物馆
4	现代之路——法国现当代绘画艺术展	成都博物馆

（三）2017年度全国文化遗产十佳图书评选推介

评选结果于5月25日揭晓。

2017年度全国文化遗产十佳图书评选推介·十佳图书（按出版时间排序）

序号	书名	作者	出版社
1	子弹库帛书	李零（著）	文物出版社
2	纸上金石——小品善拓过眼录	仲威（编著）	文物出版社
3	徐苹芳北京文献整理系列	徐苹芳（整理编著）	北京联合出版公司
4	谁调清管度新声——丝绸之路音乐文物	河南博物院（编）	文物出版社
5	谢辰生先生往来书札续编	李经国（编）	国家图书馆出版社
6	中国新石器时代	严文明（著）	文物出版社
7	书于竹帛：中国简帛文化	山东博物馆、中国文化遗产研究院（编）	上海书画出版社
8	中国考古学——旧石器时代晚期到早期青铜时代	刘莉、陈星灿（著）	生活·读书·新知三联书店
9	南海Ⅰ号沉船考古报告之一——1989～2004年调查	国家文物局水下文化遗产保护中心、中国国家博物馆、广东省文物考古研究所、阳江市博物馆（编著）	文物出版社
10	文物管理现代化研究	彭蕾（著）	文物出版社

2017年度全国文化遗产十佳图书评选推介·优秀图书（按出版时间排序）

序号	书名	作者	出版社
1	早商城市文明的形成与发展	袁广阔、秦小丽（著）	科学出版社
2	善本碑帖论稿	施安昌（著）	上海书画出版社
3	老司城遗址考古发掘报告（2013～2014）	湖南省文物考古研究所（编著）	科学出版社
4	文物山东——第一次全国可移动文物普查藏品集萃	山东省文物局（编著）	中华书局
5	徐旭生陕西考古日记（1933年2月11日～1935年6月14日）	徐旭生（著）	陕西师范大学出版总社
6	百年巨匠系列丛书	人邻等（著）	文物出版社
7	鉴若长河：中国古代铜镜的微观世界	霍宏伟（著）	生活·读书·新知三联书店
8	益阳黄泥湖楚墓	湖南省文物考古研究所（编著）	文物出版社
9	仪式圣地的兴衰：辽西史前社会的独特文明化进程	李新伟（著）	上海古籍出版社
10	先秦城邑考古	许宏（著）	金城出版社、西苑出版社

（四）第四届全国十佳文博技术产品及服务推介

评选结果于8月22日揭晓。

第四届全国十佳文博技术产品及服务推介·十佳奖

序号	产品名称	申报单位
1	云观博AR智慧博物馆平台	苏州和云观博数字科技有限公司
2	数字课堂教育公共服务平台	河南博物院、天津恒达文博科技股份有限公司
3	“e导览”智慧导览系统	北京森泰英睿传媒科技有限公司
4	恒湿洁净/低氧气密展柜系统	詹天佑纪念馆、天津森罗科技股份有限公司
5	物联网式文物库房专用恒温恒湿系统	郑州枫华实业股份有限公司

续表

序号	产品名称	申报单位
6	智能客流数据分析系统	上海宽创国际文化科技股份有限公司
7	Tracron M6轨道灯	深圳市埃克苏照明系统有限公司
8	博物馆业务项目管理系统	广州欧科信息技术股份有限公司
9	博物馆数字三维安防集成管理平台	江苏荣博智能科技有限公司
10	基于智慧本体的文物保护修复一体化平台	万达信息股份有限公司

第四届全国十佳文博技术产品及服务推介·优秀奖

序号	产品名称	申报单位
1	智能导览照明系统	北京全电智领科技有限公司
2	智慧文博文物保护修复管理系统	山西省考古研究所、河南文博信息科技有限公司
3	柜内截光灯	宜雅照明技术（上海）有限公司
4	防震型智能展柜	中国航空规划设计研究总院有限公司
5	文物本体含水率无损探测仪及湿度分布成像系统	西安元智系统技术有限责任公司
6	临场感知导览交互平台	上海安技智能科技股份有限公司
7	净化恒湿智能储存柜	上海馥鼎智能科技有限公司
8	DEKAN远程实时白蚁监测预警系统	浙江鼎昆环境科技有限公司
9	BOE画屏介绍	北京京东方艺云科技有限公司
10	低功耗白蚁远程实时智能监测设备	上海建为历保科技股份有限公司

（五）全国优秀古迹遗址保护项目评选推介活动

评选结果于4月18日揭晓。故宫宝蕴楼修缮工程、河北承德普陀宗乘之庙古建筑保护修缮工程、山西省平顺县王曲村天台庵修缮保护工程、吉林伪满皇宫缉熙楼同德殿保护修缮工程、湖北武汉大学早期建筑——理学院文物保护修缮工程、青海塔尔寺古建筑群修缮保护项目等6个项目获奖。

【其他】

完成“2014～2016年度国家文物局重点科研基地运行评估”“中国证券博物馆筹建前期研究”“《抗战文物保护利用导则》编制”“2014～2016年度国家一级博物馆运行评估”“第三批国家二、三级博物馆定级评估复核”等多项课题任务。国家文物局委托的“文物流通领域登记交易制度试点”课题项目结项。承担“文物鉴赏知识普及计划”方案设计和试点工作，组织编写了《“文物鉴赏知识普及计划”总体方案（2018～2020）（草案）》。

中国文物交流中心

【概述】

2018年，中国文物交流中心（以下简称“交流中心”）在国家文物局的支持指导下，在局机关各司室及全国文博系统大力支持下，以习近平新时代中国特色社会主义思想和党的十九大精神为指引，认真贯彻习近平总书记关于文物工作重要指示批示精神和中办、国办印发的《关于加强文物保护利用改革的若干意见》，深入挖掘中华优秀传统文化，深化文物展览交流与合作，大力发展文博创意产业，为服务外交大局、服务经济社会发展贡献了积极力量。

【党的建设】

夯实政治基础，为改革发展工作提供政治保障。党总支始终把政治建设摆在首位，在建章立制、政治学习、思想教育、业务部署、对外交流等方面坚持正确的政治方向，不断增强“四个意识”，坚定“四个自信”，坚决做到“两个维护”，不断夯实党的政治基础。坚持党管外事、党管宣传的原则，制定修订《宣传工作管理办法》《外事服务工作管理办法》《出境工作团组守则》，维护国家利益和文化安全。高度重视意识形态工作，落实意识形态工作责任制，党总支书记与党总支委员、各部门及项目组负责人逐级签订《党风廉政建设及意识形态工作责任书》，强化意识形态阵地日常管理。落实国家文物局2018年定点扶贫工作计划，捐赠定点扶贫资金8万元，为扶贫点河南淮阳县太昊陵管理处提供“2018年展览策划培训班”免费培训名额1个。

强化组织功能，发挥党的核心领导作用。党总支认真履行党建主体责任，坚持民主集中制，召开党政联席会17次、党总支委会20次、主任办公会14次。讲纪律、守规矩，执行重大事项及时请示报告等制度。完成支部换届改选，强化基层组织建设。严肃组织生活，严格“三会一课”和会议考勤、记录纪要等制度。做好党员发展培养工作，2018年接收1名预备党员、转正1名预备党员。

严格党纪党规，推进党风廉政建设。党总支落实全面从严治党主体责任，进一步贯彻落实中央八项规定精神。开展整治形式主义、官僚主义工作，抓好节假日关键节点，坚决防止“四风”反弹。在全体党员中开展警示教育月活动，召开警示教育大会，组织赴北京市颐和园红色教育基地开展警示教育党日活动，召开支部专题组织生活会。研究制定《廉政风险防控手册》，及时排查廉政风险点，组织财务、纪检人员检查2018年度对外合作协议执行情况和财务支出手续，确保依法合规。机构改革、干部选拔任用工作严格遵守组织纪律，严格标准程序，确保公平公正公开。

注重政治学习，构建学习型党组织。建立党总支理论学习中心组学习制度，制定学习计划，召开理论学习中心组学习会13次。通过微信推送、个人自学、推荐书目、分工导读、集体研讨、组织参观以及编印学习材料等方式强化学习。利用信息中心官网、微信平台、阅览室、党建宣传栏等平台加强学习宣传，编辑推送优秀知识分子典型事迹，激发党员群众爱国奋斗、建功立业的积极性和主动性。

【文物展览】

围绕国家文物局中心工作，服务外交大局，全年举办展览8项，其中跨年展览1项、2018年开幕展览7项，新开幕展览中含出境展2项、来华展3项、国内展2项。

9月12日～11月23日，由中国国家文物局、沙特旅游与民族遗产总机构主办，交流中心、沙特阿拉伯利雅得国家博物馆承办的“华夏瑰宝展”在沙特利雅得国家博物馆举办，展出了来自国内13家著名文博机构的200余件展品。这是中国文物首次大规模赴沙特展出，展品跨度大、范围广、阵容强大，展现了“一带一路”文化交流的珍贵遗存以及首次中沙联合考古的最新成果，近半数展品为首次出国展出。

为庆祝我国改革开放40周年、海南建省办特区30周年，赴海南省博物馆举办“秦汉文明展”，展出了来自13省26家文博单位的144件/组文物，观众人数达22万人次。

信息中心策划承办的“金色名片——改革开放40年中国出入境文物展览回顾”图片展作为“5·18国际博物馆日”中国主会场活动，于5月18～27日在上海市历史博物馆展出，之后在全国12家博物馆陆续展出，并在第八届“博博会”亮相。展览以图文形式介绍了改革开放40年来中国出入境文物展览的发展历程和辉煌成绩，展现了文物展览在对外文化交流中发挥的独特作用。

积极发挥自身优势，引进外国优秀文物展览来华展出。积极促成阿富汗文物展在成都、郑州、深圳、长沙等地文博机构“接力”展出，引起媒体和社会的极大关注，仅成都一地观众就超过50万人次。引进“俄罗斯彼得霍夫国家博物馆馆藏文物特展”在中华世纪坛艺术馆、颐和园展出。

加强海外文化传播阵地建设，赴日本长崎孔子庙中国历代博物馆举办“文白之变——中国新文学诞生”展。

2018年中心承办进出境展览一览表

	类型	展出国家	展览名称	展览时间	展览地点
2017年开幕，2018年闭幕	出境展	斯里兰卡	长风破浪——海上丝绸之路文化展	2017年12月20日～2018年1月20日	斯里兰卡国家博物馆
18年开幕	来华展	中国	文明的回响——来自阿富汗的古代珍宝	2018年2月1日～5月6日	成都博物馆
			阿富汗国家宝藏	2018年5月25日～7月10日	郑州博物馆
			耀世遗珍——阿富汗国家博物馆藏珍宝展	2018年8月25日～11月4日	深圳市南山博物馆
			来自阿富汗的国宝	2018年12月29日～2019年3月29日	湖南省博物馆

续表

	类型	展出国家	展览名称	展览时间	展览地点
2018年开幕	来华展	中国	岁月夏宫——俄罗斯彼得霍夫国家博物馆馆藏文物特展	2018年4月4日～6月10日	中华世纪坛艺术馆
			夏宫的约会——俄罗斯彼得夏宫罗曼诺夫王朝的珍宝展	2018年6月28日～10月9日	颐和园
			平民情怀——平山郁夫藏丝路文物	2018年11月27日～2019年2月14日	中国国家博物馆
	出境展	日本	文白之变——中国新文学诞生	2018年8月31日～12月22日	长崎孔子庙中国历代博物馆
		沙特阿拉伯	华夏瑰宝展	2018年9月12日～11月23日	沙特阿拉伯利雅得国家博物馆
	国内展	中国	秦汉文明展	2018年2月13日～5月13日	海南省博物馆
			“金色名片——改革开放40年中国出入境文物展览回顾”图片展	2018年5月18～27日	上海历史博物馆
				2018年6～10月	广西民族博物馆
				2018年8～9月	常熟博物馆
				2018年8～9月	宁夏固原博物馆
				2018年9～10月	吉林省博物馆
				2018年9～11月	郑州博物馆
				2018年9～12月	河北博物院
				2018年9月～2019年1月	南京市博物总馆
				2018年10～11月	浙江省博物馆
				2018年10月	成都博物馆
				2018年11月～2019年1月	武汉中共中央机关旧址纪念馆
				2018年12月～2019年1月	天津博物馆
				2018年12月～2019年11月	焦作市博物馆

【文物交流与合作】

（一）拓展国际交流合作

与日本长崎孔子庙中国历代博物馆续签五年展览战略合作协议，建立文物展览输送机制。落实与法兰克福展览公司关于文创展会五年战略合作协议，合作举办德国法兰克福国际文具及办公用品展会“中国文博创意”主题展示活动。落实与法国卡地亚当代艺术基金会签署的战略合作框架协议，开展2018年国际策展人学术交流项目，从全国文博系统选派8名博物馆从业人员赴法国、瑞士进行策展人学术交流。

（二）夯实国内交流合作

推动与郑州博物馆、海南省博物馆等国家一级博物馆的战略合作，与海南省博物馆合作举办“策展时代——当代中国博物馆策展人高端论坛”。与恒大旅游集团签署战略合作框架协议，就文物展览、文创产品、文物旅游等相关领域的合作达成共识。与中国图书进出口（集团）总公司、中央美术学院美术馆签署战略合作协议，推动文博文创在研究、出版、设计等方面的合作。组织召开中国博物馆协会展览交流委员会年会，促进馆际交流。

【文博创意产业】

坚持国内外统筹协调，组织和参与国内国际文化文物创意产品展会7次。在第25届北京国际图书博览会上成功举办首届“文创汇”文化文物创意展会。赴法兰克福“东方文化元素展”活动被文化和旅游部列入2018年重点国际文化展会和“欢乐春节”项目，赴泰国“故宫文化创意产品海外巡展”活动被列入2018年海外中国文化中心全球联动活动——“中国文创产品展示周”的子项目。赴法国和意大利举办“感知中国——中国文博创意作品海外巡展”，促进文创展览展示与跨界共享合作，服务经济社会发展。

开展国家文物局委托课题“博物馆文化创意产品开发引导与配套政策制定”，引领文创工作理论前沿。

2018年信息中心组织、参加国内展会一览表

序号	时间	展会名称	地点
1	5月	第十四届中国（深圳）国际文化产业博览交易会	深圳
2	8月	第二十四届北京国际图书博览会 “文创汇”文化文物创意展会	北京
3	9月	中国文化创意产品海外推广发布特展——暨第三届丝绸之路（敦煌）国际文化博览会特邀展	敦煌
4	11月	中国文博创意暨东方文化元素国际特展	上海

2018年信息中心组织、参加国际展会一览表

序号	时间	展会名称	地点
1	1月	德国法兰克福国际文具及办公用品展会“中国文博创意”主题“东方文化元素展区”	德国
2	6月	“故宫文化创意产品国际综合展”	泰国
3	6月	“感知中国——中国文博创意作品海外巡展”	法国、意大利

【人才培训】

组织承办文物交流学术培训3次，培训人数近300人。

培训项目一览表

序号	时间	名称	地点	培训人数
1	5月27日～6月1日	2018全国展览策划培训班	江西南昌	120余人
2	9月16～21日	全国博物馆展览策划与展陈提升培训班	新疆博乐	144人
3	10月13日～12月10日	“清华大学艺术·设计学术月暨文创设计人才培养”培训项目	北京	30余人

【机构及人员】

9月，国家文物局党组批准了信息中心内设机构调整方案，同意将中心内设机构调整为一室四处，即办公室（党办）、展览处、对外联络处、文创发展处、文物旅游处。

【其他】

落实《关于加强文物保护利用改革的若干意见》，大力推进改革创新。推行项目组试点，在信息中心原有处室基础上成立5个独立项目组，设定年度任务量和经济指标，修订《绩效工资考核分配办法》和奖励细则，激发职工主观能动性和创造性。项目组通过开源节流，多措并举，基本完成了年初确定的经济指标，达到改革预期。

受国家文物局委托，组织编写《金色名片——全国文物进出境展览集粹》系列图书。组织撰写建国70周年展览大纲文本。完成展览初审项目58项、外事翻译项目14项。完成《博物馆馆藏资源授权操作指引（草案）》编制工作。“文物违法社会监督员管理办法”“试点建立文物违法社会监督员制度”课题顺利结项。完成举报业务档案交接、12359固定资产的划转及三条专线的过户工作。

国家文物局国家南海文博产业园筹建办公室设在交流中心，在国家文物局与海南省人民政府签订的《战略合作协议》原则下组织开展了一系列筹备工作，组织编制《项目战略规划》策划案，广泛与潜在项目投资人商谈合作事宜，筹建工作稳步推进。

国家文物局水下文化遗产保护中心

【概述】

2018年，国家文物局水下文化遗产保护中心（以下简称“水下中心”）继续发挥国家水下文化遗产保护工作总平台、主阵地的职能，成立中国考古学会水下考古专业委员会；会同相关省市兄弟单位组织、实施全国水下考古调查、发掘项目，开展海港、海岛、海防遗迹调查工作；加强机构、基地与人才建设，充实和提高了水下中心的专业人才队伍和技术装备水平；重大项目顺利实施，“南海Ⅰ号”等项目取得重要成果，中沙合作塞林港遗址考古成果引起国内外关注，上海“长江口二号”沉船调查取得新进展；积极开展科研工作与学术交流活动，在海上丝绸之路研究、水下沉船考古和出水文物保护等领域取得重要进展。

【考古发掘】

（一）概况

2018年全国涉水水下考古项目共计11项，其中南海海域深海考古调查、中沙合作塞林港遗址考古调查与发掘、大连“经远舰”水下考古调查、“南海Ⅰ号”发掘与保护等项目成果突出，引起社会各界的高度关注。此外，上海“长江口二号”沉船调查是近年来上海水域水下考古工作的重要突破，也是上海开港历史的重要见证，值得重视。组织开展江西抚州南城县洪门水库水下考古调查、福建厦门第二东通道建设工程水下文化遗存调查、北京大运河故道及沉船考古调查与研究（一期）水下考古勘察项目（2018年度）、2018年度西沙水下考古调查等水下考古项目，均取得一定的成果。

编制《南海水下考古工作规划（草案）》并开展相关调研与征求意见工作。

2018年水下考古项目统计表

序号	项目名称	合作机构
1	“南海Ⅰ号”发掘与保护	广东省文物考古研究所、中国文化遗产研究院、广东海上丝绸之路博物馆等
2	辽宁大连“经远舰”水下考古调查	辽宁省文物考古研究所、大连市文物考古研究所
3	上海“长江口二号”水下考古调查	上海市文物保护研究中心
4	福建厦门第二东通道建设工程水下文化遗存调查	福建博物院

续表

序号	项目名称	合作机构
5	北京大运河故道及沉船考古调查与研究（一期）水下考古勘察项目（2018年度）	北京市文物考古研究所
6	南海海域深海考古调查	中国科学院深海科学与工程研究所、海南省博物馆
7	2018年度西沙水下考古调查	海南省博物馆
8	福建平潭跨海大桥水下考古调查	福建博物院
9	北京大运河水下考古调查	北京市文物考古研究所
10	江西抚州南城县洪门水库水下考古调查	江西省文物考古研究院
11	沙特塞林港遗址考古调查与发掘	沙特国家考古中心

（二）重要考古项目

1.“南海Ⅰ号”南宋沉船发掘与保护

“南海Ⅰ号”2018年度考古发掘与保护工作由水下中心联合广东省文物考古研究所、中国文化遗产研究院等单位共同实施，沉船发掘工作取得重要阶段性成果，船货的清理工作初步完成，船体结构得到整体揭露，留待下一年度继续发掘。据初步统计，迄今共发掘出土文物174600件/套，其中以瓷器、铁器为大宗，另有各类金属器、竹木漆器、人类骨骼、矿石标本、玻璃器、动植物遗存等。其中新发现天平套件盛盒、完整人类颅骨等重要文物，为判断沉船性质、了解船员状况提供了重要依据。

2．南海海域深海考古调查

经国家文物局批准，4月18～26日，水下中心和中国科学院深海科学与工程研究所在西沙北礁海域共同开展“南海海域深海考古调查”，这是中国首个深海考古调查项目，也是我国自主研制的“深海勇士”号载人深潜器投入实战的首个科考项目。

此次调查共完成北礁312公里多波束测量，国产大深度载人潜器“深海勇士”号完成7个深海潜次的调查作业，潜水时长达66小时51分，最大深度1003米，提取深海文物标本6件，采集各类视频2000余GB，为后续此类工作的开展奠定了良好的基础。此次调查是中国载人深潜技术与水下考古的首次联合，填补了中国深海考古的空白，实现了中国深海考古零的突破，对中国水下考古的深入发展具有重要意义，开启了中国水下考古的新篇章。

3．辽宁大连“经远舰”水下考古调查

经国家文物局批准，7～9月，水下中心与辽宁省文物考古研究所、大连市文物考古研究所联合组队，在辽宁大连庄河海域开展水下考古调查工作，搜寻、发现并确认了甲午海战北洋水师沉舰“经远舰”。这是继“致远舰”之后，我国甲午海战遗迹水下考古工作取得的又一重大成果。

“经远舰”是清代晚期北洋水师战舰之一，由德国伏尔铿（Vulkan）造船厂建造，1887年1月3日下水，同年底入编北洋水师，管带（舰长）为林永升。1894年9月17日中日甲午海战中，全舰官兵英勇接战，在四艘日舰围攻下最终沉没。水下考古队通过物探数据比对与文献档案分析，结合潜水探摸，在辽宁大连庄河“老人石”南侧海域搜寻、发现并确认了“经远舰”残骸。沉舰残骸横亘于水下12米处的海床上，最大埋深6.4米，呈倒扣状态，残骸主体已被海底淤泥覆盖。水下考古队发现了深埋于海床面以下5米处的“经远”舰名，并在遗址清理中发掘出一块木牌，木牌上有清晰的“经远”二字，亦可佐证对沉舰身份的判定。本次水下考古工作清理出水各类遗物标本500余件，有铁、木、铜、铅、玻璃、陶瓷、皮革等材质，种类十分丰富，包括铁质小锅炉（为启锚机提供蒸汽动力）、斜桁、舷窗、舱门、铁甲堡衬木等舰体结构设施，毛瑟步枪子弹、左轮手枪子弹、37毫米炮弹、47毫米炮弹武器装备，以及锉刀、扳手、旋柄等船载工具。此外还发现了53毫米格鲁森炮弹、120 毫米炮弹引信等，均不见于“经远舰”出厂档案，应属1894年“甲午海战”前紧急添置的武器装备。

4．沙特塞林港遗址考古调查与发掘

2018～2019年，水下中心与沙特国家考古中心联合组队，对沙特塞林港（Al-Serrian）遗址开展了两次联合发掘，取得了令人瞩目的重要成果：发现并确认了古海湾、古航道和被流沙掩盖的季节河遗迹，解决了塞林港建港之缘由；发掘出大型建筑遗址并清理出一批珊瑚石墓葬，为探究海港遗址的内涵提供了重要的考古依据；出土了包括中国瓷器在内的诸多文物精品，为海上丝绸之路研究提供了十分珍贵的实物资料。通过此次发掘，初步显现出红海之滨海港遗址的历史风貌。

本项考古工作集田野考古、水下考古、遥感考古于一体，从陆地、海洋、空中对塞林港遗址进行了全面的调查、发掘与研究，取得了超乎预期的成果。田野考古方面，首先通过遥感影像获取地下遗迹线索，再通过地面调查与发掘找到成片的大型建筑基址（其中一座可能为清真寺）以及排列有序的珊瑚石墓群。水下考古方面，通过与遥感考古结合确认了塞林港遗址的古海湾与古航道。遥感考古方面，利用无人机航拍发现并确认了被流沙掩盖的古代季节性河流，又通过水下考古确认了古海湾确有季节性河流注入而形成的海相堆积，从而解答了古塞林港淡水来源的问题（淡水是沙漠地区海港居民生活与海船靠港补给的必需资源）。

【出水文物保护】

相继开展“南海Ⅰ号”出水文物现场保护、北洋水师沉舰出水文物保护等工作，为水下考古项目的组织实施提供有力支撑。

【基地建设】

11月6日，国家文物局水下文化遗产保护中心北海基地揭牌仪式在青岛市即墨区蓝色硅谷隆重举行。

【科技与信息】

（一）课题项目

水下中心承担的国家社科基金重大课题“西沙出水陶瓷与海上丝绸之路研究”持续推进，“海上丝绸之路系列史迹调查与研究”“水下考古区域调查与物探技术方法研究”等课题取得一定的学术成果。

（二）学术会议

组织或参与“第二届水下考古·宁波论坛”、“第6回水中考古学国际学术大会”（韩国木浦）、“2018两岸水下文化资产法律、政策及实务论坛”等重要学术会议。

水下中心学者积极参与“第二届中国考古学大会”“国际古迹遗址理事会执委会及专家委员会”“他山之石——国际文物保护利用理论与实践研讨会”“第21届IPPA国际学术研讨会”“陶瓷之路——陶瓷考古新发现与新研究”“航海文献与中外交流互鉴”“水下文化遗产法律保护模式及发展研讨会”“第一届水下文化遗产保护法律论坛”等重要会议并发表学术报告。

此外，水下中心还组织了“国家文物局水下文化遗产保护中心系列学术讲座”，邀请国内外学者发表专题学术报告，收到良好效果。

【文博教育与培训】

开展“一带一路沿线国家水下考古培训实习”，来自中国、沙特、伊朗、泰国、柬埔寨、德国的21位学员获得了国家文物局颁发的水下考古队员证书，标志着我国水下考古人才培训工作实现了由“请进来”向“走出去”的转变。

【图书出版】

《南海Ⅰ号沉船考古报告之二——2014～2015年发掘》由文物出版社出版。

《水下考古（第一辑）》由上海古籍出版社出版。

《舢板女孩的微笑》由上海古籍出版社出版。

【机构及人员】

截至2018年年底，水下中心在编在岗人员29人，其中博士研究生5人、硕士研究生8人、本科生14人，包括高级职称13人（正高级职称6人、副高级职称7人）、中级职称10人、初级职称1人。

【对外交流与合作】

2018年，水下中心共计出访10批次，接待来访2批次。出访沙特、越南、韩国、土耳其以及国际组织ICOMOS等。

【其他】

配合国家文物局和司法部开展《中华人民共和国水下文物保护条例（征求意见稿）》调研工作，进入修法审定阶段。

北京市

【概述】

2018年，在市委市政府的坚强领导下，北京市文物局以习近平新时代中国特色社会主义思想和党的十九大精神为指导，聚焦全国文化中心建设，贯彻落实新版北京城市总体规划，集中力量推进“一轴一城三带”的保护与建设，工作井然有序、亮点纷呈。

【法制建设】

完成《北京市地下文物保护管理办法》立法后评估工作。

【执法督察与安全保卫】

坚持文物工作安全第一，重点加强火灾防控全年不松懈。完成对全市126处全国重点文物保护单位的巡视检查和216处市文物保护单位的全面普查。开展执法检查6810余次，安全巡查6750余次，发现安全隐患185起，已全部责令改正。收到举报、信访、上级督办事项119起，责令改正 60起，依属地管理原则转各区文委督办59起。收到志愿者反馈文物违法行为信息210条，执法人员均第一时间赶赴现场或者督促区文委调查核实。本级并指导各区立案查处文物违法案件32起，罚款67万元。

颐和园阚碧台建筑火情后，在全市文物系统开展为期5个月的2018年春夏火灾防控工作。9月，为深刻吸取巴西国家博物馆火灾事故教训，联合消防局、宗教局、公园管理中心等单位对北京市辖区内的31家三级以上博物馆和126家全国重点文物保护单位进行了全面检查，共出动车辆150余台次、检查人员300余人次。

【不可移动文物的保护和管理】

继续推进三个文化带建设，落实文化中心战略定位，完成保护发展规划的编制，完善五年行动计划。

持续加强老城保护，起草挂牌工作导则和指导意见。

启动昌平区大运河源头遗址公园建设。通州路县遗址公园建设有序推进。

积极推动中轴线申遗保护，深入挖掘古都文化内涵。启动中轴线申遗专项小组，4大类27项任务有序推进。社稷坛、天坛、太庙内100%完成腾退。成功举办中轴线申遗保护国内研讨会和2018北京中轴线申遗保护国际学术研讨会。

【考古发掘】

全力配合国家重点工程，有序开展考古工作。

配合开展北京城市副中心、世界园艺博览会、2022年冬奥会以及新机场等重点建设工程的考古勘探、发掘工作，发掘面积近5万平方米，勘探总面积超过332万平方米，出土文物3000余件/套。

建立汉代路县故城城址考古勘探与地理信息系统，推进琉璃河遗址保护规划修改完善和平谷区上宅遗址保护与展示利用工作。圆明园遗址完成紫碧山房遗址考古发掘，并完善大宫门遗址区保护展示工程方案。

【博物馆与可移动文物保护】

建立市、区两级信息共享机制、工作协调机制和人才培养机制，逐步完善全市博物馆行业管理体系。组织北京石刻艺术博物馆、北京文博交流馆制定法人治理结构改革试点方案和配套制度，组建管理机构，实施试点工作试运行。

2018年，全市179家备案博物馆共举办展览413个、活动1207次，服务观众3747万人次。首都博物馆采取“请进来”的方式，在北京举办“天路文华——西藏历史文化展”“大辽五京展”“来自盛京——清代宫廷生活用品展”等，社会反响强烈，其中“天路文华——西藏历史文化展”入选国家文物局2018年度“弘扬中华优秀传统文化培育社会主义核心价值观”主题展览推介项目名录。北京市文物局联合局属博物馆，在安徽蚌埠及内蒙古满洲里等地举办“撷彩京华——北京市文物局博物馆联展”，引起观展热潮。

增强高质量文化产品供给，完善公共文化服务体系，编制完成《关于推动北京市非国有博物馆发展的意见》。进一步繁荣文化市场，激发文化创新创造活力，印发《推动北京市文化文物单位文化创意产品试点工作的实施意见》。

【社会文物管理】

全年举办拍卖会883场，上拍文物标的133449件，撤拍文物标的652件，成交金额约219.13亿元，其中网络拍卖会730场，上拍标的78140件/套，成交额4500万元。拍卖企业经营文物拍卖许可的办理时限缩短至20个工作日。

加强文物拍卖市场监管，成功阻止日本二战战犯书法作品、圆明园石刻文物拍卖。多部门联动，加强拍前审核、预展抽查、过程监拍、市场监督，震慑了利用微信朋友圈违规拍卖文物的行为。

【科技与信息】

收集并提交第1～5批国家文物局重点科研基地完整评估整改报告。

组织开展2019年度科研项目申报评审工作，共有12项课题、1项科研成果出版及1项青年业务人员科研成果出版项目评审通过。修订完成《北京市文物局学术委员会工作规则》和《北京市文物局青年业务人员科研成果出版评审委员会工作规则》，完成《北京市文物局关于加强科研工作的指导意见（征求意见稿）》。

进一步完善地方标准化体系，开展11项地方标准编制工作，内容涉及安全性鉴定、合理用能、博物馆服务、文物艺术品、可移动文物清洗保护、信息化、资料管理等。开展《文物建筑安全监测规范》《博物馆馆服务规范》等3项标准的试点示范工作。完成《北京市“十三五”时期标准化和计量发展规划》实施情况中期评估材料。

完成北京市博物馆大数据平台一期建设，并对故宫博物院、中国国家博物馆等80余家国有文物收藏单位进行了平台使用培训。

【文博教育与培训】

北京市文物局培训品牌“青年学术交流活动”与“学术论著写作研修”全年举办9场主题讲座，吸引文物系统干部职工、各区文委职工、文博从业者等500余人次参与。

【文博宣传与出版】

围绕重点工作主动策划选题，《修长城艰辛不比建长城差，常有驮砖的骡子累死在山路》等报道引起社会广泛关注。创新宣传方式，“博物馆之夜”“博物馆奇妙之旅”直播活动反响强烈。国际博物馆日推出3个专题页面和1场直播访谈，点击总量达500余万次，近百家媒体参与报道；文化和自然遗产日各世界文化遗产地及各区文委组织主题系列活动40余项，近40家媒体进行了多形式、多角度的报道。

以“闻·悟北京”概念为引领，打造文博品牌，以“倾听文物故事，说出你的感悟”为口号，设“引·鉴”“乐·鉴”“品·鉴”“听·鉴”四大主题活动及“闻·悟北京”作品征集活动，共计170人投稿作品320件，最终确定优胜奖作品8件。

继续加强与北京市地方志编纂委员会办公室合作，推动地方志事业在文博领域的发展。第二轮《北京志·文物志》通过复审，为做好下一轮史志工作打下了坚实基础。

【对外交流与合作】

全年接待不同国家和地区来访52次，应邀参加驻外活动9次。首都博物馆在毛里求斯举办“欢乐春节——老北京的寿礼展”。“永远的老舍”在埃及苏伊士运河大学孔子学院开展。参加“北京—首尔混委会第三次全体会议”，就韩方提出三地联合申请世界文化遗产建议表达态度，促成西周燕都遗址博物馆与韩国汉城百济博物馆签署合作框架协议。

【其他】

加大简政放权力度，审批服务事项网上办理开通率达到100%，从71项减少为37项，另有6项依照相关程序报请国务院协调处理或提请市人大修订相关规定后予以取消。推进权力清单、公共服务事项目录与责任清单的深度融合。

制定《北京市文物局关于进一步优化营商环境简化考古调查勘探办理流程的实施意见（试行）》。

天津市

【概述】

2018年是贯彻落实党的十九大精神的开局之年，是改革开放40周年，也是新时代文物事业改革发展承前启后的重要之年。天津市文物局坚持“保护为主、抢救第一、合理利用、加强管理”的文物工作方针，充分发挥政府的主导作用，各项工作取得新进展、获得新成效。

【执法督察与安全保卫】

2018年，天津文化执法总队依据《文物保护单位执法巡查办法》和天津市政府关于绩效考核的有关要求，对天津市辖区内文物相关单位进行检查，累计检查文物保护单位、文物收藏单位、文物经营单位429家，共出动999人次。

查处天津水务投资集团有限公司在国家重点文物保护单位大沽口炮台的建设控制地带内进行建设工程。指导各区文化市场行政执法大队办理了天津润源建筑工程公司、天津市滨海新区建设和交通局、天津蜂巢酒店管理有限公司、五大道街办事处保洁队、天津市健硕建筑工程有限公司、天津隽德房地产开发有限公司、天津市嘉亿物业管理有限责任公司等单位擅自在文物保护单位的保护范围或建控地带内进行建设工程对文物保护单位的历史风貌造成破坏案、擅自修缮不可移动文物明显改变文物原状案等。

组织部署天津市文物法人违法案件专项整治行动（2016～2018年），制定文物法人违法案件专项整治行动实施方案，完成国家文物局对天津市文物法人专项整治实施情况专项督察。

制定印发了《天津市文化和旅游局安全检查督查制度》《天津市文物建筑消防安全管理规定》等60余个指导性文件，做到安全生产工作全市文化和旅游系统共同部署、共同检查、共同落实，有效推动安全责任的落实。

按照国家文物局统一安排部署，组织开展文物单位消防安全检查和火灾隐患排查整治。成立专项行动领导小组，制定印发《天津市文物局打击文物犯罪专项行动工作方案》，深入推进打击文物犯罪专项行动扎实开展，督促文物单位增强文物安全监管力量和巡查看护能力。积极应用先进技术和装备，促进人防、物防、技防有机结合，堵塞监管漏洞，文物盗掘和田野石刻盗窃案件得到有效遏制。

进一步加大对天津市各级文物保护单位的安全巡查力度。制定《全市文物保护单位巡查计划表》，于8～9月联合有关职能部门对20处文物保护单位进行现场检查，在巡查中新发现的问题均函告属地政府和文物部门要求行整改落实。

加强安全防范技能培训。举办全市文化和旅游系统安全监管领导干部专题培训，围绕文物安全、消防安全、反恐怖安全防范、应急管理等进行授课辅导，全面提升消防安全工作管理水平，进一步推动安全生产形势持续稳定。

对全市国保单位的安防消防防雷设施设备进行提升改造，筑牢了消防安全基础，保障了火灾预防、扑救和应急救援的实际需要。

【不可移动文物的保护和管理】

（一）概况

制定印发《关于进一步加强不可移动文物保护工作的通知》和《不可移动文物监督管理及报告制度》，要求各区文物行政部门、文化行政执法部门依法履行监管职责，逐级落实保护责任和安全责任。根据各区文物部门报送的数据，梳理形成《全市不可移动文物统计表》和《国务院“三普”核对统计表》。

进一步完善不可移动文物保护的制度规范建设，完成《天津市文物保护工程资质管理办法》《天津市文物保护工程管理办法》《天津市长城保护管理办法》和《天津市大运河保护管理办法》的申报。其中《天津市文物保护工程资质管理办法》正式实施。

（二）大遗址

组织设计单位编制《黄崖关长城21段修缮工程勘察设计方案》并请专家进行现场查勘和方案论证，由天津市文物局审核批复后实施。

向国家文物局上报大运河保护区划内实施建设工程的行政审批项目10余项，包括大运河建设控制地带内实施北辰区绿境华庭住宅项目、北京新机场项目供油工程津京输油管道工程穿越大运河工程等。

（三）全国重点文物保护单位

组织开展第八批全国重点文物保护单位申报工作会。组织2019年文物保护项目年度申报，向国家文物局上报2019年度全国重点文物保护单位保护项目5项，其中2项（天津广东会馆修缮、法国公议局旧址修缮）获批。配合天津市财政局完成2019年度国家重点文物保护专项补助资金申报工作。

（四）世界文化遗产

加强对大运河沿线相关文物的资料整理工作，配合有关部门编制《大运河文化保护传承利用规划纲要》和《大运河天津段文化保护传承利用实施规划》，提交《大运河文化带文化遗产保护传承利用研究报告》《大运河天津段文化内涵阐释》等成果。

（五）文物保护工程

进一步做好各级文物保护单位维修工程的申报审批工作。审批全国重点文物保护单位修缮工程方案2项，包括天津工商学院主楼旧址修缮工程、北洋大学堂旧址修缮工程；批复市级文物保护单位修缮工程方案20项，包括北疆博物院南楼修缮工程、天津市第二工人疗养院（连廊部分）修缮工程、董家大院修缮工程、于方舟故居院内地面修缮工程、辛庄慈云寺文物保护工程、渤海大楼底商室内装修工程、文庙修缮工程、原浙江兴业银行大楼结构加固工程、原安里甘教堂附堂内檐装修及局部扩建工程、李吉甫旧宅附属建筑室内装修工程等。

【考古发掘】

（一）概况

依法依规履行考古发掘审批程序，申报并开展了天津市南开区天津故城东城墙遗址、宝坻区西河务一村元代墓葬、宝坻区滨海医院明清墓葬、宝坻区单庄村金元墓葬、武清区下朱庄明清墓葬及窑址、津西青密（挂）2009·139地块明清墓地等6个考古发掘项目，对于重要考古发现及时组织召开专家咨询论证会，确定考古工作目标和方向。

积极开展考古资料整理、报告编写工作，启动实施“天津古代城址调查研究”“天津地区旧石器考古调查整理与研究”“天津地区出土明清时期人骨整理与研究”“天津北辰张湾明代沉船遗址”“天津静海纪庄子和西钓台村西遗址”等科研课题项目，及时整理完成蓟县下闸辽代水井、宝坻西河务金元墓葬、宝坻茶棚金代墓葬等一批小型考古项目的资料整理工作。

（二）重要考古发掘项目

1. 明清天津卫故城东城墙遗址

2017年11月～2018年2月，因天津地铁4号线建设工程需要，天津市文化遗产保护中心对天津卫故城东城墙遗址进行了考古发掘工作。2018年发掘区域位于南开区东马路与南马路交口（地铁4号线东南角站建设用地范围内），根据地下管线及地形走向进行布方，方向为355°，共布设探方31个、探沟2条，发掘面积2000平方米。发掘清理出明清时期城墙基础遗址1处、道路2条、沟2条，清末时期城市铁轨遗迹1处、排水设施1处。出土各类器物标本1000余件，有瓷器、陶器及金属器等。其中瓷器最多，器形有碗、盘、碟、杯、盖等；陶器有罐、球、棋子等；金属器有铜元、铜钱、地钉等。

天津卫故城东城墙遗址结构清晰、筑法规范，是天津历史文化名城重要的文化遗存。此次发掘为卫城的始建年代提供了重要的考古实证，发现的各时期遗迹现象和文化堆积是天津城市历史发展的缩影。

2. 宝坻区西河务二村金元墓

2018年1月15～31日，天津市文化遗产保护中心对宝坻西河务二村拆迁重点区域进行考古勘探，发现墓葬2座。发掘区位于天津市宝坻区朝霞街道西河务村二村东部，鲍丘河右岸。本次发掘共清理金元时期墓葬2座，编号为M1、M2，其中M1为金代墓葬，M2为元代墓葬，采集元代器物6件。

两座墓葬均为北方地区金元时期类屋式墓葬，墓室内部有仿木构建筑，出土器物均为实用器。M1为火葬墓，发现祭台遗迹。M2墓室平面呈马蹄形，在目前发现的元代墓葬中不多见，墓主人应为元代平民阶层。M2虽破坏严重，但出土器物相对丰富，种类涵盖陶、瓷、铜、铁器，提供了较为完整的元代平民墓随葬器物组合。

【博物馆与可移动文物保护】

（一）博物馆

1. 博物馆建设

2018年，平津战役纪念馆被中国博物馆协会评为“国家二级博物馆”，天津自然博物馆荣获“全国文物系统先进集体”称号。在天津市文物局备案且正常开放的非国有博物馆有22家。

天津博物馆与天津大学生命科学学院签订“战略合作协议”。双方将在科研合作、人才培养和学术交流互访等方面开展协同创新与合作，加快产学研合作和科技成果转化，进一步推动文化遗产的有效保护和合理利用。

5月15日，北京市文物局、天津市文物局、河北省文物局、故宫博物院、中国国家博物馆、恭王府博物馆、北京鲁迅博物馆在北京举办“京津冀博物馆协同创新发展合作协议”

签约仪式。

6月1日，“天津博物馆成立100周年暨中国博物馆协会区域博物馆专业委员会2018年会”在天津博物馆举行，约150人出席会议，深入研讨新时期中国博物馆发展之路。

10月29日～11月1日，由中国博物馆协会举办、天津自然博物馆和浙江省博物馆共同承办的中国博物馆协会博物馆学专业委员会年会暨“理念 · 变迁”学术研讨会在天津召开。

2．重要陈列展览

2018年，围绕党的十九大胜利召开、京津冀协同发展战略、庆祝改革开放40周年等重大活动举办了系列主题展览，充分发挥文物服务重大国家发展战略、重大活动的作用。

李叔同故居纪念馆联合京、冀两地李大钊纪念馆共同举办“李大钊在京津冀的光辉足迹展”。天津博物馆、李叔同故居纪念馆举办了“风骨——京津冀名人 · 名作 · 名物展”。周恩来邓颖超纪念馆举办了春天的故事——纪念改革开放40周年图片展。天津鼓楼博物馆举办了“看津门辉煌巨变，享改革开放果实——纪念改革开放40周年老物件收藏展”。平津战役纪念馆配合“六进”活动实施方案，推出“不忘初心，牢记使命——党的十九大精神专题展”。天津自然博物馆举办了“不忘初心 牢记使命——学习十九大精神主题展览”。周恩来邓颖超纪念馆举办了“新时代、新思想、新征程——党的十九大精神专题展”。

此外，天津各文博场馆还举办了一系列特色展览，如“茶马古道——八省区文物联展”“清代中期绘画特展”“中国水墨现场 · 天津2018”“箫韶遗韵 祭孔乐舞——天津文庙馆藏文物展”等。

（二）可移动文物保护

天津博物馆与天津大学生命科学学院签订“战略合作协议”。天津博物馆可移动文物预防性保护监测中心成为天津市辖区的“馆藏文物保存环境监测区域中心”，承担全市博物馆环境监测调控指导及服务职责。天津市蓟州区独乐寺的监测数据已经连接到天津博物馆监测中心，可以及时有效地对独乐寺的监测数据情况进行监督与管理。周恩来邓颖超纪念馆、平津战役纪念馆、武清区博物馆分别委托天津博物馆编制的《可移动文物预防性保护方案二期》完成，为申报工作做好准备。

天津自然博物馆全面启动馆藏一、二级珍品及模式标本数字化建设工作，已完成馆藏昆虫、古昆虫部分内容以及植物有关信息字段设计，馆藏一、二级植物标本和全部昆虫一、二级及模式标本的核对检查与信息统计。

天津市文物管理中心在蓟州区召开“元明清天妃宫遗址博物馆天津地区馆藏金属文物保护与修复”项目验收会。该项目按照国家文物局批复的《元明清天妃宫遗址博物馆天津地区馆藏金属文物保护修复方案》实施，完成了189件金属文物的保护修复工作。天津市文物管理中心委托中国文化遗产研究院编制完成《天津蓟州多宝佛塔出土文物抢救性保护方案》。

【社会文物管理】

组织专家对天津国际拍卖有限公司、天津同方国际拍卖有限公司等申报的文物拍卖标的进行售前审核，审核31次，鉴定各类拍卖标的21569件（其中书画类8593件、陶瓷类2591件、玉器类1251件、杂项类3003件、古籍善本6131件），属于文物拍卖标的的16973件，经鉴定撤拍577件。

受司法部门委托，对妨害文物管理等刑事案件中涉及的物品进行鉴定3次，计14件。

为民间文物收藏者鉴定物品214件，其中瓷器142件、玉器20件、杂项35件、书画17件。

【文博教育与培训】

举办“文博讲堂”系列学术讲座，包括《从考古成果看中华文明起源》《作为历史文化遗产的茶马古道》《故宫文化融入当代生活——以故宫博物院文创为例》《罗马建筑艺术在中古地中海世界的传播和发展》《中华文明丝路芬芳——陕西历史博物馆珍藏巡礼》《从海南省博物馆文物看海上丝绸之路》等专题。

举办专题培训班，包括文博单位安全培训班、博物馆社会教育负责人培训班、天津市博物馆馆长暨各区局博物馆管理负责人培训班等。

【文博宣传与出版】

以国际博物馆日与文化和自然遗产日为契机，组织了一系列有计划、有特色、有重点的全方位宣传活动。

国际博物馆日活动期间，天津市文物局印制1万余册《天津市博物馆一览手册》和《天津市博物馆参观导图》，在各文博场馆免费向观众发放。天津市文化信息网、天津市文化广播影视局微信公众号、《天津日报》、《今晚报》、天津电视台及各文博单位的网站和微信公众号，均及时对各类活动进行了全方位报道。

《守望文明百年荣光——纪念天津博物馆成立100周年》展览图录由天津人民美术出版社出版发行。

【机构及人员】

截至2018年12月31日，11家天津市局属文博事业单位实有岗位585个，在职人员700人。按学历情况划分：博士学历10人，硕士学历135人，本科学历328人，大专学历64人，大专以下学历43人。按专业技术岗位划分：正高级职称23人，副高级职称90人，中级职称250人，初级职称154人。

【对外交流与合作】

2018年9月18日～11月14日，天津美术馆举办“达·芬奇、米开朗基罗、拉斐尔——来自文艺复兴的问候”特展。展览系天津市政府高端展览补贴项目，由天津美术馆和意大利梅塔莫弗斯文化基金会共同主办，展出作品68件。

天津美术馆引进高端大展“安格尔的巨匠之路——来自大师故乡蒙托邦博物馆的收藏”。展览系天津市政府高端展览补贴项目，由天津美术馆、中华世纪坛艺术馆、浙江美术馆联合主办，展出安格尔的绘画作品及其收藏作品，共计70件/组。

天津博物馆引进“庞贝——瞬间与永恒”展览。来自意大利那不勒斯国家考古博物馆的120/套文物精品构成展览的核心，还原了古罗马帝国庞贝古城的真实面貌。

河北省

【概述】

2018年，河北省文物系统积极推进与国家重大战略对接，服务发展大局，以长城保护管理、大运河文化带建设、雄安新区和冬奥会沿线文物保护工作为主线，以加强文物安全为重点，提升文物保护利用水平，各项重点任务目标全面完成，全省文物事业实现持续健康发展。

【法制建设】

1月1日，《清东陵保护管理办法（修订）》开始实施。

4月，廊坊市政府发布《廊坊市文物保护管理办法》。

5月26日，河北省文物局联合省公安厅印发《打击文物犯罪奖励办法》，引导社会积极参与，奖励打击文物犯罪成绩突出的单位和个人。

5月31日，河北省第十三届人民代表大会常务委员会第三次会议批准《秦皇岛市长城保护条例》，并于9月1日正式实施。

12月，受河北省人大委托，省文物局负责《河北长城保护法（草案）》的起草编制工作，经专家论证后已提交省人大常委会审议。

【执法督察与安全保卫】

按照应急管理部、文化和旅游部、国家文物局部署，联合河北省消防总队开展全省博物馆和文物建筑消防安全大检查。联合消防部门开展消防安全督导检查，对文物安全隐患、违法案件督办和重大问题进行约谈。

与河北省公安厅建立互动沟通协调机制。7～12月，在公安部和国家文物局指导下，全省文物部门、公安机关联合开展为期6个月的打击文物犯罪专项行动，对邯郸、定州、沧州、衡水、张家口、秦皇岛等地文物案件进行现场督办或跟踪督办。深入开展“文物法人违法案件专项整治行动（2016～2018年）”，落实专项整治措施。鉴于近年来定州市刑警大队打击文物犯罪成效显著，河北省文物局联合省公安厅对定州市公安局刑警大队通报表彰并奖励10万元。

2月27日，河北省政府召开全省文物安全工作会议。省财政拨付专项经费，提升承德避暑山庄及周围寺庙、清东陵、清西陵、正定古城等重点文物单位扑灭初起火灾能力。开展专项整治文物环境问题工作；推进实施文物平安工程。

秦皇岛市建设市级安全监管平台，将23处省保以上单位纳入平台管理；蔚县建设县级视频监管平台，将9处国保单位纳入整体监管。

【不可移动文物的保护和管理】

（一）大遗址

稳步推进邺城遗址、赵王城遗址、中山古城遗址、泥河湾遗址群考古遗址公园建设和文物保护工程。元中都遗址国家考古遗址公园正式挂牌，为河北省首家。

（二）全国重点文物保护单位

积极推进正定古城保护工作。指导城墙项目资料整理，检查指导正定隆兴寺整体保护工程实施，推进正定隆兴寺石质文物、摩尼殿修缮项目和天宁寺凌霄塔修缮工程方案批复核准，指导推进隆兴寺院落地面、三通御碑本体、碑亭建设工程和东城门修缮前期勘测项目等设计方案编制和报审工作。

组织专家对正丰矿工业建筑群小姐楼修缮工程、清河道署修缮工程、山海关八国联军营盘旧址—英军营盘保护维修工程、隆兴寺壁画保护工程等进行省级技术验收。

（三）世界文化遗产

协调推动承德避暑山庄及周围寺庙文化遗产保护工程结项。督导推进清东陵、清西陵文物保护工程和古建筑日常保养维护工作，组织实施一批具有重大影响和示范意义的文物保护重点项目，推动清西陵泰陵保护修缮工程、清西陵内务府营房保护维修工程（一期）和昌妃园寝彩画保护修缮工程等项目开工实施，指导清东陵裕陵、清西陵昌陵等已开工项目的正常进行。做好世界文化遗产监测工作，完成遗产地年度评估报告。

贯彻落实习近平总书记关于长城保护重要批示精神，根据《长城保护条例》逐步完善责任体系。探索正确的长城保护理念，按照“原状保护、局部加固、重点修缮”和“最小干预”原则，结合长城沿线脱贫攻坚和美丽乡村建设，谋划长城文化带建设，使长城保护惠及民生。对板厂峪长城一期、义院口长城、山海关长城铁门关—靖边楼三个段落修缮项目进行省级技术验收，检查山海关长城二期、九门口点将台等修缮工程项目。启动“长城保护公募项目”喜峰口西潘家口长城保护维修工程，推进邢台市郭公关、怀来县西水泉村二号烽火台长城本体抢险加固工程等。完善长城“四有”工作，继续推动长城保护标志、界桩、档案等基础工作的开展。

开展大运河文化带文物保护工作。配合河北省发改委编制完成《大运河文化保护传承利用实施意见》，完成《大运河河北段文物保护传承利用专项规划》。指导沿线的邢台市、邯郸市开展大运河文物资源调查、考古勘探试掘，指导河北省文物研究所进行大清河流域文物资源调查、考古勘探工作；推进大运河沿岸大名天主教堂等文物保护修缮项目实施，推进沧州铁狮子保护设施方案设计。建立完善大运河文物安全长效管护机制，督促大运河毗邻市县地方政府和水利、公安、文物部门建立常态化联合执法巡查机制，强化区域间和部门间合作，强化文物安全技术防范，严防盗挖运河行为。

推进万里茶道世界文化遗产申报工作。万里茶道沿线八省区文物部门、万里茶道联合申遗办共同向国家文物局申请将万里茶道列入中国世界文化遗产预备名单，并编制保护管理规划。

（四）革命文物

河北省文物局起草《河北省革命文物保护利用工程（2018～2022年）实施方案》并报经省委、省政府予以印发。实施中共晋冀鲁豫中央局和军区旧址等具有重大影响和示范意义的革命文物保护利用项目。2018年河北省政府公布54处第六批省级文物保护单位，其中包括华北大学旧址等17处革命文物。按照国家文物局工作安排部署，完成革命文物名录报送工作。核准涉县八路军一二九师司令部旧址保护规划并经省政府公布。

（五）其他

配合住建部门报请国务院将蔚县公布为国家级历史名城。完成河北省历史文化街区遴选，并报请省政府公布。

围绕实施乡村振兴战略，按照国家文物局统一部署，开展国保省保集中成片传统村落蔚县西古堡村、顺平县南腰山村整体保护利用项目评估。推动传统村落西古堡村堡墙项目、南腰山村王氏庄园南园保护工程实施，推动蔚县古堡拯救行动实施，批复同意蔚县卜北堡村文物建筑修缮工程方案。

【考古发掘】

（一）概况

创新、转变工作思路，将工作重点和国家重点项目对接，将考古项目积极纳入国家“考古中国”重大课题之中。泥河湾遗址群、行唐故郡遗址、邺城遗址、太子城遗址、康保兴隆遗址等一批重要考古发现填补了国内空白。

配合正定古城保护工作，开展正定开元寺遗址发掘，发现7个时代的文化堆积。支持考古实验室建设，行唐故郡遗址室内实验室考古工作取得重要收获，对行唐故郡遗址2号车进行室内清理，出土精美的东周时期车饰。

（二）重要考古项目

1．涉冬奥文物保护

围绕京津冀协同发展、筹办冬奥会等重大机遇，重点抓好冬奥赛场周边长城、崇礼太子城遗址、京张铁路及沿线文物的保护工作，把长城文化、泥河湾文化与冬奥会元素进行整合。

涉冬奥项目张家口崇礼太子城遗址发掘工作全面展开，发掘面积6500平方米。出土遗物以各类泥质灰陶砖瓦、鸱吻、嫔伽、凤鸟、脊兽等建筑构件为主，另有部分绿釉建筑构件、铜铁构件、瓷器、陶器、鎏金龙形饰件等，其中青砖上多戳印“内”“宫”“官”字，部分螭吻上刻“七尺五地”“四尺五地”“天字三尺”等。可以确定太子城城址为金代后期皇室的金章宗泰和宫遗址。

2．雄安新区文物保护

根据国家文物局的总体部署，完成雄安新区文物调查报告和雄安新区文物调查专题报告。容城南阳遗址勘察、发掘工作稳步推进，对城址进行复探，并对遗址北部“城台”开展考古发掘，揭露面积1125平方米。解剖夯土城垣遗存2处，发现灰坑71个、房址10座、沟5条、墓葬5座、灶2处，遗存年代包括金元、宋金、唐代、北朝、汉代、战国时期。城垣年代为战国时期，为寻找战国中期燕文公的“易”城邑提供了重要线索。

完成雄安新区遥感及机载激光考古调查外业工作。完成100平方公里起步区的考古勘查工作，勘探古遗址、古墓葬48处，勘探面积153.9万平方米，完成17处遗址的试掘，试掘面积约1200平方米。对雄县双堂遗址进行发掘，确定此前勘探出的“地道遗存”实为明代或宋元时期的砖体建筑遗存。

3．泥河湾东方人类探源工程

继续推进泥河湾东方人类探源工程考古工作，马圈沟遗址、石沟遗址、东谷坨遗址、西白马营遗址等取得重要收获。泥河湾遗址群目前共发现遗址380余处，时代距今180万年至2万年，建立了古人类连续演化的序列。

4．冀西北地区新石器时代考古

康保兴隆遗址清理距今8000～5500年的房址、墓葬共8处，出土了一批重要文物，特别是人头骨配饰的完整发现在河北省新石器早期遗址中尚属首次，在全国也非常罕见。

尚义四台蒙古营遗址发现距今7600年的聚落遗址，勘探发现40余座房址。

尚义大水沟岔沟梁遗址发现距今4300多年的夯土墙遗迹，填补了河北省此类考古空白。

【博物馆与可移动文物保护】

（一）博物馆

1．博物馆建设

截至2018年年底，河北省有国家一级博物馆3家、二级博物馆13家、三级博物馆16家，革命题材博物馆、纪念馆35家。各博物馆全年开展社会教育活动7196次，河北博物院年接待观众超过118万人次。

衡水市博物馆、保定市新馆建成，定州市博物馆新馆开放。新增批准备案4家非国有博物馆，全省非国有博物馆总数达到36家。

2．博物馆间的交流与合作

加强京津冀博物馆协同合作。5月15日，河北省文物局与北京市文物局、天津市文物局、故宫博物院、中国国家博物馆、恭王府博物馆、北京鲁迅博物馆共同签署“京津冀博物馆协同创新发展合作协议”。

围绕改革开放40周年，京津冀博物馆先后推出特色文化展5个、围绕燕赵历史文化题材的专题巡回展览3个。“廊坊博物馆藏剪纸艺术展”于7月10～18日在北京民族文化宫展出。4月，古陶文明博物馆与秦皇岛玻璃博物馆联合承办“椽檐集珍——战国秦汉瓦当展”。

3．重要陈列展览

8月1日，为弘扬冀东抗战精神，纪念冀东人民抗日暴动80周年，由中国人民抗日战争纪念馆等单位主办、潘家峪惨案纪念馆等单位承办的“抗日烽火在冀东燃烧”——纪念冀东人民抗日暴动80周年暨敌后抗战主题展览在中国人民抗日战争纪念馆开幕。

12月，由北京、天津、河北、山西、内蒙古地方志办公室主办，保定市地方志办公室和直隶总督署博物馆共同承办的“永定河文化展”在直隶总督署博物馆开幕。

4．文创产品开发

积极开展文创产品研发力度。在第13届中国（义乌）文化产品交易会上，河北博物院荣获“博物馆文创系列产品推介奖”。在第八届中国博物馆及相关产品与技术博览会上，河北博物院荣获“最佳展示奖”。

（二）可移动文物保护

全省非国有博物馆藏品备案工作基本完成，藏品备案总计28000余件/套（30000余件）。依托第一次全国可移动文物普查成果建立河北省可移动革命文物数据库并投入使用。

【社会文物管理】

2018年新增文物拍卖企业2家。全年完成8场文物艺术品拍卖会共计3685件/套拍卖标的实物审核工作，撤拍13件/套，拍卖成交金额3512.61万元。

积极开展社会藏品鉴赏服务，在唐山、张家口、秦皇岛成功举办社会收藏鉴赏咨询服务活动。

【文博教育与培训】

指导山海关局文物局成功承办国家文物局砖石长城保护培训班。举办全省文物局长培训班、全省文物保护工程项目管理单位培训班，开展全省考古数字化培训，组织全省博物馆馆长培训班和全省文博系统保管员培训班。

【文博宣传与出版】

文化和自然遗产日当天，在张家口市张北县举行“2018中国文化和自然遗产日暨元中都国家考古遗址公园挂牌活动”。全省各地也开展了各具特色的宣传活动，一批文物开放单位、博物馆、纪念馆减免费对公众开放，一系列主题活动深受民众欢迎。

6～9月，由中新社河北分社、河北日报、腾讯大燕网、凤凰河北等10多家媒体记者参与，走访了张家口境内长城节点，发掘燕赵长城的人文精神，多家媒体竞相报道。开展了“新时代凝聚新力量”2018新闻媒体长城行活动。

山西省

【概述】

2018年，山西省文物事业紧紧抓住改革创新的主题，“文明守望工程”全面推开，文物密集区体制改革试点不断拓展，世界文化遗产保护有序开展，重要考古发掘取得新成果，组织开展了全省不可移动文物核查工作，启动了第八批国保和第六批省保单位的遴选推荐工作，公布了第五批省保单位保护范围和建控地带。博物馆公共服务作用持续彰显。文博人才培训力度显著加强，文物法治化建设和标准化管理不断完善。

【法制建设】

配合山西省人大常委会启动《山西省红色文化遗址保护和利用条例》立法工作，报请山西省政府常务会研究通过《山西省社会力量参与文物保护利用办法》，完成山西省长城保护方面3个规范性文件草案。

【执法督察与安全保卫】

继续开展文物法人违法案件专项整治行动和文物执法专项督察工作，组织对4市20个县进行了文物安全与行政执法督察交叉检查。4～7月，对山西省区域内文物法人违法案件、不可移动文物保护现状、机构设置、安全设施、保护人员、保护经费等进行了全面调查摸底。

积极推广“网格+文物安全”模式，将文物安全管理延伸至基层网格。在对晋中、阳泉等市调研的基础上，积极与山西省政法委协调，把文物安全巡查纳入网格化管理。

各市、县文物行政部门强化监督管理，全面落实执法巡查制度，实现文物行政执法关口前置，监管视角前移，随时掌握本区域内不可移动文物的安全情况，推进文物保护单位执法巡查常态化。

在山西省文物局网站建立舆情搜索平台，由专人负责媒体和群众反映的文物违法信息。积极督办群众举报、媒体反映的文物违法行为16件，对部分文物违法案件，主动约谈当地政府分管领导和文物行政部门主要负责人。

配合国家应急管理部、国家文物局对山西省太原市、运城市有关博物馆和文物建筑单位消防安全工作进行督导检查。

山西省文物局联合山西省公安厅开展为期三年的打击文物犯罪专项行动，联合出台了《山西省公安机关和文物行政部门开展扫黑除恶专项斗争协作机制》《关于切实加强文物安全防范工作的实施意见》等重要文件，持续保持对文物犯罪对严防严管严打严治的高压态势。截至2018年12月31日，向山西省委政法委报送涉黑涉恶及违法犯罪案件线索110条，向山西省公安机关移交文物犯罪案件线索23条。

全力协助公安机关做好案件侦破和涉案文物鉴定等有关工作。 全年完成涉案文物鉴定评估181次，鉴定涉案物品13949件/组，其中一级文物46件/组、二级文物88件/组、三级文物407件/组、一般文物5548件/组。

【不可移动文物的保护和管理】

（一）概况

截至2018年年底，山西省共有不可移动文物53875处，其中全国重点文物保护单位452处，省级文物保护单位487处，市、县级文物保护单位12466处。

（二）大遗址

继续推进晋阳古城遗址、陶寺遗址、蒲津渡与蒲州故城等大遗址的考古发掘和保护利用工作。陶寺遗址利用建设完成的游览道路、木栈道等设施与观象台、宫殿区等重要节点连接，初步形成了遗址内的游览线路，遗址展示已见雏形，保护展示与开放利用初见成效。

（三）全国重点文物保护单位

2018年共投入30791万元文物保护专项资金，其中中央财政15646万元、省级财政15145万元。维修了北马玉皇庙、崇福寺、太谷光华寺、黎城城隍庙、和顺懿济圣母庙等全国重点文物保护单位，对新绛白台寺、悬空寺等全国重点文物保护单位内的彩塑壁画、油饰彩画进行了保护。

实施古建筑保护重点工程。开展应县木塔局部足尺模型试验，启动精细化测绘工作，组织推进应县木塔匾额楹联保护修复项目。

启动泽州坪上汤帝庙、大同水神堂、渠家大院长裕川茶庄等古建筑抢险维修工程的实施。组织有关单位对洪洞广胜寺水神庙、太原净因寺彩塑壁画进行数字化采集。

组织编制荆庄大云寺大雄宝殿、石掌玉皇庙、南神头二仙庙、砥洎城、盂县大王庙、崇安寺、白玉宫、玉泉东岳庙、寺润三教堂保护规划。

组织对砥洎城、湘峪古堡等国保古村落的维修保护。湘峪古堡佣人院、都可轩院维修工程基本完工，诗书院、城门里院、城门里东院、下西院修缮工程正在实施。砥洎城素履居、笃庆居等二期修缮工程基本完工。

（四）世界文化遗产

启动平遥城墙内墙62、99号等险情段落墙体加固工程，组织编制《世界文化遗产平遥古城监测预警体系建设方案》。

启动云冈石窟21～30窟危岩体加固工程。

启动五台山南山寺善德堂维修工程，组织编制《五台山古建筑群（显通寺）环境整治工程设计方案》。

（五）其他

安排1000万元用于文物密集区体制改革工作。继续推进阳城古堡民居试点院落建筑的抢险维修工程。中庄、上庄、润城村完成盛祥院、磨坊院、尚书第、广居门等10余处院落的抢救修缮及基础设施建设，完成中庄村部分河道治理工作。以中庄村明代暗道展示利用为引线，启动前书房院、后书房院、前七宅、后七宅、上午宅、花园院的展示利用工作。

【考古发掘】

（一）概况

2018年共开展28项考古发掘工作，发掘面积2万余平方米，出土各类器物4000余件/套。

（二）重要考古项目

1．闻喜酒务头墓地

共发现商代晚期墓葬12座。山西省考古研究所联合市县文物部门清理了3座“甲”字形大墓、7座中小型墓、1座灰坑。发掘的“甲”字形大墓墓道朝南，墓室呈东西向长方形，墓室内由生土二层台、椁室、棺室、腰坑组成。墓主人骨骼保存极差，有殉人、殉狗。出土青铜器、陶器、玉石小件等近200件。闻喜酒务头墓地是运城地区首次发现的商代晚期贵族墓地，对研究商代晚期殷墟文化的分布范围以及当时运城地区的政治地位有重要的价值。

2．襄汾陶寺北两周墓地

位于山西省襄汾县城东北约7千米的陶寺村北，面积约24万平方米。2018年发掘重点是大墓M3011。M3011是迄今陶寺北墓地规格最高的一座墓葬，时代为春秋晚期。葬具为一椁双棺，在棺椁间西部、南部发现大量青铜器。在一套编钟上发现大量的铭文，其中一件甬钟有“卫侯之孙申子之子书……”等刻铭，可确定该编钟与卫国有关。M3011是近年来山西东周考古的重大发现，大量青铜器的出土为晋国史乃至东周史的研究提供了丰富材料。

3．山西兴县碧村龙山时代遗址

为全面了解小玉梁地点的聚落形态，3～12月，山西省考古研究所联合山西大学历史文化学院、兴县文物局，在2017年发掘区域基础上展开进一步的清理和重点解剖，并对发掘区进行保护性回填。通过开展古环境、古地貌、古植物、古动物等多学科合作研究，确认该台地经历了半地穴房址和石砌排房早晚两大阶段，年代相当于龙山文化晚期至二里头文化早期。

4．山西绛县西吴壁遗址

2018年春、秋两季，中国国家博物馆、山西省考古研究所及运城市文物保护研究所联合对位于山西省绛县的西吴壁遗址开展大规模考古发掘。此次发掘发现大量二里头、二里冈时期的冶铜遗迹，出土数量众多的铜炼渣、炉壁、矿石、石范及相关工具，并发现许多陶、石、骨器，西吴壁遗址是一处夏商时期的冶铜遗址，为研究我国早期冶铜手工业提供了珍贵资料。

【博物馆与可移动文物保护】

（一）博物馆

2018年，山西省新增备案博物馆8家。八路军总部旧址王家峪纪念馆晋级为国家三级博物馆。太原市晋祠博物馆、曲沃县晋国博物馆、大同市博物馆、广灵剪纸艺术博物馆、运城博物馆等5家博物馆被山西省科学技术厅认定为“山西省科普基地”。

1．博物馆建设

12月5日，晋中市博物馆新馆正式建成开放，总建筑面积22000平方米，展厅面积约9000平方米。该馆以“岁月风采”为主题，着重展示晋中的悠久历史文化和厚重人文精神。

12月18日，临汾博物馆新馆正式建成开放，总建筑面积32429平方米。博物馆主体建筑地下一层为库区，也是全市的文物中心库。地上三层为展区，陈展以历史传承为脉络、以专题文化为特色。

2．重要陈列展览

山西博物院与内蒙古博物院、甘肃省博物馆、辽宁省博物馆合作推出“碰撞·融合——长城文化展”，与上海博物馆合作推出“匠心·光影——镜头下的山西古建筑”

展，在嘉兴博物馆展出“山西出土玉器精品展”，与燕楼故事馆联袂举办“穿墙透壁——李乾朗古建筑手绘艺术展”，与中国国家博物馆、湖南省博物馆、陕西历史博物馆、浙江省博物馆、广东省博物馆等6家博物馆通过抖音平台推出线上创意视频活动。“帽美如花童年记忆——晋式童帽专题巡展”“山西军民抗战史实巡展”“丝路遗珠——珐琅精品展”等巡展项目在北京、晋城等地推出。

晋祠博物馆与宁夏固原博物馆联合举办“唐风华彩——晋祠博物馆唐代名碑拓片展”，与连云港市博物馆联合举办“珠联玑对——连云港市博物馆藏当代书法名家楹联展”，与佛山市顺德区博物馆联合举办“镜涵春秋——晋祠博物馆藏铜镜展”，与东莞可园博物馆联合举办“岭南风·名园韵——东莞可园博物馆藏岭南书画精品（高仿）展”，与内蒙古呼伦贝尔民族博物院联合举办“唐风华彩——晋祠博物馆唐代名碑拓片展”，山西省艺术博物馆联合举办“丝路遗珍——珐琅精品展”，与西安半坡博物馆联合举办“远古回声——半坡遗址与半坡文化展”。

太原市博物馆与故宫博物院合作推出“紫禁风华——2018太原·故宫文物展”。

大同市博物馆联合洛阳市博物馆、呼伦贝尔民族博物馆推出“融合之路——拓跋鲜卑迁徙与发展历程”，与武汉博物馆共同举办“西京印迹——大同辽金元文物展”。

此外，山西博物院还推出了“争锋——晋楚文明特展”“春水初生、匠新美陈——山西省第二届文创试点单位联展”“守望文明·利在千秋——山西公安机关打击文物犯罪行动成果宣传”“古韵新生——山西省可移动文物保护成果展”，与太原市盲童学校合作举办了“润物细无声——可触摸体验文物精品展”。

（二）可移动文物保护

1．概况

截至2018年年底，山西省413家文物收藏单位共登录可移动文物653105件/套（实际数量3220550件），其中珍贵文物59219件/套（实际数量76124件，包括一级文物5515件、二级文物17082件、三级文物53527件）、一般文物1710815件、未定级文物1433611件。

2．可移动文物保护技术、方法及应用

山西省考古研究所采用传统技术对300多件青铜器进行了修复保护，同时采用三维扫描、X荧光能谱仪、金相显微镜等技术对部分青铜器进行了三维数字模型记录、合金成分分析、金相组织分析、铸造工艺考察及高清影像记录。

山西博物院利用天然生物提炼出的纸张对糟朽纸张进行加固处理取得了良好效果，利用纸纤维喷涂技术改变了古书画断裂缝贴条修复方法。山西博物院将蜂窝铝网及碳纤维自由成型技术应用于墓葬异形壁画修复，按照壁画形状制作支撑体，为墓葬壁画复原及展示提供了有效的保护措施。

【社会文物管理】

完成对两家拍卖公司6场文物拍卖会标的的审核，审核拍卖标的3335件，其中属于文物监管范围的标的1362件，6件标的不可上拍。

山西省文物交流中心年营业额517.2万元，其中为各级博物馆提供藏品收入441.8万元、零售营业额收入75.4万元。

【科技与信息】

“文物保护工程责任主体质量行为及施工现场标准化管理规则”“考古调查勘探预算编制规范”“古建筑彩塑壁画数字化规程”和“纸质文物保护修复验收规范”被山西省市场监督管理局确定为2018年度第八批山西省地方标准制定项目。

【文博教育与培训】

2018年山西省文物局共举办15个培训班，包括在浙江大学举办文物数字化培训班和干部素质能力提升专题研修班，在北京大学举办木结构古建筑培训班、山西博物馆展览策划培训班、考古项目负责人培训班、文博领军后备人才培训班和对外交流人才培训班，在渭南举办山西省文博单位藏品管理培训班，在南京举办文化创意产品开发培训班，在山西交通职业技术学院举办省直单位财务管理培训班，在大同云冈石窟举办山西彩塑壁画保护修复及日常保养培训班，在太原举办学习贯彻两个中央文件精神培训班、全省博物馆馆长培训班和政府会计制度培训班，在运城市举办山西省文博单位讲解员培训班。

受国家文物局委托，山西省文物局在太原承办了第八批全国重点文物保护单位申报遴选培训班和全国文物政策法规研讨班。

【文博宣传与出版】

启动《文明守望》栏目。3月29日，山西省文物局在太原召开山西省“文明守望工程”进展情况暨大型文博栏目《文明守望》新闻发布会。3月31日，《文明守望》正式开播。该栏目共分三季，分别为“走进长城”“走进古建筑”“博物馆之夜”，旨在宣传动员社会力量参与文物保护，努力形成“政府主导、媒体呼吁、社会参与、成果共享”的文物保护新机制。

启动“请城砖回家、为长城疗伤”活动。5月15日，“请城砖回家、为长城疗伤”活动启动仪式在大同市得胜堡举行，来自山西全省的长城保护员、志愿者、长城沿线群众约200人参加。启动仪式上为“长城研究保护十大突出人物”颁发了荣誉证书，进行了长城保护授旗并宣读守护誓词，村民代表现场捐赠了城砖等文物，举行了城砖归安仪式。

举办各类主题活动。5月18日，山西省各博物馆围绕“超级连接的博物馆：新方法、新公众”主题，通过走进各大中小学校，举办各类展览，在抖音平台举办线上创意视频，充分发挥博物馆的公共文化服务职能，推动文物资源的活化利用，为山西人民群众提供更加标准、更加多样的公共文化服务产品。6月9日，山西省文物局与上海博物馆共同举办的“匠心·光影——镜头下的山西古建筑”摄影展在山西省民俗博物馆展出。摄影展的举办不仅更好地展示宣传了山西的文物资源，还吸引了公众进一步关注山西文物、参与山西文物保护。

山西博物院《山西九原岗北朝墓葬壁画搬迁保护》《晋西商代青铜器》《山西博物院藏墓葬壁画保护修复报告》《争锋——晋楚文明》《金字塔·不朽之宫——古埃及文明》《穿墙透壁——李乾朗古建筑手绘艺术》《静观：邓石如书法艺术》《回望太行：苏高礼捐赠新作》《回乡》和《忻东旺的艺术人生》，八路军太行纪念馆《李彦南传》，太原市文物考古研究所《晋阳古城研究》和《晋阳遗珍》，晋祠博物馆《万派同源》和《太原段贴》等图书出版。

【机构及人员】

山西省文物局是山西省政府设置的主管全省文物工作的直属机构，正厅级建制，班子配备是一正、三副。局机关内设8个职能处室，分别是办公室（机关党委）、人事教育处、政策法规处（行政审批处）、规划财务处、文物管理处、博物馆管理处、执法督察处、离退休人员工作处。局机关核定公务员编制41名、工勤人员编制8名，现有在职公务员35人、工勤人员6人。

【对外交流与合作】

山西博物院从意大利都灵埃及博物馆引进“金字塔·不朽之宫——古埃及文明特展”。

山西省文物局组织人员出访瑞典、丹麦、芬兰三国，就文物保护利用、管理机制及人才培养进行合作洽谈。

持续推进“飞龙在天——天龙山石窟数字复原巡展”项目，这是山西省文物首次以数字虚拟复原手段开展的国际合作研究，该项目已入选中宣部“中华文化走出去文化交流重点项目库”并进入复评阶段。

内蒙古自治区

【概述】

2018年，内蒙古自治区文物局深入学习贯彻党的十九大精神，认真领会习近平新时代中国特色社会主义思想，落实党中央、国务院，国家文物局，自治区党委、政府关于文物工作的各项部署，以高度的责任担当和自觉加快推进文物事业改革发展，各项工作取得新成绩，文博事业取得新进展。

【执法督察与安全保卫】

持续开展文物法人违法案件专项整治行动，共发现重大法人违法案件17起，其中国家文物局督办8起、自治区文物督察中发现9起，重点对元上都遗址违建案件进行了督办。

对国保单位金界壕遗址兴安盟扎赉特旗杨树沟林场段遭破坏案、锡林郭勒盟太仆寺旗段遭破坏案、呼和浩特席力图召未批违法建设案件进行实地调查督办，同时向内蒙古自治区公安厅、呼和浩特政府、兴安盟扎赉特旗等部门发去督办函（或报案材料）。与自治区纪委监委党风政风监督室建立破坏文化遗产问题线索移送工作制度，有效推动了文化遗产保护责任的落实，加大了对破坏文化遗产案件的追责问责力度。

在全区开展文物安全工作落实情况专项督察，涉及9个盟市42个文物单位，发现安全隐患73处，对存在突出问题的5个盟市下达了整改督办函。

配合自治区公安厅在全区开展打击文物犯罪专项行动，共破获案件9起，抓获犯罪分子27人，收缴涉案文物91件。全区各级公安部门共破获文物案件8起，收缴涉案文物113件/套（其中一级文物8件/套、二级文物1件、三级文物5件/套）。经内蒙古博物院（国家文物局文物进出境内蒙古管理处）依法鉴定，锡林郭勒盟、多伦县公安司法部门依法审理，“锡林郭勒盟多伦县小王力沟辽代贵妃墓”被盗案件盗墓团伙多名主犯分别被判处十至十三年有期徒刑。

贯彻习近平总书记关于加强文物安全工作的重要指示精神，主动汲取巴西国家博物馆火灾事故教训，内蒙古自治区文物局和消防救援总队在全区联合开展了博物馆和文物建筑安全大检查工作。

【不可移动文物的保护和管理】

（一）概况

自治区文物局积极开展重点文物项目申报，会同自治区财政厅向财政部、国家文物局申报2018年度全国重点文物保护单位专项补助资金项目82项，获批专项资金2.47亿元。

有序开展第八批全国重点文物保护单位申报工作，对全区文物大遗址、古建筑、长城、革命文物、少数民族文物、近现代文物等进行摸底、核实、实地调研，举办申报工作培训班，对申报项目和文本进行评审。

（二）大遗址

公布内蒙古长城保护范围和建设控制地带，在全区开展长城保护调研工作，进一步摸清长城保护工作现状及存在的问题，实施乌兰察布化德县金界壕遗址工程。举办内蒙古长城历史文化展览，全面展示自治区长城保护和管理成果。

（三）全国重点文物保护单位

实施美岱召、五当召、乌素图召、辽上京遗址、新忽热古城、克里孟古城、中东铁路等文物保护维修工程。组织开展美岱召、乌素图召、成吉思汗陵等部分文物保护单位安防工程检查、验收工作。

（四）世界文化遗产

稳步推进重点文化遗产保护与申遗工作。辽上京与祖陵遗址申遗文本编制工作初步完成，考古发掘工作有序推进，实施辽上京乾德门遗址保护和展示工程、辽上京遗址围封工程、标识系统工作。编制红山遗址申遗文本，并与辽宁省朝阳市共同组织专家进行了评审。参加在江西婺源、湖北武汉召开的“八省区万里茶道申遗工作推进会”，积极参与“八省区万里茶道文物联展”，筹备拍摄了万里茶道内蒙古段专题片，初步整理完沿线调查报告。阴山岩刻申遗保护规划通过国家文物局批复，实施了安防工程。

【考古发掘】

（一）概况

2018年，内蒙古自治区文物考古研究所对鸡鹿塞古城城门及瓮城门遗迹进行了为期一个月的配合性考古发掘工作， 出土了少量木制构件、铜镞、骨器和陶器残片等；对巴彦淖尔市乌拉特中旗新忽热古城进行了考古发掘，出土遗物多以砖瓦为主，有板瓦、筒瓦、莲花纹瓦当等；为配合额济纳旗大同城的维修加固工程，对大同城遗址及周边墓葬、水渠、窑址进行考古调查与发掘，发现灰坑、水井、城门、石圈等遗址，出土汉代的陶器残片、铜镞和唐代的砖、板瓦、石磨及较多的兽骨等；对准格尔旗薛家湾镇福路塔墓地进行发掘，清理战国晚期到西汉早期墓葬99座，出土遗物约400件；对通辽市扎鲁特旗两处遭盗掘的古墓葬进行清理发掘，出土随葬品铁器、陶瓷片等，从形制推断为辽代墓葬；在三合村北侧1.8千米处清理发掘一处被盗鲜卑时期墓葬；对苏尼特右旗阿拉腾沟墓群的13座鲜卑时期墓葬进行清理，其中12座墓葬已被盗，出土遗物主要为骨器、铁器、绿松石及玛瑙串珠，填补了该地区鲜卑考古研究的空白。

（二）重要考古项目

1．准格尔旗石口子遗址考古项目

配合国家文物局“十三五”重大考古项目“河套地区史前聚落与社会研究”的开展，内蒙古自治区文物考古研究所“内蒙古河套项目组”对准格尔旗石口子遗址进行了发掘。该遗址位于鄂尔多斯市准格尔旗大路镇小滩子村石口社东北方向约5千米的一坡地上，南侧近邻沿黄高速公路，北侧濒临黄河，东侧为一小型冲沟，西侧为运煤铁路专线。整体地势较为平坦开阔，上存近2米厚的黄沙，地表植被以灌木为主，鲜见树木。

2．中蒙联合考古项目

7～8月，内蒙古自治区文物考古研究所与蒙古国游牧文化研究国际学院、蒙古国科学院历史考古研究所合作，继续开展“蒙古国境内古代游牧民族文化遗存考古调查及发掘研究”

项目。为了对蒙古高原青铜时代赫列克苏尔及石板墓文化在时间和空间上的发展演变做更加全面的研究，本年度选择对蒙古国巴彦洪戈尔省嘎鲁特苏木昂茨遗址进行考古发掘，共发掘赫列克苏尔4座、石板墓1座、特布希文化墓葬1座、匈奴石圈墓2座。发掘期间，联合考古队派出分队对发掘地点所在的拜德拉格河上游支流查干图鲁特河进行了考古调查，调查面积达100平方千米，发现各类遗迹723处。

【博物馆与可移动文物保护】

（一）博物馆

在“第三批国家二、三级博物馆定级评估”中，内蒙古赤峰市巴林右旗博物馆被评为国家二级博物馆，内蒙古河套文化博物馆、乌海市博物被馆评为国家三级博物馆。内蒙古博物院、内蒙古民族解放纪念馆数字展厅和网上数字博物馆等智慧博物馆已基本建成。自治区文化厅印发《关于进一步完善全区特色博物馆体系建设的指导意见》，全面推进全区特色博物馆体系建设。

2018年全区各级博物馆、纪念馆免费开放接待观众1700万人次，其中未成年 420万人次，讲解接待15000余场次。全年在外省举办展览18个，引进展览45个，区内巡展7个。9月6日，由北京市人民政府和内蒙古自治区人民联合主办的“大辽五京——内蒙古出土文物暨辽南京建城1080年展” 在首都博物馆举办。内蒙古博物院“大辽契丹——辽代历史文化陈列”展览荣获“第十五届（2017年度）全国博物馆十大陈列展览精品推介·精品奖”。

根据国家文物局的部署，在全区开展非国有博物馆文物藏品备案工作，拟备案藏品112659件。在赤峰市举办全区非国有博物馆藏品备案工作培训班，启动藏品数据信息采集、录入工作，采集藏品数据78406条。

印发《关于开展全区博物馆、纪念馆意识形态问题专项检查“回头看”工作的通知》，全区各地按照要求认真整改存在问题，及时组织专家对展览大纲、讲解词进行评审，并向主管部门进行备案。责成展览问题较多的博物馆闭馆进行整改，整改工作取得初步成效。

（二）可移动文物保护

内蒙古博物院对46件/套急需修复的无机质文物进行保护修复，主要包括铜器、铁器、陶器和瓷器。继续开展与日本冢山大学的琉璃器保护修复国际合作项目，修复完成辽代贵妃墓琉璃器1件、馆藏鸟形琉璃器1件。内蒙古博物院与南京博物院合作申报院藏西夏文书保护修复项目全面启动。

纺织品文物保护国家文物局重点科研基地内蒙古工作站在锡林郭勒盟北魏白旗伊和淖三号墓葬开展了出土文物保存现状调研工作。

蒙古族源科学研究中心对整取的22座墓葬进行保护研究，有效控制发霉、生虫等问题。6～8月分多次将17座暂存在呼伦贝尔民族博物院实验室内的墓葬安全搬迁至蒙古族源科研中心科技考古实验室，与中国社会科学院考古所合作开展蒙古族源项目科技考古发掘报告编写准备工作。先后承办“蒙古族源与元朝帝陵综合考察研究项目首席专家工作会议”“国务院参事赴呼伦贝尔调研文博工作专家座谈会”“内蒙古民族大学西辽河流域文化研究中心合作前期会议”等。

内蒙古壁画保护中心（呼和浩特博物馆）与敦煌研究院合作编制《内蒙古呼和浩特市乌素图召壁画保护修复方案》，对乌素图召243.62平方米的壁画进行数据采集与病害调查。对鄂尔多斯青铜器博物馆馆藏米拉壕汉墓36幅壁画、39块汉代画像石进行了保护修复，并在鄂尔多斯青铜器博物馆展出。编制完成《鄂尔多斯青铜器博物馆馆藏米拉壕汉墓壁画保护修复方案》《通辽市奈曼旗辽陈国公主墓壁画抢救性保护修复方案》《内蒙古考古研究所藏耶律弘世墓壁画保护修复方案》《呼和浩特市土左旗白塔寺壁画保护修复方案》。

【文博教育与培训】

内蒙古自治区文物局在全区开展了文物保护人才的培养工作；在呼和浩特市举办全区文物负责人及骨干培训班；委托西北大学举办内蒙古文物业务骨干培训班，培训30名基层业务骨干。

【文博宣传与出版】

5月18日，自治区文物局与公安厅联合在赤峰市博物馆启动了全区打击文物犯罪专项行动；赤峰市作为国际博物馆日内蒙古主会场举办了《中华人民共和国文物保护法》《博物馆条例》宣传讲座、“赤峰地区第一次全国可移动文物普查新发现展”、“赤峰地区文物保护成果展”、“文物安全是底线”百米长卷签名、打击文物犯罪专题文艺演出、专题讲座、赤峰博物馆社会教育活动展示、“国宝在赤峰”讲述文物背后的故事等活动；全区各地博物馆、纪念馆结合自身实际情况，举办了各具特色、丰富多彩的宣传活动。

6月9日，文化和自然遗产日内蒙古主场活动在自治区展览馆和莫尼山非遗小镇举办。活动内容包括文物保护和文物安全展、非遗精品及文创产品展览展示展销、非遗展演、传习活动等，多层次、多角度展示了文化遗产保护成果，进一步提升了民众对文化遗产保护工作的意识。

9月6日，在阿拉善盟举行2018年自治区草原文化遗产保护日主会场活动，活动主题为“传承草原文化，共筑精神家园”。

完成《呼伦贝尔民族文物考古大系》额尔古纳市卷和海拉尔区卷的出版工作，以及新巴尔虎右旗卷和扎兰屯市卷的文物拍摄工作。

【对外交流与合作】

9月，由内蒙古河套文化博物院和沈阳师范大学联合举办的国家艺术基金项目“中国岩刻丝路行——巴彦淖尔阴山岩刻艺术国际巡展”首站抵达意大利，分别在罗马艺术大学庞泰设计学院和佛罗希洛内美术学院展出。

【其他】

为执行内蒙古自治区简政放权、放管结合、优化服务改革方案，落实和推进“放管服”改革工作任务，按照国务院和内蒙古自治区审改办要求，积极梳理、申报、核实文物行政审批事项，做好自治区行政审批大厅进驻相关工作。

辽宁省

【概述】

2018年，在辽宁省委、省政府的正确领导下，在国家文物局的大力支持下，辽宁省文物局按照辽宁省文化和旅游厅党组的决策部署，按照构建社会主义核心价值观体系，全面落实党的十九大精神，落实国务院《关于进一步加强文物工作的指导意见》和中办、国办《关于加强文物保护利用改革的若干意见》，严格贯彻执行《中华人民共和国文物保护法》，坚持文物工作方针，紧紧围绕文物保护和有效利用，群策群力，扎实推进，圆满完成了年度工作任务，文物执法督察、不可移动文物保护与管理、考古发掘、博物馆与可移动文物保护、社会文物管理、文物对外交流与合作等各项工作均取得了显著成绩。

【执法督察与安全保卫】

认真做好违法案件的督办和查处工作。一是组织核实、查处国家文物局卫星遥感监测问题：2017年，国家文物局对沈阳市开展卫星遥感监测文物行政执法试点工作。2018年1月，国家文物局向辽宁省文物局下发文物行政执法督办单，省文物局认真组织进行了核查工作。对确认的沈阳故宫保护范围内擅自搭建自行车棚、沈阳宾馆在清昭陵建设控制地带内搭建婚礼彩色通道等9起违法问题进行了督办和跟踪监督，违法问题得到整改，有关情况上报国家文物局。二是查处了一批文物违法问题。先后查处了大连南满株式会社私自维修、岗上楼上和双砣子山遗址破坏案，抚顺元帅林擅自进行工程建设案，阜新高林台擅自施工等9起文物违法案件，加强指导和跟踪督办。结案4宗，其他案件还在依法推进中。

积极做好“法人违法”三年整治行动的收官年工作。2018年是国家文物局组织开展的“文物法人违法案件专项整治行动”的最后一年。三年来全省各地围绕重点查处7类案件，完善文物行政执法，加大案件惩治力度，对近年来发现查处的积案、新近发生的案件进行集中排查筛选，共查处文物法人违法案件9起（其中国保3起、省保2起、市县保4起），整改到位1起，将4起案件列为省级重点督办案件。2018年年底，国家文物局组织督察组赴辽宁省对整治行动工作情况进行了验收。

加强文物执法巡查督察。进一步推动落实市、县文物执法巡查主体责任，加强文物执法巡查日常监管。2018年，省级文物行政部门实施文物执法巡查2次，检查文物保护单位50余处；巡查长城段落9处。市、县文物行政部门及执法机构开展文物执法检查2次，检查文物保护单位400处。对巡查检查中发现的案件线索认真核实，及时处理，有效扼制了文物违法问题的发生。

做好文物安全日常管理工作。加强年终岁尾文物安全工作，下发《做好今冬明春博物馆和文物建筑火灾防控的通知》《关于做好岁末年初安全防范工作通知》等涉及博物馆和文物建筑安全防范、火灾防控的相关通知。与辽宁省应急管理厅消防救援部门会商，部署博物馆和文物建筑消防安全检查事宜；向国家文物局报送关于进一步加强文物安全工作的实施意见落实情况和文物安全状况大排查行动整改复核情况的相关材料。

【不可移动文物的保护和管理】

（一）概况

2018年，辽宁省共有全国重点文物保护单位128处，省级文物保护单位691处。不断夯实文物保护基础工作，做好文物保护单位“四有”工作，提请省政府核定公布辽宁省第十批省级文物保护单位，启动第八批全国重点文物保护单位遴选、申报工作，加强文物保护单位排查工作；落实国家文物局文物保护工程项目审批改革工作，加强文物保护工程项目审批，推进实施文物保护工程；启动实施革命文物保护传承工程，推进文物合理适度利用。

（二）全国重点文物保护单位

开展第八批全国重点文物保护单位遴选、申报工作。组织各市上报第八批全国重点文物保护单位初报名单150余处；确定12位省级申报遴选审核专家，为提高申报文本编制质量打下良好基础。

推进实施文物保护工程。组织国家文物局专家库专家论证、批准、核准了旅顺监狱旧址监狱医务系和绞刑场修缮工程方案、大黑山山城东墙局部段落保护工程方案以及鸭绿江断桥桥头堡修缮工程等9项文物保护工程，批准了玄贞观大殿消防工程，为争取2018年国家文物保护重点专项经费提供了依据。组织专家重点指导推进赫甸城城址东城墙、北城墙修缮工程以及中前所城北墙修缮工程等文物保护工程。对近五年来实施的各项文物保护工程实施动态化管理。完成西丰城子山山城抢险加固、北镇清真寺修缮、北镇庙鼓楼修缮、桓仁高俭地山城抢险加固、盖州玄贞观修缮等10项文保工程的中期检查工作，完成千山古建筑群大安寺修缮、葫芦岛双塔沟塔修缮等19项文物保护工程技术验收工作。19项全国重点文物保护单位保护工程和9项全国重点文物保护单位“三防”工程项目计划获得国家文物局批复。安排部署各市及项目单位编制修缮工程和“三防”工程技术方案。实施东山嘴遗址等文物保护单位保护规划编制。

（三）世界文化遗产

辽宁省有世界文化遗产地6处（九门口长城、沈阳故宫、清永陵、清福陵、清昭陵、五女山山城），列入世界文化遗产预备名单项目3处（义县奉国寺大雄殿、牛河梁遗址、兴城城墙）。根据国家申遗工作计划，稳步推进红山文化遗址及兴城古城申遗进程。

实施保护规划编制、文物本体维修、环境风貌保护、基础设施建设等项目，推进“‘十三五’旅游提升工程”，提高文化遗产保护管理和展示水平。实施沈阳故宫世界文化遗产监测预警体系建设。实施五女山山城环境风貌保护、基础设施建设等项目。推进兴城古城东门北段墙体抢险加固工程、奉国寺大殿泥塑彩绘修缮等工程，完成清永陵四碑楼修缮等文物保护工程技术验收工作。

（四）其他

加强省级以上文物保护单位管理。提请辽宁省政府核定公布第十批省级文物保护单位，首次将单一文化遗存——长城——作为省级文物保护单位进行公布，公布点段占全省长城资源总量的80.31%，分布在13个市53个县（市、区）。安排部署第十批省级文物保护单位划定保护范围和建设控制地带工作；做好全省省级以上文物保护单位保护范围和建设控制地带矢量化数据转换工作。为全面梳理文物保护单位管理现状和存在的问题，下发

《全省600处省级以上文物保护单位专题调研方案》，组织开展文物保护利用工作服务经济社会发展能力不足的问题调研、省级以上文物保护单位保护和利用及险情调研。按照国家文物局工作部署，推进文物保护单位名录和基础信息整理，以及文物保护单位本体构成核定工作。

组织开展“十三五”大遗址保护规划利用评估工作。

启动实施革命文物保护传承工程。结合实际，配合省委宣传部编制《辽宁省实施革命文物保护利用工作方案》。组织各市填报革命文物名录并上报省委宣传部和国家文物局，开展革命文物保护与利用及险情调研。

落实国家文物局文物保护工程项目审批改革工作。开展在文物保护单位保护范围和建设控制地带内进行建设工程等相关审批工作。完成北票台吉万人坑尸骨房修缮、锦州市笔架山古建筑群修缮、抚顺萨尔浒城城址维修等11个省级文物保护单位项目方案的网上审批工作。

【考古发掘】

（一）配合基本建设考古工作

完成辽西北供水、中电环保、80兆瓦光伏发电等多项大型工程的考古工作，有力配合了基本建设的开展。

（二）主动科研考古工作

开展北镇琉璃寺遗址等17项考古发掘项目年度申报考古发掘执照的初审和上报工作，15项获得国家文物局批准。组织完成对王义沟遗址等2018年15项主动性考古发掘项目的检查和验收。

（三）水下考古工作

协调国家文物局水下文化遗产保护中心，完成“经远舰”水下考古调查专项工作，为下一步开展好“经远舰”保护和展示工作提供了科学依据。

推进致远舰及其出水文物保护，组织、指导丹东市政府与国家文物局水下文化遗产保护中心完成出水文物交接，完成部分出水文物在北京大学赛克勒博物馆、中山舰博物馆等博物馆的展示工作。

【博物馆与可移动文物保护】

（一）博物馆

1．博物馆建设

截至2018年年底，辽宁省共有博物馆108家，其中国有博物馆79家、非国有博物馆29家。国家一级博物馆5家（含1家中央与地方共建博物馆），二级博物馆7家，三级博物馆5家。全省免费开放博物馆、纪念馆65家，其中文物系统博物馆44家。参观人数年均达到2000万人次。以辽宁省博物馆、沈阳故宫博物院、张氏帅府博物馆、“九·一八”历史博物馆、大连旅顺博物馆等为代表的大型博物馆培育出一批品牌活动和服务项目，并推出了一批有一定知名度的文创产品。

制定《辽宁省非国有博物馆藏品备案工作方案》，开展非国有博物馆藏品备案工作。

组织开展全省“第三批国家二、三级博物馆定级评估”工作，鞍山市博物馆、鞍钢集团博物馆被评为国家二级博物馆。

组织全省博物馆、纪念馆参加“第十五届（2017年度）全国博物馆十大陈列展览精品推介”活动，大连现代博物馆“圆梦——从北洋铁甲到航母舰队”获精品奖。

2．博物馆间的交流与合作

全年省内外各馆交流合作丰富活跃。辽宁省博物馆组织实施赴北京、上海、天津、吉林、浙江、湖南、四川、福建、海南等全国22家文博机构独立或参与举办展览21项，组织“宝相庄严——中国古代佛教造像展”赴葫芦岛、“金玉流光——中国古代饰物展”赴阜蒙县等地展出。旅顺博物馆在河北博物院举办“红楼梦华——清·孙温绘全本〈红楼梦〉画册展”、在佛光山佛陀纪念馆举办“筷意生活——旅顺博物馆藏中国箸文化展”、在日本北九州市立自然史·历史博物馆举办“箸与生活——中日韩箸文化展”等；与青岛市博物馆合作举办“翰林墨迹——大连、青岛两地收藏晚清名人作品展”，并在两馆巡展；选借文物参加湖南省博物馆“在最遥远的地方寻找故乡——13～16世纪中国与意大利的跨文化交流”、中国国家博物馆“无问西东——从丝绸之路到文艺复兴”、辽宁省博物馆“海派巨擘——任伯年绘画作品展”等。引进宁夏回族自治区博物馆“丝绸之路上的神秘王国——西夏文物精品展”、宝鸡青铜器博物院“礼乐宗周　吉金肇源——宝鸡地区出土西周青铜器精品展”等。各馆通过交流借鉴，加强信息沟通，提高了办展质量，提升了博物馆的影响力。

3．重要陈列展览

全省各级各类博物馆全年举办基本陈列、临时展览、对外交流展览、流动展览等400余个。

辽宁省博物馆充分发挥馆藏优势，精心打造了“中国古代书法展”“中国古代绘画展”“中国古代缂丝刺绣展”三个原创展览，三个月内接待中外观众50余万人次。基本陈列“古代辽宁”以丰富的文物资料、深厚的历史积淀、先进的现代展示手段，系统生动地展示了辽宁地区古代文明起源与发展演变的历史。此外还举办了“笔墨乾坤——万岁通天帖特展”“传移模写——中国古代经典绘画摹本展”“再现致远舰——辽宁丹东一号清代沉船出水文物展”“尼罗河的馈赠——古埃及文物特展”等12个临时展览，观众美誉度高，社会影响力大。

旅顺博物馆举办“掌中珍玩——旅顺博物馆藏鼻烟壶展”“箸与生活——东亚箸文化展”“回望十七世纪——金陵书画艺术展”等6项原创专题展览。

4．其他

开展小讲解员培训、博游季、乐学堂、博雅教育等社教活动。全年开展博物馆特色教育课程2600余课时，组织大型参与性互动体验活动43场，参与青少年达5万余人次。辽博讲堂共举办历史文化知识公益讲座25场，形成历史、艺术、文物考古和辽海名人名家多个系列，观众反响热烈。

（二）可移动文物保护

1．概况

2018年，辽宁省268家收藏单位文物总藏品量为405248件，其中国家一级文物1311件/套（3070件）、二级文物19256件/套（46521件）、三级文物73993件/套（172401件）。

启动全省博物馆馆藏文物的认定、定级工作，目前已完成“九·一八”历史博物馆、沈阳故宫博物院、喀左博物馆、凌源博物馆等博物馆596件/套藏品的认定、定级工作，评定一级文物42件/套、二级文物52件/套、三级文物280件/套、一般文物90件/套。

2．可移动文物保护科研基地建设

辽宁省现有可移动文物修复资质单位7家，修复种类包括铁器、青铜器、书画、陶器、瓷器等。2018年，旅顺博物馆课题项目“旅顺博物馆藏西域出土汉唐时期文书的检测与分析”在大连市社科院立项。

3．可移动文物保护技术、方法及应用

开展馆藏珍贵文物预防性保护和抢救性修复等科技保护项目方案编制的申报工作，旅顺日俄监狱旧址博物馆获得资金支持。组织指导可移动文物修复资质单位认真做好馆藏一级文物修复方案的编制工作，以及《1917年鞍山制铁所1号高炉》等保护修复方案的实施工作。

辽宁省博物馆完成1020件/套藏品的编目登记工作，接收捐赠、移交藏品5400余件/套，完成馆藏齐白石绘画作品技术保护项目和侯北人先生泼墨重彩山水画、毛泽东诗词现代书法名家作品的装裱工作。与沈阳市文物考古研究所合作，整理保护张家窑林场辽墓出土的金银器、纺织品等重要文物。

实施桓仁五女山博物馆、沈阳锡伯族博物馆、锦州市博物馆、新宾永陵文管所可移动文物保护修复项目。

【社会文物管理】

全年完成各类文物鉴定工作79次，鉴定物品81966件，其中文物1571件。完成涉案文物鉴定35次，鉴定物品398件，确定文物75件，其中国家三级文物1件。完成文物进出境审核35次，审核物品80926件/套。

进一步规范文物商店购销、拍卖经营活动审批和备案工作，对富佳斋拍卖有限公司举办的“天禄琳琅——中国书画专场”5场共195件/套书画类标的、北京中天信达拍卖有限公司与辽宁省拍卖行共同举办的“2018春季艺术品拍卖会”共计105件/套文物标的的审核，以及对建投拍卖有限公司506 件/套藏品的现场审核。

【科技与信息】

旅顺博物馆为中国社科院雪堂研究基地，学术课题研究主要为罗振玉及其旧藏品研究（涉及中国近代学术发展史与文物流散两个方面）和以大谷光瑞收集品为主的古代丝绸之路文物研究，2018年“罗振玉旧藏青铜器”课题通过大连市政府立项。“旅顺博物馆珍贵文物预防性保护项目”于2015年获国家文物局批准立项，2018年结项并获专家验收，通过项目建立了馆藏文物保存环境监测系统、保存环境调控系统、保护数据分析检测系统，加强了对馆藏文物的监测、分析与研究保护等。

【文博教育与培训】

结合工作需要，邀请国内相关行业领域专家、学者，对文物保护单位保护工程计划书申报、古建筑类国保单位保护法规、文物安全防护与对策、文物建筑电气化火灾防控、古建筑日常养护和近现代建筑保护、基层文物保护和看护工作等相关内容进行专题培训。

【文博宣传与出版】

5月18日在全省组织开展第42个国际博物馆日宣传活动，活动主会场设在辽宁省博物馆浑南新馆。主会场宣传活动内容丰富多彩，观众反响热烈。通过辽宁日报、辽沈晚报、辽宁广播电视台、腾讯大辽网等主流媒体，以及辽宁省博物馆官方网站、微博、微信等自媒体平台开展系列报道和专题报道，介绍智慧博物馆建设、馆际资源整合交流、藏品信息公开共享等方面的成果。积极组织展览、论坛、讲座等各项活动和社会宣传，让更多的人了解博物馆的历史和功能，发挥博物馆、纪念馆的社会教育作用，营造全社会热爱文物保护文物的意识和氛围。

配合中央电视台《国家宝藏》栏目做好中央地方共建国家级重点博物馆专题展示项目。联合央视新闻频道《文化十分》栏目和《夜读》栏目，推出《辽博85件国宝联袂展出共享文化盛宴》专题报道，策划推出《国画之美》专题节目，联合辽沈晚报策划推出“发现辽宁”主题系列宣传专栏100期。

深入开展流动文化服务，全年依托流动博物馆宣展车开展19次进社区、学校、乡村等流动文化服务，观展人数1.5万余人次。

辽宁省博物馆完成了“长白山考古与民族”部分课题的阶段性任务，《辽金历史考古第九集》和《辽金历史考古第十集》出版。开展《西丰西岔沟考古发掘报告》《辽宁古代史图说》《辽宁省博物馆藏青海彩陶》的编撰出版工作。

【机构及人员】

2018年辽宁省共有文物机构133个，均为事业单位，总数比2017年增加1个。文物机构中文物保护管理机构61个（比2017年增加1个）、博物馆65个、文物科研机构4个、文物商店2个、其他文物机构1个。从业人员总数3478人，比2017年减少173人。专业技术人员中，获得高级职称的295人（比2017年减少29人）、中级职称的685人（比2017年减少113人）。

2018年，辽宁省进行机构改革，原辽宁省文化厅下属省博物馆、省文物考古研究所、省文物保护中心、省文物总店与省文化旅游厅脱钩，全部划入新组建的省文化演艺集团（省公共文化服务中心）。辽宁省文化演艺集团为省委直属正厅级事业单位。

【对外交流与合作】

3月26日～4月7日，应香港中文大学文物馆和韩国国立海洋文化财研究所的邀请，辽宁省博物馆张莹同志参加“博物馆专业人员交流项目”学术交流。

5月14～20日，应韩国蔚山文化财研究院的邀请，辽宁省文物考古研究所李新全一行六人赴韩国参加“第26回邀请演讲会——中国考古学特讲Ⅻ”，进行有关学术交流。

吉林省

【概述】

2018年是吉林省文旅融合的元年，在中共吉林省委、吉林省人民政府的正确领导下，全省文化和旅游系统坚持以习近平新时代中国特色社会主义思想为指导，忠诚践行习近平总书记“绿水青山就是金山银山，冰天雪地也是金山银山”发展理念，树牢“四个意识”，坚定“四个自信”，坚决做到“两个维护”，加快推进文化建设和旅游发展，文物保护管理和利用实现历史性突破。

【法制建设】

吉林省第十三届人民代表大会常务委员会第二次会议批准《辽源市煤矿文化遗产保护条例》，由辽源市人民代表大会常务委员会公布施行，这是吉林省首部专门用于煤矿文化遗产保护的市级地方性法规，在全省具有重要示范意义。

【执法督察与安全保卫】

采取督察督办、约谈政府有关领导等方式，办理国家文物局转办案件6起，督办案件10起。文物法人违法案件专项整治行动收官，全省共办理案件13起，追责14人。吉林新鲁班建设工程集团有限公司擅自在省级文物保护单位通榆孙家堡大坝遗址保护范围和建设控制地带内进行建设工程案获2018年度全国文物行政处罚案卷评查十佳案卷。

组织开展2017年全省文物安全隐患排查问题整改回头看，排查发现135家单位，其中111家整改到位，整改率82%。

会同吉林省应急管理厅、吉林省消防总队联合开展博物馆和文物建筑消防安全大检查专项行动，召开全省消防安全大检查电视电话会议，下发大检查工作方案，共发现安全隐患297项，整改了、264项。吉林省文物和消防部门先后两轮对9个市州和长白山管委会20个县（市）进行安全检查，报送9家等级博物馆和23家国保单位问题清单，将伪满综合法衙（四六一医院）列为国家重大隐患整改单位。

建立吉林省文物安全工作联席会议制度，将吉林省文化和旅游厅（吉林省文物局）、吉林省发展改革委员会、吉林省公安厅、吉林省国土资源厅、吉林省住房城乡建设厅、吉林省环保厅、吉林省工商局、吉林省旅游发展委员会、吉林省宗教局、长春海关等10个部门列为联席会议成员单位，明确相关单位具体职责分工。

完成省、市、县三级政府间递交文物安全承诺书，文物部门与文物博物馆单位签订文物安全责任书工作，逐级落实安全责任，明确责任目标。将文物安全工作纳入省级文明城市评比指标和吉林省人民政府考核市（州）绩效评价体系。

【不可移动文物的保护和管理】

（一）大遗址

实施大遗址保护工程，指导有关地区陆续完成自安山城、城四家子城址、延边边墙等大遗址的文物本体保护修缮工程。苏密城城垣保护工程建设通过阶段性验收，实施渤海中京国家考古遗址公园展示提升工程，启动磨盘村山城、龙潭山城本体修缮工程。按照国家文物局的安排，启动全省大遗址保护“十三五”实施情况中期评估工作。

（二）全国重点文物保护单位

伪满国务院旧址、伪满综合法衙旧址、长春吉长道尹公署旧址、吉林市龙潭区乌拉街清代建筑群等重点文物保护项目稳步实施，全省重点文物保护单位保护状况得到较大改善。辐射带动效应凸显，“五片两线一带十八点”的文物保护格局初具规模，特别是伪满皇宫缉熙楼同德殿保护修缮工程入选全国优秀古迹遗址保护项目，标志着吉林省文物保护管理水平提升到了新高度。

初步完成第一至第六批全国重点文物保护单位建设控制地带和保护范围复核划定工作。积极推进第八批全国重点文物保护单位申报工作。

（三）世界文化遗产

完成集安高句丽王城、王陵及贵族墓葬保护展示工程（一期），洞沟古墓群山城下墓地墓葬本体保护与排水工程，世界文化遗产监测预警系统建设项目，以及壁画墓修缮与微环境微生物监测工程等，提升了安全监测预警能力和展示利用水平。

（四）革命文物

中共吉林省委办公厅、吉林省政府办公厅印发《关于吉林省革命文物保护利用工程（2018～2022年）的实施意见》，全面凝练革命文物价值，为革命文物的保护提供政策支持。

组织核对全省范围内抗联遗迹基本信息，形成抗联遗迹保护名录初稿，实施“抗联遗迹保护三年计划”，启动编制《吉林省革命文物保护利用规划》，制作抗联遗址分布图，建立吉林省革命遗址保护利用专家库，指导重点地区编制项目方案，推动抗联遗址保护重大项目实施。为进一步扩大东北抗战遗迹的影响力，由吉林省牵头成立的东北三省抗战遗迹联盟在伪满皇宫博物院举办了第四个联盟主题日活动，110余家抗战遗迹管理单位参加了活动，取得了较好的宣传效果。东北抗战遗迹联盟活动被国家文物局列为革命文物集中连片保护利用六大重点工程中的革命文物宣传传播工程，开创了东北抗战遗迹保护与利用的全新格局。

【考古发掘】

（一）概况

2018年吉林省实施考古发掘项目10个，部分项目在学术领域取得一定的突破。其中五台山遗址的发掘对于建立西流松花江流域新石器时代考古学文化编年序列，以及探索当地聚落形态和人居环境等具有重要的学术意义，为研究新石器时代至青铜时代嫩江流域和西流松花江流域的考古学文化交流与互动提供了全新的考古学材料。更为引人瞩目的是长白山神庙遗址的发掘工作。长白山神庙遗址是中原地区以外首次通过考古发掘揭露的国家山祭遗存，是近年来东北地区辽金时期乃至全国历史时期考古工作中少见的高等级遗址，对研究金王朝关于东北边疆的经略以及南北方文化的交流与互动，探索中华文化多样性、统一多民族国家的形成与发展具有深远的意义。

加强科技支撑，推动考古手段的现代化，组织进行霸王朝山城航空遥感测绘，城四家子城址、偏脸城址航拍影像及数字化三维数据采集工作。

（二）重要考古项目

1．通化市集安市财源镇霸王村霸王朝山城考古发掘项目

5～11月发掘，发掘面积600平方米。在城内台地出土大量文化遗物，主要为陶器、铁器，可复原陶器包括甑、罐、器盖、壶等，铁器以武器和马具为主。

通过2015～2018年对霸王朝山城系统的调查和发掘，发现大型建筑基址2处、房址10余处、大型墙体8条，出土了一批具有明确层位关系的高句丽时期历史遗物，填补了吉林省高句丽山城研究在建筑布局与结构、遗物分期等方面的多项短板，并基本认定霸王朝山城是一座高句丽晚期山城。

2．延边朝鲜族自治州珲春市三家子乡古城村寺庙址考古发掘

4～12月发掘，发掘面积1000平方米。古城村寺庙址位由1号寺庙址、2号寺庙址组成。2018年主要对古城村2号寺庙址南侧建筑进行了发掘，清理地层堆积4层，清理近现代灰坑23个、灰沟7条，建筑台基1处（J2）。

J2平面呈八角形，边长约7米，台基垫层下发现疑似早期建筑基础，可能存在早期建筑遗迹。在对2017年发掘的J1台基进行纵向解剖时，在J1台基中央略偏东处下部发现了地宫。地宫中部放置石函一件，石函内发现铁函一件，铁函呈球形、盒状，锈蚀严重，其内发现大量颗粒状遗物。

3．松原市乾安县让字镇春捺钵遗址群藏字区考古发掘

7～10月发掘，发掘面积945平方米。共清理灰坑49个、房址2座、灶6个、水井1个、车辙印1组。发掘出土遗物以陶器（片）最多，另有少量瓷器（片）、铁器、石器、铜器、铜钱等，此外出土有大量动物骨骼。

此次发掘分为四个区，分别位于藏字区遗址东部的四个土台上。在堆积较厚的第I区发现大量辽金时期遗物；在堆积较为单纯的第II区基本明晰了土台使用的过程；在第III区发现了一些辽代的篦点纹陶片，证明这一区域在辽代就已经有人生活；在第IV区发现了宗教神偶，说明可能存在宗教遗迹。总体来说，该遗址的发掘为研究春捺钵遗址群的分期、年代及文化面貌提供了重要资料。

4．长春市农安县永安乡五台山遗址考古发掘

4～11月发掘，发掘面积710平方米。发现房址9座、灰坑33个、灰沟3条，出土陶器、玉石器、骨角器近500件。

通过两年的考古发掘，确认五台山遗址为包含新石器时代和青铜时代两个时期遗存的大型聚落址。在9号房址内部发现一处与房址同期的居室葬，是长春地区首次发现。在遗址西侧与台地相连的位置发现一条贯穿台地南北的壕沟，初步推断具有边壕性质。对2017年出土遗物进行整理研究工作，第4地点4座墓葬人骨的碳十四测定年代为距今4900～4600年，树轮校正值为距今5600～5300年。

五台山遗址的发掘对建立西流松花江流域新石器时代考古学文化编年序列、探索当地聚落形态和人居环境等具有重要意义，为研究嫩江流域和西流松花江流域新石器时代和青铜时代考古学文化的交流、互动提供了全新的考古学材料。

5．延边朝鲜族自治州图们市长安镇磨盘村山城考古发掘

5～11月发掘，发掘面积1025平方米。清理建筑基址6座，依次编号为8～13号，均属早期建筑。出土大量板瓦、筒瓦和少量铁器。

8～13号建筑基址构成的建筑群建筑形制独特，根据其地理位置、建筑群外围设置封闭围墙、建筑大量用瓦、罕见生活器皿、不见生活用火遗迹等信息，推测应为一处官署遗迹，可能为城中的府库。

6．四平市双辽市双山镇大金山遗址考古发掘

5～12月发掘，发掘面积1000平方米。发掘灰坑234个、房址25座、墓葬3座、灰沟8条、墙1段、蚌堆1处。出土可复原陶器16件，小件器2400多件，包括陶片标本、石器、卜骨、骨角器、蚌器、青铜器、铁器等。本年度发掘涉及战国至西汉时期、辽金时期两个时代，发现以战国至西汉时期为主。

大金山遗址的发掘完善了对宝山文化的认识，廓清了诸考古学文化的谱系关系，对开展区域内汉以前考古学文化的谱系、生业、人群及环境的综合研究具有十分重要的意义。

7．延边朝鲜族自治州安图县二道白河镇长白山神庙遗址考古发掘

7～11月发掘，发掘面积901.75平方米。本年度主要发掘金代长白山神庙遗址的部分东侧廊庑、水井、院墙东北角以及位于遗址东侧的两处窑址（编号为Y1、Y2）。出土遗物大部分为滴水（檐头板瓦）、瓦当为代表的建筑构件，以及大量铁钉、铜钉、陶瓷片、陶制品等。廊庑东北角的廊庑内还发现有较多玉册残块。

本年度的发掘进一步把握了遗址廊院内排水系统的走向、构造与连接方式时确认了廊庑东北角较为特殊的廊屋，首次发现院墙东北角用于修缮神庙的筒瓦；水井木质结构保存完好；窑址及其废弃堆积的发掘对研究陶窑的形制、产品种类与装烧方式等具有参考价值，为研究长白山神庙遗址的形制、布局及建造方式提供了补充。

8．集安市高句丽城址区域系统考古调查

4～11月调查，调查区域包括集安市霸王朝山城及望波岭关隘周边。

霸王朝山城位于集安市北约90千米的财源镇霸王朝村。本年度在2017年调查工作的基础上对城址外围区域进行了补充调查，新发现遗址点9个。完成霸王朝山城的航空遥感测绘工作，并结合航测成果完成城垣本体调查、城内调查以及连接南北门道路调查。霸王朝山城在资源供给上依附于周边同时期的大小聚落，其与周边同时期采集点之间存在较为悬殊的等级差别，应是区域内的军政中心。

望波岭关隘位于集安市西北约65千米的三家子电站附近，在台上镇与双岔村之间最为险狭的地段。2018年仅完成外围采集点调查和墙垣本体调查部分，共发现采集点12个，4个为高句丽时期。望波岭关隘大体呈西北—东南走向，沿横亘于新开河谷的一条山脊修筑，现可辨识长度约500米。望波岭关隘为霸王朝山城与丸都山城和国内城交通线路上的一处重要关卡，以军事防御为主。

9．长春市德惠市城岗子城址考古发掘

4～7月发掘，发掘面积700平方米。发掘清理出带有叠压打破关系灰坑40余个、房址9座。出土大量辽金时期遗物，包括各类带有篦纹的陶片。城址内第二层堆积出土了大量的铁箭镞、铁骨朵以及铁甲片，反映了边境城堡浓厚的军事属性。

城岗子古城位于饮马河和松花江交汇的河口处，是较为重要的交通节点，周围辽金遗存较为丰富，沿河流两岸分布，构成了辽金时期边境防御体系。

10．集安市太王陵南遗址考古发掘

4～6月发掘，发掘面积4300平方米。清理出建筑址6处，编号为J1～J6。出土遗物多为高句丽时期的建筑构件，包括莲花纹瓦当、忍冬纹瓦当、菱形纹砖、板瓦、筒瓦、铁钉等。

本次发掘的几处建筑址周边出土大量砖、瓦、瓦当等建筑构件，说明建筑等级较高。由遗址出土的莲花纹瓦当推测建筑年代可能与千秋墓、太王陵年代相近，约公元4世纪末至5世纪初，很可能为墓葬的祭祀建筑址。太王陵南遗址发掘工作，对于完善太王陵的陵寝设施，研究高句丽丧葬习俗、陵寝制度提供了新的资料。

11．白山市抚松县大青川遗址考古发掘

4～5月发掘，发掘面积500平方米。清理出房址1处、灰坑2个，出土了陶器、石器等百余件以及大量陶片。

大青川遗址F1内出土木炭的测年数据为距今6500～6000年，属新石器时代中期文化。该遗址房址保存较好，结构较为清晰，应为一处古人类的居住址。这处遗址是松花江上游头道松花江流域对新石器时代文化面貌的首次辨识，填补了该地区新石器时代文化的空白，为完善吉林省东部地区史前文化序列提供了十分重要的资料。

【博物馆与可移动文物保护】

围绕乡村振兴发展战略，继续实施“吉林印记”乡村博物馆建设项目，三年来共建乡村博物馆35家，其中2018年新建20家。扎实推进博物馆免费开放工作，以吉林省博物院、伪满皇宫博物院为代表推出一批具有影响力的专题展和交流展览。全省博物馆结合春节、元宵节、清明节等传统节日开展礼敬优秀传统文化活动。开展流动展览进军营、进社区、进企业等活动115项、659场次。开展传统文化进校园、孝亲敬老大课堂、奇趣博览大课堂等馆校合作青少年教育项目177个、824场次。

本着“资源共享、合作共赢、共同发展”的目标与北京市文物局开展战略合作，在展览交流、人才培养、文创产品开发、青少年教育等方面达成广泛共识。吉林省博物院与故宫博物院以及江西、福建等地博物馆合作举办多项交流展览。

围绕公共文化服务建设开展全省博物馆综合利用情况调研。配合吉林省政协文史委考察省内外31家博物馆，形成《关于我省博物馆综合利用情况的调研报告》，并按省长批示起草《关于促进吉林省博物馆改革发展的意见》初稿。

围绕文博资源均衡发展，加大对非国有博物馆的扶持和管理力度。落实非国有博物馆奖补政策，首次对全省4家非国有博物馆进行了奖补，总额160万元。开展非国有博物馆藏品备案工作，完成数据采集、登录、报送工作，有效加强了对非国有博物馆的管理。

截至2018年年底，吉林省博物馆、纪念馆馆藏珍贵文物24566件/套，其中国家一级文物592件/套、二级文物4750件/套、三级文物19224件/套。

【科技与信息】

围绕“互联网+中华文明”，实施博物馆展览（文物）数字化保护项目。推动实施吉林省博物馆展览（文物）数字化保护三期项目。完成吉林省数字博物馆在线服务平台功能拓展，实现了“二维码导览”“藏品公开管理”“行政管理”功能模块的正常开放，公布1.5万件/套文物数据。该项目作为“互联网+中华文明”优秀案例，在全国具有率先示范作用。

【文博宣传与出版】

国际古迹遗址日、国际博物馆日、文化和自然遗产日期间组织开展形式多样的宣传活动，其中吉林省文物局与吉林省人民广播电台合作录制并审定了《锦江木屋村：长白山深处的世外桃源》等37个文化遗产专题宣传视频，通过吉林省人民广播电台和吉林大喇叭公众号新媒体播出，社会反响较好。

吉林省文物考古研究所主编的《历史与考古信息东北亚》出版1期，吉林省博物院主编的《博物馆研究》出版4期。吉林省文物考古研究所编写的《延边边墙2010～2015年度考古调查发掘报告》《大安汉书青铜时代遗址考古发掘报告》出版。

【机构及人员】

2018年10月省级机构改革，组建吉林省文化和旅游厅，加挂吉林省文物局牌子。全省挂牌或者单独设立的文物局7个，长春市、吉林市、通化市、白山市、长白山管委会在市级文化广电新闻出版局加挂文物局牌子，集安市为单独设立的正科级文物局。全省文物事业单位有专业技术人员866人，包括正高级职称59人、副高级职称172人、中级职称333人。

【对外交流与合作】

吉林省文物考古研究所与俄罗斯科学院远东分院继续开展合作考古，加强学术交流。

【其他】

中共吉林省委办公厅、吉林省政府办公厅印发《吉林省实施中华优秀传统文化传承发展工程方案》的通知，全面梳理吉林古老的悠久的民族文化，独一无二的长白山文化，艰苦奋斗的革命文化，为吉林地域文化历史传承提供政策引导。

黑龙江省

【概述】

2018年，黑龙江省文物系统全面贯彻习近平总书记关于加强文物保护重要论述精神，遵循“保护为主、抢救第一、合理利用、加强管理”文物工作方针和文物保护基本原则，按照国家文物局和省委、省政府工作部署和要求，以深入落实《黑龙江省人民政府关于进一步加强文物工作的实施意见》确定的实施举措为抓手，推动全省文化遗产事业全面协调可持续发展，各项文物保护工作任务圆满完成。

【执法督察与安全保卫】

落实国家文物局行政执法督办单，督办位于桦川县悦来镇万里河村全国重点文物保护单位瓦里霍吞城址保护范围内擅自修建拦河大坝案、虎林市军垦850农场老场部旧址不可移动文物拆除案位于宁安市渤海镇原土台子村遗址被破坏案、绥化市辖区内四处文物违法案。指导双鸭山市文化广电新闻出版局处理位于宝清县的全国重点文物保护单位青龙山城址附近建火药库等问题。

按照国家文物局要求开展黑龙江省文物行政执法人员信息采集动态管理工作。组织全省文物行政处罚案卷报送，参加2018年度全国文物行政处罚案卷评查工作。

对部分中东铁路沿线文物建筑及部分文物保护单位开展执法巡查，对发现的问题进行通报。

按照国家文物局《关于暗查暗访文物消防安全工作情况的通报》要求，组织开展黑龙江省文物单位消防安全检查和火灾隐患排查整治行动，检查184处国保单位（含单体）、304处省保单位、688处市县保单位和1542处不可移动文物，发现129家单位存在安全隐患，排查出各类消防安全隐患问题188条，已整改和正在整改167条。

全面开展文物安全大排查行动。黑龙江省政府转发国务院办公厅《关于进一步加强文物安全工作实施意见》后，检查并督促各地以文件或会议形式落实。巴西国家博物馆发生火灾后，与黑龙江省消防总队联合召开全省博物馆和文物建筑消防安全大检查工作部署电视电话会议及消防安全责任人集中约谈会议，并制发《黑龙江省博物馆和文物建筑消防安全大检查实施方案》。全省成立194个检查组，检查博物馆和文物建筑1519处，发现隐患1255处，督促整改问题695处。联合黑龙江省消防总队，对全省35家国家三级以上博物馆和具有火灾危险性的建筑类国保单位开展实地排查。

强化文物安全长效机制。省政府印发《关于建立黑龙江省文物安全工作联席会议制度的通知》，建立黑龙江省文物安全工作联席会议制度。结合中东铁路建筑调研和省级以上建筑类文物保护单位专项检查工作，对哈尔滨、齐齐哈尔、大庆、绥化、牡丹江、佳木斯、鹤岗、鸡西、黑河、大兴安岭等地省级以上文物保护单位安全工作进行全面检查。组织全省文物部门结合年度巡查、检查工作，以书面形式开展文物保护法律法规、安全责任、隐患整改等内容的常态化告知工作。

【不可移动文物的保护和管理】

（一）概况

黑龙江现有全国重点文物保护单位48处，省级文物保护单位361处，市（县）级文物保护单位1798处。

横道河子镇机车库抢救性保护工程在阿联酋迪拜获评“2018 世界不动产联盟国际卓越建设奖”的文化遗产类金奖，是中国大陆地区首次获得该类别金奖。横道河子镇荣获联合国教科文组织颁发的2018年度文化遗产保护荣誉奖，是中国首个获得教科文组织认可的近现代城镇文化遗产保护案例。

（二）大遗址

继续推进渤海上京遗址保护工作。国家考古遗址公园通过评估验收，开展渤海上京遗址中轴大街、御花园和宫城南门保护与展示项目审核工作，对2017年出现险情的宫城南门1号门址实施抢险加固工程。

开展金上京遗址保护工作。连续三年开展宫城遗址的考古发掘工作，为遗址公园的建设和申遗工作提供科研基础。金上京遗址城墙保护项目立项得到国家文物局批复，已开展工程技术方案编制工作。

长城文物保护工作继续推进。陆续开展保护规划编制、水冲沟抢险保护工程、综合抢险保护工程等。组织齐齐哈尔、牡丹江5个市县完成金界壕遗址、牡丹江边墙两处长城展示利用重要点段的调研工作，梳理出28处适合开展文物展示利用的重要点段。

（三）全国重点文物保护单位

2018年国家下达重点文物保护专项补助资金6248万元，用于申报的全国重点文物保护单位保护工程和考古发掘项目。项目实施单位按照国家有关规定开展建设，未发现文物损毁、违规安装修复等情况，无安全事故发生。开展48处国保单位保护范围和建设控制地带矢量图划定工作。开展第八批全国重点文物保护单位申报工作。

国家重点支持项目侵华日军第七三一部队旧址保护工程全面开展，2017年开展的工程项目大部分进入收尾阶段。中东铁路建筑群整体保护工作取得实质性进展，总体保护规划已编制完成并上报国家文物局，同步完成了中东铁路建筑群数据库平台建设，组织开展了绥芬河市、昂昂溪区、横道河子镇、一面坡镇等中东铁路建筑群部分建筑保护工程技术方案编制、审批工作。

（四）革命文物

按照国家文物局工作部署，组织黑龙江省文物部门对革命文物进行全面排查，摸清家底，形成全省革命文物名录并上报国家文物局。贯彻落实两办下发的《关于实施革命文物保护利用工程（2018～2022年）的意见》，对全省革命文物遗址进行重新梳理，起草《关于革命文物保护利用工程（2018～2022年）的实施意见》。制定加强革命文物保护工作措施，开展国家补助资金涉及东北民主联军前线指挥部旧址抢险加固工程、伪满洲国哈尔滨警察厅旧址安防和消防工程等项目实施，拨付省级文物保护资金对林枫故居、横头山抗联密营实施修缮工程等。

【考古发掘】

（一）概况

开展大遗址考古工作，包括哈尔滨市阿城区金上京皇城外南侧道路遗迹发掘；主动性课题考古工作，包括齐齐哈尔市洪河遗址发掘、抚远市亮子油库遗址发掘；配合基本建设考古工作，包括依兰县临江新石器时代至辽金时期遗址发掘、东宁市南道口汉至南北朝时期遗址发掘、哈尔滨市阿城区阿南变电站金代墓葬发掘、克东县玉河村南遗址发掘、拜泉县团聚屯东遗址发掘。

（二）重要考古项目

1．哈尔滨市阿城区金上京皇城外南侧道路遗迹

金上京城址位于哈尔滨市阿城区南郊2千米，总面积约6.28平方千米，城址整体保存完好。为了解城内的街道路网情况，在前期考古勘探的基础上，6～11月，黑龙江省文物考古研究所重点对皇城外南侧道路遗迹进行了考古发掘，发掘面积1255平方米。

揭露一条南北向大街（道路），编号为L1，其西侧有一条与之垂直的东西向道路，编号为L2。道路两侧均有排水沟。出土陶瓷器以生活用器为主，砖瓦等建筑构件皆为废弃后的残件。L1为皇城南门（午门）通往南城南墙西门址的中轴大街，与宫城内多重殿址处于一条轴线上。明确了上京城宫殿—门址—御街—外城门址（瓮城）的相对应关系。

2．齐齐哈尔市洪河遗址

洪河遗址位于齐齐哈尔市富拉尔基区杜尔门沁达斡尔族乡洪河村南约1千米，遗址堆积深厚，保存很好。8～12月在前期工作基础上进行了第五次发掘，揭露面积约1300平方米。

发掘分东、西区进行。西区清理清代墓葬81座，随葬品较为繁杂，包括铜、铁、骨、石、锡、琉璃、木、瓷、釉陶等质地，以饰品、小型工具和武器为主。清理两周时期房址7座，东区3座、西区4座，均为不规则圆角方形半地穴，出土器物包括陶、石、骨等质地。对三条新石器晚期环壕进行解剖清理，基本弄清了其挖建年代和时序、使用和废弃过程。

本年度的发掘为嫩江流域新石器晚期至清代的考古学研究和人群的经济社会发展研究提供了实物资料，首次在嫩江流域揭露和明确了史前聚落的形态，对中国史前考古的聚落研究具有特定的意义。

3．抚远市亮子油库遗址

亮子油库遗址位于抚远市西南约6千米的蛇山西坡的二级台地上。2016年和2017年，黑龙江省文物考古研究所、黑龙江大学历史文化旅游学院考古学系组成联合考古队对该遗址进行了两次考古发掘，由于堆积复杂且难以辨识以及气候变冷等原因，部分探方未能清理至生土。

7～10月对遗址进行了第三次发掘，清理房址700余座、灰坑16座。大部分房址属于汉魏时期，少部分为新石器时代。出土大量陶片、各类器物标本以及动物骨骼。陶器文化面貌复杂，主要属于“蜿蜒河类型”（俄罗斯称之为“波尔采文化”）及俄罗斯学界所称的“马雷舍沃文化”。此次发掘进一步厘清了遗址的堆积时序和文化面貌，明确了遗址为古代渔民捕鱼的季节性营地。

4．依兰县临江新石器时代至辽金时期遗址

遗址位于哈尔滨市依兰县宏克力镇宏克力村临江屯西南约500米的松花江右岸一级阶地上。遗址西北紧邻松花江干流，平面大致呈长条形，地势南高北低，现存面积约12万平方米。为配合国道G221改扩建工程，6～10月对该遗址进行抢救性发掘。实际发掘面积1340

平方米，清理房址11座、灰坑32个、灰沟3条、灶址7处，出土陶器、石器、骨器、铁器、铜钱等文物标本200余件，包含新石器时代晚期、商代晚期、靺鞨、唐代、辽金等五个时期文化遗存。

其中商代晚期文化遗存是本次发掘的新发现，文化面貌区别于同时期其他已知的考古学文化，代表了松花江流域青铜时代一支新的考古学文化类型，可暂称为“临江类型”。

5. 东宁市南道口汉至南北朝时期遗址

南道口遗址位于牡丹江市东宁市大肚川镇太平川村东南约4千米处。为配合国道丹阿公路吉、黑省界（珲春）至东宁段改扩建工程，5～10月，黑龙江省文物考古研究所与山西大学历史文化学院组成联合考古队，对遗址内工程建设地带进行了考古勘探和发掘。勘探面积约2万平方米，发掘面积1100平方米。发现早晚两个时期的遗存，清理出属于早期遗存的半地穴式房址8座、灰坑2个，属于晚期遗存的灰坑1个。出土陶、石、铁等不同质地的遗物约200件。

从早期遗存的房屋结构、遗物特征来推断，该遗址的早期遗存应属于绥芬河流域广布的团结文化。此次发掘为我们明确团结文化的分布范围、文化内涵以及与周邻地区其他考古学文化的联系提供了重要资料。

6. 哈尔滨市阿城区阿南变电站金代墓葬

墓葬位于哈尔滨市阿城区阿什河街道办事处白城村姜家磨坊屯南约1千米处。为配合哈牡铁路电气化改造亚沟牵引站220千伏供电工程项目阿南变电站扩建工程，5～7月，黑龙江省文物考古研究所对工程项目涉及的遗迹进行了考古发掘。

发掘墓葬15座，其中土坑砖椁墓7座、土坑石函墓8座。出土一些时代特征明显的陶器、铜器、铁器等遗物，还有一批砖、石和木质葬具，可确定为金代墓葬。该区域应是金上京城外的一处墓葬区，墓葬分布有一定的规律，有成排分布的现象，亦体现出集中排列的情况。

本次发掘进一步丰富了对本地区金代墓葬类型的认识。墓葬出土的陶器、铜镜和铁牌等遗物，为深化了解和认识金代同类器物提供了标识。

7. 克东县玉河村南遗址

遗址位于克东县润津乡玉河村南侧，地处润津河右岸的一级阶地上。6～7月，黑龙江省文物考古研究所对该遗址进行了抢救性发掘，发掘面积300平方米。

发掘区内地层堆积相对较简单，遗物埋藏在黑土层中，仅发现灰坑4个。遗址出土的陶片较少，以灰色和黄褐泥质陶为主，可辨器形仅有鼓腹罐。发现少量布纹瓦片，灰色泥质，厚度均匀。石器仅见1件刮削器，黄褐色燧石，双刃。根据地层和出土遗物特征确定遗址年代为辽金时期。

8. 拜泉县团聚屯东遗址

遗址位于黑龙江省拜泉县兴华乡团聚屯东侧，地处润津河上游左岸的一级阶地上。8～9月对该遗址进行了抢救性发掘，发掘面积200平方米。

遗址层位堆积简单，出土的陶片较少，以灰色和黄褐泥质陶为主，可辨器形仅有鼓腹罐。发现少量青瓷片，上有花纹，圜底，可辨器形仅碗。根据地层和出土遗物特征确定遗址年代为清代。

【博物馆与可移动文物保护】

黑龙江共有国家三级以上博物馆36家，其中国家一级博物馆5家、二级博物馆11家、三级博物馆20家。截至2018年年底，黑龙江省博物馆、纪念馆馆藏文物藏品数985394件/套，其中珍贵文物51524件/套。

指导各市（地）博物馆做好博物馆新建、改扩建和陈列展览提升工作，包括北安庆华军工遗址博物馆针对博物馆枪展室的重要枪械文物及展厅的保存环境设施进行保护和改造，黑河市嫩江县墨尔根古道驿站博物馆进行展陈提升、文物库房改造，北安市博物馆馆舍立面涂装、屋顶防水、门窗加固、采暖改造等。

黑龙江省文化厅继续在全省博物馆系统组织开展“传历史记忆、展黑土风采”主题系列展览和“庆祝改革开放四十周年”展览活动，全年举办主题系列展览活动315个，年度参观人数2293万人次。

全省博物馆与省内外博物馆交流活跃，其中影响广泛、特点突出的展览包括“爱国救国 殉国——纪念马骏烈士牺牲90周年图片展”“伟大的女性——海伦·福斯特·斯诺在中国”“无声之营——沈阳二战盟军战俘营史实图片展”“蝴蝶泉边好梳妆——白族服饰文化展大型展览”“ 铜为鉴以照行——黑龙江省博物馆藏宋金铜镜展”“翰墨丹青中国梦——李可染画院、齐齐哈尔美术馆中国画作品联展”“筚路蓝缕·探索求真——梁思永先生与昂昂溪文化展览”“南京国际和平海报双年展”“三秦华章·光耀四方——陕西周秦汉唐文物精华展”“改革开放总设计师邓小平——纪念改革开放40周年专题展”“深圳·双鸭山优秀美术作品交流展”“纪念改革开放40周年——装备制造国之重器”等。

各博物馆推出诸多精品展览，如黑龙江省博物馆“铁笔翰墨——邓散木艺术专题陈列”“墨韵冰魂北国情——黑龙江省博物馆于志学艺术馆藏精品展”，东北烈士纪念馆“黑土英魂——东北抗日战争和解放战争时期烈士事迹陈列”和“往事堪歌——东北烈士纪念馆七十年”馆史陈列，哈尔滨市建筑艺术馆“哈尔滨老照片展”，黑龙江邮政博物馆的“黑龙江邮政历史的沿革与发展”展览，李兆麟将军纪念馆“永不陨落的红星——李兆麟将军生平事迹主题展”，哈尔滨市南岗博物馆 “冰城印象——百年哈尔滨城市文化手绘作品展”等。

开展丰富多样的主题活动，如黑河市墨尔根古道驿站博物馆与嫩江县青少年活动中心联合举办俄罗斯学生嫩江研学活动，东北烈士纪念馆携手侵华日军虎头要塞博物馆联合开展“讲红色故事、传红色基因、展黑土风采”主题宣讲活动等。

【科技与信息】

8月23～25日，由黑龙江省文化厅主办，黑龙江省文物考古研究所、吉林大学考古学院和东宁市人民政府承办的“东宁旧石器考古成果论证暨绥芬河流域考古论坛”在东宁市举行。中俄两国学者在充分交流绥芬河流域考古发现的基础上就研究中的重点和热点课题展开了讨论。

东北烈士纪念馆完成网站更新改版，增加了与现代科技发展衔接的VR技术等虚拟互动内容，增强了网站的互动性和体验感，增加了文物鉴赏等服务栏目。

【文博教育与培训】

组织参加国家文物局举办的6期全国重点文物保护单位保护管理机构负责人培训，全省共计28人次参训。组织参加国家文物局举办的“国保单位保护管理机构负责人培训”网上专题班，对全省国保单位属地文物部门进行全覆盖。结合工作实际和年度工作安排，举办全国重点文物保护单位保护范围和矢量图划定工作培训、第八批全国重点文物保护单位申报培训、2018年度文物安全培训，进一步提升参训人员的业务工作能力和文物安全监管能力。

6月4～8日，组织全省40名文物行政执法骨干赴长春参加2018年度全国文物行政执法人员培训（黑吉辽执法协作片区）。7月22～27日，黑龙江省文化厅在省艺术职业学院举办全省非国有博物馆藏品备案培训班和全省博物馆展览策划培训班。

为支持大学生文创设计开发的积极性，黑龙江省文化厅和教育厅委托省文创联盟举办“2018黑龙江省大学生文创训练营”，依托省文创协会举行办全省大学生文创联盟成立大会暨文创设计培训班和文创大赛。

【文博宣传与出版】

国际博物馆日、文化和自然遗产日宣传活动效果显著。5月18日，黑龙江省国际博物馆日主会场活动在双鸭山市博物馆举办。6月9日，文化和自然遗产日黑龙江省主场城市活动在哈尔滨市道外区巴洛克历史街区隆重开幕。广大市民和中外游客广泛参与，取得良好的社会效益。

黑龙江省博物馆在黑龙江省电视台、《黑龙江日报》、《生活报》开辟专栏，其中《龙博典藏》播出8期、《龙博珍藏》刊登40期、《相约龙博》刊登21期。

《东北烈士纪念馆志（1948～2018）》由黑龙江人民出版社出版，《中国纪念馆珍贵文物故事》由中共党史出版社出版。

【机构及人员】

黑龙江省共有文物机构282个，其中文物保护管理机构86个、博物馆191个、文物科研机构2个、其他文物机构3个。从业人员3008人，其中专业技术人才1418人，包括正高级职称108人、副高级职称292人、中级职称629人。

【对外交流与合作】

俄罗斯科学院物质文化史研究所米尼亚耶夫·谢尔盖教授和俄罗斯科学院彼得大帝人类学与民族学博物馆莫伊舍夫·瓦策斯拉夫教授到黑龙江省文物考古研究所进行学术交流访问。期间参观了考古所文物陈列室，并赴金上京遗址进行了实地考察。

俄罗斯科学院西伯利亚分院考古学与民族学研究所阿尔金·谢尔盖、涅斯捷罗夫·谢尔盖，阿穆尔州文化遗产保护中心科瓦连科·斯坦尼斯拉夫到黑龙江省文物考古研究所交流访问。

【其他】

按照黑龙江省最新行权清理相关文件、政策要求，省级文物行政审批列入权力清单事项12项，其中行政许可9项（不包含省政府审批权限省文化厅承办事项2项）、行政备案2项、行政确认1项。通过网上政务管理平台完成省级行政审批34批次，完成率100%。坚持按照行政审批“四零”服务标准承诺开展审批工作，全年文物行政审批零投诉。

上海市

【概述】

2018年，上海市文物部门深入贯彻党的十九大精神，根据国家文物局和上海市委市政府的工作部署，扎实推进文物工作各项任务，狠抓落实文物保护主体责任，提升文物保护水平，多措并举让文物“活起来”，推动上海文物事业全面发展。

【法制建设】

成立立法后评估小组，对2001年发布的《上海市文物经营管理办法》开展立法后评估工作，以提高《上海市文物经营管理办法》修订的科学性，促进修订后的规章获得有效实施。完成评估报告及修正稿，已申报2019年市政府规章正式项目。

【执法督察与安全保卫】

按照应急管理部、文化和旅游部、国家文物局三部委工作要求，开展全市博物馆和文物建筑消防安全大检查工作。9月起，上海市文物局和市消防局联合组织三次全市性专题工作会议，并结合实际部署开展大检查工作。制发《关于加强文化行业消防安全工作的通知》《博物馆和文物建筑消防安全大检查工作方案》，约谈重点文博单位，严格落实主体责任。9月8～9日，全市各级消防、文物部门联合行动，集中对127家博物馆、690家区级以上文物建筑保护单位进行了全覆盖的消防安全检查。9月12日，全市各级消防、文物部门再次对文物保护单位和博物馆开展突击检查，共计排查文物建筑499处、博物馆117家。9月20～30日，上海市文物局会同市消防局对全市47家国家三级以上博物馆和全国重点文物保护单位进行逐一排查。

健全联合执法长效机制。上海市文物局与市文化市场行政执法总队继续加强协作，加大对文保单位的执法巡查和消防检查，落实文物安全责任制，实行文物安全事故责任追究制度。

针对文物市场监管涉及政府职能部门较多，相关职能部门监管之间易沟通不畅的情况，上海市文物局牵头市公安、检察院、工商、商务、海关、文化执法等部门，建立文物市场监管联席会议制度。各部门集体商议，明确职责分工，消除监管漏洞，对打击文玩诈骗形成良好态势。

【不可移动文物的保护和管理】

（一）概况

截至2018年年底，上海市有全国重点文物保护单位29处，上海市文物保护单位238处，区级文物保护单位423处，文物保护点2745处，不可移动文物共计3435处。此外有中国历史文化名镇10个，中国历史文化名村2个，中国历史文化街区1个，中国历史文化名街3条。

（二）全国重点文物保护单位

推进第八批全国重点文物保护单位申报工作。深入挖掘文物蕴含的历史、艺术、科学价值和时代精神，完成全市29处全国重点文物保护单位的二维码导览上线工作，方便游客获取文物建筑的历史和人文信息，生动讲好文物建筑背后的故事。

（三）世界文化遗产

推进海上丝绸之路保护和联合申报世界文化遗产。上海海上丝绸之路史迹点申报预备材料及预备清单共计36处。参加《海上丝绸之路保护和联合申报世界文化遗产城市联盟章程》签约仪式，草拟《上海海上丝绸之路史迹保护和申报世界文化遗产工作方案》，接待并陪同专家开展现场调研、现状及价值评估，协调部署研究、保护、改进工作。

推进江南水乡古镇联合申报世界文化遗产。开展前期评估和准备工作，接待并陪同专家开展现场调研工作。

（四）革命文物

配合“党的诞生地”宣传发掘工程，以重要革命史迹为重点，加强文物保护。推进中共一大、二大会址保护规划编制工作。做好上海重要革命史迹保护修缮工作，推进上海宋庆龄故居、陈望道旧居、劳动组合书记部旧址等保护修缮工程，其中陈望道旧居经修缮后作为《共产党宣言》展示馆于2018年5月首次向社会开放。

加强对红色资源的保护利用。策划推出《上海红色文化地图》，标注全市300多处红色史迹，并提供电子版供市民查阅。

【考古发掘】

2018年8月，上海博物馆与斯里兰卡共同组建联合考古队，在斯里兰卡北方港口城市贾夫纳进行了40天的考古调查和发掘工作，发现大量中国瓷器，为海上丝绸之路考古研究提供了重要实证。这是中国与斯里兰卡第一次正式合作开展考古发掘，既是上海博物馆在海外的首个考古项目，也是上海考古“走出去”的第一步。10月23日，上海市文化广播影视管理局、上海市文物局召开“中斯联合考古与海上丝绸之路”座谈会，上海博物馆“一带一路”研究发展中心揭牌。

【博物馆与可移动文物保护】

（一）博物馆

1. 博物馆建设

新建国际乒联博物馆（中国乒乓球博物馆）、中国证券博物馆、董其昌书画艺术博物馆、上海崇明竖新抗日战争博物馆、上海有恒博物馆、上海崇明向化灶文化博物馆。

2月26日，上海有恒博物馆试运行，这是浦东首个聚焦海派文化及特定年代历史文脉的私人博物馆。藏品以老城厢、租界界碑最具代表性，另有相当比重的文献资料，如报纸杂志、校刊、地图照片等。

3月31日，国际乒联博物馆（中国乒乓球博物馆）正式开馆，是首座落户上海的国际唯一性、永久性社会公共体育文化场馆。该馆集展示收藏、教育研究、体验互动、国际交流四大功能于一体，是第一个引入中国的国际级体育类专业博物馆，也是国际体育组织所属博物馆第一个在异地建设发展的项目。

9月11日，上海崇明向化灶文化博物馆对外开放，这是国内第一家以展示灶文化为主题的博物馆。

12月13日，上海崇明竖新抗日战争博物馆正式对外开放。藏品涉及抗日民众和日伪方的武器、旗帜、证章、地图、报刊、书籍、信件等，集中展现了崇明人民可歌可泣的抗战故事。

12月22日，中国证券博物馆正式开放，这是中国证监会在上海设立的全国性行业博物馆，同时也是中国首家证券主题博物馆。

12月25日，董其昌书画艺术博物馆正式对外开放，同期展出了“翰墨云间——程十发书画艺术特展”。

2. 博物馆间的交流与合作

5月18日，“博物馆与美好生活”论坛暨“博物致知”首届长三角博物馆教育博览会在世博会博物馆举行。这是国内首次以博物馆教育为主题的博览会，来自江苏、浙江、安徽、上海三省一市的36家单位带来了各自最具特色的教育项目。未来，长三角博物馆教育联盟将建立长效合作机制，区域联动，通过举办教育主题博览会、学术研讨会、培训工作坊等形式，构建博物馆文化资源共建共享平台，携手共建符合长三角世界级城市群定位的一流公共文化服务体系。

3. 重要陈列展览

6月20日，“点亮中国：马克思主义在中国早期传播文物史料展”在中共一大会址纪念馆开幕。该展共分4个部分，分别是马克思主义的诞生、马克思主义传入中国、马克思主义在中国广泛传播、马克思主义传播与中国共产党的创建。通过128件珍贵的馆藏文物和翔实的图片资料，阐释了马克思主义在中国早期传播的历程及其对中国共产党创建的重要作用。

7月16日，上海科技馆、上海博物馆、上海市历史博物馆联合推出特展“世纪典藏——上海博物溯源”。该展集中三馆优势资源，展出了原亚洲文会上海博物院旧藏的自然史和人类学、考古学、艺术类藏品及相关展品百余件，将科学、文化、艺术和历史相融合，探寻中国博物馆的早期发展，挖掘上海城市深厚的文化底蕴。该展按亚洲文会上海博物院展示的格局，情景式还原昔日风貌，让观众回溯历史，真正休味海派文化“海纳百川”的源头。

12月7日，“丹青宝筏：董其昌书画艺术大展”在上海博物馆举办。此展以上博馆藏为主，同时向故宫博物院、美国大都会艺术博物馆、日本东京国立博物馆等海内外15家重要收藏机构商借藏品，遴选董其昌及相关作品154件/组。展览由“董其昌和他的时代”“董其昌的艺术成就与超越”及“董其昌的艺术影响和作品辨伪”三个部分组成，旨在较好地呈现艺术性、经典性与学术性的统一。

（二）可移动文物保护

1. 概况

截至2018年年底，上海市博物馆藏品总量达2194187件/套，与上一年度相比，新增近15万件/套。其中珍贵文物共22万件/套，占总量的10%以上。

2. 可移动文物保护科研基地建设

国家文物局馆藏文物保存环境重点科研基地（上海博物馆）基地年内完成国家文物局2014～2016年度科研基地运行评估，评估结果为“合格”。根据《国家文物局关于馆藏文物保存环境国家文物局重点科研基地（上海博物馆）运行评估情况的通报》内容，认真学习改进建议，制定整改方案。

基地制定的《文物展柜基本技术要求及检测》和《文物展柜密封性能及检测》等2项国家标准颁布实施；新申请《文物消毒技术规范　总则》《馆藏文物养护　熏蒸消毒设备》等2项文物保护行业标准制定以及《馆藏文物保存环境质量检测技术规范》修订工作；继续开展《馆藏文物保存环境控制 净化调湿装置》等5项行业标准的制定工作。

3．可移动文物保护技术、方法及应用

国家文物局馆藏文物保存环境重点科研基地（上海博物馆）受委托为19家文博单位编制馆藏文物预防性保护方案，赴8家单位进行环境检测，并赴上饶、郑州等地开展预防性保护技术交流及培训；利用文物保护装备产业化及应用协同工作平台联合实验室平台，对12家企业的50多款产品进行性能检测。

【社会文物管理】

2018年共办理文物进出境235批次、4071件，其中文物临时进境1984件，出境文物381件，临时进境复出境文物1477件，文物复仿制品出境99件。

全市共举办文物艺术品拍卖会207 场，拍卖标的93682件。审批新设立拍卖企业3 家，审批新设立文物商店 3家。

扩大公益性民间收藏文物鉴定咨询服务点，完善文物鉴定工作机制。新增上海市文物保护研究中心为第四家公益性民间收藏文物鉴定咨询服务点，四家鉴定咨询服务点均已进入常态化服务。11月，上海市文物局发布经修订的《上海市民间收藏文物鉴定咨询推荐单位工作规程》，作为鉴定咨询工作的具体操作依据。

【文博宣传与出版】

国际博物馆日全国主会场系列活动在上海市顺利举办。围绕此次活动主题“超级连接的博物馆：新方法、新公众”，上海市举办了主会场开幕式、“博物馆与美好生活”论坛暨“博物致知”首届长三角博物馆教育博览会、地铁十号线整车包装发车仪式、105家场馆免费开放等一系列活动，46家博物馆还开放了夜场参观。

精心策划文化和自然遗产日系列活动和上海被国务院公布为国家历史文化名城三十二周年系列纪念活动，提升文化遗产保护社会效应。举办第三届“上海城市原点历史文化”系列活动、《上海红色文化地图》首发仪式、《海上丝绸之路与上海》城市文化讲坛等主题活动；并指导各区组织开展300余项精彩展览展示、专题讲座、主题征文等文化遗产宣传普及活动。协调97处文物建筑向市民免费开放，其中黄浦区原法租界会审公廨及警务处旧址、静安区德莱蒙德住宅为首次对外开放。

不断拓展宣传渠道。在传统媒体方面，全市26家博物馆在中央级媒体发布宣传信息861次，70家博物馆在市级媒体发布宣传信息3000多次。在新媒体方面，全市开设网站的博物馆有70家，策划数字展览67个；开通微信、微博公众号的博物馆有112家，全年发布信息超10000条。新媒体传播逐渐成为博物馆宣传推广的主要途径，如国际博物馆日期间，全市博物馆在主流社交媒体上推出“hey！博物馆！”以及”2018国际博物馆日”话题活动，营造出了全民逛展氛围。

【科技与信息】

较为重要的学术活动包括上海博物馆、上海科技馆、上海市历史博物馆（上海革命历史博物馆）联合举办的“艺术与科学”学术研讨会；中共一大会址纪念馆举办的“马克思主义在中国早期传播与中国共产党的创建”学术研讨会；上海中国航海博物馆举办的“丝路和弦：全球化视野下的中国航海历史与文化”研讨会等。

【机构及人员】

上海市文物局共有下属文博单位6个，其中博物馆4个、科研机构1个、文物商店1个；在编人员共579人，专业技术人员中具有高级职称的有72人、具有中级职称的有168人。

【对外交流与合作】

（一）入境展览

2月7日～4月7日，由上海钻石交易所、比利时安特卫普DIVA博物馆以及上海科技馆联合举办的“从自然奇迹到艺术瑰宝——比利时DIVA博物馆精品展” 在上海自然博物馆（上海科技馆分馆）展出。本展览精选比利时安特卫普DIVA博物馆金银器、珠宝首饰和钻石器物等22件，除了展示欧洲中世纪的贵族时尚，也揭秘了安特卫普的钻石切割技艺。

4月28日～8月5日，“心灵的风景：泰特不列颠美术馆珍藏展（1700～1980）”在上海博物馆展出。英国泰特不列颠美术馆素以蔚为大观的风景画收藏闻名于世，此次来华集中展出了18～20世纪英国艺术大师们的风景杰作71幅，涵盖油画、水彩、版画和照片等多种媒介，大部分作品是首次在华展出。

7月3日～9月3日，上海自然博物馆（上海科技馆分馆）与澳大利亚国家博物馆共同主办的“大师：澳大利亚树皮画艺术家展”在上海自然博物馆（上海科技馆分馆）展出。展览中122幅树皮画和31件木刻作品均来自澳大利亚国家博物馆馆藏，展示了澳大利亚原住民文化。

9月27日，由美国芝加哥艺术博物馆、泰拉美国艺术基金会和上海博物馆联合举办的“走向现代主义：美国艺术八十载（1865～1945）”展览在上海博物馆开幕。展品选自芝加哥艺术博物馆与泰拉美国艺术基金会的重要收藏，集中展示了80件美国艺术大师的经典绘画和纸本作品，其中爱德华·霍普的《夜游者》是首次在亚洲展出。

（二）出境展览

3月9日～8月26日，上海博物馆赴法国池努奇亚洲艺术博物馆举办“中国芳香：古代中国的香文化”展览。

4月16日～7月25日，为促进中俄两国文化交流，加强中国在“一带一路”国家间的文化软实力，上海博物馆赴俄罗斯克里姆林国立历史文化遗产博物馆举办“大明王朝：文人时代的光辉”展览。

9月7日～11月11日，为进一步推动澳门地区与大陆文化的延伸和深化，上海博物馆和故宫博物院联合在澳门艺术博物馆举办“渔山春色——吴历逝世三百周年书画特展”。

10月15日～12月15日，为加强与“一带一路”沿线国家和地区文化交流与合作、推进落实国家“一带一路”倡议，上海博物馆联合上海科技馆、中国科学院上海硅酸盐研究所、景德镇御窑博物馆、海南省博物馆、中国（海南）南海博物馆等单位在乌兹别克斯坦国立历史博物馆举办“青出于蓝——青花瓷的起源、发展与交流”展览。

【其他】

8月21日，上海市文化广播影视局、上海市文物局召开全市文物工作座谈会，学习传达2018年全国文物局长座谈会精神，总结2017年全市文物工作会议和《上海市人民政府关于进一步加强文物工作的实施意见》贯彻落实情况，按照市委、市政府打响“上海文化”品牌的总体要求，部署下阶段重点工作。全市各区文化（广）局、文管会分管负责人、全市文博单位负责人170余人参加了会议。

江苏省

【概述】

2018年，江苏省委、省政府高度重视文物工作，各级文物部门全面贯彻文物工作方针，提高文物保护管理水平，加强博物馆建设，加大文博宣传力度，各方面工作取得新进展。

【执法督察与安全保卫】

根据国家文物局部署和要求，江苏省文物局在全省开展并完成“文物法人违法案件专项整治行动（2016～2018年）”。行动期间共查处文物法人违法案件38起，罚款622.4万元，有效遏制了破坏文物的违法行为。

江苏省文物局联合省检察院、省公安厅出台《江苏省文物行政执法与刑事司法衔接工作的规定》，在全国文物系统中首次把检察机关纳入合作机制，充分发挥检察机关立案监督作用，在打击文物违法犯罪、确保文物安全方面进行了有益的探索。

江苏省文物局联合省公安厅开展全省打击文物犯罪专项行动，全年共破获盗掘古墓葬案件4起。其中仪征联营汉墓群盗掘案抓获犯罪嫌疑人4名；新沂马陵山奶奶山汉墓群盗掘案抓获犯罪嫌疑人5名；宜兴湖父镇宜兴林场盗掘案抓获犯罪嫌疑人3名，收缴文物5件；盱眙圩庄、缪庄墓群盗掘案一名犯罪嫌疑人自首。

江苏省委、省政府高度重视文物安全工作，强调要对习近平总书记重要批示和国务院部署抓好贯彻落实。1月19日，省政府召开全省文物安全电视电话会议，专题部署进一步加强全省文物安全工作。10月，江苏省文物局联合省公安厅、省气象局、省消防总队开展了为期一个月的全省重点文博单位安全大检查专项行动。此次大检查实现了13个设区市全覆盖，全省国家三级以上博物馆和有重大火灾隐患的全国重点文物保护单位全覆盖，以及安防、消防、防雷全覆盖。

【不可移动文物的保护与管理】

（一）概况

完成第八批省级文物保护单位评审，全省市县级文物保护单位保护范围及建设控制地带划定工作取得重大进展。继续实施“江苏省红色遗产、名人故居维修保护和展示提升工程”。

（二）大遗址

在普通勘探的基础上对鸿山墓群BH3-4-5核心遗址区土墩、环壕、古河道及周边进行测绘，用于鸿山遗址公园的保护、规划、展示。批复并实施鸿山遗址本体保护展示二期工程。

（三）全国重点文物保护单位

组织第八批全国重点文物保护单位申报工作。9月，省文物局在南京组织召开全国重点文物保护单位申报工作座谈会及工作培训，正式启动申报工作。截至12月底，各地共提交第八批全国重点文物保护单位申报材料157处，其中按类型分为古遗址29处、古墓葬15处、古建筑45处、石窟寺及石刻5处、近现代重要史迹及代表性建筑61处、其他2处；按地区分为南京市24处、无锡市17 处、徐州市6处、常州市16处、苏州市24处、南通市4处、连云港市10处、淮安市12处、盐城市3处、扬州市13处、镇江市7处、泰州市13处、宿迁市8处。

（四）世界文化遗产

重启海上丝绸之路申遗工作。1月，组织南京、扬州、苏州、南通、连云港等5市参加在广州召开的"海丝"申遗城市联盟预备会议。4月，组织各市参加在广州召开的"海丝"申遗城市联盟第一次联席会议，扬州、苏州、南通、连云港正式加入"海丝"申遗城市联盟。协助中国文化遗产研究院申遗文本编制团队专家对扬州、南通和连云港三市"海丝"申遗点现场考察，将如东县掘港国清寺遗址、太仓市樊村泾遗址等"海丝"申遗点列入第八批江苏省文物保护单位推荐名单，完成龙江船厂环境整治方案批复工作。

继续推进江南水乡古镇联合申遗。1月，"江南水乡古镇申遗2018年推进会"在苏州召开，通报了申遗文本初稿和惠山古镇预研究等阶段性成果。苏州市颁布《苏州市江南水乡古镇保护办法》，启动了周庄等古镇保护管理规划的编制工作。启动黎里镇柳亚子旧居等文物保护单位修缮保护工程，将申遗古镇范围内的同里镇"叶圣陶墓及执教处旧址"、黎里镇"周宫傅祠"等列入第八批江苏省文物保护单位推荐名单。

开展中国明清城墙联合申遗和南京城墙保护工作。4月，南京市向国家文物局提交中国明清城墙申遗申请。5月，"城墙保护利用与城市可持续发展"国际论坛和中国明清城墙保护与联合申遗第六次工作会议在南京举办。9月，中华门保护维修项目列入国家文物局2019年度全国重点文物保护单位保护项目计划。11月，南京城墙解放门至太平门段城墙修缮一期试验段维修方案获批复同意。

组织召开遗产城市组织第三届亚太区大会。10月29日～11月1日，世界遗产城市组织在苏州举行第三届亚太区大会。与会嘉宾围绕"世界遗产城市与旅游"主题展开讨论，形成《苏州共识》，苏州市成为"世界遗产典范城市"。

举办2018大运河文化遗产保护传承利用培训班。11月，国家文物局在常州举行2018大运河文化遗产保护传承利用培训班，大运河沿线8省（直辖市）及35个城市的文物行政部门和遗产管理机构代表参加培训。推进实施大运河文化带文化长廊建设。完成国家文物局大运河文化带建设项目库编制和上报工作，牵头完成国家文物局大运河文化带古村镇保护工程、工业遗产活化利用工程等专项工程方案。在省级规划项目申报方面，申报涉及文化、文物的各类项目316个，建议立项项目175个，初步形成省级大运河文化带建设项目库。参加江苏省人大、省政协组织的大运河文化带建设和国家文化公园建设座谈、督办活动。10月，配合扬州市政府举办以"运河城市文化保护、传承与利用"为主题的2018年世界运河城市论坛。

【考古发掘】

（一）概况

2018年，江苏的考古研究主要集中在良渚文化课题的探索、土墩墓及吴文化探索、江淮地区早期文明探索、城址考古、“一带一路”考古工作以及南京地区早期文明探索。开展大遗址配套考古工作，配合考古遗址公园建设对阖闾城东城进行考古勘探，对高邮龙虬庄遗址进行了考古勘探和重点发掘，取得了新的成果。

（二）重要考古项目

1．青城墩遗址考古

2017年8月～2018年12月，南京博物院、常州市文物保护管理中心（常州市考古研究所）等单位共同实施了青城墩遗址主动性考古发掘工作。通过考古发掘，明确了青城墩遗址是环太湖北部地区崧泽文化晚期至良渚文化早中期的一处中心聚落遗址。青城墩遗址由中心土墩、外围土墩及内外两重环壕组成。遗址中心土台是一处崧泽文化时期至良渚文化时期的高等级祭台、墓地遗存。青城墩遗址是目前发现距今5500～5300年长江下游等级最高的一处新石器时代遗址，对研究崧泽文化晚期至良渚文化早期社会分化、文明起源等问题具有重要意义。

2．黄岗遗址考古

为配合淮安高铁新区水系调整工程茭陵一站引河段项目基本建设工程，南京博物院考古研究所与淮安市博物馆组成联合考古队，对黄岗遗址文物埋藏区进行了抢救性考古发掘。黄岗遗址总面积5.6万平方米，发掘面积4000平方米。遗址时代跨度大、文化内涵丰富，以新石器时代遗存为主体，并见西周、汉、唐宋元明诸时期遗存。共清理不同时期房址、墓葬、灰坑、灰沟、烧土堆积及洞类遗迹等3800余处，出土陶、石、骨、玉、琉璃、铜、铁、瓷等质地遗物800余件。黄岗遗址的发现与发掘，基本厘清了淮河故道沿线区域公元前5000～公元前3500年新石器时代的文化谱系框架，丰富的遗存使得青莲岗文化“重生”成为可能，这是近年来该区域史前考古最为重要的突破。

3．土墩墓及吴文化探索

为配合溧阳上兴开发区建设、S122省道丹阳段及常合高速等基本建设工程，在南京博物院牵头下，全省考古工作者分十几个队伍，在金坛、溧阳、句容等地发掘了几十座土墩墓，取得了新的收获。通过对溧阳子午墩2号墩的发掘了解了土墩墓的堆积过程，从春秋时期选地平整土地，再到修整土台、兆沟、埋藏、祭祀及历次埋藏和祭祀，一直延续到两汉和明清时期。溧阳蒋笪里土墩墓考古发掘采用“剥洋葱”式“十”字隔梁法整体逐层发掘清理，可以更好认识土墩的堆积情况，共发现遗迹现象53处。丹阳双眼墩土墩墓发现的“放射状”灰土带遗迹是江南土墩墓考古首次发现最完整最典型的遗迹，对研究土墩墓的结构及营造方式具有重要价值。

4．“一带一路”考古

国清寺遗址：由南京大学、南通市文化广电新闻出版局、如东县文化广电新闻出版局组成联合考古队，在2017年发掘的基础上对如东掘港国清寺遗址进行连续考古发掘。此次发掘确定了遗址范围及唐晚期、宋、明、清等不同时期的文化遗存，基本弄清了国清寺遗址的建筑布局，同时抢救了一批地下文物。考古发现了护寺沟、经幢座、柱础、墙等不同时代的建筑遗存，特别是出土了墨书“国清（寺）”“方丈”“僧”“罗汉”等字迹的瓷器。唐宋时期国清寺建筑遗迹的确认，为南通及如东提供了一处年代最早、价值最高的有关早期城市发展的宝贵遗产，同时对研究中日文化交流具有重要意义。

黄泗浦遗址：黄泗浦遗址的考古工作主要是对古河道进行清理，前后发掘面积1500平方米，比较清晰地揭露了黄泗浦古河道的形制和内涵，显示黄泗浦是唐宋时期江南地区入江的主干水道之一，历代均进行疏浚开挖。通过对原来发现的唐代建筑基址进行扩大发掘，进一步明确了唐代大型院落基址的布局及性质。黄泗浦遗址诸多唐代遗迹的揭露和大量遗物的出土，为证明鉴真从黄泗浦东渡启航提供了重要线索。

5．城址考古

下邳故城遗址：南京博物院对睢宁下邳故城遗址进行发掘，先后发现了明清、宋金、唐、魏晋、汉代时期地层，不同时期都有重要的建筑遗迹如道路、房址、灰坑等被发现。此次发掘确认了宋至明清时期的城址城墙叠压在汉代城址之上，并延伸于汉代城址之外，进一步印证了下邳故城遗址文化的延续性。

扬州城遗址：扬州唐城考古队对扬州蜀岗古城南城门遗址进行发掘，揭露了汉至南宋时期的门址由门道、门墩、马道、主城墙、瓮城墙等构成，主要遗迹之间存在叠压或打破关系。此次发掘明确了南城门的开设时间不晚于隋唐时期，基本推定该城门在隋唐时期曾是一座有三个门道的高规格城门，从考古学角度证明蜀岗古城是一座都城类型的城址。

铁瓮城遗址：6～12月，镇江博物馆考古部对前期勘探发现的西垣（南段）及疑似西门遗址区域进行了考古发掘，发掘面积500平方米，揭示了六朝至清代时期的大致7个文化堆积层。共发现历代遗迹45处，包括灰坑、房基、墙基、建筑夯土、道路、排水沟、水井、炉灶、城垣（夯土及包砖墙）等。此次发掘为遗址的保护和展示提供了重要科学依据。

6．南京地区早期文明发掘

完成西街遗址的田野发掘工作，新扩方2500平方米，发现并清理各类遗迹300多处，出土小件标本500余件，其他标本上万件。遗址大致分为三期，早期为西周时期，主要遗迹包括环壕、墙基；中期为六朝，遗迹有水井、窑、环壕、道路、灰坑等；第三期为宋元明清，主要发现水井、灰坑遗迹。遗址以一处台地为中心，自西周至近代一直被利用，功能复杂，是南京城市发展史的重要物证，为探索文献记载的南京最早城池——越城遗址提供了重要线索。

7．汉文化发掘

徐州博物馆对土山二号墓进行了发掘，主要清理了盖板石与墓室之间的填土，露出墓室顶部及倒塌的墓砖。除东北部为将来展示需要主动予以保留外，大部分区域的墓顶及倒塌墓砖已经揭露出来。对盗洞进行了局部清理，出土了铜钫、铜灯盘、玉衣片及漆器痕迹等。回廊内发现有“徼道”字迹。

【博物馆与可移动文物保护】

（一）博物馆

1．博物馆建设

2018年新备案博物馆12家，因机构调整核减江阴市中医史陈列馆、江阴市高城墩良渚文化陈列馆、江阴市刘氏兄弟故居陈列馆3家单位。南京博物院艺术馆完成提升改造，苏州博物馆启动西馆建设。江苏省江海博物馆、溧阳博物馆新馆建成开放。“第三批国家二、三级博物馆定级评估”中，在苏州碑刻博物馆、周恩来纪念馆、新四军纪念馆、镇江博物馆等4家单位获评国家二级博物馆，新四军江南指挥部纪念馆、张家港博物馆（长江文化博物馆）、淮安市楚州区博物馆、宿迁市博物馆等4家单位获评国家三级博物馆。

在“2014～2016年度国家一级博物馆运行评估”中，南京博物院、苏州博物馆分别以总分全国第一、第三的成绩获评优秀。

不断深化博物馆免费开放，2018年获得省级以上财政免费开放补助经费2.98亿元。

2．陈列展览

2018年，江苏省博物馆、纪念馆共举办陈列展览2095个，策划教育活动28576次，接待观众超过9000万人次。

在“第十五届（2017年度）全国博物馆十大陈列展览精品推介”活动中，南京科举博物馆“文明的阶梯——科举文化专题展”获精品奖，南京市博物总馆“CHINA与世界——海上丝绸之路沉船与贸易瓷器大展”获优胜奖。

南京博物院“回家过年”主题特展、扬州博物馆“通·融——中国大运河文化特展”入选国家文物局“弘扬中华优秀传统文化、培育社会主义核心价值观”重点推介主题展览。苏州博物馆“1509：与谁同坐——吴门画派之青少年教育互动展”、徐州博物馆“铭记历史　砥砺前行——徐州沦陷80周年文献特展”等6个展览入选江苏省“弘扬中华优秀传统文化、培育社会主义核心价值观”主题展览。

南京科举博物馆“士子的行旅——中国科举博物馆馆藏文物展”、宜兴市博物馆“荆邑之光——宜兴历代紫砂精品展”等5个展览入选“2018年江苏馆藏文物巡回（交流）展”，在省内巡回展出近40场次。

推动博物馆展陈提升，徐州博物馆、常熟博物馆、新四军江南指挥部纪念馆3家单位获得550万元中央补助资金用于展陈改造和提升；常州博物馆、连云港市博物馆等6家单位被列为2018年度江苏省博物馆陈列展览提升工程项目实施单位，获得340万元省级文物保护专项资金补助。

3．博物馆社教活动

选择盐城市盐都区博物馆开展“2018年博物馆青少年教育馆校衔接试点工作”，探索县级博物馆与学校建立长效合作机制。南京博物院“探索与发现——南京博物院中学生考古系列课程”、苏州博物馆“吴地文人雅致生活——系列课程之雅韵青花”等入选“2015～2017年度江苏省博物馆青少年教育课程十佳教学设计”。无锡博物院等5家单位入选教育部“2018年全国中小学生研学实践教育基地”。

联合上海、浙江、安徽等地文物部门举办“博物致知”首届长三角博物馆教育博览会。南京博物院等6家博物馆参展，并与兄弟省份博物馆缔结长三角教育联盟。

4．文创产品开发

继续深化文化文物单位文化创意产品开发省级试点，不断研发文化创意衍生商品。江苏省博物馆商店联盟新增7家博物馆，共有37家加盟单位。江苏省9家博物馆联合组织“江苏省博物馆文创联展”参加第八届中国博物馆及相关产品与技术博览会，取得较好反响。

（二）可移动文物保护

在全国率先出台《江苏省博物馆藏品征集规程》，填补相关领域制度管理空白。组织珍贵文物“双随机一公开”检查工作，赴南京、淮安、徐州等地检查馆藏珍贵文物档案建设、保管条件。

组织开展非国有博物馆藏品备案。全省59家非国有博物馆登录藏品42353件/套（87294件）。

组织专家审核可移动文物保护修复、预防性保护及数字化保护等项目方案117项，国家文物局审核通过方案16项，省级审核通过方案70项。补助淮安市博物馆、淮安市楚州博物馆等3家单位开展包括文物健康评测、展厅和库房监控预警、预防性保护和实验室能力提升等预防性保护工作。

截至2018年年底，江苏省共有可移动文物修复资质单位22家。江苏文博艺术品修复有限公司变更名称，南京市博物总馆等两家文物修复资质单位增加修复资质范围。

【社会文物管理】

受国家文物局委托，启动文物流通领域登记交易制度试点，印发《文物流通领域登记交易制度试点实施办法》，试行对注册地在南京市的文物拍卖企业和注册地在苏州市的文物商店经营活动进行分类登记。

组织开展文物拍卖资质年审，全省24家文物拍卖企业年审合格，占总数的72.7%。全年共批复49场次涉及文物的艺术品拍卖会，审核标的27147件，涉及文物标的13368件，撤拍32件，成交总额2.2亿多元。

国家文物进出境审核江苏管理处全年对30批次280件/套文物进行了审核，其中禁止出境文物23件/套。

【科技与信息】

完成2017年度江苏省文物科研课题立项结项工作，“海上丝绸之路文化遗产调查、保护与利用研究”等10项课题通过评审予以立项，“江苏省文物经费绩效管理及评估体系研究”等10项课题完成结项。完成国家文物局“文物行政执法与刑事司法相衔接机制研究”课题并通过验收。

积极组织实施“互联网+中华文明”行动计划，苏州博物馆“明代苏州雅致文化”数字互动体验和展示传播入选2018年度“互联网+中华文明”示范项目。

【文博教育与培训】

9月17～20日，江苏省文物局在镇江市举办2018年省级文物保护单位管理使用单位管理人员培训班，全省各市县60余名省级文物保护单位管理使用单位的管理人员参加了培训。培训内容包括法律法规、文物保护单位的基础工作、文物安全与消防、文物保护工程的管理及日常保养维护。

11月18～21日，江苏省文物局在苏州举办博物馆馆长培训班，全省50位馆长参加培训。培训内容包括博物馆职业道德、陈列展览、行业发展、运行和定级评估、基础理论、公共文化服务、公共关系与市场营销。

【文博宣传与出版】

举办国际博物馆日系列宣传活动。江苏省文物局围绕活动日主题，结合江苏省博物馆事业发展实际，在全省范围内组织开展宣传活动和全民参与的群众性文化遗产保护系列活动。包括“古俑焕彩——徐州博物馆馆藏历代陶俑特展”“铭记历史·砥砺前行——徐州沦陷80周年文献特展”开幕，发布2018年全省主题展览推介项目，颁发2017年江苏省博物馆青少年教育示范项目证书，举办江苏省2018年国际博物馆日主题论坛等。在国际博物馆日当天，南京博物院联合江苏交通广播网启动了夜间开放活动——“南博奇妙夜”，主题定为“舞动一座博物院”，超过5000名观众预约夜游。全省各市（县）文物局、各级各类博物馆、纪念馆联动，开展形式多样的纪念活动。

举办文化和自然遗产日系列活动。6月8日，江苏省文物局在镇江博物馆举办江苏省2018年文化和自然遗产日主场城市系列活动开幕式。主场城市系列活动主要有“江苏省文物保护利用成果展”“流韵——江苏大运河文化带出土文物精粹展”等专题展览，社会文物免费鉴定，博物馆文创产品联动展销，“黑白墨韵——博物馆里学古技”“五彩凤游——版画上的国宝”等互动活动。全省各地文博单位举办约200项形式多样、内容丰富的宣传展示活动和公众体验传承活动。

南京博物院参与录制中央电视台《国家宝藏》节目，打造“无边界”博物馆。苏州博物馆代表队参与中央电视台少儿频道大型文博主题系列节目《赢在博物馆》并获得亚军。

【机构及人员】

全省共有机构439个，其中文物保护管理机构50个、博物馆329个、文物商店8个、文物科研机构5个、其他文物机构47个。全省文物从业人员共8087人，其中专业技术人才2773人，具有正高级职称的159人、具有副高级职称的399人、具有中级职称的1109人。

【对外交流与合作】

苏州博物馆赴新西兰举办“信仰 · 生活：唐宋转换时期的苏州”文物展，南京博物院从捷克引进“穆夏欧洲新艺术运动瑰宝”展、从意大利引进“文艺复兴三杰”展览，有效加强了中外文化交流。

浙江省

【概述】

2018年，浙江省全面启动文物保护利用改革，以落实“富民强省十大行动计划”相关任务为重点，提升文物保护科技能力，推进传统村落保护与利用，加快文博创意产品开发，健全考古遗址公园体系建设，推动文物资源“活”起来；持续开展文物安全专项行动、文物平安工程和文物执行监察，文物消防安全工作取得实效，守住文物安全底线；推进可移动文物保护，规范不可移动文物、大遗址的保护与管理；持续打造精品陈列，推动博物馆基础设施建设和管理运行再上新台阶；加强机关党建与人才培养，扩大文物事业影响力，全省文物事业有了新发展。

【法制建设】

浙江省起草、审核《关于浙江省实施革命文物保护利用工程（2018～2022年）的意见》。文物部门推进《浙江省大运河世界文化遗产保护条例》纳入省人大立法二级项目。《嘉兴市大运河世界文化遗产保护条例》经省人大常委会审议通过，8月1日起施行。

【执法督察与安全保卫】

全年开展日常执法巡查、市县交叉执法检查、管辖海域内文化遗产联合执法等工作，共出动巡查21991人次，检查文博单位7985家次，发现涉嫌违法行为38起、安全隐患201处，依法进行处置。继续深入开展“文物法人违法案件专项整治行动（2016～2018年）”，查处跨湖桥遗址、西泠印社建设控制地带内地物改变，萧山区衙前镇擅自在浙东运河杭州段建设工程，龙游县擅自在小南海石室保护范围内建设工程等法人违法案件，与杭州市萧山区政府进行约谈。继续推动全省“天地一体”“平安工程”网络监控信息整合与共享，提升文物执法机构执法巡查效能。

根据上级统一部署，组织多部门开展以国家三级以上博物馆和省级以上文物保护单位为重点的全省博物馆、文物建筑、宗教活动场所消防安全大检查，发现各类消防安全隐患3312项，整改3259项，大检查期间全省文物系统实现文物消防安全零事故。根据消防安全三年翻身仗行动方案，部署为期两个半月的全省文保单位电气火灾隐患检查整治专项行动；认真做好冬春季节和重要节点火灾防控现场检查与指导，组成专项检查组赴各地进行专项指导和明察暗访，就2017年全国文物安全状况大排查中发现隐患的整改情况进行“回头看”。

持续做好文物平安工程实施项目事中、事后监管，做好文物平安工程第一个三年计划的收尾，全面落实工程绩效评价。邀请专家组对浙江省文物消防百项工程开展专项监管、评估。完成消防安全目标管理责任书各项任务，通过2017年度消防安全目标考核。

【不可移动文物的保护和管理】

2018年，浙江省继续全面提升不可移动文物保护、利用、管理水平，加大文物保护力度。

推进3处国家考古遗址公园建设，大窑龙泉窑国家考古遗址公园正式对外开放。公布河姆渡遗址、下汤遗址、罗家角遗址、好川遗址、庄桥坟遗址、嘉兴子城遗址、临安吴越国王陵遗址等7处第二批省级考古遗址公园，健全考古遗址公园保护展示体系。持续推进好川、下菰城、安吉古城、嘉兴子城、小黄山、印山越国王陵等遗址保护规划编制。

启动第八批全国重点文物保护单位推荐申报，产生初步推荐名单，基本完成申报材料编制。完成23个省级以上文物保护单位保护工程项目立项，审查全国重点文物保护单位保护工程设计方案36个、文物保护单位保护区划内建设项目40个。加强全国重点文物保护单位保护规划编制与审批，蒋氏故居、安庆会馆等保护规划上报国家文物局审查；对一批全国重点文物保护单位保护范围、建设控制地带内建设项目方案进行审查、论证，向国家文物局上报涉及全国重点文物保护单位建设控制地带的建设项目24个。

推进良渚古城遗址申遗，正式推荐申报2019年世界文化遗产项目。全面完成良渚古城遗址文物保护展示、环境整治工程和相关场馆建设，继续深入开展良渚古城遗址考古研究和国际表达，加深“实证中华5000多年文明史圣地”的遗产价值认识和国内外学界认同，完成国际古迹遗址理事会委派国际专家现场考察评估。

抓好大运河（浙江）文化带建设，将运河文化遗产保护作为文化带建设核心任务。《大运河（浙江）文化带建设遗产保护具体实施方案》编制完成。大运河宁波段遗产监测预警平台提升工程（一期）、大运河南浔段遗产监测预警平台建设工程完成。文物部门论证京杭大运河博物院选址，评估通过省考古与文物保护基地建设项目，启动实施保护整治工程12项、遗产监测工程3项。

根据国家文物局相关要求，完成西湖世界文化遗产监测基础信息管理系统建设，启动西湖遗产区内省级以上文物保护单位相关“四有”档案资料录入，完成两堤三岛、西湖十景、14处文化史迹的专业监测及评估，继续开展6处文物本体病害数据采集，完成特色植物监测平台和监测指导书优化完善，初步完成11处遗产点的《游人量预警管控应急预案》。

推进世界文化遗产预备项目培育。配合中国文化遗产研究院开展海上丝绸之路申遗点遴选，参加海上丝绸之路保护和联合申报世界文化遗产城市联盟联席会议、立法工作会议，确保5处申遗点正式列入申遗名单。江南水乡古镇、闽浙木拱廊桥等中国世界文化遗产预备名单组成本体部分补充申报第八批全国重点文物保护单位。

继续推进松阳县传统村落整体保护利用试验区工作，抓好西田村浙江省历史文化村落保护利用示范项目，提炼推广松阳县“拯救老屋行动”实践经验，指导丽水市开展“全域推进传统村落保护发展和拯救老屋”行动。配合国家文物局完成第一批国保省保集中成片传统村落保护利用项目现场绩效评估，有序开展第二批保护利用项目的实施。

积极配合浙江省农办、省住建厅开展第七批（2019年度）历史文化（传统）村落重点村和一般村、第六批浙江省历史文化名镇名村申报，指导宁波市（奉化城区增补）、温州市、余姚梁弄镇、永嘉苍坡村开展历史文化名城名镇名村保护规划编制。

【考古发掘】

（一）概况

2018年，浙江省组织、实施考古调查勘探项目109个，考古发掘项目46个，开展大遗址保护“十三五”专项规划实施情况中期自评，指导宁波市举办第二届“水下考古宁波论坛”，评选8项“2017年度浙江重要考古发现”。宁波大榭遗址获评中国考古学会“田野考古奖”二等奖。

（二）重要考古项目

1．良渚古城遗址钟家港中区考古发掘

2016年8月～2018年1月，对良渚古城钟家港中区实施考古发掘，首次从层位学上证实莫角山始筑于约5000年前。

2．宁波市农副产品物流中心二期建设地块考古发掘

2017年10月～2018年2月，对宁波市奉化区方桥镇下王渡村宁波市农副产品物流中心二期建设地块实施考古发掘，发掘面积1000平方米，发现河姆渡文化晚期、良渚文化时期、商周时期、宋元时期四个阶段的文化遗存，清理墓葬、灰坑、灰沟等遗迹现象25处，出土遗物300余件。此次发现为进一步完善宁绍平原史前文化序列，探讨宁绍平原与环太湖流域文化格局动态变迁等提供了新材料，也为探讨良渚文化在宁绍地区聚落形态的地域特征、发展变化等打开了新视角。

3．安吉龙山107号古墓葬考古发掘

1～12月，对安吉龙山107号古墓葬实施抢救性发掘。作为三年连续性项目，2018年主要对中心主墓进行发掘，同时清理两座陪葬墓及墓外器物坑等，出土印纹陶、原始瓷、泥质陶等随葬品42件。中心主墓包括由外到内的三重结构，为东西向的长方形覆斗状土石结构大墓，是继绍兴印山越王陵后浙江省又一重大商周考古发现。主墓及周边大范围土石结构遗迹气势恢宏，墓葬营建方式、周边陪葬墓结构、随葬品组成等呈现出强烈的越文化特点。以主墓为中心，包含布局规整的陪葬墓及隍壕的完整墓园较为罕见，这一发现有助于推动安吉古城大遗址考古研究，进而带动越文化研究的发展。

4．绍兴南宋皇陵一号陵园考古发掘

1～12月，对绍兴南宋皇陵一号陵园实施考古发掘，完整揭示并基本确定陵园平面布局与主体建筑遗迹，为认识、保护南宋皇陵提供了重要资料。

5．余杭玉架山遗址考古发掘

3月起，对杭州市余杭区玉架山遗址实施考古发掘，发现由6个相邻环壕围沟组成的良渚文化完整聚落遗址，总面积约15万平方米。发掘面积3.2万平方米，清理墓葬560座、灰坑27个、建筑遗迹11处，出土陶器、石器、玉器等遗物6000余件/套。

6．宁波北仑镇海口炮台遗址群考古发掘

3月起，对宁波北仑镇海口平远、镇远、靖远三座炮台遗址实施发掘。其中平远炮台遗址发掘完成，基本厘清结构布局与功能分区，出土清末至民国时期遗物43件。此次发掘为浙江地区明清海防遗存研究提供了直观案例，也为镇海口海防遗址（江南部分）保护修复、现场展示等提供了科学依据。

7．临安区吴越国光孝明因寺（宋净土禅寺）遗址考古发掘

光孝明因寺（净土禅寺）遗址位于杭州市临安区锦桥吴越街南侧，2018年3月发现，经

抢救性考古发掘，共清理吴越国至明清不同时期建筑遗迹3组，出土较多吴越国至宋代的莲花纹瓦当、宝相花纹砖、脊兽、筒瓦、板瓦、抄手砚、越窑青瓷残片等。光孝明因寺遗址是经考古发掘证实的极重要的吴越国寺庙遗址，净土禅寺遗址是反映宋代净土宗、禅宗变迁与融合的重要实物例证，对佛教考古、建筑考古、吴越国史研究均具有重要意义。

8．绍兴市上虞区梁湖镇外梁湖村苦竹山墓地考古发掘

3～5月，对绍兴市上虞区梁湖镇外梁湖村苦竹山墓地实施考古发掘，共抢救清理墓葬6座，发现一批汉代至南朝的陶器、瓷器、铜镜等遗物，采集大量纹饰、文字丰富的墓砖。汉代墓葬选址习俗具有浓厚地方特色，出土器物时代特征明显，对探讨汉代会稽郡核心区的社会经济、文化面貌有重要参考价值；两座有明确纪年的墓葬为探讨这一时期的砖室墓提供了纪年标尺。根据已有成果，可进一步探讨三国至南朝时期上虞地区砖室墓葬俗形制结构的流变，为认识其他未有明确纪年的同期墓葬提供依据。

9．缙云陇东遗址考古发掘

3～5月，对缙云县陇东遗址实施抢救性发掘，发掘面积487平方米，确认这是一处包含上山、良渚、好川、钱山漾文化及商周、西晋、宋代堆积的古遗址，主体为良渚、好川文化堆积，共发现灰坑65个、灰沟8条、柱洞23个，此次发掘为研究好川文化提供了新的资料，也为探讨浙南地区新石器时代晚期至末期的人群交流、文化演变提供了新视角，并为在周边地区寻找新石器时代早期遗址提供了有益线索。

10．余杭区凤凰山古墓群考古发掘

3～6月，对余杭区凤凰山古墓群实施考古发掘，发现战国至明代墓葬92座，其中以汉六朝墓葬居多，出土器物550件/套。墓葬类型多样、分布密集且有多处叠压打破关系，对研究本地区墓葬演变及古代葬制、葬俗等具有重要价值。

11．衢州庙山尖土墩墓考古发掘

3～7月，对衢州庙山尖土墩墓实施抢救性发掘，出土大量随葬品，应为西周早期越地典型贵族墓。该墓葬是迄今浙江发现的西周时期规模最大、等级最高的土墩墓，其墓底平铺鹅卵石、墓坑外侧坡面铺砌鹅卵石的营建方式十分独特。墓室系国内目前发现年代最早的“人”字形墓室，为绍兴印山越王陵的“人”字形墓室结构找到渊源；土墩墓中发现了大量青铜器和玉器，在浙江已发掘土墩墓中十分罕见；大量随葬青铜构件的风格面貌与中原地区不同，体现了显著的本土特色，为研究当地商周时期的历史、经济、社会、文化等提供了宝贵资料。

12．湖州昆山遗址考古调查与发掘

3～12月，对湖州昆山遗址南部麻雀田地点实施一系列主动性考古调查和发掘，共揭露、清理遗迹24个。推测这一区域应是商周时期的重要居住区，存在高规格建筑，体量在浙江地区罕见。厘清相关建筑的分布、格局及历史性演变，有助于加深对昆山遗址整体聚落格局的认识。

13．义乌桥头遗址考古发掘

3～12月，对义乌市城西街道桥头村村西桥头遗址实施考古发掘。遗址三面为人工环壕，西面连接自然河道，出土了绳纹釜、浅腹平底盘、罐、壶等陶器。器物年代相当于跨湖桥文化时期，早期处于上山文化与跨湖桥文化之间，为两者关系及分期研究提供了新的资料。

14．宁波余姚巍星路窖藏考古发掘

7～8月，对宁波余姚巍星路窖藏实施抢救性发掘，发掘面积80平方米，出土遗物31件/套、铜钱1.4万余枚，其中青铜器、龙泉青瓷器等品相精美，高丽青瓷净瓶为国内外罕见。窖藏推测系宋元之交战乱兵祸形成。该发现不仅填补了宁波地域历史时期窖藏考古空白，也为研究当时宁波地区的政治、经济、文化、社会变迁及海上丝绸之路相关情况提供了珍贵实证。

15．宁波镇海乌龟山遗址考古发掘

7～10月，对宁波镇海乌龟山遗址实施抢救性发掘，发掘面积175平方米，清理多处遗迹现象，出土陶器、石器等遗物50余件，发现较多动植物遗存。乌龟山遗址是宁波地区目前发现距离海岸线最近的河姆渡文化遗址之一，对深入探讨宁绍地区史前文化发展序列及当时的聚落分布、环境变迁、人海关系等具有重要价值。

16．宁波市第一医院异地建设一期地块考古发掘

7～11月，对宁波市奉化区方桥镇上王村宁波市第一医院异地建设一期地块实施考古发掘，面积1000平方米。发现河姆渡文化晚期、良渚文化时期、宋元时期三个阶段的文化遗存，清理干栏式建筑、灰坑、灶址、灰沟等遗迹现象15处，出土遗物266件。发现的史前时期文化遗存为了解宁绍平原史前时期建筑种类及发展演变提供了新材料，也为研究河姆渡文化聚落形态变化及扩散路线打开了新视角。

17．建德市梅城镇考古调查与勘探

8月起，对建德市梅城镇启动考古调查与勘探，实施梅城古牌坊及石构件考古调查与玉带河沿岸考古勘探。完成梅城古牌坊及石构件考古调查，收集各种石构件3012件。

18．良渚古城遗址莫角山台地考古发掘

9月起，对莫角山宫殿区西南部桑树头台地实施至良渚文化层表的长探沟非完全发掘。在南部发现两排房基土台，面积100～300平方米，初步判断是宫殿区附近高等级贵族的居住区。当地曾发现贵族大墓，因此推测桑树头是一处包含贵族居住区和贵族墓地的居葬合一遗址。

19．温州苍南壮士所城考古发掘

9月起，对温州苍南壮士所城实施考古发掘，发掘面积1000平方米。壮士所城遗址是一处保存较完好的明代早中期卫所遗址，对研究明代海防制度和卫所运行系统具有重要意义。发掘揭露房基、水井、水渠等生活遗迹，出土丰富文物，对复原城内水资源配套系统和生活面貌具有重要价值。

20．良渚古城遗址毛竹山台地考古发掘

10月起，对莫角山北部毛竹山台地实施至良渚文化层表的长探沟发掘，清理良渚文化墓葬1座。推测该区域原有良渚文化晚期墓地，但已被严重扰乱。

21．杭州市钱塘江古海塘遗址考古调查与勘探

开展钱塘江古海塘遗址考古调查与勘探，对古海塘遗址整体线形、结构进行重点研究，掌握不同时期钱塘江古海塘遗址线形分布，获得各个时期各种类型海塘营建工艺。古海塘遗址考古调查与勘探为研究古代土木工程、水利技术提供了可靠的实物资料，对古代水利技术史、杭州古代城市发展史等研究也有重要价值。

22．良渚古城遗址南城墙考古发掘

对良渚古城遗址南城墙实施小规模解剖发掘。该段城墙堆土呈块垄状，局部可见明显

的草裹泥痕迹，铺底石也呈块垄状，且堆土与铺底石块垄存在明显对应关系。此次发掘为了解古城营建方式提供了新资料。

【博物馆与可移动文物保护】

（一）博物馆

2018年，浙江省优化设施建设，打造展陈精品，提升博物馆建设与管理水平。在“第三批国家二、三级博物馆定级评估”中，宁波帮博物馆等10家博物馆获评国家二级博物馆，景宁畲族博物馆等8家博物馆获评国家三级博物馆。浙江省博物馆获国家一级博物馆运行评估优秀称号。

全力支持、配合浙江自然博物院安吉馆布展工程和试开馆工作，该馆5大展馆于年底开放。组织召开龙游博物馆、永嘉博物馆、平湖博物馆、长兴太湖博物馆、路桥区博物馆、萧山跨湖桥遗址博物馆等博物馆建筑及展陈方案论证会。指导淳安博物馆、温岭博物馆、长兴太湖博物馆等建成开放，良渚博物院完成改陈重新开放。

稳步推进以法人治理结构为核心的博物馆改革。浙江省博物馆、温州博物馆、浦江博物馆、平阳县苏步青励志教育馆、泰顺博物馆、温州龙湾博物馆等建立理事会，多地稳步推进理事会建设。

依托全省博物馆公共服务综合平台，召开第四届全省博物馆陈列展览交流洽谈会，进一步加强全省线上线下展陈交流和资源共享。举办全省“提升市县博物馆陈列展览策展水平研讨会”，为各市县博物馆陈列展览质量提升、特色打造、合作共赢打开新思路。

提升精品意识，打造精品陈列。在“第十五届（2017年度）全国博物馆十大陈列展览精品推介”活动中，杭州工艺美术博物馆“明月入怀——中国团扇文化印象展”获精品奖，中国丝绸博物馆“古道新知——丝绸之路文化遗产保护科技成果展”获优胜奖。组织开展第十二届（2017年度）全省博物馆陈列展览精品项目推介申报评选，“我从远古来——史前宁波人的生活”等10个展览被评为精品奖，“飞羽之美——鸟类科学艺术展”等3个展览被评为优秀奖。为纪念改革开放40周年，中国丝绸博物馆、浙江省博物馆、中国水利博物馆、湖州博物馆等纷纷推出相关主题展览。

组织全省博物馆参加第十三届中国（义乌）文化产品交易会，首次设立“浙江省文澜阁博物馆商店联盟”展区。举办浙江省文化文物文创产品开发者大会暨浙江省文化文物文创产品设计大赛启动仪式，开展省级文化文物单位文化创意产品开发试点，深入发掘全省文化文物单位馆藏资源。

发挥博物馆社会教育功能，提高博物馆服务水平，举办“讲浙江故事——全省博物馆优秀讲解案例推介活动”，组织开展“2015～2017年度全省博物馆青少年教育课程优秀教学设计推介展示活动”。

（二）可移动文物保护

开展全省非国有博物馆藏品备案，推动非国有博物馆法人财产权确权。全省170家非国有博物馆参加藏品备案，备案藏品总数达158058件/套（452948件）。

依据文物保护行业标准，规范、提高博物馆文物藏品保护、修复、管理水平，指导温州博物馆、湖州博物馆、丽水市博物馆、嘉善县博物馆开展馆藏文物修复保护工作。进一步加强可移动文物修复和设计资质管理，根据国家文物局部署开展可移动文物修复资质单位信息填报。

加强建设文物保护科研基地。中国丝绸博物馆纺织品文物保护国家文物局重点科研基地进一步完善标本库、数据库，完成海宁生态园染料植物和纤维植物生态标本种植，收集多国天然染料标本，合作完成宝石数据库构建；新疆、西藏、甘肃工作站项目实施和人才培养工作顺利推进，郑州工作站、南俄工作站筹备工作完成。依托浙江大学的科技考古与文物保护研究试验基地实施改造升级，初步建成文化遗产大数据平台并对外开放。石窟寺文物数字化保护国家文物局重点科研基地作为浙江大学文科14个重点科研基地之一，得到学校“双一流”建设支持。

【社会文物管理】

2018年浙江省新增文物拍卖企业4家。全年审核文物拍卖经营活动69场，审核文物拍卖标的49939件/套。

【科技与信息】

2018年，浙江省推进重要文物科技项目凝练和研究，完成2019年度全省文物保护科技项目评审，23个项目立项；围绕科技部重点研发计划项目，完成《世界丝绸互动地图关键技术研发和示范》《传统村落保护与利用系统研究及示范》指南编写，参与国家自然科学基金课题“古遗址中蚕丝蛋白微痕迹免疫检测研究”研究。受国家文物局委托，承担《馆藏文物数字化三维模型重建与质量评价》文物行业标准编制项目；继续推进“丝绸之路纺织纤维的精细鉴别及技术交流”“古代植物染料光纤光谱检测分析技术规范”等4个国家文物局课题研究；启动浙江省重点研发计划项目“浙江文物及传统文化典籍展陈共性技术研究：中华传统文化传播应用技术研究”文献综述和现场调研。

进一步实施“互联网+中华文明”三年行动计划，在第五届世界互联网大会上承办“互联网+中华文明”展览。中国丝绸博物馆和南宋官窑博物馆项目入选国家文物局2018年度“互联网+中华文明”示范项目名单。

【文博教育与培训】

2018年，浙江省启动全省优秀文博人才培养“新鼎计划”，推动基层专业人才队伍建设。为期近两个月的全省文物保护实训班，对全省16名学员进行了文物保护法律法规、传统建筑特征与工艺、勘察测绘及修缮方案编制等方面培训。为期三个月的全省田野考古实训班，内容涉及旧石器时代考古、浙江新石器考古概述、浙江商周概况、浙江汉六朝考古、浙江宋元时期考古、浙江瓷窑址考古、科技考古的应用、传统考古绘图、计算机技术在考古中的应用等方面，并赴海宁达泽庙考古工地实训。全省博物馆陈列展览业务培训班，为百余名业务人员提供授课结合实地考察的培训。为期10天的全省古陶瓷鉴定培训班，通过课程学习、实物鉴别、博物馆和窑址考察等多种教学方式，提升专业人员的鉴定能力和辨伪水平。

【文博宣传与出版】

2018年，浙江省不断优化全省文物系统宣传工作机制，通过承办全省文物宣传工作通联会议，召开文物工作媒体座谈会，建立文物系统信息报送考评制度，组建全省文物系统联络员队伍，拓展文物宣传媒体途径，进一步提升文物宣传工作效能。

继续开展形式多样的国际博物馆日、文化和自然遗产日活动。在余杭区江南水乡文化博物馆举办国际博物馆日浙江主会场系列活动，推介表彰2018全省优秀讲解案例十佳获得者，召开“超级连接的博物馆：新方法、新公众”学术报告会，开放“博物馆奇妙夜”夜展，举行“考古人在余杭”展览开幕式。在余杭区塘栖镇举办文化和自然遗产日浙江主场城市（杭州）活动，推出“新时代、新生活、新传承”浙江大运河文化遗产主题展演及系列活动，举办大运河（浙江段）文化带建设·文化遗产保护传承利用工作座谈会、“记忆运河”传统风情展示、“分享运河”系列展示等，并为第五批国家级、浙江省级非遗代表性项目、代表性传承人和第二届“最美浙江文物守望者”颁奖。

《浙江通志·文物卷》完成相关章节撰稿最后修改。赴德文化遗产保护与利用培训项目成果《理念的激荡与启发》、2017～2018文博征文集萃《文博情·国宝缘》、先进人物事迹介绍《第二届最美浙江文物守望者》、文博人才培养首届“新鼎计划”介绍《2018新鼎计划文萃》等图书出版。《古砖花供——六舟与19世纪的学术和艺术》《金石书画》等获多项图书奖。《近代影印善本碑帖录》入选2018年度国家古籍整理出版专项经费资助项目。

【机构及人员】

2018年，浙江省共有各类文物机构528家，比2017年增52家；从业人员10061人，比2017年增加743人。其中文物科研机构5家，从业人员188人；文物保护管理机构96家，从业人员2827人；博物馆337家（含部分文物系统外博物馆），从业人员5724人；文物商店8家，从业人员68人；其他文物机构82家，从业人员1254人。按隶属关系划分，省级文物机构从业人员702人，地市级文物机构从业人员4527人，县市区级文物机构从业人员4832人。

各类文物机构从业人员中，具有高级职称的665人，较2017年减少9人；具有中级职称的1097人，较2017年增加34人。

【对外交流与合作】

组织浙江省博物馆等11家文博单位，参加第16届香港国际授权展“中国内地馆”展示。作为第十二届“台湾·浙江文化节”重要项目，浙江省博物馆“江南生活美学展”赴台湾地区展出。

浙江省文物考古研究所与日本金泽大学、韩国国立罗州文化财研究所等国外多家科研单位开展战略合作，进行“稻作与中国文明——稻作文明学综合研究”“新石器时代考古综合研究”等合作课题研究，签订古代东亚考古合作协议。

中国丝绸博物馆先后举办“神机妙算：世界织机与织造艺术”国际学术报告会、“现代社会中的工艺与创新”国际技术史高峰论坛、第六届中国技术史与技术遗产论坛及第三届国际丝路之绸研究联盟“丝路之绸：物质和非物质文化遗产”学术研讨会等学术活动，承办第四期阿拉伯国家文博专家研修班，赴阿曼、阿联酋等国举办“丝茶瓷：丝绸之路上的跨文化对话展”。

安徽省

【概述】

2018年，是贯彻落实党的十九大精神的开局之年，是中国改革开放40周年，同时也是安徽省文物事业发展极为重要的一年。全省文物工作者认真贯彻落实党中央、国务院和省委、省政府工作部署，坚持“保护为主、抢救第一、合理利用、加强管理”的文物工作方针，务实进取，开拓创新，工作取得显著成效。

【法制建设】

合肥市编制《合肥市文物突发事件应急预案》并上报市政府应急办，为合肥市文物突发事件处置确立了制度保障；完成《合肥市文物保护办法实施细则》的撰写和多轮修改并提交市法制办。

【执法督察与安全保卫】

严打文物犯罪态势，提升文物安全防护效能，全省各级文物部门逐步建立了与公安等相关部门的协作工作机制。安徽省文物局继续与省公安厅联合行动，开展打击和防范文物犯罪工作活动，及时向省公安刑侦部门发送文物案件信息通报，积极协助公安刑侦部门侦办文物案件。联合公安部门开展为期6个月的打击文物犯罪专项行动，破获淮南“9·25”特大盗掘古墓案等盗掘、盗窃、倒卖文物犯罪活动，抓捕违法犯罪分子30余人，追缴文物200余件。

文物行政执法督察与安全监管巡查工作常抓不懈。开展“文物法人违法案件专项整治行动（2016～2018年）”专项整治调研复核工作，办结南陵土墩墓群、滁州琅琊寺亭等6起违法案件。

突出文物工作重点，强化文物安全管理工作。联合安徽省公安消防总队等单位，在黄山联合召开文物建筑消防安全标准化现场会。深刻汲取巴西国家博物馆火灾事故教训，开展全省博物馆和文物建筑消防安全大检查，对全省32家国家三级以上博物馆和130处国保单位进行拉网式检查。开展《文物建筑消防安全管理十项规定》回头看专项检查，协助配合省公安消防管理部门开展全省文物消防安全管理工作，推动文物消防安全标准化管理，实现文物火灾事故零发生。

文博单位安全防护工程达标建设稳步推进。实施冯玉祥旧居消防工程、中共淮海战役总前委旧址（小李家）消防工程等54个安全防护项目。督导文博单位编制申报安全防护工程立项报告，新增安全工程立项25个。申报侵华日军淮南罪证遗址、李氏庄园等安防消防工程，为文物保护单位的安全防护项目建设打下基础。积极争取国家文物安全专项经费投入，督导完成上庄古建筑群消防安防工程、冯玉祥旧居消防工程等项目方案编制报审工作，通过国家文物局项目专家组审核。全省文物单位安全防护工程达标建设稳步推进，成效显著。

【不可移动文物的保护和管理】

（一）概况

公布实施肥东县渡江战役总前委旧址等20处国保单位保护规划，编制上报19处国保单位文物保护规划，实施70多项国保、省保文物保护工程。积极推进国家考古遗址公园等大遗址保护利用。加强革命文物保护利用，组织起草《安徽省革命文物保护利用工程（2018～2022年）实施方案》，以省两办名义在全国率先正式印发。继续推进古民居、传统村落保护利用。

（二）大遗址

国家考古遗址公园建设取得突破。初步完成双墩遗址、禹会村遗址公园规划区域内的环境整治和土地征拆、流转。开展明中都皇故城午门遗址本体保护工程、西北角楼及部分城墙遗迹保护工程，完成西禁垣区域190亩地的整理和游客中心深化装饰，承天门遗址、外金水桥考古发掘取得重要成果。完成凌家滩安防项目中心机房建设、管线铺设和防洪二期工程，考古遗址公园初具规模，实现部分对外开放。开展寿县古城墙护城河综合治理、古城区风貌整治等工程和寿春城遗址西圈1号墓考古发掘。

（三）全国重点文物保护单位

开展第八批国保遴选申报工作。9月在全国率先举办第八批国保申报工作培训班，成立专家组和文本编撰指导组，最终从224处申报项目中评审出162处候选项目。

（四）世界文化遗产

实施皖南古村落西递宏村古建筑群14处文物维修项目及西递消防工程。开展大运河通济渠泗县段展示项目相关配套设施建设。编制黄山登山古道及古建筑松谷亭、柳孜运河遗址抢险加固修缮工程方案。

积极推进大运河文化带建设。对国家发改委《大运河文化保护传承利用规划纲要》提出修改意见，会同安徽省发改委开展《大运河（安徽段）文化保护传承利用规划》调研、编制等工作，审核批复《柳孜运河桥梁遗址病害整治设计方案》，修改上报《大运河柳孜运河遗址保护管理规划》。召开烈山窑址专家论证会和全国学术讨论会，确认烈山窑址是我国宋代北瓷南传线路的重要环节。

（五）其他

加强大别山革命文物保护利用。成立大别山区革命文物保护利用工作领导小组，组织开展大别山区革命文物资源和保护状况调查。委托中国文化遗产研究院编制《大别山区革命文物保护规划》。

开展第八批省保单位申报工作，同时要求各地公布一批市县级文物保护单位。4月召开全省文物保护单位申报工作会议，启动第八批省级文物保护单位申报工作，共收到16个市85个县市区379处文保单位的申报材料。

【考古发掘】

（一）概况

2018年共承担考古调查项目22个、勘探项目47个、申报发掘项目29个，发掘面积2万多平方米。积极配合“长江中游文明化进程研究”“长江下游区域文明模式研究”“中原地区文明化进程研究”等“考古中国”课题研究，对含山凌家滩、固镇垓下、萧县金寨等相关重要遗址进行主动性考古发掘。开展六安、寿县、太湖等地城市建设工程涉及文物保护工作，完成池州至黄山高铁等交通、水利建设项目的考古调查或考古发掘工作。

（二）重要考古项目

1．凤阳明中都皇故城考古发掘

2018年明中都遗址考古发掘从9月开始，由安徽省文物考古研究所与故宫博物院合作开展，主要发掘外金水桥遗址。发掘面积约1600平方米，清理2003年发掘回填堆积约1400平方米。发现明初的金水桥桥基7座、外金水河河道1条、节水闸1座、明清道路1条，另外清理了近现代扰坑、扰沟、房基若干。最为重要的发现是外金水桥与河道。此次发掘为逐步探清明中都整体建筑布局积累了资料，为外金水桥的保护、展示提供了科学、翔实的考古依据。

2．淮北市烈山窑遗址考古发掘

3月，安徽省文物考古研究所对位于淮北市烈山区烈山镇烈山村的烈山窑址进行了抢救性考古发掘，取得一系列重要发现。发掘区可分为Ⅰ区金元窑址区域、Ⅱ区唐代晚期至北宋窑址区域和Ⅲ区汉代窑址区，发掘面积约700平方米。清理各类遗迹70余处，包括窑炉6座、灰坑52个、道路1条、灰沟14条、墓葬1处。出土数以吨计的各时期陶瓷器残片，可复原器物2000余件。

烈山窑主要受定窑和磁州窑影响，其生产的大量白瓷、白釉黑褐彩瓷为我们提供了一条明晰的白瓷自北向南传播的瓷业技术线路通道。烈山窑址也是全国首次发现北宋时期烧造高等级琉璃建筑构件以及首次考古发掘发现兼烧宋三彩的窑址。

3．繁昌窑遗址考古发掘

10月上旬至11月初，为配合安徽繁昌窑遗址环境整治一期工程——1、2号龙窑保护大棚周边区域环境整治工程的设计和推进， 经国家文物局批准，安徽省文物考古研究所对1、2号龙窑保护大棚看护管理用房用地范围进行考古发掘，实际发掘面积111.5平方米，新发现龙窑1座、作坊遗迹2处和北宋墓葬1座。新发现的龙窑位于地势平坦区域，与龙窑大多分布于地势倾斜度较大的丘陵或缓坡上的传统认识有所不同，为重新审视繁昌窑龙窑分布特征和规律提供了新的线索。

4．寿春城遗址西圈墓地考古发掘

10月6日，安徽省文物考古研究所进驻华龙洞所在的东至县尧渡镇汪村庞汪组工地，正式开始2018年度对华龙洞的发掘。移除发掘区域东侧的巨石，清理周边残余含化石地层堆积，同时继续下掘深度到距地表7米处。清理发掘区域西侧表面堆积，游离发掘区西侧壁的巨石，并采集巨石胶结物中的化石。对发掘区上方山坡上的松软堆积进行试验性探查，发现较多化石。通过对发现的动物化石、石器、人工痕迹标本的初步分析，进一步加深了对华龙洞古人类生存环境及活动的认识。

（三）其他

引江济淮工程文物保护工作成效显著。召开引江济淮工程文物保护工作专题会议，成立引江济淮工程文物保护工作领导小组和专家组，制定《引江济淮工程考古勘探发掘工作方案》《引江济淮工程考古发掘管理办法》《引江济淮工程出土文物管理办法》等。完成34处遗址勘探、10余处文物点的考古发掘和3处古建筑的测绘工作，庐江三板桥、丁家畈等遗址出土文物丰富。召开2018年度引江济淮工程文物保护成果报告会，对各发掘点成果进行点评、总结。

【博物馆与可移动文物保护】

（一）博物馆

2018年安徽省新增国有博物馆4家、非国有博物馆8家。组织参加“第三批国家二、三级博物馆定级评估”，安徽省地质博物馆等6家博物馆获评国家二级博物馆，全省等级博物馆达到32家，其中国家一级博物馆2家、二级博物馆12家、三级博物馆18家。

砀山县、明光市、枞阳县博物馆建成对外开放，安庆市、阜阳市、临泉县博物馆等新馆正在建设中。

开展国有博物馆对口帮扶非国有博物馆工作，首批12对已签订帮扶协议，从制度建设、藏品管理、展陈提升、人员培训等方面开展帮扶。

开展安徽省第四届全省博物馆陈列展览精品奖评选，“孕沙成珠——蚌埠历史文化陈列”等6个展览获精品奖。“向往——‘我’与安徽改革开放四十年”主题展览入选国家文物局2018年度“弘扬中华优秀传统文化、培育社会主义核心价值观”主题展览推介项目。

“四宝渊薮——徽州文化博物馆馆藏文房四宝展”先后在河南安阳博物馆和内蒙古包头博物馆等地巡展。遴选部分精品参加由扬州市文物局主办、扬州博物馆承办的“扬州繁华以盐盛——两淮盐业与扬州”展览。联合福建省革命历史纪念馆在杨业功纪念馆举办“从一大到十九大图片展——中国共产党全国代表大会主题展”。

（二）可移动文物保护

经认定，安徽省共有可移动文物国有收藏单位394家，共登录文物藏品303994件/套（1158334件），其中一级文物有2221件/套（14934件）、二级文物有5152件/套（32449件）、三级文物有52998件/套（85592件）。

召开安徽省非国有博物馆藏品备案工作会议，采集78家非国有博物馆的12万余件藏品信息，完成全省非国有博物馆藏品备案工作。

重点建设国家文物局科研基地和省级文物保护修复中心。“安徽省博物馆陈列展览大楼数字化保护项目”获国家文物局批准立项。扶持安徽博物院创建安徽省油画保护修复科研基地，推进国家文物局油画保护重点科研基地创建工作。“安徽博物院青铜器修复技艺抢救性保护项目”获批准立项。

编制完成《安徽博物院藏铁画修复方案》《安徽博物院藏书画保护修复方案》，“周恩来邓颖超纪念馆馆藏油画保护修复项目”顺利通过验收。组织开展阜阳市博物馆、太湖县博物馆等7个博物馆的馆藏文物保护修复项目。审核批复安徽古文化博物馆和安徽省鑫辉鸿文物保护科技有限公司可移动文物修复资质。

【社会文物管理】

开展文物拍卖企业资质年审，审批安徽政通拍卖有限公司文物拍卖资质。审核9家拍卖公司12场文物拍卖会的拍卖标的，共6290件/套。

举办5次“鉴宝江淮行”活动，为群众鉴定藏品5000件/套。举办“第四届安徽（全国）文物艺术品交流会”。

完成涉案文物鉴定39起，鉴定物品2811件/套、不可移动文物58处。

【对外交流与合作】

5月18日，意大利佛罗伦萨国立考古博物馆的“不朽之旅——古埃及人的生命轮回展”在安徽博物院开展。

9月11日，2018年度内地与港澳文化交流重点项目“春之歌——潘玉良在巴黎”在亚洲协会香港中心开展。

10月21日，2018年度安徽省对台交流重点项目“最美文房——安徽博物院文房四宝特展”在台湾佛陀纪念馆开展。

11月17日，新加坡中国文化中心“2018安徽文化年”系列活动之一“佳茗出黄山——安徽徽茶文化展”在新加坡中国文化中心开展。

福建省

【概述】

2018年，福建文物系统认真学习领会习近平新时代中国特色社会主义思想和关于文物工作系列重要指示精神，积极贯彻中央深改委第三次会议和全国文物工作会议精神，坚决落实福建省委、省政府关于文物工作的决策部署，紧紧围绕文化强省战略目标，着眼长远打基础、集中精力抓重点、深化改革求突破、真抓实干促发展，文物保护基础不断巩固、文物安全工作不断加强、文物领域社会参与活力不断焕发、省级文物行政机构建设取得突破。

【法制建设】

启动《福建省文物保护管理条例》修改工作。起草《福建省鼓励社会力量参与文物保护利用实施意见》《文物建筑认养规定》。《宁德市红色文化遗址保护条例》初稿编写任务完成。

【执法督察与安全保卫】

2018年，福建省文物局累计督办、转办各类文物安全案件22件。南平市建阳区侦破国保单位建窑遗址作坊区盗掘案，抓捕归案10人，追回文物22件；松溪县针对县保单位九龙窑址遭受机械盗掘案件积极开展侦破。调查研究连江县荷西路古城改造涉及的文物保护问题，指导有关部门和当地政府采取多项举措加强棚改区内文物及古建筑的保护工作。开展“文物法人违法案件专项整治行动”，重点督办惠安崇武古城法人违法，莆田祥应庙、景祥寺、临水庙法人违法，福清梧瑞万福祥寺法人违法等案件。在“全国打击文物犯罪专项行动”中，配合公安部门开展行动，积极提供案件线索，做好涉案文物鉴定工作。参加“全国文物行政执法案卷评查活动”，福建省泉州海景商城有限公司擅自在全国重点文物保护单位洛阳桥假设控制地带内进行建设工程案被评为2018年度全国文物行政处罚案卷评查优秀案卷。

开展文物消防安全专项检查，共检查各级各类文博单位94处，对66处文保单位的167项隐患提出限期整改要求，对存在较大安全隐患的2个文保单位下发整改函。联合省消防总队、省民族宗教厅，对发生的三起文物火灾进行通报。组织全省开展博物馆和文物建筑消防安全大排查，累计检查火灾隐患808处，督促完成隐患整改643处，推动各地政府、文化文物部门投入消防经费710万元。福建省13个国保单位“三防项目”列入国家文物局2019年“三防”实施计划，完成柘荣凤岐吴氏大宅安防工程等26个全国重点文物保护单位“三防”设计方案的审批工作，完成8个全国重点文物保护单位“三防”工程验收，汇总审核地方申报省级专项资金“三防”补助项目32个。

【不可移动文物的保护和管理】

（一）概况

福建省共登记不可移动文物33251处，其中全国重点文物保护单位137处291个点，省级文物保护单位921处，市、县（区）级文物保护单位约5000处，形成了国家、省和市、县（区）三级文物有效保护体系。

文物保护基础工作扎实有效。开展第八批全国重点文物保护单位申报工作，完成申报材料整理和技术审查。开展第九批省级文物保护单位评审，由省政府审定公布252处单位名单。继续开展文物保护利用调研，完成“社会力量参与文物保护利用”课题调研。

文物保护利用重点项目取得新进展。争取中央财政支持25194万元和省财政安排4000万元，实施了全国重点文物保护单位、世界文化遗产、涉台文物和传统村落等一批文物保护利用重点工程。历史文化名城名镇名村保护继续推进，继续实施省级传统村落的整体保护维修和展示利用项目，2014年以来中央财政支持福建省2亿多资金，启动实施了8个国保集中成片传统村落、15个省保集中成片传统村落文物保护及其环境整治项目，10个历史文化名镇名村（传统村落）文物展示利用项目，其中，第一批项目（连城培田村、永安吉山村、沧海村）已全面完成，连城培田村在全国第一批国保省保集中成片传统村落整体保护利用项目评估中修缮工程质量和管理水平均为A级（最高等级）。2018年启动了长乐琴江村、晋江南浔村、沙县水美村、新罗竹贯村、长汀三洲村等5个传统村落文物保护工程，以及平和九峰镇、南靖塔下村、泉港土坑村、福安廉村、屏南漈下村等5个特色文化文物示范村镇文物展示利用工程。

（二）大遗址

三明万寿岩国家考古遗址公园建设基本完成，城村汉城考古遗址公园建设有序推进。组织编制《屈斗宫德化窑·南坑窑址保护规划》《浦城猫耳山遗址保护规划》。

开展第一批省级考古遗址公园评审并公布8个认定名单和2个立项名单。

（三）全国重点文物保护单位

启动全国重点文物保护单位保护项目75个，实施南安中宪第、汀州城墙一期（惠吉门段）、集美学村允恭楼、建瓯东岳庙、闽东北廊桥、玉井坊郑氏大厝、福建土楼和鼓浪屿建筑群等全国重点文物保护修缮工程。继续推进古田会议旧址群等革命旧址保护工程，屏南县漈下村漈下建筑群、培田村培田古建筑群、南安市漳州寮村南安蔡氏古民居建筑群等传统村落整体保护利用项目，完成南安市漳州寮村、永安市吉山村和连城县培田等传统村落部分文物保护工程的修缮验收工作。

编制上报三明市革命旧址保护利用总体规划，以及圣寿宝塔、显应宫泥塑和安海龙山寺等文物保护规划。

（四）世界文化遗产

召开福建省世界文化遗产保护利用经验交流会。在第42届世界遗产委员会会议上，古泉州（刺桐）史迹申遗项目评估意见由“不予列入”（第四档）升为“发还待议”（第二档）。海上丝绸之路联合申遗有序推进，万里茶道申遗项目有望列入中国世界文化遗产预备名单。

开展福建土楼、鼓浪屿、武夷山世界文化遗产巡视和安全检查，对鼓浪屿世界文化遗产进行暗访，各地根据按照巡视检查意见及时组织整改。启动武夷山世界遗产保护规划编制工作。继续配合做好武夷山国家公园建设试点工作。

【考古发掘】

（一）概况

全年开展上杭狮尾山遗址、建宁澜溪窑遗址、浦城龙头山遗址、平潭龟山遗址、漳浦石寨窑遗址、邵武李家山六朝墓葬遗址、闽侯白头山遗址等7项田野考古发掘项目。配合基本建设开展文物调查和考古勘探工作，完成沈海高速公路福厦段扩容二期工程福州段—泉州段—莆田段、泉州东海通道工程、闽清北站至东桥朱山段公路、武夷新区至沙县高速公路、福建上杭工业园区、闽侯二桥等建设项目的文物考古调查。

继续开展明清海防遗址调查项目，与中国社会科学院考古研究所合作开展闽江上游史前遗址调查、闽东早期佛教建筑调查与研究、闽北青白瓷窑址调查勘探等项目。推动平潭史前遗址考古研究工作，完成海坛海峡四号区域水下物探调查以及5处疑点的探摸任务，物探调查15平方千米海域，开展南岛语族考古基地建设、水下遗址规划编制。

（二）重要考古项目

1．平潭龟山遗址考古项目

3～10月，福建博物院、中国社会科学院考古研究所联合对龟山遗址进行正式考古发掘，遗址年代为新石器时代至青铜时代。根据发掘阶段性成果及钻探结果，龟山密集的陶片层分布超过1万平方米，陶片包括夹砂陶片和印纹硬陶片，此外还见有少量的完整陶器，另有较多石器夹杂在陶片层中。

2．闽侯白头山遗址考古项目

4～7月，福建博物院、福建市考古队联合对位于福州市闽侯县荆溪镇港头村白头自然村的白头山遗址进行考古发掘，这是一处新石器时代至青铜时代的大型聚落遗址。主要遗迹遗物包括青铜时代的贝壳层堆积1处，出土陶片以硬陶为主；黄瓜山文化时期灰坑7个，沟1条，出土物包括陶器、石器、骨器和零星玉器；昙石山文化期的灰坑3个、沟1条，出土陶片多为夹砂红陶、夹砂黑陶，少量为泥质灰黑陶、泥质白陶等。通过浮选，在昙石山文化层中发现炭化的人工栽培稻、粟（小米）、黍等植物颗粒。

3．浦城龙头山遗址

10月，福建博物院、厦门大学历史系和浦城县博物馆联合对位于福建省南平市浦城县南浦街道解放村陂头北侧的龙头山遗址进行了抢救性考古发掘。共清理明清墓葬9座，西汉初期闽越国墓葬3座，周代石构墓1座，商周时期房址、灰坑若干，新石器时代墓葬6座。出土金、银、铜、铁、玉、石、陶、瓷器等小件文物近200件/套。

4．建宁澜溪窑遗址

3～10月，对建宁澜溪窑遗址进行考古。建宁澜溪窑为宋元时代烧造日常生活用瓷的窑址，此次发掘揭露出一条保存较好的斜坡式龙窑窑炉以及作坊遗迹，出土大量瓷器标本。产品以青白瓷为主，少量为酱黑釉瓷。器形有碗、盘、碟、杯、炉、瓶、罐、腰鼓、瓷塑等。纹饰以刻划花为主，也有少量印花、堆贴等。年代为北宋中晚期至元代。澜溪窑产品釉色莹润，胎体轻薄，器形修制规整，产品种类丰富，代表了福建宋代青白瓷烧造的最高水平，部分产品可与宋代景德镇影青瓷相媲美。

5．漳浦石寨窑遗址

漳浦石寨窑遗址是福建博物院文物考古研究所与漳浦县博物馆、漳浦县文物保护中心联合发掘的一处元代至明代早期的窑炉遗迹，发掘开始于2018年11月，揭露一条介于分室龙窑和横室阶级窑过渡形态的窑炉。出土遗物有青瓷和窑具。青瓷均为仿龙泉窑青瓷，器形以碗、盘、高足杯为主，也有少量碟、杯、炉、罐等日常用品。石寨窑揭露的窑炉遗迹为闽南地区窑炉发展序列补上了重要的一环，为明清时期闽南地区流行的横室阶级窑起源于分室龙窑之说提供了直接证据。

【博物馆与可移动文物保护】

（一）博物馆

1．博物馆建设

漳州市博物馆、武夷新区博物馆、浦城县博物馆、建瓯市博物馆分别完成新馆馆舍建设。仙游县博物馆新馆工程于2017年9月开工，2018年12月17日封顶。南靖县东溪窑博物馆于2018年7月5日顺利开馆。古田县博物馆、顺昌县博物馆、诏安县博物馆新馆馆舍于2018年下半年开工建设。厦门市博物馆完成二楼临时精品展厅装修项目、馆藏精品展厅改造项目，厦门经济特区纪念馆改造提升工程顺利完工。

在“第三批国家二、三级博物馆定级评估”中，福建省昙石山遗址博物馆等5家博物馆被评为国家二级博物馆，福建民俗博物馆等7家博物馆被评为国家三级博物馆。组织福建博物院、中国闽台缘博物馆、福建省泉州海外交通史博物馆、古田会议纪念馆等4家国家一级博物馆参加国家文物局开展的一级博物馆运行评估，评估结果全部合格。

2．博物馆间的交流与合作

积极主动开展交流展览、联合办展活动。组织福建博物院、福建省昙石山遗址博物馆、福建闽越王城博物馆、福建民俗博物馆、泉州市博物馆、漳州市博物馆、南平市博物馆、古田会议纪念馆、三明市博物馆等到新疆、陕西、宁夏、吉林、上海、湖北等省市和福建本省相关地市举办专题展览。与深圳博物馆、宁夏回族自治区固原博物馆、南越王宫博物馆联合举办“郑振铎纪念文献展”“青铜之路——宁夏固原春秋战国时期北方青铜文化特展”“越地方国——南越国与闽越国历史文物联展”等展览，引进河南博物院“文明的血脉——河南博物院文物精品展”、北京市颐和园管理处“风华清漪——颐和园藏乾隆文物特展”、东莞袁崇焕纪念园“青史流芳——东中华民族杰出历史人物印象展”、上海松江博物馆“翰池墨海——古砚精粹”、延安革命纪念馆“党从群众中走来——延安时期的群众路线”、新疆伊犁林则徐纪念馆“一带一路看伊犁——新疆伊犁历史与民俗文化特展”等展览，输出“海丝古戏经典——泉州木偶戏剧文物展”“漳州海丝番银特展”“巧木造化意万千——漳州木偶雕刻作品展”“见盏——寻味千年造盏工艺”“海风山骨——福建昙石山遗址与昙石山文化特展”“古田会议精神万里行”等主题展览。

3．重要陈列展览

2018年全省共举办991个展览，观众2954.2万人次。“文明的血脉——河南博物院文物精品展”通过116件/套文物回望了华夏文明血脉延续的沧桑和辉煌，国家艺术基金2018年度资助项目“海峡两岸大学生文创艺术设计作品巡展”先后在新疆石河子大学、浙江师范大学巡展，“近现代中国绘画大师齐白石作品展”展示了齐派作品的独特魅力，“华侨旗帜　民族光辉——百国百侨百物展”用独特的视角实现了对华侨文化的表达，“十年树木　春风化雨——陈嘉庚纪念馆2008～2018”全方位展示了陈嘉庚纪念馆开馆十年来的努力和取得的成绩，“昔日涛声的记忆——泉州海上丝绸之路史迹图片实物展”阐述了宋元时期泉州港的繁荣景象，“探寻丝路港市的秘密——改革开放40周年（1978～2018）泉州文博考古成果展”和“发现美的足迹——泉州市考古四十年成果展”体现了改革开放以来泉州城市建设翻天覆地的变化。

4．其他

第八届中国博物馆及相关产品与技术博览会（简称“博博会”）在福州成功举办，福建省文化和旅游厅、福建省文物局主办的“博博会”福建文博展区获得“最佳展示奖”，福建博物院获得“博博会”组委会“特别组织奖”。在“2015～2017年度中国博物馆青少年教育课程优秀教学设计推介展示活动”中，福建博物院、中国闽台缘博物馆、泉州海外交通史博物馆、中央苏区（闽西）历史博物馆等4家博物馆的5个教学设计获得“十佳”教学设计奖和“优秀”教学设计奖。在第九届“牵手历史——中国博物馆十佳志愿者之星”推介活动中，福建博物院的“文物在我身边——福建文博进校园进社区“双百”活动”获评优秀志愿服务项目。

（二）可移动文物保护

完成非国有博物馆藏品备案工作，24家非国有博物馆共备案13931件/套（50224件）藏品。组织开展全省博物馆馆藏珍贵文物管理情况检查，抽查福州、南平、龙岩地区13家博物馆馆藏珍贵文物管理情况，重点对各馆馆藏的一级、二级、三级文物保护管理情况进行现场检查。组织全省博物馆编制馆藏珍贵文物本体修复方案、预防性保护方案和数字化保护方案，并组织专家进行评审。2018年共安排2282万元用于可移动文物保护。

组织泉州海交馆编制完成《泉州宋代海船预防性保护工程技术方案》与《泉州宋代海船船体保护修复技术方案》，一方面通过预防性保护，使用温湿度独立控制、溶液除湿，智能监测与管理系统等高效节能的技术，为船体创建一个“稳定、洁净”的保存环境；另一方面使用适宜的保护修复材料与技术，通过竹钉替换铁钉、脱酸加固、修复补全等保护修复措施，缓减病害的发展，增强船体的稳定性，保持原有结构的完整，从而延长船体的寿命。

【社会文物管理】

2018年审核批复文物拍卖会19场次，委托福建省文物鉴定中心鉴定拍卖标的6423件 / 套，撤拍76件 / 套。

【科技与信息】

开展“平潭岛史前文化与南岛语族”“福州古代港口及设施考古学调查”“福建宋元陶瓷生产与外销”等课题调研，完成“福建沿海大陆与岛屿史前遗址考古调查与研究”课题三个试点县之一霞浦县的田野调查工作。与厦门大学达成“连江县黄岐屿遗址骨骼遗存的科学分析”课题合作，与美国夏威夷大学达成“闽侯县大坪顶遗址植物遗存研究”课题合作。

先后举办了大学生与文博 · 文创”研讨会、“航海文献与中外交流互鉴”学术研讨会、“2018泉州窑工艺传承与创新”学术研讨会等。

完成“闽江下游流域史前遗址GIS信息平台建设”项目。该项目是昙石山遗址博物馆结合业务工作实践需求，将“闽江下游流域史前遗址考古调查与研究”成果数字化的一个尝试。该平台除具备基本的数据库功能外，还引入了地理信息系统（GIS）的相关技术，可以对相关信息进行更直观、便利的展示与比较研究。

【文博教育与培训】

举办营造法式与古建筑保护高级研修班，全省文物保护工程勘察设计甲级、乙级资质单位施工和监理一级资质单位技术负责人、各设区市和平潭综合实验区文化部门物保护工程管理业务骨干等50余人参加了培训。

举办文物保护工程标准规范培训班，全省文物部门业务骨干、文物保护工程勘察设计和监理甲级、乙级资质单位及施工一级、二级资质单位技术负责人等60余人参加了培训。

举办博物馆馆藏文物保护培训班，经福建省文物局审批设立或备案设立的全省博物馆（包括非国有博物馆）负责藏品管理工作和各设区市文物部门负责博物馆工作的人员共140余人参加了培训。

举办非国有博物馆藏品备案工作培训班，各设区市文物部门和全省非国有博物馆工作人员约80人参加了培训。

举办博物馆社教工作培训班，经福建省文物局审批设立或备案设立的全省博物馆（包括非国有博物馆）负责博物馆社教工作和各设区市文物部门负责博物馆工作的人员等共140余人参加了培训。

【文博宣传与出版】

福建省文物局与龙岩市委宣传部合作拍摄红色文化微视频，并在“学习强国”App上发布。利用“福建文物”头条号、“新福建”客户端等新媒体开展宣传。结合国际博物馆日、文化和自然遗产日，在《福建日报》《中国文物报》刊登专题文章。福建民俗博物馆举办以“星汉璀璨映民俗　七夕同庆鹊桥情”为主题的七夕活动，活动由CCTV13全程直播，新华网、人民网同步直播。

完成《闽江下游流域史前遗址考古调查与研究》《中国史前遗址博物馆 · 海风山骨 · 昙石山卷》《泉州民居营建技术（第二版）》的编写出版工作。《福建文博》编辑出版共4期，审阅稿件866篇，采用刊出约80篇，充分反映了福建省2018年在文物考古博物馆领域的最新研究成果。

【机构及人员】

2018年，福建省文物机构共有专业技术人才1113人，其中正高级职称83人、副高级职称135人、中级职称417人。

【对外交流与合作】

赴外展览包括“丝路帆远——中国海上丝绸之路文物精品图片展”（马耳他中国文化中心）、“远方的故乡——10～14世纪阿拉伯侨民在中国”（巴黎联合国教科文组织总部）、“刺桐帆影——泉州海外交通史博物馆‘海上丝绸之路’藏品展”（日本长崎）等。

江西省

【概述】

2018年，江西省文物系统坚持以习近平新时代中国特色社会主义思想为指导，全面贯彻落实党的十九大和十九届二中、三中全会精神，坚决贯彻落实党中央决策部署，紧紧围绕习近平总书记关于文物工作系列重要论述精神和对江西工作的重要要求，全面落实《关于加强文物保护利用改革的若干意见》和《关于实施革命文物保护利用工程（2018～2022年）的意见》，紧密结合国家文物局和江西省委、省政府的工作部署安排，振奋精神，攻坚克难，全省文物工作保持强劲发展势头，各项工作任务稳步推进。

【执法督察与安全保卫】

开展文物法人违法案件专项整治行动。2018年是国家文物局“文物法人违法案件专项整治行动（2016～2018年）”收官之年，江西省文化和旅游厅先后对南昌市部分全国重点文物保护单位保护范围和建设控制地带内地物发生变化、赣州石城县县保单位“圣旨节妇墓”擅自迁移案、丰城市省保单位雷氏宗祠木构件被盗案、新建区省级文物保护单位梦山石室保护范围违法建设案、省保单位九江日本台湾银行旧址和日本领事馆旧址违规装修导致文物破坏案、奉新县省保单位九里岗城址遭破坏案等案件开展了执法督办。

建立防范和打击文物犯罪协作机制。认真落实公安部、国家文物局联合召开的全国打击文物犯罪专项行动电视电话会议精神，经过积极沟通协调，向全省印发《江西省公安厅江西省文化和旅游厅防范和打击文物犯罪协作机制》，并要求各市、县公安和文化部门尽快建立相应的协作机制。

进一步加大文物安全检查督察力度。2018年，江西省文化和旅游厅先后组织和会同相关部门开展多次文物安全大检查。开展文物消防安全大检查，对全省各级文保单位、文物保护工程工地、博物馆（纪念馆）和其他文物开放单位等重点防火单位进行全面的火灾隐患排查，共抽查各类文博单位8210处。为深刻吸取巴西国家博物馆火灾事故惨痛教训，联合江西省消防总队对全省36家国家三级以上博物馆和70处具有火灾危险性的全国重点文物保护单位开展实地排查。全年组织11个检查组对设区市文保工程施工安全进行交叉检查，共检查文保工程项目156个。

开展集中约谈。江西省文化和旅游厅会同省消防总队召开全省博物馆和文物建筑消防集中约谈电视电话会议，全省各级文物部门会同消防部门对653位单位的消防安全责任人、管理人进行约谈，讲清工作重点，明晰工作责任。

抓好重要时段文物安全工作。下发《关于做好2018年“五一”、端午节和汛期全省文物安全工作的通知》等，做好元旦、春节、“五一”、端午、中秋、国庆、旅游旺季等节假日期间的文物安全工作，要求各地切实增强文物安全防范意识，切实加强文物安全工作部署，逐级落实安全责任，强化安全措施。

做好“三防”项目和资金申报工作。会同江西省财政厅认真做好2018年消防、防雷和安防项目资金申报工作，同时积极做好“三防”项目储备。2018年，江西省消防、防雷和安防项目共23个，获得资金3588万元。

【不可移动文物的保护和管理】

（一）概况

江西全年共争取和分配国家文物保护专项资金2.195亿元，其中提前下达2018年资金126611万元。3月9日，江西省政府公布了第六批江西省省级文物保护单位684处，其中革命类文物328处。

（二）大遗址

公布实施《景德镇市御窑厂遗址保护管理条例》，积极创建景德镇中国陶瓷文化传承创新示范区，以景德镇御窑厂遗址、湖田窑遗址、高岭瓷土矿遗址为核心的景德镇陶瓷遗址保护利用工作取得新进展。《紫金城城址与铁河古墓群保护规划》获批实施。樟树吴城遗址博物馆、瑞昌铜岭铜矿遗址博物馆等竣工落成。对列入第三批国家考古遗址公园名单的吉州窑遗址、吴城遗址、汉代海昏侯国遗址开展中期评估。

（三）全国重点文物保护单位

做好第八批国保申报工作，经专家评审等环节，全省共推荐141处申报对象。

江西省文化和旅游厅继续加强对文保工程项目的全流程管理，加强事中事后监管。2～4月，要求各地开展自查整改。5～6月，组织11个检查组对所有设区市进行交叉检查。加上各设区市和县（市、区）的专项检查和日常检查，江西省已初步形成对文保工程项目全覆盖、全流程的长效监管机制。此外继续抓好项目实施进度月报制度，对实施进度较慢的项目采取通报、督办等方式推进。

（四）世界文化遗产

4月25日，在江西婺源举办万里茶道申遗工作推进会。国家文物局、中国古迹遗址保护协会和闽、赣、湘、鄂、豫、晋、冀、蒙万里茶道沿线八省（区）文物部门及万里茶道联合申遗办相关负责人参加了会议，进一步推动了万里茶道申遗工作。

加强与景德镇市有关部门的沟通协调，明确目标任务和申报方法，邀请国家文物局和中国文物古迹保护协会有关负责人进行实地考察，全力推进景德镇御窑厂遗址申遗工作。

（五）革命文物

革命文物工作是江西最大的特色和亮点，2018年，江西省通过实施赣南等原中央苏区革命遗址保护利用工程（简称苏区工程）和做好红色标语保护利用，大力弘扬井冈山精神、苏区精神和长征精神。

按国家文物局工作部署和要求，开展江西省革命文物名录填报工作，共统计上报不可移动革命文物2960处。

将8个县（市、区）作为试点单位，积极探索红色标语普查和保护利用方法模式。截至2018年年底，全省共普查登记红色标语9798条，其中8个试点单位普查红色标语5567条。

继续实施赣南等原中央苏区革命遗址保护利用工程。6～7月，按照国家文物局的要求，陕西省文化遗产研究院对苏区工程进行评估，江西省文化和旅游厅对全省苏区工程实施情况、实施效果、价值和意义、经验做法等进行了系统的梳理和评估。7月30日，在国务院新闻办举行的《关于实施革命文物保护利用工程（2018～2022年）的意见》新闻发布会上，提出将瑞金、井冈山模式，宁都模式，青原模式，金溪模式在国家层面向全国推广，赣南等原中央苏区革命文物保护利用工程成为全国样板和示范工程。

（六）其他

做好历史文化街区申报和传统村落文物保护利用工作。对江西5个首批国保、省保集中成片传统村落整体保护利用项目进行自查评估，并配合国家文物局完成现场评估。

启动金溪县“拯救老屋行动”项目，下发《关于扎实稳妥推进“拯救老屋行动”等传统村落文物整体保护利用有关事项的通知》，要求金溪县按照因地制宜、突出重点、分类施策、示范先行的原则，在分类试点、总结经验的基础上逐步有序推进。

会同江西省住建厅对15个申报省级历史文化街区的地段进行考察认定，并上报省政府公布。会同江西省住建厅等单位联合开展传统村落保护项目实施情况验收检查。

【考古发掘】

江西省文物考古研究院“鹰潭龙虎山大上清宫遗址”考古发掘项目成功入选“2017年度全国十大考古新发现”。

将樟树国字山墓葬考古发掘、南昌西汉海昏侯墓园2号墓考古发掘、靖安老虎墩遗址考古发掘和景德镇御窑遗址考古发掘等列入考古工作计划，对9个主动性考古项目实施状况进行了评估，按时向国家文物局上报有关情况。

南昌汉代海昏侯墓发掘清理工作及出土文物的修复、保护、研究稳步推进。积极协调做好刘贺墓园五号墓实验室考古工作。

对全省考古项目进行检查，对涉及国家文物局《大遗址保护“十三五”专项规划》中8处江西大遗址的考古发掘项目进行重点检查。

配合宜春教体新区规划选址、南昌市轨道交通3号线花博园主变电站工程选址、南昌海昏侯国遗址博物馆及服务中心建设用地等基本建设项目开展文物资源评估调和考古调查勘探工作。

【博物馆与可移动文物保护】

（一）博物馆

1. 博物馆建设

全力落实江西省博物馆新馆陈展、安防系统建设等重点工作。积极指导上饶市博物馆、景德镇御窑博物馆、南昌汉代海昏侯国遗址博物馆、鹰潭市博物馆、江西鄱阳湖博物馆等博物馆新馆建设。

组织全省博物馆参加“2014～2016年度国家一级博物馆运行评估”和“第三批国家二、三级博物馆定级评估”，6家博物馆被评定为二级博物馆、2家博物馆被评定为三级博物馆。江西省共有国家一级博物馆5个、二级博物馆10个、三级馆博物21个。

组织全省非国有博物馆发展情况调研，收集汇总《非国有博物馆情况调查表》，充实完善《关于江西省非国有博物馆发展调研报告》相关内容。

2. 陈列展览

2018年江西省各博物馆举办各类展览600余个，其中革命题材展览117个。指导景德镇市、新干县、广丰县、南丰县等地提升博物馆陈列布展，争取中央补助地方博物馆陈展资金

3650万元。

引进省外优秀展览，包括江西省博物馆引进扬州中国雕版印刷博物馆“绣梓流芳——中国雕版印刷展”，吉安市博物馆引进磁州窑博物馆“磁州窑精品瓷器展”等。

推动省内优秀展览走出当地，包括在澳门民政总署画廊举办“启明气象——景德镇御窑博物馆馆藏洪武时期珍品展”，在南非约翰内斯堡非洲博物馆举办“‘感知中国·丝路瓷行’中国陶瓷文化展”等影响较大的交流展。

在“第十五届（2017年度）全国博物馆十大陈列展览精品推介活动”中，南昌八一起义纪念馆申报的“南昌起义　伟大开端”和江西省博物馆申报的“惊世大发现——南昌汉代海昏侯国考古成果展”获评精品奖。“南昌起义　伟大开端”充分吸收党史、军史界最新研究成果，将宏大叙事与微观故事相结合，通过生动起伏的故事情节揭示人民军队的伟大精神力量，展览精选文物407件/套，其中多件珍贵文物为首次向公众展示。“惊世大发现”立足南昌汉代海昏侯国最新考古发掘和研究成果，选取代表性文物922件，从宏观到微观、从遗址到遗物，全面系统及时地展示了考古成果，讲好海昏侯故事。

3．博物馆社教活动

2018年全省博物馆开展社教活动2300多次。景德镇中国陶瓷博物馆首创全省“博物馆之夜”系列活动，开展博物馆展览、讲座、教育等夜场活动32次。

景德镇中国陶瓷博物馆等3家博物馆，江西省博物馆等15家博物馆（纪念馆）分别被列为全国和江西省中小学生研学实践教育基地。

（二）可移动文物保护

全省编制可移动文物预防性保护方案18个，数字化保护方案12个，“互联网+中华文明”项目方案6个。落实瑞金、铅山等地可移动文物修复项目4个。

开展全省非国有博物馆藏品备案审核工作。

【文博教育与培训】

5月28日，由国家文物局主办的“2018全国展览策划培训班”在江西南昌开班，120余人参加培训。

5月，在景德镇市举办江西省非国有博物馆藏品备案工作培训班，来自7个设区市的文化（文物）局文物科（所）长和29家非国有博物馆负责人参加了培训。

11月27～30日，江西省文化和旅游厅成功承办国家文物局2018年革命文物保护利用工程实施研修班。国家文物局文化遗产公开课《革命旧址的保护利用——以赣南等原中央苏区革命旧址为例》在培训班上开讲，全面介绍了江西在革命旧址保护利用方面所做的探索与取得的经验。

【文博宣传与出版】

开展国际博物馆日、文化和自然遗产日宣传活动。在文化和自然遗产日之际，全省各地组织开展丰富多彩的庆祝活动，全面展示了江西省文化遗产代表性项目的保护传承成果，进一步营造关注文化遗产、参与保护文化遗产的社会氛围。如江西省博物馆通过开展“非遗”讲座、社教活动和志愿者招募等与广大观众携手保护与传承文化遗产。萍乡市主会场围绕活动主题推出了一系列展览、讲座活动：“萍乡市博物馆馆藏屏匾特展”“光辉的革命历程——中国近代革命文物专题展”等展览反响良好，文物知识有奖问答、“小小宣讲员”比赛等活动提升观众参与互动性。与此同时，全省各地各级文博单位积极组织各类精彩纷呈的主题活动，进一步诠释文物保护理念，传播文物价值，讲好江西故事。

11月3日，由中共江西省委宣传部、江西省文化和旅游厅主办，江西省旅游协会承办的全国红色故事讲解员大赛江西选拔赛在南昌举办。各地宣传、文化和旅游部门选拔推荐的46名专业讲解员和志愿讲解员参赛，选拔赛分专业和志愿两组进行，经过激烈角逐，南昌八一起义纪念馆分获专业组和义务组一等奖。

【机构及人员】

根据中央批复的江西省机构改革方案，江西将省文化厅、省旅游发展委员会职责整合，组建省文化和旅游厅，作为省政府组成部门，加挂省文物局牌子。不再保留省文化厅、省旅游发展委员会。不再保留省文化厅内设的省文物局。

江西省文化和旅游厅机关现设4个文物相关处，分别是博物馆处、文物保护处、革命文物处、文物督察处，现有在编人员13人。江西省文化和旅游厅下设4个厅直文博单位，分别为江西省博物馆、江西省文物考古研究院、江西省文物商店、江西省文物保护中心。南昌八一起义纪念馆、井冈山革命博物馆、安源路矿工人运动纪念馆、瑞金中央革命根据地纪念馆比照省属馆参加全省有关会议、人才培训、学术交流等活动。

2018年江西省共有文物机构244个，从业人员4353人。其中文物科研机构2个，从业人员73人；文物保护管理机构67个，从业人员394人；博物馆144个，从业人员3418人；文物商店4个，从业人员51人；其他机构27个，从业人员417人。

人力资源社会保障部和国家文物局表彰全国文物系统先进集体和先进工作者，江西的瑞金中央革命根据地纪念馆和婺源博物馆被评为“全国文物系统先进集体”，金溪县文管所所长吴泉辉被评为“全国文物系统先进工作者”。

【其他】

按照省委和省政府主要领导的批示精神，由省文化和旅游厅牵头草拟中共中央办公厅和国务院办公厅《关于实施革命文物保护利用工程（2018~2022年）的意见》和《关于加强文物保护利用改革的若干意见》本省实施方案，其中《江西省革命文物保护利用工程（2018～2022年）实施方案》已公布实施。《关于加强文物保护利用改革的若干意见》本省实施方案已形成征求意见稿。

为贯彻落实国务院办公厅《关于进一步加强文物安全工作的实施意见》，按省政府办公厅要求，江西省文化和旅游厅草拟本省实施意见，并先后征求了多个部门和单位意见建议。9月4日，《江西省人民政府办公厅关于进一步加强文物安全工作的实施意见》正式印发。

山东省

【概述】

2018年，山东省文物系统以习近平新时代中国特色社会主义思想和党的十九大精神为指导，贯彻落实习近平总书记视察山东关于“加强国家重点文物保护，让优秀文物世代相传”重要指示精神，推进文物保护利用和文化遗产保护传承发展，各项工作取得显著成绩。

【执法督察与安全保卫】

召开全省文物安全工作会议，深入学习贯彻习近平总书记关于文物安全的重要指示批示精神，贯彻落实全国文物安全电视电话会议精神，分析文物安全形势，部署全省文物安全工作。会议期间，山东省政府出台了《关于进一步加强文物工作的实施意见》，全面落实文物安全主体责任、监管责任和直接责任，将文物安全工作“六纳入”并赋分考评，对4类、14种情形实施终身追责；山东省文物局、省公安厅联合举办“山东省打击文物犯罪成果展”。

“文物法人违法案件专项整治行动（2016～2018年）”圆满收官，全省共查处文物违法案件52起，其中法人违法案件39起，山东省文物局重点督办27起；制定《山东省文物局法人违法案件通报制度》和《山东省文物局文物安全约谈办法》。配合公安机关开展打击文物犯罪专项行动，全省侦破各类文物犯罪案件11起（盗掘古遗址、古墓葬案件6起，盗窃文物案件5起），打掉犯罪团伙5个，抓获犯罪嫌疑人42名，追缴文物70件（三级文物7件、一般文物63件）。

扎实推进“文物安全天网工程”建设，《山东省“文物安全天网工程”设计施工方案（初稿）》编制完成。全面开展博物馆和文物建筑火灾隐患排查整治行动，集中约谈105家文博单位负责人，与山东省消防总队派出10个联合检查组，实地检查全省52家国家三级以上博物馆和53处具有火灾危险性的全国重点文物保护单位，发现火灾隐患149处，开展整改情况复核和重点督办整改。以政府购买服务的方式委托第三方机构对80家重点文博单位进行消防安全风险隐患评估，推动评估工作常态化、规范化。

【不可移动文物的保护和管理】

完成第八批全国重点文物保护单位、第六批山东省级文物保护单位的遴选推荐工作。按照山东省政府文件要求，基本完成山东省级以上文物保护单位保护范围和建设控制地带划定工作。

按照国家文物局《关于进一步优化文物保护项目审批的通知》要求，指导地方积极策项目，填报年度计划表，做好项目计划集中申报工作。在项目、资金、技术等方面，向儒家文化遗产、泰山文化遗产、齐文化遗产和刘公岛、蓬莱阁等重点文物保护单位予以倾斜。全年获批国家文物保护项目165个、资金3.63亿元，安排山东省级文物保护重点项目184个、资金1.45亿元。

加快推进鲁国故城、南旺水利枢纽、大汶口、城子崖、齐国故城5处国家考古遗址公园规划建设，部分区域已对外开放。开展鲁国故城和南旺枢纽国家考古遗址公园评估，推动列入第三批国家考古遗址公园立项名单的两城镇遗址的规划和建设工作。启动第一批山东省级考古遗址公园建设工作，费县故城、龙华寺遗址、羲皇庙遗址、大辛庄遗址等一批省级考古遗址公园启动保护展示工程建设。指导地方开展山东省级文物保护单位中大遗址的勘探、规划编制、方案落实，按照大遗址保护的理念推动五村遗址、五里冢遗址、危山汉墓 、滨州古城墙等一批省级文物保护单位进行保护展示。

围绕规划建设曲阜优秀传统文化传承发展示范区、齐文化传承创新示范区，积极参与两区规划的研究论证，推进实施曲阜、临淄、泰山片区文化遗产保护。“三孔”古建筑维修及彩绘保护工程以及鲁国故城、齐国故城相关工程取得较大进展。加强泰山世界文化和自然遗产保护，推动编制《泰山世界文化遗产保护管理规划》《岱庙总体保护规划》和省级以上文物保护单位规划或技术方案。集中推进齐文化传承创新示范区文物保护利用项目501个，项目总投资预算约18亿元，其中中央和省级到位补助资金6.86亿元，地方配套资金2.36亿元。

围绕国家“一带一路”倡议、大运河文化带和山东海洋强省战略，推进实施大运河、齐长城和海疆文化带“三带”文化遗产保护展示工程。大运河中河台儿庄（月河）段驳岸维修工程、会通河阳谷段运河保护展示工程扎实推进，会通河临清段修缮保护工程基本完成。推动齐长城黄岛段修缮保护工程，编制完成齐长城大旗山段、齐长城沂水穆陵关段、黄墩段抢救性保护方案。

加强革命文物保护利用，集中打造以沂蒙山区、胶东片区为核心的革命文物保护利用示范片区，启动、实施一批具有见证纪念意义的革命文物保护工程，遴选展现社会主义革命、建设、改革的代表性旧址遗迹、纪念设施作为保护展示试点，策划推动“弘扬沂蒙精神主题展”进行全省巡展。

扎实推进“乡村记忆”工程，扶持200个乡村文化遗产保护展示项目，开展山东“乡村记忆”抢救性记录数字化保护工作。探索工业遗产保护，推动工业遗产立法和工业遗产保护利用技术导则编制，启动胶济铁路沿线近现代建筑保护规划项目。

【考古发掘】

加强对考古工作的检查验收工作，组织开展昌邑故城、木基迟家遗址等56个考古项目的检查验收。加强对考古工作机构的监管，出台《建设工程考古及文物影响评估工作服务规范及监管措施》。

章丘焦家遗址获评“2017年度全国十大考古新发现”。评选推出“2017年度山东五大考古新发现”，包括济南市章丘区城子崖遗址、滕州前台墓地、济南市天桥区药山汉墓、东阿大秦村遗址、山东庙岛群岛海域水下文物资源普查项目。

对考古工作计划进行严格审核，确保考古工作的科学性和可行性。全年批复主动性考古发掘项目11个、主动性考古调查、勘探项目17个，发掘面积近3万平方米，其中大韩墓地、定陶何楼遗址等主动性考古发掘项目取得重要发现。

完成京台高速公路改扩建工程穿越后黄庄遗址等20个涉及省级以上文物保护单位的建设

工程保护方案的初审和申报工作。审查批准涉建考古调查、勘探许可95个，组织专家审查建设工程文物保护方案14个，出具建设工程文物保护许可37个，全力保障各类建设工程及时开工。主动做好庄里水库等全省重大在建项目的考古发掘工作，完成发掘项目40个，发掘面积2.2万平方米，发掘墓葬737座。

国家文物局、山东省、青岛市三级共建的水下考古北海基地揭牌启用。威海湾水下考古取得成效，经潜水探摸、物探扫测确认了“定远”舰沉船位置。组织开展庙岛群岛、内陆梁山水下沉船考古勘探，对日照、烟台等地开展了水下考古陆地调查。

【博物馆与可移动文物保护】

（一）博物馆

2018年，章丘区博物馆等6家博物馆晋升国家二级博物馆，德州市博物馆等8家博物馆晋升国家三级博物馆馆，全省国家三级以上博物馆总数达到52家。孔子博物馆建成试运行，山东自然博物馆、泰山博物馆规划建设扎实推进。

在国家博物馆举办山东精品文物系列展览，首个展览“礼出东方——山东焦家遗址考古发现”反响强烈。举办第四届“全省博物馆十大精品陈列展览”评选。经审核评议、评定打分，“御窑·皇家——明代官窑瓷器展”等10个展览获评精品奖，“车马威仪——危山汉墓文物展”等10个展览获评优秀奖。

全省各级各类博物馆踊跃开展“三下乡”活动，面向乡镇基层策划推出群众喜闻乐见的展览和社会教育项目，将“三下乡”变为“常下乡”“常在乡”。

文博创意产品开发稳步推进，全省62家博物馆研发了包括装饰品、办公用品、生活用具、青少年教育辅助用品、节日礼品等20大类共千余种创意产品。

（二）可移动文物保护

开展可移动革命文物名录登记，全省119家国有文物收藏单位上报可移动革命文物57692件/套。组织非国有博物馆藏品备案工作，全省267家非国有博物馆登记馆藏文物423493件/套。

巩固可移动文物普查成果，加强馆藏文物保护修复。构建可移动文物保护修复网络体系，建立科研基地1个、区域中心3个、工作站8个，组织实施了一批有示范引领作用的保护修复和预防性保护项目。

推广山东省文物修复技能大赛经验，在曲阜承办全国首次文物修复职业技能竞赛并取得圆满成功。开展“第二批山东省文物保护修复师”聘任工作，122人获聘。

【机构及人员】

完成省级机构改革。根据山东省委、省政府《关于山东省省级机构改革的实施意见》，组建山东省文化和旅游厅，整合山东省文化厅、山东省旅游发展委员会、山东省文物局职责。组建后的山东省文化和旅游厅作为山东省政府组成部门，正厅级规格，保留山东省文物局牌子。

2018年，山东省共有文物保护管理机构110个，从业人员2529人，其中专业技术人才803人（正高级职称8人、副高级职称102人、中级职称426人）；博物馆517个，从业人员8059人，其中专业技术人才2984人（正高级职称189人、副高级职称459人、中级职称1161人）；文物商店6个，从业人员56人，其中专业技术人才28人（副高级职称3人、中级职称14人）；

文物科研机构13个，从业人员151人，其中专业技术人才130人（正高级职称12人、副高级职称20人、中级职称37人）；其他文物机构64个，从业人员1344人，其中专业技术人才259人（正高级职称22人、副高级职称14人、中级职称138人）。

【其他】

深入推进“放管服”改革。全面推行行政执法“三项制度”，制定出台《行政执法全过程记录办法》《重大行政执法决定法制审核办法》《行政执法信息公示办法》。深化简政放权、放管结合、优化服务改革，明确省市县共有、市县属地管理的49项行政处罚和3项行政强制事项由市县实施；取消调整行政权力事项4项，向济青烟下放5项，取消中介服务事项1项。进驻山东省政务服务中心，公布“一次办好”事项62项，零跑腿和全程网办事项48项；减少申请材料39个，压缩办理时限27个工作日。印发《建设工程考古及文物影响评估工作服务规范及监管措施》，规范建设工程考古及文物影响评估工作。实施证照分离改革，印发《拍卖企业经营文物拍卖许可事中事后监管措施》《“证照分离”改革所涉“拍卖企业经营文物拍卖许可”改革措施》。开展影响新旧动能转换、产权保护、排除限制竞争和不利于民营企业发展的法规文件清理工作，清理地方性法规1件、省政府规章1件、省政府或省政府办公厅文件16件、部门文件20件。

河南省

【概述】

2018年，河南省文物系统以习近平新时代中国特色社会主义思想以及关于文物工作系列重要论述精神为指导，深入贯彻党的十九大精神以及省委全会精神，紧紧围绕经济社会发展大局，按照构筑全国重要文化高地和推进华夏历史文明传承创新区建设的工作要求，文物安全整治工作成效明显、文物事业服务经济建设能力不断增强、文物博物馆单位公共服务能力不断提升、文物旅游进一步融合发展、文物对外合作交流日趋扩大，各项基础工作取得显著成绩。

【法制建设】

经河南省人大常委会批准，《开封市文物保护条例》和新修订的《商丘古城保护条例》于2019年1月实施。开封市印发《地下文物调查勘探及考古发掘工作管理办法》，安阳市印发《河南省安阳殷墟保护管理条例实施细则》等。

【执法督察与安全保卫】

以安阳、郑州、洛阳等地为重点，在全省范围内开展集中治理，严厉查处文物法人违法案件。强化案件督办，下发执法督察通知书22份，重点督办辉县市南旋风风电项目建设工程破坏赵长城、安阳殷墟系列违法建设、上蔡县蔡国故城违法建设、汝州群众哄抢瓷片、商丘南关码头违法建设等文物违法案件，在全省通报了一批重点案件，形成震慑。全省立案查处涉及省级以上文物保护单位的文物法人违法案件18起，追究党政纪责任80人，追究刑事责任10人。郑州市、安阳市办理的两起文物行政执法案件获评“2018年全国文物行政处罚案卷评查优秀案卷奖”。

中央领导对安阳殷墟文物安全问题作出重要指示批示之后，河南省委、省政府高度重视，召开全省文物安全工作推进电视电话会议、全省文物保护工作推进会议，成立工作专班深入推进全省文物安全整治四个专项行动。河南省政府出台《关于进一步加强文物安全工作的实施意见》《河南省文物安全责任制实施办法》《全省文物安全基础保障三年行动方案》等一批重要文件，指导全省文物工作，12个省辖市结合实际出台了进一步加强文物安全工作的实施意见。组织开展文物安全隐患排查整治，强化县、乡、村三级文物安全网络巡查巡护。各地排查发现文物安全隐患3257处，立行立改3076处，对尚未整改到位的隐患建立台账、限期整改。河南省文物局与各单位签订《文物安全目标责任书》，明确目标任务，强化责任落实，并就文物博物馆建筑防火、文物安全等进行4次大检查和回头看工作；与消防总队一起对全省省级以上文物保护单位和国家三级以上博物馆进行了电话约谈。

河南省文物局联合省公安厅召开全省严厉打击文物犯罪专项行动推进会，查摆存在的问题，深刻剖析原因，部署任务，落实责任。全省文物系统联合公安机关和市场监管部门严厉打击文物犯罪，整治违法文物经营活动，整顿规范文物流通市场。经过半年多的整治工作，安阳殷墟文物犯罪案件全部破获，拆除违法建筑31处，初步建立了管理规范、覆盖全面的文物安全防范体系。

【不可移动文物的保护和管理】

（一）概况

截至2018年年底，河南省共有全国重点文物保护单位358处，省级文物保护单位1231处。

（二）大遗址

组织编制隋唐洛阳城外郭城南城墙保护展示工程方案、殷墟国家考古遗址公园规划、舞阳贾湖考古遗址公园规划等，隋唐洛阳城外郭城南城墙保护展示工程方案、殷墟国家考古遗址公园规划获国家文物局批复。审核、批复郑韩故城大吴楼手工作坊遗址环境整治工程一期等13个保护展示工程和环境整治工程设计方案。偃师商城小城北城门遗址等4个主动考古发掘项目完成年度工作任务。召开全省大遗址保护和国家考古遗址公园建设工作推进会，配合做好全国政协调研大遗址保护工作。

（三）全国重点文物单位

审核上报郝家台遗址等3处文物保护规划。初审南阳府衙等9处文物保护规划，批复汝州文庙等4处文物保护规划，核准唐户遗址、织机洞遗址保护规划。推进赵长城、楚长城和魏长城的规划编制工作，《河南省魏长城保护规划（2016～2030年）》文本通过国家文物局评审。赵长城保护规划编制完成，楚长城的保护规划正在编制中。组织编制刘青霞故居文物保护规划、鸡公山近代建筑群文物保护规划、洛阳西工兵营保护规划、红旗渠保护规划。

组织上报国保单位文物保护工程立项，其中25个项目获国家文物局立项批复。批复康百万庄园住宅区抢险加固方案及洛阳东周王城城墙遗址（纱厂西路段）抢救性保护工程等27个文物保护工程方案。批复南召县杏花山与小空山保护性设施建设项目。

（四）世界文化遗产

开展遗产地巡视检查，推进世界文化遗产保护利用。完成万里茶道申报世界文化遗产预备名单河南段文本的编制工作。推进大运河文化带建设，开展大运河文化遗产资源田野数字化调查，组织实施通济渠商丘段码头沉船调查等工作。组织完成大运河文化遗产资源调查、古汴河（郑开段）历史文化资源整理与前期勘察。

（五）传统村落

对郏县临沣寨、清丰县单拐村传统村落整体保护利用项目进行检查评估。对寨卜昌村、临沣寨、单拐文物保护工程进行施工检查、指导，对维修中发现的问题及时纠正指导。与河南省住房城乡建设厅、省文化厅、省财政厅、省国土资源厅、省农业厅、省旅游局共同公布第五批河南省传统村落，河南省传统村落达到807个。会同河南省住房城乡建设厅等七部门共同加强传统村落保护工作，对保护不力、造成历史文化遗产保护价值严重损害的村落提出警示，对失去保护价值的村落予以除名，责令退出省级传统村落名录。

【考古发掘】

（一）概况

围绕中原地区文明化进程研究等重点工作，组织实施考古调查、勘探、测绘、发掘项目，上报2018年度主动性考古发掘项目43个，其中32个获国家文物局批准。审核上报配合基本建设考古发掘项目319个，其中254个通过国家文物局审批。

组织河南省文物考古学会举办“2017年度河南省考古新发现论坛”，荥阳青台遗址、二里头遗址宫殿区东北部5号基址、新郑郑韩故城遗址、洛阳东汉帝陵考古调查与发掘、北宋东京城顺天门（新郑门）遗址等5个项目被评为“河南五大考古新发现”。新郑郑韩故城遗址和洛阳东汉帝陵考古调查与发掘项目入选“2017年度全国十大考古新发现”。

对全省2017年度文物勘探资质年审情况进行通报，取消两家文物勘探单位资质。组织召开考古勘探质量监管制度建设座谈会、文物勘探技术员管理办法座谈会、考古调查勘探前置工作座谈会，进一步加强工程建设地下文物保护工作。

（二）重要考古项目

1．义马上石河春秋墓地

遗址位于河南省义马市区南部上石河村。4～9月，三门峡市文物考古研究所与义马市文物保护管理办公室组成联合考古队对遗址进行考古发掘。

墓葬形制及出土器物与三门峡上村岭虢国墓地极为相似，从墓地所出青铜鼎铭文“虢季氏子虎父作鼎”可知墓主身份应与三门峡虢国有关。该墓地的发现与发掘，不仅填补了崤函古道上春秋时期中小型贵族墓地的发现和研究空白，也为寻找三门峡虢国被晋灭掉后虢国贵族的去向提供了线索。

2．汉魏洛阳城北魏宫城及其周边附属建筑遗址

2018年重点对太极殿宫院西门及其南北两侧的院落进行发掘，进一步丰富了对太极殿宫院的建筑内涵的认识，初步确定宫城西墙上的门址是文献记载的“神虎门”，并明确了魏晋、北魏时期的宫城西墙及宫墙外侧河渠水道的结构和沿用。

此次发掘为宏观上把握以太极殿为中心的宫城中枢区乃至于整个宫城的形制布局及时代演变提供了全新的资料，进一步细化了对宫城内建筑布局的认识，为探究东汉洛阳城的形制布局提供了准确的资料。

3．开封明代周藩永宁王府遗址

开封明代周藩永宁王府遗址位于开封市鼓楼区省府西街路北、城隍庙街中段路西，南北通长约200米，东西宽约115米，包括东、中、西三处院落。2017年7月～2018年8月，开封市文物考古研究所对遗址进行发掘，重点揭露了中间院落。遗址共出土姿态各异的人骨遗骸15具，陶、瓷、石、玉、金、银、铜、锡、琉璃、木、骨、角、贝等各类遗物1600余件/套。

该遗址是目前国内已发掘的保存状况最好、遗物最丰富的明代郡王府遗址，也是国内发现的唯一一座按照规制修建的明代早期郡王府，对研究明代郡王府规制具有重要意义。

【博物馆与可移动文物保护】

（一）博物馆

1．博物馆建设

博物馆新建、改扩建工作持续快速发展。兰考、孟津、偃师、宜阳、伊川、襄城、

灵宝、鹿邑、邓州、新蔡等地在建县级博物馆10家，淮阳县博物馆和柘城县博物馆拟建新馆。制定《河南省库房标准化改造项目实施方案》，逐步提升县（市）级库房标准化建设水平。

2018年新设立非国有博物馆2家，非国有博物馆事项变更7家。委托郑州大学对非国有博物馆现状进行调研，进一步加强非国有博物馆监督管理。

组织河南博物院等6家国家一级博物馆参加“2014～2016年度国家一级博物馆运行评估”，其中河南博物院被评估为优秀。组织省内博物馆参加“第三批国家二、三级博物馆定级评估”，郑州二七纪念馆等14家博物馆被评定为国家二级博物馆、洛阳隋唐大运河博物馆等9家博物馆被评定为国家三级博物馆。

依据《河南省博物馆纪念馆免费开放绩效考评办法（试行）》及修订办法，开展2017年度博物馆、纪念馆免费开放绩效考评工作，根据考评结果确定奖励经费金额。经考评，郑州博物馆等19家单位为优秀，鹤壁市博物馆等60家单位为良好，尉氏县刘青霞纪念馆等9家单位为基本合格，禹州中医药文化博物馆等4家单位为不合格。

2．博物馆间的交流与合作

继续推进省际博物馆合作交流，河南博物院、中国文字博物馆、郑州博物馆、洛阳博物馆、新乡市博物馆等馆藏文物赴省外参加“金色记忆——中国14世纪前出土金器特展”“汉字”“汉传金铜造像艺术特展”“融合之路——拓跋鲜卑迁徙与发展历程”“佛影灵奇——汉传金铜造像艺术”等展览20余个。6月9日，河南省博物馆联盟在平顶山市宣告成立，共有成员单位72家。11月6～7日，根据河南、陕西、山西、河北、北京五省市博物馆的合作共识，在开封召开“第十一届博物馆理论与实践研讨会”，研讨会期间五省市文物局共同主办“玉礼中国——京豫陕晋冀玉器精品展”。

3．重要陈列展览

2018年河南省各博物馆、纪念馆共举办展览1700余个。河南博物院和洛阳博物馆的“谁调清管度新声——丝绸之路音乐文物展”荣获“第十五届（2017年度）全国博物馆十大陈列展览精品推介·精品奖”。河南博物院“丝绸之路与中原”等6个陈展项目被评为河南省博物馆优秀陈列展览。各地博物馆围绕纪念改革开放40周年等重大活动举办多项主题展览。

4．博物馆社教活动

开展青少年教育课程优秀教学设计推介展示活动，河南博物院的“历史教室数字课堂——趣味考古系列”入选“十佳”教学案例推荐目录，中国文字博物馆的“我画甲骨文字画”等3个项目被评为优秀教学案例。会同湖北、安徽省文物局在湖北黄冈联合主办“讲述红色故事——大别山区革命文物优秀讲解案例交流推介活动”。

（二）可移动文物保护

全省博物馆、纪念馆馆藏珍贵文物238586件/套（312881件），其中一级文物2309件/套（7171件）、二级文物16384件/套（ 23766件）、三级文物219893件/套（281944件）。馆藏珍贵文物全部建立了档案，进行规范管理。

组织非国有博物馆开展藏品备案工作。举办全省非国有博物馆藏品备案工作培训班，对140余人进行管理软件、藏品管理制度及登录规范等方面的培训。12月，基本完成非国有博物馆藏品备案工作。

组织全省文物建筑白蚁病害调查和防治工作，全年调查文物建筑白蚁病害情况78处，其中14处已编制防治方案、4处已完成防治。在南阳市组织召开文物建筑白蚁病害调查与防治现场工作会。组织开展全省文物保护单位保护范围内和建设控制地带内古树名木生物病害调查与防治工作。

督促完成国家可移动文物保护修复项目11个。选拔、组织文物修复骨干参加首届全国文物修复职业技能竞赛。

【社会文物管理】

配合各级纪检监察、司法机关等开展涉案文物鉴定工作，组织文物司法鉴定178起，鉴定涉案文物5867件，其中二级文物2件、三级文物76件、一般文物4078件。

对郑州拍卖总行、河南和同拍卖有限公司等举办的13场文物艺术品拍卖会拍品进行审核，确保拍卖活动合规进行。

【科技与信息】

指导河南省文物保护装备企业参加“第四届全国十佳文博技术产品及服务推介活动”，数字课堂教育公共服务平台、物联网式文物库房专用恒温恒湿系统获评十佳奖，智慧文博文物保护修复管理系统获评优秀奖。

推进实施省级以上文物保护单位保护范围和建设控制地带电子围栏建设，组织协调地理所开展文物保护单位保护范围和建设控制地带坐标转换试点工作和电子围栏建设方案编制工作。文物保护与考古发掘的科技含量进一步提升。

河南省文物考古研究院“李家窑虢国都城遗址考古资料整理与综合研究”入选2018年国家社会科学基金重大项目。郏县文庙文物保护维修工程进入2018全国优秀古迹遗址保护项目终评，这是我省文物保护维修工程首次进入该项目终评。《田野考古钻探记录规范》获省社会科学优秀成果二等奖。《河南省文物建筑原真性保护、活态化利用研究》获省社科联、省经团联优秀调研成果一等奖。

组织举办“两周古城与大遗址保护研究学术研讨会暨第四届中国文化研讨会”“京晋冀鲁豫文物建筑保护暨河南省文物建筑保护研究院建院四十周年学术交流会”“第八届黄淮七省考古论坛”等学术会议。首届“世界古都论坛”在洛阳成功举办，来自20多个国家和地区的专家学者围绕“古老的文明，崭新的故事”主题进行了探讨，论坛通过并发布了《世界古都论坛洛阳宣言》。河南省文物局联合安阳市政府、社科院考古所共同举办“殷墟科学发掘90周年纪念大会暨殷墟发展与考古论坛”，论坛通过并发布了《殷墟发展共识》。

【文博教育与培训】

配合国家文物局“金鼎工程”，完成国保单位管理机构负责人轮训、高层次文博行业人才提升计划、全国大运河保护管理培训班等专项培训60个，培训人员700余人次。

举办援疆藏讲解员特训班，对来自哈密和西藏的40余名讲解员进行专业培训。举办河南省第二期文物收藏单位保管员培训班，对来自各省辖市的90余名保管员进行业务培训。组织举办全省纸质文物修复骨干培训班。

【文博宣传与出版】

组织开展文物保护“六入”宣传活动，印制文物保护宣传手册30万份，分发到遗产丰富区域的机关、学校、社区、企业、村庄、农户。河南博物院参加中央电视台《国家宝藏》栏目，社会反响热烈。组织“河南省五大考古先发现”评选和“启封中原记忆，感知河南考古——2017年度河南考古新发现公众报告会”。与平顶山市政府共同主办2018年文化遗产日河南主场城市活动，各地组织特色主题活动280余项。“@河南考古”微博获评“2018年度文博十大创新力官微”。

河南省文物局、信阳市委宣传部在信阳鄂豫皖革命纪念馆举办国际博物馆日河南主会场活动。全省300余家博物馆、纪念馆精心策划宣传活动，组织开展了内容丰富、形式多样的主题宣传及展示教育活动，结合纪念党的十九大召开、博物馆免费开放10周年等内容举办原创专题展览，开展流动展览进校园、社区、军营，举办专家公众讲座、义务鉴定等活动。

《新郑天利两周墓地》《河南省土遗址保护方案案例辑》《郑州市文物志》等一批图书出版。《谁调清管度新声——丝绸之路音乐文物》获评“2017年度全国文化遗产十佳图书”。《华夏考古》成功入选《中国学术期刊影响因子年报》统计源期刊。《中原文物》再次入选全国“中文核心期刊”及“中国社会科学核心期刊”。

【机构及人员】

全省文物业机构数为632个，从业人员12186人，其中具有高级职称的568人，具有中级职称的1232人。

【对外交流与合作】

赴波兰卢布林省图书馆（博物馆）举办“河南唐三彩艺术展”，赴美国亚利桑那州凤凰城博物馆举办“中原音乐文物瑰宝——来自河南博物院的远古和声展”，赴卢森堡国家历史与艺术博物馆举办“华夏文明之源——河南文物珍宝展”。配合国家文物局，完成赴纽约大都会博物馆“秦汉文明展”、赴沙特阿拉伯利雅得国家博物馆“华夏瑰宝展”展览。配合中国文物交流中心，完成赴土库曼斯坦“丝绸之路上的文化遗产”图片展。引进意大利都灵埃及博物馆“金字塔·不朽之宫”文物展览、阿富汗国家博物馆的“阿富汗国家宝藏展”。

境外联合考古发掘等学术研究与合作交流成效显著。持续实施与肯尼亚国家博物馆、蒙古国乌兰巴托大学的联合考古发掘工作，组织技术骨干赴肯尼亚吉门基石遗址和蒙古国后杭爱省高勒毛都2号墓地的考古发掘与研究工作。与法国驻华大使馆文化教育合作处签署合作协议，共同推动两国在文化遗产保护领域的合作。支持文博机构持续开展与日本奈良文化财研究所、奈良国立博物馆，韩国国立文化财研究所的合作交流。组织20名相关专业人员赴日本参加培训，学习文物科技保护及大遗址管理运营战略、措施等。

湖北省

【概述】

2018年，湖北省文物系统以习近平新时代中国特色社会主义思想为指引，紧紧围绕贯彻落实党的十九大精神和省委、省政府的决策部署，按照《关于加强文物保护利用改革的若干意见》《关于实施革命文物保护利用工程（2018～2022年）的意见》要求，结合国家文物局和湖北省文物局工作要点，团结奋进，开拓创新，真抓实干，攻坚克难，围绕经济社会发展大局，推动全省文物事业高质量发展。

【法制建设】

《湖北省文物安全管理办法》由湖北省人民政府常务会议审议通过，于2018年2月1日正式施行。《黄冈市革命遗址遗迹保护条例》由黄冈市人民代表大会常务委员会予以公布，自2018年2月1日起施行。

支持五峰县开展《古茶道保护条例（修订稿）》立法工作。

【执法督察与安全保卫】

继续开展“文物法人违法案件专项整治行动（2016～2018年）”，组成7个督察组进行实地督察，并组织全省各级文物行政部门对省级以上文物保护单位进行执法巡查。将文物法人违法案件专项整治行动工作纳入地方党委政府综治考评，建立文物执法工作协调机制。跟踪督办23起文物法人违法案件整改工作，钟祥元佑宫、云梦儒学大成殿等15起案件整改到位。

建立全省文物安全联席会议制度，推动襄阳、孝感等13市（州）建立文物安全工作联席会议制度或相关协调工作机制。推进文物密集区安全保护补偿机制试点，建立“以奖代补”考评机制，试点区域涉及的13个乡（镇）、131个村组、689家农户均已纳入考评范围。落实“一处一策”工作制度，推动县、乡、村逐级签订安全责任书，落实三级安全管理责任制，完成省级及以上文物保护单位安全保护“一处一策”工作制度管理信息系统建设工作。国保、省保单位配备专职保护人员733名、聘请文物保护员1527名，实施131项安全防范工程、67项消防工程或微型消防站建设，为570处文物建筑配备消防器材。建设湖北省文物安全状况监测预警预报系统并投入使用。

全年开展3次文物消防安全专项检查。吸取巴西国家博物馆火灾事故教训，联合湖北省消防总队、省民宗委等部门对全省46家国家三级以上博物馆和79处具有火灾危险性的全国重点文物保护单位逐一进行消防安全检查，对发现的安全隐患督促整改。

【不可移动文物的保护和管理】

（一）概况

2018年，湖北省不可移动文物保护管理工作稳步推进。世界文化遗产规范化、科学化管理水平进一步提升，万里茶道申遗工作持续推进。大遗址保护与国家考古遗址公园建设成效显著，重点文物保护与利用有效加强，文物保护基础不断夯实，文物信息化、数字化保护工作取得重要成果，文物保护成果出版、宣传等工作取得较大进展。

（二）大遗址

起草《荆楚大遗址传承发展工程实施方案》，提出项目名单40处。召开全省考古及大遗址保护推进会、全省遗址博物馆展陈方案专家咨询会。举办“史前陶器：技术与社会”研讨会、国家考古遗址公园联盟第八届联席会、“潜江龙湾遗址考古发掘现场专家论证会”。完善盘龙城、铜绿山、龙湾、屈家岭、石家河、苏家垄国家考古遗址公园规划。潜江龙湾遗址博物馆、盘龙城遗址博物馆运行开放，铜绿山考古工作站正式揭牌成立。龙湾遗址章华台基址展示馆内部保护展示、容美土司遗址爵府遗址保护展示、擂鼓墩古墓群曾侯乙墓椁室保护修缮等10个大遗址保护展示及环境整治项目实施计划获国家文物局批复。

（三）全国重点文物保护单位

组织开展第八批全国重点文物保护单位申报，向国家文物局推介115个候选项目。开展14项全国重点文物保护单位保护规划编制。经国家文物局批复2018年度地上国保单位文物保护计划22项，争取国家文物保护专项资金近2.2亿元。推进20余项全国重点文物保护单位文物保护工程实施，其中“武汉大学早期建筑——理学院文物保护修缮工程”入选“2018全国优秀古迹遗址保护项目”。

（四）世界文化遗产

对全省3处世界文化遗产开展年度监测巡视。推进实施武当山古建筑群玉虚宫雷祖殿、太常观，唐崖土司城址保护与环境整治三期、荆州城墙、襄阳城墙等近20个文物保护项目，进一步改善湖北省世界文化遗产及预备名单项目保护状况。完成万里茶道（湖北段）申遗推荐点现场考察评估。联合八省（区）文物部门召开两次万里茶道申遗工作会以及中蒙俄万里茶道申遗协调会，万里茶道跨国申遗迈出重要一步。

（五）其他

与湖北省住建厅联合公布25个第一批湖北省历史文化名镇名村。组织开展第七批省级文物保护单位申报工作。编印《湖北省全国重点文物保护单位、省级文物保护单位保护范围和建设控制地带公布文件汇编》《不可移动文物工作手册》并发放全省地方各级政府和文物部门。公布第五批湖北省文物保护工程资质单位14家，完成全省54家文物保护工程资质单位的资质年检。

【考古发掘】

（一）概况

围绕“考古中国”重大课题，大力推进10项主动性考古项目（其中1项为大学考古实习项目）、26项基本建设考古项目、1项中美联合考古项目以及1项境外考古项目。天门石家河遗址考古发掘和武汉盘龙城遗址考古发掘分别获得2016～2017年度中国田野考古二等奖和三等奖。

（二）重要考古项目

1．石家河遗址考古项目

对石家河遗址的扁担山、毛家岭、蓄树岭、罗家柏岭4个点进行考古发掘，发掘面积800平方米。发掘确认蓄树岭遗址是石家河古城内一处重要居住区，时代为石家河文化晚期至后石家河文化时期，其下的堆积较厚，应为更早时期的遗存。罗家柏岭遗址东部（程徐湾）和北部（北堤）为石家河文化晚期至后石家河文化时期的人类活动遗存。

2．屈家岭遗址考古项目

发掘面积1200平方米，清理各类遗迹156个，除3座墓葬为清代外均属新石器时期。出土各类质地文物200余件，包括陶器、石器、玉器、铜矿石等。从遗址点的空间位置、规模及遗存年代和内涵看，与屈家岭遗址点北部区域联系密切。发现明确层位关系的屈家岭文化时期铜矿石，部分有人工焙烧痕迹，为探索长江中游矿冶开发提供了重要线索。

3．苏家垄遗址考古项目

对罗兴居址、矿冶遗址点进行发掘，发掘面积1200平方米，出土陶器、陶片、矿渣、炼渣、炉壁等。矿渣、炼渣、炼炉等一手田野材料为开展多学科合作、科学检测和分析提供了丰富的资料，证实苏家垄遗址罗兴遗址点确为一处矿冶遗址，为苏家垄考古遗址公园的建设和大遗址保护、展示、利用与研究提供了有力支撑，也为进一步研究曾国矿料来源、铜矿冶炼、合金工艺、铸造工艺提供了考古学材料。

4．沙洋城河遗址考古项目

由中国社会科学院考古研究所、湖北省文物考古研究所联合考古队发掘，发掘面积1200平方米，发现墓葬218座，其中新石器时代墓葬212座。王家塝墓地的发现和发掘，为全面了解长江中游地区中等规模城址的聚落布局、社会组织结构提供了新的资料。城河遗址居址—墓葬—城垣三位一体的系统发现，是探索屈家岭文化时期的社会组织结构、族群、葬俗、技术工艺，以及深入研究长江中游地区文明化进程的重要信息支撑。

5．寨子山遗址考古项目

发掘面积500平方米，发现一批人骨、随葬器及保存完好带有较复杂刻划符号的陶器。寨子山遗址是一处规模较大的新石器时期聚落遗址，其保存较好，内涵丰富，时间涵盖油子岭文化早期、油子岭文化晚期、屈家岭文化时期、石家河文化早期。该遗址的考古发现为长江中游文明进程研究提供了重要的实物资料。

6．鄂州恒大首府二期项目考古项目

清理墓葬101座，其中宋明清墓葬4座、六朝时期墓葬97座，出土随葬器物350余件/套。墓葬年代主要集中于六朝的孙吴、西晋、东晋时期，墓葬形制丰富，出土遗物种类齐全，集中反映了武昌地区六朝时期不同墓葬形制及历史遗物的面貌与特征，极大丰富了鄂州及鄂东南地区六朝时期的考古学文化研究材料。

7．盘龙城遗址考古项目

由武汉大学、湖北省文物考古研究所、武汉市文物考古研究所、盘龙城遗址博物馆、美国芝加哥大学组建中美联合考古队，对盘龙城遗址——杨家湾北坡石头带遗迹、南坡手工业作坊进行考古发掘，发掘面积500平方米。在盘龙城遗址发现了大规模铸铜遗迹，出土部分铸铜炼渣，这一发现系在夏商都城之外首次发现。

8．胡家草场墓地

为配合荆州纪南生态文化旅游区项目建设，荆州博物馆对包括胡家草场墓地在内的6处文物点进行考古发掘，发掘面积1000平方米，共清理古墓葬106座，出土文物408件。规模最大的M12出土文物111件/套，两件竹笥内出土简牍4546枚，包括历谱、编年记、经方、遗册、日书、律令等方面的内容。这批西汉简牍为历年来我国单座墓葬出土简牍数量之最，为进一步丰富对西汉时期医药、法制等社会制度的认识提供了重要实物资料。

【博物馆与可移动文物保护】

（一）博物馆

1．博物馆建设

湖北省博物馆三期工程进展顺利，游客服务中心、文物保护中心、文物科研中心和文展大楼全面进入内外装饰和安装阶段，完成陈列布展施工和监理招标工作，开展布展方案深化设计。天门市博物馆、武汉自然博物馆、盘龙城遗址博物馆对外开放，孝感市博物馆陈列布展完成，宜昌市博物馆进行陈列布展施工，荆门市博物馆主体工程封顶，襄阳市博物馆新馆建设项目正式启动。秭归、蕲春、保康、嘉鱼、黄梅、南漳、红安等7家县级博物馆进行陈列布展施工，京山、宜都等2家县级博物馆完成主体工程建设。

湖北明清古建筑博物馆、黄冈市博物馆和空降兵军史馆被评定为国家二级博物馆，浠水县博物馆、京山县博物馆、天门市博物馆、罗田县博物馆、麻城市革命博物馆和中国地质大学逸夫博物馆被评定为国家三级博物馆。截至2018年12月31日，湖北省共有国家三级以上博物馆46家。组织博物馆年检，并向社会公开博物馆名录。其中191家博物馆向社会免费开放，占博物馆总数88.4%。

2．陈列展览

依托全省博物馆展览联盟，统筹馆藏资源整合利用，积极开展馆际交流合作，策划举办专题展，为观众提供丰富的文化产品，让文物“活”起来。围绕重大节假日和纪念改革开放40周年等主题，策划推出“我爱我家——江城百姓生活40周年变奏曲”“大江弄潮——纪念武汉改革开放40年”等特色展览，组织举办“万里茶道”“大河之旅 生命之歌”等10余个原创高水平文物展。全省博物馆举办基本陈列展览千余个，其中引进国（境）外展览3个，馆际交流展览21个。湖北省博物馆引进意大利“法老的国度——古埃及文物展”，湖北省博物馆、蕲春县博物馆、湖北明清古建筑博物馆联合举办“金·玉·玲珑——大明王室的宝藏”在常州博物馆展出，武汉博物馆“掌中珍玩——武汉博物馆馆藏鼻烟壶展”在大同市博物馆展出，荆州博物馆“云梦泽——荆州博物馆藏楚地文物展”在杭州南宋官窑博物馆展出、“金灿银辉——荆州博物馆藏金银器展”在舟山博物馆展出等。

湖北省博物馆“万里茶道”展：该展览由国家文物局指导，湖北省文物局牵头，展览展品来自万里茶道沿线八省区的省博物馆（院）以及赤壁、襄阳、江汉关、婺源、安化、益阳、临湘、武夷山等县市级文博单位和个人收藏家，包括与万里茶道及茶叶相关的文物600余件/套。该展览入选2018年度“弘扬传统文化、培育社会主义核心价值观”主题展览。

辛亥革命武昌起义纪念馆“五色交辉——馆藏共和纪念文物展”：展览按文物质地分为纸本、瓷器、金属器具、杂件四个部分，展出文物约160件/套，数量丰富，类型多样。这些共和纪念文物上，或有交叉的十八星旗和五色旗图案，或有孙中山、黄兴、黎元洪等辛亥革命人物的图像，或有“振兴中华”“光复大汉”“民国”“开国”等文字，具有鲜明的时代特征。

武汉革命博物馆“大江弄潮——庆祝改革开放四十周年”展览：展览分为“勇立潮

头”“大城崛起”两个部分，展出图片300余幅、实物200余件，展示了改革开放四十年来武汉在政治、经济、文化、社会事业和生态文明等方面的巨大变化和发展。

天门市博物馆“文明之光——天门石家河文化陈列”：展览为天门市博物馆基本陈列，展厅面积1444平方米，展出文物158件，主要为石家河遗址出土器物。展览以还原石家河遗址文化内涵、展现石家河文化面貌为陈列原则，通过探寻石家河文化根脉，展示石家河文化在中华五千年文明发展史上的重大意义。

3．其他

2018年全省博物馆开展社会教育活动1500场次，参与观众超过8万人次。全省博物馆不断创新教育形式，在春节等传统节日开展“我们的节日”主题教育活动近450场次，持续开展“百馆微展览五进”活动300余场次，组织“文化进万家”活动230余场次。以湖北省博物馆“礼乐学堂”为示范，带动省市县三级博物馆逐步形成“考古夏令营”“小小讲解员”等一批博物馆教育活动品牌，湖北省博物馆“礼乐学堂”之“让我的声音做你的眼睛”教育课程在全国推介。积极与教育部门联系，继续开展“百万学生走进博物馆”活动，湖北省博物馆被命名为“全国中小学生研学实践教育基地”。打造博物馆志愿服务品牌，全省博物馆登记注册志愿者超过3300人。

扎实推进湖北省博物馆文化创意产品开发工作，对全省博物馆文创联盟进行商标注册，确定联盟商标“楚博汇”及LOGO图案，并发布第一批贴标产品。指导联盟成员单位签署加盟协议和代销协议，统一联盟文创产品销售包装。2018年湖北省博物馆文创销售额突破1700万元，创历年销售额新高。

（二）可移动文物保护

根据第一次全国可移动文物普查数据，湖北省国有收藏单位共收藏三级以上文物95357件/套。开展非国有博物馆藏品备案工作，全省参与备案非国有博物馆57家，登记藏品151582件/套（203759件），上报备案数据130475 条。

湖北省文物局批复可移动文物保护项目12个。襄阳市博物馆、钟祥市博物馆等5个项目通过验收，全年修复保护珍贵文物1000余件。开展“湖北省国有博物馆馆藏陶瓷类文物保护利用研究”课题调研。

出土木漆器国家文物局重点科研基地（由湖北省文物保护中心和荆州文物保护中心组成）开展开放课题7项，自主课题6项。完成湖北省博物馆、荆州博物馆、新疆龟兹考古研究院、江西李洲坳等34个文物保护项目（其中青铜器保护项目6个、木漆器保护修复项目12个、简牍保护修复项目4个、书画保护修复项目2个、纺织品保护修复项目9个、古籍修缮项目1个），修复文物4547件/套。承担的“出土竹木漆器类文物含水率测定失重法”“出土木漆器乙二醛脱水技术优化研究”等4项省部级科研课题完成待结项。“馆藏文物环境监测终端”获得国家发明专利。

【社会文物管理】

开展湖北省4家文物拍卖企业资质年审工作。开展文物拍卖标的拍前审核工作，全年审核文物艺术品拍卖会8场，审核拍卖标的3963件。开展文物进出境审核工作，审核物品20批次、1679件。受武汉海关委托，配合开展扣押品鉴定5次、609件。为宜昌博物馆、荆州博物馆、武汉中学等单位鉴定馆藏文物1904件。督导湖北省博物馆开展涉案文物鉴定工作，全年开展涉案文物鉴定17批次，鉴定评估涉案可移动文物107件/套。

【科技与信息】

7月，湖北省文物局、武汉市人民政府联合申报的智慧文博新融合产业基地获国家文物局批复同意，并将该基地列入全国“互联网+中华文明”示范基地名单。该基地依托武汉光谷创意文化科技园有限公司和中南民族大学联合建立，是经国家文物局批准设立的全国第二家国字号“互联网+中华文明”示范基地。

【文博教育与培训】

湖北省文物局举办全省文物保护项目绩效管理培训班、全省文物安全管理人员业务培训班、省非国有博物馆藏品备案工作培训班等，培训人员370人次。荆州文物保护中心承办出土木漆器保护修复培训班。荆州博物馆、湖北太岳园林古建工程股份有限公司、黄冈市博物馆联合举办文物保护修复技术培训班。

【文博宣传与出版】

围绕国际博物馆日开展系列活动。在天门举办湖北省国际博物馆日主场活动，在启动仪式上公布第二届全省博物馆六大陈列展览精品推介活动以及荆楚文化网络知识竞赛结果，正式发布全省博物馆文创联盟LOGO，现场开展文物知识问答、群众文化表演、非物质文化展演等多项活动。全省博物馆举办引进交流展览、推出原创特色展览、流动图片展览等50余个临时展览，开展公众社会教育活动、青少年教育活动、博物馆进校园活动等200余场次。

湖北省文物考古研究所主办《江汉考古》编辑出版6期（双月刊），辛亥革命武昌起义纪念馆馆刊《辛亥革命研究动态》编辑出版4期（季刊）。《探索与实践：湖北特色文物保护利用之路——纪念改革开放40周年》《让文物“活”起来——湖北省革命文物优秀讲解案例集锦》出版。

【机构及人员】

截至2018年年底，湖北省共有文物机构326个，其中文物主管部门66个、文物科研机构3个、文物保护管理机构47个、博物馆200个、其他文物机构10个。从业人员共5557人，其中专业技术人才2292人，包括正高级职称134人、副高级职称266人、中级职称1047人。

【对外交流与合作】

成功举办海峡两岸考古教学交流参访活动，全国首个“海峡两岸考古教学交流基地”落户湖北。湖北省博物馆举办曾侯乙编钟出土40周年纪念大会暨学术研讨会、国际博协乐器专委会特别会议等一系列高端学术会议。

首次开展1项中美联合考古，由武汉大学、芝加哥大学、湖北省文物考古研究所、武汉市文物考古研究所、盘龙城遗址博物院合作开展盘龙城遗址考古发掘与研究。参与1项境外考古项目，由湖北省文物考古研究所与南京大学、河北师范大学合作赴巴基斯坦的阿托克（Attock）地区对巴哈塔尔（Bahatar）遗址开展考古工作，开启湖北省考古对外合作新篇章。

【其他】

4月27日，国家主席习近平与印度总理莫迪在湖北省博物馆举行非正式会晤，参观精品文物展，指出“荆楚文化是悠久的中华文明的重要组成部分，在中华文明发展史上地位举足轻重”，湖北省博物馆充分发挥“国家客厅”的重要作用。

湖南省

【概述】

2018年，湖南文物系统深入学习贯彻党的十九大精神和习近平新时代中国特色社会主义思想，深刻学习领会习近平总书记关于加强文物工作系列重要论述和指示批示精神，积极推动贯彻落实中办、国办《关于加强文物保护利用改革的若干意见》《关于实施革命文物保护利用工程（2018～2022年）的意见》，推动文物事业发展取得新进展。

【执法督察与安全保卫】

9月13日，湖南省文化厅、省公安消防总队、省文物局联合召开全省文物博物馆消防安全专项检查电视电话会，部署博物馆和文物建筑消防安全大检查工作。会议针对部分文物博物馆单位消防安全意识不强，部分文物建筑自身耐火等级低、建筑因连片布置而防火间距不足，部分文物建筑火灾风险高，部分文物保护单位消防力量较薄弱、消防水源不足、消防安全管理不到位、消防安全隐患久拖不改等问题，要求文化、文物、消防部门责令存在消防安全隐患且不能立即整改到位的文物博物馆单位制定整改方案，明确责任主体、整改时限和要求，限期整改；对检查发现的重大火灾隐患，及时报请当地政府挂牌跟踪督办，确保整改到位。

组织参加“2018年度全国文物行政处罚案卷评查”，益阳市文物处办理的“刘某某擅自在市级文物保护单位衡龙桥保护范围内进行建设工程案”获评十佳案卷，常德市文物局办理的“湖南省常德市华夏房地产开发有限公司擅自在省级文物保护单位常德会战碉堡群保护范围内进行建设工程案”获评优秀案卷。

湖南省文物局配合公安机关破获公安部督办案件“长沙县盗墓案（2·7文物被盗案）”。案件办理过程中，湖南省文物局共派出文物鉴定人员8人次，开展涉案文物鉴定3次，协助公安机关抓获盗墓嫌疑人11名，收缴瓷器、玉器、铜钱、墓志铭等文物300余件。

【不可移动文物的保护和管理】

完成不可移动革命文物名录的编制、审核和报备。

红二军团长征司令部旧址保护规划依据国家文物局批复修改完善，由省人民政府批准公布。安化风雨桥、邵阳北塔、黄兴故居、平江起义旧址、中共平江县委旧址、魏源故居、谢觉哉故居、贺龙故居、红二六军团长征出发地旧址、何叔衡故居、湖南省苏维埃政府旧址等11处全国重点文物保护单位保护规划，全国重点文物保护单位韶山冲毛主席旧居修缮工程，永定区湘鄂川黔革命根据地旧址、湘南起义旧址群—板梁暴动夺枪旧址中村宗祠、彭德怀故居、湖南大学早期建筑群—湖南大学二院、湖南大学早期建筑群—湖南大学第七学生宿舍和湖南大学早期建筑群—湖南大学第九学生宿舍等6处全国重点文物保护单位的修缮工程和塘田战时讲学院旧址保护修缮二期工程，朝阳岩石刻赋存崖体危岩体加固工程、中共湘区委员会旧址保养维护工程、浏阳文庙和何叔衡故居的展示利用工程、渌江书院和黄埔军校第二分校旧址白蚁治理工程获批复。

曾国藩墓本体修缮及护坡加固、大矶头遗址本体保护修缮、虎爪山遗址环境整治、马王堆汉墓三号墓保护修缮、青山崖墓群保护修缮、四方城遗址已发掘区域回填保护等项目计划获批复。呈报申鸣城遗址、罗子国遗址、大矶头遗址、涂家台遗址等全国重点文物保护单位保护规划4个；青山崖墓群和虎爪山遗址保护规划修改版报国家局备案；云集窑保护规划获国家文物局批复同意。批准长沙铜官窑陈家坪遗址保护展示工程设计方案、城头山遗址1号馆本体保护及防渗治理工程方案、衡州窑保护利用设施建设项目设计方案、衡州窑本体保护修缮（一期）工程勘察设计方案。

安排传统村落文物保护资金经费1500余万元，补助高椅村古建筑群修缮工程（省保）、古丈县岩排溪传统村落文物保护工程、岩门古堡寨文物保护工程、中田村古建筑群修缮工程、大园村传统村落修缮（一期）工程、坳上村古建筑群（一期）修缮项目、尽远村古建筑群保护修缮工程和回龙门维护保护等工程项目。老司城遗址古建筑彩画及壁画保护修复、坦田村岁圆楼古建筑群白蚁综合防治、涧岩头周家大院古建筑群白蚁综合防治、高椅村古建筑群白蚁防治工程、上甘棠村古建筑群53栋古民居的修缮工程（21栋）、荆坪村古建筑群潘氏祠和洑波宫壁画彩绘泥塑保护维修等项目获批。

完成汉代长沙王陵墓群征地补偿工作，实施桃花岭汉墓西南边坡护坡加固工程。完成城头山遗址核心区环境整治工程和3号遗迹馆保护展示工程，“城头山遗址城墙剖面保护工程”在第二届中国考古学大会上获得“金尊奖”。

推进南山国家公园试点所涉文物保护利用工作。完成《湖南南山国家公园文化遗产保护专项规划》的编制设计和专家咨询评估，完成《湖南南山国家公园总体规划（2017～2025年）》的审核等。

加强文物保护工程监管。制定实施《关于进一步加强文物保护工程资质管理的通知》，明确文物保护工程资质的标准、申请、审核审批和年检监管等规范和要求，有利于加强资质企业管理，夯实文物保护工程项目管理的基础。完成2016～2017年度文物保护工程资质年检，63家文物保护工程资质企业参加年检，其中年检合格的54个、不合格的6个、证书失效的3个，6家年检不合格的资质企业按要求完成整改。制定实施《关于切实加强建筑类全国重点文物保护单位保护工程项目批后全过程管理的通知》，切实加强建筑类文物保护工程项目实施各环节和全流程的监督与管理。

【考古发掘】

（一）概况

规范和加强考古工作。印发《关于进一步规范和加强湖南省考古工作的通知》，湖南省文化厅、湖南省财政厅、湖南省发改委《关于加强建设工程中文物保护和考古工作的通知》通过湖南省人民政府规范性文件登记。开通运行“湖南省境内文物考古调查、勘探、发掘网上备案系统”。

全年共审核、同意备案配合基本建设的考古调查、勘探项目21个，抢救性考古发掘项目16个。调查面积15221万平方米，重点勘探面积329万平方米，发掘古墓葬218座。申请配合基本建设的抢救性考古发掘项目18个，其中获同意并颁发证照的14个。组织专家对益阳琵琶树山墓群等8个考古发掘项目进行检查验收。审查同意配合基本建设的考古调查、勘探报告6个，专题考古调查、勘探报告2个，配合基本建设的考古发掘报告8个。

举办“湖南省考古学会第十三次年会”“全国考古遗址保护与利用论坛”等。

湖南省文物考古研究所与孟加拉国欧提亚·欧耐斯恩考古研究中心联合开展孟加拉国毗诃罗普尔古城纳提什瓦遗址考古项目，编制《毗诃罗普尔遗址考古发掘现场保护方案》。开展援藏工作，组织对西藏山南市琼果杰寺进行全面考古调查勘探。

（二）重要考古项目

1．伞顶盖遗址考古发掘

该遗址为华南地区旧石器中期文化的典型代表，填补了华南区域文化发展序列的空白，为中国旧石器时代人类演化阶段的划分提供了新依据，为欧亚大陆旧石器时代中期人类技术行为多样性研究提供了新材料。

2．华容七星墩遗址的调查与系统钻探

确认了七星墩遗址城墙、城壕的存在，弄清了七星墩遗址城墙的平面布局和聚落内部的基本功能区划，城墙的建造时间不晚于石家河文化时期。这是继城头山与鸡叫城之后，在湖南发现并确认的第三处规模较大的史前城址。

3．青竹寺窑考古发掘

明确了青竹寺窑的兴烧年代，首次发现东汉时期的龙窑，明确了东汉时期岳州窑的窑炉形制，弄清了汉晋时期岳州窑产品的装烧方式，进一步完善了岳州窑的发展序列。此次发掘再次证明湘江下游是长江中游早期青瓷起源地之一。

4．鄢县故城考古调查

发现战国、东汉、三国一直延续至东晋、南朝的遗迹和遗物，表明小城是鄢县遗址的核心区域。确定了大城内人类最早活动的时间和最繁荣的时期分别为战国和东汉时期。

5．渡头古城遗址考古发掘

确定了汉至六朝时期的临武县治所在，填补了历史文献的空白，为研究古代南方边疆地区的人口迁徙、民族融合以及华夏文化多元一体进程提供了珍贵资料。

【博物馆与可移动文物保护】

（一）博物馆

新备案设立博物馆6家，全省共有国家一级博物馆4家、二级博物馆12家、三级博物馆8家。

各级各类博物馆共推出陈列展览400余个，投入资金1.2765亿元，其中原创展览200余个，17家博物馆启动原有展览提质改造工程。完成“‘精准扶贫’首倡地——十八洞村精准脱贫之路”展览。推荐32个陈列展览策划方案申报2018年“弘扬优秀传统文化 培育社会主义核心价值观”主题展览，其中“在最遥远的地方寻找故乡——13～16世纪中国与意大利的跨文化交流”入选十大重点推介展。长沙市博物馆“湘江北去 中流击水——长沙历史文化陈列”获评“第十五届（2017年度）全国博物馆十大陈列展览精品推介·优胜奖”。

创新革命文物出境展览途径，组织韶山毛泽东同志纪念馆“中国出了个毛泽东”展览赴俄罗斯列宁纪念馆展出。全省67家革命纪念类博物馆成为大中专院校进行课外实习和研习的重要基地、党员干部进行“不忘初心、牢记使命”学习教育的重要载体、社会公众旅游休闲的重要目的地，在保护和传播革命文化、传承红色基因中发挥独特的重要作用。

有效激活非国有博物馆发展活力，积极引导非国有博物馆加强党建与公共文化服务。全年非国有博物馆推出基本陈列展览55个、临时展览95个，年接待观众参观人数约790万人次，在文博公共文化服务中发挥着越来越重要的作用。

创新流动博物馆、数字博物馆和博物馆“七进”等社会服务方式，开展弘扬社会主义核心价值观主题服务活动，参与人数约1500万人次，社会反响强烈。

国家和省级文化创意产品开发试点互动推进，非国有博物馆文化创意产品开发进展较快，文博创意产品开发活力有效释放。湖南省博物馆、韶山毛泽东同志纪念馆、刘少奇同志纪念馆三家国家文化创意产品开发试点单位累计研发文创产品780余种，销售收入2252万元，其中韶山毛泽东同志纪念馆荣获第十三届中国（义乌）文化产品交易会“优秀参展企业奖”和第九届中国西部文化产业博览会“最佳创意产品奖”。胡耀邦同志纪念馆、长沙市博物馆、里耶古城（秦简）博物馆等省级文化创意产品开发试点大力推进，产品开发种类和销售收入快速增长。

（二）可移动文物保护

湖南省国有馆藏文物共181万件。以非国有博物馆藏品备案工作为契机，完成69403件/套藏品备案登录。

加强馆藏文物保护和征集，保护修复国有馆藏文物867件，新征集各类文物12501件，投入经费757.52万元。完成对72个可移动文物预防性保护和数字化保护利用项目的评审。召开全省抗战类、工业类专题馆文物征集工作座谈会，指导湖南省文物交流鉴定中心开展两次民间藏家向国有博物馆捐赠文物活动，共捐赠文物189件/套，其中革命文物68件/套。

【社会文物管理】

依法承接拍卖企业经营文物拍卖许可行政审批事项，办理长沙古泉园地拍卖有限公司文物拍卖企业申请许可。完成3场拍卖会共计2048件/套文物拍卖标的的审核。

湖南省文物交流鉴定中心（湖南文物商店）举行第19届和第20届湖南文物国际博览会，总成交额达7.4亿元。

【科技与信息】

申报“互联网+中华文明”项目20个，其中两个项目获专项资金支持。创新“互联网+革命文物”传播方式，指导开展“湖南文博联播网”建设，推动文博场馆互联互通，打造传播矩阵，切实增强革命文物受众面和影响力。

【文博教育与培训】

组织博物馆继续教育与业务培训，参与人员2315人次。

举办非国有博物馆馆长暨藏品工作培训班、博物馆管理培训班、考古勘探培训班，培训非国有博物馆藏品骨干、博物馆管理人员、革命文物登录鉴定人员以及考古工作骨干300余人。

广东省

【概述】

2018年，广东省文物系统坚持以习近平新时代中国特色社会主义思想为指导，深入贯彻党的十九大精神和习近平总书记对广东工作重要指示批示精神，解放思想，把握机遇，攻坚克难，全面落实文化和旅游部、国家文物局和广东省委、省政府关于文物工作的各项部署，以确保文物安全为工作主线，努力做好文物基础工作，切实加强文物保护工作，积极推动文物利用工作，创新文物事业发展。

【执法督察与安全保卫】

配合公安机关开展“全国打击文物犯罪专项行动”，及时互通相关情况，配合做好相关工作。组织各地开展“文物法人违法案件专项整治行动”，及时查处文物法人违法行为。

协调建立全省文物安全工作联席会议制度，以省政府办公厅名义下发《广东省人民政府办公厅关于建立文物安全工作联席会议的通知》，研究拟制《广东省文物安全责任书》，报请省政府与联席会议成员单位和各地级以上市政府签订，指导各地做好文物安全责任人公告公示。

组织各地开展文物单位消防安全排查整治。共发现问题隐患651条，立行立改525条，认真总结分析排查整改情况并报国家文物局。对文物安全工作中有关问题进行通报，指导各地做好2018年假期及旅游旺季文博单位安全工作，强调要针对广东的地理和气候特点做好文博单位防汛、防台风工作。台风“山竹”到来之前，在省文物安全微信群提醒各地提前做好文物安全防范和应急抢险救灾工作。

组织广东省博物馆和文物建筑消防安全大检查，联合省公安消防总队下发《广东省博物馆和文物建筑消防安全大检查方案》。

重视应用先进技术和装备，指导推动各地、各文博单位加强文物安全硬件建设。在调研基础上，将东莞可园的智能安防和智能消防项目、开平市文物信息管理系统建设工程项目、开平碉楼安防升级改造项目和消防百项工程项目作为智能安防、智能消防试点，给予经费支持。

【不可移动文物的保护和管理】

（一）概况

2018年广东省不可移动文物管理、保护和利用整体水平显著提高。组织开展第八批国保单位和第九批省保单位申报工作，汇总国保申报点128处、省保申报点292处，组织专家完成现场考察评估。在实施粤东、粤北文物保护利用行动计划的基础上，印发《粤西地区文物保护利用行动计划（2018～2020年）》和《珠江三角洲地区文物保护利用行动计划

（2018～2020年）》，统筹推进区域文物保护利用。全面摸清全省范围海上丝绸之路史迹情况，广州市成为海上丝绸之路保护和申遗牵头城市。以笔架山潮州窑遗址等为依托的遗址公园建设，以古驿道建设为中心开展的文化遗产保护，以新农村建设为目的的历史名镇名村保护，逐步实现了文化遗产保护与城乡建设相结合、与改善群众生产生活条件相结合、与生态文明建设相结合，很好地促进了当地经济社会发展。

（二）大遗址

笔架山潮州窑遗址、方济各·沙勿略墓园及大洲湾遗址成功进入第三批国家考古遗址公园立项名单。完成《全国重点文物保护单位笔架山潮州窑考古遗址公园总体规划》编制报审工作。

南越国宫署遗址水井展示区抢险加固工程于6月完成竣工验收。启动南越国宫署遗址曲流石渠、南汉宫殿和水井遗迹本体保护项目。提升陈列展示水平，完善《南越王宫博物馆遗址数字化展示提升方案》。

完成马坝人—石峡遗址环境风貌整治工程并顺利通过初验。该项目有效地保护了遗址的真实性和完整性，与城区的土地规划、环境保护、旅游发展等相协调。

（三）全国重点文物保护单位

有序推进全国重点文物保护单位保护规划与保护工程，开展双峰寨、南华寺、康有为故居、潮州老城古民居建筑群、崎碌炮台、雷祖祠、南社村古建组群、宝镜湾遗址、中山纪念中学旧址、梁启超故居、三灶岛侵华日军罪行遗迹、国民党“一大”旧址、父子进士牌坊、潮州开元寺、叶挺故居等保护规划评估工作，加快长围村围屋、大湾古建筑群（李氏大宗祠）、广裕祠、广济桥桥墩等抢险加固工程，推进东华里古建筑群二期、大鹏所城（西城门、赖信扬将军第、侯王古庙）、潮州老城古民居建筑群、虎门炮台旧址二期、塘尾村古建筑群、肇庆古城墙一期等修缮工程和悦城龙母祖庙、德庆学宫、古椰贝丘遗址、粤海关、揭阳学宫、南海神庙安防消防工程，做好中山纪念堂、陈家祠、黄埔军校旧址、广州圣心大教堂等保养维护工程和南汉二陵（康陵）、中共第三次全国代表大会会址（春园）保护性设施建设工程。

（四）世界文化遗产

开平碉楼与村落：开展遗产地监测工作，完成40座碉楼永久性监测桩的埋置，顺利完成周期性监测。开展修缮保护工作，完成130余座碉楼的修缮，“遗产区”及“缓冲区”内所有碉楼的重大病害处理完毕。

海上丝绸之路：4月，海上丝绸之路保护和联合申报世界文化遗产城市联盟第一次联席会议在广州召开，广州等23个“海丝”申遗城市共同签署《海上丝绸之路保护和联合申报世界文化遗产城市联盟章程》，审议通过联盟办公室工作规程。会议推选广州为海上丝绸之路保护和申遗新的牵头城市。6月，在广州举办“海上丝绸之路：研究 保护 合作”国际研讨会”，同时在江门举办“海上丝绸之路文化遗产立法保护研讨会暨《文物保护法》修订座谈会”。9月，赴斯里兰卡、马来西亚、塞浦路斯开展“丝路花语——海丝文化之旅”文化交流活动，签署《关于海上丝绸之路文化遗产合作保护和成果共享的合作备录》。宣传广州“海丝”保护和申遗工作，与广州日报集团合作进行持续一年的专题报道，在广州参考App、广州日报大洋网设立专题页面，建立微信公众号“丝路云帆”，在地铁站灯箱投放公益广告，编制广州“海丝”史迹点讲解词，制作“海丝”申遗宣传手册、宣传片等投放到各大博物馆。

（五）革命文物

拟定《广东省关于贯彻落实〈关于实施革命文物保护利用工程（2018～2022年）的意见〉的行动方案》。开展革命文物调查，实施革命文物保护利用项目。发挥革命文物的教育功能，960处不可移动革命文物对外开放，其中104处开辟为博物馆、纪念馆和爱国主义教育基地。

（六）其他

加强南粤古驿道保护利用。广东省现存古道本体233条，长710.44千米，年代由秦汉至明清，沿线文物古迹共906处。广东省文物局通过摸查全省古驿道及其沿线文物古迹保护利用和新发现情况，举办“南粤古驿道的前世今生”“南粤古驿道重大发现”新闻发布会，组织文物考古、保护修缮、规划设计、历史地理、历史文献、民族宗教、交通旅游等多学科专家学者召开学术研讨会，与省住房和城乡建设厅共同编制《南粤古驿道保护与利用修复指引》，同时选取部分古驿道遗址开展文物考古调查、勘探与发掘。

推动岭南传统优秀文化创造性转化、创新性发展，让文物活起来，进一步提高建筑遗产活化利用水平，加大各级文物保护单位的开放力度。各地因地制宜，创设生态博物馆、参观旅游场所、教育基地、教学基地、体验基地、产业园区、旅游景区等，如按照“政府主导、企业承办、居民参与”的形式实施修缮维护的广州市荔湾区永庆片区微改造，政府、社会力量共同参与的潮州“百家修百厝（祠）”工程，政府、市场、社会力量结合的佛山传统村落保护利用模式。

联合广东省住房和城乡建设厅指导广东省建设工程标准定额站、广东省文物考古研究所等多家单位编制《广东省岭南文物和历史建筑修缮工程综合定额》，完成初稿。印发《广东省贫困村文物建筑保护利用工作指引（2018～2020）》，公布《广东省贫困村不可移动文物资源目录》和《广东省贫困村可开发利用的不可移动文物资源目录》。

【考古发掘】

（一）概况

出台《广东省区域文物考古工作站工作规程（试行）》，配合国家和省重点建设项目开展文物考古工作，组建区域文物考古工作站，以适应田野考古工作的新局面，提升各地的专业人才力量。重点实施“南海Ⅰ号”保护发掘、西樵山石燕岩采石场水下考古、广东英德青塘遗址等一批重点项目。深入挖掘“南海Ⅰ号”保护发掘项目在我国水下考古和水下文化遗产保护中的标志性案例意义。加强对文物考古工地的检查验收工作，进一步规范考古资料和出土文物的管理和移交工作。

（二）重要考古项目

1. “南海Ⅰ号”水下考古项目

2018年是“南海Ⅰ号”水下考古项目实施全面发掘最快的一年，共发掘瓷器60446件/套、金器188件/套（229件）、银器198件/套、铜器196件/套（部分为铜钱、铜环）、铁器13件/套、铅锡金属器60件/套、竹木漆器98件/套、石玉玻璃器26件/套、材质不明器274件/套。另外提取船木139块、标本2892件（包括木材标本387件、铜钱标本658件约23000枚、骨骼标本441件、朱砂标本286件、铜环标本123件、果核标本329件、种子标本26件、漆器标本79件、珠子标本403件、杂项标本160件）。“南海Ⅰ号”整体打捞及水环境保存整条沉船的成功，室内保护发掘项目的顺利开展，标志着我国在水下文化遗产保护理念、方法、技术上的重大突破和创新。

2．英德青塘遗址考古发掘项目

2016～2018年连续在青塘遗址黄门岩1号至4号洞地点进行田野考古发掘，发现距今2.5万年至1万年连续的地层堆积和文化序列，出土古人类化石、石器、陶器、蚌器、角骨器及动植物遗存等珍贵标本1万余件。其中距今约13500年的蹲踞葬，是中国年代最早的可确认葬式的墓葬。此外还有距今2万余年、华南最早的穿孔蚌器，距今1.7万年、广东目前年代最早的陶器，距今1万年、广东境内保存最为完整的古人类化石等重要考古发现。该遗址出土遗物反映了岭南地区史前人类从流动性较强的狩猎采集生计方式，逐渐向定居并更多利用植物、水生生物等广谱资源的生计方式的转变，为深入研究华南和东南亚地区该阶段诸多国际性前沿课题提供了重要的参考标尺。

【博物馆与可移动文物保护】

（一）博物馆

1．博物馆建设

广东省有国家一级博物馆6个、二级博物馆24个、三级博物馆27个。

2018年，广东省各博物馆制作基本陈列871个，制作临时展览1526个，策划教育项目3356个，实施教育活动12096次。流动博物馆新增实物展览5个、图片类展览3个，实施巡展216场次，累计参观观众330.5万人次。

2．粤港澳大湾区文博交流合作

粤港澳三地或两地联合举办“金漆辉映——潮州木雕展”“牵星过洋——明代海贸传奇”“一衣带水——文物视角中的香港与江门”“海阔羊城——广州与海上丝绸之路图片展”“香港长衫文化展”等文物交流展览。广东省多家博物馆参加“香港博物馆节2018”，深圳博物馆配合举办深圳博物馆分场系列活动，包括主题展览、主题讲座以及科普活动。

落实粤港澳文化合作会议要求，粤港澳三地轮流举办博物馆专业论坛，邀请三地博物馆专家演讲和交流。

3．重要陈列展览

11月8日，“大潮起珠江——广东改革开放40周年展览”于深圳改革开放展览馆正式向公众免费开放，展示了在党中央坚强领导下广东改革开放40年波澜壮阔的发展历程和辉煌成就。

（二）可移动文物保护

广东省博物馆藏品共计2358343件/套，其中文物藏品808051件/套，珍贵文物83453件/套，珍贵文物中一级文物1644件/套、二级文物15814件/套、三级文物65995件/套。

2018年，广东省开展全省非国有博物馆藏品备案工作，参加藏品备案的非国有博物馆共75个，藏品共172375件，首次摸清非国有博物馆家底。

【社会文物管理】

广东省文物鉴定站积极开展文物进出境鉴定、文物拍卖标的审核、博物馆文物鉴定、涉案文物鉴定、文物科技监测等工作，2018年共完成文物出境审核96宗531件/套，审核文物拍卖标的34场次24756件，为省内博物馆进行征集、捐赠、馆藏文物鉴定、定级76宗15812件/套。

【科技与信息】

推进广东文物保护科技中心项目建设，推进广东省博物馆科技协同创新中心建设。以“智慧博物馆中大数据技术的应用探索——以广东省博物馆为例”为重点任务，通过对博物馆数据的采集、汇集、处理、分析以及应用，使用“大数据分析”模式，打造影响广泛、特色鲜明的多层次文化传播交流平台，探索互联网时代文博行业的深度转型之路，为智慧博物馆的运营和管理提供思考、决策和规划。

“世界文化遗产开平碉楼修缮技术与实践应用”获得2018年广东省科技进步二等奖推荐提名。“开平碉楼数字化展示平台——开平碉楼趣寻堡”项目列入国家文物局2018年度“互联网+中华文明”示范项目库。

【文博教育与培训】

一方面做好学员选派工作，组织人员参加国家文物局举办的国保负责人培训班7期，覆盖国保单位25个。另一方面结合地方实际，举办“粤北、粤西文物考古工作站首批队员培训班”“广东省文物保护管理培训班”“广东省区域考古工作站培训班”“粤港澳木质文物修复培训班”“广东省非国有博物馆藏品备案工作培训班”等6个培训班，覆盖全省各市文物行政部门，累计参训近700人次。

【文博宣传与出版】

国际博物馆日广东主会场宣传活动于5月18日在河源市举办，来自粤港澳三地的200多家文博单位共赴此次盛会，组织开展了丰富多彩的文博惠民活动，“创新”和“互动”成为最大的看点。活动组织四个专题展览，其中“广东文博改革开放四十年”图片展展示了改革开放40年来广东文博事业发展的成果，“广东省博物馆文创产品精品展”“广东省博物馆馆藏白瓷精品展”“河源市民间收藏精品展”也获得好评。

文化和自然遗产日主场城市活动于6月9日在广东省广州市举办，活动期间举办了“丹青记忆　守望家园——中国文化遗产美术展”、粤剧艺术博物馆文化遗产主题展示等活动。

【对外交流与合作】

（一）合作展览

由国家文物局和意大利文化遗产活动部主办，广东省博物馆和威尼斯宫国立博物馆承办的“东西汇流——十三至十七世纪的海上丝绸之路”展在罗马展出。

广东省博物馆与俄罗斯国立历史博物馆联合举办的“黄金时代——俄罗斯帝国珍品”展，与捷克共和国布拉格市艺术博物馆和布拉格国家工艺美术博物馆联合举办的“穆夏与新艺术运动”展，与韩国国立海洋财文化研究所联合举办的“亚洲内海——13至14世纪亚洲东部的陶瓷贸易”展，与荷兰阿美里斯维尔特庄园博物馆联合举办的“意象之间——荷兰艺术家阿曼多作品展”，与意大利都灵埃及博物馆联合举办的“尼罗河畔的回响——古埃及文明特展”在广东省博物馆展出；与荷兰阿美里斯维尔特庄园博物馆联合举办的“中国制造——克莱姆莱茵河上的广州”展在荷兰阿美里斯维尔特庄园博物馆展出。

广东革命历史博物馆与越南胡志明博物馆联合举办的“胡志明主席在中国的足迹”图片展在广州起义纪念馆展出。

南越王宫博物馆“辽阔的南海——广州与海上丝绸之路”图片展在塞浦路斯塔拉萨博物馆展出。

辛亥革命纪念馆“画笔与线条——革命与漫画展”在新加坡晚晴园（孙中山南洋纪念馆）展出。

（二）项目合作

广东省博物馆与环球健康与教育基金会签署标本捐赠协议。广东革命历史博物馆与英国格林威治皇家博物馆签订合作意向书。广州近代史博物馆与美国华美博物馆结为友好博物馆。

【其他】

“放管服”改革走在全国前列，实现了所有文物审批事项进驻广东省政务服务网。积极稳妥地推进行政审批事项取消、下放、委托和职能转移工作，制定相关政策为更进一步方便管理和服务做好基础工作。

1月1日起，根据《广东省机构编制委员会办公室关于认真做好全国人民代表大会常务委员会授权国务院在广东省暂时调整部分法律规定的行政审批试行期届满后相关工作的函》有关要求，广东省文物局恢复施行文物保护工程乙（二）级以下资质审批，进驻广东省网上办事大厅办理审批事项，同时启动文物保护工程乙（二）级以下资质单位年检及换证工作。

广西壮族自治区

【概述】

2018年，广西壮族自治区文物系统全面贯彻落实文物工作方针，加强文物安全工作，注重文物保护工程管理，推进世界文化遗产保护管理和申遗基础工作，推进特色博物馆建设，各项工作取得新成绩。

【法制建设】

3月29日，自治区第十三届人民代表大会常务委员会第二次会议批准《崇左市左江花山岩画文化景观保护条例》。

7月27日，自治区第十三届人大常委会第四次会议批准《北海市合浦汉墓群保护条例》。

【执法督察与安全保卫】

对梧州思达医院周边建设项目、靖江王府合同事件、左江花山音画夜游项目、桂林宝积山石刻华景洞经营茶饮、临桂区秧塘机场飞虎队指挥所旧址保护范围内建设事件等案件进行督办，对部分违法案件依法进行处理。广西壮族自治区文物局联合自治区消防总队在全区范围内开展博物馆和文物建筑消防安全大检查专项工作，共检查发现各级文物、博物馆单位火灾隐患和问题79项、整改77项，发现文物建筑火灾隐患和问题298项、整改158项。地方政府、文化、文物部门和社会单位投入消防经费751.67万元。实施灵川县长岗岭村古建筑群、西林岑氏家族古建筑群等文物消防安全项目。全年各级各类博物馆和文物保护单位没有发生火灾事故。

5月25日，自治区人民政府办公厅印发《关于进一步加强文物安全工作的实施意见》，主要内容包括建立长效机制、实施文物平安工作、加大执法力度、强化社会监督等工作。

【不可移动文物的保护和管理】

（一）概况

继续组织实施灌阳、兴安湘江战役旧址、柳州旧机场及城防工事群旧址等一批具有重大影响和示范意义的革命旧址保护工程。实施顶蛳山遗址、大芦村古建筑群（二期）、富川瑶族风雨桥群（三期）等一批重点文物保护单位、中国传统村落的文物保护修缮工程。加强世界文化遗产左江花山岩画文化景观保护和管理，继续推进海上丝绸之路·北海史迹、灵渠和侗族村寨·三江侗族村寨保护和申遗工作。组织开展国家历史文化名城名镇名村、乡土特色建设、脱贫攻坚、发展旅游、美丽广西幸福乡村等涉及的文物保护项目。

（二）大遗址

开展靖江王陵遗址陵墙及石刻等文物本体的现场勘察，完成靖江王陵之安肃王陵、宪定王陵遗址保护及环境整治项目相关资料的归档工作。实施靖江王陵监控设备升级改造工程。配合国家文物局文物保护工程检查组对合浦汉墓群、靖江王陵等文物保护工程进行检查。

（三）世界文化遗产

加强世界文化遗产左江花山岩画文化景观保护管理工作。陆续实施宁明花山岩画危岩体抢险加固工程第一期、花山岩画污染物清理项目等工程。实施扶绥县、江州区花山岩画保护监测站建设。

推进海上丝绸之路·北海史迹保护和申遗工作。成立“广西古代海上丝绸之路研究中心”。《合浦汉墓群与汉城城址及相关遗存考古工作计划》通过审批。组织编制大浪古城遗址、草鞋村遗址保护规划。举办相关座谈会和研讨会，“跨地区跨国界的多维对话：汉代海上丝绸之路学术研讨会”在合浦县召开。完成合浦汉墓群四方岭密集区、金鸡岭重点保护区墓葬保护及环境整治工程项目。编制完成大浪古城遗址保护展示、草鞋村遗址手工作坊区保护及展示等3个保护项目方案。实施合浦汉墓群（一期）安全技术防范系统建设工程项目，合浦汉墓群金鸡岭、四方岭、文昌塔等重点区域纳入天网工程建设。根据国家文物局批复意见，指导合浦县开展合浦汉墓群与汉城考古遗址公园体验中心的设计方案修改。

推进列入中国世界文化遗产预备名单的灵渠、侗族村寨·三江侗族村寨文物保护和申遗工作。召开灵渠保护立法工作专题会议，成立《灵渠保护条例》起草工作组。举办“灵渠保护与申遗暨水利遗产保护利用学术论坛”。实施灵渠（南渠）一期、二期保护工程和兴安县博物馆（兴安县灵渠展示中心）建设工程。委托广西汉和建筑规划设计有限公司完成侗族村寨·三江侗族村寨申报世界文化遗产车寨屯调查研究项目，并形成研究报告。2018年8月，灵渠列入世界灌溉工程遗产名录。

（四）文物保护工程

实施白莲洞遗址、顶蛳山遗址等文物保护利用设施建设项目，其中南宁市顶蛳山遗址博物馆建成对外开放。实施湘江战役旧址、柳州旧机场及城防工事群旧址等20余项维修保护工程。批复广西高等法院办公楼旧址、胡志明旧居、恭城古建筑群、南江古码头（二期）等一批全国重点文物保护单位、自治区文物保护单位文物保护工程方案。完成刘永福、冯子材旧居建筑群之冯子材旧居、明清海防之钦州市乌雷炮台遗址等一批修缮保护、环境整治工程验收。组织开展2016～2017年国家重点文物保护专项补助资金安排的全国重点文物保护单位文物保护工程项目检查工作，加强对文物保护工程施工过程的管理。

【考古发掘】

（一）概况

2018年，广西考古机构配合贵阳至广州快速铁路、灌阳至平乐高速公路等国家和自治区重点工程，实施了30多项考古调查、勘探、发掘工作，抢救了大批文物。开展那文化（稻作文化）课题研究，完成隆安县娅怀洞遗址考古发掘工作，发现了世界最早的人类利用野生稻资源的证据。

（二）重要考古项目

1. 贵港市贵城遗址考古项目

位于贵港市城区郁江北岸的人民路一带。2017年11月～2018年5月，为配合贵港市堤路园棚户区改造及郁江两岸综合治理工程PPP项目建设，广西文物保护与考古研究所对遗址西部的建设用地进行了考古发掘。发掘面积1300平方米。序列清晰的秦汉至明清时期各地层的遗迹遗物，证实遗址是自秦汉以来包括秦桂林郡、汉郁林郡在内的贵港历代郡、州、县故址之所。

2．武宣县勒马汉城考古项目

位于来宾市武宣县三里镇古立村勒马屯，遗址年代为西汉至东汉。1～12月，为配合大藤峡水利枢纽工程建设，广西文物保护与考古研究所对城址进行了考古发掘。揭露面积2940平方米。出土遗物中西汉“临”封泥、东汉“中溜丞印”铜印、东汉“布山”印文陶片属首次发现，证实该城址是秦汉桂（郁）林郡所属的中留（溜）县故城。这是广西保存较好、布局清晰、结构独特的秦汉城址，对探究秦汉王朝在岭南地区的城邑建置和管理模式，推进当地历史研究和文化建设具有重要价值。

3．合浦县东校场路北侧储备建设用地古墓葬考古项目

位于北海市合浦县廉州镇东校场路北侧。9～10月，广西文物保护与考古研究所对用地建设施工涉及的18座砖室墓进行了抢救性发掘。共清理“凸”字形墓10座、“中”字形墓7座、长方形墓1座，年代分属东汉、三国和南朝。出土随葬器物约120件，分陶、瓷、铜、铁、滑石等5种材质，以陶器为主。这批器物对合浦东汉至南朝古墓葬研究具有重要价值。

4．梧州市后背山遗址考古项目

位于梧州市龙圩区大坡镇松柏村委道院自然村南侧的后背山上。2～4月，为配合西气东输二线广州至南宁支干线梧州压气站工程建设，广西文物保护与考古研究所对工程涉及的遗址部分进行了抢救性考古发掘。揭露面积1740平方米。清理灰坑66个、灰沟5条、柱洞数百个，出土陶器、瓷器、石器、铁器、鼓风管、炉渣等遗物。后背山遗址是六朝时期一处大型聚落遗址群中的一个遗址点，对探究广西乃至岭南地区六朝时期的聚落形态和族群大融合历史进程具有重要意义。

5．富川瑶族自治县马山窑址考古项目

位于贺州市富川瑶族自治县城北镇马山村。9～12月，为配合贺州市富川县富阳至朝东二级公路改扩建项目，广西文物保护与考古研究所对窑址进行了考古发掘。发掘面积880平方米。发现长斜坡式龙窑两条，产品以青瓷和酱釉瓷为主。出土器物中发现一件有“淳熙拾年夏孟月末旬周十七置用手记泛（范）”字迹的莲瓣纹模具，明确窑址的年代为南宋早期。马山窑址出土器物与衡州窑几无二致，对研究宋代湖南与广西的瓷业交流具有重要意义。

6．桂林西山公园古代寺院遗址考古项目

位于桂林市西山公园内，文献记载为唐代西庆林寺故址之所在。6～10月，为明确遗址的分布范围及文化内涵，广西文物保护与考古研究所对遗址进行了勘探、试掘。勘探面积13000平方米，试掘面积264平方米。从勘探及试掘情况看，遗址可分为四期：第一期为早唐至武宗毁佛时期，寺名为西庆林寺；第二期为唐末、五代时期，寺名为延龄寺；第三期为北宋时期，寺名有净惠寺和西峰寺；第四期为南宋至元初，寺名为西山寺和资庆寺。在勘探试掘过程中发现元明时期的墓葬19座，分一次葬和捡骨二次葬。本次试掘出土了一批建筑材料和大批器物标本，为研究桂林地区唐宋以来建筑材料及陶瓷器的演变提供了丰富的资料，对研究桂林乃至整个岭南地区的寺院遗址具有重要的价值。

7．武宣县旧县城址考古项目

位于来宾市武宣县三里镇旺村村民委旧县自然村西的黔江左岸台地上。3～9月，为

配合大藤峡水利枢纽工程建设，广西文物保护与考古研究所联合武宣县博物馆对城址进行了抢救性考古发掘。发掘面积1575平方米。遗迹主要是城墙、墙基、排水沟、井、地窖、柱洞、路面、红烧土面等。出土大量地层明确的瓷器、陶器等遗物，瓷器有广西本地烧造的，也有江西、湖南等地烧造的。此次发掘实证了历史文献关于武宣县宋代的县治所在今旧县村的记载。外来瓷器大量出土说明当时商业贸易交流比较发达。这座宋代城址的考古发掘，对研究武宣县的历史、政治、经济、文化等具有一定价值。

8．田林县那忙遗址考古项目

位于百色市田林县八桂乡者达村者达屯西那忙坡上，地处驮娘江左岸的阶地上。3～7月，为配合田林县瓦村水电站建设，广西文物保护与考古研究所联合田林县博物馆对遗址进行了抢救性考古发掘。发掘面积700平方米。出土文化遗物3400多件，以石制品为大宗，并发现数枚铜钱。根据遗物特征和地层堆积状况判断，该遗址的年代应为新石器时代中期或偏晚。

9．田林县八渡遗址考古项目

位于百色市田林县八渡瑶族乡八渡村对面，地处驮娘江左岸一级阶地。11～12月，为配合田林县瓦村水电站建设，广西文物保护与考古研究所联合田林县博物馆对遗址进行了抢救性考古发掘。发掘面积379平方米。出土大量石制品，包括打制石器、磨制石器、加工工具等三大类。遗址的文化堆积可分为早、晚两期，早期年代应属旧石器时代晚期至新石器时代早期，晚期年代属新石器时代晚期。

10．田林县囊仙遗址考古项目

位于百色市田林县八渡瑶族乡八渡村东北约200米的山脚下，地处驮娘江左岸一级阶地，距驮娘江水面垂直高度约15米。11～12月，为配合田林县瓦村水电站建设，广西文物保护与考古研究所联合田林县博物馆对遗址进行了抢救性考古发掘。发掘面积312平方米。出土文化遗物75件，包括石器、瓷器、铜钱。该遗址文化堆积可分为早、晚两期，早期年代应属旧石器时代晚期，晚期年代应为明代至民国时期。

11．武宣县陈家岭窑址考古项目

位于来宾市武宣县武宣镇南，地表散落有少量磨制石器。3～5月，为配合大藤峡水利枢纽工程建设，广西文物保护与考古研究所对窑址进行了考古发掘。发掘面积775平方米。共清理马蹄形砖瓦窑6座，长条形陶窑1座，龙窑1座。马蹄窑和长条形窑出土有较多砖、瓦和陶瓷残件，属明清时期。龙窑出土大量的瓷器和装烧工具，包括“太平”款青瓷碗等，年代以南宋晚期至元代早期为主。

12．武宣县金鸡塘遗址考古项目

位于来宾市武宣县金鸡乡石祥村民委马鞍山村，年代属清至民国时期。6～8月，为配合大藤峡水利枢纽工程建设，广西文物保护与考古研究所对遗址进行了考古发掘。发掘面积1500平方米。遗迹均为房屋建筑基址，共发现房屋14座、灶8个。出土物以瓷器、铜钱、铁器、玉石器为主，以瓷器为大宗，绝大部分为地方窑口烧造。铜钱以清代早中期的年号钱为多。

13．兴安县石马坪汉墓考古项目

位于桂林市兴安县城南约16公里的溶江镇莲塘村，年代属两汉时期。9～11月，广西文物保护与考古研究所对部分墓葬进行了抢救性发掘。发掘墓葬4座，其中砖室墓1座，同坟异穴土坑双室墓2座，土坑单室墓1座。仅一座土坑墓未遭盗掘，出土铜镜、铜碗、陶罐、陶胡人俑灯、陶屋、陶灶、陶提筒、玉璧、玉蝉、水晶饰品、玉饰品、金戒指、铜钱等精美的汉代文物。

14. 象州县娘娘村遗址考古项目

位于来宾市象州县石龙镇娘娘村，年代属新石器时代晚期。1～8月，为配合大藤峡水利枢纽工程建设，广西文物保护与考古研究所对遗址进行了考古发掘。发掘面积1500平方米。清理灰坑16个，柱洞40个。出土陶器、石器、骨器，以陶器为大宗。娘娘村遗址堆积较厚，文化内涵丰富，对研究广西地区新石器时代文化具有重要意义。

【博物馆与可移动文物保护】

（一）博物馆

推进特色博物馆建设。自治区党委办公厅和自治区人民政府办公厅印发《关于推进特色博物馆建设的实施意见》，力争到2020年，通过改扩建或陈列展览提升等手段，打造提升90家、新建30家以上特色博物馆，使全区博物馆总数达到280家以上，形成主体多元、特色鲜明、富有活力的特色博物馆体系。2018年，南宁市顶蛳山遗址博物馆、南宁建制博物馆、鹿寨县博物馆、柳州螺蛳粉博物馆、都安县民族博物馆、大化县民族博物馆等一批博物馆建成并对外开放。广西壮族自治区博物馆改扩建项目列入《广西壮族自治区2018年国民经济和社会发展计划》。

在“第三批国家二、三级博物馆定级评估”中，南宁市博物馆和梧州市博物馆获评国家二级博物馆，崇左市博物馆获评国家三级博物馆。

全区各级博物馆组织举办多项精品陈列展览。桂林市博物馆的“靖江遗韵——桂林出土明代梅瓶陈列”在“第十五届（2017年度）全国博物馆十大陈列展览精品推介”活动中获评优胜奖。广西民族博物馆举办“乾隆皇帝——故宫博物院文物特展”“庆祝改革开放40周年广西壮族自治区成立60周年文化艺术作品展”。崇左市壮族博物馆举办“外婆送我花背带——广西少数民族背带艺术展”。

组织精品文物、精品展览赴各地展出。南宁博物馆“心仪广西·六十国宝——广西壮族自治区成立60周年文物博物馆事业成果展”以巡回展览的形式举办，首站在南宁市博物馆，之后在玉林市博物馆、梧州市博物馆、桂林博物馆、柳州市博物馆、贵港市博物馆和广西民族博物馆等博物馆展出，每站展览时间一个月。广西博物馆“生灵其境——黄嵩和广西自然摄影展”和“大师笔下的广西——广西博物馆藏广西风物画展”“澄怀观道——广西博物馆藏清代山水画展”“这里的石头会说话——石质文物精品展”4个精品展览以输出展览形式在国内多家博物馆展出。由广西民族博物馆、云南民族博物馆、贵州省民族博物馆联合主办的“方寸空间中的生活与艺术——西南民族拼布展”在云南民族博物馆展出。由广西民族博物馆与伊犁哈萨克自治州文物局、新疆伊犁林则徐纪念馆、伊犁哈萨克自治州博物馆联合举办的“岩纸朱画——广西岩画图片展”在伊犁哈萨克自治州博物馆临时展厅展出。

（二）可移动文物保护

组织开展非国有博物馆藏品备案工作，截至2018年12月，有17家非国有博物馆完成藏品备案工作，登录藏品数量5021件/套。

完成柳州市博物馆、桂林博物馆、梧州博物馆预防性保护项目，实施恭城瑶族博物馆、金秀瑶族自治县瑶族博物馆、容县博物馆、钟山县博物馆等一批馆藏珍贵文物预防性保护。完成贺州博物馆馆藏书画修复项目。防城港市博物馆、右江民族博物馆等博物馆可移动文物预防性保护获得国家文物局专项资金支持。桂林市博物馆、柳州市博物馆、广西梧州市博物馆等博物馆珍贵文物数字化保护项目获得国家文物局专项经费支持。

【社会文物工作】

2018年新增文物拍卖企业1家（广西瀚宇拍卖有限公司），拍卖企业总数达到6家。全年审核文物拍卖标的2000余件。

广西博物馆受理南宁市公安局、北流市公安局、富川瑶族自治县公安局、凭祥海关等委托，鉴定瓷器、铜坐像、石雕、木雕共467件/套，鉴定铜钱300余斤。

【科技与信息】

广西博物馆“汉代海上丝绸之路的考古学研究”项目获国家社会科学基金重点项目立项、“广西作为‘一带一路’有机衔接重要门户的考古学研究”课题获国家社会科学基金西部项目立项。广西民族博物馆主持国家级课题1项，省级社科基金项目2项，厅局级课题5项。

【文博教育与培训】

选派文博专业人员参加国家文物局、中国文化遗产研究院举办的文物保护工程设计、施工管理、文物鉴定、文物修复等培训班。

10月18～21日，在南宁市举办第八批全国重点文物保护单位申报工作培训班。全区14个设区市文化行政管理部门分管文物工作的负责人和文物科科长、各市、县文博单位基层业务骨干，以及厅直属文博单位负责人共计约110多人参加培训。

11月27日，在南宁市召开博物馆纪念馆免费开始资金使用和管理培训班。97家享受免费开放资金补助的博物馆纪念馆财务人员和各设区市文物部门业务负责人参加培训会议。

12月5～7日，在桂林市灵川县召开2018年广西文物安全知识培训班。广西各级博物馆和文物管理所长共150余人参加培训。

【文博宣传与出版】

5月18日，广西壮族自治区文化厅和北海市人民政府共同主办的国际博物馆日广西主会场城市活动暨博物馆宣传月启动仪式在合浦汉代文化博物馆举行。活动期间举办了博物馆日专题论坛和“全区特色博物馆”“全区优秀非国有博物馆”评比颁奖活动。

《古代铜鼓装饰艺术》《广西百家博物馆》《广西客家民居研究》《自然广西》《钟山铜盆汉墓》《汉代合浦港的考古学研究》等图书出版。

【机构及人员】

2018年11月15日，广西壮族自治区文化和旅游厅挂牌成立，根据《广西壮族自治区机构改革方案》，新组建的自治区文化和旅游厅作为自治区政府组成部门，整合了原自治区文化厅、自治区旅游发展委员会职责。广西壮族自治区文物局作为自治区文化和旅游厅内设机构，日常工作由文物保护与考古处、博物馆与文物安全处承担。

人力资源和社会保障部、国家文物局印发《关于表彰全国文物系统先进集体和先进工作者的决定》，合浦县博物馆被评为全国文物系统先进集体。

【对外交流与合作】

应印度国家博物馆、斯里兰卡中国文化中心、马来西亚文化与艺术司的邀请，原自治区文化厅、广西壮族自治区博物馆以及北海、合浦等市、县文博单位负责人、专家共6人组成海上丝绸之路沿线国家文化遗产保护利用文化交流代表团，于11月3～12日赴印度、斯里兰卡、马来西亚进行了为期10天的专题调研活动。

海南省

【概述】

2018年，在海南省委、省政府的正确领导下，在各级党委、政府和各有关部门的共同努力下，海南文物政策举措适时出台，文物保护基础工作进一步加强，文物保护工作重点突出，博物馆事业快速发展，考古工作推进有序，文物安全执法工作更加有力。

【执法督察与安全保卫】

为切实加强文物保护和利用，海南省委办公厅、省政府办公厅联合印发《海南省实施革命文物保护利用工程（2019～2022年）实施意见》。海南省文化广电出版体育厅会同省消防总队出台《海南省文物单位消防安全标准化管理规定》。

定期组织全省文物安全检查，对照国家文物局全国文物安全明察暗访通报的安全隐患，对11个市县区的19家全国重点文物保护单位、15家省级文物保护单位、56家市级文物保护单位和39家未定级文物保护单位进行安全巡查和排查摸底。全省各地文物行政执法部门开展执法自查。遵照国家应急部、文化和旅游部、国家文物局关于博物馆和文物建筑消防安全大检查的工作部署，联合消防总队召开全省博物馆和文物建筑消防安全动员部署暨警示约谈电视电话会议，对16家全国重点文物保护单位文物建筑和国家一级博物馆进行重点巡查，督促各市县、各博物馆结合本辖区、本单位实际制定本级消防安全大检查工作实施方案，并按工作时限开展安全隐患自查、整改，以及实地演练和人员培训等相关工作。督办踏头新石器时代遗址遭房地产开发破坏案、文昌学宫文物本体拆毁及非法建设案。

选取澄迈、海口、三亚、儋州、琼海、文昌等省级文物保护单位较多的市县拨付资金开展安防试点工作，澄迈县澄迈学宫、谭昌学堂等5个省保单位安防项目顺利完成。对全省省级以上文物保护单位及11家博物馆进行安防、消防设施综合调研，为分步骤推进文物平安工程提供全面的数据依据。指导编制陵水苏维埃旧址消防安防防雷项目、秀英炮台安防项目、崖城学宫安防项目方案并完成审核，指导推进甘泉岛、北礁沉船遗址远程监控项目设计方案编制。推动藤桥墓群安防工程、文昌学宫安防升级改造工程通过国家文物局立项。

【不可移动文物的保护和管理】

文物保护基础工作进一步加强。完成落笔洞遗址、崖城学宫、丘浚故居及墓、东坡书院、中共琼崖第一次代表大会旧址、蔡家宅保护规划并上报国家文物局，其中中共琼崖一大旧址及丘浚墓保护规划通过海南省人民政府审批。积极推进第四批省级文物保护单位、第八批全国重点文物保护单位遴选推荐与申报工作。推进205处省级以上文物保护单位保护范围与建设控制地带划定工作，待省政府审定后公布。

落实中办、国办文件精神，推动革命文物保护利用工程有序开展。对革命文物资源进行梳理，初步梳理排查不可移动文物305处，遴选6处革命旧址申请推荐为省级文物保护单位。配合省委宣传部制定《海南省实施革命文物保护利用工程（2018～2022年）实施意见》。将海口、定安、琼海等革命文物分布密集地区列入《海南省文物+旅游三年行动实施方案》予以重点支持。

【考古发掘】

2018年获批考古发掘项目共两个，一是东方荣村遗址2018年考古发掘项目，项目发掘单位为中国国家博物馆和东方市博物馆；二是陵水县内角遗址考古发掘项目，项目发掘单位为中国社会科学院考古研究所和海南省文物考古项目所。其中东方荣村遗址考古发掘工作于2018年实施，陵水县内角遗址发掘安排在2019年实施。

10月28日～12月6日，对海南省东方荣村遗址进行考古发掘项目，发掘面积261平方米，发掘①层下发现5座瓮棺葬，②层、③层、④层下发现大量柱坑、柱洞等遗迹现象。东方市古村落建筑遗址（如白查村船屋）一些建筑特征可以作为荣村遗址柱洞遗迹的参照，如支撑房屋的柱子高低错落、部分房屋为干栏式建筑等。

【博物馆与可移动文物保护】

（一）博物馆

1．博物馆建设

为加快推动博物馆基础设施建设，省级财政投入实施了海南省民族博物馆改扩建、中国（海南）南海博物馆新建、海南省博物馆二期等三大工程。中国（海南）南海博物馆于4月26日正式对外开放，总建筑面积70593平方米。海南省博物馆二期工程完成，实现全面开放。海南省民族博物馆改扩建工程完工，于2月对外开放。新建一批博物馆，其中临高县博物馆新馆、琼中县博物馆正开展基本陈列布展设计工作。海口市博物馆、三亚市博物馆、琼海市博物馆筹建新馆。

实施秀英炮台展览馆修缮布展、中共琼崖一大旧址展馆展陈提升以及中共澄迈县委成立旧址、陵水县苏维埃政府旧址展陈提升等革命文物保护展示利用工程项目。依托革命旧址、革命博物馆纪念馆组织开展具有庄严感和教育意义的系列主题活动，传承革命传统，弘扬革命精神。

2．博物馆间的交流与合作

举办“当代中国博物馆策展人论坛”，是国内文博界首次以策展人为主题举办的专业性论坛，国内近50座博物馆馆长、策展人及专家学者共百余人参加。

海南省博物馆引进展出国家文物局主办的“秦汉文明”、故宫博物院主办的“普天同庆——清代万寿盛典展”等精品展览。

海南省民族博物馆赴内蒙古鄂尔多斯博物馆举办“技夺天工　艺韵流芳——海南黎族传统工艺展”。海口市博物馆“民国政要海南石刻遗墨展”赴贵州黔东南博物馆、常州武进博物馆、保山博物馆展出。

云南省西双版纳民族博物馆“水的民族——傣族民俗展”，内蒙古自治区鄂尔多斯博物馆“八百年不熄的神灯——祭祀成吉思汗的鄂尔多斯蒙古族历史文化展”在海南省民族博物馆展出。马鞍山市博物馆“契约中国——马鞍山市博物馆馆藏契约展”在保亭县民族博物馆展出。

3．重要陈列展览

海南省博物馆在海南建省办特区三十周年之际举办“海南建省办经济特区30周年成就展”，4月13日国家主席习近平参观该展。“南溟泛舸——南海海洋文明陈列”荣获“第十五届（2017年）全国博物馆十大陈列展览精品推介·精品奖”。为纪念中德建交46周年，举办“灯下故人——一个德国人与海南岛的故事”原创展览。与海口美兰国际机场开展“博物馆进机场”战略合作，在机场举办海南省博物馆美兰分馆“衣被海南”微型陈列。

中国（海南）南海博物馆根据馆藏特色，陆续推出“南海人文历史陈列”“南海自然生态陈列”“八百年守候——西沙华光礁Ⅰ号沉船特展”等展览。

海南省民族博物馆举办“技夺天工艺韵流芳——海南黎族传统工艺展”，推出“琼州民风——海南少数民族历史文化展”基本陈列，介绍海南少数民族历史文化和风土人情。

保亭县民族博物馆举办“海南黎族织锦·服饰精品展”，展出传统黎族织锦和服饰以及配饰等精品100余件/套，展示了黎族五大方言区传统黎族织锦、服饰的鲜明特色。

4．博物馆社教活动

2018年全省博物馆组织社会教育活动289场次。

中国（海南）南海博物馆全年推出社会教育活动50余场，提供讲解服务700余场，举办“南海文博大讲堂系列讲座”及社会各界党员专场讲座活动20余场。

海南省博物馆开展社会教育活动近百场，与海口日报社共建的“海口日报小记者实践基地”、与海南工商职业技术学院共建的馆校合作基地等活动充分发挥了博物馆“第二课堂”作用。

（二）可移动文物保护

海南省博物馆征集文物与辅助展品346件（征集收购212件，接受捐赠134件），其中文物123件、辅助展品223件。国家文物局将战国越王亓北古剑、唐三彩陶马、宋青白釉花口凤首壶等三件文物正式划拨给海南省博物收藏。加强对馆藏文物的修复保护和珍贵馆藏文物的预防性保护工作，对有机质文物库房以及对多个展厅进行熏蒸杀虫及虫蚁防治工作。海南省博物馆向国家专利局申报并成功获得“一种海洋出水石质文物复合高效清洗方法”的专利，主要适用于海洋出水石质文物表面沉积物的清洗处理。

中国（南海）博物馆征集藏品1221件/套，接受无偿捐赠藏品4848件/片。完成出水瓷、传世瓷、杂项、木器、金属器、纺织品、纸质文物、动物标本等2000余件藏品的入库工作，着手进行馆藏文物保护修复等。中国（南海）博物馆与湖北省文物交流信息中心等三家单位签订战略合作协议，建成水下文物保护修复实验室。

海南省民族博物馆征集文物141件/套，包含黎族骨玉器、现代书画、黎族棉麻织品、黎族金属器、苗族文物、黎族参考品、黎族传承人作品等。

【文博教育与培训】

坚持以教育培训为抓手，大力提升本省文博从业者能力素质，先后组织召开全省文博干部会议暨骨干培训班、全省博物馆和文物建筑消防安全培训班等。

【文博宣传与出版】

国际博物馆日当天，全省博物馆通过宣传横幅、活动海报、LED显示屏、摄影展，以及发放宣传彩页、画册和光碟等多种形式开展了系列宣传活动。

【机构及人员】

在国家人力资源社会保障部、国家文物局组织的全国文物系统先进集体和先进工作者评选表彰中，海口市文物局获评全国文物系统先进集体称号。

国家文物进出境审核海南管理处获得国家文物局正式授牌，成为全国第20个获得文物进出境审核资质的机构。

【对外交流与合作】

10月15日，由海南省博物馆与上海科技馆、上海博物馆、中国（海南）南海博物馆等共同举办的“青出于蓝——青花瓷的起源、发展与交流”特展在乌兹别克斯坦国家历史博物馆隆重开幕，展览为期2个月。此次展览是海南省博物馆馆藏文物首次走出国门。

海南省博物馆为响应国家“一带一路”倡议、推动文化交流传播，组织人员赴泰国、马来西亚的8家博物馆进行文化交流，重点考察当地博物馆的文物征集保管与考古工作，并洽谈引进特色展览。

【其他】

积极开展“文物+旅游”行动工程，相关厅局密切配合，各市县主动作为，文物与旅游融合效应逐步显现。三亚市、屯昌县、保亭县政府分别印发行动工程实施方案。海口市开展美舍河沿岸重要历史文脉发掘和修复，实施五公祠、海瑞墓、丘浚墓、秀英炮台等20多个文物保护修缮和提升项目，加强骑楼老街保护修复与活化利用，完善细化红色旅游、骑楼街区、府城街区、传统村落、清官廉政文化以及美舍河文化寻踪等文物旅游线路。琼海市实施开展蔡家宅、何家宅和革命文物保护利用项目，推进留客村和莲塘村传统古村落建设。儋州市推动开展儋州故城保护与利用设施建设，推动儋州古盐田申遗。文昌市推动开展溪北书院、符家宅保护项目，以文物古迹、古村落为主线，打造3条“文物+旅游”精品线路，依托文昌孔庙井办“孔子学堂”，文昌孔庙被列为国家3A级景区。五指山市启动中共海南黎族苗族自治州委员会旧址修缮工程、海南黎族苗族自治州人民政府发展历史纪念馆项目。澄迈县实施澄迈学宫、琼北古代商镇、谭昌学堂、封平约亭、大丰老街保护工程，不断提升优化美榔双塔周边环境及展示水平，持续开展罗驿村“拯救老屋行动”项目，修复火山岩老屋120间。定安县实施高林村传统村落保护利用工程，修复定安县衙遗址古井和骑楼。陵水县完成苏维埃政府旧址修缮及布展。临高县完成临高灯塔保护与利用设施建设项目，积极策划乡村两日游的“文物+旅游”线路。琼中县白沙起义纪念园被列为国家2A级景区。洋浦经济开发区开展洋浦盐田保护利用工作。

重庆市

【概述】

2018年，重庆市文物系统深入学习贯彻党的十九大精神，以习近平新时代中国特色社会主义思想为指导，紧扣习近平总书记对重庆提出的“两点”定位、“两地”“两高”目标和“四个扎实”要求，围绕重庆市委打好“三大攻坚战”、实施“八项行动计划”部署，突出抓重点、补短板、强弱项、防风险、抓落实，全面加强文物保护利用和文化遗产保护传承，推动全市文物事业取得新进步，为实现高质量发展、创造高品质生活奠定坚实基础。

【法制建设】

9月1日，《重庆市历史文化名城名镇名村保护条例》正式施行。

【执法督察与安全保卫】

（一）执法督察

重庆市文物局跟踪督察长寿区怀清台、綦江区文龙旌表牌坊迁建保护、永川区朱沱镇不可移动文物保护。会同市文化执法总队联合开展“文物法人违法案件专项整治行动（2016～2018年）”，三年共查处法人违法案件11起。重点督办查处合川区东岳庙被部分拆除案、南川区国营红山铸造厂A01006车间被拆除案、云阳大佛头摩崖造像受破坏案等3起法人违法案件，约谈三区县相关部门和单位负责人。

重庆市公安局、市文物局联合开展打击文物犯罪专项行动，全年立案13起，破获文物案件12起，打掉犯罪团伙4个，抓获犯罪嫌疑人37人，追回涉案文物3件。

（二）安全保卫

重庆市委、市政府高度重视文物安全工作。市政府办公厅出台了《关于切实加强文物安全工作的实施意见》，市委督查室、市政府督查室将文物安全工作纳入区县党委和政府经济社会发展中的“上级交办任务”考核指标。22个区县党委、政府将文物安全纳入乡镇、街道综合考核。

扎实落实文物安全责任。健全完善市、区县、乡镇（街道）、村（居）四级文物保护网络，各级文物保护单位文物安全责任书签订率达100%。创新开展区县政府履行文物保护责任检查评估，以政府购买服务方式，围绕政府主体责任、文物部门监管责任、不可移动文物保护、可移动文物保护等四个方面开展检查评估，并向各区县通报检查评估结果。

加强文物安全巡查检查。按照全国统一部署，扎实开展博物馆和文物建筑消防安全大检查，创新开展一次消防安全评估、一次消防安全大检查、一次火灾隐患大整治、一次消防安全大约谈、一次集中培训和演练、一次全方位技术指导的“六个一”活动。排查99家博物馆和1298处具有火灾危险性的文物单位，排查整改火灾隐患1199项。扎实开展重要节假日文物安全检查、夏季文物安全大排查大整治、今冬明春文物火灾防控等活动，对214家重点文博单位进行明察暗访和区县交叉检查，排查整改安全隐患115处，全市文物总体安全。

加强文物安全防护设施建设。运用现代网络信息技术建成全市文物安全综合管理平台，下半年正式投入运行。开展文物安全智能巡查24669次，巡查文物单位17520处。加强石窟寺和石刻类文物安全管理，管理经验在全国田野文物安全管理现场研讨会上作交流发言。加快推进湖广会馆、杨氏民宅、南腰界红三军司令部旧址等3个全国文物消防安全“百项工程”项目，完成特园消防、育才学校旧址消防等重点文物安全防护设施项目10个。

【不可移动文物的保护和管理】

（一）概况

截至2018年12月，全市共有不可移动文物25908处，其中全国重点文物保护单位55处（包括世界文化遗产1处，列入中国世界文化遗产预备名单2处），市级文物保护单位282处，区县级文物保护单位1999处。中国历史文化名镇18个、中国历史文化名村1个、中国历史文化街区1个。中国传统村落74处。

（二）大遗址

举办第三届钓鱼城国际学术会议，开展“基于全球视野下钓鱼城遗产价值研究”等十大课题研究，完成钓鱼城悬空卧佛修缮保护工程。

（三）全国重点文物保护单位

完成全国重点文物保护单位保护范围划定112个。编制完成八路军驻重庆办事处旧址、老鼓楼衙署遗址、弹子石摩崖造像等7处全国重点文物保护单位保护规划。组织开展第八批国保申报遴选工作，初步确定拟申报名单。

（四）世界文化遗产

加强川渝石窟保护示范项目建设，完成大足石刻宝顶山大佛湾水害治理工程（一期）。

全力推进申遗工作。市委主要领导对白鹤梁题刻、钓鱼城遗址保护和申遗工作作出重要指示，市委专题召开白鹤梁题刻、钓鱼城遗址申遗工作专题会，成立由市领导任组长的申遗工作协调小组和市内外23名专家为成员的专家组。完成白鹤梁题刻、钓鱼城遗址申遗法定要件。

（五）其他

坚持真实性、整体性保护原则，实施抗战遗址、石窟寺及石刻、三峡后续文物、大遗址、巴渝古建筑等重点文物保护项目157个，市级以上文物保护单位重大险情排除率96.4%。

完成中苏文化协会旧址、抗建堂、中央政治学校研究部旧址、草亭等抗战遗址保护修缮，抗战遗址保存状况进一步改善。以实施革命文物保护利用工程为重点，认真贯彻落实中办、国办《关于实施革命文物保护利用工程（2018～2022年）的意见》，起草形成贯彻落实方案。

开展红岩品质提升工程，完成红岩革命纪念馆入口景区环境改造，专项整治歌乐山烈士陵园环境突出问题50余项。

【考古发掘】

（一）概况

全年开展考古调查、勘探、发掘项目47个，其中调查、勘探项目30个，发掘项目17个。调查面积27.4平方千米，勘探面积544600平方米，发掘面积22141平方米。出土文物标本3519件/套。钓鱼城衙署遗址考古发掘项目获中国考古学会“田野考古奖”三等奖。

（二）重要考古项目

1. 涪陵区石塔大河口遗址

遗址位于涪陵区义和镇朱砂村六组长江边的第二级阶地上，西南边是长江，隔江斜对岸与蔺市相望，东北距义和镇约10千米。重庆市文化遗产研究院、重庆师范大学历史与社会学院、涪陵区博物馆联合对涪陵区石塔大河口遗址进行了抢救发掘工作。发现了十分丰富的新石器时期遗存，出土遗物主要有陶片、石器、骨器、动物骨骼等。

该遗址在文化内涵上应为玉溪坪文化（距今5300～4600年），是近年来重庆新石器文化的重要发现，为研究重庆地区新石器晚期人类活动提供了一批珍贵的实物资料，对完善三峡地区史前文化谱系有重要参考价值。

2. 涪陵区蔺市遗址

遗址位于涪陵区蔺市镇凤阳社区，地处长江右岸的二级阶地上，西距蔺市古镇约500米。5月，重庆市文化遗产研究院、涪陵区博物馆对涪陵区蔺市遗址进行了发掘清理。遗址从西往东顺江而下分布有倒向屋基、徐百合屋基、天堰、葫芦丘、天坪丘以及下天坪丘等数个遗存分布密集区，分别为新石器时代晚期、汉至六朝、宋元明等三个时期的文化遗存。

新石器晚期遗存分布范围较小，窑址、灰坑以及灰坑中出土的废弃窑变陶器残片表明了所在区域的作坊属性，为认识该遗址新石器晚期文化的特征与内涵提供了新的材料。汉至六朝时期遗存皆为墓葬，以西汉时期的土坑墓居多，是研究这一时期多人合葬的重要实物参考；出土彩绘陶器保存较好，填补了重庆地区空白。宋元明时期遗存类型十分丰富，建筑呈院落式布局，始建于宋代，最晚于明代晚期废弃，印证了文献中蔺市在唐宋时期即已设有驿站、形成市镇，并延续至元明清的相关记载，对川渝地区近古市镇与交通驿站研究具有重要价值。

3. 忠县皇华城遗址

皇华城位于忠县忠州街道顺溪社区，三峡工程蓄水后面积约1.5平方千米，现为三峡库区最大的江中岛。5～8月，重庆市文化遗产研究院联合忠县文物局对皇华城遗址进行了调查与试掘工作。调查发现墩台、排水沟、道路、采石场、墓地、水井、古民居、摩崖题刻、码头、庙址、祠堂等文物遗存55处，特别是发现有形制规整、保存较好的建筑基址，可能为当时衙署区。

皇华城整体保存较好，城址要素齐全，布局结构完整，文化堆积厚重，遗存类型丰富，是研究宋蒙战争山城防御体系的极富价值的样本。

4. 忠县临江二队炼锌遗址

5～9月，重庆市文化遗产研究院对忠县临江二队炼锌遗址进行了第三次抢救性考古发掘。发掘面积2073平方米。清理冶炼场4个，包含冶炼炉、坑、沟、柱洞、窑等各类遗迹139处，出土陶、瓷、铜、铁等各类遗物711件，采集矿渣、煤炭、木屑、动物骨骼等各类检测标本数十件。

2018年考古工作中首次发现了遗址中炼锌原料填装的相关遗迹和建筑遗存，进一步明确了工作区内各类遗迹的性质与功用，深化了对明代炼锌工艺流程的认识。

5．巫溪县宁厂古镇盐业遗址

4～11月，重庆市文化遗产研究院对宁厂盐业遗址进行了考古调查、勘探及发掘工作。调查面积约5平方千米，清理勘探试掘面积4200平方米，发掘面积2020平方米。发现文物点80余处，时代涵盖两汉、明、清、民国及近现代，基本厘清了整个宁厂古镇的生产、生活、商业系统、管理系统。

宁厂古镇盐业遗址中的盐灶是我国目前发现保存最好、结构最清晰、规模最大、数量最多的盐灶群之一，是中国井盐技术近现代化发展的缩影，反映了传统的“泼卤印灶”与塔炉灶制盐技术的融合发展。遗址规模宏大、保存较好、各类生产要素保存齐全，生产区、办公区、生活区、商业区、官方管理机构及相关附属建筑均保存较好，是一处具有重要历史、社会及科学价值的工业遗产。

【博物馆与可移动文物保护】

（一）博物馆

1．博物馆建设

新建成开放巴南、永川、重庆建川博物馆聚落等12家博物馆，新增国家等级博物馆4家，全市博物馆总数达100家。历史、革命、抗战、工业、自然五大博物馆群更加健全，主体多元、结构优化、层级合理的博物馆体系基本形成。

重庆中国三峡博物馆获评“2018年全国最具创新力博物馆”，白鹤梁水下博物馆获评“全国文物系统先进集体”。

联合财政、国土、地税等7部门出台《关于促进非国有博物馆发展的意见》，在融资、税收、用地、考核等方面给予政策扶持。

2．博物馆间的交流与合作

三峡博物馆和首都博物馆、天津博物馆、上海市历史博物馆结成“京津沪渝城市博物馆区域协同发展共同体”。

故宫学院落户重庆，重庆中国三峡博物馆重庆师范大学分馆、云阳博物馆分馆正式挂牌。

3．重要陈列展览

坚持原创展览与引进市外文博大展、特展相结合，加强展陈工作，推出主题鲜明的精品展览335个，全市博物馆接待观众超过3687万人次。“千秋红岩—中共中央南方局历史陈列”完成改陈并对外开放。策划推出“盛筵——见证《史记》中的大西南”特展、“回望归鸿——徐悲鸿抗战时期绘画作品展”“回望百年——大足石刻历史影像展”“千人千面——馆藏古代人物画展”“重庆革命遗址掠影展”等原创展览。联合中国博协纪念馆专委会及全国24家革命类博物馆纪念馆推出“不忘初心牢记使命——中国革命精神联展（1921～1949）”。引进“风流清逸　萧疏奔放——吉林省博物院藏‘南张北溥’书画特展”“走进非洲——中非珍品雕像艺术展”“抗战的堡垒民主的模范——延安时期的中共中央西北局”等精品展览。赴市外举办“冰清玉洁——重庆中国三峡博物馆藏玉器展”“光辉历程　不朽丰碑——中共中央南方局致力抗日民族统一战线的伟大实践专题展”等。

4．其他

成立全市流动博物馆展览联盟，送展览和教育活动到区县乡镇学校超过1000场次，让更多市民近距离感受到中华优秀传统文化的魅力。重庆中国三峡博物馆积极探索博物馆新媒体传播之路，在新浪微博建立“重博文物会说话”讨论话题，获评“微博2018读城最具人气博物馆”。红岩革命历史博物馆开展“红岩精神耀巴渝教育活动之红梅传递”等系列活动，大力弘扬红岩精神，文物工作的展示度和呈现度明显提升。

红岩干部党性教育基地入选中央国家机关党校首批12家党性教育基地，红岩革命历史博物馆入选全国关心下一代党史国史教育基地。

加强文创产品开发，新开发文创产品115种近2万件。由市内17家博物馆组成的重庆展团首次亮相博博会，重点展示了重庆智慧博物馆建设、文创产品开发、文物保护装备等最新成果，其中三峡博物馆荣获博博会“最佳组织奖”，“母城记忆”教育项目被评为“十佳教育案例”。

（二）可移动文物保护

1．概况

全年实施可移动文物预防性保护项目3个，保护文物3091件/套，其中馆藏珍贵文物1042件/套、重要出土文物2049件/套。完成865件馆藏文物及1387件出土文物的修复保护。新增重庆图书馆、大足石刻研究院2家可移动文物修复资质单位，全市可移动文物修复资质单位达到8家。

全面完成18家非国有博物馆的藏品备案工作，采集登录藏品20972件/套。

2．可移动文物保护技术、方法及应用

重庆三峡博物馆馆藏有害生物防治研究工作有序开展。重庆市科委项目“植物源作为新型文物熏蒸剂的研发与应用研究”稳步推进，完成19中植物源对部分文物霉菌的抑菌效果评价等一系列关键技术研究工作；与上海博物馆合作申报《文物消毒技术规范总则》《馆藏文物保存环境质量指标与技术要求》两项文物保护行业规范编制并获批；完成与四川博物院的横向委托项目“拓片文物脱墨加固材料的防霉性能评价”。

【社会文物管理】

国家文物进出境重庆审核管理处正式挂牌成立，为规范文物进出境提供了重要保障。

重庆中国三峡博物馆、市文化遗产研究院两家涉案文物鉴定机构共开展文物鉴定14次，鉴定文物77件/套、古墓葬13处。

开展文物拍卖许可证年审，4家文物拍卖机构全部年审合格。审核文物艺术品拍卖会拍卖标的2701件/套，撤拍2件。

【科技与信息】

深入推进博物馆智能化发展。由国家文物局主办、重庆市文物局承办的智慧文博展区亮相首届中国国际智能产业博览会。三峡数字博物馆被《2018中国智慧博物馆蓝皮书》评为智慧博物馆实践案例。“互联网+红岩精神知识阵地”项目纳入国家文物局“互联网+中华文明”示范项目库，“红岩记忆”数字体验厅建成开放。

重庆中国三峡博物馆藏发明的便捷评价熏蒸效果的熏蒸装置获得国家发明专利。重庆市文化遗产研究院与陕西师范大学联合发明的“一种带锈铁质文物一步法脱盐和缓蚀的方法”获得国家发明专利，与陕西师范大学、大足石刻研究院合作研发的“基于文物腐蚀机制的凝胶型清洗材料制备及应用研究”荣获陕西省教育厅颁发的陕西高等学校科学技术二等奖。

重庆红岩革命历史博物馆数字化保护与应用研究中心完成重庆市社科联“弘扬‘红岩精神’坚定理想信念研究”“中共中央南方局与国际反法西斯统一战线文献资料整理研究”两项研究。

重庆大足石刻研究院南方石质文物保护研究中心建成大足石刻监测预警平台，实现了变化可监测、风险可预报、险情可预控、保护可提前的大足石刻监测预警体系。

【文博教育与培训】

联合国教科文组织、中国文化遗产研究院联合在渝举办第二期中国世界文化遗产能力建设培训班。

【文博宣传与出版】

以文化和自然遗产日、国际博物馆日为契机，成功举办第九届重庆文化遗产宣传月活动，精心策划推出博物馆“互联网+”、专题展览、文化惠民等9大板块232项活动，市内外主流媒体发布专题新闻超过100篇，品牌影响力和美誉度进一步提升。

指导区县对辖区历史、文物、人文等进行全方位梳理，挖掘、研究、阐发地域文化，编撰出版《重庆地域特色文化》。

【机构及人员】

截至2018年年底，全市共有文博机构145个。包括文物保护管理机构39个、博物馆100个、文物科研机构1个、文物商店2个、其他文物机构3个。

共有从业人员3157人。按单位性质分，文物保护管理机构219人，博物馆2738人，文物科研机构148人，文物商店15人，其他文物机构37人。按隶属关系分，市级文物单位从业人员741人，区县级文物单位从业人员2416人。专业技术人员共1052人，其中正高级职称59人、副高级职称151人、中级职称371人。

【对外交流与合作】

1月7～11日，重庆红岩革命历史博物馆组团赴香港参加第16届香港国际授权展及第7届亚洲授权业会议。

1月26～30日，重庆红岩革命历史博物馆、重庆自然博物馆赴德国参加2018年法兰克福国际纸制品、办公用品世界展览会。重庆红岩革命历史博物馆展出了自行研发设计的梅花、荷花主题文化创意产品。

3月27～30日，在大足石刻研究院召开“2018年中意文化遗产保护创新技术研讨会”，会议由意大利对外贸易委员会、威尼托文物保护集群、意大利驻重庆总领事馆主办，重庆大学与大足石刻研究院作为联合主办方。会议针对石质文物及木质文物修复的材料与新技术应用、文物保存现状及病害分析的诊断与技术方法等主题展开充分的探讨。

6月8日，“世界文明与艺术系列展”之“走进非洲——中非珍品雕像艺术展”在重庆中国三峡博物馆展出。该展览是2018年度引进的海外文化艺术大展，共展出120件/套非洲雕像，展品大多数为木质。

7月23～30日，重庆红岩革命历史博物馆赴白俄罗斯、波兰参加“东方主战场”展览开幕式。该展览是国际二战博物馆协会联合中国人民抗日战争纪念馆、重庆红岩革命历史博物馆和白俄罗斯伟大卫国战争历史博物馆等10家知名二战类纪念馆主办的纪念和宣传世界反法西斯战争的重要展览。

10月26日，“乡土圆梦——重庆綦江农民版画艺术展”亮相毛里求斯中国文化中心。共展出重庆綦江农民版画代表作品100幅，讲述了綦江版画的起源、艺术特色和发展历程，全面展现了綦江农民版画的艺术价值和独特魅力。

【三峡后续文化遗产保护】

启动实施2018年度三峡后续文化遗产保护项目14个，完工6个，奉节大白帝城遗址保护、万州天生城遗址公园、巫山龙骨坡遗址公园等三峡后续重点项目有力推进，三峡文物科技保护基地项目开工建设。

四川省

【概述】

2018年是全面贯彻党的十九大精神的开局之年，是文物保护利用改革的起步年。四川省认真开展“大学习、大讨论、大调研”活动，努力探索新时期文物保护利用的新形式新路径和新模式，进一步促进文物保护规范化、制度化，严格落实文物安全责任，夯实文物安全保障基础，推进川陕苏区等革命文物连片保护利用，推动博物馆建设，实施四川历史名人文化传承创新工程，各方面工作取得突出成效。

【法制建设】

7月26日，四川省第十三届人民代表大会常务委员会第五次会议通过《四川省〈中华人民共和国文物保护法〉实施办法》修正案，对第二十八条、第三十四条进行了修改。

【执法督察与安全保卫】

继续开展“文物法人违法案件专项整治行动（2016～2018年）”，10月21～24日，国家文物局工作组对四川省部分文物法人违法案件整治工作进行了实地调研复核。

加强区域间文物安全合作，开展渝川滇执法协作，与重庆、云南共同签署《渝川滇文物行政执法合作协议》。

四川省文化厅、省公安厅联合印发《四川省田野文物安全管理办法（试行）》。四川省人民政府办公厅出台《关于进一步加强文物安全工作的实施意见》。

为深刻吸取巴西国家博物馆火灾教训，督促文物、博物馆单位严格落实消防安全管理责任，省文物局、省公安消防总队联合对四川省博物院、杜甫草堂博物馆、宝光寺等文物博物馆单位进行了消防安全检查。

【不可移动文物的保护和管理】

起草完成《四川省革命文物保护利用工程实施意见》，开展泸定桥、红军四渡赤水战役遗址等国家级长征文化线路保护示范段建设。推动广元千佛崖、仁寿牛角寨等川渝石窟国家文物重点示范工程，编制完成《安岳石窟保护利用总体规划》。中国白酒老作坊申遗联盟正式成立。

组织实施罗家坝遗址、城坝遗址等大遗址年度考古发掘工作。启动罗家坝遗址博物馆建设工作。邛窑遗址公园正式开园。启动剑阁县剑门蜀道保护项目，罗家坝遗址防洪及冲沟治理工程基本完成，邛窑一号窑包保护大棚基本建成。宝墩遗址保护规划编制完成。

编制楞严寺、泸县龙桥群、饶益寺、云岩寺、尊胜寺、甘泉寺、观音阁、开禧寺、离堆、灵岩寺及千佛塔、罗泉盐神庙、永平堡古城等文物保护规划，其中永平堡古城保护规划获国家文物局批复同意。批复同意冲相寺摩崖造像正殿、达维会师桥、东源井古盐场、丁氏庄园、富顺文庙、乡城夯土碉楼、桓侯宫、饶益寺等古建筑类全国重点文物保护单位修缮工程。泸县屈氏庄园修缮工程、富顺文庙维修保护工程、通江红军石刻标语群抢险保护工程等通过竣工验收。

都江堰人字堤环境综合治理及景观提升项目获国家文物局批准实施。蜀道（四川段）申报世界文化与自然遗产文本提交住房和城乡建设部。青城山—都江堰保护管理规划初步编制完成。乐山大佛胸腹部开裂残损区域抢救性保护前期研究及勘测项目、乐山大佛胸腹部开裂残损区域排险加固项目获国家文物局批准。青城山—都江堰、峨眉山—乐山大佛世界文化遗产地编制完成2018年监测年报。

【考古发掘】

（一）概况

四川省文物考古研究院完成考古调查、勘探及发掘项目80个，调查面积约107平方千米，发掘面积75000平方米，出土遗物和标本3400余件/套。成都文物考古研究院完成考古调查、勘探及发掘117项，勘探、发掘面积近100000平方米，出土遗物8500件/套。圆满完成江口沉银遗址二期考古发掘，江口沉银遗址考古发掘项目获评“2017年度全国十大考古新发现”。配合乌东德水电站、成昆铁路、成都三绕高速公路等基本建设进行文物抢救保护工作，组织开展文物考古调查勘探发掘项目170余个，发掘面积10万余平方米。

（二）重要考古项目

1．渠县城坝遗址

4～12月，四川省文物考古研究院联合渠县历史博物馆对渠县城坝遗址的城址区、津关区进行了发掘，发掘面积1800平方米。本年度考古发掘出土了大量西汉至六朝时期的重要文物，其中最为重要的是“宕渠”文字瓦当及竹木简牍。“宕渠”文字瓦当确证了城坝遗址是文献记载秦汉时期“宕渠”城所在地。数百枚竹木简牍内容丰富，包括汉代启蒙识字课本“仓颉篇”，以及带有“河平二年”“竟宁元年”等纪年的官文书，大大填补了地方史料的缺佚，有巨大的学术价值。

2．彭山江口明末战场遗址

1～4月，四川省文物考古研究院联合彭山区文物管理所对江口明末战场遗址进行了第二次考古发掘，发掘面积10000平方米。出水各类文物12000余件，其中最为重要的是一枚蜀王金宝，为国内首次发现明代藩王金宝实物。本次出水的大量铁刀、铁剑、铁叉等兵器，尤其是火器的发现，为确认这一处古代战场遗址提供了更多证据。诸多铭刻川内地名的银锭，为张献忠在四川的活动范围提供了实物证据。篙头、船钉的大量发现，为认识沉船地点提供了新线索。

3．西昌市蚂蝗坎遗址

7～12月，为配合成昆铁路复线建设工程，四川省文物考古研究院、凉山州博物馆、西昌市文管所联合对蚂蝗坎遗址进行了考古发掘，发掘面积3600平方米。共清理商周、汉晋及明清时期的墓葬、灰坑、灰沟、房址、柱洞、墙址等各类遗迹180余处。出土陶、瓷、铜、铁、银、石、琉璃、漆器等小件器物400余件/套。蚂蝗坎遗址的发掘，为安宁河流域及其周邻地区商周、汉晋时期增添了新的墓葬材料，对研究该地区的丧葬习俗、族群分布、文化交流等具有十分重要的意义。

4. 会理县大劈山石棺葬墓地

3～12月，为配合乌东德水电站建设工程，四川省文物考古研究院、凉山州博物馆、会理县文管所联合对大劈山石棺葬墓地进行了考古发掘，发掘面积4000平方米。发掘石棺葬214座，出土陶器、石器、贝器、骨器等小件器物110余件，提取人骨标本100余具。通过初步的体质人类学观察，大劈山人群存在着较为普遍的拔牙习俗。从墓葬形制及出土物初步判断，墓葬年代可早至新石器时代晚期。对该墓地的全面揭露为研究石棺葬墓地的规划、演变和石棺葬人群部落的社会文化内涵提供了珍贵的材料。

5. 盐源皈家堡遗址

3～4月，成都文物考古研究院、凉山彝族自治州博物馆、盐源县文物管理所联合对皈家堡遗址进行了第三次年度考古发掘，发掘面积550平方米。本年度发现大量新石器时代遗存，包括房址、灰坑、器物坑、灰沟、墓葬、柱洞等遗迹，出土陶器、石器、骨器等丰富遗物。该遗址的发掘成果填补了盐源盆地新石器时代考古学文化空白，将盐源盆地人类活动的历史上溯至5000年前。

6. 成都青白江民强村战国墓地

6～12月，为配合青白江区“装配式建筑绿色产业示范基地”建设项目，成都文物考古研究院对拟建设区域进行了考古发掘。共发掘战国时期墓葬38座，包括土坑墓22座、瓮棺葬16座。出土陶器以圜底罐、圈足豆为主。本次发掘丰富了成都地区战国时期墓葬材料，对于研究战国时期蜀地土著居民的埋葬习俗以及丧葬观念具有重要意义。

7. 成都青白江双元村东周墓地

双元村东周墓地位于成都市青白江区大弯镇双元村7组，该墓地在2016年3月的一项基本建设过程中被发现，到2018年7月发掘工作结束，共发现古墓葬300余座，出土陶器、铜器、漆木器、骨器等随葬品近2000余件，是四川地区一次性发现数量最多、揭露面积最大、出土文物最多的东周时期墓葬群。众多春秋时期墓葬的发现对巴蜀地区东周时期墓葬年代序列的建立、丧葬习俗的研究具有重要意义；出土的680余件青铜器为巴蜀青铜器甚至蜀文化的深入研究提供了重要的实物资料；墓地分布范围大，墓群分布具有规律性，墓葬等级差别明显，文化因素丰富，为研究东周时期古蜀社会结构、人口变化、文化交流提供了重要的资料。

8. 成都市鼓楼街古遗址

2018年，成都文物考古研究院对成都市鼓楼街古遗址进行了考古发掘。通过发掘和局部勘探解剖，发现唐五代、宋元、明等时期的文化遗存，包括河道、水沟、房基、道路、水井、窖藏等遗迹现象，出土了大量的瓷器、铁器、铜器、钱币、建筑材料等遗物。这些考古发现为研究唐五代至明代成都城的市政给排水设施以及街巷民居的规划、建设与布局提供了依据，对探索各个时期的城市功能以及社会生活面貌的变迁具有重要参考价值。

【博物馆与可移动文物保护】

（一）博物馆

1. 博物馆建设

2018年9月18日，中国博物馆协会公布第三批国家二级、三级博物馆名单，成都华西昆虫博物馆、宜宾市博物馆、四川省建川博物馆晋升为国家二级博物馆，汶川县博物馆、南江县博物馆、“5·12”汶川特大地震映秀震中纪念馆、川陕苏区将帅碑林纪念馆、达州市博物馆、“5 · 12”汶川特大地震纪念馆晋升为国家三级博物馆。

推进成都自然博物馆新馆建设，新馆馆区占地面积91.59亩，建筑面积5万多平方米，总投资9.8亿元，2018年11月正式开工，计划2021年7月对外试运行。

2. 博物馆间的交流与合作

四川博物院与中国美术家协会、福建德化县人民政府、绵阳博物馆等举办馆际交流合作展览6个。成都博物馆与阿富汗国家博物馆、宝鸡青铜器博物馆等举办馆际交流合作展览5个。金沙博物馆与那不勒斯国家博物馆、洛杉矶郡艺术博物馆、湖北博物馆等举办馆际交流合作展览4个。武侯祠博物馆与洛阳博物馆、东莞可园博物馆、汉中市博物馆等举办馆际交流合作展览4个。三星堆博物馆与云南省博物馆等举办馆际交流合作展览1个。永陵博物馆与西安秦砖汉瓦博物馆、泰州市博物馆举办馆际交流合作展览2个。

3. 重要陈列展览

四川博物院与中国美术家协会联合举办了“道本同源——徐里、田黎明、赵建成、刘万鸣、徐青峰作品展”，与德化县人民政府联合举办了“瓷彩 · 中国白——福建德化陶瓷艺术精品展”。10月21日，四川省文化厅、四川省文物局、眉山市人民政府举办的“江口沉银——四川彭山江口古战场遗址考古成果展”在四川博物院开展。

成都博物馆与宝鸡青铜器博物院、汉中市博物馆、洋县文物博物馆联合举办了“秦蜀之路青铜文明特展”。2月1日～5月6日，由四川省人民政府新闻办公室、四川省文化厅（四川省文物局）、中共成都市委宣传部、成都市文化广电新闻出版局（成都市文物局）指导，中国人民对外友好协会、中国文物交流中心、成都博物馆、阿富汗国家博物馆主办，中友国际艺术交流院协办的“文明的回响——来自阿富汗的古代珍宝”展在成都博物馆展出。12月11日，由四川日报报业集团、成都博物馆主办，封面新闻、华西都市报、四川文化传播有限公司承办的“好雨时节——改革开放见证四川四十年”展览在成都博物馆开展。

成都金沙遗址博物馆联合那不勒斯国家考古博物馆举办了“庞贝：瞬间与永恒——庞贝出土文物特展”，联合成都文物考古研究院以及国内19个省、自治区、直辖市的40家文博单位共同举办了“金色记忆——中国14世纪前出土金器特展”，联合湖北省博物馆、深圳博物馆、洛杉矶郡艺术博物馆举办了“玛雅的世界：洛杉矶郡艺术博物馆藏古代玛雅艺术品特展”。

成都武侯祠博物馆与洛阳博物馆、南阳市博物馆、焦作市博物馆联合举办了“低徊入衣裾——狗与汉晋生活”特展，与留园管理处、拙政园管理处、颐和园管理处及承德避暑山庄管理处联合举办了“园林遗珠 时代印记——中国四大名园门票联展”，在广东东莞可园博物馆举办了“万古云霄一羽毛——书画中的诸葛亮特展”，与汉中市博物馆共同举办了“蜀道寻古 · 石门汉韵——汉中石门十三品拓片精选展”。

四川广汉三星堆博物馆与云南省博物馆、昆明市博物馆、云南李家山青铜器博物馆、成都金沙遗址博物馆、凉山州博物馆联合举办了“人与神——古代南方丝绸之路文物精华展”。

成都杜甫草堂博物馆举办了“灵韵淳风——姚德淳家训书法作品展”“五丁问道——谢季筠、刘云泉、刘泽文、王飞、刘崇寿书法展”“安素如饴——伍瘦梅艺术文献展”“杜诗雅韵——韩天衡师生作品邀请展”。

成都永陵博物馆与西安秦砖汉瓦博物馆联合举办了“椽檐陶韵——中国古代瓦当

展”，与江苏省泰州市博物馆联合举办了“他家在明朝——泰州市博物馆藏明朝服饰特展”。12月1日，为纪念成都永陵落成1100周年暨考古发掘75周年，“唐音铿锵——永陵二十四伎乐音乐文化展”在成都永陵博物馆开展。

7月19日，由中国国家博物馆、四川省文化厅（四川省文物局）主办，四川博物院等省内9家文物博物馆单位联合承办的“古蜀华章——四川古代文物菁华”巡展首站在中国国家博物馆开幕。

（二）可移动文物保护

四川博物院修复完成《清万里江海图卷》及陈子庄书画等馆藏文物143件，完成对宜宾市博物院馆藏书画文物（26件101幅）的保护修复，完成对都江堰市文物局馆藏书画第一批次（24件64幅）的修复工作，完成对四川艺术研究院13幅书画藏品的修复。广汉三星堆博物馆与罗江文管所、青白江文管所、渠县历史博物馆、都江堰市文物局、射洪县书画博物馆等单位开展文物保护修复项目，修复文物344件。

四川博物院完成馆藏战国铜编钟、江渎神大型铜像保护修复前期的病害调查、检测，并通过国家文物局立项审批。广汉三星堆博物馆完成“四川广汉三星堆博物馆珍贵文物预防性保护”二期项目。

【科技与信息】

四川博物院承担四川省科技厅项目“适宜于四川地区特殊气候环境的拓片文物脱墨加固新材料研发及应用”，已完成新材料研发、专利申请、保护工艺筛选等工作，并通过中期评估；完成国家级课题“公共文化服务与教育融合发展研究——巴蜀历史文化课程设计”理论研究部分，完成结题报告《国内外博物馆青少年教育课程与历史学科可结合性调研分析报告》《四川省初中历史课程利用博物馆资源的调研分析报告》。

四川博物院发表学术研究论文《拓片表面“墨霜”的成分及形成原因分析》《5·12汶川地震中四川可移动文物受损原因分析》《陕北明代夯土长城雨蚀破坏发育过程的模拟研究》《博物馆视野下的历史课程开发思考》等。广汉三星堆博物馆发表《三星堆器物坑施彩铜器的初步研究》《从三星堆遗址考古发现看南方丝绸之路的开通》《图像的力量：三星堆青铜神树与汉代摇钱树研究》等学术论文。

10月22～24日，第二届中国考古学大会在四川成都召开，本届大会由中国考古学会、中国社会科学院考古研究所主办，四川省文物考古研究院、成都文物考古研究院、四川大学历史文化学院承办，中共四川省委宣传部、四川省文化厅（省文物局）、中共成都市委宣传部、成都市文广新局（市文物局）支持。大会主题为“古代文化交流的考古学研究”，来自中国、美国、英国、日本、蒙古、巴基斯坦等13个国家的220余家考古研究机构和高等院校的近四百名专家学者参加会议。大会颁发了中国考古学会“田野考古奖”、第二届中国考古学大会“终身成就奖”、第二届中国考古学大会“研究成果奖”（金鼎奖）、第二届中国考古学大会“青年学者奖”（金爵奖）等奖项。四川渠县城坝遗址考古发掘项目获中国考古学会“田野考古奖”一等奖。

【文博教育与培训】

2018年9月17日，四川省文物局在成都举办了第八批全国重点文物保护单位申报遴选培训班。全省21个市（州）文化（文物）局分管领导及业务骨干70余人参加了培训。

为认真贯彻落实中共中央办公厅、国务院办公厅《关于实施革命文物保护利用工程（2018～2022）的意见》精神，切实加强四川省革命文物保护利用工作，2018年12月4日至7日四川省革命文物保护利用培训班在巴中市通江县开班。

【文博宣传与出版】

国际博物馆日当天，全省博物馆共举办主题活动210余项，包括讲座30余项、展览50余项、教育活动130余项。四川省文化厅（省文物局）在成都邛崃举办国际博物馆日四川系列活动暨邛窑考古遗址公园开园仪式，举办博物馆馆长论坛并发布博物馆事业发展“成都宣言”。

成都市将文化和自然遗产日纳入博物馆免费开放日，6月9日当天，成都博物馆、金沙遗址博物馆、武侯祠博物馆、杜甫草堂博物馆和永陵博物馆共接待观众13.46万人次。

2018年，四川博物院《博物馆学刊（第六辑）》《藏羌彝走廊上的文物精品》《四川博物院已故专家论文选》《四川省第一次全国可移动文物普查成果及纪实》，成都武侯祠博物馆《墨石藏珍——成都武侯祠现藏碑刻》《新三国文化：跨界传播与品牌再生产研究综述》《诸葛亮与三国文化（九）》等图书出版。

【对外交流与合作】

2月8日，四川省文化厅厅长、省文物局局长周思源会见意大利文化遗产活动及旅游部副部长比安琪一行，双方就四川与意大利在文化遗产保护利用、展览交流、人员培训等方面的合作达成一系列意向性共识。

9月19日，四川省文化厅厅长、省文物局局长周思源与那不勒斯国家考古博物馆馆长保罗·朱利叶里尼签署《意大利那不勒斯国家考古博物馆、坎皮佛莱格瑞考古公园与中国四川省文物局合作协议》。

9月21日，中意文物保护及博物馆规划与管理主题研讨会在成都举行。研讨会上，来自意大利的9位专家发表了主题演讲，并与中方专家学者交流文化遗产保护及考古领域的技术、方法和经验。

贵州省

【概述】

2018年，贵州省文物系统以习近平新时代中国特色社会主义思想为指导，深入学习贯彻党的十九大精神和习近平总书记在贵州省代表团重要讲话精神，认真落实贵州省第十二次党代会部署，紧紧围绕“五位一体”总体布局和“四个全面”战略布局，全面落实党中央、国务院，贵州省委、省政府关于文物保护利用工作的决策部署，按照《国家文物事业发展“十三五”规划》《贵州省文物事业发展“十三五”规划》要求，抓主抓重、扎实工作，落实保护责任，强化安全意识，全省文物工作取得新成效，文物事业取得新进步。

【法制建设】

7月1日，《遵义市海龙屯保护条例》正式施行。这是贵州省首部专项文物保护地方性法规，分为六章四十二条，包括总则、规划建设、保护管理、传承利用、法律责任和附则。

【执法督察与安全保卫】

根据国务院办公厅《关于进一步加强文物安全工作的实施意见》精神，贵州省人民政府办公厅颁布《关于加强文物安全工作的实施意见》，针对贵州省文物安全管理工作的指导思想、基本原则、主要目标、重点任务和保障措施提出贯彻意见，进一步强化文物安全责任，健全文物安全制度，落实文物安全措施。

联合公安、消防等部门开展全省今冬明春文物安全专项行动，重点检查文物火灾防控、预防和打击文物犯罪、文物法人违法案件查处及文物流通市场专项整顿四个方面，督促各地整改安全隐患。积极配合公安机关组织开展为期6个月的打击文物犯罪专项行动，指导各地做好涉案文物鉴定工作。贵州省博物馆完成贵州省纪委、遵义市公安局、黔西南州义龙新区公安分局等涉案文物鉴定工作。

部署开展全省文物消防安全交叉检查行动，强化文物安全制度建设和规范管理，促进文物安全管理效能，提升文物安全管理水平。联合贵州省文化厅、省消防总队等部门开展全省博物馆和文物建筑消防安全大检查工作，对9家国家三级以上博物馆和48处具有火灾隐患的全国重点文物保护单位进行消防安全大检查，梳理消防安全隐患问题，约谈隐患责任单位，严格督导整改落实。专项督办黔南州福泉市县级文物保护单位“大夫第”失火事件，责成地方政府成立联合调查组，明确事故责任，对相关责任单位进行行政处罚，追究相关人员行政、纪律责任。

贵州省文物局全年评审全国重点文物保护单位“三防”工程项目设计方案12个，现场验收海龙屯等全国重点文物保护单位“三防”工程项目14个。组织全省做好“三防”工程项目设计方案编制和报批工作，向国家文物局报送2019年度全国重点文物保护单位“三防”工程项目计划，获批同意实施项目9个。印发《贵州省文物建筑消防安全标准化管理规则》《贵州省文物安全突发事件防范应急预案》等文件。与各市（州）文物行政部门、各直属文博单位分别签订《文物安全责任书》，要求各市（州）、各直属文博单位逐级落实文物安全责任，健全文物安全责任体系。联合消防部门开展文物消防安全百项工程督察工作，重点督察寨英村古建筑群、马头寨古建筑群等全国重点文物保护单位消防安全工程建设情况。

【不可移动文物的保护和管理】

截至2018年年底，贵州省共有不可移动文物点14852处，世界文化遗产1处、世界文化遗产预备名单项目3处，全国重点文物保护单位71处、省级文物保护单位654处。

制定《贵州省第八批全国重点文物保护单位申报工作实施方案》，组织开展第八批全国重点文物保护单位申报工作。提请贵州省人民政府核准公布第六批省级文物保护单位220处，其中长征文物163处。基本完成省级以上文物保护单位“四有”工作。组织开展省级以上文物保护单位利用现状调查统计，完成《省级文物保护单位利用现状调查报告》。完成全省各级文物保护单位的险情排查工作，对存在重大险情的文物保护单位开展抢救性保护。

下达2018年国家重点文物保护专项补助资金、省级文物维修保护及减灾资金共计1.5亿元，组织各地申报2019年度国家重点文物保护专项补助项目及资金。全年评审文物保护方案37个，向国家文物局报送行政审批项目13个。向国家文物局报送2019年度全国重点文物保护单位文物保护工程项目计划，获批同意实施项目12个。指导编制楼上村古建筑群等全国重点文物保护单位保护规划。

开展海龙屯（龙咀经磨子石至后关段）应急通道的方案设计和上报审批工作，组织实施海龙屯海潮寺修缮工程。推进黔、湘、桂三省（区）侗族村寨联合申遗准备工作。三省（区）四市（州）六县共同召开“中国侗族村寨联合申遗面商协调会”，签署《中国侗族村寨联合申遗工作备忘录》，建立侗族村寨联合申遗工作机制。

根据《关于实施革命文物保护利用工程（2018～2022年）的意见》和中央巡视组反馈意见，贵州省文物局全面完成关于重要革命遗址保护利用的整改任务。开展全省1437处革命遗址现状复核工作，准确掌握革命遗址底数和现状。深入开展革命遗址价值评估和研究，科学编制革命遗址保护方案，将革命遗址日常保养维护作为常规工作推进。推动革命遗址在爱国主义教育、文旅、文体等方面深度融合发展，逐步建立以黔北、黔东北、黔东南、黔西北为主的红色纪念体系。参与编制革命文物保护传承五年行动计划、《长征文化线路总体保护规划》等。

开展全省历史文化名城（名镇、名村）核查统计工作，完成镇远历史文化名城文物保护评估试点现场复核工作。

【考古发掘】

（一）概况

2018年，牛坡洞遗址考古发掘项目荣获中国考古学会“田野考古奖”三等奖，招果洞遗址发掘、务川汞矿遗址调查与发掘、遵义高坪杨氏土司墓地发掘取得新成果。配合铁路、高速公路、水库等大型基本建设工程实施文物考古调查项目近50个，发现各类文化遗存百余处。考古发掘资料整理有序推进，纳雍石板墓、天柱盘塘遗址、安顺宁谷汉晋时期墓葬、高坪黄杨嘴杨氏家族墓地等项目资料整理和报告编写工作顺利完成。公共考古不断推陈出新，开展“考古工地开放日”等活动。

（二）重要考古项目

1．贵安新区招果洞遗址发掘

贵州省文物考古研究所、四川大学和成都文物考古研究院自2017年起对招果洞遗址进行联合考古发掘，2018年取得新发现。遗址文化堆积层次分明，已发掘至第73层，距地表约6米，未见底。出土石制品以燧石为主，类型包括刮削器、端刮器与尖状器。遗迹类型包括火塘、墓葬、骨堆和石灰岩角砾铺成的活动面，其中两座墓葬为目前贵州发现年代最早的人类埋葬行为遗迹。

2．遵义市桐梓县田野考古调查

贵州省文物考古研究所联合四川大学等对桐梓县进行田野考古调查，新发现及确认史前洞穴1处、汉代崖墓15座、南宋元明时期石室墓37座、南宋山城1处、不晚于明代的建筑基址1处、元代水堰1处、明代古道1条、明代修庙题记1则等。其中狮子洞遗址的发现扩大了古人类在桐梓地区的活动范围，是目前黔北地区保存最好的洞穴遗址之一；南宋元明时期墓葬的发现，补充完善了黔北地区南宋至明代墓葬形制的演变序列。

3．黔南州瓮安县飞练湖明墓发掘

贵州省文物考古研究所对瓮安县飞练湖明墓进行考古发掘，共发现墓葬3座，出土彩绘漆棺、买地券、瓷器、金银器等，为研究贵州明代墓葬葬俗、葬制补充了丰富的资料。漆棺绘有青龙、白虎、朱雀、玄武、八卦、双凤朝阳、盆景花卉、仙鹤等图案，是目前贵州保存最完整的明代彩绘漆棺。

4．黔东南州凯里市加劳河口遗址发掘

配合清水江旁海航电工程进行抢救性发掘，发掘面积500平方米。出土石制品600余件，包括石片、石核、砍砸器、刮削器等，原料以燧石为主。

5．遵义市务川县汞矿遗址群调查试掘

贵州省文物考古研究所联合务川县文化遗产保护中心对汞矿遗址进行调查，发现矿冶遗址、古墓葬、古道路、相关建筑遗址及近现代工业遗产等各类遗存，并对肖家坨遗址、板场宝王庙遗址、西岩庙遗址进行了试掘。

【博物馆与可移动文物保护】

（一）博物馆

1．博物馆建设

完成全省博物馆现状调查，公布博物馆名录。四渡赤水纪念馆被评定为国家二级博物馆，遵义会议纪念馆顺利通过国家一级博物馆运行评估。下达2018年博物馆免费开放专项资金1亿元。开展免费开放博物馆（纪念馆）绩效考评工作，贵州省博物馆、息烽集中营革命历史纪念馆等9家单位评为优秀等次。

加强博物馆公共文化服务体系建设。四渡赤水纪念馆新增Wi-Fi覆盖、专用母婴室、图书阅览室等。贵州省博物馆等加强流动博物馆建设，将展览送进基层、社区。

2．陈列展览

贵州省博物馆全年举办多项精品展览，如“黼黻文章——贵州民族服饰技艺展”，改革开放四十周年之“咱们的40年”主题展览等。引进大型古埃及文物展“不朽之旅——古埃及人的生命观”。与波兰驻成都领事馆联合举办“时光凝固的美丽——波兰琥珀艺术展”，展出来自波兰的琥珀精品241件/套；与中国丝绸博物馆联合举办“霓裳银装——贵州苗族服饰艺术展”，在中国丝绸博物馆展出苗族服饰、银饰等精选藏品181件/套；与东莞市博物馆联合举办“海丝遗珍——清代广东外销艺术品展”，在贵州省博物馆展出东莞市博物馆珍藏的外销艺术精品148件/套；与宁夏回族自治区博物馆联合举办“逝去的风韵——西夏与播州文物展”，在贵州省博物馆展出宁夏回族自治区博物馆珍藏的精选藏品95件/套以及播州文物46件/套；与扬州博物馆联合举办“扬州八怪书画展”，在贵州省博物馆展出汪士慎、郑燮、高翔、金农、李鱓、黄慎、李方膺、罗聘等人40余幅丹青作品。

黔东南州民族博物馆举办“银装霓裳——贵州·黔东南州少数民族服饰精品展”巡展，与迪庆藏族自治州博物馆、吐鲁番博物馆、苏州丝绸博物馆合作，在香格里拉、吐鲁番、苏州等地展出以苗族、侗族为主的民族服饰、银饰、刺绣、背扇等精选藏品220余件/套。

3．其他

在习水县土城镇召开全省博物馆工作现场会，各市（州）文物行政部门、全省博物馆（纪念馆、陈列馆）负责人参加会议。会议就大力加强博物馆业务能力建设、提高公共文化服务水平、总结借鉴各地博物馆建设发展先进经验、促进全省博物馆事业快速发展等方面进行了学习交流，对抓好文物和博物馆安全工作提出明确要求。

推动文博单位文化创意产品开发，促进文博创意产业发展。贵州省博物馆与省内外企业开展深度合作，开发了油纸伞、紫袍玉带石铜釜式样装饰品等文创商品40余款，在售商品种类超过300种，2018年销售额约200万元。

（二）可移动文物保护

加强“改革开放文物”征集，完成全省非国有博物馆藏品备案工作。

贵州省博物馆保护修复实验室一期、甲秀楼铁柱等铁质文物保护修复临时工作场地建设完工并初步通过验收。

启动实施贵州省博物馆文物库房环境监测项目、黔东南州民族博物馆可移动文物预防性保护环境调控项目、铜仁市傩文化博物馆可移动文物预防性保护项目等。贵州省博物馆布控41台温湿度记录仪并进行日常监测，推进数字化保护设施设备（文物复制系统）项目。

【科技与信息】

贵州省文物局完成重点调研课题“贵州加强文物保护利用和文化遗产保护传承现状、问题及对策研究”，贵州省文物保护研究中心完成《黔东特区革命委员会旧址保护展示利用调查研究报告——以枫香溪镇为例》。“贵州遵义市新蒲播州杨氏土司墓地考古发掘与研究”入选2018年国家社科基金重大项目，“贵州历史的考古学研究”入选2018年贵州省哲学社会科学规划文化单列课题。

贵州省文物局与中国文物信息咨询中心签署文博数据信息战略合作书，成立合作工作机构，共同建设文物数据中心，推进集群式数字化博物馆群和智慧博物馆建设，推进文物数据资源利用，促进文物资源信息开放共享。

在贵安新区举办第六届“中国公共考古·贵州论坛”，来自全国各地的考古专家和知名媒体、出版机构代表出席论坛，通过专题研讨、公共演讲和展示交流等形式，围绕“洞穴考古”“考古与城市”和“西南地区民族考古”等主题分享重要考古发现、展示最新研究成果、交流最新学术观点。

在贵州省博物馆召开西南博物馆联盟第六次会议暨2018年年会，西南六省（市、区）

博物馆、贵州省内部分博物馆负责人及文博专家70余人参加会议，围绕“西南博物馆联盟面临的新时代新机遇新挑战”展开广泛深入的探讨。

由国家文物局、贵州省文化厅指导，中华文物交流协会、中华海峡两岸文化资产交流促进会主办，贵州省文物局承办的“第八届海峡两岸文化遗产保护论坛”在贵阳市举办，与会专家学者围绕“传统村落保护与乡村振兴”进行了深入探讨。

【文博教育与培训】

选送文物管理和专业技术人员参加国家文物局举办的保护管理机构负责人培训班、博物馆藏品管理培训班、考古勘探培训班等。

贵州省文物局全年组织多项培训。举办“贵州省非国有博物馆藏品备案工作培训班”，对非国有博物馆藏品备案软件操作进行培训，3个市（州）文物行政部门相关负责人和12家非国有博物馆相关工作人员参加培训。举办“2018年贵州省文物管理暨消防安全培训班”，各市（州）文物管理干部50余人参加培训，培训内容包括文物保护法律法规、文物建筑消防安全管理、文物保护项目管理及资金申请等。举办“第八批全国重点文物保护单位申报工作培训班”，各市（州）文物行政部门和省直文博单位60余人参加培训，培训内容包括申报遴选工作流程、申报重点、遴选标准、文物保护“四有”工作要求等。

【文博宣传与出版】

利用国际博物馆日、文化和自然遗产日等重要时段，在全省开展多种形式的文博宣传活动。5月18日，在贵州省博物馆举办国际博物馆日贵州主会场系列活动，包括博物馆知识竞答、讲解员才艺展演、贵州省博物馆（纪念馆）免费开放10周年座谈会等。6月9日前后，贵州省文物考古研究所举办了考古读书会、公共考古图片展、考古工地开放日、考古文化讲座等活动。

完成《贵州文化遗产》期刊的编辑出版。《夜郎青铜文明探微：贵州战国秦汉时期青铜器研究》《玛瑙山：考古、文献与口碑》《凝固的灿烂：贵州古代美术文物阐释》等学术著作出版。

【机构及人员】

2018年1月，贵州省文物局增设贵安新区工作处，共有综合处、文物保护处、博物馆处、文物资源利用处、文物监督管理处、贵安新区工作处6个处，人员编制35名。

四渡赤水纪念馆被评为“全国文物系统先进集体”。

【其他】

国家文物局“传统村落保护利用工作现场会”在黔东南州黎平县肇兴镇召开，来自国家文物局和各省（区、市）80余名代表参加会议，围绕“实施乡村振兴战略中传统村落保护与利用”进行交流发言，并赴肇兴侗寨、堂安村进行现场考察调研。

贵州省文物局结合精准扶贫要求，持续加强对定点扶贫县铜仁市碧江区的支持力度。多次开展专题实地调研，立足本部门职责职能，对当地文化遗产进行发掘、保护、利用与展示，实施生态博物馆建设、刘氏宗祠维修、传统民居改造等项目，推动当地乡村文化旅游产业发展，助力碧江区2018年成功退出贫困县。

云南省

【概述】

2018年，云南省文物系统深入贯彻党的十九大精神，认真落实习近平总书记系列重要讲话特别是关于文物保护利用的重要指示批示精神，以及中央办公厅、国务院办公厅《关于加强文物保护利用改革的若干意见》《关于实施革命文物保护利用工程（2018～2020）的意见》等重要文件，切实加大全省文物保护利用工作力度，文物工作取得新成效，文物事业取得新进步。

【执法督察与安全保卫】

2018年，云南省各级文物行政部门共开展执法巡查393次，巡查各级各类文博单位15338处，发现文物行政违法行为842处。根据国家文物局安排，深入开展"文物法人违法案件专项整治行动（2016～2018年）"。在云南省昆明市举办渝川滇三省市文物行政执法片区培训班，签订《渝川滇文物行政执法合作协议书》并发表《昆明宣言》，启动渝川滇文物行政执法联动机制。

按照国家文物局要求开展云南省文物安全状况大排查隐患整治工作。2018年9月，国家应急管理部、文化和旅游部和国家文物局下发了《关于开展博物馆和文物建筑消防安全大检查的通知》，云南省文物局联合省公安消防总队组成4个督导组对16个州市开展了实地督导，整治了一批文物建筑和博物馆消防安全隐患，并对州市级文物保护单位消防安全"一项一策"达标工作进行了检查验收，专项整治工作将在年底前全面完成，云南的博物馆和文物建筑消防安全隐患整治工作得到了国务院安委会考核小组好评。根据国务院文件要求，推动云南省政府与各州市人民政府、省级相关部门签订《2018年度文物安全工作责任书》；文物安全工作纳入2017年度云南省综合考核评价指标，会同相关部门完成了对各州市文物安全年度考核工作，并向云南省考评办报送了考评结果。

云南省文物局处置上报红河哈尼梯田老虎嘴"6·26"泥石流灾情、通海"8·13"地震和墨江"9·8"地震文物受灾情况并开展灾害整治工作。

【不可移动文物的保护和管理】

（一）概况

截至2018年年底，云南省有全国重点文物保护单位132处，省级文物保护单位332处，州市级文物保护单位997处，县级文物保护单位3464处；共有历史文化名城、名镇、名村、街区（名街）84个，其中国家级历史文化名城6个、名镇7个、名村9个、街区1个，省级历史文化名城9个、名镇18个、名村29个、街区5条；有709个传统村落列入中国传统村落名录，数量位居全国第二。

（二）世界文化遗产

起草并报请省政府审定《云南省加强世界文化遗产保护管理若干规定》，加强世界文化遗产监测管理。积极开展景迈山古茶林申遗工作，加强对古茶林文物和文化景观保护、传统村落保护和环境整治的指导和监督。继续深入研究云南茶马古道、滇缅公路、滇越铁路、丝绸之路南亚廊道云南段等文化线路和潜在申遗项目，进行文物资源调查和遗产价值评估。

（三）文物保护工程

2018年，云南省共争取国家重点文物保护专项补助资金13767万元、省级资金3000万元，实施国保及省保单位文保工程项目120余个。审批松山战役旧址、东竹林寺等国保、省保单位保护维修技术方案80多项，验收诺邓白族乡土建筑群、唐继尧墓等文保工程20多项，向国家文物局上报西门街古建筑群等国保单位保护利用设施、环境整治工程20多项。

组织开展云南省文物保护工程资质评审工作，14家企业获得相关文物保护工程资质。

（四）其他

实施向家坝库区文物迁建工程，开展溪洛渡、白鹤滩、乌东德水电站等重大基本建设中的文物保护。

指导红河州建水县、石屏县通过《"拯救老屋行动"实施方案》等核心文件，"拯救老屋行动"顺利推进。

向国家文物局上报大理州大理市、巍山县，红河州建水县，曲靖市会泽县国家级历史文化名城文物保护评估试点相关材料。

【考古发掘】

（一）概况

2018年云南省文物考古研究所共完成考古发掘工作11项，其中耿马佛洞地遗址、大理太和城遗址、剑川海门口遗址为主动性考古发掘。与四川大学历史文化学院及老挝国家文化遗产局合作，完成老挝境内多处文物点的考古调查工作和老挝沙湾拿吉省sepon矿区青铜时代遗址的考古发掘工作。

玉溪市通海兴义遗址考古发掘获评中国考古学会"田野考古奖"一等奖。

（二）重要考古项目

1．临沧市耿马佛洞地遗址

2017年11月～2018年2月、2018年7～10月两次发掘，发掘面积20平方米。出土锐棱砸击石锤、西维多利亚石核、大型石核工具陡刃砍砸器等石器及动物骨骼及植物遗存等。遗址出土的"苏门答腊器"与非洲桑戈工业出土的基纳型单面环状石核一致。

2．大理州大理太和城遗址

2017年11月～2018年1月发掘，发掘面积1500平方米。出土大量瓦片及璧形足釉陶碗等器物，部分瓦片有"廿七年"字样。根据有字瓦推断建筑基址年代应为南诏早期。

3．文山州广南大阴洞遗址

2017年12月～2018年1月发掘，发掘面积300平方米。出土遗物主要为陶器、石器、骨器和炭化稻。

4．德宏州陇川景允城遗址

1～4月发掘，发掘面积3000平方米。出土遗物主要为砖、瓦、石础等建筑构件，以及较多的陶片、瓷片和少量的铜器、铁器。出土的建筑构件融合了汉文化的诸多因素，亦有本地区的民族特点。

5．楚雄州武定长田遗址

1～7月发掘，发掘面积10000平方米。出土大量陶片、石制品、动物骨骼等。从出土遗物判断，该遗址年代属于新石器时代晚期向青铜时代过渡阶段。

6．楚雄州武定以鸡嘎遗址

1～7月发掘，发掘面积5000平方米。出土遗物主要为陶器和石器，石器中有一件锛凿两用器较有特点。丰富的文化遗存展现了金沙江流域多元的文化。

7．楚雄州元谋江边遗址

2～8月发掘，发掘面积15000平方米。出土陶器、铜器、石器、骨器等，为金沙江流域古代文化研究提供了丰富的实物资料。

8．昭通市绥江南岸墓地

4～5月发掘，发掘面积1000平方米。出土陶器、瓷器和金属物，在多件酱釉罐肩部贴筑有凸起的龙纹，十分形象。根据出土酱釉罐的风格，结合墓地较大的规模以及历史上在南岸镇设置的“马湖府”等，南岸墓地的鼎盛时期应为明代。

9．昭通市威信白岩寨墓地

5～7月发掘，发掘面积800平方米。清理墓葬12座，出土各类陶器、瓷器，器形有罐、壶、碗等。

10．楚雄州武定新村遗址

9～12月发掘，发掘面积4000平方米。出土大量陶片、石制品及动物骨骼。

11．大理州剑川海门口遗址

10～12月发掘，发掘面积1190平方米。出土遗物有陶器、铜器、木器，另有大量动植物遗骸出土。

【博物馆与可移动文物保护】

（一）博物馆

2018年，云南博物馆事业稳步发展，博物馆、纪念馆陈列展览水平不断提高，社教活动内容更加丰富，文创产品开发方兴未艾，较好地发挥了公共文化服务和爱国主义教育的作用。全省各级博物馆、纪念馆没有发生一起因免费开放而造成的人身和文物安全事故，取得了良好的社会效益。

在“第三批国家二、三级博物馆定级评估”工作中，云南省博物馆、云南民族博物馆被评定为国家一级博物馆，昆明市博物馆、大理州博物馆等6家博物馆被评定为国家二级博物馆，迪庆州博物馆。丽江市博物馆等10家博物馆被评定为国家三级博物馆。

全年各级博物馆共举办展览和主题教育活动2800余个，组织省内外巡回展览60余个，观众人数达2300万人。云南省博物馆举办“法国梦：从学院到沙龙——法国国家造型艺术中心、巴黎国立高等美术学院珍藏展”，月参观人数近40万，是有统计以来云南参观人数最多的展览。云南省博物馆“云南佛教艺术展”在台湾佛陀纪念馆举办，宣传了云南的宗教文化艺术。

成立云南省博物馆、纪念馆文创产品开发联盟，将文创产品设计开发企业申报为国家文物局文创产品开发创意试点单位，开发50个种类、20个品种、200多个文创产品。

（二）可移动文物保护

开展博物馆数字化保护工作，开展云南省博物馆可移动文物预防性保护三期项目、昆明市博物馆预防性保护项目、陆军讲武堂数字化保护项目、红河州博物馆数字化保护项目的预防性保护和数字化保护工作。

开展非国有博物馆藏品登记备案工作，基本摸清云南省非国有博物馆的底数。全省22家非国有博物馆上报藏品7.1万件，完成1.2万余件藏品的信息录入。

【社会文物管理】

对两家拍卖公司举办的10场拍卖会进行审核，共审核文物标的9170件，依法通知撤拍12件。

【文博宣传与出版】

举办国际博物馆日宣传活动。全省博物馆围绕“超级连接的博物馆：新方法、新公众”这一主题，结合各地实际，组织了丰富多彩的纪念宣传活动。云南省博物馆开展了“天施大炉”安放仪式、“AR寻宝”、“专家鉴宝”、流动博物馆等系列活动。丽江市博物院与电视媒体合作，制作了涉及创世纪、纳西族服饰、吐蕃碑、麽些盐锅巴等内容的“声音博物馆节目”，把文物讲给观众听。

云南省文物考古研究所举办“考古进校园”“考古时光机”“蒲公英计划”以及“我是小小考古家”夏令营活动。为牦牛坪小学生举办的“走进汉唐长安——我是小小考古家夏令营暑期特别活动”引起社会强烈反响。

云南石寨山（古墓群）大遗址考古成果之二，云南省文物考古研究所编《石寨山文化考古研究论文集》顺利出版。

【机构及人员】

云南省共有文物机构277个，其中文物保护管理机构130个、博物馆137个、文物商店2个、文物科研机构2个、其他文物机构6个。从业人员2580人，其中专业技术人才1588人，包括正高级职称4人、副高级职称5人、中级职称755人。

云南陆军讲武堂文物保护管理所（云南陆军讲武堂历史博物馆）、滇西抗战纪念馆荣获“全国文物系统先进集体”。

【对外交流与合作】

12月13～14日，在国家文物局支持下，云南省文化和旅游厅、西双版纳傣族自治州人民政府、云南大学联合举办的“第二届澜沧江—湄公河流域国家文化遗产保护与推广研讨会”在西双版纳召开，来自中国、老挝、柬埔寨、缅甸、泰国、越南的近百名政府官员、专家学者出席。研讨会以文化遗产保护与发展的理念和行动为主题，聚焦澜沧江—湄公河流域文化遗产保护的国际合作机制，探讨多元力量参与文化遗产保护的方法与路径，以期共同推动文化遗产保护传承与创新发展。

西藏自治区

【概述】

2018年是全面贯彻习近平新时代中国特色社会主义思想和党的十九大精神的开局之年，是新时代文物事业改革发展承前启后的重要之年，在西藏自治区党委、政府的坚强领导下，在国家文物局的有力指导下，在各级地方党委、政府和文化厅党组的直接领导下，全区文物系统坚持以习近平新时代中国特色社会主义思想为指引，深入学习贯彻党的十九大和十九届二中、三中全会精神，学习贯彻习近平总书记关于治边稳藏的重要论述、关于文物工作的重要论述精神，全面落实区党委九届三次、四次、五次全会精神和区党委、政府加强文物工作的决策部署，围绕中心、服务大局，攻坚克难、奋发有为，党的建设和全面从严治党向纵深发展，文物安全形势总体平稳，重点项目建设深入推进，文物基础工作得到加强，考古调查发掘和研究工作扎实开展，文物展示利用水平稳步提升，文物工作为推进西藏长足发展和长治久安做出了新的贡献。

【执法督察与安全保卫】

自治区人民政府办公厅印发《关于进一步加强文物安全工作的实施意见》，召开全区文物安全工作会议，全面部署文物安全工作，进一步明确文物安全管理责任，健全文物安全管理长效机制，提高文物安全管理水平。

自治区人民政府与各地（市）行署（政府）和自治区文物局，自治区文物局与局直属各单位分别签订《2018年自治区文物安全工作目标责任书》，层层落实责任，确保文物安全。从区党委统战部、应急管理厅、生态环境厅、旅游发展厅、公安厅、住建厅、消防总队和文物局抽调人员组成3个考评组，采取听取汇报、查阅台账、现场检查、集中反馈等方式，对7地市、30个县区、64处文物保护单位落实目标责任书情况进行考评，并以西藏自治区人民政府名义向全区通报考评结果。

根据自治区党委、政府的部署深入开展排查整治工作，组织3个文物安全排查小组，对全区41处国保单位和369处区保单位（古建筑）的文物安全工作进行拉网式、全覆盖排查，并向西藏自治区人民政府呈报《自治区文物局关于全区文物安全调研情况的报告》。8月，组织调研组深入日喀则市16个县区的7处国保单位和32处区保单位，实地督导安全隐患整改落实工作，对整改工作不重视、措施不落实、成效不明显的地市和单位进行通报。9月，按照国家应急管理部、文化和旅游部、国家文物局的统一部署，组织检查组对全区国保单位和国家三级以上博物馆开展消防安全大检查。局属各单位按照自治区的部署，会同消防部门开展消防安全自查工作，及时查找存在的安全隐患和突出问题，加大整改措施，确保消防安全。

各级党组织深入贯彻落实西藏自治区党委、政府关于维护稳定工作的系列重要会议、文件精神，结合实际、突出重点、分类施策，坚持领导带班和24小时值班制度，确保文物系统2018年重要敏感时间节点的安全稳定。加大打击文物犯罪专项整治力度，积极配合公安机关打击文物犯罪专项行动。联合国网西藏电力有限公司，组织开展全区文物保护单位（古建筑）电气线路检测评估工作。认真落实国务院消防考核反馈意见的整改工作。

【不可移动文物的保护和管理】

截至2018年年底，全区调查登记的各类文物点共有4277处，各级文物保护单位1985处，其中国家级55处、自治区级616处、县区级1314处。大遗址3处（古格王国遗址、藏王墓、卡若遗址），世界文化遗产1处3个点（布达拉宫及其扩展项目大昭寺、罗布林卡），国家级历史文化名城3个（拉萨市、日喀则市、江孜县），国家历史文化名镇2个（山南市乃东县昌珠镇、日喀则市萨迦县萨迦镇），国家历史文化名街1个（拉萨八廓街），国家历史文化名村3个（拉萨市尼木县吞达村、日喀则市吉隆县帮兴村、林芝市工布江达县错高村）。

“十二五”重点文物保护工程项目46个已完成42个。“十三五”规划项目中央预算内的36个文物保护平安工程项目大部分已开工建设。积极推进国家专项资金项目和全区抢救性项目建设工作，其中2018年度国家文物保护专项资金项目批复30个，申报2019年度国家专项补助资金项目38个，2018年度全区抢救性项目批复17个。

对布达拉宫主体建筑墙体、地垄、附属建筑等所有地段进行全面检查并迅速排除险情。实施布达拉宫安防提升工程、罗布林卡安消防升级改造工程、布达拉宫监测体系工程和罗布林卡监测体系工程，在罗布林卡局部区域和小昭寺开展智慧用电工程项目试点工作。布达拉宫、罗布林卡和大昭寺保护规划报国家文物局审批。

【考古发掘】

（一）概况

2018年，西藏自治区文物保护研究所开展主动性考古项目5个、抢救性考古发掘项目3个，参加文物考古相关评审工作11次。围绕机场、公路、水利、能源等重点项目建设加大文物考古和保护工作，自治区文物保护研究所完成文物考古调查、勘探评估项目17个。

加强考古规划。为适应新形势下文物考古工作需要，组织西藏自治区文物保护研究所编制《西藏自治区考古工作规划》。

有效推进科考工作。由中国科学院青藏高原研究所、西藏自治区文物保护研究所、兰州大学、西北大学、西藏民族大学等单位组成联合科考队，圆满完成第二次青藏高原藏东南人类活动遗迹及生存环境综合科学考察第一阶段的田野调查工作。

（二）重要考古项目

1. 阿里考古工作

组织中国社会科学院考古研究所、陕西省文物考古研究院、四川大学历史文化学院、西藏自治区文物保护研究所对阿里札达县格布赛鲁墓地、曲踏遗址与墓地、曲龙遗址、皮央东嘎遗址和琼结县邦嘎遗址进行考古发掘工作。12月26～27日，在北京召开阿里考古工作汇报会，国家文物局文物保护与考古司负责同志到会听取汇报，并就继续加强阿里考古工作进行安排部署。

2. 史前考古

西藏自治区文物保护研究所与中国科学院古脊椎动物与古人类化石研究所在藏北羌塘

高原发现一处旧石器遗址——尼阿底遗址，证实古人在距今4万～3万年前已踏足青藏高原的高海拔地区。该遗址海拔4600米，是一处规模宏大、地层保存完好、石制品分布密集、石器技术特色鲜明的旧石器时代旷野遗址，是迄今青藏高原最早、世界范围内最高的旧石器时代遗址，刷新了学术界和大众对青藏高原人类生存历史、古人类适应高海拔极端环境能力的认识。

西藏自治区文物保护研究所和中国科学院古脊椎动物与古人类化石研究所在阿里革吉县发现青藏高原首个史前洞穴遗址——梅龙达普遗址。该遗址的发现对探讨青藏高原西部地区古人类生存活动、迁徙演变、人群互动交流等具有重要意义，尤其是为研究掌握细石器技术的人群在高原腹地活动的时间和生计方式提供了强有力的证据。

【博物馆与可移动文物保护】

（一）博物馆

西藏博物馆改扩建工程有序推进。工程深基础已完成45%，浅基础主体结构已完成55%，办公区域、展厅东侧已实现封顶，老馆拆除和局部加固工作已完成35%。

落实西藏自治区人民政府与北京市人民政府的协议，参与在首都博物馆举办的“天路文华——西藏历史文化展”，展览汇集了北京、西藏、河北、青海、重庆21家文物收藏保护单位的216件/套文物，接待观众20余万人次。

参加“茶马古道——八省区文物联展”，举办“祥云托起珠穆朗玛”巡回展览，完成西藏自治区第四届藏博会展览展示工作。山南市文物局第一次跨省在安徽举办山南文物展，阿里地区文物局在第七届象雄文化旅游节举办了“象雄韵 · 丝路痕”出土文物展。

区直文博单位积极参加第十四届中国（深圳）国际文化产业博览交易会和第八届博物馆及相关产品与技术博览会，进一步促进了文物交流与合作，扩大了西藏文化的影响力。

（二）可移动文物保护

截至2018年年底，西藏博物馆共有馆藏一级文物1001件/套、二级文物15784件/套、三级文物26746件/套。

可移动文物普查工作取得阶段性成果。布达拉宫管理处完成古籍文献2120部、贝叶经464部和殿堂文物898件/套的登记建档。罗布林卡管理处完成了古籍579部、艺术品74件/套的登记建档。西藏博物馆完成原展览中心300余件/套藏品的接收工作，完成180件/套藏品的登记建档。西藏自治区文物鉴定中心完成昌都市桑珠德钦林寺、郭庆寺寺藏文物，日喀则市白居寺寺藏纺织品、南木林县国有文物收藏单位寺藏文物、萨迦寺寺藏瓷器和林芝市国有收藏单位寺藏文物的登记建档工作，登记建档文物5076件/套，完成42处文物收藏单位、7872件/套可移动文物采集数据的审核工作。

采用传统保护修复方法，同时积极与兄弟馆合作进行纺织品类、古籍文献类文物保护修复。积极开展布达拉宫文物（古籍文献）保护利用项目相关工作，委托中国文化遗产研究院开展布达拉宫文物（古籍文献）保护利用项目总体规划和抢救性、预防性、数字化保护设计方案编制工作。

【社会文物管理】

有序推进文物进出境审核西藏管理处各项工作，受理67批次319件/套复仿制品出境业务工作。

西藏文物总店组团前往景德镇进行实地考察和学习交流，与研发公司签订设计与生产合同，确定有计划限量生产5个系列21个品种的瓷器。2018年文物总店经营总收入132万元。

【科技与信息】

加强课题研究，西藏自治区文物保护研究所与中国科学院昆明动物研究所合作开展的“青藏高原史前人类高原适应的遗传机理和迁徙与定居历史的古DNA研究”、与中国藏学研究中心联合开展的“元代夏鲁寺汉藏艺术交流”“西藏中部地区石窟寺考古与研究”等课题研究进展顺利。

西藏博物馆完成学术委员会的换届改选工作，学术委员会审议通过了《科研管理办法》，完成2016～2017年馆级课题结项、验收和2018年度馆级课题申报工作。

【文博教育与培训】

全年派出215人次参加各类培训45班次，培训内容涉及文物安全、文物鉴定、古建筑保护技艺、展览策展、博物馆综合业务、壁画保护修复、考古等。

【文博宣传与出版】

各地市、各单位利用国际博物馆日、文化和自然遗产日、安全生产月咨询日等，采取悬挂横幅、制作展板、发送公益短信和集中宣传、专题讲座、宣传“八进”等形式，广泛宣传西藏文物工作。中央电视台新闻频道播出阿里联合考古专题片，中文国际频道《国宝档案》栏目播出专题纪录片《日喀则——雪域传奇》，取得了很好的宣传效果。

编辑出版《西藏文物》（季刊）4期，《布达拉宫》（半年刊）2期，《西藏博物馆》（半年刊）2期，《西藏文物保护研究所年报》1期。《布达拉宫藏品保护与研究》《中华大典·藏文卷》之《历代达赖喇嘛文集》和《第巴桑杰嘉措文集》等图书顺利出版。

【机构及人员】

全面启动文物部门机构改革工作。截至2018年年底，自治区文物局内设处室5个（办公室、政工人事处、文博处、计财处、督察处），机关行政编制23名、事业编制4名；下设事业单位6个（布达拉宫管理处、罗布林卡管理处、西藏博物馆、西藏自治区文物保护研究所、西藏文物自治区文物鉴定中心、西藏文物总店），事业编制315名。拉萨、日喀则、山南、林芝、昌都、那曲、阿里文物局核定编制29名。74个县区文物局除阿里地区札达县设立正科级文物局（编制3名）外，其余均与文化局合署办公。

陕西省

【概述】

2018年，陕西省文物局深入学习贯彻习近平新时代中国特色社会主义思想和党的十九大精神，立足陕西经济社会发展大局，坚持文物工作方针，科学有序地推进了各项工作任务圆满完成。

【执法督察与安全保卫】

全年下达《督察通知》4份，办理群众信访件6起，做到件件有落实。推进秦咸阳城遗址和商洛大云寺违法建设的整改进度，督促华阴市政府出台西岳庙周边违法建设整改措施。举办关中、陕南、陕北片区文物行政执法培训班，增强执法人员依法行政的意识，提升行政执法能力和水平。西安市文物稽查队办理的陕西安诚房地产开发有限公司发现古墓青砖等文物隐匿不报案入选2018年度全国文物行政处罚案卷评查十佳案卷。

韩城、延安两市启动文物安全大防控体系建设，全省开展文物安全大防控体系建设的市（区）达到6个。陕西省文物局连续七年与省公安厅联合开展打击文物犯罪专项行动，有力打击文物犯罪行为。组织完成利用北斗卫星系统监控唐景陵石刻项目，顺利推进被盗（丢失）文物信息发布平台建设，利用无人机开展长城执法巡查，文物安全工作科技化步伐不断加快。汲取巴西国家博物馆重大火灾事故教训，会同陕西省消防总队开展全省博物馆和文物建筑消防安全大检查，整改隐患65处；开展消防安全业务培训和综合演练，建成微型消防站117个。陕西省文物局消防工作在省政府2017年度考核中被评为“优秀”等次。

【不可移动文物的保护和管理】

（一）概况

截至2018年年底，陕西省共有文物古迹49058处，包括古遗址23453处、古墓葬14367处、石窟石刻1068处、古建筑6702处、近现代史迹等文物点3468处。其中世界文化遗产3处9个点，全国重点文物保护单位235处，省级文物保护单位1131处。

（二）大遗址

不断提高汉唐帝陵保护展示水平。完成西汉帝陵考古调查20平方千米，勘探15万平方米，发掘1000平方米。理清霸陵部分外藏坑的文物内涵以及汉成帝废昌陵的位置和大致范围，为文物遗存保护提供了依据。完成唐章陵发掘500平方米，清理石刻39件，发现多处文字题刻信息。完成贞陵、章陵、元陵、景陵64件石刻加固基础、设置围栏等扶正复位保护工作。

（三）全国重点文物保护单位

9月3日，陕西省文物局参加国家文物局组织召开的第八批全国重点文物保护单位申报工作培训会，陕西省第八批国保申报工作启动。经过对培训资料的梳理研究，陕西省文物局于9月21日召开全省第八批国保申报工作动员会。至12月4日，由各地市初步上报申报资料105处，在此基础上，组织专家对名单进行筛选补充，最终确定131处申报点。12月25日，陕西省文物局召开专家会，邀请17位省内专家对131处申报资料进行审核。专家按照国家文物局相关技术文件要求对表格内容进行审核，协助修改完善价值评估、对比分析，并撰写评估意见书。由陕西省文化遗产研究院对申报表格中的图纸、照片进行审核，计划至年底完成审核工作。

（四）世界文化遗产

秦始皇帝陵博物院开展大遗址勘探工作，完成秦陵50余万平方米的勘探任务。陵西大墓发掘接近尾声。一号坑发掘面积30平方米，清理出陶马8匹、陶俑12件；二号坑发掘面积30平方米，出土陶俑10件。开展现场三维扫描工作，对二号坑内方弩兵单元的陶俑布局与内涵有了新的认识。

组织实施秦始皇陵内城垣遗址、东西门阙遗址本体保护和标识展示工程。编制秦兵马俑一号坑展厅整体改造提升项目设计方案。

（五）革命文物

贯彻落实中共中央办公厅、国务院办公厅《关于实施革命文物保护利用工程（2018～2022年）的意见》，起草陕西省《关于实施革命文物保护利用工程（2018～2022年）的意见》报省委宣传部审定。组织全省革命文物普查，其中不可移动革命文物1224处（1310个点）。向国家文物局报备革命文物983处，包括全国重点文物保护单位15处、省级文物保护单位239处。累计投入专项经费1906万元，重点实施延安凤凰山革命旧址、枣园水草湾旧址等保护维修工程。审批革命旧址保护维修项目和方案12个，启动254处陕北革命旧址保护修缮和环境整治项目。

【考古发掘】

（一）概况

2018年，陕西省完成大型基本建设考古调查140余项，面积约26063万平方米、线路里程约1420千米；配合基本建设勘探1358项，面积约19207万平方米，线路里程约2704千米，发现古墓葬7988座、遗迹7728处；配合基本建设考古发掘171项，发掘古墓葬、灰坑、房址等遗迹6558处，遗址6.3万余平方米，出土各类文物约16100件/套。高陵杨官寨遗址、西安秦汉栎阳城遗址发掘项目入选“2017年度全国十大考古新发现”，凤翔血池遗址、高陵杨官寨遗址考古发掘工作分别荣获中国考古学会“田野考古奖”一等奖和三等奖。

（二）重要考古项目

1．陕西延安芦山峁新石器时代遗址考古发掘

芦山峁遗址位于陕西省延安市宝塔区芦山峁村，由省考古研究院联合西北大学文化遗产学院、延安市文物考古研究所共同组队实施。2018年发掘面积3000平方米，集中在大营盘梁院落遗址。该院落坐北朝南，由围墙、门厅、门塾、主干道、广场、集水池、主殿、厢房等要素构成，在夯土墙体和院落基础堆积内发现玉器。勘探面积近27万平方米，山梁坡地上发现房址200余座，清理墓葬、灰坑、灰沟等大量遗迹。芦山峁遗址出土了大量具有礼器性质的玉器，发现了中国年代最早的瓦和四合院式宫殿建筑，对于研究聚落意识形态、社会等级分工，构建河套地区龙山文化框架等中国文明起源方面的研究具有重要意义。

2．陕西澄城刘家洼东周遗址考古发掘

刘家洼遗址位于澄城县王庄镇刘家洼村西北，分布于洛河支流长宁河上游的鲁家河两岸。在2017年工作基础上，陕西省考古研究院与渭南市博物馆等单位组成联合考古队继续开展刘家洼墓地的田野考古工作，完成考古调查4平方千米，勘探面积90万平方米，发掘墓葬40座，发现马坑、房址、壕沟等遗迹，出土青铜礼器、车马器、兵器等各类器物，其中6件铜器带有“芮”字铭文。从出土的“芮太子白”鬲推断此地为芮国后期的一处都城遗址及墓地，填补了芮国后期历史的空白。刘家洼遗址墓地、城址、手工业作坊等遗存要素完备，是东周都邑考古的重要发现，对推动关中东部周代考古乃至周代历史社会的研究具有重要意义。

【博物馆与可移动文物保护】

（一）博物馆

1．博物馆建设

2018年陕西省新增备案博物馆22家，其中文物系统博物馆7家，行业博物馆6家，非国有博物馆9家。

在2017年完成汉景帝阳陵博物院法人治理结构改革试点任务的基础上，2018年在陕西历史博物馆开展省级博物馆法人治理结构改革试点工作。12月9日召开陕西历史博物馆第一届理事会、监事会成立大会，审核通过《陕西历史博物馆章程》，选举产生理事长、副理事长和监事会主席，标志着陕西历史博物馆法人治理结构改革试点工作取得阶段性成果。

2．重要陈列展览

全省博物馆推出多项精品展览。陕西历史博物馆“长安丝路东西风”、陕西历史博物馆（陕西省文物交流中心）“绵亘万里——世界遗产丝绸之路”、延安革命纪念馆“铸魂——延安时期的从严治党”三个展览在“第十五届（2017年度）全国博物馆十大陈列展览精品推介”活动中分获精品奖、国际及港澳台合作奖、优胜奖。陕西历史博物馆、安康博物馆、宝鸡青铜器博物院、延安革命纪念馆等举办“改革开放40周年成就展”。“大唐风华”“陕西古代马文化展”“汉景帝阳陵出土文物特展”“耀州窑历代陶瓷精品展”等展览出省展出，引进“青铜之路——宁夏固原春秋战国时期北方青铜文化特展”“海外克孜尔石窟壁画及洞窟复原影像展”“铜铸滇魂——云南滇国青铜文化展”等精品展览。

“长安丝路东西风”展由陕西省文物局主办、陕西历史博物馆承办的。该展览精选陕西、甘肃、宁夏、青海、新疆五省区12家博物馆的馆藏文物140件/组，以东西文化交流为线索，全方位呈现了汉唐长安作为世界东方文明之都的开放性、包容性。

“绵亘万里——世界遗产丝绸之路”展由国家文物局主办，陕西、甘肃、新疆三省、自治区文物局等承办，陕西历史博物馆（陕西省文物交流中心）执行，是为庆祝香港回归20周年和配合第十届“亚洲文化合作论坛”而举办。展览以中、哈、吉三国联合申报世界遗产“丝绸之路：长安—天山廊道的路网”为主题，汇聚了来自三个国家37家文博单位的精美展品220件/组。

“铸魂——延安时期的从严治党”展由陕西省纪委、省委组织部、省委宣传部和延安市委主办，延安革命纪念馆承办。该展览展现了延安时期中国共产党以建设廉洁政府为目标，以思想教育为前提，以党性教育为基础，以制度建设为保障，以群众监督为特色的从严治党之路。

“大唐风华”展由中国国家博物馆与中共陕西省委宣传部、陕西省文物局共同举办。展览展出近120件唐代文物，从文化、生活、艺术、中外交流及宗教信仰等多方面再现了盛唐风华。

“跨越时空的邂逅——秦始皇帝陵与汉景帝阳陵出土陶俑展”由汉景帝阳陵博物院与秦始皇帝陵博物院举办。展览以秦汉陶俑对话的陈列形式展示了秦汉时期的政治、军事、经济等内容，为秦陵与汉陵、秦俑与汉俑的比较研究提供了平台，彰显了秦汉文化的传承、变化与发展。

3．其他

全省博物馆开展优秀历史文化进校园、进社区、进军营等各类文物惠民活动2500余场次；组织“博物馆大讲堂”公益巡讲活动，10家博物馆的社教工作者走进空军工程大学开展历史文化宣讲。陕西省文物局与西安市政府签订合作协议，在全国率先将博物馆教育纳入国民教育体系。

与社会文化企业合作，推进文化创意产业发展。在第三届“丝博会”召开之际举办“陕西文物事业新成果暨文创产品展”，联合陕西省文化厅等六部门举办首届中国西安国际文创产品创新设计大赛。组织有关单位参加省内外文化产业博览会，“陕博日历”等30余种文化创意产品受到大众青睐。陕西历史博物馆、秦始皇帝陵博物院等单位文创产品年销售量稳步提升。

（二）可移动文物保护

1．可移动文物保护科研基地建设

砖石质文物保护国家文物局重点科研基地：以“砖石质文物科技保护”为核心，承担并完成多项国内砖石质文物保护科研、实施项目和技术咨询服务工作。组织开放课题“温度变化对灰岩石刻的风化影响机理前期研究”的实施，组织开放课题“石质木质文物超声三维缺陷检测和显示研究”及“陕西石质文物石材检测研究”开题。承担全国石质文物保护项目立项及方案编制工作，完成茂陵石刻保护廊房建设，前期预防性保护、展示方案实施；协助完成泾川出土石造像保护修复、徐州汉墓砖室墓加固保护工程的招投标工作；承担碑林开成石经、乾陵翁仲、天津蓟县独乐寺大佛、山东曲阜大齐碑、青州博物馆明代石狮的超声检测和内窥镜探查。

陶质彩绘文物保护国家文物局重点科研基地：完成陕西省陶质及彩绘文物修复工程技术研究中心筹备申请组建项目的验收和结项工作。对山东定陶、河南焦作、湖北云梦、徐州土山、甘肃火烧沟、安徽六安、山东滕州以及昭陵、咸阳三义村、榆林等保护修复工程项目提供技术支持和指导，促进文保科技领域协同发展。

考古发掘现场文物保护国家文物局重点科研基地：围绕考古发掘现场文物保护这一中心，以最大限度提取文物遗存原真信息和有效抢救脆弱文物遗存为目标开展文物保护研究工作。开展多个科研项目、室内文物保护修复项目和考古发掘现场文物保护项目，保护修复各种材质文物400余件/组，抢救揭取壁画近300平方米。编制保护修复方案8项。

馆藏壁画保护修复与材料科学研究国家文物局重点科研基地：开展馆藏壁画数字化保护项目，采用无损的信息提取方式对陕西历史博物馆“唐代壁画珍品馆”20幅壁画开展包括高清影像、三维模型、线画图进行数字化采集工作。与西安市文物保护考古研究院合作壁画保护修复项目，合作修复近几年在西安市周边6座唐代墓葬中揭取的壁画83幅。与西安光机所开展馆藏壁画颜料分析检测和颜料数据库建设。援助宁夏固原博物馆馆藏壁画修复项目、洋县智果寺文管所壁画修复保护项目及镇巴县博物馆红军墨书标语复原展示项目。

2. 可移动文物保护技术、方法及应用

2018年批准可移动文物修复项目立项7个，批准日常保养修复项目3个，组织完成对宝鸡青铜器博物院等8家单位可移动文物修复项目的验收工作。组织召开全省可移动文物修复资质单位业务座谈会，进一步推进全省可移动文物保护修复工作的规范化与标准化。增加宝鸡青铜器博物院、咸阳博物院的可移动文物修复资质范围。截至2018年年底，陕西省可移动文物修复资质单位共15家，全年共修复馆藏文物2000余件。

【社会文物管理】

陕西省文物局建立全省文物购销拍卖信息与信用管理系统，编印《社会文物管理法律法规汇编》和《陕西省文物购销拍卖信息与信用管理系统操作手册》，通过加强行业监管，引导文物流通领域健康发展。全年组织陕西省文物鉴定委员会审核7家拍卖企业13批次6274件/套拍卖标的，文物成交额1495万元。

【科技与信息】

加强“陕西数字博物馆移动馆”建设，进一步推动博物馆数字化、网络化、智能化，实现文物数字资源共享。2018年陕西数字博物馆制作并上传电子专题展览17个、VR展览18个、视频新闻18期，电子巡回展览系统先后在陕西历史博物馆、韩城梁带村博物馆、渭南博物馆以及第九届中国西部文化产业博览会展出。

陕西省文物局联合中国移动陕西公司正式启动“互联网+文物教育”平台，旨在通过数字化、网络化的文物教育课程及其他教学资源，在移动互联网电视增加历史文化中小学网络互动教学和社区教育频道，实现博物馆文物资源与教育的有机结合。实施“互联网+延安革命旧址”项目，推进枣园、杨家岭等5处革命旧址数字化建设，创新提升革命旧址保护利用水平。积极推进秦始皇帝陵博物院等单位“互联网+中华文明”三年行动计划项目；与陕西移动公司联合建设“互联网+中华文明”产业生态体系，开展“首届陕西历史文化动漫游戏大赛”；与百度、陕文投集团等企业跨界合作，积极打造“互联网+智慧服务”平台。

【文博教育与培训】

陕西省文物局分别在渭南、宝鸡、咸阳、西安、延安、榆林、安康举办四期基层博物馆馆长培训班和四期基层博物馆业务骨干培训班，近700余人参加培训。开展延安地区博物馆教育水平提升专业服务，培训业务骨干300余名。举办讲解员培训班四期，举办全省陶器类文物鉴定培训班、纸质文物保护修复培训班等。

陕西省文物局与陕西职业技术学院签署关于文博技能人才培养计划战略合作协议。指导陕西历史博物馆文博系列继续教育基地开展继续教育培训，先后举办培训班9期，培训专业人员2900余名。

【对外交流与合作】

2018年，围绕“彰显陕西国际新形象”建设，推动陕西文物对外交流合作。

全年组织文物出入境展览15个，其中出境展览7个、入境展览8个。赴英国利物浦“秦始皇和兵马俑”展被纳入欧盟“欧洲文化之都”10周年国际商务节系列庆祝文化活动，被中宣部评为“2018年春节中华文化走出去优秀项目”。

加强与“一带一路”沿线国家在文物考古等领域的合作和交流，推进哈萨克斯坦拉哈特古城、吉尔吉斯斯坦红河古城西侧佛寺遗址联合考古工作，清理墓葬15座，测绘调查约2260万平方米。成立“西北大学丝绸之路考古中心”，协同陕西省教育厅、西北大学等9家指导委员会成员单位，在乌兹别克斯坦等丝绸之路国家持续开展考古和历史文化遗产研究，积极承担和开展国际合作研究项目。西北大学中亚考古队考古调查项目取得重要成果，发现“西迁中亚的大月氏遗存”。成功承办“考古视野下的‘丝绸之路’国际论坛”，倡议成立“丝绸之路考古联盟”，发表《国际丝绸之路考古与文化遗产保护西安共识》。

【扶贫工作】

2018年，陕西省文物局牵头的山阳县省级扶贫团成员单位增至16家，扶贫团成员单位共向帮扶点拨付资金528.33万元，引进和争取资金902.9万元，捐赠资金和物品折价95.43万元、行业扶贫2491.45万元。扎实开展局机关“两联一包”扶贫工作，选派优秀副处级干部完成挂职扶贫副县长和驻村第一书记轮换工作，组织局机关处级以上干部开展“一对一帮扶”。先后帮助包扶村发展60千瓦光伏发电、香菇大棚、中草药种植等产业项目，组织实施排水设施和危房改造，建成文化广场和便民桥。组织爱心企业在包扶村开展“互联网+教育——智力扶贫进校园活动”，捐赠价值40余万元的数字教育资源、图书和文具。局机关干部为包扶村“爱心超市”捐款1万余元，包扶村年底前实现整村脱贫摘帽。发挥文物资源优势加强行业扶贫工作，全年实施涉及9市33县（区）贫困地区137处文物的保护利用项目，促进贫困地区经济发展。

甘肃省

【概述】

2018年，甘肃省文物系统坚持以习近平新时代中国特色社会主义思想为指导，深入学习贯彻党的十九大及二中、三中全会精神，全面贯彻落实习近平总书记视察甘肃重要讲话和“八个着力”重要指示以及省第十三次党代会精神，坚持从严从实抓党建，正风肃纪转作风，提高政治站位，坚定政治方向，增强“四个意识”，坚定“四个自信”，做到“两个维护”，确保各项决策部署落到实处，文物工作成绩斐然、亮点频现，文博单位和文物工作者获得诸多殊荣。

【执法督察与安全保卫】

扎实开展甘肃省文物安全状况大排查、文物法人违法案件专项整治、文物行政执法和安全监管等专项行动，发现各类文物安全隐患和问题726处，挂牌督办文物案件12起，严肃查处法人违法案件1起。瓜州县文物局查处破坏汉长城遗址案件入选“2018年度全国文物行政处罚案卷”十佳案卷。甘肃省文物局与省文旅厅、省公安消防总队联合对全省25家国家三级以上博物馆和49处具有火灾危险性的全国重点文物保护单位进行逐一检查，发现问题隐患222处，整改到位151处。

全面贯彻落实全国文物安全电视电话会议和国务院办公厅《关于进一步加强文物安全工作的实施意见》精神，起草完成并报请甘肃省政府办公厅印发实施《甘肃省文物安全管理办法》，对文物安全责任体系、安全制度及措施进行全面规范。着力加强安防体系建设，实施平凉市博物馆安防、仙人崖古建筑消防、金天观防雷等“三防”工程项目34个，增强了重点风险单位的防护能力。

【不可移动文物的保护和管理】

持续加强文物保护单位“四有”工作。甘肃省文物局报请甘肃省政府同意，会同甘肃省住建厅划定并公布甘肃省68处全国重点文物保护单位和465处省级文物保护单位的建设控制地带，至此，包括3852个长城点段在内的全省省级以上文物保护单位保护范围和建设控制地带划定公布工作全面完成。督促各地开展市、县级文物保护单位保护范围和建设控制地带划定公布及备案工作。

编制锁阳城国家考古遗址公园规划并上报国家文物局。大地湾国家考古遗址公园建设有序推进，大堡子山遗址及墓群保护展示工程取得阶段性成果。积极推进山丹、古浪等长城重点段落保护利用设施建设，有效推动文物与旅游产业深度融合。

实施榜罗镇会议旧址保护修缮工程、八角城城址加固工程等全国重点文物保护单位和通渭寨遗址修缮、桥湾城遗址防洪等省级文物保护单位保护维修工程项目46个，申报获批立项全国重点文物保护单位保护项目28个，为文物展示利用奠定了良好基础。有效组织应对炳灵寺石窟、木梯寺石窟、大像山石窟、崆峒山古建筑群等汛期受灾文物应急抢险工作，最大限度地降低灾害造成的损失。加大规划编制力度，崆峒山古建筑群、东灰山遗址保护规划经国家文物局批复同意，明肃王墓、牛门洞遗址保护规划编制完成并上报国家文物局审批。

嘉峪关世界文化遗产保护工程基本完工。敦煌莫高窟数字化保护项目、莫高窟文物保护利用设施建设项目、炳灵寺石窟文物保护利用设施建设项目、嘉峪关世界文化遗产保护和展示工程绿洲生态展示区项目和峪泉古街项目设计方案获国家文物局批复同意。指导敦煌市完成玉门关遗址游客服务中心改造工程。天祝、临洮、民勤等地文物行政部门实施重点段落长城保护工程。

加强文物保护工程管理，出台《甘肃省文物保护工程管理办法（试行）》，明确和规范文物保护工程立项、技术方案审批、施工管理和检查验收等各环节的管理责任、程序和要求。

【考古发掘】

（一）概况

积极融入“考古中国”重大研究项目，综合运用多种科技手段，着力推动早期秦文化、史前文化及丝绸之路相关的重点考古研究项目，全面开展阳关遗址考古调查，进一步深化周秦文化研究。坚持既有利于经济建设又有利于文物保护的原则，及时办理42项配合基本建设的文物考古及保护工作。加快考古成果研究，及时组织编写考古报告或简报，《居延汉简》正式出版。

（二）重要考古项目

1．庆阳市环县曲子镇楼房子遗址考古发掘项目

发掘面积约22平方米，包含旧石器中晚期两个阶段的文化堆积。登记标本4398件，其中石制品1268件，其余均为化石。此次发掘与2011～2012年的首次发掘共同完成了对遗址地层剖面的揭露，为整个陇东地区提供了旧石器时代中晚期的剖面参考，也为研究现代中国人的起源、文化因素交流等提供了宝贵资料。

2．甘南藏族自治州夏河县白石崖1号洞遗址考古调查发掘项目

对甘加盆地北侧达里加山和盆地内央曲及其支流进行了调查，新发现两处史前考古遗址WET01（Waerta01）、NML01（Nimalong01）地点，完成了简单的剖面清理和样品采集。对达里加山南侧十几个洞穴进行实地勘察与部分试掘，对白石崖1号洞（BSY01）地表松散堆积层出露剖面进行勘探。三处遗址出土石制品均为石片石器。根据碳十四测年结果，BSY01洞穴近地表出土的石制品年代为全新世中晚期，NML01遗址可早至更新世晚期至全新世，WET01遗址位于全新世中期。此次调查发掘成果填补了该区域旧石器研究的空白，为进一步研究青藏高原东北部大夏河流域晚更新世至全新世考古遗址的时空分布模式和规律提供了可靠材料。

3．马家窑至寺洼文化时期聚落与社会研究项目

主要在寺洼遗址北部鸦沟西侧和东侧两处台地上开展考古发掘工作。其中鸦沟西侧台地揭露面积375平方米，清理不同时期灰沟2条、灰坑74个；鸦沟东侧台地揭露面积100平方米，清理寺洼文化墓葬8座。此次发掘获取了大量陶、石、骨等人工遗物和自然检测样品，

进一步丰富了对寺洼遗址不同时期文化堆积及各类遗存的认识，为寺洼遗址的保护、开发及相关学术问题的研究提供了重要资料。

4. 洮河流域新石器至青铜时代文化与社会演进研究项目

对寺洼遗址西南部约30万平方米范围进行考古调查，采集暴露于地表的各类遗物，确认了遗址西南部的分布范围和边缘界限，为下一步的考古调查和发掘工作奠定了基础。对临洮县大崖头遗址开展考古试掘，试掘面积约29平方米，共清理马家窑文化马家窑类型、马家窑文化半山类型以及齐家文化灰坑14个、灰沟2条，出土大量陶器、石制品、骨器及木炭等。

5. 河套地区聚落与社会研究项目

采用区域系统调查和考古调查地理信息系统相结合的方法，对桥村遗址所在的灵台县黑河流域进行区域系统调查，调查面积约60万平方米，发现并确认遗迹点250余处，人骨测年显示遗址年代下限已进入青铜时代早期。对遗址核心区域进行勘探，面积1000平方米，发现灰坑、白灰面房址和墓葬等遗迹。对桥村社东北侧塬顶台地进行考古发掘，面积400平方米，出土陶器、石器、蚌器以及板瓦、筒瓦等，并发现玉璜、卜骨等与祭祀活动有关的遗物。桥村遗址整体文化面貌与陕北、内蒙古同时期遗存差异较明显，陶瓦等建筑材料与延安芦山峁遗址有极强的共性；遗址所在区域与关中西部接壤，陶器组合与客省庄文化更为接近。在桥村遗址首次发现槽形坑类遗迹，初步判断可能与大型建筑的地基结构有关。

6. 早期秦文化与西戎文化研究项目

继续开展礼县六八图遗址考古工作。发现各类遗迹现象744处，其中墓葬538座。发掘清理各类墓葬32座，随葬品为铜器、陶器、玉石骨角器等。初步判断遗迹年代多为战国晚期至秦朝，为研究秦人的来源提供了新的资料。

继续开展张家川马家塬墓地考古发掘。对墓地西北、中部及东部三个区域进行考古勘探，面积约3.6万平方米，新发现墓葬11座。清理4座战国晚期至秦朝墓葬，出土素面马车两辆。清理1座清代墓葬，墓主右手握铜钱1枚，初识为“顺治通宝”。此次发掘进一步明确了墓地的布局范围、墓葬的结构形制及葬式葬俗等，对马家塬墓地的文化内涵有了更为丰富的认识。

7. 宁县西头村遗址考古调查、发掘项目

对遇村遗址进行大面积考古调查，发现大量两周时期灰坑，出土遗物丰富。陶鬲折肩趋势明显，纹饰为交错绳纹，春秋时期特征明显。对石家墓地西南部东侧、西侧区域进行考古发掘，清理东周时期墓葬12座、车马坑1座。在墓葬发掘区新发现窑址1座。该项目为探讨东周时期这一区域的文化传播、民族融合及互动提供了重要资料。

8. 定西市漳县三岔镇墩坪墓地考古发掘项目

共发掘齐家文化房址9座、灰坑8个，寺洼及汉代墓葬78座，出土石器、骨器、陶器、青铜器等。此次发掘不仅对墩坪墓地不同时期墓葬的分布有了进一步了解，而且对漳河流域汉代墓葬的形制特点和丧葬习俗有了新的认识。

9. 阳关遗址考古调查项目

对古董滩遗址进行拉网式地面徒步考古调查，采集标本、拍摄图片、全面文字记录，同时对地面所见考古遗存进行RTK精细测绘。对南湖寿昌古城址进行光学及红外线航拍，构建寿昌城址数字三维模型。对寿昌城址南部古水道遗址进行地磁物探实验调查。开展小方盘城至墩墩山烽燧之间支线长城（汉敦煌郡“西塞”塞墙及烽燧遗址）的考古调查，基本摸清了玉门关—阳关一线古塞墙各段修筑方法及与烽燧的具体布局。围绕丝绸之路南道—阳关古道考古开展古董滩西南西土沟上源及通往崔木土沟的古道调查，重点对青山梁南道及青山梁烽燧进行踏查。开展汉敦煌郡“南塞”相关考古调查，新发现汉唐以来的烽燧和障城遗址，以及与阿尔金山通往青海的重要山口相关联的隘口遗址，对丝绸之路南线走向及敦煌郡“南塞”防御系统有了新的认识。

10. 甘川文化廊道考古调查项目

对“甘川文化走廊”沿途涉及甘川两省的重要遗址及相关博物馆进行详细调查，对沿途遗址加深了认识，了解了马家窑文化南移、北方西戎文化南迁的文化面貌，对研究早期南亚廊道、文化迁徙变迁、南北文化交融具有重要意义。

【博物馆与可移动文物保护】

（一）博物馆

2018年甘肃省新建文化遗产“历史再现”工程博物馆28家，总数达到583家。加强博物馆基础设施建设，金昌市博物馆、张一悟纪念馆等5个新馆建成开放，平凉市博物馆、武威市博物馆、金塔县博物馆等4个新馆建成正在布展，甘南州博物馆新馆开工建设，甘肃简牍博物馆建设、甘肃省博物馆扩建工程前期工作积极推进。甘肃省博物馆通过国家一级博物馆运行评估。玉门市博物馆被评定为国家三级博物馆。

认真实施博物馆免费开放工作，着力提高展览及文化传播、科普教育水平，累计接待观众近3000万人次，博物馆在公共文化服务体系中的作用更加凸显。

以联合办展、互换展览、流动展览、交流合作等多种形式深入推动馆际交流，提高馆藏文物利用率，促进馆藏文物“活”起来。甘肃省博物馆与兰州市、白银市、靖远县、会宁县联合推出“山水姻缘——范振绪书画艺术展”，引进“紫玉金砂——无锡博物院藏紫砂艺术展”等21个展览和“汽车展览——美国的车文化”“天才狂想曲——毕加索与达利的版画艺术视界”等2个境外展览。

着力开展社会教育活动，甘肃省博物馆“亲子快乐营”、陇西县博物馆“知行课堂”、靖远县博物馆“乐知课堂”等活动成为知名博物馆社教品牌。

充分挖掘文化遗产价值内涵，持续开展品牌建设和文创管理体系建设，研发、设计、推广和销售体系初步形成。敦煌研究院取得注册商标108个、其他知识产权30项。甘肃省博物馆文创中心注册了“东方密语”和“逃出壁画的鹿”两个商标，获得国家专利12项。

（二）可移动文物保护

在甘肃省博物馆举办“全省第一次可移动文物普查成果展”和普查成果新闻发布会，全面展示甘肃省普查工作历程和成果。

加强藏品管理和推进出土文物移交工作。完成国有单位收藏的4532件/套一级文物藏品档案备案工作。完成民乐八卦营城址出土382件/套文物移交工作。组织全省37家非国有博物馆完成藏品备案工作，登记备案藏品27141件/套。

完成甘肃省博物馆馆藏丝织品保护修复、高台县博物馆藏品预防性保护等项目，立项实施甘肃省博物馆馆藏文物数字化保护、张掖市博物馆藏品预防性保护等项目，馆藏文物保存状况持续改善。

【社会文物管理】

开展拍卖标的审核工作，完成3场文物拍卖会拍卖标的审核备案工作。

积极指导甘肃省博物馆和甘肃省文物考古研究所规范开展涉案文物鉴定、报备工作。2018年受理涉案文物鉴定委托26次，鉴定评估不可移动文物4次，鉴定疑似文物203件/套，为司法机关打击文物犯罪提供了有力支持。

【科技与信息】

持续加强技术创新和科研成果转化。敦煌研究院充分发挥古代壁画和土遗址保护国家工程中心和科研基地的平台作用，承担了一批国家重点科研项目和行业标准编制工作，《文物保护单位游客调查规范》《石窟寺（洞窟）温湿度监测规范》《土遗址灌浆加固设计规范》等8个甘肃地方标准获省质监局同意实施。敦煌研究院建成全国首个文物保护多场耦合实验室。“丝绸之路文化遗产保护国际科技合作基地”成为国家级科技合作基地单位，搭建起面向世界的国际化平台。

“数字敦煌”中英文版资源库成功上线，开创了文化遗产全球共享新模式。建设敦煌文化全媒体平台，对外宣传推广数字文化品牌及相关产品。

【文博教育与培训】

组织参加国家文物局各类业务培训21个班次。承办国家文物局主办的丝绸之路遗址保护高级培训班、壁画保护修复技术培训班。举办甘肃省非国有博物馆藏品备案培训班、省直文博系统政府会计制度培训班、省直文博系统党支部书记和专（兼）职党务干部培训班及脱贫攻坚帮扶责任人培训班等。

【文博宣传与出版】

精心策划开展国际博物馆日、国际古迹遗址日、文化和自然遗产日系列宣传活动，推动优秀传统文化传承弘扬。《莫高窟与吴哥窟的对话》专题片完成在吴哥窟的初次拍摄。甘肃省38家文博单位在“腾讯博物官”上线，甘肃省博物馆参加央视《国家宝藏》栏目。

《甘肃省志·文物志》正式出版，弥补了甘肃省志地方志书的缺环与空白。策划启动《甘肃文物》系列丛书编纂出版工作，以期全面反映甘肃文物资源优势特色和研究成果，扩大甘肃文化影响力。

【机构及人员】

2018年，甘肃省设文物局的市州1个，为酒泉市；加挂文物局牌子的市州有9个，天水市、白银市、张掖市、武威市、平凉市、庆阳市、嘉峪关市、甘南州、临夏州分别在文化和旅游局、文体广电和旅游局、文化广电和旅游局加挂牌子；文物行政职能整合的市州有4个，兰州市、金昌市、定西市和陇南市分别将文物行政职能整合至文化和旅游局、文体广电和旅游局、文化广电和旅游局。

【对外交流与合作】

大力促进中华优秀传统文化弘扬传播，以敦煌艺术、丝绸之路为特色推出文物展览，在德国、意大利、泰国等国家和地区展出，有效扩大了敦煌文化的对外影响力。

敦煌研究院承担的中国政府援助吉尔吉斯斯坦纳伦州古代城堡遗址研究和保护项目有序实施，在推进甘肃文化遗产保护成套技术走出去的同时，为“一带一路”文化建设提供了坚实支撑。

举办第三届丝绸之路（敦煌）国际文化博览会。本届文博会由中共中央宣传部牵头，甘肃省人民政府、中华人民共和国文化和旅游部、国家广播电视总局、中国贸促会主办，以“展现丝路风采、促进人文交流、让世界更加和谐美好”为主题，近100个国家和地区及国际组织的代表团参会，1300名国内外嘉宾出席会议。以国家文物局和甘肃省政府名义举办“丝绸之路文物科技创新联盟论坛”，来自11个国家的160多位专家学者参会，充分展示了丝绸之路文化遗产科技保护领域不断扩大的“朋友圈”。

【改革创新】

加快文物保护利用改革创新。全面梳理甘肃省革命文物资源状况及价值内涵，细化五大主要任务和六大重点工程项目，研究起草《甘肃省革命文物保护利用工程（20188～2022年）实施意见（送审稿）》，已经甘肃省委宣传部和甘肃省文旅厅同意后报甘肃省政府审定，将由甘肃省委办公厅、省政府办公厅印发实施。中办、国办《关于加强文物保护利用改革的若干意见》印发后，按照甘肃省委、省政府主要领导的批示要求，聚焦甘肃省文物保护利用改革的重点难点问题，起草完成甘肃省实施意见，正在按程序征求各方面意见建议。

以改革创新为引领，全面落实甘肃省政府工作报告重点任务，着眼打造中华文明标识和文化地标，深入挖掘河西走廊的整体文化价值，组织编制《河西走廊国家遗产线路保护利用行动计划（2018～2025年）》，将作为全国首个国家遗产线路项目由国家文物局和甘肃省政府共同组织实施。

深化“放管服”改革，采取“线上+线下”并行模式，最大限度缩短办理时间。通过网上受理并办结行政审批和企业个人申请事项26项，实现了“一窗办、一网办、简化办、马上办”目标。

青海省

【概述】

2018年，青海省文物系统以习近平新时代中国特色社会主义思想为指导，深入学习贯彻党的十九大精神，全面学习贯彻落实党中央国务院和省委、省政府有关会议、文件精神，牢牢把握加强文物保护利用和文化遗产保护传承的新时代要求，全面夯实文物基础工作，加大保护传承力度。文物安全工作得到加强，文物保护管理利用水平不断提升，博物馆服务社会能力不断凸显，考古工作取得新成效，民众文保意识不断提升。青海省各项文物工作取得了新突破，文物保护利用工作整体步入新的发展阶段。

【执法督察与安全保卫】

做好文物安全常态化监管，将文物安全工作贯穿于全年始终。在冬春、夏季、秋季、汛期等特定时段，定期开展文物安全检查。向文物保护单位管理人员尤其是寺院僧侣宣讲文物安全知识，普及文物安全法律政策，全力推动“平安寺院”创建活动。根据上级部门的安排部署，青海省文物局相继开展了文物安全状况大排查回头看行动、全省博物馆和文物建筑消防安全大检查、打击文物犯罪专项行动等。

全省博物馆和文物建筑消防安全大检查覆盖文博单位40处（文物建筑33处、博物馆7家），发现隐患140项（文物建筑单位隐患109项、博物馆单位隐患31项），督促整改隐患80项。对照检查结果，对19处重点隐患单位下发督办通知。结合全省博物馆和文物建筑消防安全大检查工作对全省文物安全状况进行进一步的摸排，截至2018年10月20日，全省共上报安全隐患178项，完成整改108项。

配合公安机关成功破获都兰热水“3·15”古墓盗掘案，追回涉案文物644件，其中一级文物15件、二级文物47件、三级文物171件、一般文物411件。由于案件破获及时，没有造成文物流失。以省政府名义成立热水墓群被盗案联合调查小组和整改工作领导小组，全面落实整改工作要求，严肃追究相关单位和人员责任。

深入推进“文物法人违法案件专项整治行动（2016～2018年）”。对近年来的法人违法案件整改情况持续关注，督办乐都瞿昙寺景区违法建设整改工作，勒令对违法建筑进行了拆除。

青海省人民政府组织召开全省文物安全工作会议，对全省文物安全工作作出具体要求。省文物局同各个市（州）文物部门负责人签订《2018年度文物安全目标责任书》，明确文物安全直接责任单位和责任人名单，逐级落实文物安全责任。青海省文物局联合10个厅局印发《关于贯彻落实〈国务院办公厅关于进一步加强文物安全工作的实施意见〉的通知》，从落实安全责任制、强化督察检查等五个方面提出了具体要求。青海省文物局下发《关于建立文物安全工作协调机制和联席会议制度的通知》《关于进一步加强文物安全信息上报的通知》，进一步明确文物安全信息报送工作要求，严肃了文物安全信息报送工作纪律。

【不可移动文物的保护和管理】

督促、指导完成喇家国家考古遗址公园建设年度目标任务。喇家博物馆展陈工作基本完成，民俗村竣工验收交付使用，售票室、门卫室主体工程以及3号、4号保护棚主体工程完成，1号展览馆已对外开放。

完成21个全国重点文物保护单位保护规划本体修缮类、三防类保护项目及基础设施建设项目方案论证、申报、审批工作。对14个全国重点文物保护单位工程项目进行现场检查验收，验收合格率达100%。指导全省各地区开展省级文物保护单位保护项目调查、研究、方案编制工作，加强项目储备。

根据国家文物局《关于开展第八批全国重点文物保护单位申报遴选工作的通知》要求，启动青海省的申报工作，最终筛选出35处具有一定文物价值、历史价值、艺术价值的文物保护单位。组织遴选第十批青海省级文物保护单位，对申报对象进行评估、审核。

开展丝绸之路南亚廊道（青海段）文化遗产调查工作。在2017年度调查基础上踏勘了5个州16个县的135处文物点，新发现文物点15处。对2017年调查的部分重要城址进行测绘和三维建模，为丝绸之路南亚廊道申遗工作提供了较为充分的学术支撑。

开展青海省革命文物调查摸底工作，上报《青海省革命文物保护利用工程（2018～2022）实施意见（征求意见稿）》。《青海省红色文化旅游保护规划（2019～2035）》已经专家评审正在进行修改补充完善。

【考古发掘】

2018年，青海省考古工作立足实际，以强化基础工作和提升基本能力为重点，打造联合考古基地，努力提升文物考古研究水平。配合基础建设完成相关区域抢救性考古调查、勘探、发掘及文物保护工作。对祁连县柳沟台古文化遗址、西宁市杨家寨M1汉代墓地、班家湾汉代墓地等进行抢救性发掘，完成门源县“引大济湟”水利枢纽调水总干渠工程、哇沿水库鱼类增殖放流站工程等20个工程项目的文物考古调查及勘探工作。配合都兰热水“3·15”古墓葬盗掘案破获工作开展发掘、研究及保护工作。

开展联合考古基地建设，提升全省考古研究水平。完成国家文物局、中国社会科学院、青海省政府共建热水墓群国家考古研究基地框架协议起草工作。

配合喇家遗址公园建设做好发掘工作。2018年发掘总面积约1000平方米，共发现遗迹129处。另发现保存序列完好的砂层和古地震留下的多处裂缝。出土遗物较为丰富，涵盖马家窑文化、齐家文化、辛店文化山家头期等类型。

【博物馆与可移动文物保护】

（一）博物馆

1．博物馆建设

组织参加“第三批国家二、三级博物馆定级评估”申报工作，柳湾彩陶博物馆、青海藏医药文化博物馆被评为国家二级博物馆。

11月9日，青海藏文化博物院二期馆正式开馆。该馆总建筑面积3万平方米，总投资3

亿元，内设丝绸之路与青藏高原文明史、中国藏族艺术彩绘大观、藏族建筑艺术、书法艺术、卡垫、服饰等展馆。

申报落实2019年度免费开放博物馆纪念馆陈列布展补助项目资金1100万元，其中海西州民族博物馆400万元、海南州民族博物馆400万元、藏医药文化博物馆300万元。

2．博物馆间的交流与合作

加强馆际交流，通过省外巡展活动展示青海省优秀的传统文化遗产。5月31日～8月5日，由青海省博物馆、云南省博物馆联合主办的“寻找雪域的佛迹——青海藏传佛教艺术展”在云南省博物馆展出，展览精选青海省博物馆145件藏传佛教艺术珍品，展现了青海藏传佛教艺术的独特魅力。11月30日，汇集青海、陕西、甘肃、宁夏、新疆、四川、西藏七省区十家文博单位精品文物的“唐蕃古道——七省区精品文物联展”在青海省博物馆开展，该展览为“丝绸之路南亚廊道”申遗助力，再现了古道文化。

3．重要陈列展览

全省博物馆、纪念馆坚持“三贴近”原则，提高精品意识，丰富展览内容，改进展览方式，极大地提升了博物馆服务水平，增强了影响力。

7月10～26日，由青海省文化和新闻出版厅、北京市文化局主办，青海省博物馆、北京天坛艺术馆、黄南州民族博物馆承办的“对话——唐卡 · 瓷板佛画艺术展”在青海省博物馆展出。

2月6日～5月4日，“匠盈新春 · 印刻时光记忆——扬州雕刻及雕版艺术展”在青海省博物馆展出，展示扬州博物馆藏古代玉、砖、木、象牙、竹、瓷、漆雕的雕刻工艺，以及扬州中国雕版印刷博物馆藏中国雕版印刷遗存。

8月21日～10月8日，“织绣云霞——云南少数民族服饰展”在青海省博物馆展出，通过服饰表现云南少数民族的文化背景、生活水平、文化内涵和审美情趣。

10月12～18日，“中国名片——人民币发行70周年纪念展”在青海省博物馆展出，向社会公众宣传、普及人民币知识，充分展示人民币作为“中国名片”的魅力。

4．其他

致力于凸显博物馆社会教育、公众服务与文化宣传等多项职能，建立青少年社会实践教育基地，赴坦桑尼亚参加“青海文化周暨青海文化创意产品展”等，推动全省博物馆事业健康有序发展。

（二）可移动文物保护

制定《青海省非国有博物馆藏品备案工作的实施方案》，完成10家非国有博物馆的藏品认定、信息采集、数据审核工作。

2018年财政部、国家局审批同意青海省可移动文物预防性保护项目3个，其中预防性保护项目2个（黄南州民族博物馆、海西州民族博物馆），数字化保护项目1个（青海省博物馆）。青海省文物局组织专家评审并上报可移动文物预防性保护方案6个、博物馆馆藏文物数字化保护方案4个。完成柳湾彩陶博物馆可移动文物预防性保护项目验收。

为改善县级以上文物保护单位宗教场所可移动文物的存放环境，青海省文物局落实资金150万元，购置文物珍藏柜238个。

配合海东市循化县黑城子古城考古发掘工作，完成出土文物的保护修复工作。与南京博物院合作开展馆藏纸质文物保护修复项目。完成元代右衽黄地织金袍修复工作。

【科技与信息】

建设青海省文物保护利用信息平台。截至2018年12月31日，完成政府采购所有审批手续和公开招标工作，工程建设正在实施当中。信息平台的建设将对青海省文物资源的整合利用、文物保护知识的普及宣传起到极大的推动作用。

【文博教育与培训】

5月30日，青海省非国有博物馆藏品备案工作启动会议暨业务培训班在湟中召开。11月27日，青海省非国有博物馆藏品备案数据审核业务培训班在湟中县香巴林卡开班。

9月20～21日，举办“青海省文物保护工程绩效评价暨第八批全国重点文物保护单位申报遴选培训班”，对文物保护专项资金绩效评价及项目管理，全国重点文物保护单位申报遴选工作流程、申报重点、遴选标准等进行培训。

【文博宣传与出版】

利用节庆活动拉近文物与社会大众的距离，展示博物馆馆藏文物和青海省优秀文化遗产。以国际博物馆日和文化自然遗产日为契机，组织主题展览、文艺演出、倡议签名、免费鉴定、文物知识咨询、有奖知识问答等形式多样的活动，展现文物工作在全面建成小康社会、实现中华民族伟大复兴中国梦中的重要作用。配合“安全生产月”“消防宣传月”等活动，通过树立展板、印发传单等形式，向群众宣传文物安全的重要性和必要性，营造全民参与文物保护的良好氛围。

创新文物传播推广方式，提高公众文物保护意识。联合青海广播电视台《百姓一时间》栏目组拍摄6期文物系列专题片，2018年春节期间在青海电视台经济生活频道连续播出。通过文博人讲述文物故事、述说文博情怀，吸引更多观众走近文物，自觉参与文物保护。针对都兰“3·15”盗掘案，配合公安部、省委宣传部，通过《人民日报》、《法制日报》、中央电视台、中央人民广播电台等中央媒体宣传报道打击文物犯罪工作，达到了震慑犯罪、宣传教育的作用，提高了全社会对文化遗产的关注度和保护意识。

《青海伊斯兰教古建筑》由青海民族出版社出版。《都兰珍宝》《青海出土青铜器》等完成排版工作，《青海考古纪实》完成组稿工作。

【其他】

按《进青省外文物保护工程建设单位信息实行备案办法》规定程序要求，对设计、施工、监理及“三防”资质单位进行备案。对5家单位报送的文物保护工程施工、监理资质及申请增加资质范围的材料进行了审核及颁发了资质证书。制定青海省《关于文物保护工程勘察设计丙级、监理丙级、施工三级资质及考古勘探资质申报标准》，经逐级审核通过并公示，在青海民族文化网上公布实行。

宁夏回族自治区

【概述】

2018年是实施“十三五”规划承上启下的关键一年，在宁夏回族自治区党委、政府的正确领导下，在国家文物局的大力支持下，全区文物系统坚持以习近平新时代中国特色社会主义思想为指引，全面贯彻党的十九大和十九届二中、三中全会精神及自治区第十二次党代会精神，认真落实习近平总书记关于文物工作系列重要论述精神，全面贯彻落实国务院《关于进一步加强文物工作的指导意见》，推动全区文物博物馆事业向“十三五”规划的目标任务迈进。

【法制建设】

2018年1月1日，《固原须弥山石窟保护条例》《吴忠市红色文化遗址保护条例》正式施行。

《宁夏回族自治区长城保护条例》被宁夏回族自治区人大常委会列入立法计划。

【执法督察与安全保卫】

在国家文物局的指导下大力加强文物执法与监管工作。深入贯彻落实全国打击文物犯罪电视电话会议精神，配合公安机关开展打击文物犯罪专项行动，遏制文物犯罪案件多发、高发态势。配合国家文物局完成中国被盗（丢失）文物信息发布平台第一批被盗文物信息发布工作。按照《全区“文物法人违法案件专项整治行动2016～2018年”实施方案》，全年出动执法人员377人次，检查经营单位127家次，受理群众举报2件，立案调查1件，结案1件，行政罚款10万元。

积极推动自治区政府办公厅印发《关于进一步加强全区文物安全工作的实施意见》

按照应急管理部、文化和旅游部、国家文物局的统一部署，组织全区开展长城等重点文物单位汛期防洪和博物馆、古建筑消防安全大检查工作，指导文物景点和文物保护单位做好汛期和旅游旺季文物安全工作。积极围绕“宁夏文物安全存在问题及对策措施”开展“大调研”活动。

【不可移动文物的保护和管理】

截至2018年年底，宁夏共登记不可移动文物3818处，其中全国重点文物保护单位35处（古遗址14处、古墓葬3处、古建筑15处、石窟寺及石刻2处、近现代重要史迹及代表性建筑1处），自治区级文物保护单位137处（其中古遗址类67处、古墓葬6处、古建筑17处、石窟寺及石刻25处、近现代重要史迹及代表性建筑21处、其他1处），市县级文物保护单位335处。

完成《宁夏长城保护总体规划》和《七营北嘴城址保护规划》等3处全国重点文物保护单位保护规划。组织实施明长城银川五虎墩段、石嘴山红果子段、兴民村段和战国秦长城原州区长城梁、彭阳白岔村等长城段落保护修缮、抢险加固和保护设施建设；实施海宝塔本体加固修缮、贺兰山岩画防洪抢险加固等工程；实施将台堡革命旧址抢险加固工程和展示利用项目；实施北朝隋唐墓地遗址M1401展示工程和须弥山石窟文物本体维修保护加固工程，启动固原古城加固保护（二期）工程。

推进西夏陵和丝绸之路（宁夏段）申遗。完成西夏陵资料申报工作和40座陪葬墓的加固保护工程，开展陵区北端陵邑遗址回填保护工程及陵区安全防范系统工程，完成申遗核心区搬迁清理等环境整治工作，实施西夏博物馆展陈布展和西夏陵展示利用工程。由陕西、甘肃、青海、宁夏、新疆五省（区）文物局共同发起的“丝绸之路文化遗产保护工匠联盟”（简称“联盟”）成立，并联合发出《丝绸之路文化遗产保护工匠联盟倡议书》。

加强革命文物保护利用，拟订《宁夏回族自治区实施革命文物保护利用工程（2018～2022年）方案》。

【考古发掘】

（一）概况

积极开展考古调查、勘探和发掘工作。全年围绕课题研究实施考古发掘5项，配合基本建设考古调查实施考古发掘14项。青铜峡鸽子山遗址、彭阳姚河塬遗址分别获评中国考古学“田野考古奖”一等奖、二等奖。

开展水洞沟遗址、鸽子山遗址、隆德沙塘遗址、贺兰山东麓古代遗存调查、南山汉墓等考古资料整理工作。2018年度国家社科基金重大项目“周王朝向西北的拓展：以姚河塬商周遗址为中心的考古学研究”成功立项。

（二）重要考古项目

1. 贺兰山东麓古代文化遗存考古调查

完成大水沟遗址、大窑沟西夏墓地、镇木关皇城台子、插旗口缸沿子窑址、拜寺口殿台子遗址等8处遗址的测绘、航拍工作。完成拜寺口双塔等遗址的调查工作。整理2017年调查资料，完成青铜峡四眼井遗址、大窑沟西夏墓地、滚钟口延福寺、莲花山遗址、山嘴沟千佛洞遗址、镇木关皇城台子等遗址采集文物标本的挑选、描述工作。

2. 红河流域区域系统考古调查

3～4月，围绕“河套地区聚落与社会研究”以及“秦文化与西戎文化考古项目”课题项目，在2017年考古调查的基础上继续开展彭阳红河流域区域系统考古调查，重点为彭阳县新集乡境内红河上游北侧和中部的两条支流，即李儿河和大河。调查面积约15平方千米，共发现4处新石器时代遗址和3处历史时期遗址。新石器时代遗址主要分布在河流两侧的二级台地上，其中海子塬遗址保存相对较好，遗址内涵较为丰富，发现有房址、灰坑、墓葬等遗迹现象。历史时期遗址主要分布在李儿河东段的北侧山梁上，包括马鞍桥梁东侧山梁的战国秦墓地和下马洼梁的汉代墓地。

3. 水洞沟遗址考古发掘

5～10月，宁夏文物考古研究所联合中国科学院古脊椎动物与古人类研究所，对水洞沟遗址第1地点进行了第一年度的考古发掘，此次是继1980年后重新启动的考古发掘。发掘面积约150平方米，发掘深度约2米，揭露5个文化层，出土石制品、动物化石等遗物。

4．隆德周家嘴头遗址考古发掘

继续开展隆德周家嘴头遗址考古发掘工作，在发掘之前重点对遗址布局等进行考古勘探，勘探面积约20000平方米，发掘面积约1000平方米。清理房址9座、窑址14座、灰坑98个、墓葬8座，出土各类陶、石、骨器200余件。周家嘴头遗址文化内涵较为丰富，主要有仰韶中晚期文化遗存、齐家文化遗存、汉代墓葬和灰坑、唐代墓葬。其中，仰韶文化中晚期的窑址是重要的新发现，整个遗址在仰韶文化晚期应当是一个专业烧制陶器的手工业生产聚居地。汉代遗存和唐墓的发现则充实了隆德地区汉唐时期的历史资料。

5．姚河塬商周遗址考古发掘

继续开展姚河塬遗址考古发掘工作。开展遗址区专题调查、勘探，发现了大型建筑基址、渠池系统、墙体、壕沟、墓葬等遗迹，摸清了遗址的分布范围。重点发掘遗址墓葬区，对铸铜作坊区局部进行清理，对城墙、壕沟、水渠等遗迹分段发掘。从发掘情况看，姚河塬遗址是周人在西北地区最为重要的据点之一，是一个城墙、壕沟、铸铜作坊、制陶作坊、渠池系统、宫殿建筑、诸侯级大墓等要素俱全的诸侯国都邑。

【博物馆与可移动文物保护】

（一）博物馆

1．博物馆建设

宁夏博物馆完成宁夏通史展陈改造；完成“盛世回乡—宁夏回族民俗展”改造提升，更名为“宁夏民俗展”；完成馆舍外观改造工程和外围氛围营造工作；完成自治区成立60周年中央赠送自治区纪念品（慰问品）陈列展示和中央赠送贺匾改造悬挂及揭幕仪式的各项工作。

固原博物馆完成改扩建项目初步设计、概算方案和建设效果图，主楼外墙维修项目顺利完工。

向国家文物局申请专项资金，支持中卫博物馆、隆德博物馆和西北农耕博物馆展陈提升。

2．博物馆间的交流与合作

宁夏博物馆与贵州省博物馆、青海省博物馆等单位联合举办“逝去的风韵——西夏与播州文物展”“唐蕃古道——七省区精品文物联展”等展览。引进“‘学践十九大 迎新春——塞上书香联墨情’宁夏楹联书画展”“庆祝改革开放四十周年——自治区成立六十周年、宁夏文史研究馆成立六十五周年书画作品展”“亲情中华 走进宁夏——第三届世界华人摄影展”“凤凰大观：近现代书画作品展”“中华民族颂——56个民族诗书画”等展览。

宁夏固原博物馆“青铜之路——固原春秋战国北方青铜文化特展”赴陕西耀州窑博物馆、江苏常州市博物馆以及福建三明市博物馆、南平市建阳区博物馆、闽台缘博物馆展出。

宁夏岩画研究中心“久远的记忆——宁夏岩画展”在上海青浦博物馆展出，“宁夏岩画特展”在山东黄河文化馆、浙江中国湿地博物馆展出。

3．重要陈列展览

“青铜之路——宁夏固原春秋战国时期北方青铜文化特展”由宁夏固原博物馆举办。展览共展出精美的北方系青铜器约500件，对中国北方系青铜文化进行了总体概述，让观众可以了解中华文明多元一体的历史发展进程。

“唐蕃古道——七省区精品文物联展”由青海省博物馆、甘肃省博物馆、陕西历史博物馆等7家博物馆联合举办。展览分为“唐蕃古道的缘起”“唐蕃间政治关系”“唐蕃间经济往来”“唐蕃间文化交流”“唐蕃古道的影响”五个部分。

“金色记忆——中国十四世纪前出土金器特展”由包括宁夏的19个省（市、区）的40家考古文博单位共同举办，在成都金沙遗址博物馆展出。该展览以多域的文化视野、丰富多彩的展品向观众展示了14世纪以前中国黄金器物的发展历程和艺术风尚。

“久远的记忆——宁夏岩画展”以宁夏岩画为主线，通过不同历史时期北方游牧民族所刻制的岩画文物本体、岩画拓片、岩画文物复制品，多形式、多角度反映古代先民的日常生活和精神世界，展示了宁夏岩画独特的艺术魅力和深厚的文化内涵，体现了宁夏岩画文化的繁荣景象。

4．其他

宁夏博物馆举办“古风诗韵——中国传统文化系列讲座”及“博学大讲堂”系列活动。宁夏固原博物馆配合“范金琢玉——耀州窑历代陶瓷珍品展”举办瓷器知识讲座。

（二）可移动文物保护

加强可移动文物保护修复工作，实施馆藏珍贵文物保护修复，实施宁夏博物馆、宁夏固原博物馆等博物馆文物预防性保护项目。全年修复瓷器30件，陶器44件，金属器47件，书画24件，丝织品9件，石器3件，骨器2件，木器1件，唐卡90幅，文献大小残片380件。完成308件金属文物的成分测试。

完成国家重点保护修复项目“馆藏西夏铁器”“馆藏珍贵纸质文物”的本体保护修复工作。基本完成“隋史射勿墓壁画保护修复项目”壁画前期信息提取及检测分析工作，完成《隋史射勿墓壁画再修复报告》第一部分内容撰写。完成唐代梁元珍墓葬壁画保护修复工作。

【文博宣传与出版】

围绕国际博物馆日、文化和自然遗产日等，积极开展主题宣传活动。

5月18日，全区文物系统扎实做好国际博物馆日宣传工作。宁夏博物馆举办知识讲座、岩画拓片互动体验以及“历史文化”“文物知识”进社区等活动，为观众提供免费讲解服务。宁夏固原博物馆举办“我和博物馆”照片征集评选活动等。

6月9日，由自治区文化厅主办、宁夏文化馆承办的文化和自然遗产日宁夏主场活动在宁夏文化馆广场举行，举办了文物保护法律法规宣传、文物收藏咨询、民间鉴宝等活动。由宁夏文物考古研究所、中国考古学会旧石器专业委员会等单位承办的文化和自然遗产日宁夏分会场暨“第二届中国旧石器时代文化节”在全国重点文物保护单位水洞沟遗址举办，活动主要包括文物法律法规宣传、旧石器考古论坛、文创产品展示比赛等。宁夏文物考古研究所组织了彭阳姚河塬西周墓地、隆德周家嘴新石器遗址开放日活动。

完成《宁夏固原博物馆馆刊》2016～2018年合刊统稿、编辑工作，完成《中国灵武窑》的统稿编写工作。《岩画研究2018》《宁夏明代长城河东长城调查报告》《丝绸之路考古（第二辑）》等图书出版。

【机构及人员】

2018年，宁夏共有文博单位80个，其中文物保护管理机构22个；从业人员1210人，其中专业技术人员407人，包括高级职称90人、中级职称144人。

新疆维吾尔自治区

【概述】

2018年，在新疆维吾尔自治区党委、政府的坚强领导下，新疆文物系统坚持以习近平新时代中国特色社会主义思想为指导，深入贯彻落实党的十九大精神，增强“四个意识”，坚定“四个自信”，发挥文物“史证实证、正本清源、守正出新”作用，自觉在思想上、政治上、行动上同党中央保持高度一致，自觉服务于新疆社会稳定和长治久安总目标，全力保障意识形态领域绝对安全。

【执法督察与安全保卫】

先后印发《关于开展文物安全执法巡查工作的通知》《关于印发博物馆和文物建筑消防安全检查实施方案的通知》《做好文物行政执法和安全监管工作的通知》等19个文件，督促要求各地按照文物安全大排查责任清单和整改要求堵漏洞、保安全。全年赴14地州40个县市50家博物馆进行实地检查，同时联合消防、公安开展联合安全检查4次。与自治区消防总队联合开展博物馆、古建筑及近现代重要史迹消防隐患排查活动，与自治区公安厅联合开展“打击文物犯罪的专项行动”，并建立完善打击文物犯罪长效合作机制和奖励机制。配合塔城地区乌苏市公安机关对被盗古墓葬开展鉴定工作。

为提高田野文物安全巡查看护能力，切实履行好文物安全工作责任，新疆维吾尔自治区文物局组织开展了2018年度全疆田野文物安全巡查培训班，对全疆各地州市及部分县负责文物安全的专业人员60余人进行了集中培训。

7月13～17日，针对国务院消防工作第三考核组提出的“昭苏县圣佑庙部分电气线路未进行穿管保护，长明酥油灯的管理有待加强”的隐患问题，督促伊犁州文物局立即进行整改，并将整改落实情况报送新疆维吾尔自治区消防工作联席会议办公室报备。

【不可移动文物的保护和管理】

（一）概况

2018年，新疆维吾尔自治区不可移动文物保护与管理工作进展顺利。组织开展第八批全国重点文物保护单位遴选申报工作，公布第八批自治区级文物保护单位。加大对野外遗址的保护与看护力度，继续下达野外文物保护单位看护人员专项补助经费，共配备950名野外看护人员，解决475处野外遗址看护难题。继续开展文物保护工程。推进实施文化和自然遗产地保护设施建设工程，克孜尔尕哈石窟、阿克苏地区烽燧遗址等12项遗产地设施建设项目获国家发改委资金支持。加强革命文物保护利用工作，分别起草《自治区贯彻落实加强文物保护利用改革若干意见的实施方案》《自治区贯彻落实实施革命文物保护利用工程的实施方案》。完成库车、特克斯、伊宁、喀什市历史文化历史文化名城试点评估材料的上报工作。

（二）大遗址

进一步推动阿克苏地区苏巴什佛寺遗址国家考古遗址公园建设。开展吐鲁番地区坎儿井保护工程（六期），维修加固坎儿井40条，有效保护坎儿井本体及周边原始风貌，缓解当地用水困难，惠及各族群众。

加强长城资源保护。组织修改完善《新疆维吾尔自治区长城资源保护规划》。在国家文物局的大力支持下，统筹推进喀什地区烽燧维修保护工程（第一期）等4个长城保护项目。78处长城资源入选第八批自治区文物保护单位。

（三）全国重点文物保护单位

完成2018年度、2019年度国家文物保护专项补助资金申报、绩效目标填报等相关工作。完成2019年度全国重点文物保护单位年度工作计划申报工作。向国家文物局上报全国重点文物保护单位保护规划10项，其中2项获得国家文物局批复。

启动实施伊犁将军府屋面维修、八路军办事处旧址、昭苏圣佑庙环境整治工程，继续实施惠远新老古城遗址老城遗址城墙加固工程、红山核武器试爆指挥中心旧址影剧院修缮工程、巴仑台黄庙建筑群却金庙修缮工程。完成安迪尔古城遗址、麻扎塔格戍堡址、柳中古城遗址、吐峪沟千佛洞、克斯勒塔格佛寺遗址保护工程的竣工验收工作。委托第三方评审机构完成红山核试爆指挥中心旧址35栋建筑修缮工程、尼雅佛塔遗址抢险加固工程、新疆塔什库尔干塔吉克自治县石头城遗址内城东西墙保护项目等16项全国重点文物保护单位保护工程设计方案的评审工作。

（四）世界文化遗产

组织编制完成克孜尔千佛洞第二期危岩体加固项目工程等4项工程设计方案。高昌故城、交河故城、北庭故城遗址等世界文化遗产地的8个保护项目顺利通过验收。指导各遗产地管理机构编制北庭故城遗址、高昌故城、交河故城、克孜尔千佛洞、苏巴什佛寺遗址、克孜尔尕哈烽燧等6处世界文化遗产地2018年度世界文化遗产监测年报及2018年上半年定期评估报告。

【考古发掘】

（一）概况

2018年获批的主动性考古发掘项目共11个，清理遗址14560平方米，项目涉及新疆境内人类文化起源及史前文化谱系的考古学研究、以汉代西域都护府相关遗址为代表的历史时期军政建置与国家认同考古研究等重大课题。配合各地基本建设项目，在伊犁州、博州、克州、阿勒泰地区等地开展考古调查20项，实施考古发掘13项，发掘遗址500余平方米，清理墓葬570余座，出土一批重要文物。配合长城资源维修工程，开展乌鲁木齐市、沙雅县、柯坪县等县市长城资源专项考古调查发掘。

新疆吉木乃通天洞遗址入选“2017年度全国十大考古新发现”。

（二）重要考古发掘项目

1．尼勒克吉仁台沟口遗址发掘

5～11月，新疆文物考古研究所考古队对尼勒克吉仁台沟口遗址实施考古发掘，发掘面积2000平方米。清理房址17座，灰坑、窖穴、石堆、煤堆、烧土等200余处，采集样品800余件。基本明确了遗址遗存分布和聚落布局；确定了遗址中出土的煤炭来源，完善了冶金证据链；发现了炭化黍种子遗存，基本明确了遗址的经济类型。另在沟口处发现一处高台建筑遗址，面积约1万平方米。陆续展开环境、水文、植物考古等科技考古项目，积极推动对遗址的价值认识。

2．奇台县石城子古城遗址考古发掘

5～10月，新疆文物考古研究所考古队对奇台县石城子古城遗址实施考古发掘，发掘面积600平方米，清理墓葬10座。围绕城门清理出门道、房址、柱洞、踏步、回廊等遗迹，出土大量板瓦、筒瓦、瓦当等建筑材料，以及部分陶器、铁、石器和一枚五铢钱币。遗址西侧发现殉马坑1座、房址1座、陶窑1处。陶窑由前室、窑门、窑室和排烟设施组成，窑室内出土的板瓦、筒瓦、瓦当等遗物与城址内出土同类器物一致。墓葬内出土随葬品以陶器和铜器为大宗，另有五铢钱币2枚。

3．吉木乃县通天洞遗址发掘

6～9月，新疆文物考古研究所联合北京大学考古文博学院对吉木乃县通天洞遗址实施考古发掘，发掘遗址100平方米。清理墓葬2座、灰坑6个、柱洞3个，出土大量压印类纹饰陶片等新器物类型。墓葬为石板石棺墓，均被盗扰，其中一座石棺散落，底部有火烧痕迹，可能被用作灶。灰坑中都有石块，最南部暴露的半个灰坑坑壁及坑口周边被火烧过，较硬并泛红。柱洞大小深浅不同，有的仅剩底部，最大的内有石块。从发掘情况看，遗址表层约40厘米范围均被扰动。采集炭样并进行浮选，发现疑似麦粒的植物遗存。

4．轮台县奎玉克协海尔古城遗址发掘

7～11月，新疆文物考古研究所联合北京大学考古文博学院对轮台县奎玉克协海尔古城遗址实施考古发掘，发掘面积910平方米。发掘区集中于城址南部缺口与东北部城墙解剖处，清理出不同时期遗迹单位36处，出土石、铜、铁、陶等材质小件遗物83件以及大量陶片与动物骨骼。通过解剖明确了城墙建造方式为堆土成墙，墙外有壕沟，沟内堆积复杂，有多次开挖的现象。原认为可能为城门的南部缺口系晚期沟破坏所致，城门所在还需进一步确认。结合城内外堆积情况、出土遗物以及南部城墙上发现的两座墓葬，参考碳十四测年数据，初步推断该区域在公元前750～前400年时已有人类活动，城址则建造于公元前350～前150年，废弃于公元前200～前50年。

5．塔什库尔干县石头城遗址发掘

6～12月，新疆文物考古研究所考古队对塔什库尔干县石头城遗址实施考古发掘，发掘面积400平方米。通过对遗址东门发掘，确认了东门及周边历经多次修复、重建，结构复杂，东门应为古城入口。对东子城内最高处遗址进行发掘，明确子城为相对独立建筑，平面为方形，结构大体完整，四角的圆形角楼极具特点。根据考古发掘成果，初步完成石头城遗址三维复原的前期平面设计工作，并开展推断性虚拟复原，以视频形式展示石头城的古代风土地貌及发展历程。

6．奇台县唐朝墩古城遗址发掘

7～9月，新疆文物考古研究所、人民大学历史学院对奇台县唐朝墩古城遗址实施考古发掘，发掘面积600平方米。清理灰坑190个、灰沟11条、房址5处、灶6个、水井4口、墓葬2座，出土遗物包括陶器、铜器、铁器、骨角器、石器、玉器、玻璃等，数量较多，种类丰富。通过发掘初步掌握了城内遗存的分布情况，基本摸清了唐朝墩古城遗址的规模结构和整体布局，对城址的始建和沿用年代有了较清晰的认识。结合史料记载，推测其可能为唐代庭州所辖蒲类县县治所在。此外清理出一处年代约为唐晚期至回鹘时期的浴场遗迹，平面近正方形，中心为八边形，有火道、烟道、支撑柱、灶址、活动面等结构，西北角发现水井1口，风格与罗马浴场相似。此类浴场遗迹在国内发现较少，对还原当时社会生活场景，探讨丝绸之路沿线中西文化交流等具有较重要的学术意义。

7．轮台县卓尔库特古城遗址发掘

3～6月，北京大学、新疆文物考古研究所联合考古队对奇台县唐朝墩古城遗址实施考古发掘，发掘面积1000平方米。发掘区域位于内城东高台，共清理房址3座（包括柱洞多处）、灰坑11个、井穴1处、高台城门址1处，出土相当数量陶片、铜器、铁器、石器、骨器、兽骨（包括驼骨、马骨、牛骨、羊骨等）等。出土汉代器物明显受龟兹影响。通过发掘明确了卓尔库特古城东部高台的基本形制，根据地层堆积和出土遗物初步判断东部高台建筑中上部主体年代不晚于汉，下层建筑时代更早。推测卓尔库特古城应为汉至魏晋时代塔里木盆地北缘一处高等级城址。

8．温泉县呼斯塔遗址发掘

7～9月，新疆文物考古研究所、中国社会科学院考古研究所对温泉县呼斯塔遗址实施考古发掘，发掘面积2700余平方米。主要清理了大型建筑的第二间西侧室、北院墙以及大型建筑主体建筑与北院墙之间的院落。发掘出土的青铜器、马头等遗物为研究东西方文化交流等有重要意义。呼斯塔遗址是目前已知西天山北麓青铜时代早期面积最大的建筑组合。

9．哈密黑山岭绿松石遗址发掘

9～11月，西北大学、新疆文物考古研究所、北京科技大学等单位对哈密黑山岭绿松石遗址实施考古发掘，发掘面积200平方米。黑山岭绿松石矿业遗址群分布范围约8平方千米，目前发现采矿遗址20余处，可分为古代采矿工具加工区、采矿区、选矿区、生活区等，功能分区完善，是一处较大的早期采矿工业遗址群。出土大量的古代遗物，包括陶器、铜器、石器、骨器、纺织品、皮毛制品、木器、绿松石料、植物编制物、玉髓料以及丰富的动植物遗存。结合陶器类型及碳十四测年结果，初步判断该遗址的年代约为公元前一千纪。黑山岭绿松石采矿遗址是目前我国发现的最大的绿松石采矿遗址群，也是新疆目前发现规模最大的古代矿业遗址，为探寻中国古代绿松石器原料来源提供了重要线索。

10．吉木萨尔县北庭故城遗址发掘

4～10月，中国社会科学院对吉木萨尔县北庭故城遗址实施考古发掘，发掘面积5450平方米。清理内城西门、北门门洞和排叉柱以及北门南侧平铺莲花纹方砖地面，外城北门门洞、排叉柱、木地袱和晚期酒坊等遗迹，基本确定内、外城护城壕的位置和规模。出土钱币、莲花纹地砖、瓦当残片、筒瓦残片、陶器残片、兽骨等遗物。唐代至蒙元时期北庭故城布局、沿革渐次显露，是唐以后中原王朝对新疆有效管治和丝绸之路繁荣畅通的实证。

11．阜康白杨河中下游墓群发掘

4～10月，新疆文物考古研究所配合昌吉州阜康市抽水蓄能电站对外交通公路工程，对阜康白杨河中下游墓群实施考古发掘，发掘墓葬403座。清理石棺墓近300座，是新疆目前发现数量最多、分布面积最大的石棺墓群，葬式葬俗统一，体现出由早到晚的发展演变特征。发现等级墓葬，墓口西侧置大陶罐，殉有马、骆驼、人，随葬金饰极为精美。白杨河中下游墓群考古发掘既是博格达山北麓地区近年开展的规模最大的考古发掘，也是对整个白杨河流域进行的第一次考古发掘，出土文物从青铜时代晚期延续至唐代，对系统研究环博格达山区域考古学文化序列、文化交流等具有重要价值。

12．伊犁哈萨克自治州抢救性考古发掘

5～10月，新疆文物考古研究所先后配合伊犁哈萨克自治州民族医院、G219线（昭苏县至科克达拉市段）、喀拉峻景区扩建和G577（精河至伊宁段）项目建设，对新源县加嘎村墓群、察布查尔县阿布散特尔墓群、特克斯县喀甫萨郎遗址及Ⅳ号墓群、尼勒克县克其克苏布台墓地实施抢救性考古发掘。合计清理遗址300平方米，发掘墓葬95座，出土玛瑙、有机玻璃、贝饰等近60余件/组。

【博物馆与可移动文物保护】

（一）博物馆

新疆维吾尔自治区博物馆二期建设项目于9月1日正式开工，各项工作稳步推进。

2月，“古钱今说——巴州博物馆馆藏红钱展”在巴州博物馆展出；7月，“解忧故里——徐州汉代楚国精品文物展”在新疆维吾尔自治区博物馆展出；9月，“尼雅·考古·故事——中日尼雅考古30周年成果展”在新疆维吾尔自治区博物馆展出。哈密博物馆引进郑州市博物馆“云霞霓裳——郑州博物馆藏中原服饰绣品展”、廊坊博物馆“流金溢彩 国粹新颜——景泰蓝精品艺术展”，吐鲁番博物馆引进黔东南州博物馆“银装霓裳——黔东南民族服饰精品展”。博州博物馆“青色草原——博尔塔拉民族风情展”在云南楚雄州博物馆展出，伊犁林则徐纪念馆“美丽伊犁”展览在莆田市博物馆展出、“林则徐在新疆”展览在厦门市博物馆展出。

整合文创产品研发与博物馆陈列展览资源力量，充实骨干力量，扩大合作范畴等多种方式激发文创工作活力。新疆维吾尔自治区博物馆文创产品年销售额同比增长300%。

（二）可移动文物保护

截至2018年12月，新疆各级博物馆馆藏文物45万件，珍贵文物6333件/套，其中一级文物1347件、二级文物2930件、三级文物8856件，馆藏珍贵文物全部实现了信息化管理。克拉玛依博物馆、哈密博物馆、昌吉州博物馆等开展了馆藏文物鉴定定级工作，共鉴定藏品1600余件/套，新增一级文物5件/套、二级文物21件/套、三级文物172件/套。

新疆维吾尔自治区博物馆“纺织品文物保护国家文物局重点科研基地新疆工作站”文物保护修复工作顺利进行。协助和田地区于田县博物馆、喀什博物馆完成馆藏纺织品文物保护修复。

与敦煌研究院合作对泥塑及壁画文物进行保护修复。在金属文物修复保护项目上得到国家博物馆、西北大学、陕西历史博物馆的技术支持。与南京博物院合作开展可移动文物预防性保护项目，成果显著。

【科技与信息】

开展国家社科重点基金项目“吐鲁番出图文书补编”和国家社科基金艺术类项目“新疆古代丝绸与丝绸服饰艺术研究”。

先后组织全区20余名研究人员在北京、上海、杭州、武汉、重庆、西安等地参加相关学术研讨会和高校讲学活动。组织召开“2018年度新疆文物考古成果汇报会”，来自新疆文物考古研究所、中国社会科学院考古研究所、北京大学考古文博学院、西北大学文化遗产学院、中国人民大学考古文博系的11位学者对2018年度11项主动性考古发掘项目及27项基本建设考古和科技考古成果进行汇报。

完成龟兹石窟信息交流平台建设，经过多次测试和调整后投入使用，并完成部分资料上传储存。

【文博教育与培训】

2018年全区共推荐100余名学员参加国家文物局举办的国保单位保护管理机构负责人培训班、中荷博物馆教育培训班、文化创意产品开发与市场运营培训班等专业技术培训班。

新疆维吾尔自治区文物局先后主办“2018年新疆文博机构宣教讲解员培训班”“全疆非国有博物馆藏品备案工作培训班”、全疆田野文物安全巡查培训班”“新疆长城资源专项记录档案备案工作培训班”“新疆公安机关关于打击文物犯罪工作培训班”等专业培训班，共有来自全区的200余名学员参加培训。

9月17日，由中国博物馆协会、中国文物交流中心、新疆维吾尔自治区文物局指导举办的“全国博物馆展览策划与展陈提升培训班”在新疆博尔塔拉蒙古自治州举办，来自全国文博行业的160余名业务骨干参加了此次培训。

【文博宣传与出版】

以国际博物馆日、文化和自然遗产日活动为契机，加强同主流媒体、文化传媒公司的沟通与合作，积极开展商业繁华地段LED大屏播放文化遗产地公益宣传片等活动。

开展“流动博物馆”下基层全覆盖工作，全年举办600余场流动展览，参观人数200余万人次，发放折页、光碟等宣传资料60余万份。

组织策划完成新疆世界文化遗产专题片《双城记》。在乌鲁木齐市公交移动传媒投放文化遗产保护宣传片。

出版考古报告《吐鲁番阿斯塔那—哈拉和卓墓地：哈拉和卓卷》。

【机构及人员】

截至2018年年底，新疆维吾尔自治区共有文物业机构194个，包括文物行政主管机构15个，文物保护管理机构84个，博物馆91个，文物科研机构2个，文物总店1个，文物古迹保护中心1个。新疆文物行业从业人数2403人，其中具有高级职称的65人，具有中级职称的209人。

【其他】

按照中央、自治区深化“放管服”改革工作精神，继续开展简政放权工作，向社会公布2018年部门权责清单，对下放到自治区本级实施的行政审批事项进行梳理、公布，截至2018年12月31日，新疆维吾尔自治区文物局共有行政许可事项9项。

新疆生产建设兵团

【概述】

2018年是兵团深化改革之年，是兵团文化体育新闻出版广电局（文物局）组建之年，也是新时代兵团文化事业改革发展承前启后的重要之年。面对机构改革的繁重任务，文化、体育、新闻出版、广电、文物五块职能整合的重大机遇以及任务交织叠加的诸多挑战，兵团文物局坚持以习近平新时代中国特色社会主义思想为指导，全面贯彻落实党的十九大和十九届二中、三中全会精神，坚决贯彻党中央治疆方略和对兵团的定位要求，认真贯彻落实党中央、自治区党委和兵团党委的决策部署，贯彻落实兵团党委七届三次、四次全会精神，树牢“四个意识”，坚定“四个自信”，坚决做到“两个维护”，紧紧围绕兵团深化改革和向南发展，切实加强兵团文物工作，推动兵团文物管理和保护工作更好地适应兵团经济社会事业发展要求。

【执法督察与安全保卫】

建立由各师市、团场（镇）分管负责同志牵头的文物安全工作机制，将文物安全纳入年度考核评价体系。按照“管行业必须管安全，管业务必须管安全”的原则，积极履行行业监管职责，加强对博物馆和文物建筑的日常巡查和节假日重点检查，督促各师市认真落实消防法律法规和《文物建筑消防安全管理十项规定》，确保其消防设施到位，制度到位，人员到位，责任到位。

巴西博物馆大火后，9月6日当天转发文旅部《关于加强消防安全工作的通知》。9月13日联合电视电话会议后，与兵团公安局联合印发《兵团博物馆和文物建筑消防安全大检查实施方案》，明确大检查的工作目标、检查范围、检查重点、工作措施、工作步骤和工作要求；9月28日又联合下发《关于2018年国庆假期文化市场安全生产消防安全检查工作的紧急通知》，部署国庆节期间文化文物安全、消防安全等专项检查。经专项检查，发现博物馆、纪念馆存在火灾安全隐患119处，整改完成90处，限期整改29处，消除文物建筑火灾隐患27处，对8家单位下发了限期整改通知书。47团中国人民解放军进军和田纪念馆自2013年建成以来，因消防设施不完善而一直未通过验收，经整改解决了长期存在的消防安全隐患问题。

落实“四个一”巡查及文物安全值班报告等制度，落实文物库房各项制度，开展文物库房安全检查、盘点工作，确保库房文物安全。对偏远地区的市级以上重点文保单位，聘请看护员进行日常管理。

【不可移动文物的保护和管理】

组织开展第一批、第二批兵团级文物保护单位保护范围和建设控制地带的划定工作，公布了94处兵团及国家级文物保护单位的保护范围和建设控制地带。

争取国家文物保护经费603万元，用于三师图木舒克市“长城遗址7处烽燧保护加固工程”、八师石河子市“小李庄军垦旧址抢险加固工程”、十三师“焉不拉克古墓群保护工程”。

【博物馆与可移动文物保护】

通过调研和清查规范博物馆建设和管理，积极构筑具有兵团特色的博物馆、纪念馆体系。

开展对兵团辖区各级各类博物馆的调研工作，对89家博物馆、纪念馆、团史馆等进行了调研。通过调研，发现博物馆目前存在的主要问题有以下几点：一是部分博物馆未办理登记备案手续，二是部分博物馆名称不规范，三是存在不具备持续发展能力且没有实质性展陈内容的“空壳化”博物馆。针对以上问题，要求博物馆限期整改或撤销整合。

开展兵团辖区博物馆、纪念馆、团史馆展陈内容的专项清查，共查撤不规范图片、照片808张，修改文字材料547处，删除撤换视频资料128部，销毁画册510本。

贯彻落实《博物馆条例》，完善各级博物馆、纪念馆内部管理制度，提升博物馆、纪念馆管理水平，不断优化博物馆结构布局。新疆兵团军垦博物馆作为试点单位，建立了以理事会为主要形式的法人治理结构体系。

丰富各级博物馆、纪念馆馆藏文物，实施博物馆、纪念馆陈列展示设施建设及提升工程。启动新疆兵团军垦博物馆改陈工作，召开三次改陈讨论会，改陈大纲已起草完成，正在征求意见和修改。

【文博教育与培训】

利用国家文物局培训项目，组织开展兵团文博业务工作培训班，包括理论课程8课、实践课程2课，培训人员50人。

【机构及人员】

为认真贯彻落实《中共中央、国务院关于深化兵团改革的若干意见》文件精神，于2018年2月成立兵团文化体育新闻出版广电局（文物局），下设文物处，编制3人。积极履行兵团辖区的文物管理职权，参照新疆维吾尔自治区和其他兄弟省市，将管理职权细分为48项，其中行政许可23项、行政奖励1项、行政处罚3项、行政确认5项、行政其他16项。

大连市

【概述】

2018年，大连市以习近平总书记关于加强文物保护的系列重要论述为指导，紧紧围绕贯彻落实党的十九大精神和党中央、国务院的决策部署以及省市的工作部署，深入推进新时代文物保护利用改革，文物保护状况持续改善、文物管理质量大幅提升、文物安全形势总体向好，博物馆活力不断激发，文物领域各项工作取得新进展。

【执法督察与安全保卫】

市区两级政府、市区文物行政管理部门分别签订文物安全责任书，逐级落实文物安全责任。组织召开大连市文物安全工作会议，将文物执法与安全内容纳入地方政府考核评价体系和文明城市测评体系中。

推进文物法人违法案件专项整治行动工作，成立查处文物违法案件专案组。严格规范工作程序，及时上报案情。开展执法查处，约谈相关政府部门领导，下达行政执法督办函，强调切实抓好整改、加大查处惩治力度、严肃问责追责。

加大文物安全检查巡查力度，组织开展两次市级以上文物保护单位执法和安全巡查，及时发现和整治存在的问题，消除安全隐患。

配合大连市工商局开展文物流通市场清理整顿专项行动，与大连市消防局联合开展文物建筑消防督导检查，文物安全工作联合长效机制正在逐步形成制度化、规范化和常态化。

创新实施文物保护单位年检制度，将文物保护单位的基本情况、安全检查情况、签订文物安全责任书等纳入《文物保护单位所有人、管理使用人文物保护状况年检自查表》，印发给区市县文物行政部门，强化文物管理使用人的直接责任和保护意识，为处理文物违法案件提供有力依据。

【不可移动文物的保护和管理】

截至2018年年底，大连市共有全国重点文物保护单位23项（35处），辽宁省级文物保护单位85处，大连市级文物保护单位108处，区县级文物保护单位185处。

全市228处市级以上文物保护单位全部安装文物保护标志，划定并公布了保护范围和建设控制地带，组建了专门看护组织并明确专人负责看护，建立了纸质记录档案。

2018年争取全国重点文物保护专项补助资金3456万元，用于中山广场大和旅馆旧址、侵华日军关东军司令部旧址和营城子汉墓群（东汉壁画墓）、大黑山山城4处国保单位的维修改造等工程项目。

积极配合做好建设项目审批试点和规委会土地收储等文物保护工作，协调部分区市县就《大连市申报历史文化名城工作方案》《旅顺太阳沟历史文化街区保护意见》《地铁5号线及大连湾海底隧道北岸建设工程房屋征收补偿方案》等近90个地块的规划项目涉文物保护工作进行研究，反馈文物保护意见和建议。

【考古发掘】

配合国家文物局开展“经远舰”水下考古调查工作，确认沉舰身份和沉舰点，出水文物500余件。这是继致远舰之后我国水下考古工作取得的又一重大成果，对甲午海战史、海军史、舰船史的研究有重要的历史与科学价值。大连市文物局建立工作联络机制，明确部门职责分工，协助办理用海等相关手续和考古船临时停泊、补给、宣传报道等工作，成立了由当地政府部门和文物专家参与的专题工作领导小组，加强组织领导和学术研究。

【博物馆与可移动文物保护】

（一）博物馆

截至2018年年底，大连市有各类博物馆、纪念馆27家，其中非国有博物馆13家。

在“第十五届（2017年度）全国博物馆十大陈列展览精品推介”活动中，大连博物馆原创展览“圆梦——从北洋铁甲到航母舰队”荣获精品奖，为辽宁地区时隔8年再次获此殊荣。

2018年，大连市文博系统所属博物馆、纪念馆除基本陈列展览外，举办各类临时展览41个，全年接待参观人数233万人次，其中未成年人28.2万人次。其中市财政专门列支350万元，引进举办了包括“丝绸之路上的神秘王国——西夏文物精品展”“三秦华章光耀四方——陕西周秦汉唐文物精华展”“天山盛开并蒂莲——古代吐鲁番与哈密服饰展”“铁的新四军——新四军抗战历史专题展”“万物有灵——奇妙的文物动物园”“久成之美——明清雕刻工艺展”“奇趣与复古——十七世纪金陵书画艺术展”“辽南现代民间绘画展”等精品展览8个。

1月25日～4月25日，旅顺博物馆与河北博物院联合推出“红楼梦华——清·孙温绘全本《红楼梦》画册展”；1月31日～3月31日，大连博物馆“灯影的魅力——大连博物馆藏辽南皮影艺术展”在云南省保山市博物馆展出；3月28日～5月28日，旅顺日俄监狱旧址博物馆“苦难与抗争——旅顺日俄监狱史实展”在云南腾冲滇西抗战纪念馆展出；5月18日～7月25日，旅顺日俄监狱旧址博物馆“苦难与抗争——旅顺日俄监狱史实展”在江苏盐城新四军纪念馆展出；8月28日～11月25日，旅顺博物馆赴沈阳参加辽宁省博物馆举办的“海派巨擘——任伯年绘画作品展”；11月11日，旅顺博物馆与青岛市博物馆联合举办的“翰林墨迹——大连、青岛两地收藏晚清名人作品展”开展；12月21日，大连博物馆“圆梦——从北洋铁甲到航母舰队”展赴孙中山大元帅府纪念馆展出。

6月8日～9月8日，旅顺博物馆引进宝鸡青铜器博物院“礼乐宗周 吉金肇源——宝鸡地区出土西周青铜器精品展”；7月1～25日，旅顺日俄监狱旧址博物馆引进延安革命纪念馆“新中国基石——延安精神图片展”；8月1～30日，旅顺日俄监狱旧址博物馆引进井冈山革命博物馆“跨越时空的井冈山精神”展览；8月15日～9月5日，旅顺日俄监狱旧址博物馆引进侵华日军南京大屠杀遇难同胞纪念馆“‘不忘·未来’国际和平海报作品巡展”；8月17日～10月10日，大连博物馆引进泉州海上交通史博物馆“刺桐帆影——泉州‘海上丝绸之路’”展；9月3日～10月30日，旅顺日俄监狱旧址博物馆引进中国人民抗日战争纪念馆“民族先锋 中流砥柱——中国共产党抗战英烈事迹展”；9月22日～12月12日，大连博物馆引进上海历史博物馆“衣袭华美——百年海派旗袍的前世今生”展；10月18日～11月18

日，大连博物馆引进希腊雅典贝纳基博物馆“丝路花语——贾曼尔艺术巡展”。

（二）可移动文物保护

历时三年的“旅顺博物馆珍贵文物预防性保护项目”结项验收，标志着旅顺博物馆文物科技保护工作步入新的发展阶段。此项目的成果主要有三个方面:一是建立了馆藏文物保存环境监测系统，二是建立了馆藏文物保存环境调控系统，三是建立了馆藏文物保护数据分析检测系统。

旅顺博物馆作为全国首批可移动文物修复二级资质单位，具备修复书法绘画、陶器、瓷器、铜器、织绣、古籍善本类文物的能力。2018年，经辽宁省文物局批准同意，旅顺博物馆文物修复业务范围由原来的6项增加到28项。

【文博教育与培训】

大连市文物局举办“大连市文物行政管理与行政执法培训班”，各区市县文物行政管理部门的业务处（科）长、文管办主任、文物专干，市县两级文化市场执法单位的领导、文物执法骨干以及市局文物处等60余人参加了培训。

【文博宣传与出版】

以举办文化和自然遗产日（辽宁）大连主场城市活动为契机，利用展板、发放宣传单等形式展示文物保护法律法规、长城保护、文化遗产成果，举行辽宁省文物保护工作媒体见面会，宣传大连市文化遗产保护传承工作。充分运用和发挥新媒介作用，开通“大连微文化”微信公众号，持续开展文物普法宣传，提高公众对历史文化遗产保护重要性的认识，在全社会营造“保护文物，人人有责”的良好社会氛围。在中央电视台《探索发现》栏目播放《旅顺博物馆》纪录片，展示了旅顺博物馆百年来的发展历程，以及大连乃至中国近代历史的沧桑与巨变。

《旅顺博物馆学苑（2017）》《旅顺博物馆年鉴（2017）》《御览之宝——东北流散清宫书画珍品》《大连近代史研究（第15卷）》《大连城市历史文化研究（辑刊第2辑）》《图说近代大连》等图书出版。

【机构及人员】

大连市共有文物机构31个，其中文物保护管理机构（文物行政主管部门）14个、文物商店1个。文物机构从业人员313人，其中文物保护管理机构31人，文物商店19人。博物馆、纪念馆从业人员中高级职称的有38人，中级职称的有85人。

【对外交流与合作】

东亚友好博物馆（旅顺博物馆、日本北九州市立自然史 · 历史博物馆、韩国仁川广域市立博物馆）实务者会议及馆长会议均在旅顺博物馆召开，三馆就巡回展览、业务人员交流等问题进行了深入磋商，进一步推动了友好交流工作的开展。

大连市博物馆向日本北九州市立自然史 · 历史博物馆推出“箸与生活——中日韩箸文化展”、向法国勒阿弗尔艺术与历史博物馆推出“绣色——大连博物馆藏绣品展”。

青岛市

【概述】

2018年是深入学习贯彻习近平新时代中国特色社会主义思想和党的十九大精神之年，是全面展开新旧动能转换重大工程开局之年，是实施“十三五”规划承上启下的一年。在青岛市文广新局的领导下，在上级部门的支持下，青岛市文物局全体工作人员以中共中央办公厅、国务院办公厅印发的《关于加强文物保护利用改革的若干意见》和全国、全省文物工作会议精神为引领，创新思路、锐意进取，全市文物工作不断迈上新台阶。

【执法督察与安全保卫】

青岛市人民政府办公厅出台《关于进一步加强文物安全工作的通知》，明确文物安全工作政府的主体责任、部门的监管责任和使用人的直接责任人。青岛市文物局发专文提出贯彻落实具体要求，并以文物局名义向规划、国土等重要部门发专函明确其部门监管责任事项，同时督促各区市文广新局罗列和公布辖区内文物保护直接责任清单。

开展文物安全工作督导检查，确保文物安全。会同市消防支队联合印发《青岛市博物馆和文物建筑消防安全大检查工作方案》，开展自查自改。申报德国总督楼旧址博物馆消防工程设计方案、青岛啤酒厂早期建筑消防设计方案。协助西海岸新区公安局、胶州市公安局完成涉案文物司法鉴定工作，协助青岛海关完成出口货物藏品鉴定工作。

【不可移动文物的保护和管理】

（一）概况

截至2018年，青岛市市级文物保护单位的总数已达到106处，加上已经公布的全国重点文物保护单位18处，省级文物保护单位72处，以及各区、市公布的文物保护单位350处，青岛市各级文物保护单位的总数已达到546处。

开展第八批全国重点文物保护单位和第六批山东省文物保护单位的申报工作。公布青岛市第十批市级文物保护单位，启动第十批市保保护范围划定工作。第十批市级文物保护单位共有31处，包括南郭家遗址等10处古遗址，仉官寨墓群等2处古墓葬，西三都河传统村落等4处古建筑，德国胶州邮政局旧址等15处近现代重要史迹和代表性建筑。

会同市规划局，开展国家历史文化名城复查迎检、历史街区保护规划编制等工作，顺利通过住建部和国家文物局的联合考核。

（二）大遗址

推进大遗址保护工作。即墨故城遗址及六曲山墓群考古遗址公园建设专项规划完成第一轮省级专家论证。琅琊台大台基抢救性修缮工程基本完工，并完成初验。齐长城抢救性修缮工程完成资金核算并报市财政局。编制完成即墨故城遗址、琅琊台遗址五年考古工作计划并上报。针对国家文物局对青岛市相关大遗址保护专项规划的审核意见，会同有关区、市文物部门和规划编制单位对大遗址保护规划进行修改完善。

（三）世界文化遗产

成立青岛老城区申报世界文化遗产工作专班，起草完成《青岛老城区申报世界文化遗产工作方案（征求意见稿）》，推动《青岛老城区申报世界文化遗产工作方案》发布实施。

（四）其他

全面推进“乡村记忆”建设工程。联合市城乡建委，开展第五批省级传统村落的评选工作，平度上洄村、即墨北迁村等四个村落进入了省级传统村落的公示名单。会同市财政、市城乡建委三家对12处传统村落修缮工程进行验收，形成《关于对财政支持传统村落保护开展督导工作的报告》并发各相关区、市，提出整改要求。

开展红色文化遗产保护工作。组织对胶东行政公署旧址、青即战役旧址等革命文物的实地调研工作。开展青岛市革命文物保护规划前期调研及测绘工作。

加强文物保护工程立项、实施监管工作。组织2019年中央专项资金文物保护项目申报工作，共申报青岛德国建筑（德华银行及其附属建筑、山东路矿公司及其附属建筑）修缮、青岛八大关近代建筑荣成路7号修缮、齐长城青岛苗家山段抢救性保护等9个文物本体保护维修项目和即墨故城遗址测绘等2个测绘项目。对青岛俾斯麦兵营旧址修缮工程等在建工程进行工地检查，对中共地方支部旧址修缮工程等进行竣工初验。

【博物馆与可移动文物保护】

2018年，青岛市新增7家博物馆，累计注册登记博物馆已达91家，其中李沧区实现博物馆零的突破。截至11月中旬，全市各博物馆举办陈列展览330项，其中临时展览、交流展览168项。开展“五进”活动328次，服务群众超过8万人次。

研究制定《关于加快建设博物馆城的实施意见》。积极与市编办沟通，推动国有行业博物馆的事业单位法人资格登记工作。践行乡村振兴战略，支持建设弘扬乡村文化、红色文化的博物馆，配合做好崂山、平度、莱西等乡村记忆博物馆资源调查，新增平度市一大旧址文化博物馆、胶州余之庆博物馆等3家乡村记忆和红色文化博物馆。

组织全市文博系统博物馆申报2018年度和2019年度中央补助地方免费开放和陈列布展经费，共获得经费1500万元。组织全市博物馆系统申报“互联网+中华传统文化”、博物馆藏品修复和预防性保护、藏品数字化展示利用项目共16项。

圆满完成第一次全国非国有博物馆藏品备案工作，54家非国有博物馆共采集登录各类藏品49800件/套，为非国有博物馆规范管理奠定了基础。

【文博宣传与出版】

将文博宣传与互联网、大数据结合。利用“青岛文物保护建筑”公众号和“博联青岛”互联网服务平台，推送文物保护法律法规、文物保护建筑历史及建筑艺术、文物保护研究等信息，不断提高全社会保护文物的自觉意识。青岛市博物馆的“迎祥纳瑞——馆藏龙凤文物微展”、康有为故居“五四新文化运动展览”3D实景展等一批优秀微展览纷纷上线。

与传统媒体加强合作互动，同《青岛日报》《青岛晚报》以及《走向世界、帆船之都》杂志合作，开办“青岛宝藏”“艺周刊：文博”“相遇博物馆”栏目，宣传青岛“博物馆之城”建设情况。利用国际博物馆日，与胶州市文广新局联合举办“搭建新平台、连通新公众”主题论坛，青岛电视台《今日》栏目重点报道了此次活动。

【其他】

认真做好证明事项清理、部分省级行政权力事项下放承接和“一次办好”事项流程拟定，共完成省级行政权力事项下放承接4项，一次办好事项5项。根据《青岛市文物保护专项资金管理工作机制》全面规范资金申报程序，统一绩效目标管理标准，引入第三方专业评估机构，使文物保护专项资金管理规范化、制度化。

6月9～10日，上海合作组织成员国元首理事会第十八次会议在青岛召开，青岛市文物局结合峰会特点，组织各区市文物部门开展文物安全检查和“零报告”制度，加强文博单位跟踪指导工作。“上合峰会”后，及时指导文博单位完善游客人数猛增情况下的服务接待和人员安全措施。

11月6日，国家文物局水下文化遗产保护中心北海基地启动运营仪式正式举办。

宁波市

【概述】

2018年是贯彻党的十九大精神的开局之年，也是全面实施“十三五”规划、决战决胜高水平全面建成小康社会以及宁波文化强市“一都三城”目标建设承上启下的关键一年。宁波市坚持以习近平新时代中国特色社会主义思想为指导，深化落实国务院《关于进一步加强文物工作的指导意见》和浙江省、宁波市《关于进一步加强文物工作的实施意见》为主线，扎实开展各项文物工作，重视文物安全，推动文物保护利用，进一步推进博物馆建设，提升公共服务水平。

【法制建设】

开展大运河立法评估，启动“大运河（宁波段）遗产保护法制建设研究”课题，编制完成并上报《宁波市大运河遗产保护办法》立法后评估工作报告。

【执法督察与安全保卫】

大力开展文物消防安全隐患大排查活动，联合宁波市消防、文化执法等部门，累计出动文物安全巡查检查300余人次。处理涉文物安全网上信访举报事件6起，开展文物专项执法检查5次。整改消防、电气安全隐患百余处，全年无重大文物安全责任事故。

贯彻落实国务院办公厅《关于进一步加强文物安全工作的实施意见》，明确地方政府主体责任，逐级签订文物安全责任书。常态落实文物安全“双随机”工作，建立健全文物安全制度体系、责任体系，加强文物安保基础和技术建设，先后更新配发消防灭火器200余件/套，更换安装报警器400余个，修复调整视频监控23处，检验维修博物馆、文物建筑防雷设施，调整补充文物安保人员，检查文博公共场所消防演练、安全应急预案演练，人防、物防、技防基础进一步稳固。

【不可移动文物的保护和管理】

（一）概况

截至2018年年底，宁波市共有世界文化遗产1处（中国大运河）；各级文物保护单位598处，其中全国重点文物保护单位31处、省级文物保护单位88处、市级文物保护单位10处、县（市）区级文物保护单位469处；各级文物保护点1067处，其中市级文物保护点147处，县（市）区级文物保护点920处。

（二）大遗址

上林湖越窑国家考古遗址公园二期工程稳步推进。遗址公园规划和荷花芯、后司岙窑址抢救性保护研究完成招投标程序，遗址公园规划已编制完成，本体保护工程开展现场施工。后司岙窑址保护棚完成图纸和施工方案设计，部分柱础完成初步放样，考古发掘部分探方开展保护性回填。上林湖遗址监测气象站建成，开展气象实时监测。《上林湖越窑国家考古遗址公园保护管理办法（试行）》完成部门及公众意见征求并正式对外发布。遗址监测工作持续开展，2018年向数据平台上报监测记录1500余条，向各级行政执法部门反映遗址内违章搭建情况3起。

（三）全国重点文物保护单位

开展上林湖越窑遗址本体保护工程，浙江慈溪潮塘江元代沉船保护修复工程，镇海口海防遗址（江南部分）修缮项目（一期），宁波保国寺保护整治工程，宁海古戏台之城隍庙古戏台、崇兴庙古戏台保护修缮工程，宁海古戏台之双枝庙古戏台保护修缮工程，永丰库遗址保护整治工程等。推进宁波天一阁博物馆秦氏支祠修缮保护和展陈项目，完成秦祠残损情况调研，编制初步的修缮方案和展陈方案。

有序推进第八批国保单位申报工作，高标准完成前期调研、初选工作，30家单位入围浙江省初选名单。创新开展全国重点文物保护单位三维数字化扫描（一期）工作，提升“三库一平台”建设运行效益。

（四）世界文化遗产

继续推进大运河（宁波段）的保护监测工作，启动实施大运河（宁波段）标识、界桩系统二期安装项目，实施西塘河—刹子港—慈江沿线国保（省保）标志碑及二划介绍标识系统安装，让大运河遗产有了“统一着装”。完成大运河（宁波段）遗产病害监测研究课题。成立大运河（宁波段）遗产保护研究谭徐明专家工作室，启动专项课题“大运河（宁波段）水系及水利工程历史变迁研究”。

推进海上丝绸之路申遗工作，联合广州等24个城市共同签署《海上丝绸之路保护和联合申报世界文化遗产城市联盟章程》。

（五）其他

组织评选宁波市第一届不可移动文物保护利用优秀案例，星光沈氏宗祠、甬曹铁路宁波车站旧址、宁波帮严氏建筑群（宁波城市慈善文化地标善园）、新浦老屋（张人亚党章学堂）、叶氏义庄、侵华日军驻奉宪兵队部旧址、万斯同纪念馆和陈汉章故居等8家单位入选。

国家住房城乡建设部印发《关于将北京等10个城市列为第一批历史建筑保护利用试点城市的通知》，宁波成为全国首批10个试点城市名单之一，为期一年。《余姚历史文化名城保护规划》获浙江省人民政府批准。

【考古发掘】

（一）概况

2018年，宁波市文物考古研究所配合宁波地区工程建设实施抢救性考古调查项目62个、勘探与（试）发掘项目33个，数量创历年之最。已经实施完成或仍在开展的重点考古发掘项目有宁波农副产品中心二期建设地块发掘（2017年度延续项目）、镇海九龙湖乌龟山遗址发掘、宁波市第一医院异地建设项目一期地块发掘、余姚巍星路窖藏发掘和奉化下王渡遗址Ⅱ期发掘。

在主动性考古课题研究方面，继续推进“宁波地区古代城址考古工作计划”。启动实施鄮县故城野外调查、勘探与遥感考古工作。继续实施鄞州东吴、五乡区域窑址调查工作。完成天童禅寺祖师塔区域调查、勘探工作。完成象山塔山遗址调查、勘探工作，为保护规划的编制提供了科学依据。

在水下考古方面，“宁波象山渔山列岛海域水下文化遗产资源考古调查（Ⅰ期）”项目启动实施，对于深入挖掘宁波海上丝绸之路文化内涵，进一步摸清宁波海域水下文物资源家底有着积极意义。

（二）重要考古项目

1. 宁波地区古代城址考古工作计划

根据国家文物局立项课题“宁波地区古代城址考古工作计划”，2018年完成了鄞县故城野外调查、勘探、试掘和基础地理信息采集、解析等工作，确认了鄞县故城的兴废年代、具体位置、城址范围、大体布局等，为宁波地区古代城市发展研究和江南地区汉晋时期县级城邑考古研究提供了重要案例。鄞县故城的发现，对探讨长江中下游地区早期山城、水城的特征及其演变也同样具有重要的科学与历史价值。

2. 余姚巍星路窖藏考古发掘

2018年7月，浙江省余姚市巍星路管道施工过程中挖掘出大量铜钱和瓷器，宁波市文物考古研究所随后实施了抢救性考古发掘，出土青铜器、瓷器、漆器、铁器、铜钱等众多精美文物。本次发现填补了宁波地域历史时期考古的空白，提供了珍贵的研究资料，具有重要的历史、艺术、科学价值。

3. “浙江海防遗存考古调查（宁波）”课题

协助全国重点文物保护单位镇海口海防遗址（江南部分）抢险加固与保护修复工程，组织开展镇远、靖远、平远炮台遗址发掘，完成第一阶段发掘工作，完成北仑白峰太平岙巡检司城遗址实地踏查、航拍与测绘工作。计划在2019年开展象山花岙岛张苍水兵营遗址调查、勘探工作。

【博物馆与可移动文物保护】

（一）博物馆

1. 博物馆建设

截至2018年年底，宁波市共有博物馆、纪念馆159家。宁波博物馆通过国家一级博物馆运行评估。中国港口博物馆、宁波帮博物馆、余姚博物馆被评定为国家二级博物馆，其中余姚博物馆由国家三级博物馆升至二级博物馆。

完成宁波帮博物馆接管各项工作，由镇海区区属博物馆转变为宁波市属博物馆。北仑顾宗瑞纪念馆完成基本陈列“航路致远——顾宗瑞创办家族航运企业回顾展”布展工作并正式开馆。中国港口博物馆“我从远古来——史前宁波人的生活”和宁波博物馆“百年时尚：香港长衫故事”获第十二届（2017年度）浙江省陈列展览精品奖。

规范扶持非国有博物馆建设发展，组织非国有博物馆建设现状调研，拟定《宁波市非国有博物馆专项扶持资金管理办法（试行）》修订稿。完成新一轮非国有博物馆星级评定工作，公布7家新创及复评的宁波市星级非国有博物馆名单。根据《宁波市民办博物馆专项扶持资金管理办法（试行）》，发放2018年度非国有博物馆资金补助。

2. 重要陈列展览

1月19日，由南京市博物馆总馆、宁波博物馆、中国航海博物馆联合举办的“CHINA与世界：海上丝绸之路沉船与贸易瓷器大展”在宁波博物馆开展。本次展览汇集了来自中国国家博物馆、故宫博物院、国家文物局水下文化遗产保护中心等22家文博单位的展品，为观众勾勒出了中国唐代至清代航海与瓷器贸易的主要轨迹。

1月23日，由湖北省博物馆、宁波博物馆、蕲春县博物馆联合举办的“金玉大明——郑和时代的瑰宝”展在宁波博物馆开展。展览精选湖北省博物馆藏梁庄王墓以及蕲春县博物馆藏明藩王的珍贵藏品，反映了郑和七下西洋与各国进行文化交流和贸易的壮举。

4月3日，由宁波博物馆、四川博物院、云南省博物馆、西藏博物馆、青海省博物馆、甘肃省博物馆、陕西历史博物馆、内蒙古博物院与广西壮族自治区博物馆9家博物馆联合主办的丝绸之路系列展“茶马古道——八省区文物联展”在宁波博物馆开展。展览以时间为脉络，展示了茶叶与古代中国社会生活的密切关系，描绘了茶马古道与陆上丝绸之路、草原丝绸之路彼此连接的壮阔图景。

4月21日，中国港口博物馆和光一文化合作推出的“金钩玉带入梦来——中国古代带钩展”在中国港口博物馆开展。此次展览以民间收藏为主，以馆藏文物为辅，是利用民间收藏讲述中国故事的一次有益尝试。

4月28日，宁波博物馆“甬上留香——弘一法师翰墨展”开展。展览汇聚了平湖李叔同纪念馆、上海博物馆、温州博物馆、浙江省博物馆、杭州博物馆、杭州李叔同弘一法师纪念馆、慈溪市博物馆等单位的藏品，是浙江省内到目前为止展出作品最多、规模最宏大的一次弘一法师书法展。

6月30日，宁波博物馆“国之祀典——清代宁波孔庙祭祀礼乐器展”开展。该展览是2018年宁波博物馆开馆十周年庆的大型原创展览之一，展现了中华民族两千多年来尊孔、祭孔的恢宏场面。

10月17日，由国家文物局水下文化遗产保护中心、丹东市文化体育和新闻出版广电局、国家水下文化遗产保护宁波基地和宁波中国港口博物馆联合举办的“海魂归来——致敬致远舰”特展在中国港口博物馆开展。展览以“致敬”为题，有层次、分重点地展示了“致远舰”的前世今生、考古发现和精神传承。

10月30日，由宁波市文化广电新闻出版局、宁波市人民政府外事办公室、镇海区人民政府主办，宁波帮博物馆承办的“见证与坚守——勒马尚与宁波的三十年情缘特别展”在宁波帮博物馆开幕。

3．其他

推进文化文物单位文化创意产品开发。天一阁博物馆入选文化和旅游部2018年度“百馆百企对接计划”，原创的范钦卡通形象“阁主大大”通过浙江省版权局审核，完成版权登记。宁波博物馆举办海上丝绸之路创意设计大赛，评选出金奖1名、银奖2名、铜奖5名以及优秀奖30名。保国寺古建筑博物馆推出“匠心木作”等文创产品。

保国寺古建筑博物馆“保国寺古建之旅”获得浙江省中小学综合实践基地综合实践活动精品课程一等奖。

（二）可移动文物保护

完成非国有博物馆藏品登记备案工作，共备案藏品56348件／套。

宁波博物馆完成文物科技保护中心年度配套设备采购、安装、调试工作。修复馆藏文物141件／套。完成文物库房智能化管理系统建设项目、库房恒温恒湿设备改造项目、民俗馆陈列柜改造项目，继续开展藏品总账誊抄工作。承担的浙江省文物保护科技项目“骨木镶嵌类文物的保护修复——以宁波传统工艺的科学化研究为指导”顺利结项。启动浙江省文物保护科技项目“腐蚀脆弱银质文物的预防性保护研究”，并与上海中国航海博物馆就该项目展开具体合作。金属文物保护修复用夹持装置取得国家专利

天一阁博物馆完成第六批“国家珍贵古籍名录”申报工作，申报古籍57部。完成天一阁馆藏碑帖（石）第一期定级工作，定级碑帖、碑石6693件/套，其中珍贵文物50余件/套。发挥国家级古籍修复中心的作用，承接外来古籍修复项目，修复包括明代地方志、家谱等古籍132册、14500页。

【科技与信息】

启动宁波市文化遗产信息化管理云平台建设。该平台以数字化与云计算为技术支撑，可以实现文物信息公众服务、文化遗产预防性保护、文物保护工程管理、文物档案数据库等一体化管理。2018年完成《宁波市文化遗产信息化管理云平台建设规划方案》，并启动项目一期工程前期相关工作。

顺利完成“基于ROV的水下文物集成探测系统”技术攻关项目。该项目由宁波市文物考古研究所与浙江大学海洋学院分工合作完成，已正式通过验收。

3月29～30日，举办“古韵新声　双遗同和”宁波古戏台保护利用高峰论坛。来自浙江、河南、贵州、江苏、甘肃等地文物管理部门和学术机构的近百位专家学者参加了论坛。论坛举行期间还组织考察了宁海城隍庙古戏台、岙胡胡氏宗祠古戏台、崇兴庙古戏台、魏氏宗祠古戏台、天一阁古戏台和庆安会馆古戏台。

10月16～18日，由国家文物局水下文化遗产保护中心、宁波市文化广电新闻出版局、北仑区人民政府共同主办的第二届“水下考古·宁波论坛”在国家水下文化遗产保护宁波基地成功举办。13位来自不同国家和地区的专家学者在会上作专题报告，展示最新考古成果、分享最新发展趋势、交流最新技术进展。

【文博教育与培训】

3月16日，由宁波市文化广电新闻出版局主办，天一阁博物馆承办的宁波市古籍修复基础培训班（第一期）顺利结业。本次培训班历时5天，培训内容包括古籍修复理论与古籍修复实践。

5月21～25日、10月22～26日，宁波市第三期文物保护专业技能培训班暨第一期文物安全培训班在鄞州区塘溪镇雁村历史文化名村两次开班。来自文物执法部门、乡镇（街道）文化站、行政村村委会、居民委员会、文化旅游公司，以及文物保护工程勘察设计、施工、监理等单位的100余名工作人员先后参加培训。本次培训强化了学员们对“互联网+”时代文物保护新理念、新技术、新模式的认识等。

【文博宣传与出版】

围绕国际博物馆日，宁波市各博物馆开展了丰富多彩的主题宣传活动，包括天一阁博物馆的“乾隆三宝——天一阁藏御赐珍品特展”，中国港口博物馆的“一个法国人的中国梦”，河姆渡遗址博物馆的“远古回声——半坡遗址和半坡文化展”，保国寺古建筑博物馆的“思辨营造”传统文化系列活动等。

6月2日，文化和自然遗产日宁波市主题活动“阿拉非遗汇”暨象山县首个海洋渔文化保护日在象山县人民广场举行。市文博系统围绕“文化遗产的传播与传承”主题，组织策

划了主题活动、精品展陈以及“文博讲堂”“走读活化石”等系列活动。

宁波市文物考古博物馆学会、宁波市文物保护管理所通过“宁波文化遗产”微信公众号开展“时代印记——纪念改革开放40周年宁波文物事业发展四十件大事评选活动”，活动上线即得到了群众的热烈响应和踊跃参与。

持续推进“宁波文物考古研究丛书”出版计划，《鱼山遗址出土石器综合研究》和《丝路万里存此库——元代庆元路永丰库遗址图文集萃》交付出版，《水下遗址出水文物保护方法》正式出版。宁波博物馆《宁波市第一次全国可移动文物普查成果系列丛书》《中国“海上丝绸之路”研究年鉴（2017卷）》《国之祀典——清代宁波孔庙祭祀礼乐器展》《跬步十年——宁波博物馆十年来征集作品选》出版。天一阁博物馆继续推进“书香天一”出版计划，《石鼓墨影》《天一印语》《天一阁文丛·第十六辑》《天一阁诗辑》《嘉靖宁波府志》《天一阁藏清代稿抄本提要》《天一流芳·第2辑》等出版。宁波帮博物馆《四明银行史料研究》出版。

【对外交流与合作】

5月6日，在庆安会馆举办2018“两岸妈祖一家亲”——妈祖诞辰1058周年祭祀暨甬台两地文化交流活动。

9月15日，宁波博物馆联合意大利佛罗伦萨国立考古博物馆，推出特别展览“不朽之旅——古埃及人的生命观”。

厦门市

【概述】

2018年，厦门市各级文物部门认真贯彻党的十九大精神和习近平总书记关于加强文物保护工作一系列重要论述特别是鼓浪屿成功申遗重要指示精神，按照党中央、国务院和福建省委省政府、厦门市委市政府部署，坚持“保护为主、抢救第一、合理利用、加强管理”的文物工作方针，持续推进鼓浪屿申遗后保护利用、文物安全等重点工作，有力推动全市文化遗产保护工作再上新台阶。

【执法督察与安全保卫】

进一步健全与厦门市公安局联动的文物执法监督机制，公布全国统一举报电话“12318”，在市公共安全平台设立文物保护单位安全情况应急反应机制，及时接受并处置文物安全事宜。深化与公安部门文物协作机制，开展打击文物犯罪专项行动，及时侦破一起涉嫌破坏文物犯罪案件。加强市文化市场综合执法支队文物保护监控平台建设，新增8处文物保护单位监控，共监控市级以上文物保护单位26处。坚持每月文物安全“双随机”检查，开展省文物安全大排查突出问题整改“回头看”、法人违法案件专项治理，全市没有发生较大文物安全问题。

持续巩固2017年国家文物局“文物安全大排查”和金砖国家领导人厦门会晤“基础大排查”。深刻吸取巴西博物馆重大火灾教训，组织开展博物馆和文博单位消防安全大检查，及时发现和整改存在的问题。加大文物安全投入，更新部分文物保护单位老化电路和消防器材。

着眼强化责任体系，调整充实厦门市文物管理委员会，明确工作职责。组织全市文物安全与执法培训，邀请专家进行文物安全形势介绍、政策解读等。

【不可移动文物的保护和管理】

（一）概况

厦门市纳入文物保护单位名单的不可移动文物有225处（共261个点）。其中，全国重点文物保护单位7处（34个点），省级文物保护单位70处（76个点），市级文物保护单位79处（82个点），县、区级文物保护单位69处（69个点）。经各区人民政府公布纳入不可移动文物名录的有1748处。

（二）世界文化遗产

认真贯彻落实习近平总书记关于鼓浪屿成功申遗重要指示精神，持续推进鼓浪屿世界文化遗产保护管理提升工作。

借鉴国际理念，以更高标准加强鼓浪屿保护管理。广泛征求社会各界意见，修订《鼓浪屿文化遗产地保护管理规划》，与城市总体规划、风景名胜区保护规划、历史文化街区规划等有机衔接；出台《鼓浪屿历史建筑保护与利用导则》，根据鼓浪屿资源环境承载力、城区现有开放度和未来发展潜力，统筹推进生产、生活、生态空间布局。面对申遗成功后更大的压力，不唯经济利益，严格控制每日上岛上人数（不超过5万，含居民和通勤者）；进一步改进居民游客分流上岛措施，实行网上售票；优化公共空间和公共设施，严格控制新、改、扩建行为，持续推进“垃圾不落地”“智慧旅游”“无声导览”，使鼓浪屿环境更加清净秀雅，社区环境、旅游体验大大提升。深化“全岛博物馆计划”，新开设中国唱片博物馆、管风琴艺术中心，打造“没有围墙的博物馆”。建设提升“文化社区+文化景区”，出台《鼓浪屿重点文化发展扶持暂行办法》《鼓浪屿直管非住宅公房租赁管理暂行办法》《鼓浪屿公益性文体项目“以奖代补”暂行规定》等，开展钢琴比赛、合唱节、管风琴艺术节等，吸引世界各地音乐家、音乐团体前来演出交流。

创新综合机制，加强文化遗产科学长效治理。主动对标世界文化遗产地保护标准和《世界文化遗产保护公约》，进一步构建统一、高效、科学的文化遗产保护机制。成立由市党政主要领导挂帅的鼓浪屿文化遗产保护委员会，强化政府主导责任。加快理顺与属地思明区政府等方面的关系，创新建立责权利一致的保护管理体制，着力破解景区、社区、文化遗产地条块分割、管理交叉带来的问题。健全统一综合执法机构，探索整合城市管理、社会治安、交通运输、市场监督、旅游监督等执法力量，形成统一受理、统一反馈的工作机制。完善鼓浪屿综合管理中心平台，建立景区安全联动机制，实施信用惩戒制度，实行扁平化、常态化整治，全方位呵护鼓浪屿“高颜值”。建立鼓浪屿文化遗产监测管理中心，运用大数据，实现核心要素24小时监测，景区情况和人数实时监控，气象、地震等部门数据实时对接，重点历史风貌建筑受植物影响情况实时监测。

与此同时，积极推进2012年列入世界文化遗产预备名单的闽南红砖建筑保护，开展《闽南红砖建筑保护规划》编制，完成大嶝金门县政府一期、二期6处8栋建筑保护工程并推进合理利用，为申遗奠定基础。

（三）其他

继续推进日本领事馆文保修缮工程，上报全国重点文物保护单位安防消防防雷保护项目15项，组织美国领事馆、集美学村尚忠楼群、青礁慈济宫等一批文物保护单位“三防”方案编制，报审博爱医院旧址保护维修等文保工程方案，协调组织三一堂、廖家别墅等文物保护工程方案论证。

加强文物保护基础工作，推进以鼓浪屿申遗核心要素为主体的第八批全国重点文物保护单位申报工作，32处文物保护单位获批第九批省级文物保护单位。

加强维修保护，完成中共福建省第二次党代会旧址维修、陈化成墓保养维护等工程，实施同安孔庙、莲塘别墅、“8·23”炮战旧址等修缮工程，启动三一堂（二期）、台湾会馆旧址、三都瑞青宫等修缮工程，组织美国领事馆、集美学村尚忠楼群、青礁慈济宫等一批文物保护单位“三防”方案编制。

推进红色文化保护、传承和弘扬工程。加强红色文化遗产挖掘整理，完成厦门总工会旧址修缮并重新布展。

【考古发掘】

配合基本建设项目开展文物调查、勘探和考古发掘，完成地铁3号、4号、6号线工程范围内考古勘探。开展厦门第二东通道涉及翔安刘五店古码头保护事宜，在完成陆上考古的同时协调国家文物局水下文化遗产保护中心进行水下考古。

【博物馆与可移动文物保护】

（一）博物馆

1. 博物馆建设

2018年新增备案博物馆2家，即故宫鼓浪屿外国文物馆、厦门市悦成老爷车博物馆。厦门市博物馆获批国家二级博物馆。故宫鼓浪屿外国文物馆亲子教育活动被福建省科学技术协会评为“2018年福建省全国科普日优秀活动项目”。

各博物馆进一步加强基础建设。厦门市博物馆完成二楼临时精品展厅装修项目、馆藏精品展厅改造项目。厦门经济特区纪念馆改造提升工程顺利完工。华侨博物院“华侨华人”基本陈列进入施工阶段。故宫鼓浪屿外国文物馆完成Wi-Fi提升工作。

2. 重要陈列展览

除常设展览外，全市在册博物馆共举办临时展览54场次。厦门市博物馆举办“厦门勇立潮头奋进新时代——庆祝改革开放40周年专题图片展”，引进“永远的中国白——广东省博物馆藏明清德化白瓷展”“格登山色伊江水　回首依依勒马看——林则徐在新疆”展。华侨博物院举办“薪火相传　共创未来——厦门市纪念中共中央发布‘五一口号’70周年主题联展”，陈嘉庚纪念馆举办“十年树木　春风化雨——陈嘉庚纪念馆2008～2018”原创展，故宫鼓浪屿外国文物馆策划“CHINA · MEISSEN：德国梅森瓷器百年臻艺展”主题展。

3. 文创产品开发

厦门市博物馆完成50个品种的文创产品开发并投入生产营销，并与厦门海洋职业技术学院签订战略合作协议活动暨第一届“启航杯”文博创意产品设计比赛，开启博物馆、高校、企业合作模式。故宫鼓浪屿外国文物馆自主研发14个系列120款产品。

（二）可移动文物保护

按计划完成全市在册非国有博物馆藏品备案工作，共备案藏品2277件/套（2536件）。厦门市博物馆全年征集文物36件，接受社会捐赠现代字画、工艺品等55件，同步完成库房预防性方案上报。

华侨博物院继续推进实施可移动文物预防性保护项目，完成字画修复室和文物摄影室采购项目验收和固定资产入库登记，新增仪器设备、耗材工具1000余件/套；委托福建省博物院文保中心对33件院藏明清字画进行检测和病害分析，编写修复方案。

【社会文物管理】

厦门文物鉴定中心全年接受各地民众委托鉴定33起，共计鉴定115件/套。

【文博宣传与出版】

全市各博物馆通过官方网站、微信公众号、新闻媒体以及展览海报、宣传折页等进行宣传推广。厦门市博物馆在《厦门日报》《厦门晚报》等发布报道40余篇，微博发布1832条，微信发布信息130余条。

于国际博物馆日组织首届文博创意产品展示展销活动，17家文博单位和文创企业的258

件/套文创产品分线上线下进行展示展销，共吸收观众21万余人次。

厦门市博物馆《文物厦门》一书顺利出版，陈嘉庚纪念馆完成《陈嘉庚画传》一书的编撰工作。华侨博物院启动陈嘉庚先生长孙陈立人先生“口述华侨华人历史”项目。

【其他】

发挥全市“多规合一”平台管理协调功能，积极回应全市文化遗产保护相关情况，及时就32项建设工程涉及文物保护事宜提出意见建议，处理17项涉及土地收储、征地拆迁、房屋修建等方面的文物保护事项。

深圳市

【概述】

2018年，深圳市文物系统高举习近平新时代中国特色社会主义思想伟大旗帜，在市委市政府的正确领导下，在各有关单位大力支持下，认真把握文物工作新形势，紧抓文物工作新机遇，积极贯彻落实习近平总书记关于加强文物保护利用的重要指示批示，落实中央和省市关于文物工作的决策部署，经过全市文物工作者的共同努力，在文物保护与利用、博物馆建设等方面取得了系列成绩。

【法制建设】

组织编制《深圳市经济特区文物和历史遗存保护条例》，积极开展立法调研工作。

【执法督察与安全保卫】

处理坪山区省保单位“龙田世居”建设控制地带内违法建设行为、宝安区省保单位“曾氏大宗祠”环境整治工程未批先建违法行为、坪山区区保单位“洪围”内祠堂违法拆除行为等3起文物安全违法案件。通过重点处理违法案件，不断强化各区及违法单位的文物安全底线、红线思维，取得较大成效。

按照国家文物局、广东省文物局、深圳市安委办、深圳市消安委等要求，开展全市文物单位消防安全明察暗访工作、全市文体旅游局系统安全检查、夏季文博单位安全专项督察、全市博物馆和文物建筑消防安全大检查、全国文物安全状况大排查整改复核行动等5次专项检查，重点加强文物安全防范及监管力度。开展文博系统安全演练及培训工作2次，提高全市文博系统工作人员的安全意识和安全防范能力。

【不可移动文物的保护和管理】

截至2018年年底，深圳市共有全国重点文物保护单位1处，省级文物保护单位13处，市县级文物保护单位130处，未定级不可移动文物981处。

大鹏所城为深圳市唯一一家全国重点文物保护单位。2018年，《大鹏所城专项保护规划》编制完成并按程序报审，大鹏所城西门楼不可移动文物维修工程通过验收。

组织省保单位中英街界碑、东纵司令部旧址申报第八批全国重点文物保护单位。

积极推进重大文物修缮工程。省保单位茂盛世居、东江纵队司令部旧址修缮工程通过验收，省保单位元勋旧址一期工程、龙田世居整体维修工程稳步推进。

开展革命文物保护专项工程。组织各区开展革命文物摸底、建立保护台账及保护工程申报工作。

推动开展文物活化利用项目。开展“全市文物分级分类保护及认定标准研究”课题研究，选取30处文物单位开展文物改造利用负面清单设计，有效降低文物改造审批门槛，吸引社会资本投入。

【考古发掘】

配合文物保护和城市基建进行考古调查和研究工作。完成“深圳市供电局110千伏南科大变电站工程”等6项考古调查勘探工作，启动南头城小学拆除重建工程区域等2项考古调查发掘工作。完成龙华区斜岭岗遗址东区考古出土陶器的修复工作，修复商代至汉代陶器500余件；开展西丽水库周边遗址考古试掘的文物整理修复及报告编写工作。

【博物馆与可移动文物保护】

全市共有博物馆50家，其中国有博物馆17家、非国有博物馆33家。

完成深圳改革开放展览馆的筹建工作。深圳改革开放展览馆是目前唯一经中央批准设立的、以改革开放为主题的展览馆，意义深远，作用巨大。2018年10月24日上午，习近平总书记在省、市领导陪同下参观了展览馆，并发表了重要讲话。深圳改革开放展览馆于2018年11月8日正式对外开放。

《深圳市加快推进重大文体设施建设规划》正式公布，深圳将规划建设深圳改革开放展览馆、中国国家博物馆·深圳馆、深圳海洋博物馆、深圳自然博物馆等“新十大文化设施”。四大博物馆建设有序推进中。

组织修订《深圳市民办博物馆扶持办法》，进一步加大对全市非国有博物馆的扶持力度；继续推进《深圳市博物馆事业发展五年（2018～2023）规划暨2030远景目标》的编制工作。

国有博物馆与非国有博物馆交流合作加强。深圳市南山博物馆和深圳市金石艺术博物馆合作举办“翟门生的世界——一带一路上的粟特人特展”，深圳博物馆与深圳望野博物馆合作举办“煌煌·巨唐——六至九世纪的唐代物质与器用展”。

深圳望野博物馆策划的“一带一路”相关唐代文物展赴杭州、江阴、西安等地展出，反响热烈。

“大潮起珠江——广东改革开放40周年展”筹备完成。深圳博物馆整合国内外资源，举办高质量专题展览10个，包括利用馆藏资源举办“传承之道——深圳博物馆藏经部古籍善本展”，引进“自然的力量——洛杉矶郡艺术博物馆藏古代玛雅艺术品”“物华天宝——辽宁朝阳北塔出土文物精品展”等多个重量级专题展览，以及“丛林宝贝与毒瘤——深圳植物科普展”“海洋宫殿——珊瑚礁科普展”2个自然科普展览。启动“深圳改革开放史”展陈更新改造工作。

深圳市南山博物馆正式对外开放，举办“耀世遗珍——阿富汗国家博物馆藏珍宝展”“大秦帝都·咸阳遗珍展”“走进它山·张仃艺术大展”“渡海白云·黄君璧双甲纪念暨黄氏父女作品联展”等17个精品临时展览。

征集广东改革开放相关实物、照片、文件、音视频、艺术品等17000余件/组，包括“大疆”无人机、大族激光打标机、“蓝鲸一号”模型、优必选机器人等一大批重要藏品。建立规范、高效的自然标本征集制度，征集野生动物标本和矿物晶体标本51件。推动深圳博物馆将文物总账纳入国有资产管理体系。

深圳博物馆大力推进文创产品开发。新开发文创产品40种131款，生产产品21413

件。其中配合“大潮起珠江——广东改革开放40周年展览”开发文创产品21种近百款，改革开放地标建筑系列T恤、纪念邮票、纪念封、贵金属礼品等创意新颖、特色鲜明、制作精良，市场反响热烈。

加大文创产品宣传力度，组织文创产品参加德国法兰克福“中国文博创意”主题活动展、国际博物馆日广东主会场活动、第十四届中国（深圳）国际文化产业博览交易会、中国博物馆及相关产品与技术博览会等多个展会。深圳博物馆荣获2016～2017年度广东博物馆开放服务最佳做法评选“最佳文创产品推广奖”。

深圳市博物馆协会正式成立，将作为推动深圳市博物馆事业发展的重要平台之一，加强各博物馆间的沟通联系和交流合作，促进博物馆业务水平的提升。

进一步加大对非国有博物馆的扶持力度，加强对非国有博物馆的管理。2018年深圳市23家符合条件的非国有博物馆共获得补助经费750万元。推动国有博物馆与非国有博物馆合作，全面深化馆际合作交流。组织全市非国有博物馆开展藏品备案工作，全市30余家非国有博物馆参与备案工作，备案藏品2万余件/套。

【科技与信息】

深圳博物馆举办“中西陶瓷贸易与外销瓷艺术学术研讨会”。复旦大学、香港中文大学、故宫博物院、上海博物馆等机构的20余名著名专家学者参会，研讨取得丰硕成果，获得学术界高度肯定。“深圳博物馆陶瓷器修复仿釉技术研究”进展顺利。

【文博教育与培训】

1月，组织召开深圳市文物工作座谈会暨文物活化利用培训会，提升全市文博从业人员对文物活化利用的政策理解，拓宽工作视野。

4月，举办2018年深圳市文化遗产保护与利用培训班，来自全市文博行业的30余名工作人员参加了培训，培训内容包括不可移动文物的保护与利用、博物馆建设与管理等。

12月，举办非国有博物馆馆长培训班。深圳市30余家非国有博物馆及相关企业的50余名业务骨干参加了培训，培训内容包括博物馆运营管理、展陈策划及全市博物馆发展状况、深圳市文化产业政策等。

【文博宣传与出版】

组织全市各博物馆举办国际博物馆日主题宣传活动。深圳市主会场活动在南山博物馆举行，举办了“翟门生的世界——一带一路上的粟特人特展”和“互联、互通与非国有博物馆创新发展”南山论坛。深圳博物馆赴河源国际博物馆日广东主会场开展VR虚拟展厅和非遗项目的展演展示。

举办“盛世收藏”系列活动，为市民提供免费的文物鉴定服务，2018年共举办10场免费鉴定，接待市民1000人次。

深圳博物馆举办各类教育活动百余场。邀请知名专家学者举办学术讲座12场；举办深圳民间文化沙龙7场；举办缪斯沙龙2场；开展“博物馆小讲堂”活动20场，“环球自然日——青少年自然科学挑战活动”比赛等活动19场。

编写出版《周邦肇作——宝鸡出土青铜器精华展》《巴蜀汉风——川渝地区汉代文物精品展》《传承之道——深圳博物馆馆藏经部古籍善本》3本图录。

【机构及人员】

深圳市文物工作实行市、区、街道三级管理模式，共有文物管理行政机构11个，市直属文博单位有深圳市文物管理办公室、深圳博物馆、深圳市文物考古鉴定所。

在专业人员中，正高职称8人，副高职称30人，中级职称68人；博士14人，硕士62人，大学本科124人。

深圳市文体旅游局、深圳博物馆获“大潮起珠江——广东改革开放40周年展览”先进单位；陈绍华等53人获“大潮起珠江——广东改革开放40周年展览”优秀个人。

【对外交流与合作】

深圳博物馆举办“自然的力量——洛杉矶郡艺术博物馆藏古代玛雅艺术品”，南山博物馆举办“耀世遗珍——阿富汗国家博物馆藏珍宝展”等。

2018年11月17～18日，深圳市南山博物馆与深圳市金石艺术博物馆合作举办“翟门生的世界——石刻上的南北朝”学术研讨会，邀请中日专家学者共同探讨、分享南北朝文物考古研究成果。

故宫博物院

【概述】

故宫博物院以习近平新时代中国特色社会主义思想为指导，深入学习贯彻党的十九大精神，增强“四个意识”，坚定“四个自信”，做到“两个维护”，落实“两个责任”。以建设世界一流博物馆为目标，在2014～2016年度“国家一级博物馆运行评估”中获得“优秀”称号，实施“精细化”管理，实现文物安全、观众安全、古建筑安全、形象安全。持续推动“平安故宫”工程建设，举办第三届“太和·世界古代文明保护论坛”，开启古代文明保护国际合作新历程。全年接待中外观众突破1700万人次，再创年度观众数量新高。

【安全保卫与开放管理】

节假日和重点时段对重要施工现场和布展现场实施安全大检查，职能部门进行隐患排查治理，持续组织安全检查和“拉网式”排查，实现隐患排查治理工作常态化、制度化、规范化，全年开具消防隐患通知单61份。9月巴西国家博物馆发生火灾后，召开专题会议布置火灾隐患排查工作，成立由三名副院长带队的办公室秩序整治、文物库房整治和施工现场隐患整治检查组，实施全方位拉网式检查，关停中轴线上耗电量大且有安全隐患的十多处店铺，对院内商业设施进行全面整治规划。安全技术防范系统建设进一步完善，实现火灾报警与视频联动功能。加强应急管理和义务消防队建设，全年进行院内外多部门合作应急演练6次，组织第七届消防运动会，进一步提升应急处置能力。

观众参观体验环境不断优化，持续推进网络售票，分时段控制观众流量，全年8万人限流天数76天，限流天数突破历史记录，达到了“削峰填谷、提升参观体验”的目的。“《清明上河图3.0》高科技互动艺术展演”展出期间，实施参观门票与大门票同步预约措施。新设无障碍坡道23处、路椅150把、移动护栏250组、标识牌166个，制作石台阶原状台面保护37处，加强开放设施设备维护保养，及时消除安全隐患。严格管理院内电瓶车，完善充电场所，规范院内行驶。加强与公安、消防、武警之间的协调联动，依法严厉打击各种违法违规行为，全年抓获黑导游、非法散发“小广告”人员等2406人。

【太和·世界古代文明保护论坛】

2018年9月16～18日，第三届“太和·世界古代文明保护论坛”在故宫博物院举行。论坛由外交部、文化和旅游部、新华通讯社、国家文物局支持，故宫博物院、北京故宫文物保护基金会主办，邀请国际组织及埃及、希腊、印度、伊朗、伊拉克、以色列、意大利、墨西哥、叙利亚、中国等文明古国文化遗产领域同仁及专家，围绕“作为文化景观的古代文明遗产——古都文化的保护与传承”这一主题，共同研究和探讨古都文明遗产的可持续性发展问题。

在分场论坛中，参会代表分6组就“古都文化遗产的保护与现代城市建设”“古都文化遗产的修复与传承”“古都文化资源的利用与弘扬”“考古视野下的古都古国与文化交流”4个议题进行了充分深入的对话，共同研究古都文明遗产的可持续性发展问题，探讨保护与传承古都文化的有效路径。

经友好协商，故宫博物院与叙利亚文化部古物和博物馆总局签署合作谅解备忘录，内容包括共同合作筹办展览，共享有关教育、研究、宣传、观众服务、展览信息、博物馆安保、文化活动、博物馆管理方面的信息，以及故宫博物院为叙利亚提供考古保护方面的援助支持，协助叙利亚考古文物保护工作和在华培训博物馆专业修复人员等。通过此次签约，双方将在现有合作基础上进一步扩大交流范围，加强文化遗产保护与展示，深化两国间文化交往。

【“平安故宫”工程】

“平安故宫”工程七大子项目持续推进。地下文物库房改造项目启动，故宫博物院北院区建设项目启动。基础设施维修改造一期（试点）工程继续推进，二期工程设计方案上报国家文物局并获得相关批复，文物影响评估报告及项目建议书编制完成。世界文化遗产监测，午门城台监测、养心殿环境监测工作持续推进，查清不可移动文物底账，理清11类遗产要素，确定标准定名。故宫安全防范新系统中，应急指挥平台项目进入内部系统试运行，文物藏品技术防范系统进行联调测试，安防系统功能提升项目完成监控中心系统更新及部分前端施工。院藏文物防震项目完成一批陶瓷库房的库内改造及文物密集柜安装，阻尼器防震方案进一步细化并完成安装施工招标，宁寿门外西院库房内部改造深化设计完成并开始施工。院藏文物抢救性科技修复保护项目修复保养文物757件，复制完成118件；故宫文物医院接待学习参观160批次4500人次，5人被评为国家级非物质文化遗产传承人。

【古建筑保护】

文化遗产保护管理持续优化，古建筑研究性保护项目初显成效。四项研究性保护项目有序开展，养心殿研究性保护项目完成工匠选拔、培训工作，于9月4日正式开工。故宫城墙西段修缮工程持续推进，西北段、西南段修缮工程进行设计和报批。乾隆花园保护项目进行建筑环境监测，完成丝毛织品、贴落等的仿制以及假山监测和安全评估。大高玄殿油饰彩画修缮工程、长春宫前院修缮工程竣工。

为储备“紫禁城下一个600年”优质古建筑维修保护材料，将苏州陆慕御窑金砖厂、南京金陵金箔集团股份有限公司设立为第一批“故宫官式古建筑材料基地”，并接受太湖世界文化论坛捐赠的金砖100块、金箔100万张。

【可移动文物保护】

强化可移动文物保护与管理工作。统筹文物库房使用规划，三期地下库房文物布局初步完成，启动地面文物库房规划调整并完成局部方案。开展全院文物部门业务培训，从操作及流程全面保障文物安全。

接受民国唐驼书法《孝悌祠记》、《清代赵孟頫书寿春堂记》拓本等捐赠，收购“清乾隆铜鎏金大威德金刚三连尊”1件。

【陈列展览与宣教服务】

新开设箭亭武备馆、南大库家具馆。家具馆是继陶瓷馆、书画馆等专馆之后开设的又一大专题展馆，以“仓储式”展陈清代家具400余件，使家具类文物得到了更好的整理、保护和展示。

举办临时展览16个，包括“予所收蓄　永存吾土——张伯驹先生诞辰120周年纪念展”“铭心撷珍——卡塔尔阿勒萨尼收藏展”“明代正统、景泰、天顺御窑瓷器展”“铁笔生花——故宫博物院藏吴昌硕书画篆刻特展”“清平福来——齐白石艺术特展”“故宫博物院藏清初‘四王’绘画特展”“贵胄绵绵——摩纳哥格里马尔迪王朝展”等。在境内文博机构举办或参与展览34个，包括“龙凤呈祥——清代皇帝大婚展”“中正仁和——走进养心殿展”“故宫博物院藏龙泉青瓷精品省亲之旅展”等。其中7项大展同时登陆山西太原市博物馆，展出故宫文物1000余件，创历史纪录；与凤凰卫视合办“《清明上河图3.0》高科技互动艺术展演”吸引超过140万观众参观，并在国家博物馆“伟大的变革——庆祝改革开放40周年大型展览”中再度引发观众参观热情。

故宫博物院获“服务社会十佳单位”称号。全年提供咨询41.3万人次，志愿者提供志愿讲解8318人次，讲解员接待观众41935批次，使用自动讲解器的观众23.4万人次。举办各类教育活动2299场，输送到厦门、济南、石狮、秦皇岛、泉州、福州等地169场。在北京市宣师一附小、双榆树一小、第三十一中学、第一六六中学等9所中小学开设故宫课程。

【文化创意产品】

研发“八仙聚宝”怀挡和“墨梅”领带系列产品、“丝路山水地图”系列产品等独具故宫文化特色的文创新品百余种，“故宫博物院线上文化创意馆”试运营。根据“予所收蓄　永存吾土——张伯驹先生诞辰120周年纪念展”“铭心撷珍——卡塔尔阿勒萨尼收藏展”等研发随展文物百余种。参加德国法兰克福国际文具及办公用品展览会、2018年国际品牌授权博览会、2018中国（宁波）特色文化产业博览会、第十四届中国（深圳）国际文化产业博览交易会、第八届中国博物馆及相关产品与技术博览会。

中国文化中心、中外文化交流中心及故宫博物院等机构联合举办“故宫文化创意产品国际综合展”，在新加坡、布鲁塞尔、贝宁、曼谷、首尔、悉尼的六家中国文化中心举办故宫文创产品展览；中国对外文化集团公司和故宫博物院联合在日本东京举办“让文物活起来——故宫文创展”。

【数字故宫】

官方网站全年访问人数691万，同比增长98.5%。官方新浪微博账号发布信息925条，总阅读量12.1亿。

“故宫出品”系列App全年下载量超过120万，同比增长16%，累计下载量超过600万。“每日故宫”App完成藏品数据整理、添加藏品分类及关键词搜索等功能的升级开发，“故宫展览”App进行了用户交互界面全面改版和用户体系核心功能的拓展升级，“紫禁城祥瑞”PRO版发布。

“发现·养心殿——主题数字体验展”首次完整走出故宫，落地深圳。启动“V故宫·数字文物专区”建设，完成112件文物的三维数据部署供观众互动体验；完成第七部虚拟现实节目《御花园》的制作，为御花园三维可视化研究项目增添新的应用实例和场景；完成“V故宫·倦勤斋线上互动体验项目”开发并上线公开展示；启动“V故宫·角楼互动体验项目”。与腾讯、网易、金山软件公司等就漫画、游戏、音乐创新大赛等开展合作，与腾讯合作举办的“古画会唱歌”音乐创新大赛吸引约400万人次投票，音乐专辑播放量超过1亿次。首档聚焦故宫博物院的文化创新类节目《上新了·故宫》在北京卫视热播，参与录制的《国家宝藏》第二季节目在央视隆重推出。

“发现·养心殿——主题数字体验展”获“2018国际文化遗产视听与多媒体艺术节金奖”和“第二届国际数字遗产案例竞赛技术创新奖”。“微故宫”获微信贡献力“十佳账号”称号，官方新浪微博账号在年度文化类微博账号中排名第一。

【学术科研与出版】

“《满文大藏经》研究”获国家社科基金冷门绝学和国别史等研究专项项目，“明代金银器史”项目获国家社科基金艺术学项目青年资助项目，“抬梁式木构古建抗震性能系统化研究”“故宫出土明清铜红釉呈色机理的同步辐射应用研究”“元大内规划复原研究”获国家自然科学基金资助。“新中国出土墓志（二期工程）”“故宫博物院藏殷墟甲骨文整理与研究”两大社科基金项目稳步推进。

故宫研究院与太湖世界文化论坛合作成立中医药文化研究所，与吉林大学合作成立张忠培考古研究中心。下设各研究所持续开展相关课题研究，推进合作项目，举办第七届西藏考古与艺术国际学术讨论会、四王暨清前期书画研讨会等学术会议。考古研究所完成雄安新区阶段性考古任务，参加安徽凤阳明中都遗址考古调查。

故宫学院在重庆、开封设立分院。年内举办“故宫讲坛”28场，面向故宫员工举办藏文中、高级培训。承办国家文物局、地方市级文物局、博物馆等单位委托培养的培训班7个，涉及官式古建筑木构保护及木作营造技艺、藏传佛教文物保管与保护、文化创意产品开发与市场运营等。

全年成书155种。《紫禁城》杂志被国家新闻出版广电总局推荐为第三届全国“百强报刊”，被中国期刊协会评为2018年“中国最美期刊”。《赵孟頫书画全集》获得优秀美术图书“金牛杯”金奖。《故宫藏吴昌硕书画全集》《故宫藏四王绘画全集》等项目增补进入2018年度“十三五”国家重点图书出版规划。《清宫图典》获得2018年度国家出版基金资助。《故宫日历》《满汉全席日历》《故宫月历》等形成“日历家族”，受到社会好评。首部互动解谜游戏书《谜宫·如意琳琅图籍》获得2000多万元的众筹金额。

【对外交流与合作】

全年举办涉外（包括港澳台地区）展览9项，包括赴美国芝加哥艺术博物馆“吉金鉴古：皇室与文人的青铜器收藏展”，赴美国迪美博物馆、赛克勒博物馆“凤舞紫禁：清代皇后的艺术与生活”展，赴日本“让文物活起来——故宫文创展”，赴希腊雅典卫城博物馆“重文德之光华：重华宫原状文物”展，赴沙特阿拉伯国家博物馆“华夏瑰宝”展，赴葡萄牙阿茹达宫“东风西韵——紫禁城与海上丝绸之路”展，赴香港科学馆“匠心独运——钟表珍宝展”，赴澳门艺术博物馆“渔山春色——吴历逝世三百周年书画特展”，赴澳门艺术博物馆“海上生辉——故宫博物院藏海派绘画精品展”。

分别与伦敦大英博物馆、比利时皇家艺术与历史博物馆、马耳他遗产委员会签署谅解备忘录。

国际博物馆培训中心举办春季和秋季培训班，培训学员62名。与国际文物修护学会联合举办“国际文物修护学会——故宫博物院2018北京国际学术研讨会”。国际文物修护学会培训中心举办第四届培训班，培训学员23名。配合国家“大湾区”战略，推动第二届故宫青年实习计划，接收粤港澳三地实习生48人。

故宫考古研究所赴乌兹别克斯坦、塔吉克斯坦等国开展考古工作。故宫宣教团队赴蒙古国、澳大利亚、西班牙等9个国家举办海外教育活动10场。

中国国家博物馆

【概述】

2018年，在中宣部的直接指导和文旅部党组的正确领导下，中国国家博物馆（以下简称“国家博物馆”）坚持以习近平新时代中国特色社会主义思想和党的十九大精神为指导，严守意识形态阵地属性，强化“四个意识”，坚定“两个维护”，践行“两个巩固”，严格执行民主集中制，坚持稳中求进工作总基调，全面深化改革、锐意开拓创新，围绕中心、服务大局，做强主责主业、着力开放协作，推动各项工作不断迈上新台阶、开创新局面。

【制度建设】

2018年，国家博物馆继续加强制度建设，着力加强细节管理，规范内部工作流程，各项管理工作扎实推进。新制定的全馆性规章制度包括《中国国家博物馆议事规则》《中国国家博物馆策展人制度实施办法（试行）》《中国国家博物馆聘任工作人员宪法宣誓实施办法（试行）》《中国国家博物馆会议制度管理办法》《中国国家博物馆藏品征集管理办法》《中国国家博物馆馆属企业管理办法（试行）》《中国国家博物馆工作人员行为规范》等。

【安全保卫与开放管理】

安全是重中之重的工作，安全工作永远是底线。国家博物馆在安全保卫方面坚持抓精细化管理、常态化建设，高质量完成年度安全保卫工作任务，确保了全馆稳定和文物展品的绝对安全。

国家博物馆始终贯彻“安全第一，预防为主”的基本原则，严格落实消防安全制度，加强网格化管理。在各类展览期间加强消防力量，提升对馆内各类施工安防管控。加强消防综合演练，全面强化火险处置能力，对馆内各部处室安全员、一线工作人员、新入职人员、微型消防站人员开展消防知识技能培训19次，对布展施工人员进行入场前培训12次，开展消防疏散演练3次，全员进行消防培训2次。配合“改革开放40周年大型展览”的布展，加强消防人员24小时巡查力量，分时段分区域对施工现场进行严格检查，对展览布展区域进行安全隐患排查，发现问题及时整改，并进行复查核实。重新梳理安全工作管理办法，完善应急预案，加强消防安全工作组织领导和责任落实。对国家博物馆重点部位实行人防加技防管控，推进技术升级，提高安保工作技术水平，安防系统改造工程稳步推进。实行安全保卫部门和藏品保管部门夜间联合值班制度。国家博物馆被地区防火委员会评为2018年消防工作先进集体。

切实从观众观展体验出发，调整观众进出路线、优化安检程序和票务系统，提高精准化服务水平。2018年起，国家博物馆取消纸质门票领取环节，观众持有效证件可直接进馆，试行进入天安门广场游览与进入国家博物馆参观分队安检，观众只需在国家博物馆北门接受一次安检即可入馆参观。推行“绿色通道”服务措施，方便孕妇、老人、儿童、行动障碍者快速进馆参观。节假日期间，在保证安检标准“不缩水”的前提下，通过增设安检单元、增加人员、对儿童采取“速检”等方式加快安检通过速度。

全年安检箱包368万余件、快递包裹6258件，检查车辆43000余次，督促整改违章行为130余次，开具隐患通知单27张。妥善处置翻越护栏、闯岗等突发事件28起。协助急症患者就医30次，协助观众存取包裹15.7万余件。全年执行各级勤务427次。

【陈列展览】

2018年，国家博物馆推出展览共计66个，其中新办展览40个，形成以基本陈列为骨干，以主题展览、专题展览、临时展览为支撑的立体化展览体系。

圆满完成中央交办的“复兴之路 · 新时代部分”“真理的力量——纪念马克思诞辰200周年主题展览”“伟大的变革——庆祝改革开放40周年大型展览”三大主题展览任务。三大主题展览在社会上引起强烈反响，观众总量超过400万人次，形成“国博现象”。

与地方文博机构联合推出“古蜀华章——四川古代文物菁华”“大唐风华”地方精品文物展2个，举办“江口沉银——四川彭山江口古战场遗址考古成果展”“礼出东方——山东焦家遗址考古发现展”“汉世雄风——纪念满城汉墓考古发掘50周年特展”考古发现成果系列展3个，举办“张大千艺术展”“纪念李苦禅诞辰120周年艺术展”“戴泽艺术展”“夏荆山艺术展”等名家经典美术作品展17个，举办展现西方科技、艺术成就及中外文化交流的“无问西东——从丝绸之路到文艺复兴”“创造的力量——美国19世纪专利模型展”等国际交流展5个，在境外举办“东亚虎的艺术——韩国 · 日本 · 中国”“文心万象——中国古代文人的绘画与生活”展览2个，举办“瑞犬纳福——戊戌新年馆藏文物展”“戊戌新章——国博春联展”“匠心传承——徐竹初、徐强父子木偶艺术展”“东风骀宕花正红——周恩来等老一辈革命家与文艺家关怀邯郸娃娃剧团图片展”等临时展览8个。

【藏品管理】

主动调整藏品征集方向和重点，加紧征集反映革命文化、社会主义先进文化的代表性物证，设立“国史文物抢救工程”和“藏品征集项目”。全年征集古代文物、近现当代文物、艺术品等1874件/套，接收青铜器等划拨文物11件，包括港珠澳大桥建设相关实物、十三届全国人大一次会议国家主席选举票及宪法修正案草案表决票、中印边界自卫反击战相关档案资料、工艺美术双年展作品以及新中国首张博士证书，以及国家文物局划拨的“虎鎣”以及十二棱青铜尊缶等。进行非正式出版物的征集工作，累计征集2000余册。

开展藏品数字化工作。收集整理各类数据约60TB；完成图书和古籍数字化工作，采集数据约20TB；采集用于展览的文物数据50.43GB。试点专业数据库建设，开发馆藏经典美术作品数据库。建成并试运行“国家博物馆藏品图片存储系统”，初步实现对藏品图片进行编目、分类、查询、统计等功能。为满足社会公众对中国国家博物馆基本藏品信息查询和研究的需要，分期分批对社会公布馆藏藏品目录。国际博物馆日期间，《中国国家博物馆藏品总目》正式上线，首批藏品信息向社会公布，主要包括藏品名称、时代、普查编号、图像等信息。

成立由环境监测研究所、藏品检测与分析研究所、器物修复研究所、金属器物修复研究所、书画文献修复研究所、油画修复研究所等6个研究所组成的文物保护研究部门，完成包括馆藏文物和合作项目任务中的文物保护、修复、复制等工作，对藏品库房、展厅空间环境进行监测，开展库房文物保存现状现场调研，继续对少数民族文物进行保护处理。

【公共服务】

以馆校合作为基础深入开展青少年教育活动，开展“青少年走近国宝”活动。为北京市东城区青少年课外活动服务中心开发绘本体验课程36课时。完成国际教育交流活动，为华盛顿教育局美国教师团体策划实施丝绸之路主题教学活动。

举办《国博讲堂》讲座15场，包括《一个美术的梦——从巴黎到北京》《中华文化的基本问题》《徐悲鸿与巴黎国立高等美术学院》《中西艺术的差异与相互影响》《徐悲鸿艺术体系与新中国美术经典》《泥版书和中国古文字比较研究》《趣谈专利制度》《盛世考古——四川彭山江口古战场遗址考古漫谈》《专利知识产权系列讲座》《树皮画——记述澳洲原住民文化、历史与艺术的珍贵见证》等，主讲人来自国内外博物馆界、科研院所、高等院校等机构，充分体现了国家博物馆作为公益性文化机构的重要价值。

【考古发掘】

（一）概况

2018年，国家博物馆一方面按原计划完成田野考古和遥感考古的主要项目工作，另一方面按照新的发展战略指导思想将工作重点向边疆地区转移，对一些旧有项目进行调整和收缩。

田野考古项目包括河北张家口康保县兴隆史前遗址发掘及雄安新区遗址勘探和试掘、山西运城绛县西吴壁夏商冶铜遗址发掘及忻州刘沟商周遗址发掘、陕西宝鸡吴山秦汉祭祀遗址发掘、海南东方市荣村历史时期遗址发掘、与蒙古国国家博物馆合作的蒙古中央省石特尔匈奴墓地发掘等。

遥感考古项目包括援疆项目——2018年喀什地区航空摄影考古调查、中国古代矿冶遗址遥感考古调查与研究、秦直道航空摄影考古勘测、福建古代窑址调查、齐长城及其相关遗址的遥感识别与动态监测研究等。与天津大学建筑学院合作完成国文琰委托的“全国重点文物保护单位大工山——凤凰山铜矿遗址保护规划考古咨询服务”。

启动新疆考古项目，前往巴音郭楞蒙古自治州和阿克苏地区进行调查选址，对墓地、城址、遗址群、冶炼遗址、烽火台、戍堡等近50处遗存进行实地踏查。

（二）重要考古项目

山西绛县西吴壁遗址考古发掘项目。西吴壁遗址位于山西省绛县古绛镇西吴壁村南，涑水河北侧黄土台塬上。遗址面积约110万平方米，包含仰韶、龙山、二里头、二里冈及周、汉、宋等时期的遗存，其中二里头、二里冈时期冶铜遗存最为重要。

在多次踏查的基础上，中国国家博物馆、山西省考古研究所与运城市文物保护研究所联合组队于2018年春、秋两季在西吴壁遗址进行了大规模考古发掘，发掘面积1100平方米，发现大量二里头、二里冈时期冶铜遗存，包括房址、窖穴、干燥坑、窑址、冶铜炉等遗迹，以及炉渣、炉壁、铜矿石、陶、铜、石、骨器等遗物。

以往考古工作表明，中条山腹地的铜矿在不晚于二里头时期便得到开采，除少量在矿山冶炼，其余去向不明。西吴壁遗址的发掘为解决这一问题提供了线索：夏商先民采取铜矿后将其运至交通便利、便于生产和生活的西吴壁等遗址冶炼成铜锭，再送至都邑性聚落进行铸造。作为中原地区已确认的时代最早、规模最大、专业化程度最高的冶铜遗址，西吴壁遗址的发现填补了早期青铜器产业链的空白，为研究早期冶铜手工业技术及生产方式等问题提供了直接证据。西吴壁遗址的考古工作也为探索夏商王朝的崛起与控制、开发、利用铜这种战略资源之间的关系提供了珍贵的实物资料，具有重要的学术意义。

【学术科研】

2018年，国家博物馆共有课题研究项目33项，其中国家社科基金项目7项（含1项重大专项）、省部级项目10项、馆级课题项目11项。13项科研成果获得奖励，包括国家级奖励7项、省部级奖励5项。参加馆外学术会议109人次。

深入探讨把握文博行业发展规律，倡导召开“新时代新气象新作为——全国博物馆馆长论坛”。作为本次论坛的重要成果，中国国家博物馆与故宫博物院，首都博物馆、天津博物馆、河北博物院，中国社会科学院研究生院分别签署战略合作协议，以发挥博物馆、科研机构的联动优势，为文化和旅游事业协调发展贡献力量。

举办“中国梦与新时代”主题研讨会，围绕中国梦与马克思主义、中国梦与中华优秀传统文化、中国梦与人类命运共同体等主题深入研讨。

此外还组织召开了“纪念改革开放40周年展览研讨会”“李苦禅诞辰120周年艺术展学术研讨会”“第三届国博遥感考古年会”等研讨会、年会。

组织撰写博物馆行业发展研究报告，着力把握国内外博物馆发展的内在规律与行业特征，为加强国家博物馆管理提供理论支撑。加大跟踪研究文博行业发展趋势力度，创办《博物馆动态》，全年印发240余期，着力引导国家博物馆领导班子成员眼睛向外、拓宽视野，及时了解、准确把握国内外博物馆行业发展动向，学习世界一流大馆和国内兄弟博物馆的先进经验。

【信息化建设】

根据信息网络技术发展趋势，适时提出建设“智慧国博”的任务目标，形成《中国国家博物馆“智慧国博”发展建设规划（2019～2021）》。以大数据整合利用为核心，以先进适用技术为手段，推进设施智能化、数据融合化、管理高效化、服务精细化、安防协同化，推动从静态管理体系向动态生态系统转化。

信息化应用持续完善。应用系统建设及集成相关接口开发正在有序进行。包含预约服务系统、预算管理系统二期、藏品管理系统功能升级、综合业务平台网络寻呼功能、网站及二维码系统、党建E课App、后勤管理系统、离退休人员管理系统等。新系统建设更加注重业务间的协同联动、效率提升，注重优化业务流程和业务体系，实现服务形态和模式的创新，推动国家博物馆信息化工作向广度和深度发展。

【宣传与出版】

通过人民日报、新华社、中央电视台等主流媒体，结合官网、新媒体等多种渠道，采用丰富多样的方式，对国家博物馆藏品征集鉴定、展览展示、社会教育、文创开发、便民服务、员工风采等进行全方位报道。2018年国家博物馆官方微博粉丝量达到315万人次，微信公众号粉丝量达到79万人次。全年接待中外媒体记者2500余人次，安排采访拍摄218场。

加强公益鉴赏活动，在春节、五一劳动节、博物馆日、文化和自然遗产日等时间节点，举办面向社会的文物艺术品鉴定咨询服务，同时宣传文物保护、艺术品鉴赏等相关知识。

精心打造文创品牌，设计开发“国博衍艺”文创产品90余款、授权产品70余款，推出国博日历、欧莱雅“千秋绝艳”口红等爆款商品，社会美誉度不断提升。

全年出版论著47部、展览图录14部，发表论文309篇。完成《中国国家博物馆馆藏文物研究丛书》之书法卷、杂项卷，《中华宝典——中国国家博物馆馆藏法帖书系》第二、第三辑、《海外藏中国古代文物精粹》大英博物馆卷的出版工作。《中华宝典——国家博物馆藏法帖书系》入选“十三五”国家重点出版物出版规划项目。《中国国家博物馆儿童历史百科绘本》入选2018年全国优秀科普作品名单。

【机构及人员】

2018年，国家博物馆调整内设机构职责和人员，完善人才队伍建设。内设机构由30个增至35个，管理五级、六级岗位数量增至139个。

按照综合管理、核心业务、运维保障三大板块扎实推进工作格局重塑、流程再造和组织重构，整合保一、保二等重复设置机构，增设战略规划、科研管理、新闻传播、数据管理与分析中心、公共空间管理等部门，设立研究院、考古院、文保院、书画院等四大院，为事业发展搭建充分的发展空间和平台。

【对外交流与合作】

拓宽国际视野，加强国际合作，组织召开首届金砖国家博物馆联盟大会和首届丝绸之路国际博物馆联盟大会，签署联盟章程和合作备忘录，确定举办联合巡展、专业人员学术交流及培训、开设联盟门户网站等具体合作事宜，在推动沟通合作、促进文明交流互鉴、实现协同联动等方面达成广泛共识。充分发挥国家文化客厅的作用，接待近20位国家首脑及政府要员参观访问。积极参与濒危遗产保护国际基金学术委员会工作，与美国弗吉尼亚博物馆等多家外国博物馆签署战略合作协议，在人才培养、展览交流、文化遗产保护等层面展开合作。

接待外国来访团组183批次，派出国（境）团组31个114人次。9月26日～10月5日，王春法馆长率团赴美国、英国、法国，进行馆际交流并参加“濒危文化遗产保护国际基金”学术委员会会议；12月17～21日，王春法馆长率团赴香港和澳门，与香港康文署及澳门文化局签署《战略合作协议》，与港澳文博机构商讨中华人民共和国成立70周年展览筹备事宜。

恭王府博物馆

【概述】

2018年，恭王府博物馆在部党组的领导下，以党中央指示和习近平总书记系列讲话精神为指引，全面落实新的“三定方案”，不断提升公共文化服务水平，各项工作稳步开展。全年接待游客近350万人次，已连续11年无火灾、无安全事故、无刑事案件、无责任事故、无游客有效投诉。

【安全保卫】

严格落实安全生产责任制，按照“横到边、竖到底”的原则，开展“拉网式”排查，进一步加强“网格化”管理，确保无死角、无盲点。对整改落实情况及开展的工作及时梳理研究，明确岗位职责。所有办公用房和开放场所的插线板全部离地，所有电线路全部穿管保护，有效提升古建筑防火等级。将消防器材“一入一出”写进制度并严格执行。淡季培训期间组织全体职工参加消防知识培训和演习，邀请西城消防支队干警讲解消防安全知识和火灾应急处理方法，模拟火灾场景进行实地演练。增强职工安全责任意识，熟知操作流程规范和遭遇险情处理方法，提高一线人员应急处置能力和水平。

【馆舍建设】

加强硬件设施的改造与提升，在库房及出入口等各重要部位安装电视监控系统、烟感报警系统，设置藏品专用灭火器消防设备。

利用新技术，选择三个库房试点安装“环境感知节点温湿度控制报警系统”，以提供温湿度环境分布数据的检测与数据汇总，同时进行环境监测与调控系统的效果监测。

【藏品管理】

对馆藏钱币藏品文物进行定级，总计整理钱币藏品7192枚，其中三级品148枚，一般钱币5915枚，现代币40枚，假币、残币、无法辨识的1083枚，非钱币6枚。

新增藏品444件/套。其中国家文物局划拨珍贵明清家具50件，李岚清同志捐赠本人创作的书法和篆刻作品47件，通过举办各类展览获得现当代艺术藏品141件/套（均为艺术家无偿捐赠）。此外征集年画206件。

【陈列展览】

（一）国际文化交流展

5月17日，“品味幸福——恭王府文创体验展”在巴黎中国文化中心开幕。9月13日，“彩缕绣吉祥——恭王府馆藏民间刺绣艺术品展”在丹麦菲德烈堡国家历史博物馆开幕。

推出“兹德涅克·斯科纳绘画作品展”“加列宁·康斯坦丁·弗拉基米罗维奇油画作品展”“行摄无限——日本旅游摄影大赛作品展”“阿富汗艺术家来华采风创作展”“丝路艺术——毕加索、叶建新中西文化艺术展”。

（二）国内合作展

1月，与北京启功艺术研究会共同举办“启功旧藏碑帖拓片展”。

11月，与北京启功艺术研究会共同举办“松风画会纪事展”，除书画作品之外，还有画会成员文房长物展示及遗音再现。

（三）非遗展览展示活动

全年组织参与多项非遗展览展示活动，包括“年画过年——国家级非物质文化遗产：湖南滩头、福建漳州传统年画精品展”“强基础、增学养、拓眼界——中国非物质文化遗产传承人研培计划优秀成果（上海高校专题）展”“千年潍水，手艺之都——国家级潍水文化生态保护实验区（潍坊）保护成果展”“传承德泽，丰芜康宁——河北承德满族文化遗产精品展”“苗语：苗族传统手工艺语言的探索与实践”“‘相生相织，无问冬夏’夏布非遗传承与创新研培设计展”等。

【科技与信息】

参与非遗课题4个，包括非物质文化遗产档案——中华老字号传统技艺研究报告、2017年度国家非物质文化遗产展示保护基地发展研究报告等。

举办学术研讨会10个。在各类报纸、杂志发表藏品、博物馆及非遗类研究论文10篇。

【教育与培训】

开展非遗系列教育培训7场，内容涉及风筝、面塑、毛猴、脸谱、扎染等。通过“授课+体验+探究”式培训的开展，培养学生对中华优秀传统文化和人文美学的认知和文化自信。

参与中国社会科学院研究生院中国非物质文化遗产传统技艺保护专业学生课程教学，2016及2017级7名该专业学生顺利毕业，招收2019级该专业学生5名。

举办“走近红楼梦中人——恭王府与《红楼梦》”系列讲座，八位当代红学领域颇具影响的中青年学者，对《红楼梦》中八个重要人物进行了丰富而深刻的解读和诠释。

开展“恭王府中青年艺术季”项目，旨在为广大中青年艺术家提供国家级艺术成果展示平台，为观众提供高质量的中青年艺术公共文化产品，加强对当前中青年艺术发展的良性引导。共举办艺术家个展12场、艺术沙龙11场、工作坊活动1场。

【宣传与出版】

将国际博物馆日和世界建筑文物关注名单关注日的两个活动安排在同一天，组成系列活动，给观众带来“喜上加喜”的丰富感受。

一年一度的“王府书香”征文活动颁奖仪式也在同日举行。

重视和加强非遗活动宣传。作为2018年文化和自然遗产日北京主场活动，“锦绣中华——2018中国非物质文化遗产服饰秀”选取非物质文化遗产在现代服饰中的应用实例，展现振兴中国传统工艺、非遗走进美好生活的盛况。在筹备期、举办期、活动结束发酵期三个阶段内，宣传与活动并重，传播与传承同步。采用“跨界+整合营销”的传播思路，借助非遗IP，强调“锦绣中华”活动的品牌化，紧扣“非遗融入时尚生活”主题，高质量完成了“恭王府”“非遗”“博物馆”“传统”“时尚”“创意衍生”等关键词的重建和契合。活动期间用全网联动直播方式“推倒府墙”，收获5800万人次的网络直播观看量；活动后期在微纪录片与社交平台开设“穿在身上的非遗”互动栏目，吸引4337.4万人次互动。中央电视台《新闻直播间》《朝闻天下》《文化十分》三档节目播发四条相关资讯。

9月28日，北京广播电台“纪念‘一带一路’倡议提出五周年”特别报道《肖邦公园的奇妙邂逅》，就恭王府在波兰瓦津基博物馆园内建造“中国园”进行宣传报道，对恭王府“园林文化走出去”给予高度评价。

出版6部专业图书，分别为《观照的理想：2018恭王府中青年艺术季艺术文献丛书》《中华传统技艺（17）》《儒师雅教　承旧启新——国家艺术基金2015年“传统年画刻绘技艺传承人才培养项目纪实”》《锦绣中华——2017中国非物质文化遗产服饰秀系列活动展演特辑》《锦绣中华——中国非物质文化遗产服饰秀系列活动组委会2018戊戌·札记》《欣欣向荣　心灵之舟——文化部恭王府博物馆驻山西忻州（静乐）传统工艺工作站工作手册》。

【文化创意产品】

重视知识产权和品牌保护工作，加强商标保护力度。集中梳理、整合、注册一批商标，为文创产品开发、文化活动开展和经营活动打下良好基础。恭王府博物馆现拥有已注册商标228件、审核中商标303件。

扩大宣传推广，打造特色文创精品。参加2018杭州文化创意产业博览会、第八届中国博物馆及相关产品与技术博览会、美国拉斯维加斯国际品牌博览会，与各博物馆和文创企业交流经验，相互学习借鉴，洽谈合作项目。

【机构及人员】

恭王府博物馆下设13个部门，在编职工93人。

【对外交流与合作】

4月24日，世界建筑文物保护基金会副总裁达琳娜·麦克劳德一行3人访问恭王府博物馆，就开展古建保护合作进行交流。

12月14日，波兰驻华大使赛熙军一行3人到访恭王府。

中国文物学会

【概述】

2018年，中国文物学会深入学习贯彻党的十九大精神和习近平总书记关于文化遗产保护系列指示精神，推动学会建设和各项工作不断取得新成绩。

【党建工作】

组织党员和员工学习党的十九大精神，学习中央关于深化社会组织改革的文件精神，增强党员“四个意识”，坚定“四个自信”“两个坚决维护”。党支部召开民主生活会，批评和自我批评，沟通思想，讲评工作，完善制度，促进团结。组织员工观看党中央、国务院庆祝改革开放40周年大会实况，畅谈改革开放给我国政治、经济、社会、文化、生态带来的翻天覆地的变化，探讨学会发展方向。

7月20日，中共国家文物局党组第二巡视组深入中国文物学会开展巡视工作。9月29日，巡视组反馈意见两大类，共4项20个问题。根据巡视意见，中国文物学会常务理事会研究整改方案，提出41条整改措施，并积极做好整改工作。根据巡视组的意见，决定撤销收藏鉴定委员会。

【组织建设】

（一）第八次会员代表大会

12月21日，中国文物学会第八次会员代表大会在北京内蒙古大厦隆重召开。会议听取了中国文物学会第七届理事会工作报告，通过了《中国文物学会章程》修订案和关于调整会费标准的决议，通过了特邀学术专家名单（60人），选举出由68人组成的中国文物学会第八届理事会。

召开第八届理事会第一次会议，选举出由23人组成的第八届常务理事会，选举单霁翔为会长，黄元兼任秘书长，王津为法定代表人。

（二）分支机构组织建设

2月3日，中国文物学会文物安全专业委员会常务理事会在北京召开。会议提出在2018年要按照国家文物局“落实文物安全责任、坚守文物安全底线的要求”积极开展工作。一是进一步完善专业委员会组织机构建设；二是创新推广文物安全科学技术，为文物保护提供技术支撑；三是在江苏省文物局支持指导下，建立文物安全培训基地；四是吸收文博行业专家开展工作。

11月6日，中国文物学会会馆专业委员会会员代表大会在重庆湖广会馆召开，来自各地30多家会馆机构和文博单位80多位代表参加会议。

【学术活动】

1月8日，中国文物学会世界遗产研究委员会与中国三线建设研究会、攀枝花市人民政府共同在攀枝花市主办攀枝花三线建设遗产保护研讨会。

3月29日，中国文物学会20世纪建筑遗产委员会、中国建筑学会建筑师分会联合在北京嘉德艺术中心举行“笃实践履改革图新以建筑与文博的名义纪念改革：我们与城市建设的四十年（北京论坛）”。

4月21日，中国文物学会工业遗产委员会、中国建筑学会工业建筑遗产学术委员会、中国历史文化名城委员会工业遗产学部、中国科技史学会工业遗产研究会、山东建筑大学主办的首届中国铁路遗产专题学术研讨会在山东建筑大学举办。会议为“中国文物学会工业遗产委员会铁路建筑遗产研究基地”揭牌。

4月26日，中国文物学会和浙江省嘉善县人民政府主办，中国文物学会古村镇专业委员会、嘉善县西塘镇人民政府承办，联合国教科文组织亚太地区世界遗产古建筑联盟协办的中国古村镇建筑遗产保护（西塘）论坛在浙江省嘉善县举办。

5月25日，中国文物学会和中国文物报社主办、人文考古书店协办的2017年度全国文化遗产十佳图书推介活动终评会在北京召开，评选出2017年度全国文化遗产十佳图书10种、优秀图书10种。

8月23日，故宫博物院、中国文物学会传统建筑园林委员会联合在故宫博物院主办“傅连兴先生逝世二十周年追思会”，深切缅怀古建筑专家傅连兴先生。

8月26日，郑州市文物局主办、中国文物学会工业遗产委员会和河南国创文化发展有限公司承办的第二砂轮厂工业遗产保护与利用专家研讨会在郑州召开。

9月5日，中国文物学会、中国建筑学会主办，中国20世纪建筑遗产委员会和《中国建筑文化遗产》《建筑评论》编辑部承办的第三批中国20世纪建筑遗产项目终评活动在故宫博物院举行，确定第三批中国20世纪建筑遗产项目100项。

9月6日，中国文物学会法律专业委员会、中国博物馆协会法律专业委员会、秦始皇帝陵博物院联合主办的法律专业委员会2018年年会暨文博法律学术研讨会在陕西省西安市召开。

10月10日，中国文物学会青铜器专业委员会在河南安阳召开2018年年会，围绕考古出土文物保护、青铜器保护进行研讨。

10月19日，中国文物学会工业遗产委员会与中国建筑学会遗产学术委员会、中国城市科学研究会历史文化名城委员会、鞍山钢铁集团有限公司、清华大学建筑学院、天津大学建筑学院、鞍山师范学院联合在鞍山钢铁公司主办第九届工业遗产学术研讨会。会议以“中国工业遗产的记忆、当下与未来”为主题。

10月20日，中国文物学会纺织文物专业委员会第四届学术研讨会在北京服装学院开幕。研讨会主题为“中国服饰之美”。

11月7日，中国文物学会会馆专业委员会第十届（重庆）学术研讨会在重庆湖广会馆开幕。研讨会主题为“会馆保护与传承暨在城市精神文化中的地位”。

11月13日，中国文物学会文物修复专业委员会主办、安徽博物院承办的第十六届全国文物修复技术研讨会在合肥举行。研讨会主题为“做好文物修复工作，为‘文物活起来’保驾护航”。

11月14日，中国文物学会漆器珐琅器专委会与上海博物馆联合举办中国古代漆器国际学术研讨会暨2018年中国文物学会漆器珐琅器专业委员会年会。会议期间，“千文万华——中国历代漆器艺术展”在上海博物馆开幕，配合展览召开了中国古代漆器国际学术研讨会。

11月24日，在第八届中国博物馆及相关产品与技术博览会期间，中国文物学会法律专业委员会、中国博物馆协会法律专业委员会和福建博物院主办了“让文物活起来——文物保护利用法律论坛”。

11月24日，中国文物学会、中国建筑学会、东南大学主办的“致敬百年建筑经典——第三批中国20世纪建筑遗产项目公布学术活动”在东南大学大礼堂举办。活动公布第三批中国20世纪建筑遗产入选名单。

12月10日，中国文物学会历史文化名楼保护专业委员会2018年第十三届年会暨第十五届名楼论坛在云南弥勒市召开。会议期间进行《中国历史文化名楼文丛·词曲卷》首发仪式，举办了“中国名楼首届文创产品展”。

12月18日，中国文物学会20世纪建筑遗产委员会、中国建筑学会建筑师分会、北京市建筑设计研究院有限公司、北京城市规划学会、北京土木建筑学会在故宫博物院报告厅联合举办《中国20世纪建筑遗产大典（北京卷）》首发暨学术报告研讨会。

【技术咨询培训】

3月27日，中国文物学会法律专业委员会、中国博物馆协会法律专业委员会和中央文化管理干部学院联合举办为期三天的文博单位制度建设法律培训班。

8月27日，故宫博物院召开养心殿研究性保护项目工匠基础培训考核总结暨研讨会。2017年以来，中国文物学会配合故宫博物院举办瓦、木、石、油饰、彩绘、裱糊六大作培训班，116名工匠经过培训、考核圆满完成学业。

10月28日，2018年全国文物修复职业技能竞赛在山东曲阜举办。本次竞赛由国家文物局支持指导，中国文物保护技术协会、中国文物学会、山东省文物局主办，曲阜市人民政府、济宁市文物局承办，主题为“践行工匠精神，保护文化遗产”。

11月25日，中国文物学会民族民俗文物专业委员会组织专家学者深入山东乡忆民俗文化有限公司，对该公司征集收藏的约20万件/套民俗文物，按照中医药、人生礼俗、民间百工、民间美术、宗教和战争五个专题进行分类整理，并提出保护建议。

11月29日，中国文物学会组织文博界专家参观考察新维畅想数字科技（北京）有限公司，就现代科学技术在文博领域的应用实践和发展前景座谈研讨。

【专家联谊活动】

10月12日，中国文物学会在北京东岳庙举办“2018重阳节老专家联谊会”。50多位文博界老领导、老专家欢聚一堂，共同回顾改革开放40年来文物保护利用取得的丰硕成果，学习中办、国办印发的《关于加强文物保护利用改革的若干意见》，展望文物事业改革发展的美好未来。老专家们还考察了东岳庙文物保护修缮成果。

【学术交流园地】

与故宫博物院联合编辑出版《中国文物科学研究》杂志。编印《传统建筑园林》。组织出版学术论文汇编7种。

中国古迹遗址保护协会（ICOMOS/China）

【概述】

2018年，中国古迹遗址保护协会（以下简称“协会”）在国家文物局的大力支持下，在协会领导的关心和指导下，在加强机构及能力建设、开展会员及会员单位服务、配合国家文物局业务工作、提供世界文化遗产申报服务、加强与国际古迹遗址理事会和其他国家交流合作等方面取得了一定成绩。

【党建工作】

协会高度重视党建和思想政治工作。按照文化和旅游部、国家文物局的统一部署，协会领导、秘书处全体成员认真学习贯彻《中华人民共和国宪法》和习近平总书记系列讲话精神，落实文化和旅游部直属机关党委有关社会组织党建“两个全覆盖”工作，秘书处党员落实到中共中国文化遗产研究院委员会第三党支部管理，并按照统一部署参加党支部的各项学习培训活动。

【重要活动】

（一）召开会员大会

10月28日，协会2018年度会员大会在上海市历史博物馆（上海革命历史博物馆）召开。协会理事长、国家文物局副局长宋新潮出席大会。协会第四届理事会副理事长、秘书长、常务理事、理事，中国博物馆协会、中国旅游协会等兄弟协会负责人代表，以及来自协会39个团体会员单位的代表和部分个人会员共128人参会。

（二）优秀古迹遗址保护项目评选推介

4月18日，协会与中国文物报社联合主办的第四届全国优秀古迹遗址保护项目评选结果于北京揭晓并举办颁奖典礼。

（三）“4·18”国际古迹遗址日系列活动

翻译阐释国际古迹遗址日主题。2018年国际古迹遗址日主题为“Heritage for Generations”，协会将该主题翻译为“遗产事业，继往开来”，意在推动遗产保护代际传承，激励更多年轻人参与到遗产事业当中，实现保护理念、精神、经验代际共享。协会理事长宋新潮在《人民日报》发表署名文章，对国际古迹遗址日主题向社会公众进行了专题阐释。

主办国际古迹遗址日学术研讨会，来自故宫博物院、清华大学、北京建筑大学的专家与大家分享了故宫养心殿、五台山佛光寺前期勘察、宁夏长城维修等文物保护研究性项目案例的研究成果。

与中国文化遗产研究院中国世界文化遗产中心共同举办“中国古迹遗址保护协会国际

古迹遗址日专场活动——遗产故事会”，通过嘉宾演讲、观众与嘉宾互动等环节，向社会公众普及世界文化遗产知识，推广世界文化遗产保护理念。

号召团体会员单位自主举办国际古迹遗址日纪念活动，其中ICOMOS西安国际保护中心（IICC-X）、故宫博物院、敦煌研究院、中国建筑设计研究院建筑历史研究所、元上都文化遗产管理局、龙门石窟研究院等开展了主题交流、有奖问答、游客参与等形式多样、丰富多彩的纪念活动。

（四）ICOMOS茶文化主题研究

响应ICOMOS全球茶文化景观主题研究，设立中国茶文化景观主题研究课题。3月在中国茶叶博物馆主办“中国茶文化景观研讨会”，这是国内首次由遗产专家和茶文化专家共同参加的学术研讨会。会议商定了主题研究报告中国部分的内容大纲及工作分工，以尽快向国际ICOMOS提交。

（五）乡村遗产酒店首批示范项目

为贯彻落实习近平总书记重要指示精神、《中共中央国务院关于实施乡村振兴战略的意见》以及中共中央办公厅、国务院办公厅《关于加强文物保护利用改革的若干意见》，推动传统村落、民居保护利用，促进遗产保护与乡村经济协调、可持续发展，协会组织实施了乡村遗产酒店首批示范项目。项目自6月正式启动，经过遴选标准研究、项目征集调研、申报材料审核和理事会集中审议，最终确定北京瓦厂乡村精品酒店、山东荣成海草房唐乡酒店、广西阳朔秘密花园、四川丹巴罕额庄园、安徽猪栏酒吧乡村客栈入选首批示范项目名单。

【对外交流与合作】

经与法国驻华大使馆积极联络和近一年的筹备，由法国世界遗产协会主办的文化遗产高级培训班于11月初在法国鲁瓦河谷举办。这是继2017年澳大利亚亚瑟港培训班之后，协会促成的又一次面向中国文物工作者的文化遗产保护管理海外培训。此次培训班共招收15名国内学员，由法国具有丰富经验的遗产地管理者进行综合培训。

参加在巴林举办的联合国教科文组织世界遗产委员会会议（即世界遗产大会），并为国家文物局提供全程专业支持。会前，协会秘书处针对会议内容进行全面梳理，整理形成10万字的会议材料，并组织国内相关专家研究制定涉我议题参会预案，形成《会议重要文件中英文汇编》，供国家文物局参会团参考。在巴林会议期间，协会与ICOMOS西安国际保护中心联合召开“作为世界遗产的丝绸之路”主题边会，取得良好效果。

【团体会员合作】

（一）南京城墙保护与利用国际论坛

5月，由协会与南京市文广新局中国明清城墙联合申遗办公室联合主办的“南京城墙保护与利用国际论坛”成功举办。协会承担了研讨会专业内容的策划和国际专家的邀请等工作，十余位来自全球的资深遗产专家和有城墙的历史城市代表参加了论坛。

（二）第五届文化遗产保护与数字化国际论坛

9月，由协会与ICOMOS国际文化遗产记录科学委员会、清华大学联合主办的“第五届文化遗产保护与数字化国际论坛”在北京召开。论坛以“创忆遗产，数字经济”为主题，探讨新时代背景下文化遗产的新理念、新技术和新形式，以及全新的产业模式带来的机遇与发展。

（三）第三届国际泉水文化景观城市联盟会议暨济南泉·城文化景观保护国际研讨会

9月，由协会参与承办的“第三届国际泉水文化景观城市联盟会议暨济南泉·城文化景观保护国际研讨会”在济南举行。由协会邀请来自以色列、英国、法国、德国、清华大学等国内外的专家齐聚一堂，共同探讨泉水文化景观，为济南泉·城文化景观保护出谋划策。

（四）北京中轴线申遗保护国际学术研讨会

10月，由国家文物局、北京市人民政府主办，北京市文物局和协会承办的“2018北京中轴线申遗保护国际学术研讨会”在京召开，ICOMOS主席河野俊行等12位国际世界遗产专家以及国内遗产、文物、考古、规划方面专家参加，为北京中轴线申遗保护出谋划策。

（五）世界遗产城市组织亚太区第三届大会

10月，由协会担任支持单位的“世界遗产城市组织亚太区第三届大会”在苏州举办。世界遗产城市组织是政府间的世界遗产地组织，近年来发展迅速。协会全程参与会议筹备工作，与世界遗产城市组织建立起良性的工作关系，为今后合作奠定了基础。

（六）纪念周口店遗址发现100周年暨史前文化遗产保护、研究与可持续发展国际会议

10月，由协会与中国科学院古脊椎动物与古人类研究所周口店国际古人类研究中心、清华大学国家遗产中心、周口店北京人遗址博物馆共同主办的“纪念周口店遗址发现100周年暨史前文化遗产保护、研究与可持续发展国际研讨会”在北京房山召开。来自17个国家的31位专家学者就早期人类遗址保护管理的研究和实践进行了经验分享和深入的交流，并形成《北京周口店人类起源遗址保护与展示共识》。

（七）协助预备名单遗产地开展学术、宣传活动

协助部分世界文化遗产预备名单遗产地开展相关学术、宣传活动，参与红山文化遗址、黄石矿冶工业遗产、内蒙古辽上京与祖陵等国际学术会议筹备、组织工作，协助邀请国际专家参会，为遗产地保护、申遗、管理出谋划策。为西夏陵等相关遗产地设计制作英文宣传材料，借助世界遗产大会国际平台进行交流、展示。

【文物保护工程资质管理】

重点开展推动文物保护工程资质管理数据库纳入国家文物局政务平台相关工作，推进落实文物保护工程资质、资格考核题库建设。在国家文物局文物保护与考古司的指导下，加强文物保护工程资质日常管理，开展文物保护工程资质单位信息变更、证书制作、法律咨询等工作。

【专业委员会活动】

4月，经历史村镇专业委员会组织推动，ICOMOS历史村镇科学委员会亚太分委会成立会议及国际学术论坛在北京召开。协会理事长宋新潮以“中国古村落保护面临的挑战与机遇”为题做主旨报告。

5月，经防灾减灾专业委员会组织推动，由协会与中国文物基金会、四川省文物局共同主办的“文化遗产风险管理国际学术论坛”在四川成都举办，来自国内相关领域的专家与来自日本、尼泊尔、意大利等国的专家学者一起，共同探讨了文化遗产面临灾害的风险管理、防灾减灾的相关问题及国际合作的对策。

10月，石窟专业委员会在四川眉山召开年会，国内石窟寺研究领域的数十名学者参会。

中国博物馆协会

【概述】

2018年，中国博物馆协会主动顺应我国博物馆事业发展的新形势，紧密围绕国家文物局的中心工作，团结各类型的博物馆工作者和其他关心支持博物馆事业的人士，在国家文物局的指导下，在思想政治作风建设、学科建设、行业指导、会员服务以及对外交流合作等方面工作取得了积极进展。截至2018年年底，中国博物馆协会共有团体会员1453个、个人会员11607名，下属专业委员会37个。

【学术研究】

（一）综合性学术活动

4月20日，由国家文物局指导，中国博物馆协会、中国古都学会、洛阳市人民政府、河南省文物局共同主办的世界古都论坛在洛阳举办，200余位国内外嘉宾齐聚洛阳，围绕“古老的文明，崭新的故事”主题，共商世界古都文化遗产保护利用大计。

9月29日，由中国博物馆协会主办，非国有博物馆专业委员会承办的“博物馆理事会创新管理模式研讨会”在湖南召开。

12月15日，由中国博物馆协会、海南省博物馆、中国文物报社和中国文物交流中心等单位共同举办的“当代中国博物馆策展人论坛”在海南省博物馆召开。

（二）专业委员会学术活动

6月1日，区域专业委员会在天津举办2018年年会暨“传承与发展”学术研讨会。

6月12日，航海博物馆专业委员会在武汉市召开2018年年会暨“海纳百川·舰载春秋”学术研讨会。

8月31日，博物馆管理专业委员会2018年年会在上海博物馆召开。

9月5日，由中国博物馆协会法律专业委员会、中国文物学会法律专业委员会、秦始皇帝陵博物院主办的2018年年会暨文博法律学术研讨会在西安市召开。

9月11日，由英国大使馆文化教育处、英国文化教育协会、中国博物馆协会、陕西省文物局指导，西安市文物局主办，中国博物馆协会非国有博物馆专业委员会、英国独立博物馆协会承办的“中国博物馆协会非国有博物馆专业委员会·英国独立博物馆协会交流座谈会”在隋唐丝绸之路起点大唐西市圆满召开。

10月10日，博物馆建筑空间与新技术专业委员会秘书处和宁波博物馆在宁波举办了中国博物馆协会博物馆建筑空间与新技术专业委员会2018年会暨“博物馆建筑与建筑空间利用”学术研讨会。

10月11日，名人故居专业委员会2018年年会暨“新时代我国名人故居类纪念馆的建设与发展”学术研讨会在上海浦东召开。

10月29日，社会教育专业委员会主办、重庆中国三峡博物馆承办的中国博物馆协会社会教育专业委员会2018年会暨“博物馆教育的初心与担当”研讨会在重庆召开。

10月30日，由博物馆学专业委员会主办、天津自然博物馆和浙江省博物馆共同承办的中国博物馆协会博物馆学专业委员会2018年度“理念·实践——博物馆变迁”学术研讨会在天津召开。

11月22～24日，第八届中国博物馆及相关产品与技术博览会期间，中国博物馆协会多家专业委员会举办了学术会议，包括博物馆建筑空间与新技术专业委员会联合博物馆数字化专业委员会共同举办的“传承·创新·发展——互联网时代博物馆建筑空间与新技术利用及博物馆信息化建设新征程”学术研讨会，志愿者工作委员会举办2018年年会暨第九届“牵手历史——中国博物馆十佳志愿者之星”推介活动，藏品保护专业委员会举办2018年学术年会，非国有博物馆专业委员会举办2018年会员大会，乐器专业委会举办2018年年会暨第二届三次理事会，民族博物馆专业委员会举办“博物馆与公众连接——民族与民族地区博物馆馆长高端论坛”，博物馆管理专业委员会举办“现代博物馆的运营模式和组织架构”学术研讨会，法律专业委员会、中国文物学会法律专业委员会和福建博物院主办“让文物活起来——文物保护利用法律论坛”，服装博物馆专业委员会召开2018年年会暨“新时代服装类博物馆的现状及发展趋势”学术研讨会，登记著录专业委员会主办第二届智慧博物馆论坛，史前遗址博物馆专业委员会举办2018年年会暨第五届会员代表大会，“丝绸之路”沿线博物馆专业委员会举办2018年年会。

（三）学术出版

2018年，中国博物馆协会共完成所主办的信息性月刊《中国博物馆通讯》12期、学术性季刊《中国博物馆》4期。《中国博物馆》于2018年10月入编《中文核心期刊要目总览（2017年版）》之“博物馆学、博物馆事业”类核心期刊。

11月21日，《中国博物馆》编辑委员会会议在福州召开，来自各地博物馆、高等院校的20余名编委会委员参加了会议。会议确定了2019年《中国博物馆》聚焦栏目专题为“博物馆与风险防范”“现代博物馆制度建设”“作为文化枢纽的博物馆：传统的未来”“博物馆与近现代遗产”，年度约稿重点为“博物馆和人文关怀”“为了明天的收藏”“博物馆与旅游”“博物馆与展览交流”。

继续开展《中国大百科全书（第三版）》博物馆学科卷的编纂工作，在2017年工作基础上逐步完善条目表内容，科学优化条目信息，相关工作稳步推进。

完成《中国博物馆发展》一书的编纂工作。该书由中国博物馆协会与加拿大洛德文化资源文化公司共同主编，第一版在国外出版发行，主要读者群体为国外对中国文化遗产、博物馆及相关领域感兴趣的学者和社会公众。

【服务行业和会员】

（一）第八届中国博物馆及相关产品与技术博览会

在国家文物局指导下，由中国博物馆协会、中国自然科学博物馆协会联合主办的第八届“中国博物馆及相关产品与技术博览会”于11月23～26日在福州市举办。

第八届“博博会”以“博物馆：新时代·新征程”为主题，深入贯彻党的十九大报告关于推动文化事业和文化产业发展的重要精神，围绕国家文化战略，发挥平台功能，促进博物馆与科技、教育、旅游、设计、知识版权、文创产业等行业的交互融合。“博博会”

期间安排展览展示、论坛会议、公益活动、项目推介签约四大系列近百场活动。此次“博博会”无论是规模、规格还是影响力都实现了新的突破，多项指标刷新了“博博会”自2004年创办以来的记录。

（二）服务行业管理

中国博物馆协会连续七年组织“全国最具创新力博物馆”推介活动。2018年获得最具创新力博物馆推介的两家博物馆分别是河北博物院和重庆中国三峡博物馆。

在国家文物局的指导下，中国博物馆协会与中国文物报社共同主办了“第十五届（2017年度）全国博物馆十大陈列展览精品推介”活动，评选出10个精品奖、11个优胜奖、2个国际及港澳台合作奖、2个国际及港澳台合作入围奖。5月18日，颁奖仪式在2018年国际博物馆日主会场上海历史博物馆举行。

由国家文物局指导，中国博物馆协会、上海市文化广播影视管理局、上海市文物局共同主办，中国博物馆协会博物馆数字化专业委员会与上海市历史博物馆承办了“手机中的博物馆记忆”影视短片征集活动，面向全社会征集发生在博物馆具有正能量的人、事、物的视频短片。5月18日，国际博物馆日中国主会场活动中宣布了《开馆手记》等十个被社会公众和业内专家推选的优秀作品。

根据国家文物局发布的《博物馆定级评估办法》，中国博物馆协会于2018年上半年组织开展了第三批国家二、三级博物馆定级评估复核备案工作。经过博物馆自评申报，省级博物馆行业组织评定，全国博物馆评估委员会组织专家复核，并报请国家文物局备案，中国博物馆协会决定同意北京汽车博物馆等97家博物馆为国家二级博物馆、中国传媒大学传媒博物馆等86家博物馆为国家三级博物馆。

根据国家文物局的统一部署，2018年上半年，中国博物馆协会完成2014～2016年度国家一级博物馆运行评估工作，并编写公布《2014～2016年度国家一级博物馆运行评估报告》。本次评估范围包括2013年12月31日前取得并保持国家一级博物馆资质等级的96家国家一级博物馆。

为引导中国博物馆协会会员单位陈列展览设计施工行为，提升陈列展览设计和施工项目的专业化水平，为国家相关主管部门正式出台本领域专门标准奠定良好基础，根据《中国博物馆协会博物馆陈列展览设计施工单位资质管理办法》，中国博物馆协会于2018年6月在中国博物馆协会团体会员单位中开展了2018年“博物馆陈列展览设计、施工单位资质评估推介”工作。

（三）专业培训

为满足会员单位的培训需求，中国博物馆协会在2018年组织实施了不同层次和类别的培训课程。例如在上海举办中国博物馆协会第七期新入职员工培训班，在西安举办两期讲解员高级研讨班，在福州举办“博物馆藏品现状分析及保护”培训班，与故宫博物院和国际博物馆协会在故宫培训中心共同主办两期“国际博协培训中心培训班”。

中国博物馆协会各专业委员会为满足会员单位提升业务水平和加强交流的需求，也举办了专业相关的各类培训班，如中国博物馆协会安全专业委员会举办了“2018年全国博物馆安全管理及技术培训班”，法律专业委员会举办了“文博单位制度建设法律培训班”等。

【国际交流合作】

应国际博协总部的邀请，国际博协副主席、中国博物馆协会副理事长兼秘书长安来顺同志于6月2～10日率团赴法国巴黎，出席国际博协2018年大会、国际博协第84次咨询委员会会议以及国际博协第33届全体大会。

9月11日，国际博物馆协会乐器专业委员会（CIMCIM）“理论·技术·方法：博物馆对传统音乐的诠释”学术研讨会在湖北省博物馆召开，来自全球22个国家47位博物馆馆长与学者分别就“博物馆与收藏”“媒体的作用与使用”“技术的诠释”“音乐文物的收藏”“音乐博物馆的实践”等7个议题展开研讨。

11月23～24日，第八届“博博会”期间，首届“国际博物馆青年论坛”在福州海峡国际会展中心举办。论坛以“变革中的博物馆青年”为主题，凸显青年在博物馆发展中所担当的重要角色。

11月22日，在国家文物局副局长关强和国际博协前主席汉斯-马丁·辛兹的见证下，国际博物馆协会藏品保护委员会（ICOM-CC）2020年第19届大会中方组委会代表安来顺与ICOM-CC代表克里斯蒂娜·斯特拉克文正式签署了大会框架协议。

11月27日～12月3日，国际博协副主席、中国博物馆协会副理事长兼秘书长安来顺同志应邀参加在日本东京及福冈举行的日本博物馆协会年会及国际博协亚太地区联盟年会，并代表中国国家委员会围绕中国博物馆最新发展做主旨发言。

纪事篇

1月

1月1日　《清东陵保护管理办法（修订）》正式实施。

1月4日　国务院副总理刘延东到北京市通州区调研大运河文化带建设工作情况并主持召开座谈会，强调要抓好大运河整体保护，打造展示中华文明金名片。

1月4～5日　由中国文物学会大运河专业委员会指导，“文化遗产课堂”相关教育单位联合主办的首届全国文化遗产教育展示论坛暨“文化遗产课堂”实践两周年研讨会在天津召开。

1月6日　中国文物保护基金会科技保护专项基金管理委员会主办的“建立不可移动文物风险监测及评估体系”学术研讨会在湖南岳阳召开，同时举行了中国文物保护基金会科技保护专项基金的授证仪式和湖南省文物建筑保护利用重点科研基地的揭牌仪式。

1月8日　国家科学技术奖励大会在人民大会堂举行。由敦煌研究院联合兰州大学、西北大学、中国文化遗产研究院和敦煌研究院文物保护技术服务中心共同完成的“干旱环境下土遗址保护关键技术研发与应用”获得2017年度国家科学技术进步二等奖。

1月9日　在国家主席习近平和法国总统马克龙的共同见证下，国家文物局局长刘玉珠与法国驻华大使黎想在人民大会堂签署《中国国家文物局局长与法国文化部部长关于文化遗产领域合作的行政协议》。

1月10日　北京大学考古文博学院教授、著名古文字学家高明先生逝世，享年91岁。

1月11～12日　全国文物局长会议在浙江杭州召开。

1月13日　江南水乡古镇申报世界文化遗产工作2018年推进会在江苏苏州召开。

1月15日　国家文物局局长刘玉珠在北京会见美国凯悦基金会主席汤姆士·普利兹克。

由国家文物局指导，中国古迹遗址保护协会、清华大学建筑学院国家遗址中心、中国文化遗产研究院中国世界文化遗产中心、中国文物报社期刊编辑中心联合主办的“世界文化遗产在中国”专题展览在北大红楼橱窗展出。

1月16日　“中国社会科学院考古学论坛·2017年中国考古新发现”在北京举行。论坛上公布了2017年六大考古新发现：新疆吉木乃县通天洞遗址、济南市章丘区焦家新石器时代遗址、福建明溪县南山遗址、湖北京山县苏家垄周代遗址、河北行唐县南桥镇故郡东周遗址、吉林安图县宝马城金代遗址；一项国外考古新发现：蒙古国后杭爱省和日门塔拉匈奴城址。

1月17日　国家新闻出版广电总局发布《关于第四届中国出版政府奖表彰决定》。文物出版社主办的《文物》月刊荣获第四届中国出版政府奖期刊奖，文物出版社出版的《中国皮影戏全集》荣获第四届中国出版政府奖图书奖提名奖。

1月18日　国家文物局召开2017年度局系统党建述职评议会。

国家文物局和公安部消防局召开座谈会，研判文物消防安全形势，明确工作目标。

中国博物馆协会纪念馆专业委员会、中国人民抗日战争纪念馆联合举办的全国抗战类纪念馆弘扬“抗战精神”座谈会在北京召开。

1月23日　国家文物局水下文化遗产保护中心工作2018年年会在北京召开。

由人民日报、微博、新浪网联合主办的“初心·使命·新征程——2018政务V影响力峰会”在北京举办。国家文物局官方微博“中国文博”被评为政务微博2017年度影响力事件微博。

1月25日　国家文物局印发《国家文物局2018年工作要点》。

国家文物局召开2018年局系统党的工作会议和党风廉政建设工作会议。

1月26日　国家文物局召开2017年度文物好新闻推介暨媒体座谈会，公布“2017年度文物好新闻推介名单”。

1月27日　国家文物局水下文化遗产保护中心与中国科学院深海科学与工程研究所深海考古联合实验室成立暨深海考古联合实验室第一次工作会议在海南三亚举行。

1月27～30日　中国文物交流中心与法兰克福展览公司以“中国文博创意”为主题，在德国法兰克福展览中心设立“东方文化元素展区”。

1月31日　在国务院总理李克强和英国首相特雷莎·梅的共同见证下，国家文物局局长刘玉珠与英国驻华大使吴百纳分别代表中国国家文物局与英国数字、文化、媒体和体育部，在人民大会堂签署《中华人民共和国国家文物局与大不列颠及北爱尔兰联合王国数字、文化、媒体和体育部关于推动中英文化遗产和博物馆领域合作的谅解备忘录》。

2月

2月1日　著名考古学家、北京大学资深教授宿白先生逝世，享年96岁。

2月2日　在纪念马克思诞辰200周年、《共产党宣言》公开发表170周年之际，由中央编译局和国家文物局共同主办的马克思主义在中国早期传播陈列馆揭牌仪式在北京鲁迅博物馆（北京新文化运动纪念馆）北大红楼馆区举行。

2月6日　著名国学大师饶宗颐先生逝世，享年101岁。

2月7日　国家文物局工作组检查调研北京市春节前文物安全工作。

2月8日　国家文物局召开全国文物消防安全工作新闻发布会，通报2017年全国重大文物火灾事故调查处理情况和文物单位火灾隐患明察暗访工作情况。

2月12日　故宫博物院举办的“国家宝藏”特展在故宫箭亭广场揭幕。

2月17日　著名美术史家、美术教育家金维诺先生辞世，享年93岁。

2月22日　国家文物局、中国证监会联合印发《关于支持中国证券博物馆征集金融证券类藏品的通知》。

2月22日～5月24日　中央第五组对文化和旅游部党组（原文化部党组和原国家旅游局党组）进行巡视。

3月

3月2日　国家文物局在北京召开文物系统全国人大代表、全国政协委员座谈会。

3月4～5日　2018年文化部对外文化工作会议暨“一带一路”工作会议于在北京召开。

3月10日　由国家文物局主办，中国丝绸博物馆和中国文物报社联合承办的“古道新知——丝绸之路文化遗产保护科技成果图片展”在北大红楼橱窗展出。

3月18日　美国费城市议会通过决议，就向中方借展的兵马俑在费城富兰克林科学博物馆展览期间受损一事正式向中方道歉。

3月19～21日　国家文物局直属机关党委在北京举办入党积极分子和发展对象培训班。

3月20日　文化和旅游部干部大会在北京召开。

3月20～21日　应柬埔寨柏威夏寺管理局邀请，国家文物局代表团赴柬埔寨参加柏威夏寺系列活动。

3月21日　国家文物局党组书记、局长刘玉珠主持召开党组会，认真学习习近平总书记重要讲话和全国两会精神，研究贯彻落实意见。

3月22日　经国家文物局批准，“中国—沙特塞林港遗址考古项目”正式启动。该项目是国家文物局贯彻“一带一路”倡议、推动文化遗产领域国际合作的重要举措之一。

3月26日　由国家文物局水下文化遗产保护中心选派的中方队员启程赶赴沙特，与沙特考古人员组成“中沙联合考古队”，对位于沙特阿拉伯王国红海之滨的塞林港遗址开展为期20天的考古调查与发掘工作。这是中国国家文物局首次派出专业考古队伍赴阿拉伯世界开展系统考古工作。

3月26～27日　国家文物局工作组赴山东临沂、潍坊、济南文物博物馆单位，就深化文物保护利用改革开展实地调研。

3月26～31日　国家文物局在北京举办财务人员专业能力提升培训班，贯彻落实财政部新修订的政府会计制度、财务规则及内部控制、政府采购、资产管理、绩效管理等相关政策，规范国家文物局系统行政事业单位会计管理和财务监督工作。

3月27日　由意大利文化遗产、活动与旅游部，中国国家文物局，北京市文物局主办，首都博物馆承办的“文艺复兴时期意大利艺术、文化和生活”展在首都博物馆开展。

3月29日　在中国建筑学会、中国文物学会、中国文物保护技术协会的指导下，由中国文物学会20世纪建筑遗产委员会、中国建筑学会建筑师分会联合主办的“笃实践履 改革图新——以建筑与文博建筑和文化的名义省思改革：我们与城市建设的四十年北京论坛”在北京嘉德艺术中心举办。

3月30日　“新时代新气象新作为：全国博物馆馆长论坛”在中国国家博物馆举办。
“中国—沙特塞林港遗址考古项目”现场工作正式开工。

4月

4月2日　由故宫博物院与张伯驹潘素文化发展基金会、中国国家博物馆、吉林省博物院共同举办的“予所收蓄　永存吾土——张伯驹先生诞辰120周年纪念展”在故宫博物院开幕。

4月2～4日　由国家文物局主办、中国文物信息咨询中心承办的“全国非国有博物馆藏品备案工作培训班”在北京举办。

4月3日　文物出版社资深编审、原《文物》月刊副主编朱启新同志逝世，享年93岁。

4月8日　在国务院总理李克强和新加坡总理李显龙的共同见证下，中国国家文物局局长刘玉珠与新加坡国家文物局局长章慧霓分别代表中国国家文物局与新加坡国家文物局，在北京签署《中华人民共和国国家文物局和新加坡国家文物局合作谅解备忘录》。
文化和旅游部揭牌仪式在北京举办。按照中共中央印发的《深化党和国家机构改革方案》，文化部、国家旅游局进行职责整合，组建文化和旅游部，作为国务院组成部门。不再保留文化部、国家旅游局。
雄安新区文物调查专题报告专家咨询会在北京召开。

4月10日　国家文物局发布《关于英国坎特伯雷拍卖行拍卖疑似中国圆明园流失文物事的声明》。

2017年度全国十大考古新发现在北京揭晓，新疆吉木乃通天洞遗址等10个项目获奖。

4月12日　国家文物局局长刘玉珠在北京会见加拿大遗产部部长乔美兰、加拿大驻华大使麦家廉。

4月15日　中国古迹遗址保护协会和中国文化遗产研究院中国世界文化遗产中心共同主办的“2018国际古迹遗址日主题活动——遗产故事会”在北京智珠寺开讲。

4月17日　最高人民法院与国家文物局签订《关于加强司法文物保护利用、强化文物司法保护合作框架协议》并举行司法文物保护座谈会。最高人民法院党组书记、院长周强出席并发表了讲话。

4月18日　由中国古迹遗址保护协会、中国文物报社主办的2018年全国优秀古迹遗址保护项目颁奖暨国际古迹遗址日学术研讨会在北京建筑大学举行，北京故宫宝蕴楼修缮工程等6个项目获得“全国优秀古迹遗址保护项目”称号。

北京鲁迅博物馆（北京新文化运动纪念馆）、中国文物交流中心、北京大学考古文博学院联合主办的“文化遗产的传承与创新——青年学者沙龙”在北大红楼举办。

4月19日　联合国粮农组织在罗马总部召开全球重要农业文化遗产国际论坛。中国有4个项目被正式列入全球重要农业文化遗产名录，包括甘肃迭部扎尕那农林牧复合系统、浙江湖州桑基鱼塘系统、山东夏津黄河故道古桑树群、中国南方山地稻作梯田系统（由江西崇义客家梯田、福建尤溪联合梯田、湖南新化紫鹊界梯田、广西龙胜龙脊梯田组成）。

4月20日　国家文物局正式发布外国被盗文物数据库。

4月20～21日　由中国博物馆协会、中国古都学会、河南省文物局、洛阳市人民政府主办的世界古都论坛在河南洛阳举办。

4月21～25日　由国家文物局主办，福建省文化厅、福建省文物局、福建博物院承办的数字中国“互联网+中华文明”展在首届数字中国建设成果展览会上亮相。

4月23日　由福建省人民政府、新华通讯社、国家文物局联合主办的“数字海丝助力民心相通”论坛在福建福州举行。

4月24日　国家文物局发布《关于2017年度文物行政执法和安全监管工作情况的通报》。

4月25日　中国国家文物局代表团访问美国哈佛大学费正清东亚研究中心。

中国文物保护基金会与英特尔公司在北京慕田峪长城举行“科技助力文物保护与利用战略合作协议”签约仪式。

4月26日　中国（海南）南海博物馆开馆仪式在海南琼海举行。开馆仪式上，国家文物局正式为国家文物进出境审核海南管理处授牌。

由中国博物馆协会传媒专业委员会、中国文物报社联合主办的“文博技术产品应用系列活动——微信小程序在博物馆中的应用研讨会”在浙江杭州召开。

由中国文物学会和浙江省嘉善县人民政府、联合国教科文组织亚太地区世界遗产培训与研究中心古建筑保护联盟主办的中国古村镇建筑遗产保护（西塘）论坛暨首批“中国历史文化名镇”授牌十五周年研讨会在浙江嘉善举办。

4月27日　国家主席习近平同来华进行非正式会晤的印度总理莫迪参观湖北省博物馆精品文物展。

国家文物局局长刘玉珠在北京会见国际古迹遗址理事会（ICOMOS）主席河野俊行。

5月

5月5日　由中宣部、中央党史和文献研究院、中国文联共同主办，中央编译局、中国美术家协会、中国国家博物馆承办的“真理的力量——纪念马克思诞辰200周年主题展览”在中国国家博物馆开幕。

太湖世界文化论坛与故宫博物院签署战略合作协议，宣布以项目形式共同创建“中华文化客厅”。

5月7日　由文化和旅游部、中央文史研究馆、国家文物局共同主办的纪念张伯驹先生诞辰120周年座谈会在人民大会堂举行。

5月8日　全国文物保护标准化技术委员会年会在北京召开。

5月10日　国务院批复同意将河北省蔚县列为国家历史文化名城。

国务院总理李克强在日本东京与日本首相安倍晋三共同参观“让文物活起来——故宫文创展”。

5月12～13日　由国家文物局、陕西省人民政府主办，陕西省文物局承办的“考古视野下的丝绸之路国际论坛”在陕西西安举办，论坛达成并发表了《国际丝绸之路考古与文化遗产保护西安共识》。

5月15日　国家文物局在重庆中国三峡博物馆举行“国家文物进出境审核重庆管理处”授牌活动。

北京市文物局、天津市文物局、河北省文物局、故宫博物院、中国国家博物馆、恭王府博物馆、北京鲁迅博物馆在北京共同签署《京津冀博物馆协同创新发展合作协议》。

5月16日　国家文物局印发《关于做好2018年假期及旅游旺季文博单位安全工作的通知》。

5月17日　由中国博物馆协会、中国文物报社、上海大学共同主办的“从实体到虚拟：博物馆与新技术”研讨会在上海市历史博物馆举行。

5月18日　国家文物局和上海市人民政府共同主办的国际博物馆日主会场活动在上海市历史博物馆举行，主题为“超级连接的博物馆：新方法、新公众”。开幕式上公布了“第十五届（2017年度）全国博物馆十大陈列展览精品推介”名单和“2018年全国最具创新力博物馆”评选结果，发布了“手机中的博物馆记忆”十佳优秀作品。国家文物局与中央广播电视总台联合举行专题片《如果国宝会说话》全球推广仪式，与中国移动通信集团有限公司签署了战略合作协议，与百度公司共同启动“用科技传承文明：AI博物馆计划”，发布了全国数字博物馆地图（一期）。“金色名片——改革开放40年文物出入境展览回顾”图片展和“美好生活之上海银器与工匠展”在上海市历史博物馆开幕。“博物馆与美好生活”论坛在上海世博会博物馆举行。

由中国文物保护基金会与中国电视艺术家协会共同举办的“红色记忆V计划——全国革命文物微电影、微视频、微动漫征集活动”启动仪式在新文化运动发源地北大红楼举行。

中国国家博物馆发布《中国国家博物馆藏品总目》。

5月19日　由新加坡中国文化中心、中外文化交流中心及故宫博物院联合举办的“故宫文化创意产品国际综合展”在新加坡中国文化中心开幕。

5月21日　国家文物局工作组赴河北雄安新区调研博物馆事业发展情况。

5月23日　国家文物局召开局党组理论学习中心组扩大会，专题学习贯彻《中共中央办公厅印发〈关于进一步激励广大干部新时代新担当新作为的意见〉的通知》。

5月25日　由中国文物学会和中国文物报社主办、人文考古书店协办的2017年度全国文化遗产十佳图书推介活动终评会在北京召开，评选出2017年度全国文化遗产十佳图书10种、优秀图书10种。

5月28日　国务院新闻办公室就中华文明起源与早期发展综合研究成果有关情况举行发布会，国家文物局副局长关强出席并介绍“中华文明起源与早期发展综合研究”实施情况与进展。

香港故宫文化博物馆动土奠基。

5月29日　香港特区政府康乐及文化事务署和中国古迹遗址保护协会联合主办的“中国世界文化遗产三十年图片展”在香港文物探知馆开幕。

5月30日　国家文物局、公安部刑侦局在湖北宜昌联合召开全国田野文物安全管理现场研讨会。

中国国家博物馆携手中国科学技术协会、清华大学、美国哈格利博物馆与图书馆共同主办的“创造的力量——美国19世纪专利模型展”在中国国家博物馆开展。

5月31日　由国家文物局主办，中国文物报社和天津博物馆承办的“守望文明　百年荣光——纪念天津博物馆成立100周年”专题图片展在北大红楼橱窗展出。

6月

6月1日　中国文物信息咨询中心与福建省文物局在福建省文化厅签署战略合作协议。

故宫博物院自6月起开始实行周一全年闭馆（国家法定节假日除外）。

《上海市美术馆管理办法（试行）》开始实施，试行期为两年。这是全国出台的首个省级美术馆管理地方性法规。

6月2日　由文化和旅游部中外文化交流中心、故宫博物院、文物交流中心及曼谷中国文化中心共同主办的“故宫文化创意产品国际综合展”在泰国开幕。

6月4~6日　国家文物局在吉林长春举办“黑吉辽文物行政执法协作片区”启动仪式，并对东北三省130余名文物行政执法人员进行培训。

6月5日　国家文物局在北京召开文物资源资产报告座谈会。

6月6日　长城保护联盟成立大会在北京慕田峪长城景区召开。

在法国巴黎联合国教科文组织总部举行的《保护非物质文化遗产公约》缔约国大会第7届会议上，中国以123票高票当选保护非物质文化遗产政府间委员会委员国。

6月7日　中国文物保护基金会、中国敦煌石窟研究保护基金会、敦煌研究院、腾讯、新华公益共同发起的敦煌“数字供养人”公益项目在腾讯公益平台正式上线。

6月9日　2018年文化和自然遗产日主场城市活动在广东广州举行，主题为“文化遗产的传播与传承”，宣传口号是“加强文物保护利用”“坚定文化自信 传承中华文明”“保护文物人人有责 守望家园你我同行”“呵护文化遗产 讲好中国故事”“弘扬优秀传统文化 共享时代美好生活”，主场城市特色口号是“扬帆通海两千年 丝路花语最广州”。活动期间举办了“海上丝绸之路：研究 保护 合作”国际学术研讨会、第十届青少年文化遗产知识大赛、文化遗产公开课、第五届“丹青记忆 守望家园——中国文化遗产美术展”等活动。

陕西、甘肃、青海、宁夏、新疆五省（区）文物局共同宣布成立“丝绸之路文化遗产保护工匠联盟”，并发出《丝绸之路文化遗产保护工匠联盟倡议书》。

文化和旅游部在天津举办全国非遗保护工作先进集体和先进个人及第五批国家级非遗代表性传承人座谈活动。

6月11日　国家文物局在广东江门召开“海上丝绸之路文化遗产立法保护研讨会”。

公安部发布A级通缉令，公开通缉第三批10名重大文物犯罪在逃人员。

中国文物交流中心主办的“感知中国——中国文博创意作品海外巡展”在法国巴黎装饰艺术博物馆开幕。

6月14日　国家文物局在北京召开丝绸之路国际博物馆联盟有关工作会议，贯彻落实文化和旅游部部长雒树刚关于完善“一带一路”文化领域五个联盟工作机制的有关指示。

6月19日　国家文物局召开干部大会。会议通报了中央组织部、国务院关于国家文物局领导班子成员职务任免的通知，胡冰任国家文物局党组成员、副局长，免去刘曙光国家文物局党组成员、副局长职务。

6月19～25日　国家文物局在陕西延安举办“2018年度国保单位（革命旧址类）保护管理机构负责人培训班”。

6月20日　最高人民法院、最高人民检察院、国家文物局、公安部、海关总署联合印发《涉案文物鉴定评估管理办法》。

6月22日　国家文物局委托国家文物局水下文化遗产保护中心举办的“一带一路”沿线国家水下考古培训班在广东台山完成水下考古实习培训工作，本届培训班顺利结业。

6月25日　国家文物局网站发布《革命旧址保护利用导则（征求意见稿）》。

6月26日　作为中日和平友好条约缔结40周年的重要纪念活动，日本永青文库向中国国家图书馆捐赠汉籍仪式在国家图书馆典籍博物馆举行。

中国文物保护基金会主办的“第三届社会力量参与文物保护论坛”在北京召开。

中国国家博物馆与四川省文物局、眉山市人民政府共同举办的“江口沉银——四川彭山江口古战场遗址考古成果展”在国家博物馆开幕。

6月27日　国家文物局印发《不可移动文物认定导则（试行）》。

6月28日　国务院国资委在北京发布中央企业工业文化遗产（核工业）名录，首批专门发布核工业行业的12项工业文化遗产。

科技部、中国科学院联合公布“2017年全国优秀科普微视频作品”名单。包括国家文物局推荐的《凤凰涅槃 造化形气——揭秘湖南桐木岭遗址炼锌技术》（湖南文物考古研究所制作）、《敦煌艺术经典的科教阐释影片——舍身饲虎》（敦煌研究院制作）在内的100部作品入围该名单。

6月28～30日　国家文物局工作组赴四川省广元市、成都市，就深化文物保护利用改革和加强革命文物保护利用开展实地调研。

6月29日　第42届世界遗产委员会会议在巴林麦纳麦召开。多个委员国在讨论中肯定了中国申报的“古泉州（刺桐）史迹”文化遗产项目，认为其具有列入《世界遗产名录》所需的“突出普遍价值”。最终，委员会未采纳评估机构此前作出的“不予列入”的建议，一致决定将该项目“发还待议”，即缔约国需要补充有关信息后重新提交申请并接受审议。

国家文物局公布《国有馆藏文物退出管理暂行办法》。

7月

7月1日　中国国家博物馆主办的“复兴之路·新时代部分”展览正式展出。展览由中央宣传部、文化和旅游部、中央党史和文献研究院、国家发展改革委、中央军委政治工作部负责，在保持国家博物馆原有“复兴之路”基本陈列基础上，浓缩“砥砺奋进的五年”大型成就展精华部分，以“不忘初心　砥砺奋进　不断开创新时代中国特色社会主义事业新局面”为主题，作为“复兴之路”基本陈列的新时代部分展出。

国家文物局综合行政管理平台文物进出境审核信息管理系统正式上线运行。

7月2日　第42届世界遗产委员会会议在巴林麦纳麦召开，中国贵州省梵净山获准列入世界自然遗产名录。

国家文物局副局长胡冰在北京会见由法中友好小组组长雷纳尔议员率领的法国参议院法中友好小组代表团一行。

7月2～3日　2018年全国文化和旅游工作座谈会在北京召开。

7月6日　中央全面深化改革委员会第三次会议审议通过《关于加强文物保护利用改革的若干意见》。

国家文物局在北京召开《中华人民共和国水下文物保护管理条例》修订草案专家论证会。

7月7日　中国人民抗日战争纪念馆联合国内21家抗战类纪念馆共同举办了“伟大抗战 伟大精神——纪念全民族抗战爆发81周年主题展览”。

7月9日　国家文物局党组召开专题会议，学习贯彻中央全面深化改革委员会第三次会议精神，对贯彻落实《关于加强文物保护利用改革的若干意见》作出部署。

7月9～13日　由国家文物局和国家宗教事务局联合主办、西安市文物局协办、国际古迹遗址理事会西安国际保护中心承办的“2018年全国宗教活动场所文物保护管理培训班”在陕西西安举办。

7月10日　国家文物局发布《关于开展2018年度第二批行业标准制修订计划项目申报工作的通知》，对《可移动文物保护基本术语系列》等7项标准再次开展申报工作。

由国家文物局主办，陕西省文物交流协会、台湾沈春池文教基金会承办，陕西省文物局协办的“第五届台湾教师中华历史文化研习营”活动在宝鸡青铜器博物馆开营。

人力资源社会保障部、国家文物局发布《关于表彰全国文物系统先进集体和先进工作者的决定》。

7月10～26日　由国家文物局指导、中国博物馆协会主办、上海博物馆承办的“第八期全国博物馆系统新入职员工培训班”在上海举办。

7月11日　由国家文物局指导、中国文物保护基金会主办的以“千年文脉见初心·美好生活创未来”为主题的大运河文化带文化遗产创新创意设计大赛在北京启动。

7月11～12日　国家文物局工作组在陕西延安调研革命旧址保护工作。

7月13日　由中央广播电视总台、国家文物局联合摄制，中央电视台纪录频道承制的百集纪录片《如果国宝会说话》第二季在中国国家博物馆举行发布会。

由中国博物馆协会博物馆建筑空间与新技术专委会、徐州博物馆、文物保护领域物联网建设技术创新联盟联合主办，徐州博物馆承办的“互联网+文物信息资源”国际学术研讨会在江苏徐州召开。

第二届文明古国论坛在玻利维亚行政首都拉巴斯举行。中国、希腊、意大利、埃及、伊拉克、伊朗、秘鲁、亚美尼亚和玻利维亚9国与会代表围绕“千年文化在当代”这一主题各自阐述观点，并共同签署了《蒂瓦纳库宣言》。

7月15日　国家文物局组织开展“文物法人违法案件专项整治行动（2016～2018年）”专项督察。

7月17日 国家文物局副局长胡冰在北京会见香港特区政府民政事务局常任秘书长谢凌洁贞一行。

公安部和国家文物局在北京召开电视电话会议，部署全国公安机关和文物部门开展为期6个月的打击文物犯罪专项行动。

7月20日 国家文物局副局长宋新潮在北京会见德国柏林东亚艺术博物馆馆长鲁克斯。

7月21日 国家文物局、香港特区政府康乐及文化事务署、澳门特区政府文化局共同主办，河南省文物局协办，河南博物院承办的“第二届内地与港澳中学生文化遗产暑期课堂”开班仪式在河南博物院举行。

国家文物局工作组赴河南郑州，对郑州博物馆、郑州市大河村遗址博物馆文物保护利用工作进行调研。

西藏人民出版社原总编辑、社长，西藏博物馆原馆长赤烈曲扎逝世，享年81岁。

7月23日 由国家文物局、新疆维吾尔自治区文物局主办、新疆维吾尔自治区博物馆承办的“2018年新疆文博机构宣教讲解员培训班”在新疆乌鲁木齐开班。

7月23～24日 中国文化遗产研究院在北京举办“他山之石——国际文物保护利用理论与实践学术研讨会”。

7月23～26日 国务院消防工作考核组对2017年度贵州省文物消防安全工作进行检查考核。

7月24日 全国文物局长座谈会在北京召开，文化和旅游部党组成员、国家文物局局长刘玉珠出席会议并讲话，国家文物局党组成员、副局长宋新潮、胡冰、关强出席会议，国家文物局党组副书记、副局长顾玉才主持会议。

全国文物系统先进集体和先进工作者表彰会议在北京举行。人力资源社会保障部、国家文物局决定授予北京市文物研究所等49个集体“全国文物系统先进集体”称号，授予张彤等28名同志“全国文物系统先进工作者”称号。

7月25日 国家文物局文化遗产公开课《一处世界文化遗产的诞生——从海上丝绸之路到世界文化遗产》在河南博物院开讲。

7月27日 由重庆中国三峡博物馆、四川博物院、云南省博物馆、贵州省博物馆、广西壮族自治区博物馆、西藏博物馆主办，贵州省博物馆承办的“西南博物馆联盟第六次会议暨西南博物馆年会”在贵州贵阳召开。

7月29日　中共中央办公厅、国务院办公厅印发《关于实施革命文物保护利用工程（2018～2022年）的意见》。

7月30日　公安部第三批A级通缉令通缉的10名文物犯罪在逃人员全部到案。

7月31日　作为第三届丝绸之路（敦煌）国际文化博览会的展览项目之一，由法国国家自然博物馆、敦煌研究院、敦煌市博物馆三家博物馆联合举办，敦煌石窟文物保护研究陈列中心承办的“书写的温度——从古代文献到书籍艺术”展览在敦煌莫高窟陈列中心开幕。

7月31日～8月2日　国家文物局工作组赴山东调研泰安泰山世界遗产保护传承、大汶口遗址考古遗址公园建设、菏泽定陶王墓地考古发掘保护、济宁嘉祥武氏墓群石刻保护展示、枣庄大韩村东周墓地考古发掘和华德中兴煤矿公司旧址保护展示工作。

8月

8月7日　秦始皇帝陵博物院、汉景帝阳陵博物院主办，秦陵博物院承办的“跨越时空的邂逅——秦始皇帝陵与汉景帝阳陵出土陶俑展”在秦陵博物院开展，这是陕西首次以秦汉陶俑为主题举办原创文物展。

8月9日　蚌埠双墩、禹会村国家考古遗址公园建设工作汇报会在北京召开。

8月13日　由国家文物局主办，中国社会科学院考古研究所、内蒙古自治区文化厅（文物局）、赤峰市人民政府承办，内蒙古自治区文物考古研究所、赤峰市文物局、巴林左旗人民政府协办的“第二届国家文物局城市考古专题研修班”在辽上京遗址所在地内蒙古巴林左旗开班。

8月13～15日　国家文物局工作组赴陕西调研延安市梁家河知青旧址保护管理、桥儿沟鲁艺革命旧址维修展示、宝塔山环境整治等延安革命文物保护管理工作；考察延安北京知青博物馆；与延安市委市政府及有关单位座谈，了解当地落实中共中央办公厅、国务院办公厅《关于实施革命文物保护利用工程（2018～2022年）的意见》情况；考察陕西历史博物馆、西安碑林博物馆、秦始皇帝陵博物院、陕西考古博物馆等重点博物馆改扩建筹备工作。

8月14日　国际灌排委员会第六十九届国际执行理事会全体会议在加拿大萨斯卡通召开。会议公布了2018年（第五批）世界灌溉工程遗产名录，中国的都江堰、灵渠、姜席堰、长渠4个项目全部申报成功。

8月15日　第17届中日韩博物馆国际学术研讨会在首都博物馆召开。

8月22日　由文物保护装备产业化及应用协同工作平台和中国文物报社主办的“第四届全国十佳文博技术产品及服务推介活动”终评结果揭晓，云观博AR智慧博物馆平台等10个项目获得十佳奖、智能导览照明系统等10个项目获得优秀奖。

8月22～26日　由国家文物局、文化和旅游部产业司指导的首届“文创汇”文化文物创意展会在第25届北京国际图书博览会上亮相。

8月22～31日　应埃塞俄比亚文化与旅游部部长阿利耶、坦桑尼亚自然资源与旅游部部长基格万加拉和肯尼亚国家博物馆馆长基布贾邀请，国家文物局局长刘玉珠率中国文物代表团访问埃塞俄比亚、坦桑尼亚和肯尼亚三国。

8月23～25日　首届中国国际智能产业博览会在重庆国际博览中心举行。本届智博会专设智慧文博展区，由国家文物局主办，重庆市文化委员会、重庆市文物局承办，主题为“联结历史　创造未来”。

8月25～27日　国家文物局工作组赴陕西西安、宁夏固原调研文物考古工作。

8月29～30日　国家文物局工作组赴河北张家口现场调研并召开专题会议，部署推进北京2022年冬奥会张家口赛区考古和文物保护工作。

8月31日　由中国文物交流中心、北京鲁迅博物馆（北京新文化运动纪念馆）、长崎孔子庙中国历代博物馆共同主办，中国驻长崎总领馆、长崎华侨总会协办的“文白之变——民国大师与中国新文学”展览在日本长崎孔子庙中国历代博物馆开幕。

8月31日～9月4日　国家文物局在浙江大学举办“探索符合国情的文物保护利用之路高级研讨班”。

9月

9月1日　《秦皇岛市长城保护条例》正式施行。

9月2～7日　国家文物局在山西太原举办“第八批全国重点文物保护单位申报遴选培训班”。

9月3日　应急管理部消防局通知要求各地结合近期火灾特点和正在开展的消防安全大检查工作，有针对性地采取严防严控措施，督促文物建筑博物馆等单位严格落实消防安全管理责任，预防火灾事故发生。

9月4日　国家文物局印发《考古装备及设施配备导则（试行）》。

9月4～9日　国家文物局对新疆2018年度主动性考古项目实施状况进行检查评估。

9月6～7日　由中国文物学会法律专业委员会、中国博物馆协会法律专业委员会和秦始皇帝陵博物院主办的法律专业委员会2018年年会暨文博法律学术研讨会在陕西西安召开。

9月7日　国家文物局印发《关于加强文物博物馆单位消防安全工作的通知》。

9月8日　2018中国古建筑国际论坛在北京召开，主题是“传承·融合·新生”。

9月10日　受外交部委托，由国家文物局主办，中国文化遗产研究院承办的“亚洲区域文化遗产保护与管理高级研修班”在北京开班。

9月10～14日　国家文物局在浙江杭州举办“2018年全国文物新闻宣传和舆情应对培训班”。

9月11～13日　中国文物保护技术协会第十次学术年会在山西太原召开，主题为“科学保护文物，弘扬中华文明，实现中华民族伟大复兴”。

9月12日　由中国国家文物局、沙特旅游与民族遗产总机构主办的“华夏瑰宝展”在沙特利雅得国家博物馆开幕。

9月13日　应急管理部、文化和旅游部、国家文物局联合召开电视电话会议，汲取巴西国家博物馆火灾事故教训，部署开展博物馆和文物建筑消防安全大检查工作。

由清华大学联合国际文化遗产记录科学委员会、中国古迹遗址保护协会共同主办的第五届“文化遗产保护与数字化国际论坛”（CHCD2018）在清华大学开幕。

9月16～18日　由外交部、文化和旅游部、新华通讯社、国家文物局支持，故宫博物院、北京故宫文物保护基金会主办的第三届“太和·世界古代文明保护论坛”在故宫博物院举行。

9月17日　由中国博物馆协会、中国文物交流中心、新疆维吾尔自治区文物局指导，新疆博尔塔拉蒙古自治州文物局（博物馆）承办的“全国博物馆展览策划与展陈提升培训班”在新疆博乐开班。

9月18日　国家文物局党组召开理论学习中心组扩大会，专题学习《中国共产党纪律处分条例》。

9月19日　故宫博物院家具馆首次面向公众开放。

9月19～29日　应急管理部、文化和旅游部、国家文物局组成12个联合督查工作组，分赴31个省份，对各地组织开展博物馆和文物建筑消防安全大检查工作情况进行首轮督查。

9月21日　国家文物局在北京举行“经远舰水下考古成果汇报会”，通报确认辽宁大连庄河海域水下考古调查中发现的沉舰遗骸为中日甲午海战中沉没的北洋海军“经远舰”。

9月22日　中国驻缅甸大使洪亮和缅甸宗教事务与文化部常务秘书吴吞欧分别代表两国政府在缅甸蒲甘签署援助修复他冰瑜佛塔的协议。

9月25日　国家文物局局长刘玉珠在北京会见联合国教科文组织文化助理总干事奥托内·拉米雷斯先生一行。

9月26～28日　由国家自然资源部、浙江省人民政府、中国测绘学会等联合举办的中国测绘年会2018学术年会和第八届中国测绘地理信息技术装备博览会在浙江德清召开。“彩绘类文物高光谱数字化保护关键技术研究”项目荣获“中国测绘科技进步一等奖”。

10月

10月1日　由国家文物局、公安部刑侦局协助拍摄的五集系列片《守护国宝》在中央电视台社会与法频道《天网》栏目首播。

10月9日　国家文物局在北京召开新闻发布会，介绍《关于加强文物保护利用改革的若干意见》相关情况。

《国家宝藏》第二季在故宫博物院正式启动。

国家文物局和公安部联合主办的“2018年文物安全联合执法人员文物保护知识培训班”在甘肃敦煌开班。

10月9～10日　由国家文物局、北京市人民政府主办，北京市文物局和中国古迹遗址保护协会承办的“2018北京中轴线申遗保护国际学术研讨会”在北京召开。

10月10日　国家文物局印发《国家考古遗址公园发展报告》。

北京科技大学科技史与文化遗产研究院组织的“第三届古代材料研究专题研讨会”在北京召开，主题为“古代陶瓷材料分析与研究”。

10月11日　文化和旅游部警示教育大会在北京召开。会议传达学习习近平总书记重要批示以及中央和国家机关警示教育大会精神，通报近年来查处的部系统违纪违法典型案例。

10月12日　国家文物局在北京召开局系统干部大会，动员部署中共中央办公厅、国务院办公厅《关于加强文物保护利用改革的若干意见》贯彻落实工作。

国家文物局团委召开“青春之我　奋斗之我”——扶贫挂职干部与局系统青年干部座谈会。

10月13～14日　国家文物局工作组调研河北邯郸邺城遗址赵彭城寺庙遗址和邺南城宫殿区考古发掘工作，邺城博物馆和佛造像博物馆、定州开元寺塔、定州贡院及定州博物馆等地文物保护与展示工作。

中国社会科学院考古研究所、河南省文物局、安阳市人民政府共同主办的“殷墟科学发掘九十周年纪念大会暨殷墟发展与考古论坛”在河南安阳召开。

10月13～15日　由中国文物保护基金会、中国文物保护技术协会、中国文物报社、云南省文物局、上海建为历保科技股份有限公司等单位支持，中国文物保护基金会科技保护专项基金管理委员会主办的“石质文物预防性保护及风险管理学术研讨会”在云南剑川召开。

10月15日　由国家文物局主办，甘肃省文物局协办的“文博单位游客承载量评估规范培训班”在敦煌莫高窟开班。

10月16日　国家文物局在北京召开“文物法人违法案件专项整治行动（2016～2018年）”实地调研复核工作动员部署会。

由国家文物局主办、中国文化遗产研究院承办的“国家文物局2018年度青铜文物保护修复技术培训班”在永州市博物馆开班。

10月17日　由国家文物局水下文化遗产保护中心、宁波市文化广电新闻出版局、北仑区政府共同主办的第二届“水下考古·宁波论坛”暨“海魂归来——致敬致远舰”特展在浙江宁波开幕。

10月18日　国家文物局副局长胡冰与澳门特区政府文化局局长穆欣欣在澳门召开2018年度工作会议。

太湖世界文化论坛第五届年会在北京召开。

国家文物局印发《关于报送革命文物名录的通知》。

由国家文物局主办，中国文物报社、浙江自然博物院承办的“不忘初心 保护自然遗产 传承生态文明——浙江自然博物院跨越式发展图片展”在北大红楼橱窗开展。

10月19日　国家文物局、澳门特区政府社会文化司、国际文化财产保护与修复研究中心联合主办的“世界遗产监测管理培训班”结业仪式在澳门举行。

由中国文物保护基金会和天水市人民政府共同主办的第十届“薪火相传——寻找文化遗产筑梦者”活动颁奖典礼在甘肃天水举行。

闵庆文等10人荣获“文化遗产筑梦者”杰出个人，延安精神小小讲解团等10个团队荣获杰出团队称号。敦煌研究院名誉院长樊锦诗获“薪火相传——终身成就奖”。

10月20～21日　国家文物局工作组赴广东开展文物法人违法案件专项整治行动调研复核和国家文物保护专项经费调研。

10月21～24日　国家文物局工作组对四川省部分文物法人违法案件专项整治工作进行调研复核。

10月22日　中国文化遗产研究院和中山大学签署技术合作框架协议。

10月22～24日	由中国考古学会和中国社会科学院考古研究所主办的第二届中国考古学大会在四川成都举行。
10月22～25日	国家文物局工作组赴上海、重庆调研督导中办、国办《关于加强文物保护利用改革的若干意见》贯彻落实工作。
10月23日	“中斯联合考古与海上丝绸之路座谈会”在上海举行。
10月24日	习近平总书记在广东广州荔湾区西关历史文化街区永庆坊考察旧城改造、历史文化建筑修缮保护情况。 由陕西省文物局、延安市人民政府支持和倡议，延安革命纪念地管理局指导，延安革命纪念馆、遵义会议纪念馆、瑞金中央革命根据地纪念馆和四渡赤水纪念馆联合发起，延安革命纪念馆承办的全国长征纪念馆联盟成立大会暨交流座谈会在陕西延安召开。
10月25日	首届金砖国家博物馆联盟大会在中国国家博物馆召开。
10月25～28日	第十三届中国北京国际文化创意产业博览会在北京国际展览中心（老馆）举办。
10月27～29日	由国家文物局支持，中国文物保护技术协会、中国文物学会和山东省文物局主办的“2018年全国文物修复职业技能竞赛”在山东省曲阜举办。
10月28日	时隔78年后，北疆博物院南楼重新向公众开放。
10月29日	世界遗产城市组织第三届亚太区大会在江苏苏州开幕。
10月29日～11月2日	由国家文物局主办、福建省文物局承办的“2018年度全国文物行政执法骨干培训班”在福建福州举办。
10月30日	国家文物局在中国法院博物馆举行文物移交仪式，将6件商周时期青铜器划拨给中国法院博物馆永久馆藏。
10月30～31日	国家文物局工作组赴山西太行山革命老区调研革命文物保护利用工作。 国家文物局在贵州黎平召开传统村落保护利用工作现场会。
10月30日～11月2日	国家文物局在山西太原举办全国文物政策法规研讨班，这是近十年国家文物局首次举办文物政策法规专题研讨班。

11月

11月1日　由国家文物局、贵州省文化厅指导，中华文物交流协会、中华海峡两岸文化资产交流促进会共同主办的“第八届海峡两岸文化遗产保护论坛”在贵州贵阳举行。

11月2日　国家市场监督管理总局在北京召开第三届中国质量奖颁奖大会。敦煌研究院荣获中国质量奖，是第一家荣获中国质量奖的文化文物单位。

第三届联合国教科文组织名录遗产与可持续发展黄山对话会在安徽黄山闭幕，会议讨论并通过了《黄山共识》。

11月3日　全国文物与博物馆专业学位研究生教育指导委员会暨培养单位教学研讨会在中国社会科学院大学召开。

11月4日　中央电视台少儿频道大型原创青少年文博体验系列节目《赢在博物馆》节目启动暨抽签仪式在中央电视台举行。

11月5～9日　国际丝路之绸研究联盟（IASSRT）第三届学术研讨会“丝路之绸：物质和非物质文化遗产”暨第四次理事会在韩国扶余国立传统文化大学召开。

11月6日　国家文物局水下文化遗产保护中心北海基地启用仪式在山东青岛举行。

第五届世界互联网大会在浙江乌镇开幕。由国家文物局主办，浙江省文化和旅游厅、浙江省文物局、浙江大学承办的“互联网+中华文明”专题展以崭新面目再次亮相。

11月6～7日　由北京、河南、陕西、山西、河北五省市文物局共同举办的“第十一届博物馆理论与实践研讨会”在河南开封召开，主题为“以人为本——超级连接的博物馆：新方法、新公众”。

11月7日　由文化和旅游部产业发展司支持、中国对外文化集团公司主办的“合生共振——文化+科技高峰论坛”在上海国家会展中心举办。

11月7～9日　国家文物局局长刘玉珠带队赴浙江杭州、嘉兴、丽水等地区调研督导中办、国办《关于加强文物保护利用改革的若干意见》贯彻落实情况，并参加第五届世界互联网大会“中外部长高峰论坛”相关活动。

11月8～9日　由国家文物局指导，中国考古学会、国务院学位委员会考古学科评议组主办，浙江大学（文物与博物馆学系）承办的首届全国高校考古、文博专业学科建设工作会议在浙江杭州召开。

11月9日　国家文物局印发《关于优化文物拍卖许可证审批服务工作的通知》。

联合国教科文组织2018年度亚太地区文化遗产保护奖在泰国曼谷揭晓。黑龙江省海林市横道河子镇、福建省永泰县爱荆庄分获2018亚太地区文化遗产保护荣誉奖、优秀奖。

11月10日　中国和乌兹别克斯坦联合主办的“一带一路”文物保护研讨会在乌兹别克斯坦举行，中国与中亚五国代表就“一带一路”沿线国家文物保护问题开展学术交流。

11月12日　国家文物局、工业和信息化部、科学技术部联合印发《文物保护装备发展纲要（2018～2025年）》。

文物出版社原副社长、副总编辑许爱仙同志逝世，享年78岁。

11月13日　“伟大的变革——庆祝改革开放40周年大型展览”在国家博物馆开幕。

11月13～14日　由中国文物学会文物修复专业委员会主办、安徽博物院承办的“第十六届全国文物修复技术研讨会”在安徽合肥举行。

11月14日　中国文化和旅游部部长雒树刚和尼泊尔文化、旅游与民航部部长阿迪卡里，中国驻尼泊尔大使于红，尼泊尔考古局局长达哈等一同考察中国援尼泊尔加德满都杜巴广场九层神庙修复项目现场。

11月16日　国家文物局在北京召开“文物保护利用改革与《文物保护法》修订座谈会”。

11月18～21日　国家文物局工作组赴湖南调研考评文物专项资金绩效情况，实地查看永顺老司城遗址、湖南省博物馆、长沙铜官窑遗址、凤凰古城等文物保护单位。

11月19日　国家文物局主办的“文物流通领域执法监管培训班”在陕西西安开班。

11月19～23日　由中国文化遗产研究院、联合国教科文组织驻华代表处主办，重庆市合川区人民政府承办的“第二期UNESCO-CACH中国世界文化遗产能力建设培训班”在合川钓鱼城遗址举办。

11月20日　“郑振铎先生诞辰120周年纪念展”在故宫博物院开展。

11月21日　工业和信息化部公布第二批国家工业遗产名单，国营738厂、井陉煤矿、太原兵工厂、沈阳铸造厂、金陵机器局、铜绿山古铜矿遗址、茅台酒酿酒作坊、石龙坝水电站、可可托海矿务局等42个项目入选。

11月22日　贯彻落实中共中央办公厅、国务院办公厅《关于加强文物保护利用改革的若干意见》工作协商推进会暨全国文物安全工作部际联席会议在北京召开。

中国博物馆协会第六届四次理事会在福建福州召开。

11月23～26日　由国家文物局指导，中国博物馆协会、中国自然科学博物馆协会主办的第八届“中国博物馆及相关产品与技术博览会”在福建福州举办，主题为“博物馆：新时代·新征程”。活动期间举办了首届博物馆青年论坛。

11月24日　由中国博物馆协会登记著录专业委员会主办的第二届智慧博物馆论坛在福建福州召开，《中国智慧博物馆蓝皮书（2018）》正式发布。

第三批中国20世纪建筑遗产项目入选名录在东南大学公布。

11月24～25日　首届丝绸之路国际博物馆联盟大会在福建福州召开。

11月25日　由文物保护装备产业化及应用协同工作平台和中国博物馆协会传媒专业委员会主办的“技术创新与博物馆发展高峰论坛”在福建福州召开。

11月26日　国家文物局发布《关于做好2018年今冬明春文物火灾防控工作的通知》。

11月27日　国家文物局水下文化遗产保护中心南海基地项目开工仪式在海南琼海举行。

11月27～30日　国家文物局在江西吉安举办“2018年革命文物保护利用工程实施研修班”。

11月28日　联合国教科文组织保护非物质文化遗产政府间委员会第13届常会在

毛里求斯路易港召开，中国申报的“藏医药浴法”正式列入联合国教科文组织人类非物质文化遗产代表作名录。

11月29日　国家文物局局长刘玉珠在北京会见塞尔维亚文化和媒体部长弗拉丹·武科萨夫列维奇。
博物馆数字展示研究国家文物局重点科研基地（湖南省博物馆）揭牌仪式暨博物馆数字展示高端论坛在湖南省博物馆举行。

11月30日　国家文物局文化遗产公开课《革命旧址的保护利用——以赣南等原中央苏区革命旧址为例》在江西吉安开讲。
国家文物局批复同意江苏省文物局上报的《文物流通领域登记交易制度试点实施办法》。

12月

12月1～2日　全国五代十国文物信息交流论坛在成都永陵博物馆召开。

12月3日　国家文物局副局长胡冰在柬埔寨暹粒会见柬埔寨文化艺术大臣彭萨格娜。
由中国文化和旅游部、葡萄牙文化部和葡萄牙文化遗产总局支持，故宫博物院与葡萄牙阿茹达国家宫合作举办的“东风西韵——紫禁城与海上丝绸之路”展在葡萄牙里斯本阿茹达国家宫开幕。

12月4日　国家文物局在江苏南京召开文物流通领域登记交易制度试点工作会。

12月4～5日　“丝绸之路跨国申报世界遗产协调委员会第五次会议”在土库曼斯坦阿什哈巴德召开。

12月5日　国家文物局召开2018年度预算执行等情况审计进点工作会。

12月7日　国家文物局公布2018年度全国文物行政处罚案卷评查结果，评选出“十佳案卷”10个，“优秀案卷”20个。浙江省文物局、江苏省文物局、北京市文物局、重庆市文化市场行政执法总队、天津市文化市场行政执法总队为“优秀组织单位”。

12月8日　河北崇礼太子城遗址年度考古发掘与遗址保护专家咨询会在北京召开。

12月9日　《国家宝藏》第二季在央视综艺频道开播。

12月11日　国家文物局划拨中国国家博物馆青铜“虎鎣”入藏仪式在中国国家博物馆举行。

12月11～12日　由中国文化遗产研究院“符合国情的文物保护利用之路研究”课题组策划组织的“中国观察——文物保护与利用”学术研讨会在北京举办。

12月13日　在国家文物局支持下，云南省文化和旅游厅、西双版纳傣族自治州人民政府、云南大学联合举办了第二届澜沧江—湄公河流域国家文化遗产保护与推广研讨会。

2018年中国（广州）国际纪录片节 “金红棉”优秀纪录片名单揭晓。由中央广播电视总台、国家文物局联合摄制，中央电视台纪录频道承制的《如果国宝会说话》荣获“优秀新媒体纪录片”。

12月14～16日　由中国博物馆协会、中国文物交流中心、中国文物报社和海南省博物馆共同举办的“当代中国博物馆策展人论坛”在海南省博物馆召开。

12月17日　国家文物局副局长关强在北京会见法国前总理、法国展望与创新基金会主席让—皮埃尔·拉法兰一行。

12月18日　庆祝改革开放40周年大会在人民大会堂隆重举行。文物保护专家樊锦诗被授予“改革先锋称号”。

国家文物局党组召开理论学习中心组专题学习会，认真学习习近平总书记在庆祝改革开放40周年大会上的重要讲话。

12月19日　国家文物局在北京召开“考古中国”重大研究项目重要进展工作会。

由国家文物局指导，故宫博物院、福建省文化和旅游厅、中国国家图书馆、北京交通大学联合主办的“纪念郑振铎先生诞辰120周年座谈会”在故宫博物院举行。

12月20～21日　由国家文物局主办，中国社会科学院考古研究所承办的“中外合作考古项目工作会议”在北京举行。

12月21日　中国文物学会第八次代表大会在北京召开。

12月25日　住房和城乡建设部、国家文物局在北京联合召开国家历史文化名城和中国历史文化名镇名村评估总结大会。

全国博物馆工作座谈会在北京召开。

12月26日	“众志成城 守护文明——全国打击防范文物犯罪成果展”在中国国家博物馆开幕。
12月27日	由财政部、国家文物局委托中国文物保护基金会开展的公益项目“价值研究与传播计划”总结推广会在北京召开。 北京鲁迅博物馆（北京新文化运动纪念馆）与河南中原大地传媒股份有限公司在北京联合召开“鲁迅出版思想与文化自信”学术研讨会，同时举行“鲁迅书店”开业仪式。 文化和旅游领域改革开放杰出贡献人员报告会在北京召开。 中共国家文物局党组在全国文物系统开展向“改革先锋”樊锦诗同志学习活动。
12月28日	国家文物局召开局系统2018年工作总结会议。

附录

2018年全国文物业主要指标

	机构数（个）	从业人员（人）					文物藏品（件/套）	
			专业技术人才					
				正高级职称	副高级职称	中级职称		一级文物
总　计	10160	162638	51876	2575	7108	20685	49604379	95607
按单位性质分								
文物科研机构	122	4133	2691	319	588	992	1315659	1617
文物保护管理机构	3550	32406	9151	174	986	3804	2430379	8405
博物馆	4918	107506	38327	1990	5332	15167	37540740	84201
文物商店	64	1139	518	5	42	224	7513985	53
其他文物机构	1506	17454	1189	87	160	498	803616	1331
按隶属关系分								
中　央	12	3073	1988	207	513	778	3397457	14941
省区市	308	19246	9066	720	1700	3613	17264448	30793
地　市	1752	48452	17182	772	2601	7189	9819563	23098
县　市	8088	91867	23640	876	2294	9105	19122911	26775

	参观人次（万人次）		本年收入合计（千元）		本年支出合计（千元）	公用房屋建筑面积（万平方米）		
		未成年人参观人次		门票收入			展览用房	文物库房
总　计	122355	29656	56211584	9609024	54711416	4335	1413	262
按单位性质分								
文物科研机构	335	19	3330701	151032	3128458	81	—	9
文物保护管理机构	17616	2669	10322794	3308768	9470340	1363	107	18
博物馆	104404	26968	30431818	6149224	30845847	2791	1305	226
文物商店	—	—	581041	—	551483	15	—	7
其他文物机构	—	—	11545230	—	10715288	86	1	2
按隶属关系分								
中　央	2938	364	2782005	817870	2504096	54	11	6
省区市	12733	3085	10048650	1671125	10215787	316	102	52
地　市	39300	8949	18885209	2559261	17728517	996	407	68
县　市	67384	17258	24495720	4560768	24263016	2969	893	135

2018年各地区文物业机构数情况

地区	总计（个）	文物科研机构（个）	文物保护管理机构（个）	博物馆（个）	文物商店（个）	其他文物机构（个）
全　国	**10160**	**122**	**3550**	**4918**	**64**	**1506**
北　京	139	2	26	82	2	27
天　津	84	—	8	65	1	10
河　北	470	7	165	134	1	163
山　西	400	11	143	152	1	93
内蒙古	211	2	94	109	1	5
辽　宁	144	4	61	65	2	12
吉　林	170	3	52	107	1	7
黑龙江	282	2	86	191	—	3
上　海	111	—	6	100	1	4
江　苏	439	5	50	329	8	47
浙　江	528	5	96	337	8	82
安　徽	306	1	93	201	1	10
福　建	189	2	48	128	1	10
江　西	244	2	67	144	4	27
山　东	710	13	110	517	6	64
河　南	632	15	125	334	5	153
湖　北	326	3	47	200	—	76
湖　南	276	3	83	121	2	67
广　东	276	4	32	184	3	53
广　西	215	3	70	131	4	7
海　南	47	—	11	19	—	17
重　庆	145	1	39	100	2	3
四　川	488	4	172	252	2	58
贵　州	204	2	69	91	1	41
云　南	277	2	130	137	2	6
西　藏	1399	1	1259	7	1	131
陕　西	676	14	216	294	1	151
甘　肃	378	4	57	215	1	101
青　海	108	1	28	24	1	54
宁　夏	80	3	22	54	—	1
新　疆	194	2	84	91	1	16

2018年各地区文物业从业人员数情况

地区	总计（人）	文物科研机构（人）	文物保护管理机构（人）	博物馆（人）	文物商店（人）	其他文物机构（人）
全　国	**162638**	**4133**	**32406**	**107506**	**1139**	**17454**
北　京	8116	102	2580	4433	202	799
天　津	1612	0	65	1473	71	3
河　北	8711	305	3661	4016	3	726
山　西	8875	328	1857	4506	16	2168
内蒙古	2565	53	696	1782	4	30
辽　宁	3478	84	1141	1994	30	229
吉　林	1905	69	177	1548	7	104
黑龙江	3008	47	258	2691	0	12
上　海	3221	0	64	3036	61	60
江　苏	8087	106	393	6923	172	493
浙　江	10061	188	2827	5724	68	1254
安　徽	3644	43	511	2995	37	58
福　建	3062	32	331	2642	23	34
江　西	4353	73	394	3418	51	417
山　东	12139	151	2529	8059	56	1344
河　南	12186	706	2583	6959	71	1867
湖　北	5557	138	748	4032	0	639
湖　南	4906	160	928	3056	40	722
广　东	4716	173	275	3670	62	536
广　西	2855	91	381	2255	28	100
海　南	969	0	282	526	0	161
重　庆	3157	148	219	2738	15	37
四　川	8497	107	1892	6201	35	262
贵　州	2390	26	339	1636	0	389
云　南	2580	36	765	1719	35	25
西　藏	1290	32	859	204	9	186
陕　西	16040	387	3789	9354	6	2504
甘　肃	7299	168	809	5017	6	1299
青　海	673	48	72	366	12	175
宁　夏	1210	60	329	812	0	9
新　疆	2403	146	558	1319	19	361

2018年各地区文物业藏品数

地区	总计（件/套）	文物科研机构（件/套）	文物保护管理机构（件/套）	博物馆（件/套）	文物商店（件/套）	其他文物机构（件/套）
全　国	**49604379**	**1315659**	**2430379**	**37540740**	**7513985**	**803616**
中　央	3397457	4419	16702	3303701	—	72635
北　京	4422918	12341	22701	2020881	2356152	10843
天　津	1049957	—	508	704279	345170	—
河　北	553930	67517	91160	390913	—	4340
山　西	1799227	84468	118942	1382097	130596	83124
内蒙古	1009656	17078	80500	912078	—	—
辽　宁	644488	29385	44461	523463	42810	4369
吉　林	653784	8200	5339	624402	15843	—
黑龙江	990509	5186	13665	971658	—	—
上　海	4692055	—	2970	2010506	2678579	—
江　苏	2676969	10620	28394	1853112	782940	1903
浙　江	1504325	161	110754	1353210	14269	25931
安　徽	1057972	17397	47412	787699	203137	2327
福　建	710838	—	4927	670838	35073	—
江　西	626591	6438	32771	444241	136730	6411
山　东	4506001	35635	807222	3569646	88313	5185
河　南	2065508	749091	211876	1019373	62547	22621
湖　北	2112271	7425	33047	1694265	—	377534
湖　南	1012975	52672	91175	617645	215824	35659
广　东	1398121	57832	17840	1038580	225841	58028
广　西	379337	11329	24434	305269	36638	1667
海　南	166662	—	541	162529	—	3592
重　庆	625321	20378	28766	540005	36172	—
四　川	4241906	—	136040	4026271	66214	13381
贵　州	182108	2659	8660	163996	—	6793
云　南	1518885	2453	103736	1412696	—	—
西　藏	265886	—	192537	67636	5654	59
陕　西	4046736	52438	119632	3810089	750	63827
甘　肃	556849	37433	2047	509469	6500	1400
青　海	93724	6871	3277	74491	7098	1987
宁　夏	395521	5115	26425	363981	—	—
新　疆	245892	11118	1918	211721	21135	—

2018年各地区文物业举办陈列、展览情况

地　区	总计（个）	文物保护管理机构（个）	博物馆（个）	文物科研机构（个）
全　国	**27925**	**1452**	**26346**	**127**
中　央	314	80	135	99
北　京	547	31	516	—
天　津	437	0	437	—
河　北	837	52	784	1
山　西	530	12	518	—
内蒙古	551	24	525	2
辽　宁	409	46	363	—
吉　林	565	6	559	—
黑龙江	962	17	945	—
上　海	835	9	826	—
江　苏	2141	46	2095	—
浙　江	2508	231	2275	2
安　徽	1018	88	930	—
福　建	1151	16	1135	—
江　西	727	54	673	—
山　东	2796	69	2725	2
河　南	1447	36	1402	9
湖　北	1028	25	1003	—
湖　南	547	86	461	—
广　东	1737	81	1655	1
广　西	613	59	552	2
海　南	158	13	145	—
重　庆	605	19	586	—
四　川	1276	60	1216	—
贵　州	304	26	278	—
云　南	949	82	867	—
西　藏	10	1	9	—
陕　西	1292	129	1163	—
甘　肃	1051	10	1040	1
青　海	71	—	71	—
宁　夏	242	39	200	3
新　疆	267	5	257	5

2018年全国各地区文物业收入来源构成情况

	本年收入合计（万元）				
		财政拨款	事业收入	经营收入	其他（除以上三项外）
总　计	**5621158**	**4382387**	**473783**	**224901**	**540088**
中　央	278201	199305	55304	4561	19031
地　方	5342958	4183082	418479	220340	521058
北　京	437097	296971	84228	35132	20766
天　津	47591	35736	3493	2575	5787
河　北	200226	145011	46109	1763	7344
山　西	306213	280641	10427	4222	10922
内蒙古	89767	86966	864	—	1936
辽　宁	96538	91614	2476	—	2449
吉　林	50624	45033	2038	72	3481
黑龙江	47773	40816	676	440	5843
上　海	207408	159243	26732	6227	15206
江　苏	311427	256692	10903	10518	33314
浙　江	405801	294935	62787	11207	36873
安　徽	83548	61197	8945	579	12827
福　建	84747	71219	892	837	11800
江　西	93671	78132	2713	405	12421
山　东	299686	191269	6973	50380	51064
河　南	246360	191532	33707	6791	14330
湖　北	204047	148543	12031	7013	36460
湖　南	165147	135790	10629	1745	16982
广　东	316402	277815	6036	967	31584
广　西	75703	57081	3629	3710	11283
海　南	63502	60525	557	365	2055
重　庆	89619	75757	5629	1958	6275
四　川	237010	193563	33499	3625	6324
贵　州	52222	45766	1678	415	4364
云　南	73974	65450	2576	556	5393
西　藏	155731	109996	6711	982	38042
陕　西	575358	410924	18867	61007	84561
甘　肃	191443	165641	9947	74	15781
青　海	32359	26403	1055	—	4901
宁　夏	38558	28230	984	6469	2875
新　疆	63408	54591	690	309	7818

2018年全国各地区文物业支出来源构成情况

	本年支出合计（万元）				
		基本支出	项目支出	经营支出	其他（除以上三项外）
总　计	**5471142**	**2043413**	**2835378**	**156152**	**436199**
中　央	250410	100257	139908	58	10186
地　方	5220732	1943156	2695470	156094	426013
北　京	438253	156038	243612	22402	16201
天　津	53998	32107	14023	2719	5149
河　北	185728	84401	95881	3577	1869
山　西	259736	70086	174929	2775	11946
内蒙古	71718	33484	36346	640	1247
辽　宁	87214	46345	38935	77	1857
吉　林	53515	19454	31679	278	2105
黑龙江	48404	22889	21554	2385	1577
上　海	216331	84498	117909	3195	10729
江　苏	295455	137117	121955	7916	28467
浙　江	417612	159770	191237	16490	50115
安　徽	83735	32088	44211	2657	4779
福　建	74036	27282	43183	743	2827
江　西	86438	32079	47870	506	5983
山　东	270268	98529	99825	21833	50080
河　南	241315	112407	112877	5309	10722
湖　北	189593	61257	114532	5045	8759
湖　南	162890	60412	94841	1254	6382
广　东	314170	96965	209506	446	7254
广　西	68718	19124	43919	2948	2727
海　南	68313	7670	52133	163	8347
重　庆	97026	33014	54696	3178	6138
四　川	232226	70978	153680	2456	5112
贵　州	93704	18223	43911	242	31328
云　南	74300	30493	39610	320	3877
西　藏	94532	16054	66407	795	11276
陕　西	615052	245202	243210	38977	87664
甘　肃	173055	95059	65757	3053	9185
青　海	26804	8498	16921	4	1381
宁　夏	38201	10841	23025	3617	718
新　疆	88394	20795	37297	91	30211

2018年全国各地区文物机构基本建设投资情况

	项目个数（个）	计划总投资（万元）	建筑面积（万平方米）	本年资金来源总计（万元）	本年国家预算内资金	本年完成投资额（万元）	竣工项目个数（个）	竣工项目面积（万平方米）
总　计	**401**	**1940107**	**377**	**357963**	**262896**	**188236**	**106**	**92.4**
中　央	2	34687	3	11126	10579	3637	—	—
北　京	4	7905	1	6405	6005	3632	1	—
天　津	4	5931	1	2126	2126	1944	—	—
河　北	11	9798	5	628	360	832	4	0.2
山　西	7	33156	3	1679	1568	323	1	—
内蒙古	8	34575	80	16868	7389	9969	1	1.0
辽　宁	—	—	—	—	—	—	—	—
吉　林	3	638	1	270	60	210	1	0.2
黑龙江	6	66399	7	2453	1790	1387	1	0.4
上　海	—	—	—	—	—	—	—	—
江　苏	7	22881	3	6434	3775	4941	1	0.2
浙　江	97	178467	34	41472	21691	32417	38	12.6
安　徽	8	2216	1	2220	883	282	1	—
福　建	2	10515	1	1446	1446	1346	1	0.1
江　西	5	40659	4	8556	8271	284	1	—
山　东	8	1521	2	752	732	447	7	1.3
河　南	30	214374	29	24116	13821	9759	1	—
湖　北	23	208663	71	23554	13354	17304	4	57.5
湖　南	8	159713	9	59646	57229	1336	3	0.1
广　东	14	285840	20	2413	1564	4945	2	0.1
广　西	5	23681	30	1141	675	111	1	—
海　南	12	106696	9	5292	4644	4798	4	7.4
重　庆	6	22825	4	5165	3789	3325	2	1.7
四　川	54	105511	26	31829	10490	15812	15	9.2
贵　州	7	3901	4	3901	3775	109	—	—
云　南	2	40020	4	9066	9000	8005	—	—
西　藏	16	80262	6	43255	42410	27494	7	—
陕　西	15	19471	5	1953	1505	8391	2	0.1
甘　肃	15	144506	8	15866	11889	4102	—	—
青　海	—	—	—	—	—	—	—	—
宁　夏	16	27596	1	20637	20637	14288	7	0.5
新　疆	6	47701	5	7695	1443	6805	—	—

2018年全国各地区文物保护科学研究机构基本情况

	机构数（个）	本年完成科研成果						
		省部级及以上科研课题数（个）	专利（个）	专著或图录（册）	论文数（篇）	古建维修、考古发掘报告（册）	获国家奖（个）	获省、部奖（个）
总　计	**122**	**116**	**5**	**89**	**981**	**180**	**23**	**51**
中　央	1	22	1	17	94	4	—	2
北　京	2	—	—	2	10	—	—	—
天　津	—	—	—	—	—	—	—	—
河　北	7	2	—	3	50	3	1	1
山　西	11	7	—	2	59	7	1	7
内蒙古	2	2	—	2	20	8	—	3
辽　宁	4	10	—	2	22	4	—	—
吉　林	3	—	—	—	—	—	—	—
黑龙江	2	2	—	1	23	9	—	—
上　海	—	—	—	—	—	—	—	—
江　苏	5	1	—	1	16	3	—	3
浙　江	5	1	—	4	44	16	1	2
安　徽	1	—	—	—	8	1	—	—
福　建	2	—	—	—	—	—	—	—
江　西	2	—	—	1	28	4	—	—
山　东	13	1	—	8	29	11	—	11
河　南	15	2	1	10	113	9	7	11
湖　北	3	17	1	11	78	13	6	2
湖　南	3	3	—	7	67	10	1	—
广　东	4	—	—	—	22	3	—	—
广　西	3	2	—	1	9	2	—	—
海　南	—	—	—	—	—	—	—	—
重　庆	1	—	—	2	35	28	1	—
四　川	4	9	—	4	21	4	—	—
贵　州	2	—	—	—	8	15	—	—
云　南	2	—	—	2	7	—	—	—
西　藏	1	—	—	—	5	2	—	—
陕　西	14	19	2	8	104	10	4	6
甘　肃	4	8	—	—	54	—	—	1
青　海	1	—	—	—	7	12	—	—
宁　夏	3	3	—	—	25	1	—	2
新　疆	2	5	—	1	23	1	1	—

2018年全国各地区文物保护管理机构基本情况

	基本陈列（个）	举办展览（个）	参观人次（万人次）		门票销售总额（万元）	本年收入合计（万元）	本年支出合计（万元）
				未成年人参观人次			
总　计	**846**	**606**	**17616**	**2669**	**330877**	**1031941**	**946661**
北　京	16	15	1407	336	43101	99990	99867
天　津	—	—	—	—	—	3877	3175
河　北	40	12	1064	137	11433	89346	79603
山　西	10	2	664	127	9989	44489	46621
内蒙古	15	9	120	34	10	26249	19901
辽　宁	29	17	414	54	4849	19157	20046
吉　林	3	3	4	1	—	5341	4399
黑龙江	7	10	9	3	—	8172	7513
上　海	1	8	14	6	—	5012	4583
江　苏	29	17	264	47	381	25403	21097
浙　江	134	97	3350	305	33996	137214	119530
安　徽	51	37	254	64	1400	15584	14299
福　建	4	12	56	15	41	11754	7123
江　西	33	21	282	87	339	9483	10482
山　东	50	19	1420	134	52741	59164	49428
河　南	20	16	1182	169	37500	51429	44587
湖　北	13	12	577	131	14829	20238	16897
湖　南	49	37	701	248	2227	31823	32832
广　东	40	41	318	45	50064	9134	8936
广　西	39	20	280	55	—	10774	10862
海　南	12	1	168	23	402	2885	2921
重　庆	9	10	111	5	357	12128	11149
四　川	39	21	682	58	28126	72481	63820
贵　州	20	6	97	32	7	8877	39529
云　南	43	39	551	145	1202	28044	24387
西　藏	1	—	749	17	15051	71175	28762
陕　西	103	26	1894	246	11821	96884	100341
甘　肃	8	2	217	32	2205	13685	11624
青　海	—	—	0	—	54	4554	3230
宁　夏	21	18	412	44	316	17138	18736
新　疆	4	1	56	4	322	9292	9835

2018年博物馆主要指标

	机构数（个）	从业人员（人）	藏品数（件/套）	本年收入合计（万元）		基本陈列（个）
					财政拨款	
总　计	**4918**	**107506**	**37540740**	**3043182**	**2450549**	**12723**
免费开放	4169	80837	29509604	2167579	1885619	10883
按机构类型分						
综合类	1772	44234	16387457	1242615	1080693	5122
历史类	1709	40816	8864766	1175985	934364	3796
艺术类	482	6193	2389777	204671	122582	1133
自然科技类	182	4786	3780872	196282	146605	572
其他	773	11477	6117868	223629	166304	2100
按隶属关系分						
中　央	3	2402	3303701	195895	154796	20
省区市	146	14414	9909371	633328	585428	514
地　市	1078	31809	7656078	942477	823402	2978
县　市	3691	58881	16671590	1271482	886923	9211
按系统分类						
文物部门	3374	84958	27729926	2567231	2139669	8737
其他部门	551	12491	2559461	419901	301111	1489
民　办	993	10057	7251353	56049	9769	2497

	临时展览（个）	参观人次（万人次）		资产总计（万元）	实际使用房屋建筑面积（万平方米）
			未成年人参观人次		
总　计	**13623**	**104404**	**26968**	**13383485**	**2790.95**
免费开放	12288	84348	23560	9728505	2248.18
按机构类型分					
综合类	7083	34617	10004	5526385	1347.84
历史类	3534	51169	12093	4009797	801.02
艺术类	1368	5056	1339	1029171	157.03
自然科技类	372	4805	1525	1226441	156.76
其他	1266	8758	2007	1591692	328.30
按隶属关系分					
中　央	115	2638	299	597998	48.45
省区市	1018	12432	3070	2873271	275.10
地　市	4606	33005	8357	3551603	810.03
县　市	7884	56328	15242	6360613	1657.37
按系统分类					
文物部门	11229	84436	21863	9296200	2013.78
其他部门	927	12698	3211	2550719	327.91
民　办	1467	7270	1894	1536566	449.27

2018年全国各地区博物馆基本情况（一）

	机构数（个）	从业人员（人）	安全保卫人员（人）	藏品数（件/套）	基本陈列（个）	举办展览（个）	参观人次（万人次）		门票销售总额（万元）
								未成年人参观人次	
总　计	**4918**	**107506**	**26587**	**37540740**	**12723**	**13623**	**104404**	**26968**	**614922**
中　央	3	2402	504	3303701	20	115	2638	299	73671
北　京	82	4433	1025	2020881	234	282	2375	361	6431
天　津	65	1473	272	704279	195	242	1400	289	3180
河　北	134	4016	890	390913	305	479	3289	1007	9857
山　西	152	4506	1206	1382097	306	212	2533	629	23267
内蒙古	109	1782	375	912078	332	193	1176	417	227
辽　宁	65	1994	404	523463	183	180	1703	391	13324
吉　林	107	1548	298	624402	202	357	1041	353	4366
黑龙江	191	2691	640	971658	449	496	2144	607	201
上　海	100	3036	491	2010506	384	442	2584	621	26352
江　苏	329	6923	1876	1853112	879	1216	9519	2185	28469
浙　江	337	5724	1473	1353210	904	1371	7005	2034	5512
安　徽	201	2995	822	787699	501	429	3026	965	746
福　建	128	2642	737	670838	350	785	3715	1072	237
江　西	144	3418	958	444241	360	313	3697	1315	787
山　东	517	8059	1971	3569646	1733	992	7233	2308	13585
河　南	334	6959	2090	1019373	664	738	6040	1842	7784
湖　北	200	4032	925	1694265	543	460	3922	1087	1027
湖　南	121	3056	717	617645	224	237	5444	1667	1167
广　东	184	3670	800	1038580	500	1155	5512	1448	28784
广　西	131	2255	602	305269	260	292	1754	457	131
海　南	19	526	186	162529	45	100	234	61	—
重　庆	100	2738	678	540005	251	335	3687	867	14545
四　川	252	6201	1658	4026271	667	549	7189	1687	114789
贵　州	91	1636	390	163996	180	98	1974	321	41
云　南	137	1719	436	1412696	517	350	2323	586	415
西　藏	7	204	21	67636	3	6	20	2	—
陕　西	294	9354	2084	3810089	710	453	6716	932	200385
甘　肃	215	5017	1285	509469	496	544	2915	806	27864
青　海	24	366	99	74491	39	32	189	39	—
宁　夏	54	812	217	363981	130	70	724	133	6366
新　疆	91	1319	457	211721	157	100	680	181	1415

2018年全国各地区博物馆基本情况（二）

	本年收入合计（万元）					本年支出合计（万元）				
		财政拨款	事业收入	经营收入	其他（除以上三项外）		基本支出	项目支出	经营支出	其他（除以上三项外）
总　计	**3043182**	**2450549**	**190265**	**170232**	**232136**	**3084585**	**1315799**	**1457884**	**122636**	**188266**
中　央	195895	154796	27981	4561	8557	172795	65531	107205	58	—
北　京	176203	133599	33304	1719	7581	177073	90273	80784	2582	3434
天　津	38887	33396	1217	2575	1699	46416	30798	11401	2719	1498
河　北	71524	57278	9464	1495	3289	66437	34204	28799	3424	10
山　西	120505	110012	4081	1978	4435	78038	27985	47825	1444	784
内蒙古	60305	58444	500	—	1361	48379	22664	24766	640	309
辽　宁	53269	52912	114	—	243	48380	23496	24735	20	128
吉　林	36640	33775	748	72	2046	40124	16736	22307	278	802
黑龙江	37699	31457	2	440	5801	39080	18852	16308	2385	1535
上　海	189056	147244	26635	6227	8950	198471	83248	107760	3195	4267
江　苏	232229	198698	10395	10318	12818	223845	122125	82909	7614	11197
浙　江	163660	135131	9806	8602	10122	210442	71911	84085	16152	38294
安　徽	52926	43344	1705	579	7298	58802	24491	29421	2596	2294
福　建	57415	50772	460	701	5481	53396	21711	30023	699	963
江　西	65283	57776	887	403	6217	63676	26513	33831	506	2827
山　东	162007	102843	1228	48894	9042	147487	65888	50453	20906	10240
河　南	91537	77818	6579	984	6156	95575	55406	29924	1764	8481
湖　北	121795	98835	7093	5129	10738	113859	40907	62384	3423	7145
湖　南	88538	79090	1286	917	7245	93352	38658	53328	617	749
广　东	176126	169094	2390	934	3707	176440	64420	109026	413	2581
广　西	53224	43010	642	186	9387	45575	14254	28884	149	2289
海　南	19220	18737	162	—	321	20010	3093	16664	11	242
重　庆	69983	60079	4109	1958	3838	77335	28888	40224	3156	5067
四　川	147423	111084	28465	3625	4250	148874	51878	91072	2456	3468
贵　州	27182	24155	29	415	2584	41224	9513	29749	242	1720
云　南	40521	37625	628	556	1713	44598	15546	27302	313	1437
西　藏	25093	25093	—	—	—	25553	2977	22576	—	—
陕　西	292279	158677	7126	60382	66094	365423	164758	92478	38367	69820
甘　肃	114748	98891	2754	74	13028	100990	55024	38269	2961	4736
青　海	20004	15011	290	—	4703	16237	5583	9661	3	991
宁　夏	18170	11226	66	6207	671	16814	6944	5808	3462	599
新　疆	23835	20650	120	302	2763	29887	11524	17924	80	359

2018年全国各地区博物馆免费开放情况

地区	免费开放数量（个）	财政拨款（千元）	参观人数（千人次）	未成年人参观人数（千人次）	陈列展览数（个）
总　计	**4169**	**18856185**	**843482**	**235600**	**23171**
中　央	2	615610	8846	1152	104
地　方	4167	18240575	834636	234448	23067
北　京	45	704540	11701	1813	300
天　津	46	290886	12030	2641	345
河　北	115	539953	27900	9038	730
山　西	93	949691	17821	4889	413
内蒙古	105	577641	11366	4150	510
辽　宁	56	389906	11885	3373	283
吉　林	97	258476	8700	3195	535
黑龙江	184	305486	20673	5894	935
上　海	80	909930	14472	3219	533
江　苏	258	1548801	72170	17689	1664
浙　江	315	1256213	63248	19572	2157
安　徽	185	428811	28340	8909	873
福　建	123	507724	36540	10498	1101
江　西	141	577323	36932	13141	667
山　东	464	896775	61783	20680	2502
河　南	290	674449	50186	15879	1288
湖　北	186	958160	36177	10071	984
湖　南	108	756070	52346	16211	433
广　东	158	1311751	46090	12466	1455
广　西	113	375564	15896	4137	501
海　南	17	185941	2308	602	132
重　庆	82	502279	31647	8119	506
四　川	187	776652	52898	14246	897
贵　州	84	239948	18846	3174	269
云　南	126	372323	22138	5543	797
西　藏	6	250930	200	20	9
陕　西	157	693447	30925	4816	781
甘　肃	186	536374	25377	7451	953
青　海	23	150107	1890	392	71
宁　夏	47	108356	5350	817	186
新　疆	90	206068	6800	1806	257

2018年全国各地区文物商店基本情况

	库存文物数（件/套）	资产、负债、所有者权益（千元）			损益（千元）					
		资产总计	负债合计	所有者权益合计	营业总收入	营业总成本	营业利润	营业外收入	营业外支出	利润总额
总　计	**7513985**	**2199654**	**455371**	**1744283**	**541937**	**543747**	**-1810**	**39104**	**7736**	**29558**
中　央	—	—	—	—	—	—	—	—	—	—
北　京	2356152	491328	63085	428243	79471	88621	-9150	12197	2097	950
天　津	345170	281744	30829	250915	39896	36216	3680	419	—	4099
河　北	—	22	172	-150	330	257	73	5	—	78
山　西	130596	8792	566	8226	6372	5926	446	—	—	446
内蒙古	—	3717	453	3264	50	15	35	—	—	35
辽　宁	42810	80931	27656	53275	16286	13999	2287	841	—	3128
吉　林	15843	7180	8928	-1748	6611	6673	-62	61	9	-10
黑龙江	—	—	—	—	—	—	—	—	—	—
上　海	2678579	313274	229	313045	33450	30116	3334	—	—	3334
江　苏	782940	365236	116605	248631	172699	167871	4828	2071	194	6705
浙　江	14269	78752	14938	63814	19903	17880	2023	323	26	2320
安　徽	203137	25018	3984	21034	10619	16552	-5933	3328	—	-2605
福　建	35073	11866	1304	10562	17812	16014	1798	164	—	1962
江　西	136730	12637	6826	5811	15333	15365	-32	47	7	8
山　东	88313	130158	101882	28276	7103	11702	-4599	3940	50	-709
河　南	62547	28073	4805	23268	11395	12005	-610	2046	—	1436
湖　北										
湖　南	215824	132306	26005	106301	30489	29007	1482	6945	22	8405
广　东	225841	98176	8503	89673	41927	42106	-179	796	33	584
广　西	36638	9177	5290	3887	852	2773	-1921	473	96	-1544
海　南	—	—	—	—	—	—	—	—	—	—
重　庆	36172	15602	1880	13722	4695	4457	238	56	—	294
四　川	66214	39814	17277	22537	7215	7536	-321	58	—	-263
贵　州	—	—	—	—	—	—	—	—	—	—
云　南	—	42357	4226	38131	11952	11968	-16	2788	2685	87
西　藏	5654	3210	1734	1476	1322	629	693	2517	2517	693
陕　西	750	3666	1258	2408	1029	686	343	13	—	356
甘　肃	6500	8099	5027	3072	1101	1200	-99	—	—	-99
青　海	7098	1477	625	852	1628	2004	-376	13	—	-363
宁　夏	—	—	—	—	—	—	—	—	—	—
新　疆	21135	7042	1284	5758	2397	2169	228	3	—	231

图书在版编目（CIP）数据

中国文物年鉴．2019 ／ 国家文物局编．-- 北京 ：文物出版社，2020.8
ISBN 978-7-5010-6688-9

Ⅰ．①中… Ⅱ．①国… Ⅲ．①文物工作－中国－2019－年鉴 Ⅳ．①K87-54

中国版本图书馆CIP数据核字(2020)第071382号

中国文物年鉴·2019

编　　者：国家文物局

责任编辑：王　媛
责任印制：张道奇
责任校对：陈　婧

出版发行：文物出版社
社　　址：北京市东直门内北小街2号楼
邮　　编：100007
网　　址：http://www.wenwu.com
邮　　箱：web@wenwu.com
经　　销：新华书店
制版印刷：文物出版社印刷厂有限公司
开　　本：787mm×1092mm　1/16
印　　张：28.25
版　　次：2020年8月第1版
印　　次：2020年8月第1次印刷
书　　号：ISBN 978-7-5010-6688-9
定　　价：300.00元